华东交通大学教材（专著）基金资助项目
轨道车辆工程系列

CATIA 在轨道车辆设计中的应用

肖 乾 ◎ 编 著

西南交通大学出版社
·成都·

内容简介

随着计算机的普及，现代设计手段完全替代了传统的设计方式。在轨道车辆设计中，大多数用户采用功能强大的三维设计软件 CATIA。但目前市场上还没有针对轨道车辆设计进行详细和系统介绍的著作，该书面向轨道车辆的设计，系统地阐述了 CATIA 在轨道车辆设计中的应用，适合于高校学生、轨道车辆设计从业人员使用。

该书采用由浅入深的方式，详细介绍了 CATIA 的基本功能模块，以轨道车辆设计中的具体案例系统介绍了轨道车辆关键零部件的草图设计、零件设计、装配设计、工程图设计、运动仿真及有限元分析等主要内容。

图书在版编目（CIP）数据

CATIA 在轨道车辆设计中的应用 / 肖乾编著. —成都：西南交通大学出版社，2018.9
（轨道车辆工程系列）
ISBN 978-7-5643-6453-3

Ⅰ. ①C… Ⅱ. ①肖… Ⅲ. ①轨道车辆－计算机辅助设计－应用软件 Ⅳ. ①U270.9-39

中国版本图书馆 CIP 数据核字（2018）223246 号

轨道车辆工程系列
CATIA 在轨道车辆设计中的应用

肖 乾 编著

责任编辑 李 伟
助理编辑 李华宇
封面设计 SA 工作室

印张：21 字数：523千
成品尺寸：185 mm × 260 mm
版次：2018年9月第1版
印次：2018年9月第1次
印刷：四川森林印务有限责任公司
书号：ISBN 978-7-5643-6453-3

出版发行：西南交通大学出版社
网址：http://www.xnjdcbs.com
地址：四川省成都市二环路北一段111号
西南交通大学创新大厦21楼
邮政编码：610031
发行部电话：028-87600564 028-87600533
定价：49.00元

课件咨询电话：028-87600533
图书如有印装质量问题 本社负责退换

前　言

近年来，我国铁路和城市轨道交通行业发展迅猛，尤其在机车车辆领域，我国通过引进、消化、吸收和再创新，研发出了新一代中国标准动车组、大功率交流传动电力机车、中低速磁悬浮列车等现代化产品。众所周知，机车车辆的设计研发具有涉及学科广、技术难度大、开发周期长等特点，这些特点极大地制约着机车车辆的研发速度。近年来，随着计算机辅助设计在轨道交通行业的广泛应用，机车车辆的开发周期被大大缩短，开发成本和工作量也大大降低。

CATIA 是法国达索公司开发的一款 CAD/CAE/CAM 一体化软件，其完善的“机械设计”模组可以完成机车车辆零部件的零件设计、装配设计和工程图设计；其强大的曲面设计功能可以完成高速列头车曲面的创建；其“分析与模拟”模组可以对机车车辆的关键零部件进行有限元分析。CATIA 强大的功能使其在机车车辆的设计中应用非常广泛。

本书针对轨道车辆结构设计的特点，采用 CATIA 软件以轨道车辆转向架零件为主要对象进行三维建模、虚拟装配、运动仿真和工程分析，将软件的创新应用融入具体的案例当中，采用由浅入深、逐步推进的方式帮助读者全面熟悉并掌握软件在轨道车辆设计中的应用，激发读者的学习兴趣并提高工程实践意识。全书共 7 章：第 1 章对 CATIA 软件进行了简单介绍；第 2 章为 CATIA 的三维建模基础；第 3 章介绍了转向架主要零部件的三维建模；第 4 章介绍了转向架的虚拟装配；第 5 章介绍了 CATIA 的 DMU 运动仿真模块；第 6 章介绍了 CATIA 中工程图的绘制方法；第 7 章介绍了转向架关键零部件的有限元分析。全书撰写得到了吴奇峰、陈清华、王韬、彭莘宇、王旭东和李传鑫等同学的帮助（主要完成了全书的校核以及模型调试等工作）。

本书可作为轨道车辆领域设计和研究人员的参考书，也可作为高等学校车辆工程专业学生解决复杂工程问题的指导书。

由于编者水平有限，编写时间仓促，书中难免存在不足之处，恳请广大读者批评指正。

编　者

2018 年 8 月

前 言

目　录

1 CATIA 简介

1.1 CATIA V6 功能简介

CATIA（Computer Aided Tri-Dimensional Interface Application）是法国 Dassault System 公司（达索系统公司）开发的 CAD/CAE/CAM 一体化软件。CATIA 诞生于 20 世纪 70 年代，从 1982 年到 1993 年相继发布了 V1 版本、V2 版本、V3 版本及 V4 版本，现在应用最广的 CATIA 软件有 V4 和 V5 两个版本。V4 版本应用于 UNIX 系统，V5 版本可用于 UNIX 和 Windows 系统。

CATIA V6 版本是 IBM（国际商用机器公司）和达索系统公司长期以来在为数字化企业服务过程中不断探索的结晶。围绕数字化产品和电子商务集成概念进行系统结构设计的 CATIA V6 版本，可为数字化企业建立一个针对产品整个开发过程的工作环境。在这个环境中，可以对产品开发过程的各个方面进行仿真，并能够实现工程人员和非工程人员之间的电子通信。产品整个开发过程包括概念设计、详细设计、工程分析、成品定义和制造乃至成品在整个生命周期中的使用和维护。与之前的版本相比，CATIA V6 版本通过 PLM（产品生命周期管理，Product Lifecycle Management）工具栏和指南针提供向 3D 的产品定义的直觉式连通，使线上社区能够围绕 3D 的模型聚集、共享和体验。例如，用户能够访问上下文中的 PLM 信息，识别其他贡献者并与其实时连通。一旦连通，他们就可使用在线即时协同工具进行 3D 的 Brainstorming（头脑风暴），从聊天室和快照直到联合检查和联合设计。

CATIA V6 版本中共有 12 个模组，分别是基础结构、机械设计、形状、分析与模拟、AEC 工厂、加工、数字化装配、设备与系统、制造的数字处理、加工模拟、人际工程学设计与分析、知识工程模块（见图 1.1.1），各个模组里又有一个到几十个不同的工作台。认识 CATIA 中的工作台，可以快速地了解其主要功能，下面将介绍 CATIA V6 版本中的一些主要模组。

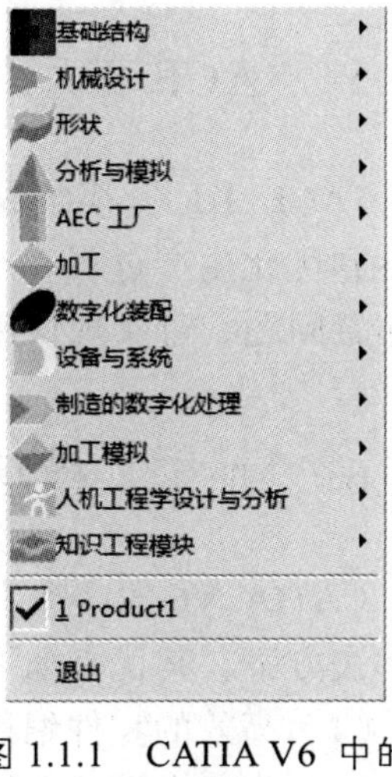

图 1.1.1 CATIA V6 中的模组菜单

1.1.1 “基础结构”模组

“基础结构”模组主要包括产品结构、材料库、CATIA 不同版本之间的转换、图片工作室、实时渲染等工作台。

1.1.2 “机械设计”模组

从概念到细节设计，再到实际生产，CATIA V6 的“机械设计”模组可以加速产品设计的核心活动，还可以通过专用的应用程序来满足钣金与模具制造商的需求，以大幅度提升其生产力并缩短上市时间。

“机械设计”模组提供了机械设计中所需要的绝大多数工作台，包括零件设计、装配设计、草图编辑器、工程制图、线框和曲面设计等工作台。本书将主要应用该模组中的一些工作台来完成轨道交通车辆相关设计。

1.1.3 “形状”模组

CATIA 外形设计和风格造型提供给用户有创意、易用的产品设计组合，方便用户进行构建、控制和修改工程曲面和自由曲面，包括自由样式、创成式外形设计和快速曲面重建（Quick Surface Reconstruction）等工作台。

“创成式外形设计”工作台的特点是通过对设计方法和技术规范的捕捉和重新使用，从而加速设计过程，在曲面技术规范编辑器中对设计意图进行捕捉，使用户在设计周期中的任何时候都能方便快速地实施重大设计更改。

“自由样式”模块提供给用户一系列工具来定义复杂的曲线和曲面。对 NURBS（非均匀有理 B 样条曲线）的支持使得曲面的建立和修改以及与其他 CAD 系统的数据交换更加轻而易举。

1.1.4 “分析与模拟”模组

CATIA V6 创成式和基于知识的工程分析解决方案可快速对任何类型的零件或装配件进行工程分析，基于知识工程的体系结构，可方便地利用分析规则和分析结果优化产品。

1.1.5 “ACE 工厂”模组

“ACE 工厂”模组提供了方便的厂房布局设计功能，该模组可以优化生产设备布置，从而达到优化生产过程和产出的目的。“ACE 工厂”模组主要用于处理空间利用和厂房内的物品布置问题，可实现快速的厂房布置和厂房布置的后续工作。

1.1.6 “加工”模组

CATIA V6 的“加工”模组提供了编程能力及变更管理能力，相对于其他现有的数控加工解决方案，其优点如下：

（1）高效的零件编程能力。

（2）高度自动化和标准化。

（3）高效的变更管理。
（4）优化刀具路径并缩短加工时间。
（5）降低管理和技能方面的要求。

1.1.7 “数字化装配”模组

“数字化装配”模组提供了机构的空间模拟、机构运动、结构优化等功能。

1.1.8 “设备与系统”模组

“设备与系统”模组可用于在 3D 电子样机配置中模拟复杂电气、液压传动和机械系统的协同设计和集成、优化空间布局。

1.1.9 “人机工程学设计与分析”模组

“人机工程学设计与分析”模组使工作人员与其操作使用的作业工具安全而有效地加以结合，使作业环境更适合工作人员，从而在设计和使用安排上统筹考虑。“人机工程学设计与分析”模组提供了人体模型构造（Human Measurements Editor）、人体姿态分析（Human Posture Analysis）、人体行为分析（Human Activity Analysis）等工作台。

1.1.10 “知识工程模块”模组

“知识工程模块”模组可以方便地进行自动设计，同时还可以有效地捕捉和重用知识。

注意：以上有关 CATIA V6 的功能模块的介绍仅供参考，如有变动，应以法国达索公司的最新相关正式资料为准，特此说明。

1.2 CATIA V6 界面介绍

对于以前使用过 CATIA V5 或者之前版本的用户，刚打开 CATIA V6 后会发现与之前的界面有很大的不同。为了和 CATIA V5 或者之前的版本有更好的衔接，现将界面调回到和之前界面类似的状态。具体的操作方式如下：

（1）单击菜单栏中的“工具”按钮，单击其下拉菜单中的“选项”按钮，弹出“选项”对话框，如图 1.2.1 所示。

（2）在“常规”选项卡中的“用户界面样式”选项区域中选择“P1”，弹出“警告”对话框，如图 1.2.2 所示。

（3）单击“警告”对话框中的“确定”按钮。

（4）单击“选项”对话框中的“确定”按钮。

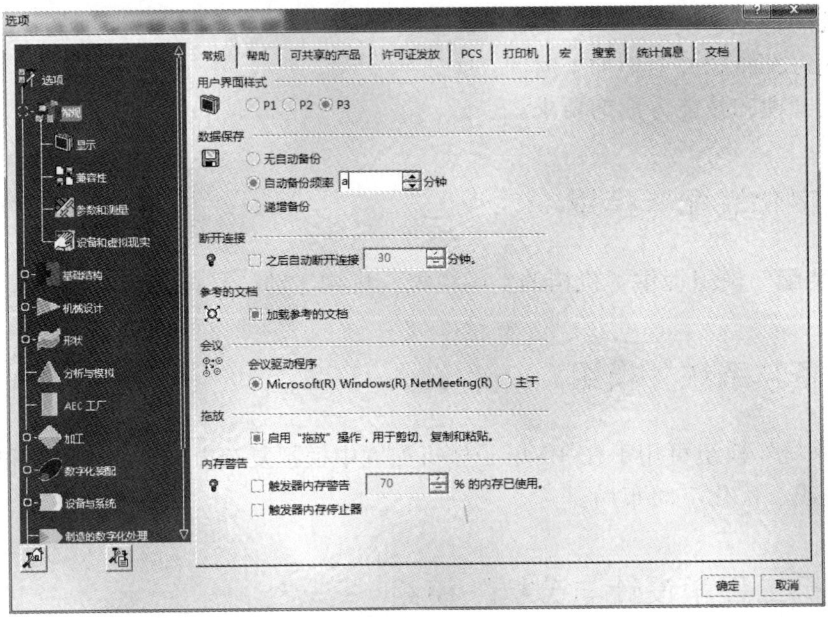

图 1.2.1 “选项”对话框

（5）关掉当前打开的 CATIA V6 软件并重新启动 CATIA V6，修改成功。

图 1.2.2 “警告”对话框

CATIA V6 工作界面包括特征树、下拉菜单区、指南针、右工具栏按钮区、下部工具栏按钮区、功能输入区、消息区以及图形区（见图 1.2.3）。下面对其功能进行简单介绍。

图 1.2.3 CATIA V6 工作界面

1.2.1 特征树

“特征树”中列出了活动文件中的所有零件及特征，并以树的形式显示模型结构，根对象（活动零件或组件）显示在特征树的顶部，其从属对象（零件或特征）位于根对象之下。例如，在活动装配文件中，“特征树”列表的顶部是装配体，装配体下方是每个零件的名称，在活动零件文件中，“特征树”列表的顶部是零件，零件下方是每个特征的名称。若打开多个 CATIA V6 模型，则“特征树”只反映活动模型的内容。

1.2.2 下拉菜单区

下拉菜单中包含创建、保存、修改模型和设置 CATIA V6 环境参数的命令。

1.2.3 工具栏按钮区

工具栏中的命令按钮为快速开始命令及设置工作环境提供了极大的方便，用户可以根据具体情况定制工具栏。

注意：用户会看到有些菜单命令和按钮处于非激活状态（呈灰色，即暗色），这是因为它们目前还没有处于发挥功能的环境，一旦它们进入有关的环境，便会自动激活。

1.2.4 指南针

指南针代表当前工作的坐标系，当物体旋转时，指南针也随着物体旋转。

1.2.5 消息区

在用户操作软件的过程中，消息区会实时地显示与当前操作相关的提示信息等，以引导用户操作。

1.2.6 图形区

图形区是 CATIA V6 中各种模型图像的显示区。

1.3 常用菜单简介

通过对上述内容的学习，大家对 CATIA V6 的操作界面有了初步的认识，本节将具体讲述 CATIA V6 各个下拉菜单的内容和用途。新建不同的文件类型，系统将调用不同的工作模块，且主菜单内容也将有所不同。本节将主要就过程设计中最常用的“零件”模式下的主菜单内容进行讲解。

1.3.1 “开始”菜单管理区

单击“开始”下拉菜单，系统将弹出如图 1.1.1 所示的菜单选项，可以看到在“开始”菜单栏中包含了 CATIA V6 中的各个模组。对于每个模组的介绍已在“1.1 CATIA V6 功能简介”中介绍，在此不再赘述。

1.3.2 “文件”菜单管理区

单击“文件”下拉菜单，系统将弹出菜单选项，如图 1.3.1 所示。从菜单管理器的内容中可以看出，在某些菜单选项（如“新建”等命令）前带有一个按钮，这实际上和工具条中的按钮是对应的，表明这个菜单选项和工具条上相应按钮的功能相同；在某些菜单选项后面有“Ctrl+大写字母”的字样，表面这个组合项是该命令的快捷键；在某些菜单选项后面带有“...”，表明该菜单选项被选取后，系统将弹出对话框；在某些菜单后面带有符号“▶”，表示该菜单有下一级菜单。

接下来详细介绍一些常用菜单选项。

1. “新建”

执行“文件”→“新建”命令或直接单击工具条中的“新建”按钮，或者使用 Ctrl+N 组合键皆可以新建一个设计文件。在执行“新建”命令之后，系统会弹出“新建”对话框，如图 1.3.2 所示。在“新建”对话框的“类型列表”分组框中有很多单选选项，用来选择文件类型，选取不同的选项即可调用不同的系统模块进行工程设计。

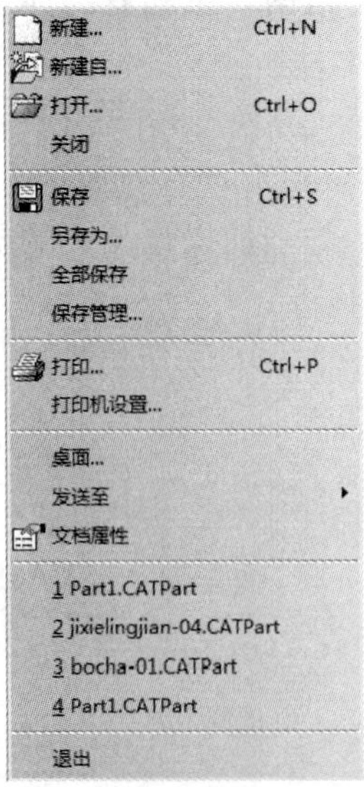

图 1.3.1 “新建”菜单

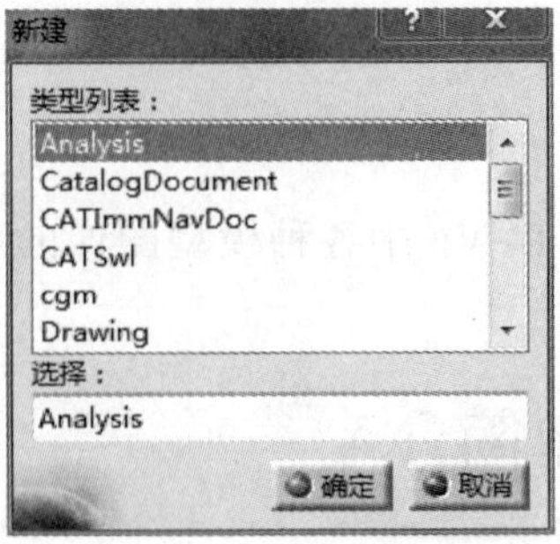

图 1.3.2 “新建”对话框

2. “打开”

单击“文件”→“打开”命令或直接单击工具条中的“打开”按钮“”后，出现“选择文件”对话框，如图 1.3.3 所示，找到并选中想要打开的 CATIA 文件，然后单击“选择文件”对话框中的“打开”按钮，或直接双击想要打开的 CATIA 文件，即可打开一个 CATIA 文件。

图 1.3.3 “选择文件”对话框

3. “关闭”

选择“文件”→“关闭”菜单项，关闭当前打开的 CATIA 文件。如果最后一次保存之前修改过的文件，系统则会弹出对话框提示是否保存所做的修改。

4. “保存”

当第一次对文件进行保存时，选择“文件”→“保存”菜单项，会弹出“另存为”对话框，如图 1.3.4 所示。然后选择文件保存的路径，并且对文件进行命名，选择文件类型即可。

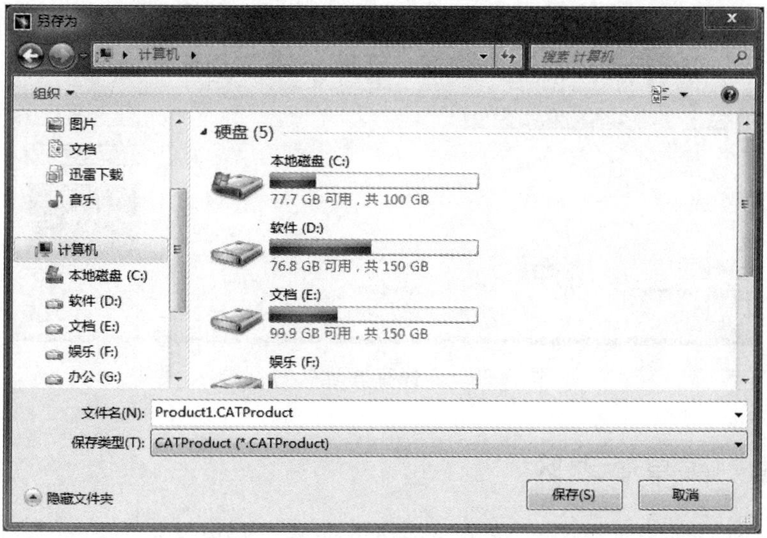

图 1.3.4 “另存为”对话框

5. “另存为”

以另外一个文件名或文件格式保存文件时，选择“文件”→“另存为”菜单项，会弹出“另存为”对话框，然后在“保存类型”下拉菜单中选择要保存的类型，并且对文件进行命名后单击“另存为”对话框中的“保存”按钮即可。

注意：如果所命名的文件名与该路径中已存在的文件名相同，系统会提示是否继续保存。此时，可以选择继续保存，以此文件替换已经存在的文件；也可以对文件另外命名，或者更改保存路径。

如果所保存的文件为产品结构，系统会提示使用“全部保存”命令保存。

如果保存已经存在的文件至另外的路径，则无法同时打开文件名相同的这两个文件。

6. “全部保存”

“全部保存”菜单项可以方便地保存全部修改的文件或者只读文件。选择“文件”→“全部保存”菜单项，如果这些文件之间无任何关联，系统会弹出对话框提示是否全部保存，单击“是”按钮即可继续进行；如果文件未做修改或者都是只读文件，系统则不会做任何提示；如果文件中有新文件或者只读文件，系统则会弹出询问“全部保存”对话框，单击“确定”按钮，则会弹出“全部保存”对话框，单击“另存为”按钮，为新文件或者只读文件命名，然后单击“确定”按钮即可。

注意：如果文件之间有象征性的联系，例如，一个工程图是由一个零件图生成的，那么这些文件的名称也会在对话框中出现，而且会在零件图保存之后保存。但是，如果先分别保存这些文件而忽略其中的关联，则需选择“启用单独保存”选项。

7. “保存管理”

用户可以使用“保存管理”命令来使用新的文件名和新的保存路径来保存所有已经修改的文件。

首先选择“文件”→“保存管理”菜单项，会弹出“保存管理”对话框，如图 1.3.5 所示。

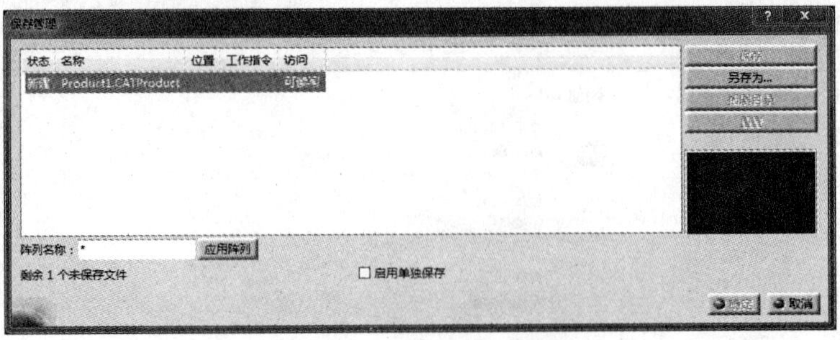

图 1.3.5 “保存管理”对话框

1.3.3 “编辑”菜单管理区

单击工具栏的“编辑”按钮，弹出“编辑”菜单，如图 1.3.6 所示。CATIA V6 的“编辑”菜单与大多数软件的“编辑”菜单差不多，主要包括“撤销”“重复”“剪切”“复制”“粘贴”等操作，在此不再赘述，以后有需要的时候单独介绍，感兴趣的用户可以自行摸索学习。

1.3.4 “视图”菜单管理区

“视图”菜单管理区（见图 1.3.7）主要为用户提供一系列工具来控制几何模型的显示，控制工具栏菜单的开关，以满足不同用户对于不同工作环境的要求。接下来详细介绍一些常用的菜单选项。

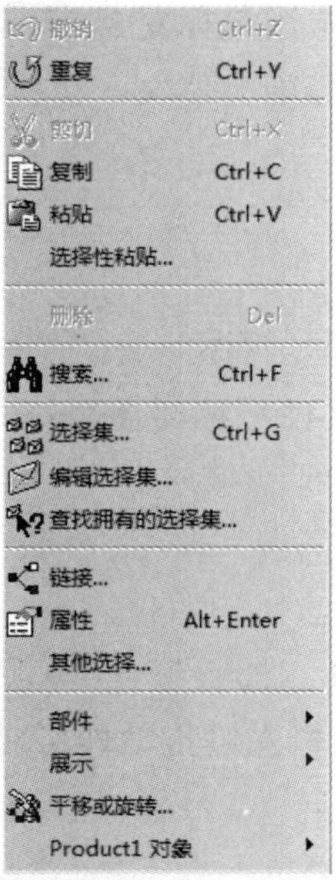

图 1.3.6 “编辑”菜单

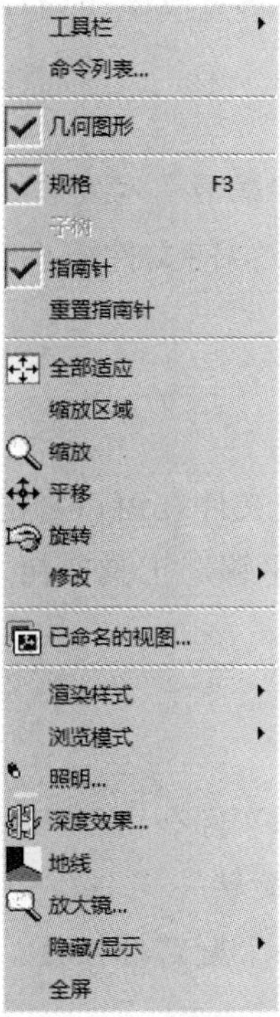

图 1.3.7 “视图”菜单

1. “工具栏”

将鼠标放在“视图”菜单管理区的“工具栏”上后，出现“工具栏”下拉菜单，如图 1.3.8 所示。“工具栏”下拉菜单用来控制打开和关闭相应的工具栏，以适应不同用户的不同需求。

对于需要的工具栏，只需要单击该工具栏的名称，使其前出现“✔”，即表示已经打开了该工具栏。

2. “几何图形”“规格”“指南针”等

在需要使用这些工具时，只需要在这些工具上单击，使其前出现“✔”，即表示已经打开了该工具。要关闭这些工具时方法相同。

3. “全部适应”

选择“视图”→“全部适应”选项，或者单击“视图”工具栏的“全部适应”工具按钮“”，软件将自动调整文件显示的大小，从而使文件的所有部分都显示在窗口中。

4. “缩放区域”

选择“视图”→“缩放区域”菜单项，在文件窗口中用鼠标左键拖出一个方形的轮廓线，让它包含需要缩放的部位。松开鼠标左键，则选中的部位将充满整个窗口。

5. “缩放”

选择“视图”→“缩放”菜单项，在文件窗口中用鼠标左键拖动，远离视图中心会使文件缩小，靠近视图中心则会使文件放大。

图 1.3.8 “工具栏”下拉菜单

6. “平移”

该命令的作用是将文件在窗口中进行平移。选择“视图”→“平移”菜单项，或者单击“视图”工具栏中的“平移”工具按钮“”。拖动文件平移到合适的位置时，松开鼠标左键即可。

7. “旋转”

该命令的作用是将文件在窗口中进行旋转。选择“视图”→“旋转”菜单项，或者单击“视图”工具栏中的“旋转”工具按钮“”，用鼠标左键拖动即可对文件进行旋转。旋转时，视图中将会出现一个旋转球按钮。

1.3.5 “插入”菜单管理区

“插入”菜单用于在模型中创建、控制和插入几何元素。CATIA 会根据不同的活动工作台，将不同的创建选项加入创建菜单中。

1.3.6 “工具”菜单管理区

个性化是 CATIA 倡导的一个方向，也是 CATIA 的一大特色。CATIA 为用户提供了广大的自主空间来定制自己的个性化工作环境。合理地设置符合用户自身习惯的工作环境，对提高工作效率显然是有帮助的。对 CATIA 工作环境的相关设置又主要是通过“工具”菜单管理区中的“自定义”和“选项”两部分来实现的。下面对这两个部分做相关介绍。

1. “自定义”

CATIA 的定制功能主要在“自定义”对话框中完成。选择“工具”→“自定义”菜单项，打开“自定义”对话框，如图 1.3.9 所示。

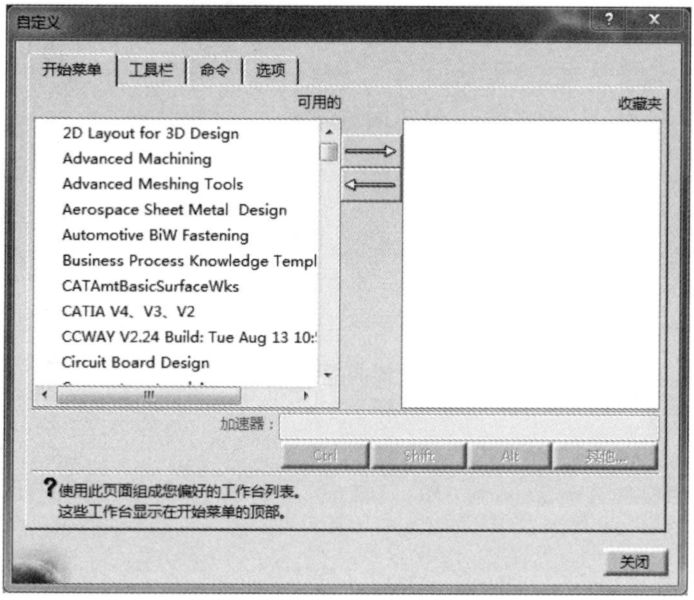

图 1.3.9 “自定义”对话框

“自定义”对话框包含以下部分：

（1）“开始菜单”选项卡：定制开始菜单和工作台访问图标。

（2）“工具栏”选项卡：列出目前可用的工具栏（默认）。

（3）“命令”选项卡：在工具栏上列出所有可进行拖动操作的命令。

（4）“选项”选项卡：包含常规的定制选项。

也可以通过工具栏列表打开“自定义”对话框。右击工具栏图标，显示出工具栏命令列表。选择“自定义”选项，即可打开“自定义”对话框。

通过“自定义”对话框还可以创建新的工具栏、删除已有的工具栏、对已有的工具栏进行重命名以及恢复所有工具栏的原始目录。其具体操作如下：

进入“自定义”对话框后，选择“工具栏”选项卡，单击“新建”按钮。系统会弹出“新工具栏”对话框，如图 1.3.10 所示，默认新建工具栏的命名为“自定义已创建默认工具栏名称 001”，新建空白工具栏将出现。输入所创建工具栏的名称，完成后单击“确定”按钮。

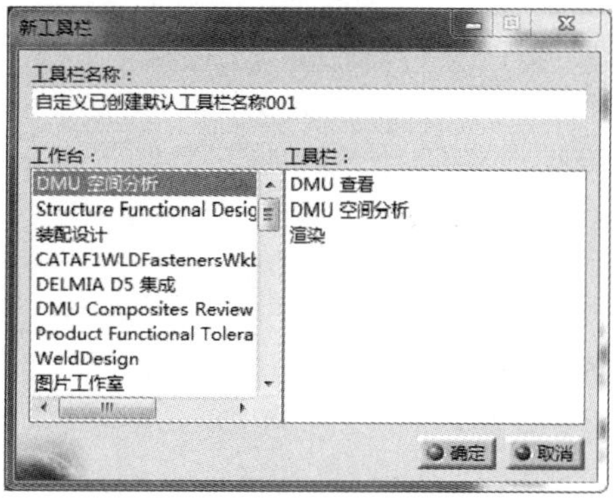

图 1.3.10 “新工具栏”对话框

此时，新建的工具栏将会添加到列表的底部，同时新建的空白工具栏将会出现在主应用程序窗口的右端，定制的“我的工具栏”被加入列表中。

单击“命令”选项卡，可以在新建的工具栏上进行拖放操作，添加图标，即在“我的工具栏”中添加了许多按钮。

重命名工具栏：在“工具栏”选项卡中，选中一个需要重命名的工具栏，单击“重命名”按钮，然后根据提示输入新的名字，再单击“确定”按钮即可。

删除工具栏：在“工具栏”选项卡中，选中一个需要删除的工具栏，单击“删除”按钮，再单击“确定”按钮即可。

恢复所有内容：在“工具栏”选项卡中，单击“恢复所有内容”按钮，最后单击“确定”按钮即可。“恢复所有内容”按钮的作用是恢复所有工具栏的原始目录。

2. “选项”

设置 CATIA 的工作环境是用户使用 CATIA 应该掌握的基本技能。合理设置 CATIA 的工作环境，对提高工作效率、使用个性化环境具有极其重要的意义。

选择“工具”→“选项”菜单项，弹出“选项”对话框，在“选项”对话框的左边项目树中单击“常规”选项的展开按钮，相应地展开了“显示”“兼容性”“参数和测量”“设备和虚拟现实”4 个子项。在此不多做解释，感兴趣的用户可以自行研究或查阅其他参考资料。

单击“选项”对话框左侧项目树中的“常规”选项，在对话框的右侧会显示出关于一般设置项的各选项卡，如图 1.3.11 所示。

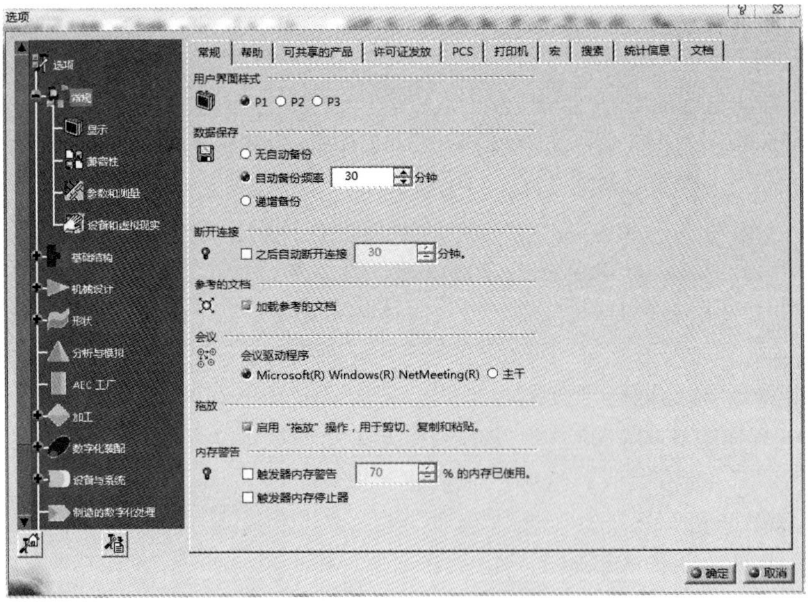

图 1.3.11 “常规”选项下的“选项”对话框

单击“选项”对话框左侧项目树中的“显示”选项，在对话框右侧显示针对显示设置的各选项卡，如图 1.3.12 所示，包括“树外观”“树操作”“浏览”“性能”“可视化”“层过滤器”“线宽和字体”和“线型”等。

单击“选项”对话框左侧项目树中的“兼容性”选项，在对话框右侧显示出相应的各选项卡，可以设置 CATIA 导入/导出各种文件的兼容性参数，如图 1.3.13 所示。

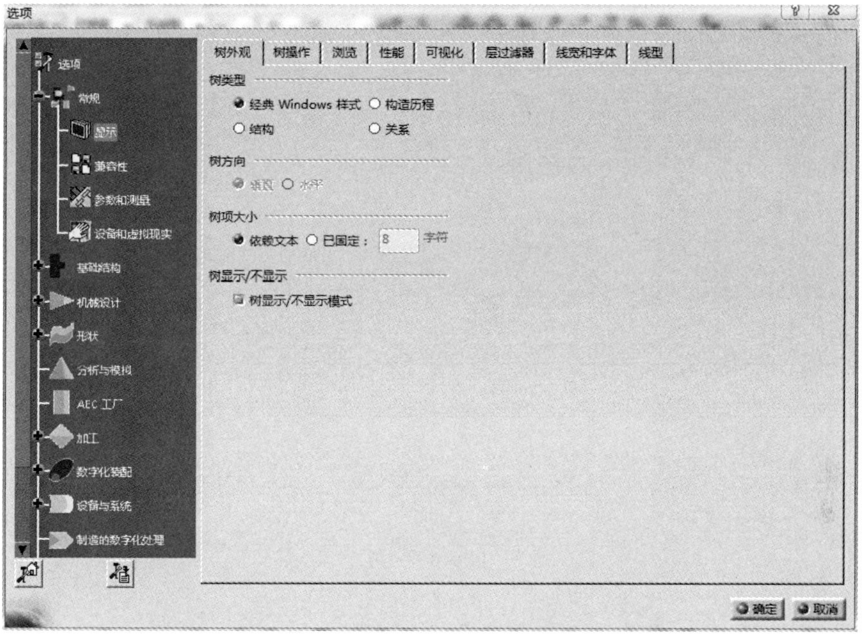

图 1.3.12 “显示”选项下的“选项”对话框

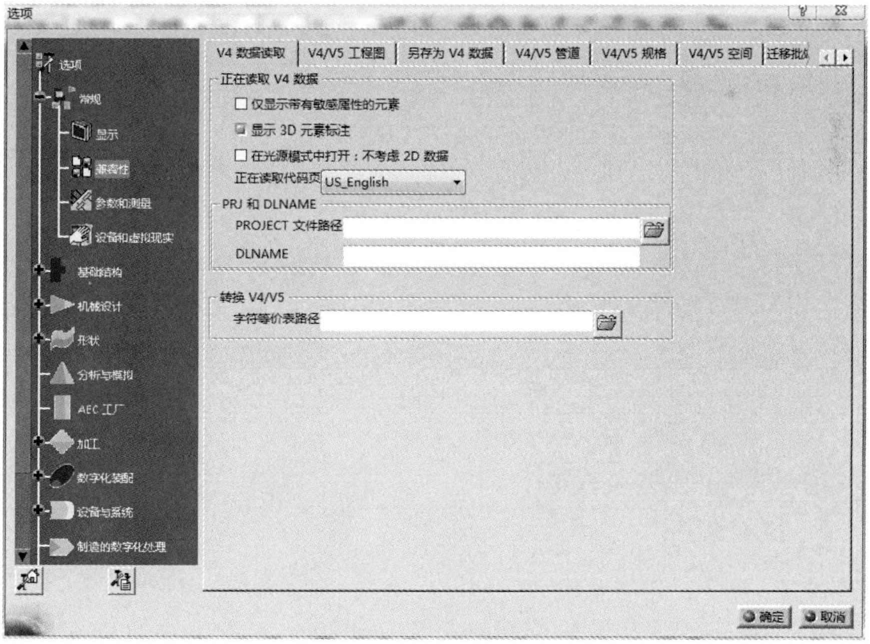

图 1.3.13 “兼容性”选项下的“选项”对话框

单击“选项”对话框左侧项目树中的“参数和测量”选项，在对话框右侧显示“知识工程”“单位”“缩放”“知识工程环境”“参数公差”“测量工具”“约束和尺寸”等选项卡，可以进行 CATIA 中参数与测量的设置，如图 1.3.14 所示。

单击“选项”对话框左侧项目树中的“设备和虚拟现实”选项，在对话框右侧显示出“设备”和“支持平板”选项卡，可以进行一些外部设置，如图 1.3.15 所示。

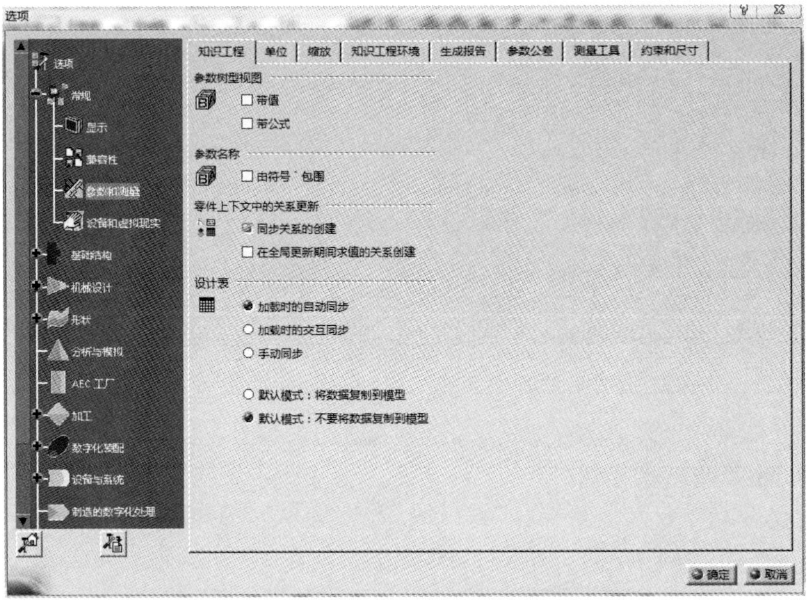

图 1.3.14 “参数与测量”选项下的“选项”对话框

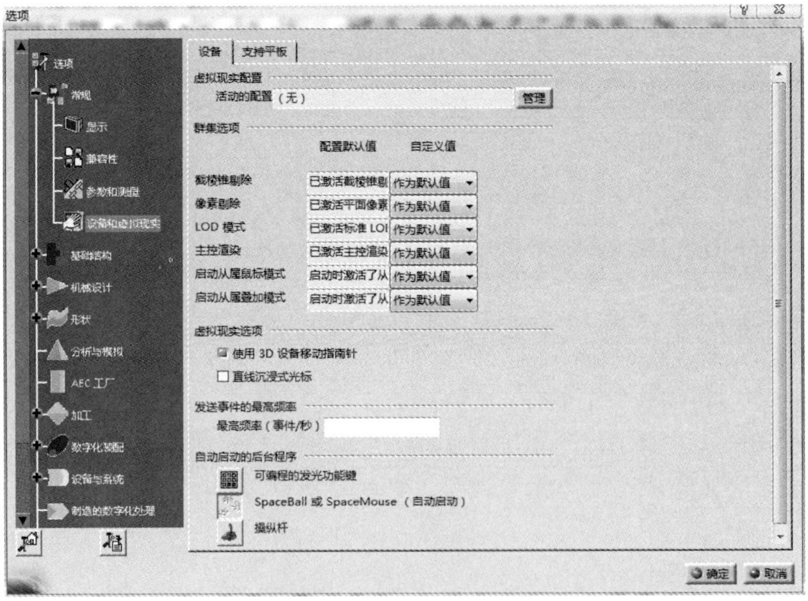

图 1.3.15 “设备与虚拟现实”选项下的“选项”对话框

对于“选项”对话框中其他一些选项的相关应用，感兴趣的用户可以自行查阅资料做深入的了解，在此不多做介绍。

1.3.7 “分析”菜单管理区

分析菜单管理区中只包含一个“物料清单”菜单项。在此不做叙述，感兴趣的用户可自行查阅资料进行学习。

1.3.8 “窗口”菜单管理区

单击“窗口”菜单管理项，弹出“窗口”下拉菜单，如图 1.3.16 所示。

窗口下拉菜单主要用来创建新的 CATIA 窗口和设置打开多个 CATIA 文件时各个文件之间的平铺方式。平铺的方式主要有“水平平铺”“垂直平铺”“层叠”等。

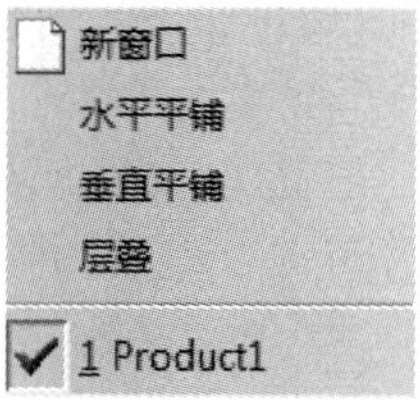

图 1.3.16 “窗口”下拉菜单

1.3.9 “帮助”菜单管理区

“帮助”菜单管理器主要为设计者提供各种帮助信息，其基本功能和用法与很多 Windows 软件的“帮助”菜单管理器相近，在此不一一叙述。

1.4 CATIA V6 基本操作

CATIA 是应用很广泛的一款三维工程设计软件，其功能非常强大，以鼠标操作为主，并用键盘输入数值。执行命令时主要以单击工具图标为主，也可以通过选择下拉菜单或键盘输入来执行命令。有些操作与其他三维工程设计软件有很大的不同，使初学者很难上手，下面就 CATIA V6 的一些基本操作做简单的介绍。

1.4.1 CATIA V6 的命名规则

关于 CATIA V6 的文件名有如下规则：

（1）可以使用 26 个英文字母 A 到 Z 的大小写；

（2）可以使用阿拉伯数字 0 到 9；

（3）可以使用除大于号（>）、小于号（<）、星号（*）、冒号（：）、引号（“）、问号（？）、正斜线（/）、反斜线（\）、竖线（|）等符号以外的其他符号。

1.4.2 鼠标的基本操作

与其他 CAD 软件类似，CATIA 提供各种鼠标按钮的组合功能，包括执行命令、选择对象、编辑对象，以及对视图和特征树的平移、旋转和缩放等。

CATIA 中鼠标的操作说明如下：

（1）缩放图形区：按住鼠标中键，单击或右击，向前移动鼠标可以看到图形在变大，向后移动鼠标可以看到图形在缩小。

（2）平移图形：按住鼠标中键，移动鼠标，可看到图形跟着鼠标移动。

（3）旋转图形区：按住鼠标中键，然后按住鼠标左键或右键，移动鼠标，可看到图形在旋转。

1.4.3　指南针的使用

指南针是一个非常重要的工具，通过它可以对视图进行移动、旋转等多种操作，在操作零件时同样有着非常强大的功能。下面简单介绍指南针的基本功能。

“指南针”默认在文件窗口的右上角，并且处于激活状态，用户可以通过选择“视图”→“指南针”菜单项来隐藏或显示指南针，但当指南针已经处于激活状态时，则不能进行隐藏操作。使用指南针既可以对特定的物体进行特定的操作，还可以对视点进行操作。

在图 1.4.1 中，字母 x，y，z 表示坐标轴的名称，z 坐标轴起到定位作用。靠近 z 轴的点是“自由旋转把手”，用于旋转指南针，同时文件窗口中的物体也进行旋转。红色方块是“指南针操作把手”，用于拖拽指南针，并且可以将指南针置于物体上进行操作，也可以使物体绕该点旋转。指南针的底部，xy 平面是“优先平面”，也就是基准平面。

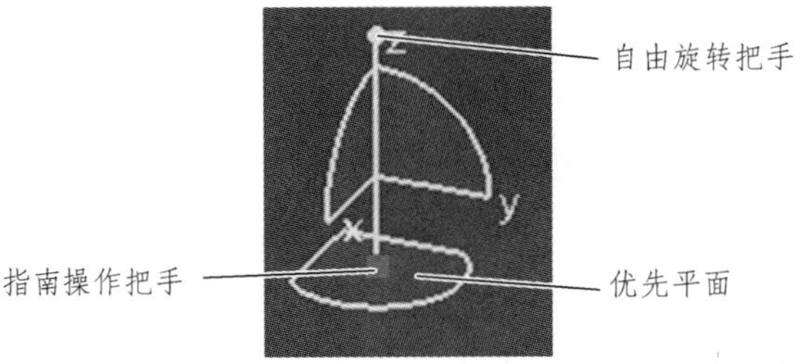

图 1.4.1　指南针

值得注意的是，指南针只可以用于操作未被约束的物体，但是，也可以操作彼此之间有约束关系但属于同一装配体的一组物体。

指南针的功能具体介绍如下：

1．视点操作

视点操作是只用鼠标对指南针进行简单拖动，从而实现对图形区的模型进行平移或者旋转的操作。

将鼠标移至指南针处，鼠标指针由“”变为“”，并且鼠标所经过之处，坐标轴、坐标平面的弧形边缘以及平面本身都会以亮色显示。

单击指南针上的轴线（此时坐标指针变为“”），并按住鼠标左键拖动，图形区中的模型会沿着该轴线移动，但指南针本身并不会移动。

单击指南针上的平面并按住鼠标左键移动，则图形区中的模型和空间也会在此平面内移动，但指南针本身不会移动。

单击指南针平面上的弧线并按住鼠标左键移动，图形区中的模型会绕其法线旋转，同时，指南针本身也会旋转，而且鼠标离红色方块越近，旋转越快。

单击指南针上的自由旋转柄并按住鼠标左键移动，指南针会以红色方块为中心点自由旋转，且图形区中的模型和空间也会随之旋转。

单击指南针上的 x，y 或 z 字母，则模型在图形区以垂直于该轴的方向显示，再次单击该字母，视点方向会变为反向。

2. 模型操作

使用鼠标和指南针不仅可以对视点进行操作，而且可以把指南针拖动到零件上，对零件进行移动、旋转操作，这种移动或旋转零件的方法多用于装配工作台中。

将鼠标移至指南针操作柄处（此时鼠标指针变为“✥”），然后拖动指南针到模型上释放，此时指南针会附着在模型上，且字母 x，y，z 会变为 w，u，v，这表示坐标轴不再与文件右下角的绝对坐标相一致。此时，就可以按上面介绍的对视点的操作方法对零件进行移动或旋转操作。

注意：

（1）对模型进行操作的过程中，移动的距离和旋转的角度均会在图形区显示。显示的数据为正，表示与指南针指针的正向相同；显示的数据为负，表示与指南针指针的正向相反。

（2）将指南针恢复到位置的方法：拖动指南针操纵柄到离开物体的位置，松开鼠标键，指南针就会回到图形区右上角的位置，但是不会恢复为默认的方向。

（3）将指南针恢复到默认方向的方法有：

① 将其拖动到窗口右下角的绝对坐标系处；

② 在拖动指南针离开物体的同时按 Shift 键，且先松开鼠标左键；

③ 选择下拉菜单“视图”→“重置罗盘”命令。

3. 编　辑

通过“编辑”命令可以操作的对象与罗盘的操作对象是一样的。

将罗盘拖拽至物体上，右击鼠标，在弹出的快捷菜单中选择“编辑”选项，或者双击罗盘，会弹出“用于指南针操作的参数”对话框，如图 1.4.2 所示。

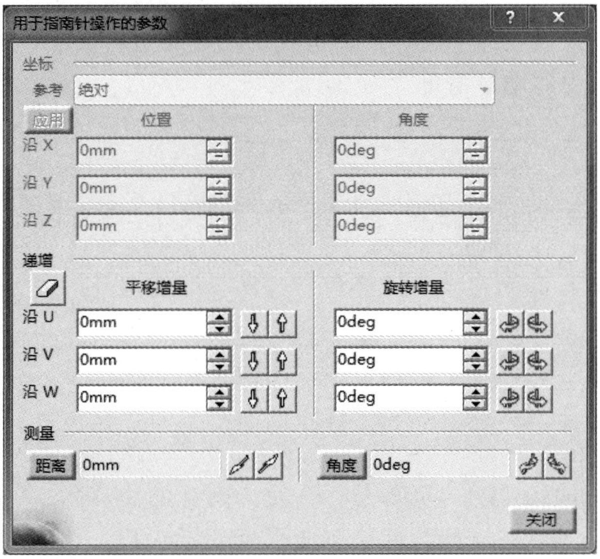

图 1.4.2　“用于指南针操作的参数”对话框

在进行下述操作的过程中，该对话框要始终处于打开的状态，并且当前对话框中的坐标值为“指南针操作把手”的坐标。

在该对话框中，供选择的坐标系有绝对坐标系和活动坐标系。绝对坐标系是指物体的移动是相对于绝对坐标的；活动坐标系是指物体的移动是相对于激活物体的。定义激活物体只需在设计树中双击该物体，则该物体会以蓝色亮显。此时，就可以对罗盘进行精确的移动、旋转等操作，从而对物体也进行相应的操作。

欲沿着罗盘的一根轴线进行移动，只需在“沿 U”“沿 V”“沿 W”中填入相应的距离，然后选择向上“”或向下“”工具按钮即可。

欲绕着一根轴线进行旋转，同样只需在“沿 U”“沿 V”“沿 W”中填入相应的角度，然后选择顺时针“”或逆时针“”工具按钮即可。

欲使物体沿所选的两个元素产生矢量移动，则需单击“测量”选项区域的“距离”按钮，然后选择两个元素。此时，对话框中的所有选项都会变为灰色。可供选择的元素包括一个点、一条线或者一个平面。两个元素的距离值经过计算会在“距离”文本框中显示出来。当第一个元素为一条直线或者一个平面时，除了可以选择第二个元素外，还可以在“距离”文本框中输入相应数值。这样，就可单击移动方向工具按钮“”或“”，使物体沿着经过计算所得的平移方向的反向或正向进行移动。

欲使物体沿着所选择的两个元素产生的夹角进行旋转，则需单击“测量”选项区域的“角度”按钮，然后选择两个元素。这时，对话框中的所有选项都会变为灰色。然后可以选择直线或者平面，所产生的角度值经过计算会在“角度”文本框中显示出来。最后再单击旋转方向工具按钮“”或“”，使物体沿着经过计算所得的旋转轴负向或正向进行旋转。

用户可以随时单击“重置所有递增值”工具按钮“”，对“递增”选项区域的数值进行修改。

当指南针在物体上时，可以拖动指南针的相应轴线或者弧线，使物体按照“递增”选项区域内的“平移增量”或者“旋转增量”进行平移或者旋转。当对话框关闭时，增量值也会被保存，这时利用指南针对物体进行操作，其改变量只能是增量值。如果想自由地对物体进行操作，只需将对话框中的增量值重置为 0。

4. 其他操作

在指南针上右击鼠标，会显示如图 1.4.3 所示的指南针菜单。下面简单介绍该菜单的其他命令。

（1）锁定当前方向：即固定当前的视角，这样，即使选择“视图”→“重置指南针”菜单项，也不会回到原来的视角。同时，在指南针拖拽的过程中以及指南针拖拽至物体上以后，都会保持原来的方向。欲重置指南针的方向，只需在此选择该命令即可。

（2）将优先平面方向锁定为与屏幕平行：使指南针的优先平面与屏幕方向相互平行，这样，即使改变视点或者旋转物体，指南针的优先平面也不会发生改变。

（3）使用局部轴系：使指南针的坐标系同当前自定义的坐标系保持一致。如果无当前自定义坐标系，则与文件窗口右下角的坐标系保持一致。

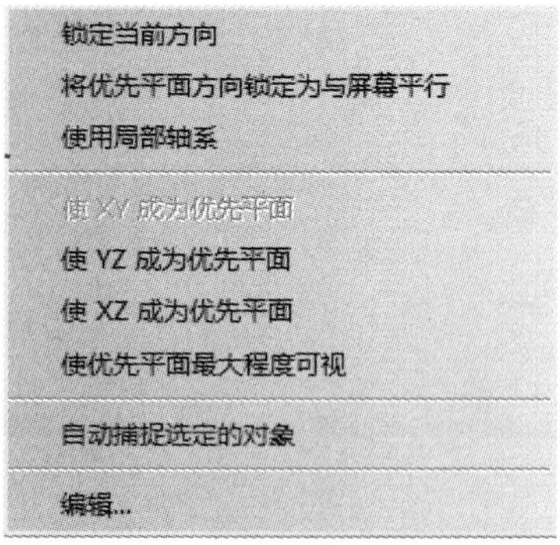

图 1.4.3 指南针菜单

（4）使 XY 成为优先平面：使 XY 平面成为指南针的优先平面。

（5）使 YZ 成为优先平面：使 YZ 平面成为指南针的优先平面。

（6）使 XZ 成为优先平面：使 XZ 平面成为指南针的优先平面。

（7）使优先平面最大程度可视：使指南针的优先平面为可见程度最大的平面。

（8）自动捕捉选定的对象：使指南针自动到指定的未被约束的物体上。

1.4.4 测量操作

本小节主要介绍 CATIA 中的测量操作，包括测量几何图素之间的距离、测量项及测量惯量。这些命令都包含在“分析”菜单中。

1. 测量距离

“测量距离”命令用于测量实体之间的距离。接下来主要介绍如何测量几何实体（点、线、面、体）之间的最小距离或角度。

单击“测量”工具栏中的“测量距离”工具按钮“ ”，或者选择“分析”→“在其间测量”菜单项，弹出“测量间距”对话框，如图 1.4.4 所示。

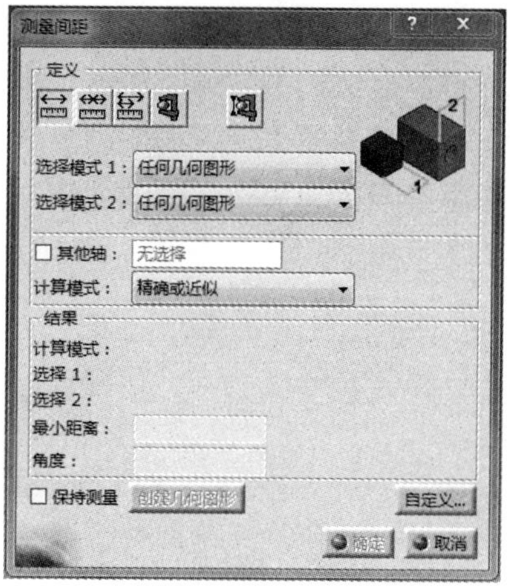

图 1.4.4 “测量间距”对话框

在默认情况下，测量的是最小间距夹角角度，对装配体的测量是以装配体的坐标系为基准，对零件的测量则是以零件的坐标系为基准。

可供选择的测量类型有：

（1）测量间距“ ”：测量两个被选中元素之间的距离或角度。

（2）在链式模式间测量间距“ ”：将上一次测量时的第二个被选中元素作为紧随其后的下一次测量的第一个被选中元素。

（3）在扇形模式中测量间距“ ”：将最先被选中的元素作为参考，以后每选中一个元素，都自动测量出与最先被选中的元素之间的距离或角度。

选择所需的实体元素（点、线、面等），系统将自动测量并显示结果。测量结果显示在实体上以及对话框中的“结果”选项区域。

2. 测量项

这个命令的作用是测量实体元素（点、线、面、整个装配体等）的属性。

在“测量”工具栏中单击“测量项”工具按钮“ ”或者选择“分析”→“测量项”菜单项，弹出“测量项”对话框，如图 1.4.5 所示。

选择所需的实体元素（点、线、面等），系统将自动测量并显示结果。测量结果显示在实体上以及对话框中的“结果”选项区域。

3. 测量惯量

这个命令可以用于测量曲面和实体的三维惯量，以及曲面的二维惯量。

在“测量”工具栏中单击“测量惯量”工具按钮“ ”，或者选择“分析”→“测量惯量”菜单项，弹出“测量惯量”对话框，如图 1.4.6 所示。

图 1.4.5 “测量项”对话框

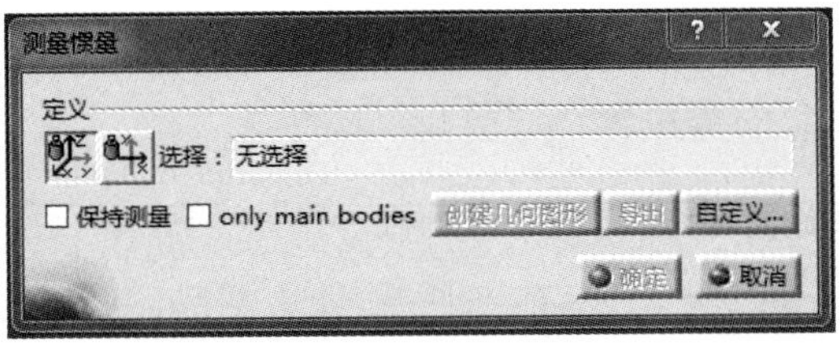

图 1.4.6 “测量惯量”对话框

在默认情况下，系统测量的是曲面和实体的三维惯量，对应的“测量 3D 的惯量”工具按钮“ ”处于选中状态。如需测量曲面二维惯量，单击“测量 2D 的惯量”工具按钮“ ”即可。对话框下部的“导出”按钮的作用是将测量结果以文本文件（.txt 文件）的形式输出。

在模型树上选择需要测量的元素，选择完毕后，将会在“测量惯量”对话框的下部显示测量结果，如图 1.4.7 所示。

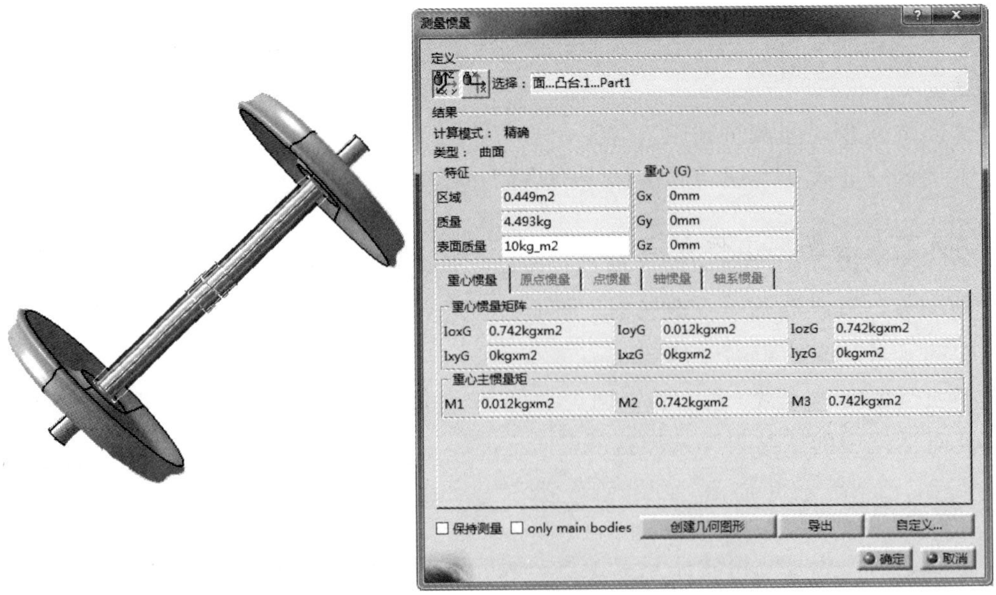

图 1.4.7 测量结果

2　三维绘图基础

2.1　引　言

建立三维模型的一般流程为：二维草绘→通过三维命令构建实体→对三维实体进行修饰→单个三维零部件→所有三维零部件→整体模型装配。可见，二维草绘是三维建模最为基础的环节，因而掌握二维草图的绘制技巧对三维模型的建立至关重要。本章将介绍草绘工具，演示草绘实例，介绍三维建模基础知识、常用三维建模命令及常用修饰特征，演示三维模型建立实例。

2.2　草图设计

草图绘制是三维造型或曲面的基础，在三维造型中占有很重要的地位。通常三维造型的第一步就是二维草图，然后根据实际情况对二维草图进行各种处理。掌握二维草图绘制将为三维实体造型打下坚实基础。

2.2.1　草图工作台简介

1. 进入和退出草图工作台

要了解草图设计工作台，要先进入草图设计工作台。

打开 CATIA V6 后，选择下拉菜单“开始”→“机械设计”→“草图编辑器”命令，系统弹出“新建零件”对话框；在“输入零件名称”文本框中输入文件名（也可以采用默认的名称 Part1），单击“确定”按钮；在特征树中选择“xy 平面”为草绘平面，系统即可进入草图设计工作台，如图 2.2.1 所示。

注意：要进入草图设计工作台，必须先选择一个草绘平面，也就是要确定新草图在三维空间的放置位置。草绘平面是草图所在的某个空间平面，它可以是基准平面，也可以是实体的某个表面。

要退出草图设计工作台时，只需要单击“工作台”工具条中的“退出工作台”按钮“”，即可退出草图设计工作台。

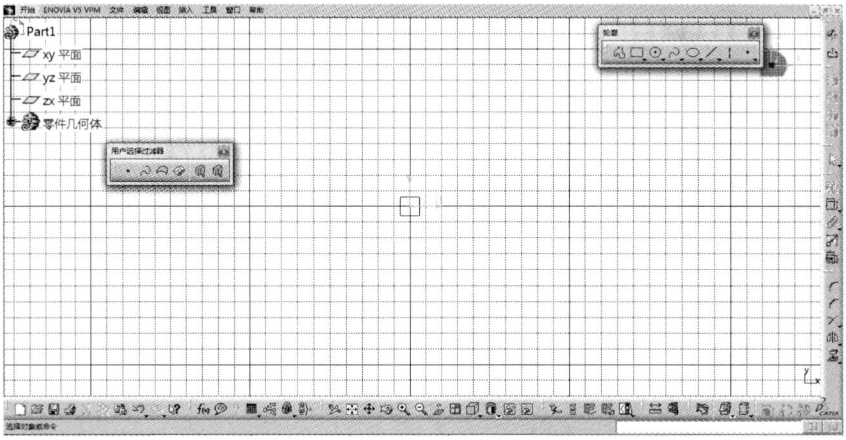

图 2.2.1　草图设计工作台

2. 草图设计工作台设置

不同的用户有不同的习惯，对工作台的要求也会不同。适宜的工作台有助于提高用户的工作效率，下面简单介绍一下草图设计工作台的设置。

选择“工具”→“选项”菜单项，会弹出“选项”对话框。在对话框左侧项目树中选择“机械设计”中的“草图编辑器”选项，如图 2.2.2 所示。

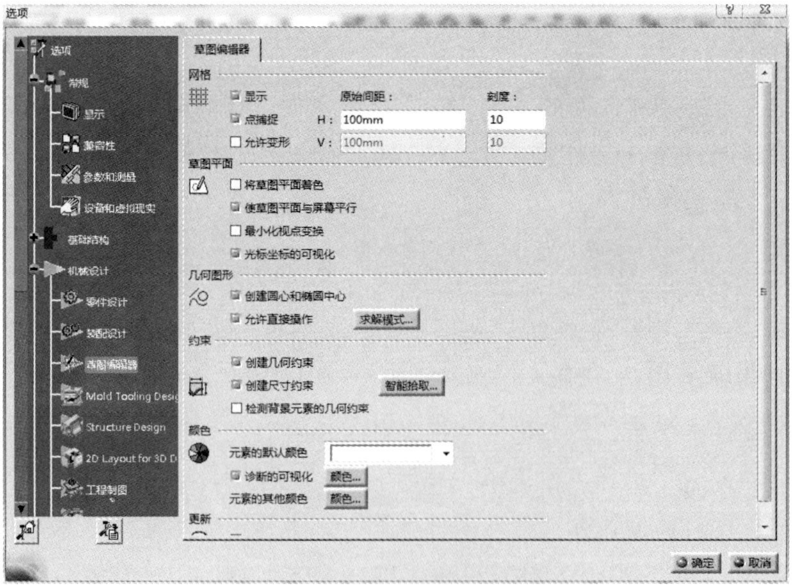

图 2.2.2　“选项”对话框

在“网格”选项区域中，“显示”用于设置显示或隐藏网格；“点捕捉”用于设置网格捕捉；“允许变形”用于设置允许 H 向和 V 向的网格步长不同；“原始间距”用于设置网格的长度，默认为 100 mm；“刻度”又称为“二级网格”，是将步长分的份数，默认为 10。

在“草图平面”选项区域中，“将草图平面着色”用于设置草图基准面是否利用阴影显示；“使草图平面与屏幕平行”用于设置在每次进入草图工作台时是否将基准面调整到与屏幕平行的位置；“光标坐标的可视化”用于设置切换时是否显示光标的位置。

在“几何图形”选项区域中，“创建圆心和椭圆中心”用于调整在绘制圆或椭圆时是否同时生成圆心；“允许直接操作”用于设置元素的拖动方式，单击其右侧的“求解模式”按钮，弹出“拖动元素”对话框，如图 2.2.3 所示，在这个对话框中设置拖动方式。

“约束”选项用于设置尺寸约束和几何约束的创建。其中，“创建几何约束”和“创建尺寸约束”的含义与“草图工具”工具栏中的工具按钮一样，在此不再重复介绍。

单击右侧的“智能拾取”按钮，将会打开“智能拾取”对话框，如图 2.2.4 所示，在这个对话框中可进行智能捕捉的设置。智能捕捉是指在进行草图绘制时，针对方向和位置系统自动进行导航的功能。

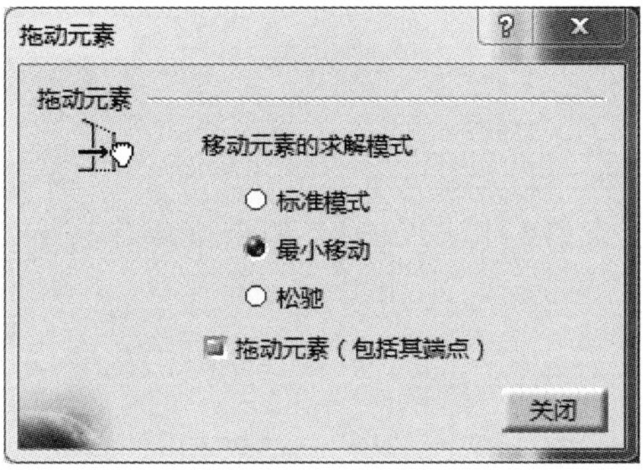

图 2.2.3　“拖动元素”对话框

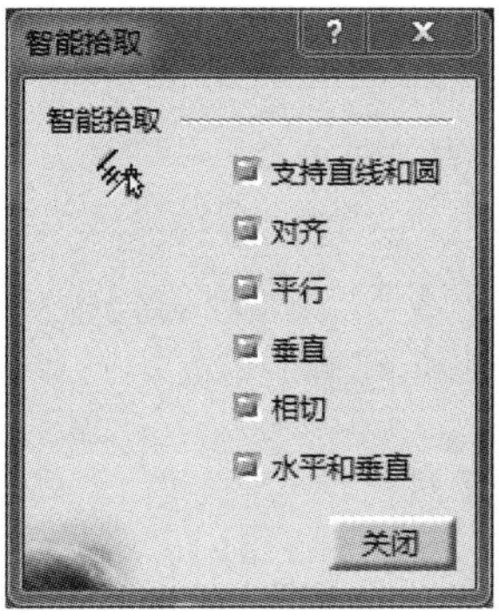

图 2.2.4　“智能拾取”对话框

在“选项”对话框中最后一栏是颜色选项区域，在这里可以对草图设计中所涉及的颜色进行调整。其中，“元素的默认颜色”是指几何图形的显示颜色，一般默认为白色；“诊断可视化”是指针对诊断结果的设置，单击右侧“颜色”按钮，会弹出“诊断颜色”对话框，在这里可以对诊断结果的颜色进行调整；单击“元素的其他颜色”后面的“颜色”按钮，会弹出“其他元素的颜色”对话框，在这里可以对其他一些元素的颜色进行设置，主要有“受保护的元素”“构造元素”和“智能拾取”选项。

2.2.2　“草图工具”工具栏

在草图设计环境中，有一个“草图工具”工具栏，如图 2.2.5 所示，它主要用于绘制轮廓时的一些辅助性操作。各部分功能介绍如下：

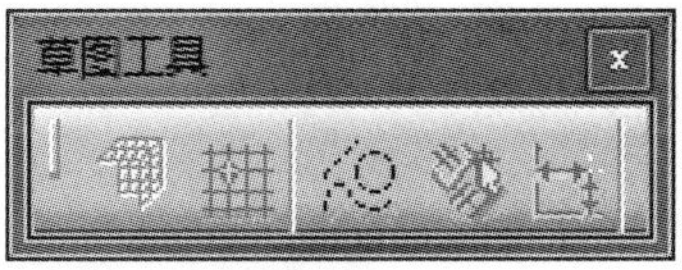

图 2.2.5　“草图工具”工具栏

（1）“点对齐”命令“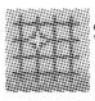”：设置网格捕捉。如果此按钮被激活，在进行草图设计时，选择点只可以是网格点。当该按钮被激活时，即使“网格”按钮没有被激活，捕捉功能依然生效。

（2）“构造/标准元素”命令“”：创建构造图案，构造图案为虚线。在实际图形绘制中，往往需要创建一些参考用的图案，这些图案称为构造图案。构造图案的创建方法与标准图素的创建方法一样，唯一的区别是如果在绘制时将此按钮激活，则生成构造图素。另外，选择已生成的标准图素，再单击此工具按钮同样可以将它转换成构造图素。

（3）“几何约束”命令“ ”：激活该按钮绘制草图时将自动生成相关的几何约束。关于几何约束，将在后面的章节中详细介绍。

（4）“尺寸约束”命令“ ”：激活该按钮在绘制草图时将自动生成尺寸约束，但是生成的尺寸约束是有条件的。只有利用工具栏输入的几何尺寸才会被自动添加。

（5）数据输入文本框：此部分并不是总是显示，而是根据当前命令显示。这里主要用于输入当前使用命令的相关参数，如图 2.2.6 所示。

图 2.2.6　辅助输入工具栏

2.2.3　绘制草图

之前介绍了草图工作台的其他一些基本设置和作用，接下来将重点介绍 CATIA V6 中相关二维几何图素的绘制。

1. 绘制直线

单击“轮廓”工具栏中的“直线”工具按钮“ ”的下三角按钮，可以展开“直线”工具栏，如图 2.2.7 所示，其中包括“直线”“无限长线”“双切线”“角平分线”“垂线”5 个工具按钮。

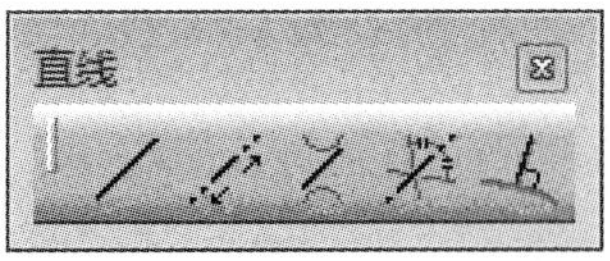

图 2.2.7　“直线”对话框

（1）绘制直线。

① 在“直线”工具栏上单击“直线”工具按钮“ ”开始绘制直线。

② 可以在“草图工具”工具栏中输入第一点的坐标，或者使用光标直接单击确定，此时可以看到一条“橡皮筋”线附着在鼠标指针上。

③ 终点同样可以利用坐标值输入，也可以利用长度和角度来确定直线的位置，或者直接单击确定鼠标的终点来完成直线的绘制。

注意：单击选择直线命令只能使用一次直线命令，若想连续多次使用直线命令，则需要双击直线按钮，CATIA 中大多数工具按钮均可使用双击实现连续操作。

（2）绘制无限长线。

单击“直线”工具栏中的“无限长线”工具按钮“ ”，在“草图工具”工具栏上会出现 3 种绘制方式，如图 2.2.8 所示，默认方式为“水平线”，即“ ”。在绘图区单击一点或者输入坐标即可绘制一条水平无限长线。

图 2.2.8　水平线的绘制

在“草图工具”工具栏上单击“竖直线”按钮“ ”，在绘图区单击一点或者输入坐标即可绘制一条水平无限长线。

在“草图工具”工具栏上单击“通过两点的直线”工具按钮“”，则可以通过输入两点的坐标或者一点的坐标以及角度来确定一条无限长线。

（3）绘制双切线。

单击“直线”工具栏中的“双切线”工具按钮“”，在设计环境中依次单击两个圆或圆弧即可。

（4）绘制角平分线。

单击“直线”工具栏中的“角平分线”工具按钮“”，依次选择两条相交或者不相交的直线，生成角平分线，同时生成几何约束。

（5）绘制垂线。

单击“直线”工具栏中的“垂线”工具按钮“”，在设计环境中先单击选择垂线的起点，然后将光标移动到直线、曲线或者样条线上单击，生成垂线。

2. 绘制轴

单击“轮廓”工具栏中的“轴”工具按钮“”，利用辅助工具输入轴线的起点和终点，或者用鼠标单击选择轴的起点和终点，便可绘制一条轴线。

在一个草图中，只能有一条轴线，如果再次绘制一条轴线，则第一条轴线将转换为构造图形。

3. 绘制矩形

单击“轮廓”工具栏中“矩形”工具按钮“”的下三角按钮，可以展开“预定义的轮廓”工具栏，如图 2.2.9 所示，其中包括“矩形”“斜置矩形”“平行四边形”“延长孔”“圆柱形延长孔”“钥匙孔轮廓”“正六边形”“居中矩形”“居中平行四边形”9 个工具按钮。

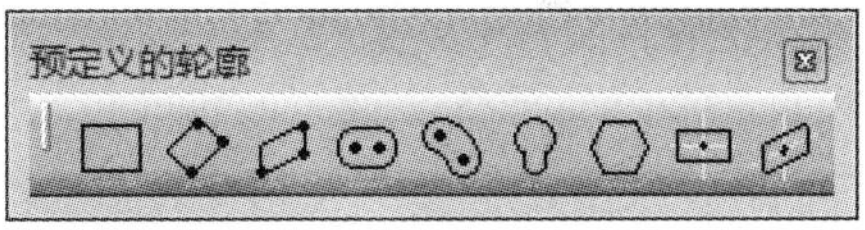

图 2.2.9 “预定义的轮廓”工具栏

（1）绘制矩形。

① 单击“预定义的轮廓”工具栏中的“矩形”工具按钮“”，在“草图工具”工具栏中输入一点的坐标，或者单击一点。

② 确定另一个角点，可以用光标确定，也可以在“草图工具”工具栏中输入第二点的坐标，或者确定矩形的两边长度，其方向可以通过正负号来表示，如图 2.2.10 所示。

（2）绘制斜置矩形。

① 单击“预定义的轮廓”工具栏中的“斜置矩形”工具按钮“”，在“草图工具”工具栏中输入第一点的坐标，或者通过光标单击确定第一点。

② 确定第二个角点，可以输入坐标值，也可以使用光标单击确定第二个角点。

③ 确定第三个角点，可以输入坐标值，也可以使用光标定位，或者输入高度（可以为正，也可以为负），得到一个斜置矩形，如图 2.2.11 所示。

（3）绘制平行四边形。

① 单击“预定义的轮廓”工具栏中的“平行四边形”工具按钮“”，在“草图工具”工具栏中输入第一角点的坐标，或者单击确定一点。

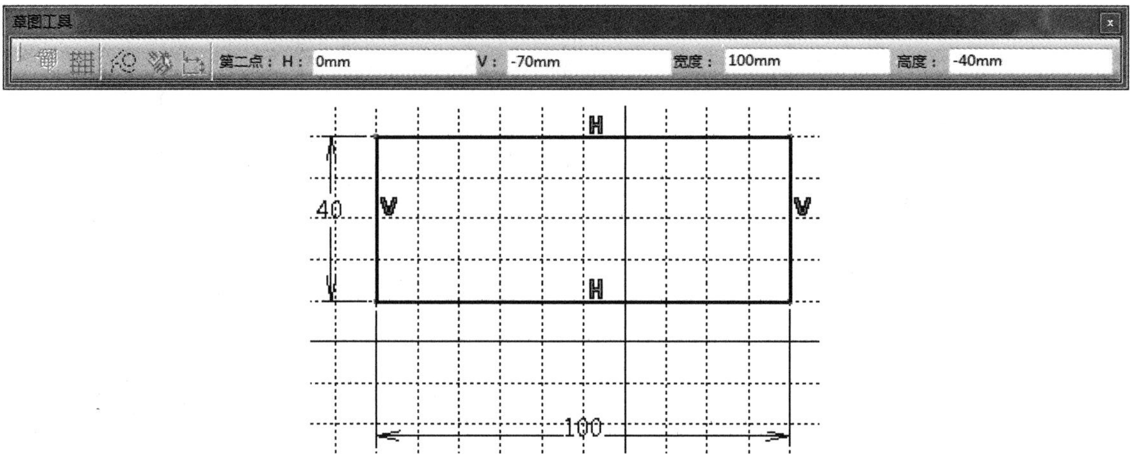

图 2.2.10　绘制矩形

② 在“草图工具”工具栏中输入第二个角点的坐标，或者利用光标单击确定第二个角点，也可以在“草图工具”工具栏中输入其边长和角度。

③ 在“草图工具”工具栏中输入第三个角点的坐标，或者利用光标单击确定第二个角点，也可以在“草图工具”工具栏中输入其边长和角度，完成绘制，得到一个平行四边形，如图 2.2.12 所示。

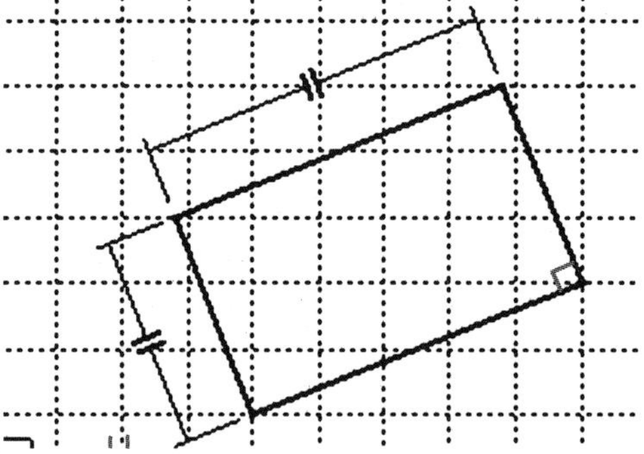

图 2.2.11　斜置矩形

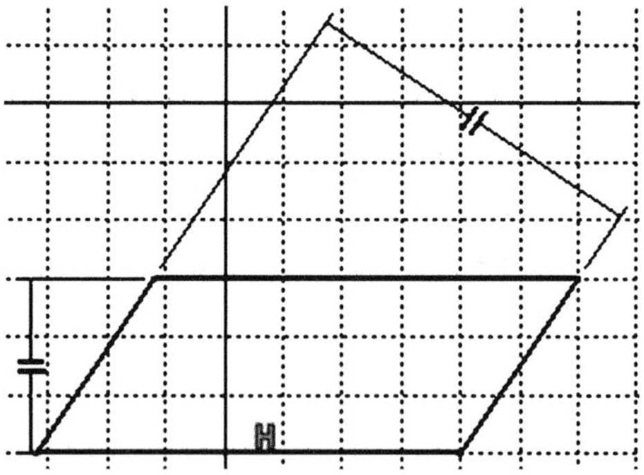

图 2.2.12　平行四边形

（4）绘制延长孔。

① 单击“预定义的轮廓”工具栏中的“延长孔”工具按钮“ ”，在“草图工具”工具栏中输入中心线第一点的坐标或者利用光标单击确定第一点。

② 在“草图工具”工具栏中输入第二点的坐标，或者用鼠标单击确定第二点。也可以在“草图工具”工具栏中输入中心线的长度以及中心线与横轴所成的角度。

③ 在“草图工具”工具栏中输入孔上一点的坐标，也可以利用光标单击确定孔上一点的位置，或者在“草图工具”工具栏中输入两端圆角的半径完成延长孔的绘制，得到一个延长孔，如图 2.2.13 所示。

（5）绘制圆柱形延长孔。

① 单击“预定义的轮廓”工具栏中的“圆柱形延长孔”工具按钮“ ”，在“草图工具”工具栏中输入圆心的坐标，或者用光标单击一点，确定圆心的坐标。

② 确定圆弧的起点，可以用光标单击确定，也可以输入起点的坐标值，或者输入圆弧的半径以及起点到圆心连线与横轴的角度。

③ 确定圆弧中心线的终点，可以用光标单击确定，也可以输入终点的坐标值，或者输入圆心的角度。

④ 确定延长孔上一点，可以用光标单击确定，也可以输入起点的坐标值，或者输入端部圆角的半径，即可得到一个圆柱形延长孔，如图 2.2.14 所示。

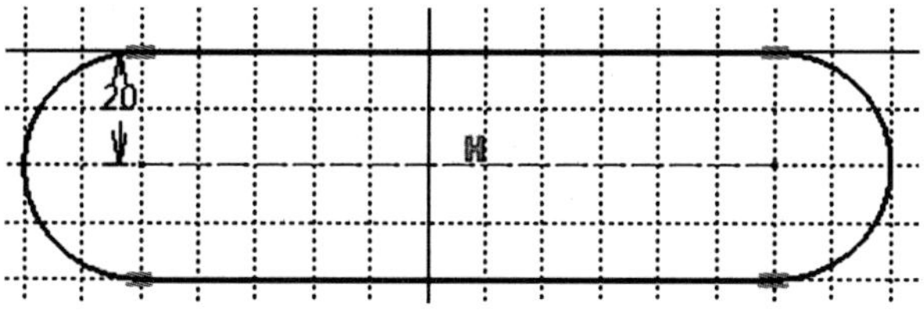

图 2.2.13　延长孔

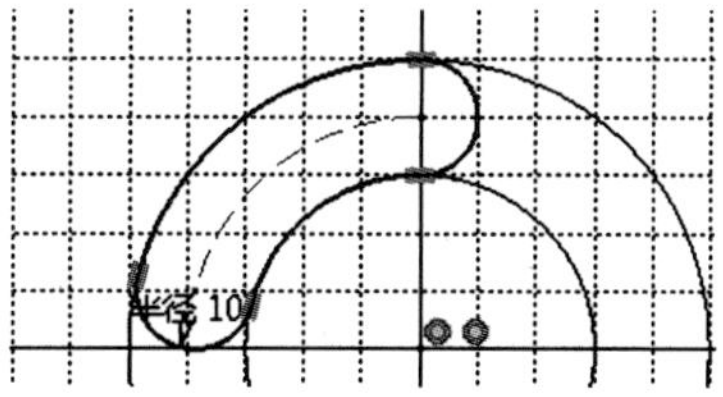

图 2.2.14　圆柱形延长孔

（6）绘制钥匙孔轮廓。

① 单击“预定义的轮廓”工具栏中的“钥匙孔轮廓”工具按钮“ ”，确定第一段圆弧的中心点，可以用光标确定，也可以输入中心点的坐标值。

② 确定较大一端中心位置，可以用光标确定，也可以输入中心点的坐标值。

③ 确定较小一端中心位置，可以用光标确定，也可以输入中心点的坐标值，或者输入中心线的长度以及中心线与横轴所成的角度。

④ 确定较小一端圆弧的大小，可以用光标确定，也可以输入坐标值。

⑤ 确定较大一端圆弧的大小，可以用光标确定，也可以输入坐标值，得到一个钥匙孔轮廓，如图 2.2.15 所示。

（7）绘制正六边形。

① 单击“预定义的轮廓”工具栏中的“正六边形”工具按钮“ ”，通过光标单击确定正六边形的中心点，也可以通过输入中心点的坐标值来确定中心点。

② 通过光标单击确定正六边形一边的中点，或者通过输入正六边形内切圆的直径以及与横轴的夹角来确定正六边形的大小与方位，得到一个正六边形，如图 2.2.16 所示。

（8）绘制居中矩形。

① 单击“预定义的轮廓”工具栏中的“居中矩形”工具按钮“ ”，通过光标单击或者通过输入坐标值来确定矩形的中心点。

② 用光标单击确定“居中矩形”的一个角点，也可以在“草图工具”工具栏中输入相应的参数得到一个居中矩形。

（9）绘制居中平行四边形。

① 单击“预定义的轮廓”工具栏中的“居中平行四边形”工具按钮“ ”，使用光标选择两条不平行的直线，其焦点或者延长线上的交点就是平行四边形的中心点，平行四边形的两组对边与所选择的直线相互平行。

② 利用光标确定平行四边形的一个角点，或者在“草图工具”工具栏中输入平行四边形的高度与宽度，即可得到一个平行四边形。

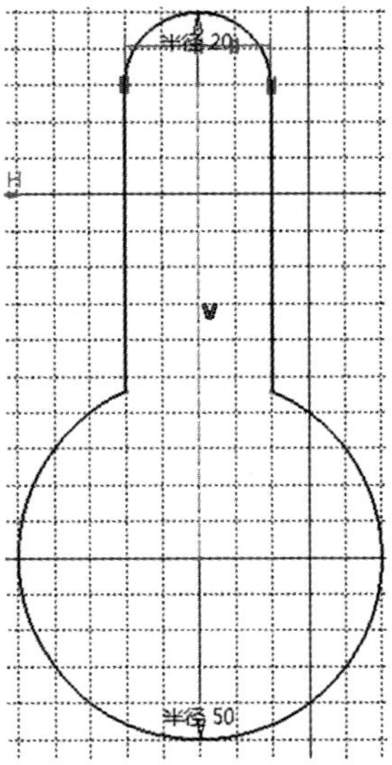

图 2.2.15　钥匙孔轮廓

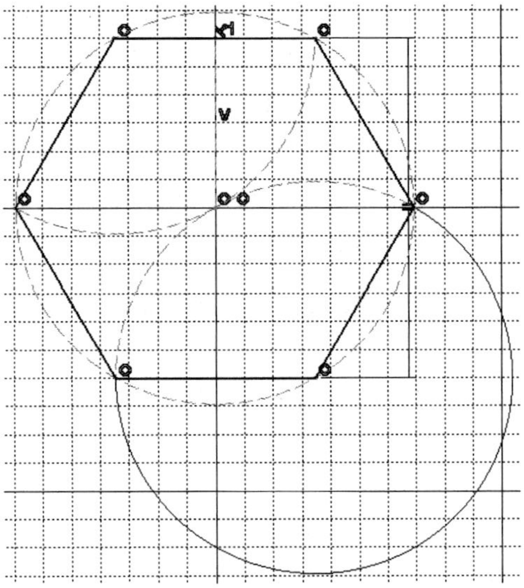

图 2.2.16　正六边形

4. 绘制圆

单击“轮廓”工具栏中的“圆”工具按钮“”的下三角按钮，即可展开“圆”工具栏，其中包括“圆”“三点圆”“使用坐标创建圆”“三相切圆”“三点圆弧”“起始受限的三点弧”“弧”7 个工具按钮。

（1）绘制圆。

① 单击“圆”工具栏中的“圆”工具按钮“”，利用光标单击或者在“草图工具”工具栏中输入中心点的坐标来确定圆心。

② 利用光标单击确定圆上的一点或者在“草图工具”工具栏中输入圆的半径得到一个圆。

（2）利用“三点圆”命令绘制圆。

① 单击“圆”工具栏中的“三点圆”工具按钮“”，利用光标单击确定圆上第一点或者在“草图工具”工具栏中输入第一点的坐标确定第一点。

② 利用相同的办法确定圆上的第二点。

③ 利用相同的办法确定圆上的第三点。

（3）利用“使用光标创建圆”命令绘制圆。

① 单击“圆”工具栏中的“使用坐标创建圆”工具按钮“”，系统弹出“圆定义”对话框，在对话框中输入圆心坐标和半径。

② 单击“确定”按钮后得到一个圆，完成圆的绘制。

（4）利用“三相切圆”命令绘制圆。

单击“圆”工具栏中的“三相切圆”工具按钮“”，选取 3 个元素即可生成一个圆，当这 3 个元素是点时，就相当于三点画圆，如图 2.2.17 所示。

（5）利用“三点圆弧”命令绘制圆弧。

单击“圆”工具栏中的“三点圆弧”工具按钮“”，利用光标单击确定或者在“草图工具”工具栏中依次输入 3 个点，即可得到一条圆弧，如图 2.2.18 所示。

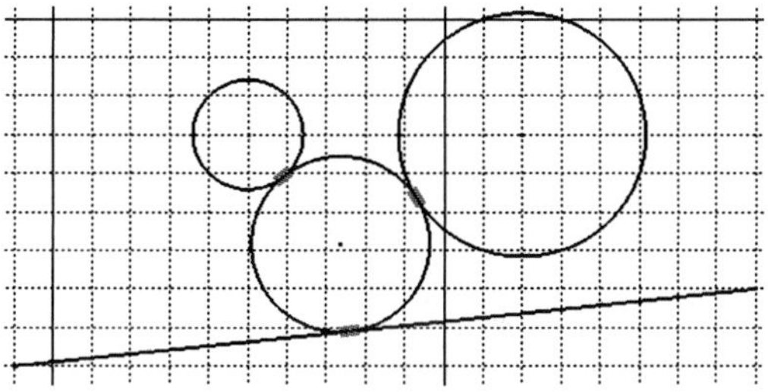

图 2.2.17　三相切圆

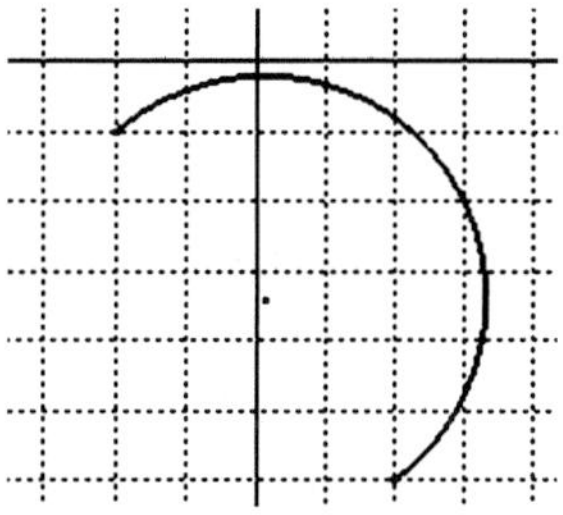

图 2.2.18　最终圆弧

（6）利用“起始受限的三点弧”命令绘制圆弧。

① 单击“圆”工具栏中的“起始受限的三点弧”工具按钮“”，利用光标单击确定起始点或者在“草图工具”工具栏中输入起始点的坐标。

② 利用光标单击或者在“草图工具”工具栏中输入终点的坐标确定终点。

③ 利用光标单击确定第三点的坐标或者输入圆弧的半径得到确定的圆弧。

（7）利用“弧”命令绘制圆弧。

① 单击“圆”工具栏中的“弧”工具栏中的“弧”工具按钮“”，利用光标单击或者在“草图工具”工具栏中输入圆心的坐标确定圆弧圆心。

② 利用光标单击确定起始点或者在“草图工具”工具栏中输入起始点的坐标、圆弧的半径及起点与横轴的夹角。

③ 利用光标单击确定终点的坐标或者在“草图工具”工具栏中输入圆弧的弧度。

5. 绘制样条线

单击“轮廓”工具栏中的“样条线”工具按钮“”的下三角按钮，可以展开“样条线”工具栏，如图 2.2.19 所示，其中包括“样条线”和“连接”两个工具按钮。

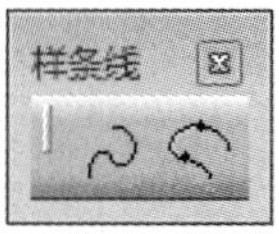

图 2.2.19　“样条线”工具栏

（1）绘制样条线。

单击“样条线”工具栏中的“样条线”工具按钮“”，然后使用光标在设计环境中选择一系列点或者在“草图工具”工具栏中输入一系列点的坐标，在绘制到最后一点时双击，即可绘制得到一条样条线。

在绘制过程中，随时可以右击鼠标，在弹出的快捷菜单（见图 2.2.20）中选择“封闭样条线”选项，完成样条线的绘制。

当需要修改已完成的样条线时，在需要修改的点上双击，在弹出的“控制点定义”对话框（见图 2.2.21）中对样条线进行修改。

（2）“连接”命令。

① 绘制两条样条曲线，单击“样条线”工具栏中的“连接”工具按钮“”，此时“草图工具”工具栏如图 2.2.22 所示。一般默认为“用样条线连接”，连接条件为“相切连接”，“张度”默认为 1。

② 依次选择连接线，完成样条线的绘制。

③ 同理可将样条线的相关条件修改，法线连接的样条线会有所变化。

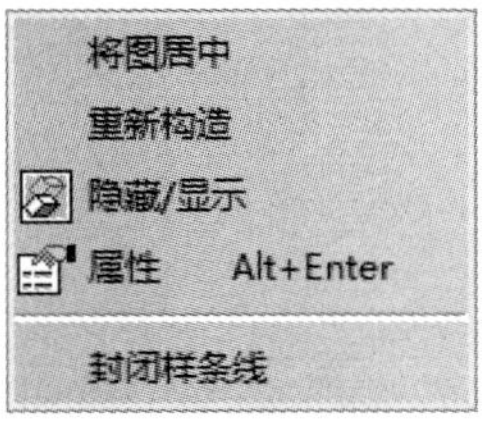

图 2.2.20 “样条线”快捷菜单

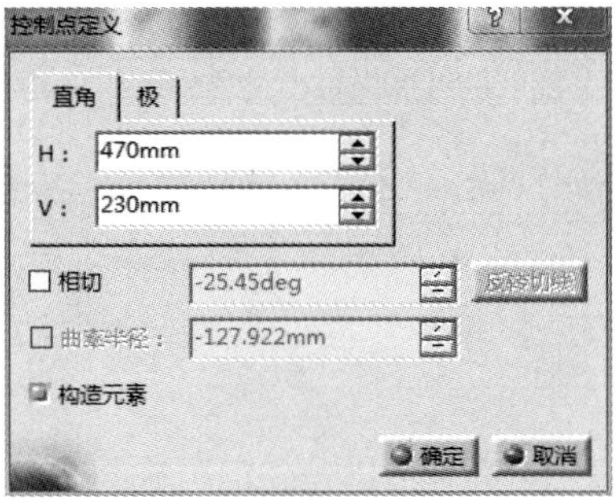

图 2.2.21 “控制点定义”对话框

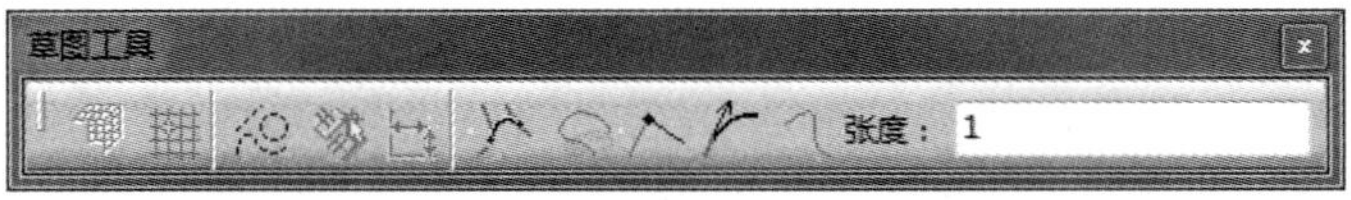

图 2.2.22 “草图工具”工具栏

6. 绘制椭圆等圆锥曲线

单击“轮廓”工具栏中的“椭圆”工具按钮“”的下三角按钮，可以展开“二次曲线”工具栏，如图 2.2.23 所示，其中包括“椭圆”“通过焦点创建抛物线”“通过焦点创建双曲线”“二次曲线”等工具按钮。

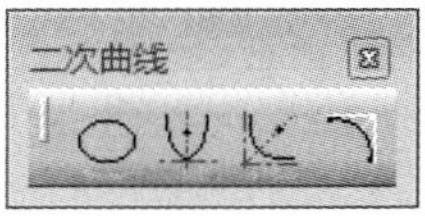

图 2.2.23 “二次曲线”工具栏

（1）绘制椭圆。

① 单击“二次曲线”工具栏中的“椭圆”工具按钮“”，利用光标单击或者在“草图工具”工具栏中输入中心点的坐标确定中心点。

② 利用光标单击确定长轴一个端点的位置或者在“草图工具”工具栏中输入长轴一个端点的坐标确定长轴。

③ 利用光标单击确定短轴一个端点的位置或者在“草图工具”工具栏中输入短轴一个端点的坐标确定短轴的位置，即可得到一个椭圆。

（2）绘制抛物线。

① 单击“二次曲线”工具栏中的“通过焦点创建抛物线”工具按钮“”，利用光标单击或者在“草图工具”工具栏中输入抛物线焦点的坐标来确定抛物线的焦点。

② 利用光标单击或者在“草图工具”工具栏中输入顶点的坐标确定抛物线的顶点。

③ 利用光标单击或者在“草图工具”工具栏中输入抛物线的起点坐标确定抛物线的起点。

④ 利用光标单击或者在“草图工具”工具栏中输入抛物线的终点坐标确定抛物线的终点，即可得到一条抛物线。

（3）绘制双曲线。

① 单击“二次曲线”工具栏中的“通过焦点创建双曲线”工具按钮“”，利用光标单击或者在“草图工具”工具栏中输入双曲线焦点的坐标来确定双曲线的焦点。

② 利用光标单击或者在“草图工具”工具栏中输入顶点的坐标确定双曲线的顶点。

③ 利用光标单击或者在“草图工具”工具栏中输入双曲线的起点坐标确定双曲线的起点。

④ 利用光标单击或者在“草图工具”工具栏中输入双曲线的终点坐标确定双曲线的终点，即可得到一条双曲线。

（4）绘制二次曲线。

① 单击“二次曲线”工具栏中的“二次曲线”工具按钮“”，利用光标单击或者在“草图工具”工具栏中输入起点的坐标确定渐近线的起点。

② 利用光标单击确定二次曲线一条渐近线上的另外一点或者在“草图工具”工具栏中输入这条渐近线上另外一点的坐标与渐近线和横轴的交点。

③ 用同样的方法绘制渐近线的另外一条渐近线。

④ 用鼠标单击确定渐近线上的一点或者在“草图工具”工具栏中输入二次曲线上一点的坐标，即可得到一条渐近线。

7. 创建点

单击“轮廓”工具栏中的“通过单击创建点”工具按钮“”的下三角按钮，可以展开“点”工具栏，如图 2.2.24 所示，其中包括“通过单击创建点”“使用坐标创建点”“等距点”“相交点”“投影点”“对齐点”6 个工具按钮。

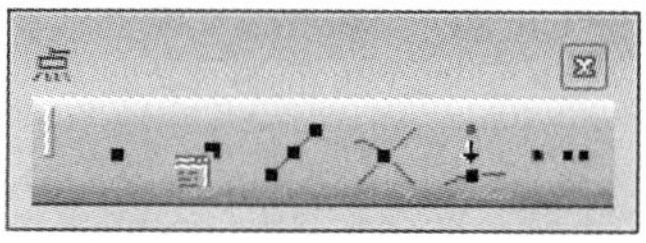

图 2.2.24 “点”工具栏

（1）通过单击创建点。

单击“点”工具栏中的“通过单击创建点”工具按钮“”，在“草图工具”工具栏中输入点的坐标或者利用光标单击确定点的位置即可得到一个点。在需要修改点的显示方式时，只需要在点上右击，在弹出的快捷菜单中选择“属性”选项，在弹出的“属性”对话框中选择“图形”选项卡，即可修改点的显示方式，如图 2.2.25 所示。

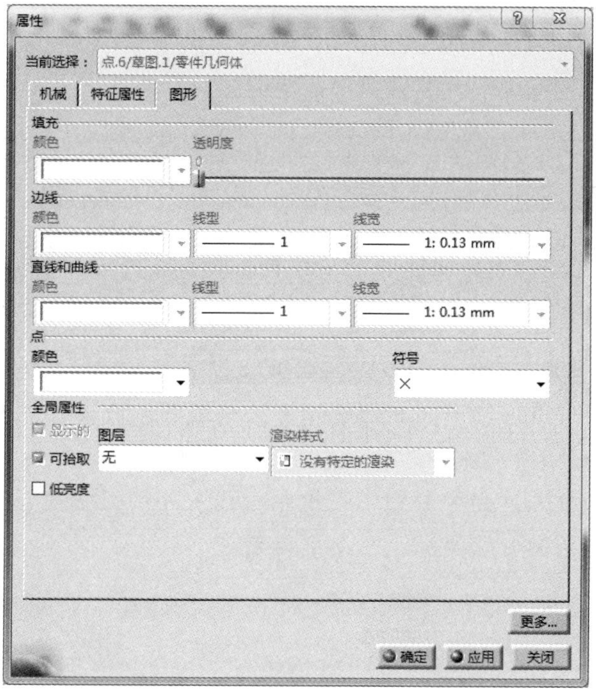

图 2.2.25 修改点的显示方式

（2）使用坐标创建点。

① 单击“点”工具栏中的“使用坐标创建点”工具按钮“”，弹出“点定义”对话框，如图 2.2.26 所示。

② 在“直角”选项卡中输入点的横坐标与纵坐标，或者在“极”选项卡中输入点相对于原点的半径以及与横轴的夹角，单击“确定”即可得到一个点。

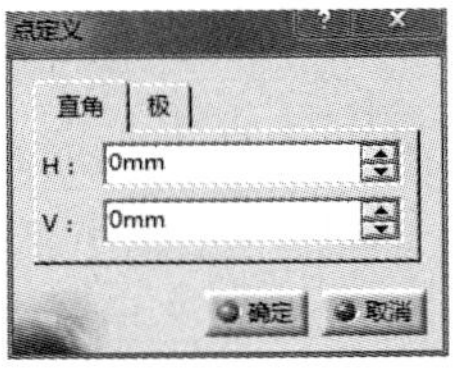

图 2.2.26 “点定义”对话框

（3）绘制等距点。

① 单击“点”工具栏中的“等距点”工具按钮“”，选择参考直线或者起点与终点，弹出“等距点定义”对话框。

② 单击选择等距点的起点，“参数”下拉列表被激活，如图 2.2.27 所示。通过选择相关参数，完成等距点的设置，单击“确定”完成等距点的绘制。

（4）绘制相交点。

单击“点”工具栏中的“相交点”工具按钮“”，然后选择相交的两条线即可得到一个独立的点。

（5）绘制投影点。

① 单击“点”工具栏中的“投影点”工具按钮“”。

② 选择需要投影的点。

③ 选择点的投影线，即可得到这点在线上的投影。

（6）对齐点的应用。

① 单击“点”工具栏中的“对齐点”命令，选择需要对齐的点。“草图工具”工具栏发生变化，出现多种对齐方向定义，如图 2.2.27 所示。

② 单击确定对齐方向上的一个点或者在“草图工具”工具栏中输入对齐方向的一点的坐标以及对齐方向与横轴的夹角，即可得到一条构造线。

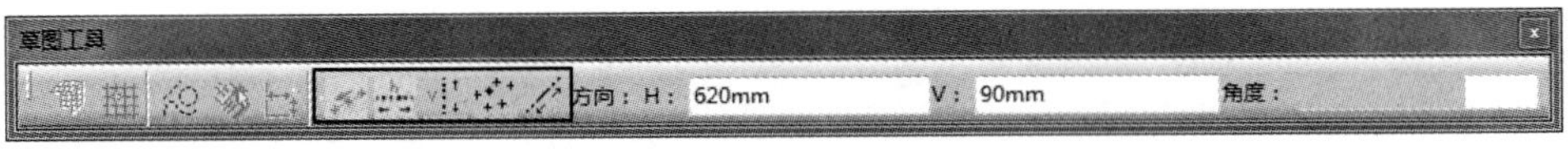

图 2.2.27 变化的“草图工具”工具栏

8. 绘制轮廓线

“轮廓”命令用于绘制一些简单的由直线和弧线组成的轮廓。相较于单独利用直线和弧线命令来说，其优点在于可以连续不间断地绘制直线与弧线组合而成的轮廓线。

单击“轮廓”工具栏中的“轮廓”工具按钮，可以发现“草图工具”工具栏会发生变化，如图 2.2.28 所示。图中框内的命令分别用于绘制直线、相切弧和三点弧，其绘制方法与单独利用直线与弧线命令绘制的方法类似，在此不再赘述。

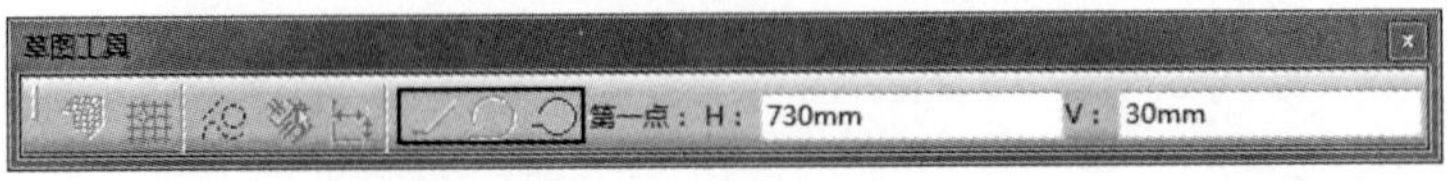

图 2.2.28 变化的“草图工具”工具栏

2.2.4　草图约束

通过对草图进行全约束，使每一条线都有自己确定的位置，这有利于对草图进行进一步修改和调整。

在草图约束中，有尺寸约束和接触约束两种约束方式。尺寸约束用于约束图形的距离、长度、角度和直径等尺寸；接触约束指一个或多个图形之间的相互关系，如垂直、平行和同心等。创建约束时还可以在二维和三维之间创建约束。

（1）快速创建尺寸约束。

单击“约束”工具按钮“ ”可以快速地创建尺寸、距离和固定等多个约束方式。

注意：如果需要创建多个尺寸约束，可在双击“约束”工具按钮，对草图进行约束，直至最后一个约束结束时双击即可。以后的多种约束均适用此方法。

（2）快速创建接触约束。

单击“约束”按钮的下三角按钮，可以展开“创建约束”工具栏。该工具栏中除了“约束”工具按钮外，还包含一个“接触约束”工具按钮“ ”，利用“接触约束”工具可以快速对草图进行同心、相合和相切等几何约束。

在不同的图形之间“接触约束”所做的约束及显示出的标志是不同的。

① 点与线：重合。

② 两个圆：同心。

③ 两条直线：重合。

④ 两个点：重合。

⑤ 一条线和一个圆：相切。

⑥ 一个点和其他图素：相合。

⑦ 两条曲线（除了圆与椭圆）或者两条直线：相切。

（3）快速固定多个图素。

“固联”工具按钮“ ”用于将多个图素约束在一起，在操作时同步移动、操作。

（4）自动约束。

单击“固联”工具栏的下三角按钮，可以展开“受约束”工具栏。该工具栏中除了“固联”工具按钮外，还包含一个“自动约束”工具按钮“ ”。单击“自动约束”工具按钮“ ”弹出如图 2.2.29 所示的“自动约束”对话框。利用该工具可以快速对草图进行同心、相合、相切等几何约束。

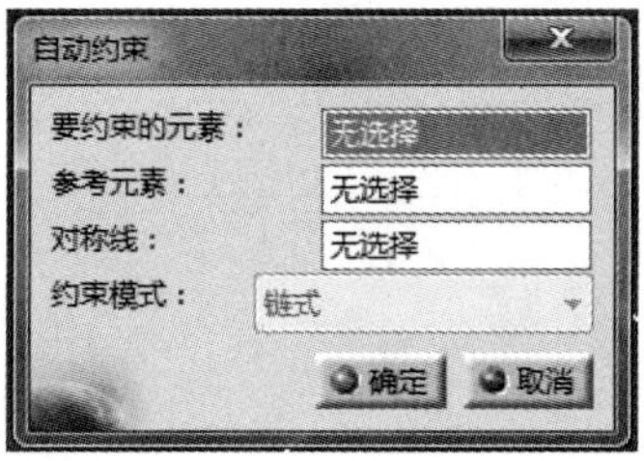

图 2.2.29　“自动约束”对话框

2.2.5　编辑和修改约束

对已经完成的约束，很多时候需要对它们进行编辑，从而达到实际工程的需要。下面简单介绍一些编辑和修改约束的方法。

1. 直接修改约束

草图上的约束是可以直接修改的，通过双击“约束”即可打开相应的尺寸对话框，通过调整即可修改相应的尺寸。

2. **编辑多重约束**

通过单击“编辑多重约束”工具按钮“”，弹出如图 2.2.30 所示的“编辑多重约束”对话框，在对话框中，每一个尺寸约束都显示出来。通过此对话框可以调整每一个显示出来的尺寸约束。

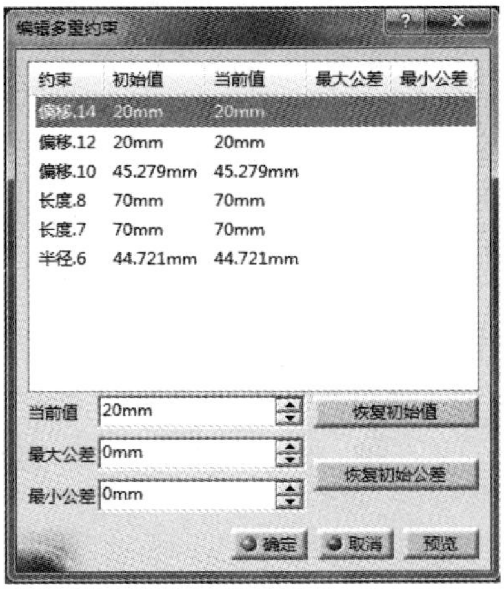

图 2.2.30 “编辑多重约束”对话框

2.3 草图案例

第 2.2 节已经为大家介绍了绘制草图需要用到的一些命令。本节将为大家介绍如何运用之前用到的草绘命令来绘制一些二维草图。

由于在第 3 章中将为大家介绍转向架上一些零件的建模方法，且其中一些零件的旋转或者凸台的二维草图较为复杂，所以这里将以比较复杂的 CRH_3 型动车组动车车轮旋转截面、拖车车轮旋转截面以及空气弹簧的橡胶外套的旋转截面为例来介绍如何运用草绘命令绘制具体的二维草图。

2.3.1 动车车轮二维旋转截面的绘制

CRH_3 型动车车轮的二维旋转截面如图 2.3.1 所示。从图中可以看出，动车的车轮是由一些直线和圆弧线相切、相连而成的，而且由图中的“”可以知道，除了车轮的踏面和车轮与车轴相连接的地方外，CRH_3 型动车车轮的左右两侧是对称的，因此只需绘制一侧，另外一侧可以通过镜像完成。另外，对于相切线比较多的轮廓，如果用“轮廓线”工具一次性地将轮廓绘制完成，然后再去添加约束，则可能会出现很多错误，因此，这里建议大家在绘制的过程中一边在“草图设计”工具栏中添加一部分约束，另外也需要绘制一段后停下来添加完约束后再去绘制下一段，这样可以避免过多错误的出现。下面具体介绍 CRH_3 型动车车轮二维截面的绘制方法。

（1）打开 CATIA 软件，单击菜单栏中的“文件”→“新建”，在弹出的“新建”对话框中选择“Part”，单击“确定”按钮，弹出“新建零件”对话框。在“新建零件”对话框中的“输入零件名称”文本框中输入零件的名称，单击“确定”按钮，进入零件设计工作台。

（2）单击“草图编辑器”工具栏中的“草图”工具按钮“”，选择“yz 平面”，进入草绘工作台。

（3）单击“轮廓”工具栏中的“轮廓”工具按钮“”，在“草图设计”工具栏中的“第一点”后面的“H”文本框中输入“0 mm”，按回车键，再在“V”文本框中输入“99 mm”，按回车键，完成对轮廓线第一点的定义。

（4）在“草图设计”工具栏中的“长度”文本框中输入“175 mm”，按回车键，拖动鼠标设置长为 175 mm 的线至水平且朝向 H 轴负方向，单击鼠标左键完成对本条直线的创建。

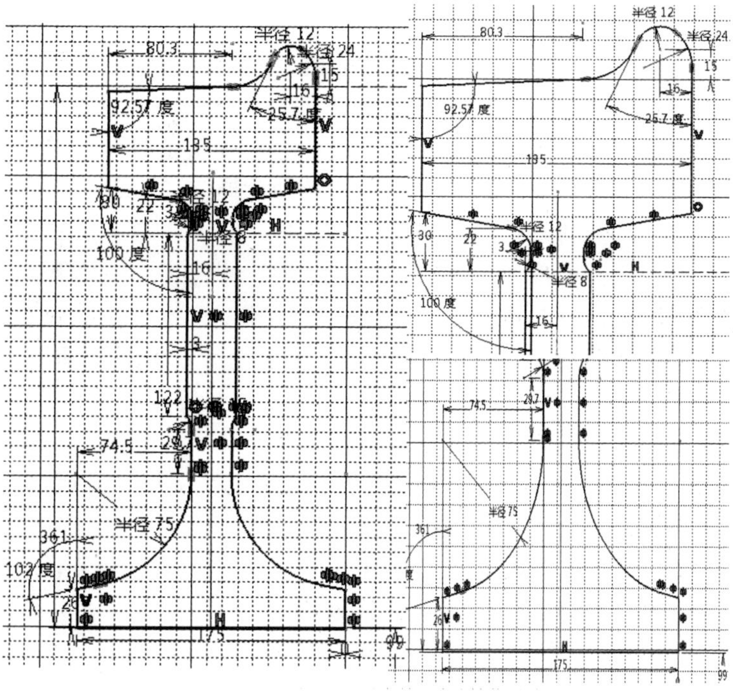

图 2.3.1 动车车轮二维旋转截面图

（5）在“草图设计”工具栏中的“长度”文本框中输入“26 mm”，拖动鼠标调整直线的方向为沿 V 轴的正方向，单击鼠标左键完成对本条直线的创建。

（6）调整拖动鼠标，调整轮廓线的下一点与垂直线之间的角度近似为 102°，单击鼠标左键。

（7）单击“草图设计”工具栏中的“相切弧”按钮“”，定义轮廓线的下一段和上一段的关系为相切关系。

（8）在“草图设计”工具栏中的“R”文本框中输入“75mm”，按回车键，拖动鼠标左键调整弧线的位置近似为实际的位置，单击鼠标左键。

（9）拖动鼠标调整下一段直线的长度与位置近似为实际需要的位置。

（10）单击“草图设计”工具栏中的“相切弧”按钮“”，定义轮廓线的下一段和上一段的关系为相切的关系。

（11）在“草图设计”工具栏中的“R”文本框中输入“15 mm”，按回车键，拖动鼠标左键调整弧线的位置近似为实际的位置，双击鼠标左键，得到如图 2.3.2 所示的图形。此时，草绘图形中除了最开始绘制的水平直线和竖直直线为完全约束外，其余的轮廓线均为不完全约束。

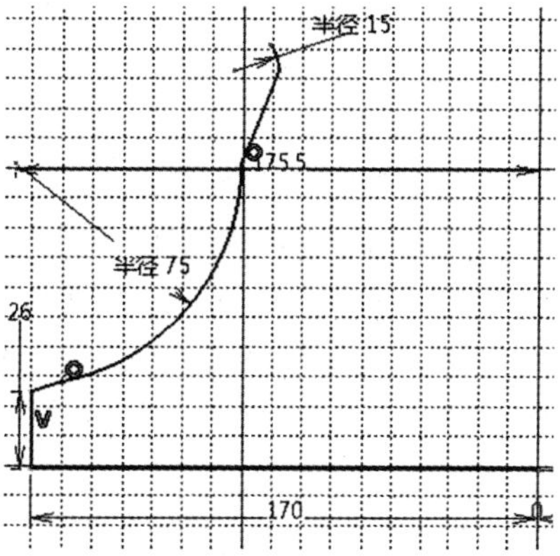

图 2.3.2 绘图过程

（12）单击“约束”工具栏中的“约束”工具按钮“”，依次选择第 3 段的斜线段和长为 26 mm 的竖直线段，拖动尺寸至合适的位置，然后单击鼠标左键。

（13）双击上步所创建的尺寸约束，弹出“约束定义”对话框，在“约束定义”对话框中的“值”文本框中输入两线段之间的角度值为 102°，按回车键。

（14）单击选中与半径为 75 mm 的圆弧线相切的下一段直线段，单击“约束”工具栏中的“对话框中定义的约束”工具按钮“”，弹出“约束定义”对话框。

（15）在“约束定义”对话框中的“竖直”前的方框中单击打钩，单击“确定”按钮。

（16）单击“约束”工具栏中的“约束”工具按钮“”，选择上一步定义竖直的直线，拖动竖直直线的尺寸至合适的位置，单击鼠标左键。

（17）双击竖直直线的长度尺寸，弹出“约束定义”对话框，在对话框中的“值”文本框中输入竖直直线度的长度为 29.7 mm，单击“确定”按钮。

（18）单击“约束”工具栏中的“约束”工具按钮“”，依次选择长为 26 mm 和长为 29.7 mm 的竖直的直线，拖动两直线间的距离尺寸至合适的位置，单击鼠标左键。

（19）双击两竖直直线间的距离尺寸，弹出“约束定义”对话框，在对话框中的“值”文本框中输入两竖直直线段的间距为 74.5 mm，单击“确定”按钮，完成两直线段间距离的定义，得到如图 2.3.3 所示的图形。

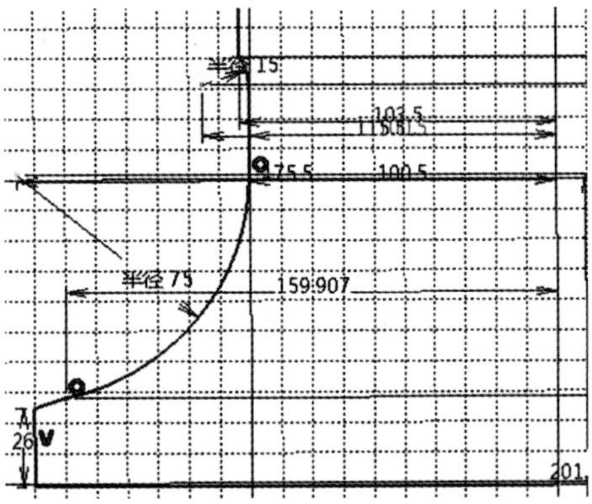

图 2.3.3　绘图过程

注意：在创建轮廓线时，若发现要求的圆弧和直线相切，但实际未相切时，可按住 Ctrl 键，依次选择需要相切的圆弧线和直线段，单击“约束”工具栏中的“对话框中定义的约束”工具按钮“”，弹出“约束定义”对话框，在对话框中的“相切”选项前单击打钩后单击“确定”按钮即可完成对圆弧线和直线段相切的定义。

（20）单击“轮廓”工具栏中的“轮廓”工具按钮“”，单击选择半径为 15 mm 的圆弧的端点为之后轮廓线的起点。

（21）在“草图设计”工具栏中的“长度”文本框中输入“122 mm”，按回车键，拖动鼠标设置长为 122 mm 的直线段至竖直位置且朝向 v 轴正方向，单击鼠标左键完成对本条直线段的创建。

（22）单击选择“草图设计”工具栏中的“三点弧”工具按钮“”，在和实际要求的位置相差不大的地方单击设定三点弧的一个点。

（23）在“草图设计”工具栏中的“R”文本框中输入“8 mm”，按回车键，拖动直线段至和实际位置相差不大的地方，单击鼠标左键。

（24）单击“草图设计”工具栏中的“相切弧。按钮“”，定义轮廓线的下一段和上一段的关系为相切关系。

（25）在“草图设计”工具栏中的“R”文本框中输入“12 mm”，按回车键，拖动鼠标调整弧线的位置近似为实际的位置，单击鼠标左键。

（26）拖动鼠标，调整直线的位置，使其与半径为 12 mm 的圆弧相切，而且其位置与实际位置相近，在合适位置双击鼠标左键，完成对本段直线段的创建，得到如图 2.3.4 所示的图形。

（27）单击“轮廓”工具栏中的“直线”工具按钮“”，单击选择长为 122 mm 的竖直直线的上端点为直线的起点。

（28）单击“草图设计”工具栏中的“构造/标准元素”按钮“”，拖动鼠标，绘制一条水平的构造线。

（29）在长为 122 mm 的直线段的右侧任意位置单击，拖动鼠标绘制一条竖直的构造线，得到如图 2.3.5 所示的二维图形。

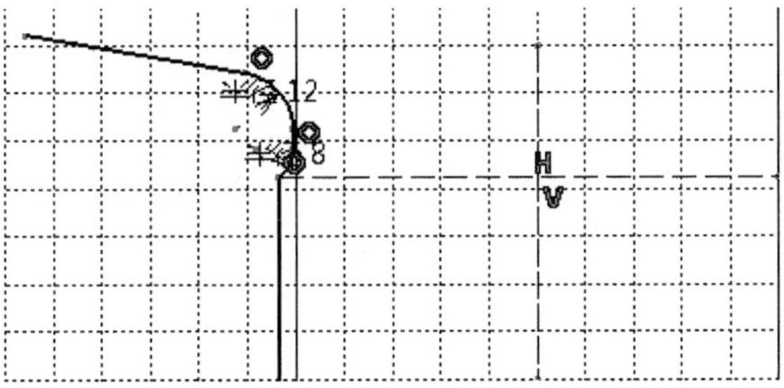

图 2.3.4　绘图过程

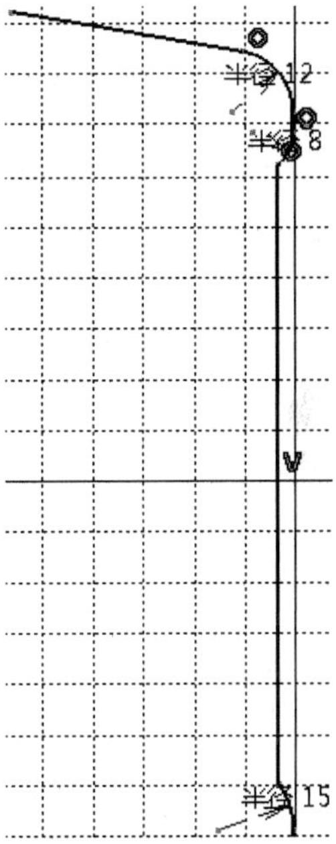

图 2.3.5　绘图过程

注意：若水平构造线上未出现“H”，或竖直构造线上未出现“V”，则说明水平构造线不平行或竖直构造线不垂直。其解决办法是，单击选中不垂直或不水平的构造线，单击“约束”工具栏中的“对话框中定义的约束”工具按钮“”，弹出“约束定义”对话框，在对话框中的“水平”或“竖直”前的方框中单击打钩后，单击“确定”按钮，即可对未水平或竖直的直线定义为水平或竖直。

（30）单击选中与两条圆弧线都相切的直线段，单击“约束”工具栏中的“对话框中定义的约束”工具按钮“”在“竖直”前的方框中单击打钩，单击“确定”按钮，即可完成对本条直线段的竖直的定义。

（31）单击“约束”工具栏中的“约束”工具按钮“”，单击选择长为 122 mm 的直线以及与两端圆弧均相切的直线，拖动两直线间的距离尺寸至合适的位置。

（32）双击上一步所定义的两端直线间的距离尺寸，在弹出的“约束定义”对话框中的“值”文本框中输入 3 mm，单击“确定”按钮，完成对两直线距离的定义。

（33）单击“约束”工具栏中的“约束”工具按钮“”，单击选择与两端圆弧均相切的直线段以及之前创建的竖直构造线，拖动两直线间的距离尺寸至合适的位置。

（34）双击上一步所定义的两端直线间的距离尺寸，在弹出的“约束定义”对话框中的“值”文本框中输入 16 mm，单击“确定”按钮，完成对两直线间距离的定义。

（35）单击“约束”工具栏中的“约束”工具按钮“”，单击选择与两端圆弧均相切的直线段以及与半径为 12 mm 的圆弧相切的斜线段，拖动两直线段间的角度尺寸至合适的位置，单击鼠标左键。

（36）双击上一步所定义的两端直线段间的角度尺寸，在弹出的“约束定义”对话框中的“值”文本框中输入 100°，单击“确定”按钮，完成对两直线间角度尺寸的定义。

（37）单击“约束”工具栏中的“约束”工具按钮“”，依次单击选择长为 122 mm 的直线段和长为 29.7 mm 的直线段，拖动两直线段间的距离尺寸至合适的位置，单击鼠标左键。

（38）双击上一步所定义的两端直线间的距离尺寸，在弹出的“约束定义”对话框中的“值”文本框中输入 3 mm，单击“确定”按钮，完成对两直线间距离的定义，得到如图 2.3.6 所示的图形。

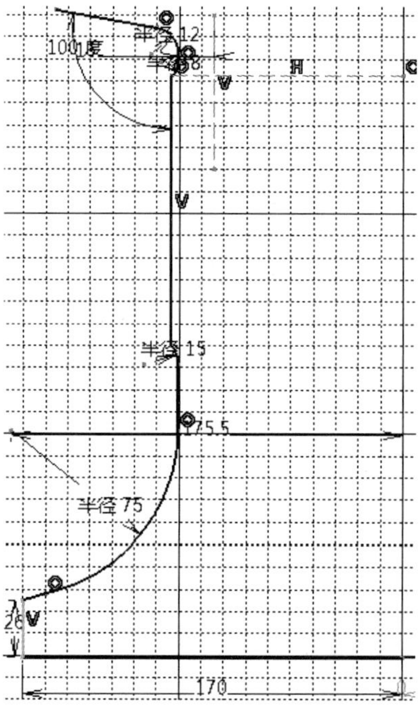

图 2.3.6　绘图过程

（39）单击“轮廓”工具栏中的“轮廓”工具按钮“”，单击选择与竖直线夹 100° 角的斜线段的端点为之后轮廓线的起点。

（40）拖动鼠标，调整直线段的长度与位置，使直线段的长度近似为 65 mm，位置为竖直向上。

（41）拖动鼠标，调整下端轮廓线的位置与长度，使其与图 2.3.1 所示的相同。

（42）单击“草图设计”工具栏中的“相切弧”按钮“”，定义轮廓线的下一段和上一段的关系为相切关系。

（43）拖动鼠标，调整下段圆弧轮廓线的位置与长度，使其与图 2.3.1 所示的近似相同。

（44）拖动鼠标，调整下段直线段轮廓线的位置与长度，使其与图 2.3.1 所示的近似相同。

（45）单击“草图设计”工具栏中的“相切弧”按钮“”，定义轮廓线的下一段和上一段的关系为相切关系。

（46）在“草图设计”工具栏中的“R”文本框中输入“12 mm”，按回车键，拖动鼠标调整弧线的位置近似为实际的位置，单击鼠标左键。

（47）单击“草图设计”工具栏中的“相切弧”按钮“”，定义轮廓线的下一段和上段的关系为相切关系。

（48）在“草图设计”工具栏中的“R”文本框中输入“24 mm”，按回车键，拖动鼠标调整弧线的位置近似为实际的位置，单击鼠标左键。

（49）拖动鼠标调整下端相切直线的位置和长度，在和实际位置差不多的地方双击鼠标左键，完成该段相切直线段的创建。

（50）单击“轮廓”工具栏中的“直线”工具按钮“”，单击斜线和圆弧线相切的点直线的起点。

（51）单击“草图设计”工具栏中的“构造 / 标准元素”按钮“”，拖动鼠标，绘制一条水平的构造线，得到如图 2.3.7 所示的图形。

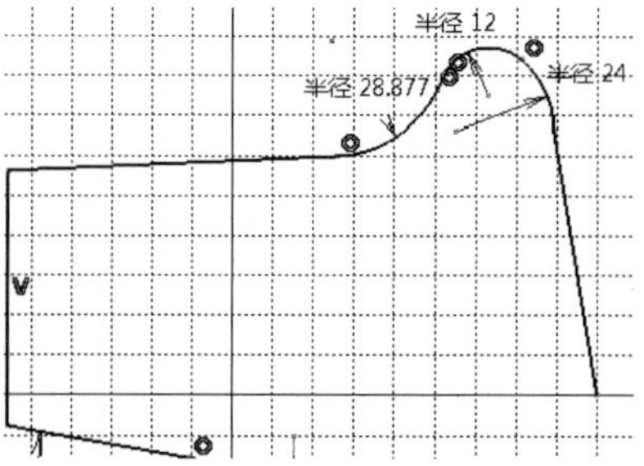

图 2.3.7　绘图过程

（52）按住 Ctrl 键，依次选择未相切的圆弧与斜线段，单击“约束”工具栏中的“对话框中定义的约束”工具按钮“”，弹出“约束定义”对话框，单击“约束定义”对话框中的“相切”前的方框，单击“确定”按钮，完成两条线相切的定义。

（53）单击选中本次轮廓线的最后一段直线段，单击“约束”工具栏中的“对话框中定义的约束”工具按钮“”，弹出“约束定义”对话框，单击“约束定义”对话框中的“竖直”前的方框，单击“确定”按钮，定义最后一段直线段为竖直，即可得到如图 2.3.8 所示的图形。

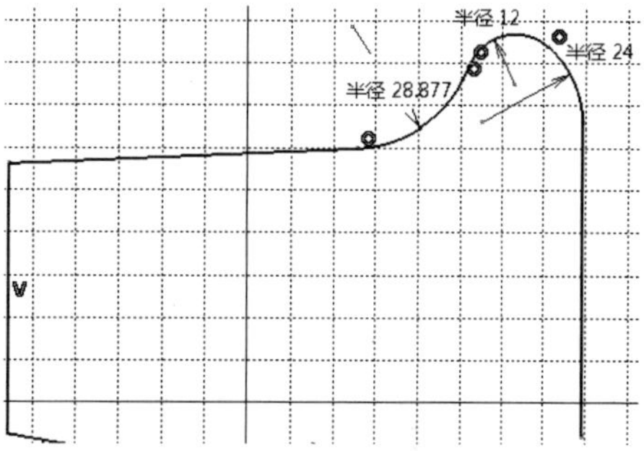

图 2.3.8　绘图过程

（54）单击“约束”工具栏中的“约束”工具按钮“”，单击选择竖直直线段和本次轮廓线的第一段斜线段，拖动两直线段间的角度尺寸至合适的位置，单击鼠标左键。

（55）双击上一步所定义的两端直线段间的角度尺寸，在弹出的“约束定义”对话框中的“值”文本框中输入 92.57°，单击“确定”按钮，完成对两直线段间角度尺寸的定义。

（56）单击“约束”工具栏中的“约束”工具按钮“”，单击和斜线段相切的第一段圆弧的圆心以及与斜线段左侧相连的已完全约束的直线段，拖动两者之间的距离尺寸至合适的位置，单击鼠标左键。

（57）双击上一步所定义的两者之间的距离尺寸，在弹出的“约束定义”对话框中的“值”文本框中输入 80.3 mm，单击“确定”按钮，完成对两者之间距离尺寸的定义。

（58）单击“约束”工具栏中的“约束”工具按钮“”，单击选择与两端圆弧均相切的直线段以及本次轮廓线最后的直线段，拖动两直线段间的角度尺寸至合适的位置，单击鼠标左键。

（59）双击上一步所定义的两端直线段间的角度尺寸，在弹出的“约束定义”对话框中的“值”文本框中输入 25.7°，单击“确定”按钮，完成对两直线段间角度尺寸的定义。

（60）单击“约束”工具栏中的“约束”工具按钮“”，依次单击选择半径为 12 mm 的圆弧的圆心与轮廓线最后一段直线段，拖动两者之间的距离尺寸至合适的位置，单击鼠标左键。

（61）双击上一步所定义的两者之间的距离尺寸，在弹出的“约束定义”对话框中的“值”文本框中输入 16 mm，单击“确定”按钮，完成对两者之间距离尺寸的定义。

（62）单击“约束”工具栏中的“约束”工具按钮“”，依次单击选择半径为 12 mm 的圆弧段的圆心与第（51）步创建的水平样条线，拖动两者之间的距离尺寸至合适的位置，单击鼠标左键。

（63）双击上一步所定义的两者之间的距离尺寸，在弹出的“约束定义”对话框中的“值”文本框中输入 15 mm，单击“确定”按钮，完成对两者之间距离尺寸的定义。

注意：这时图形可能会变成如图 2.3.9 所示的图形。CATIA 无法完全识别我们的真正意图，这是正常现象。因为现在的轮廓线还属于未完全约束的状态，所以可以选中出现问题的斜线段的上侧点，按住鼠标左键不放，拖动该点至相对正确的位置，如图 2.3.10 所示，然后再添加剩下的约束使其变为完全约束即可。

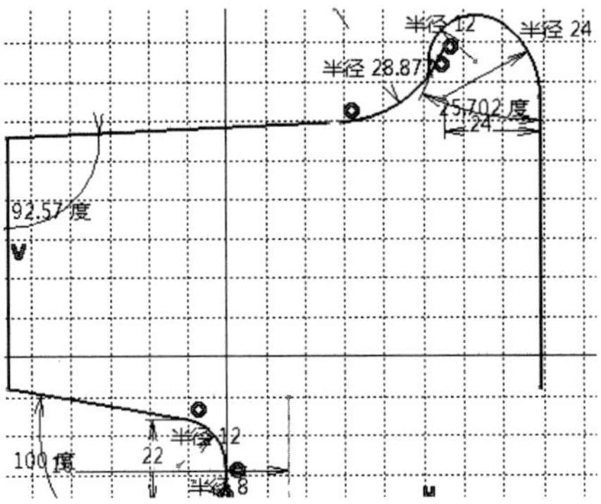

图 2.3.9　绘图过程

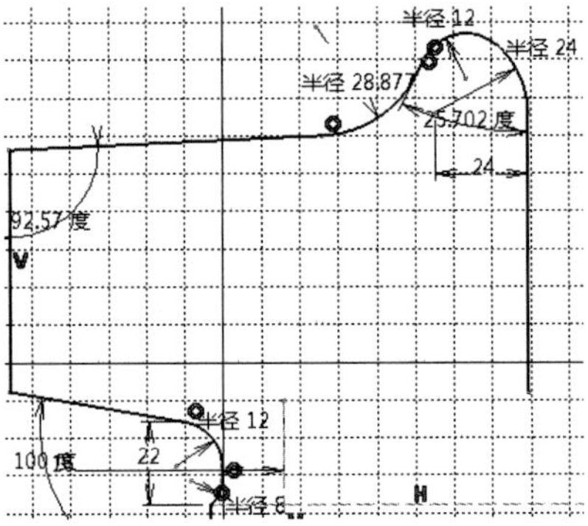

图 2.3.10　绘图过程

（64）单击“约束”工具栏中的“约束”工具按钮“ ”，依次单击选择本次轮廓线第一段斜直线段的上端点与长为 175 mm 的底端直线段，拖动两者之间的距离尺寸至合适的位置，单击鼠标左键。

（65）双击上步所定义的两者之间的距离尺寸，在弹出的“约束定义”对话框中的“值”文本框中输入 361 mm，单击“确定”按钮，完成对两者之间距离尺寸的定义。

（66）单击“约束”工具栏中的“约束”工具按钮“ ”，依次单击选择本次轮廓线的最后一点竖直直线段与该竖直直线段相对的竖直直线段，拖动两者之间的距离尺寸至合适的位置，单击鼠标左键。

（67）双击上一步所定义的两者之间的距离尺寸，在弹出的“约束定义”对话框中的“值”文本框中输入 135 mm，单击“确定”按钮，完成对两者之间距离尺寸的定义，得到如图 2.3.11 所示的图形。

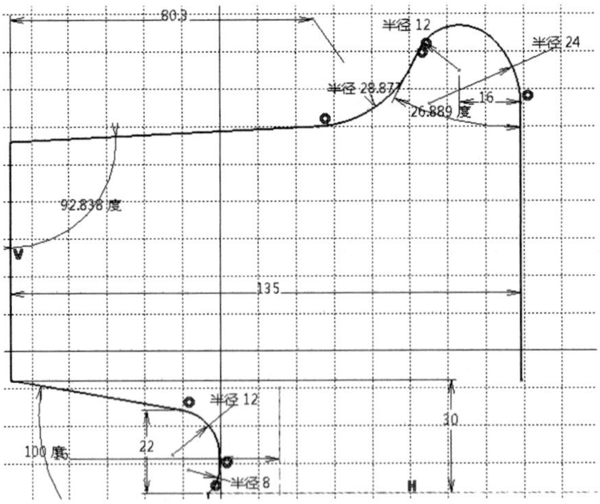

图 2.3.11　绘图过程

（68）按住 Ctrl 键，依次单击选择左侧竖直线以下、长为 175 mm 的底端直线以上的所有直线段与曲线段，如图 2.3.12 所示。

（69）单击选择“操作”工具栏中的“镜像”工具按钮“ ”后，单击选择之前创建的竖直样条线，得到如图 2.3.13 所示的图形。

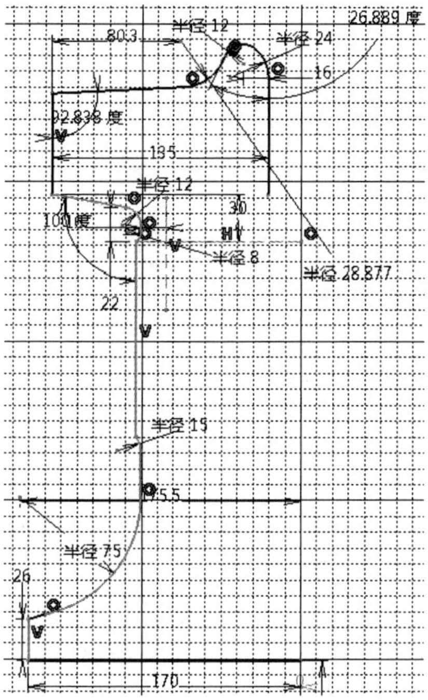

图 2.3.12　绘图过程

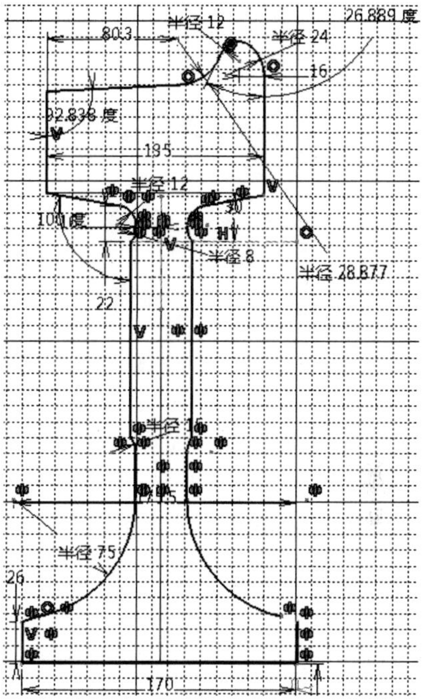

图 2.3.13　绘图过程

（70）单击选择对称后得到的轮廓线的上端没有闭合的对称符号“”，按键盘上的 Delete 键，删除对该点对称的定义。

（71）按住 Ctrl 键，依次选择未闭合的两点，单击“约束”工具栏中的“对话框中定义的约束”工具按钮“”，在“相合”前的方框中单击打钩后单击“确定”按钮，完成动车车轮旋转截面的绘制，得到如图 2.3.1 所示的动车车轮截面图。

2.4　常用三维建模命令

三维实体特征在 CATIA 中有着极其重要的地位。复杂的产品设计都是以简单的零件建模为基础的，因而基础的三维实体建模对于设计者来说是必不可少的一项基本技能。

2.4.1　零件设计工作台简介

1. 新建零件

单击菜单栏中的“文件”→“新建”菜单项，或者单击“标准”工具栏中的“新建”工具按钮“”，弹出“新建”对话框，在“新建”对话框中的“类型列表”中选择“Part”选项，如图 2.4.1 所示。单击“确定”按钮，系统弹出“新建零件”对话框，如图 2.4.2 所示。在“输入零件名称”文本框中输入零部件的名称，其他保留默认设置，单击“确定”按钮，系统将加载零件设计工作台，并打开一个空白的“CATPart”文档，完成空白零件文件的新建。

图 2.4.1 “新建”对话框

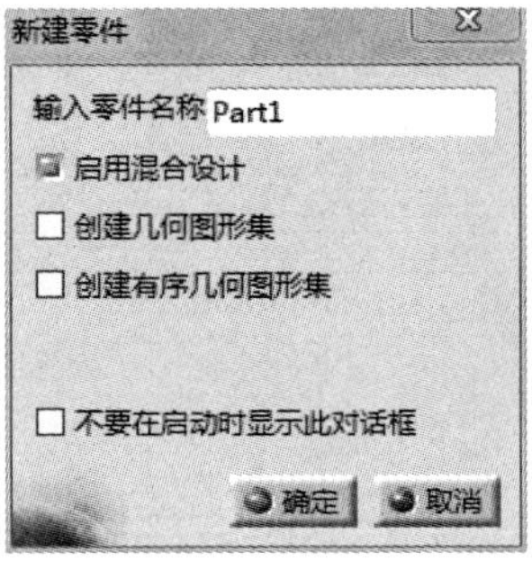

图 2.4.2 “新建零件”对话框

2. 打开需要经常用到的工具栏

“工欲善其事必先利其器”，在 CATIA V6 的零件设计模块中，有些工具是用户经常用到的，对于这些需要经常使用的工具，调出其相应的工具栏对提高用户的工作效率是很有帮助的。因此，在正式建模之前，可以先打开需要经常用到的工具栏。

单击菜单栏中的“视图”→“工具栏”菜单项，在打开的“工具栏”菜单栏中在“基于草图的特征”或“基于草图的特征（压缩）”“修饰特征”“参考元素（扩展）”或“参考元素（压缩）”前单击打钩，打开这些工具栏。接下来将重点围绕这些工具栏中的相关工具按钮展开介绍。

2.4.2 常用三维建模命令

前面介绍了零件工作台中的一些相关知识的介绍，接下来将重点介绍 CATIA 零件工作台中的一些三维建模命令。

1. 凸台与凹槽

在初中几何中我们就学过“面动成体”，凸台命令正是由二维草图特征沿着给定的方向平移扫过的区域所形成的实体。关于“凸台”特征，现介绍如下：

单击“基于草图的特征（压缩）”（或者“基于草图的特征”）工具栏中的“凸台”工具按钮“”的下三角按钮，可以展开“棱柱”工具栏，如图 2.4.3 所示，其中包括“凸台”“凹槽”“拔模圆角凸台”“拔模圆角凹槽”“多凸台”“多凹槽”（若打开的是“基于草图特征”工具栏，单击“凸台”工具按钮“”的下三角按钮后，展开的是“凸台”工具栏，其中包括“凸台”“拔模圆角凸台”“多凸台”工具按钮。在“凸台”工具按钮下多出了“凹槽”工具按钮“”，其后面的下三角按钮可以展开“凹槽”工具栏，“凹槽”“拔模圆角凹槽”和“多凹槽”工具按钮均包含在“凹槽”工具栏中，如图 2.4.4 所示）。下面对各个工具进行介绍。

图 2.4.3 “棱柱”工具栏

图 2.4.4 “凸台”和“凹槽”工具栏

（1）创建凸台。

单击“棱柱”（或“凸台”）工具栏中的“凸台”工具按钮“ ”，弹出“定义凸台”对话框，如图 2.4.5 所示。现对该对话框中各部分的作用进行介绍。

① 在“第一限制”选项区域中对凸台的第一限制面进行设置。单击“第一限制”选项区域中的“类型”选项后面的下三角按钮，可以看到 CATIA 提供了“尺寸”“直到下一个”“直到最后”“直到平面”“直到曲面”5 种创建凸台的方式。在“长度”选项中可以对凸台实体的长度进行设定。

② 在“轮廓/曲面”选项区域中，对凸台的截面进行设定。凸台截面是进行创建凸台操作的基本元素，必须在操作过程中给予明确的定义。如果截面已经绘制完成，则只需单击选择“选择”后面的文本框后单击选择已经绘制完成的界面，如果需要绘制截面，则单击选择“选择”后面的“创建草图”工具按钮“ ”，此时弹出“运行命令”对话框（见图 2.4.5）后，选择需要绘制截面的平面后，绘制截面，截面绘制完成后，单击“退出工作台”工具按钮“ ”即可。

③“定义凸台”对话框中的“镜像范围”复选项和“反转方向”按钮用于定义凸台的类型和方向。在“镜像范围”复选项前打钩后，则凸台相对于草绘的平面两侧各拉伸在“长度”文本框中所定义的长度。“反转方向”按钮则用于定义凸台操作的拉伸方向。

④ 单击“定义凸台”对话框右下角的“更多”按钮，将展开“定义凸台”对话框的高级选项，如图 2.4.6 所示。

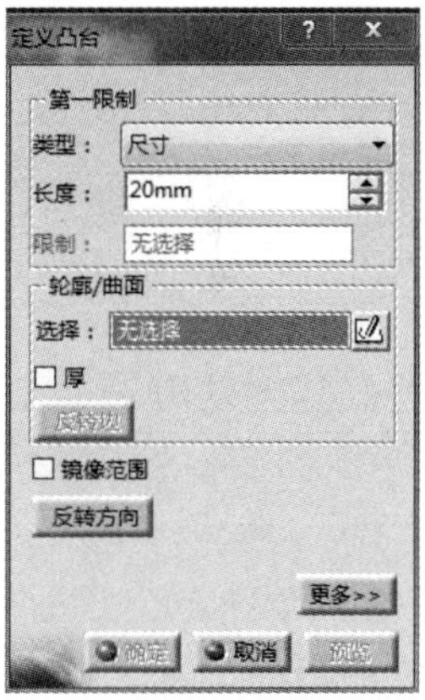

图 2.4.5 “定义凸台”对话框

图 2.4.6 高级选项下的“定义凸台”对话框

每个凸台实体相对于草绘图形来说都有两个拉伸方向，上面所介绍的基本拉伸操作都是指只定义凸台的一个拉伸方向所进行的设置，即对“定义凸台”对话框中的“第一限制”进行定义。在“高级选项”下，将对凸台实体的第二个拉伸方向进行定义，其相关关系如图 2.4.7 所示。其余各个命令与第一限制区域的类似，在此不再赘述。

图 2.4.7　高级选项定义下的凸台

（2）拔模圆角凸台。

单击“棱柱”（或“凸台”）工具栏中的“拔模圆角凸台”工具按钮“ ”，在图形区域选择某一个草图轮廓，弹出“定义拔模圆角凸台”对话框，如图 2.4.8 所示。现对该对话框中各部分的作用进行介绍。

① 对话框中的“第一限制”和“第二限制”的作用与“凸台”操作中的两个限制面的作用类似，也是用于定义拉伸实体的起始和截止面，只不过在这里“第二限制”必须是一个平面以作为拉伸的基准，“第一限制”则定义拉伸的长度。

② “拔模”选项区域中的“角度”复选框用于定义拔模的角度值，单位为度。“角度”下面的“中性元素”的“第一限制”与“第二限制”用于定义拔模角的中性面，选择其一作为拔模角的中性面。

③ “圆角”选项区域用于定义拉伸实体各边缘处的圆角半径，它下面的“侧边半径”用于定义侧面棱边的圆角半径，“第一限制半径”和“第二限制半径”分别用于定义两个限制平面棱边处的圆角半径。

（3）创建多凸台。

单击“棱柱”（或“凸台”）工具栏中的“拔模圆角凸台”工具按钮“ ”，在图形区域选择某一个草图轮廓，弹出“定义多凸台”对话框，如图 2.4.9 所示。现对该对话框中各部分的作用进行介绍。

图 2.4.8　“定义拔模圆角凸台”对话框

图 2.4.9　“定义多凸台”对话框

①“第一限制”区域用于分别限制各个凸台的拉伸类型和尺寸。

② 在“域”选项区域中列出了系统检测到的当前草图区域中可供作为凸台拉伸面的各个区域，单击选择各个区域，并在“第一限制”的“长度”文本框中输入凸台的拉伸长度，完成对各个可供拉伸区域的定义。

③ 完成各个定义后，单击“确定”，完成对多凸台的定义。

（4）凹槽。

在某些情况下，我们需要在某一个实体上创建某种特定的空洞，而要实现这一作用，在 CATIA 中就要用到“凹槽”命令。单击“基于草图的特征（压缩）”工具栏中的“凸台”工具按钮“”的下三角按钮，可以展开“棱柱”工具栏，如图 2.4.3 所示，其中除了包括“凸台”“拔模圆角凸台”“多凸台”等命令外，还包括“凹槽”“拔模圆角凹槽”“多凹槽”等凹槽命令（若打开的是“基于草图特征”工具栏，单击“凹槽”工具按钮“”的下三角按钮后，展开的是“凹槽”工具栏，其中包括“凹槽”“拔模圆角凹槽”“多凹槽”工具按钮，如图 2.4.4 所示）。由于各种凹槽的创建与对应形式凸台的创建类似，故在此不再重复。

2. 旋转体与旋转槽

“凸台”特征是横截面沿着固定的方向拉伸所形成的实体模型，对于圆环等特征来说，“凸台”显然不能够满足建模的需要，这时就需要用到“旋转”特征来创建实体模型。“旋转”特征是用来创建横截面相对于中心轴旋转扫掠过的空间所形成的实体的三维建模命令。单击“基于草图的特征（压缩）”工具条中的“旋转体”工具按钮“”的下三角按钮后，将展开“旋转”工具栏，如图 2.4.10 所示，其中包括“旋转体”和“旋转槽”工具按钮（若打开的是“基于草图特征”工具栏，则“旋转体”和“旋转槽”均在“基于草图特征”工具栏中）。下面对这两个工具做具体介绍。

图 2.4.10 “旋转”工具栏

（1）旋转体。

① 单击“旋转”工具栏（或“基于草图特征”工具栏）中的“旋转体”工具按钮“”，将会弹出“定义旋转体”对话框，如图 2.4.11 所示。

② “限制”选项区域用于对旋转平面转过的角度进行限制，其中“第一角度”用于定义草绘的横截面绕轴线向右手系方向转过的角度，“第二角度”用于定义草绘的横截面绕轴线向左手系方向转过的角度，并在两截面之间形成两旋转截面扫掠过的实体。单击“轴线”选项区域中的“反转方向”按钮可以改变旋转角度的方向，但是两限制面旋转角度之和应该小于或等于 360°。

③ “轮廓/曲面”用于对旋转的界面。如果已经绘制完成了截面，则直接单击“选择”复选框后面的“无选择”文本框后单击选择需要旋转的界面即可，如果需要绘制截面，则单击“选择”后面的“”按钮后，单击选择需要绘制的界面，进入“草图”工作台后绘制需要的界面即可。

图 2.4.11 “定义旋转体”对话框

注意：创建的界面特征要求所组成截面的几何元素之

间没有交叉，且均位于中心旋转特征的同一侧。

④“轴线”选项区域用于对旋转体旋转中心轴的定义。在绘制草图时如果已经创建了中心轴，则在草图中创建的轴将被默认为旋转轴，如果在创建草图时没有创建轴，则在“轴线”选项区域的文本框中单击后选择已有的旋转特征轴或在文本框中右击后对旋转轴进行定义。

⑤ 单击“定义旋转体”对话框右下角的“更多”按钮，展开旋转特征的高级设置选项，如图 2.4.12 所示。

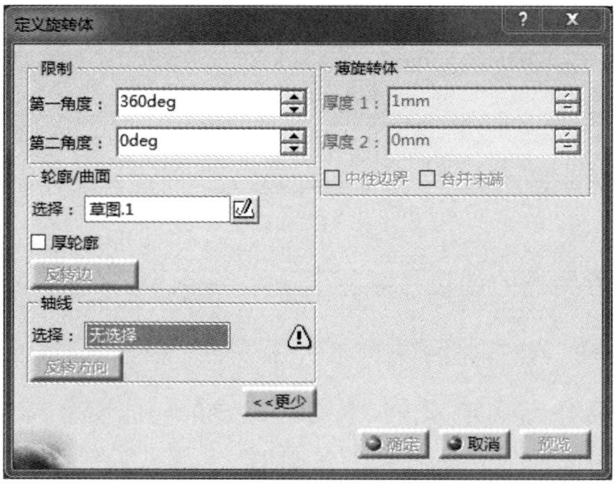

图 2.4.12 “旋转特征”的高级选项

展开后的对话框用于定义薄壁旋转特征。在“轮廓/曲面”选项区域中激活“厚轮廓”后，右侧的“薄旋转体”选项区域也同样将被激活。在“薄旋转体”选项区域中，“厚度 1”文本框用于定义薄壁旋转体特征内壁距轮廓线的厚度，“厚度 2”文本框用于定义薄壁旋转体特征外壁距轮廓线的厚度。

（2）旋转槽。

在三维实体建模时，经常会遇到需要在某些实体特征上开出一些槽出来，而这些槽又是由某一界面绕某根轴旋转扫掠过得空间所移除的材料所形成的，这时就需要用到“旋转槽”命令。

单击“旋转”工具栏（或“基于草图特征”工具栏）中的“旋转槽”工具按钮“”，将会弹出“定义旋转槽”对话框，如图 2.4.13 所示。

“旋转槽”与“旋转体”特征的定义十分类似，唯一的不同是“旋转体”特征是在所扫掠过的空间填充材料形成实体，而“旋转槽”特征则是在扫掠过得空间内移除材料。因此，其各部分定义与“旋转体”特征的定义类似，在此不再赘述。

图 2.4.13 “定义旋转槽”对话框

3. 创建孔

工程实际中经常需要创建各种各样的孔，如螺纹孔、铆钉孔等。在 CATIA 的零件设计模块中专门为用户提供了

“孔”的特征。下面就在 CATIA 中创建孔的特征做具体介绍。

单击“基于草图特征（压缩）”工具栏（或“基于草图特征”工具栏）中的“孔”工具按钮“”，并在实体特征中选择需要创建孔的面，弹出“定义孔”对话框，如图 2.4.14 所示。

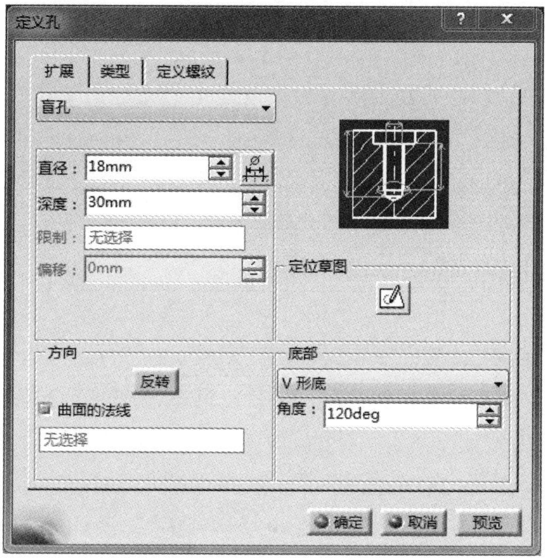

图 2.4.14　“定以孔”对话框

可以看到，该对话框中包含“扩展”“类型”“定义螺纹”3 个选项卡，下面对这 3 个选项卡进行介绍。

（1）“扩展”选项卡用于对孔的延伸方向、尺寸、位置以及底部形状进行定义。用户可根据提示对相关参数加以修改和设置。

（2）“类型”选项卡用于对孔的类型及相关类型的参数进行设定。设定后的结果将显示在右侧的示意图中。

（3）“定义螺纹”选项卡中，单击“螺纹孔”复选项后，表示在孔壁上创建螺纹，螺纹的相关参数在该选项卡中进行定义。

4. 肋与开槽

“肋”与“开槽”特征都是由界面沿着特定的轨迹线移动所扫过的空间填充材料形成的实体或是移除所形成的槽的创建特征。单击“基于草图特征（压缩）”工具栏中的“肋”工具按钮“”的下三角按钮后将展开“扫掠”工具栏，其中包括“肋”与“开槽”两个工具按钮（“基于草图特征”工具栏中直接包含了“肋”与“开槽”工具按钮，故不存在“扫掠”工具栏）。

（1）创建“肋”。

单击“扫掠”工具栏中的“肋”工具按钮“”，将会弹出“定义肋”对话框，如图 2.4.15 所示。下面对各部分的作用进行介绍。

图 2.4.15　“定义肋”对话框

①“轮廓”选项区域用于定义扫掠的轮廓。若需要选择已有

的轮廓作为扫掠轮廓，则单击“轮廓”后面的文本框后在图形区域选择轮廓线即可；若需要绘制轮廓，则单击“轮廓”后面的“ ”工具按钮后，选择需要绘制轮廓的平面，进入“草图”工作界面绘制轮廓线即可。

②“中心曲线”选项区域用于定义扫掠走的路径，其定义方式与扫掠轮廓定义方式相同，在此不再赘述。

③“控制轮廓”选项区域用于对轮廓沿中心线的扫掠方向进行定义，在 CATIA 中有 3 种方式可供选择：

“保持角度”：在轮廓沿中心线扫掠的过程中，轮廓平面的法线与中心的切线方向始终保持不变。

“拔模方向”：在轮廓沿中心线扫掠的过程中，轮廓平面的法线始终指向指定的拔模方向，在“定义肋”对话框中的“控制轮廓”下拉列表框中选中拔模方向后，在其下的“选择”文本框中输入“直线”或“平面元素”来定义拔模方向。

“参考曲面”：在轮廓沿中心线扫掠的过程中，轮廓平面的法线方向始终与指定参考曲面的法线保持恒定的夹角。在“定义肋”对话框中的“控制轮廓”下拉列表框中选中“参考曲面”选项后，在其下的“选择”文本框中对参考曲面进行定义。

④ 单击“定义肋”对话框中的“厚轮廓”复选项后，可以在“薄肋”选项区域中的“厚度 1”和“厚度 2”文本框中定义在轮廓线两侧填充材质的厚度。

（2）创建“开槽”。

“开槽”特征与“肋”特征唯一的不同之处在于：“肋”特征在轮廓线扫掠过的区域中填充材质，而“开槽”特征则将在轮廓扫掠过的区域中将材质去除，对话框中其余各项含义和定义方法与“肋”特征的定义相同，在此不再赘述。

5. “加强肋”与“实体混合”

三维建模的时候，经常会用到需要绘制加强肋或是需要做实体混合的情况，这时在 CATIA 中就需要用到“加强肋”与“实体混合”工具按钮。单击“基于草图特征（压缩）”（或是“基于草图特征”工具栏）中的“实体混合”工具按钮“ ”的下三角按钮，展开“高级拉伸”工具栏，其中包括“加强肋”与“实体混合”两个工具按钮，下面对这两个工具进行介绍。

（1）加强肋。

单击“高级拉伸”工具栏中的“加强肋”工具按钮“ ”，将会弹出“定义加强肋”对话框，如图 2.4.16 所示）。下面对该对话框中各部分的作用进行介绍。

①“模式”选项区域用于对加强肋的厚度值赋予方向进行定义。

“从侧面”模式表示加强肋的厚度值被赋予在轮廓平面法线方向，轮廓在其所在平面内延伸得到加强肋实体。

“从顶部”模式表示加强肋的厚度值被赋予在轮廓平面内，轮廓沿其所在平面的法线方向延伸得到加强肋实体。无论是哪种模式，加强肋延伸的方向上一定要保证能与零

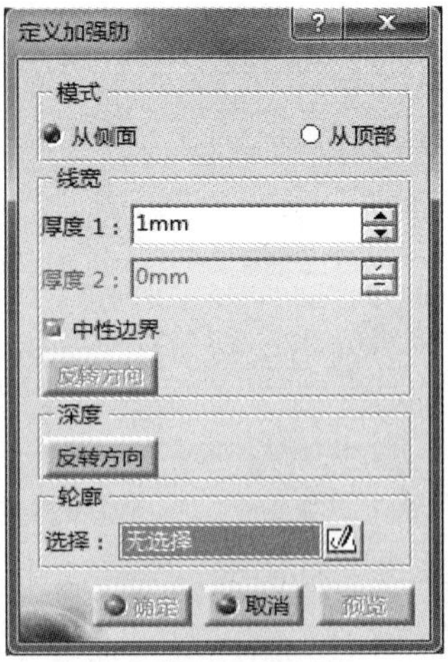

图 2.4.16 “定义加强肋”对话框

件实体相交，否则将会出错。

②“线宽”选项区域用于对加强肋的厚度进行定义。“厚度 1”和“厚度 2”分别用于对加强肋在轮廓线两侧的厚度的定义。

选中“线宽”选项区域中的“中性边界”复选项后，表示加强肋在轮廓线两侧的厚度相等。

③“深度”选项区域用于定义轮廓的延伸方向，单击“反转方向”按钮后，会发现轮廓的延伸方向改变。

④“轮廓”选项区域用于定义创建加强肋的轮廓线，可以直接选择定义，也可以草绘定义。具体方法和之前讲的相同。

（2）实体混合。

“实体混合”是指两个轮廓曲线分别沿两个方向延伸，所得两部分实体相交部分形成的实体特征。

创建“实体混合”特征的两个要素为两个轮廓线和两个轮廓线的延伸方向。

① 单击“基于草图特征（压缩）”工具栏（或者“基于草图特征”工具栏）中的“实体混合”工具按钮“”，将会弹出“定义混合”对话框，如图 2.4.17 所示。

② 分别在“第一部件”和“第二部件”选项区域中对形成混合体的两个轮廓曲线和延伸方向进行定义，定义方法和前面所述相同。对话框中的“轮廓的法线”复选项被选中后，轮廓的延伸方向为轮廓平面的法线方向，若不选中则需要对轮廓的延伸方向进行定义。

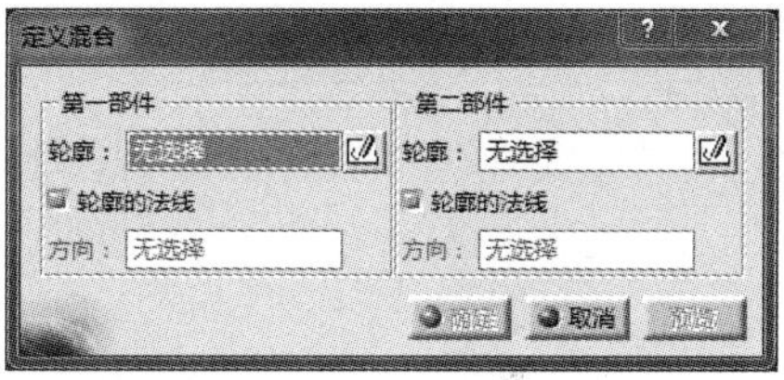

图 2.4.17　“定义混合”对话框

6. “多截面实体”和“已移除的多截面实体”

“多截面实体”特征可以通过多个平面封闭图形沿着脊线进行扫掠，生成封闭的渐变三维实体。“已移除的多截面实体”则是将扫掠过的区域的材料移除。单击“基于草图的特征（压缩）”工具栏中的“多截面实体”工具按钮“”的下三角按钮，将展开“放样”工具栏，其中包括“多截面实体”和“已移除的多截面实体”两个工具按钮（在“基于草图的特征”工具栏中，将“多截面实体”和“已移除的多截面实体”两个工具按钮都包含了进去，故不存在“放样”工具栏）。

（1）创建“多截面实体”。

单击“放样”工具栏（或“基于草图的特征”工具栏）中的“多截面实体”工具按钮“”，将会弹出“多截面实体定义”对话框，如图 2.4.18 所示。下面对其各部分的内容进行介绍。

① 对截面曲线的定义。

在“多截面实体定义”对话框上部进行对截面曲线的定义，在图形绘制区域中选取需要的截面曲线后，所选截面曲线被自动添加到列表框中，并被自动编号，所选截面曲线的

图 2.4.18　“多截面实体定义”对话框

名称显示在列表框中的“截面”栏中。在列表框中选中任一截面曲线后右击，弹出“截面曲线修改”快捷菜单。下面对快捷菜单中的各项命令进行介绍。

“替换”：在图形区域中选择新的轮廓线作为截面曲线，代替现有列表中被选中的界面曲线。

“移除”：从列表中删除选中的截面曲线。

“替换闭合点”：以在图形区域中选定的点替换列表中的闭合点。

“移除闭合点”：从列表中删除所选截面曲线上的闭合点。

“添加”：向列表中添加截面曲线，新增加的界面曲线位于列表的最下端。

“之后添加”：将在图形区中选中的截面曲线添加到列表中当前被选中截面曲线之后。

“之前添加”：将在图形区中选中的界面曲线添加到列表中当前被选中截面曲线之前。

注意：闭合点是用于定义各截面之间相对转角的点。

② 引导线。

在“多截面实体定义”对话框中，单击并打开“引导线”选项卡，在引导线列表框中单击，然后在图形区域中选择需要定义为引导线的曲线添加到列表框中，可以通过在列表框中右击，在弹出的快捷菜单中选择“移除”“替换”“添加”选项，对列表框中的曲线进行编辑。

引导线在生成实体的过程中起到边界的作用，生成的实体是各截面线沿引导线延伸得到的，因此，要求所定义的引导线必须与所有截面线都是相交的。

③ 脊线。

单击“多截面实体定义”对话框中的“脊线”选项卡进行脊线的定义。一般情况下，CATIA会根据所选截面线的形状和位置自动计算生成实体的脊线，不必对脊线进行特殊的定义。如果确实要对脊线进行重新定义，则在“脊线”文本框中单击，然后在图形区域中选择需要的曲线作为脊线。

注意：所定义的脊线必须保证自身是切矢连续的。

④ 耦合。

在“多截面实体定义”对话框中，单击并打开“耦合”选项卡，对界面曲线在扫掠过程中所形成曲线的连续性进行定义。该选项卡的“截面耦合”下拉列表框中提供了 4 种连续性的选项。

“比率”：截面曲线上的任一点在扫掠过程中所形成曲线的横坐标曲率连续。

“相切连续”：扫掠过程中生成的曲线的切矢连续变化。

“相切后比率”：在曲线上的不连续点情况选择使用切矢连续或曲率连续，如果各截面曲线上的点的个数不同，则不能使用此选项。

“顶点”：曲线上的端点连续，即曲线上没有断点出现，如果各截面线上的点的个数不同，则不能使用此选项。

如果已经定义了生成实体的引导线，则截面扫掠曲线首先应满足引导线的连续性质，再满足此处所定义的连续性。

⑤ 重新限定。

在“多截面实体定义”对话框中，单击并打开“重新限定”选项卡进行重新限定。所谓“重新限定”是指根据生成实体两端的模型实体对生成实体的起始端和终止端进行约束，以保证生成实体与其相邻实体的平滑过渡。在“重新限定”选项卡中有两个可选项：“起始截面重新限定”和“终止截面重新限定”。若选中，则放样实体的起始端或终止端将受到相邻实体的约束；若不选，则只根据所定义的引导线或连续性质生成实体，起始端或终止端不受相邻实体的。

⑥ 光顺参数。

在“多截面实体定义”对话框底部的“光顺参数”选项区域中可以对生成实体的表面光滑度进行定义。单击选中该选项区域下的“角度修正”或“偏差”选项，修改其右侧数字框中的数值即可实现对实体表面光滑度的调整。“角度修正”选项的取值为 0.5 ~ 4.5 deg，“偏差”选项的取值为 0.002 ~ 0.099 mm。

（2）已移除的多截面实体。

“已移除的多截面实体”特征“”是通过多个平面轮廓的渐变扫掠，并从实体上切除相应的部分，其操作方式与“多截面实体”特征相同。

2.5　常用修饰、编辑特征

常用的修饰编辑特征包括对二维草图的修饰、编辑以及对三维实体图形的修饰、编辑。下面将对其一一介绍。

2.5.1　常用的二维修饰、编辑特征

对二维图像的修饰、编辑主要通过“操作”工具栏（见图 2.5.1）中的一些命令来实现。操作工具栏中包括“圆角”“倒角”“修剪”“镜像”“投影”等操作。

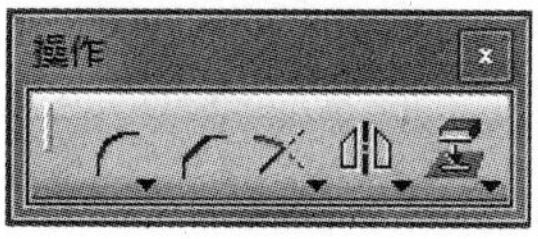

图 2.5.1 “操作”工具栏

1. 圆　角

“圆角”命令可以使用不同的修剪模式在两条直线、直线与圆弧、圆弧与圆弧之间创建圆角。具体操作如下：

（1）单击“操作”工具栏中的“圆角”工具按钮“”，在“草图工具”工具栏中显示出倒角对于原有图素的 6 种修剪方法，如图 2.5.2 所示。

“”：表示两条边都将被修剪。

“”：表示第一条边将被修剪，第二条曲线将被保留。

“”：表示两条边均不被修剪。

“”：表示两条边在交叉处修剪，如果两条边没有交点，将会自动延伸到交点。

“”：表示修剪后边转变为构造线。

“”：表示不修剪边，但是曲线会转换为构造线。

（2）单击选择需要倒圆角的两条边，并在“草图工具”工具栏中输入倒圆角的半径。

（3）输入完成确认无误后按回车键完成创建，如图 2.5.3 所示。

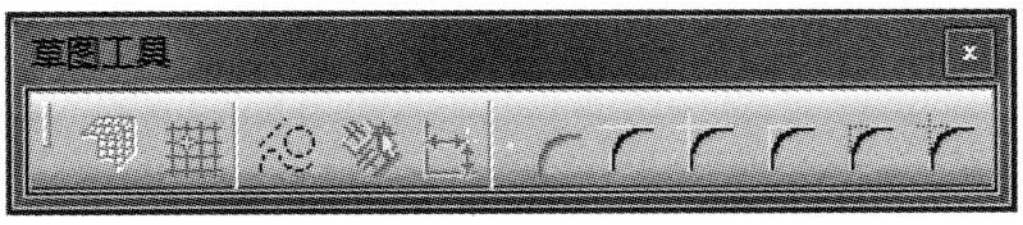

图 2.5.2 “草图工具”工具栏

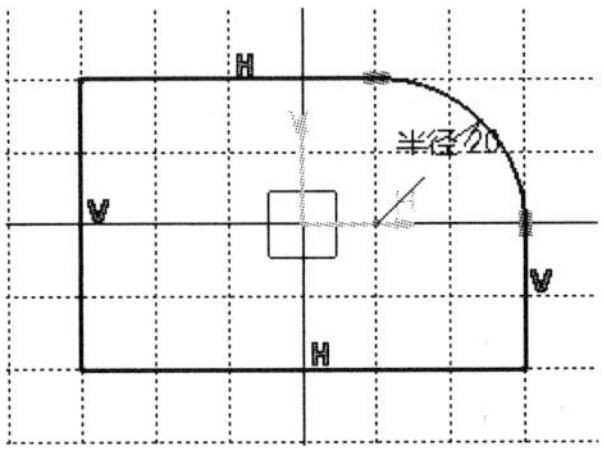

图 2.5.3 倒角效果

2. 倒 角

“倒角”命令可以在两条直线之间创建倒角。

倒角的创建条件、过程及修剪模式与圆角基本相同，只是得到的效果不一样。

单击“倒角”工具按钮“ ”后，“草图工具”工具栏变为如图 2.5.4 所示的形式。

选择需要倒角的图素，在“草图工具”工具栏中设置相应的长度和角度，即可完成倒角。得到的效果如图 2.5.5 所示。

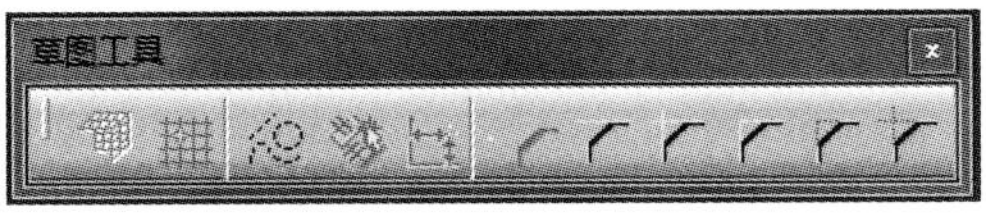

图 2.5.4 “草图工具”工具栏

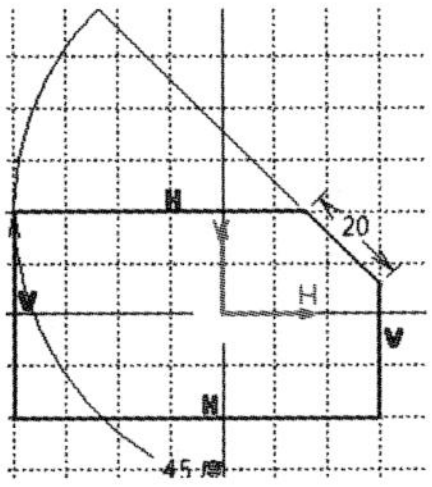

图 2.5.5 倒角的效果

3. 重新限定

单击“操作”工具条中“修剪”工具按钮“ ”右下角的黑三角，会弹出“重新限定”子工具栏，如图 2.5.6 所示，该工具栏中提供了“修剪”“断开”“快速修剪”“封闭弧”“补充”等功能。

图 2.5.6 “重新限定”工具栏

（1）修剪。

该命令可以修剪两条相交的线段。其具体操作步骤如下：

① 单击“重新限定”工具栏中的“修剪”工具按钮“ ”，“草图工具”工具栏如图 2.5.7 所示。依次选择修剪方式和需要修剪的两条边即可，修剪后的效果如图 2.5.8 所示。

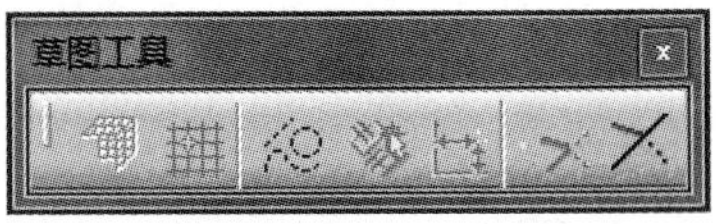

图 2.5.7 “草图工具”工具栏

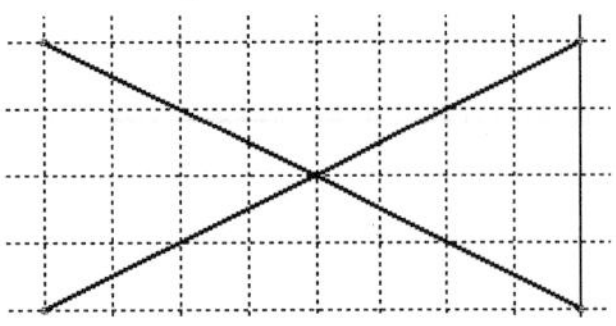

（a）原图

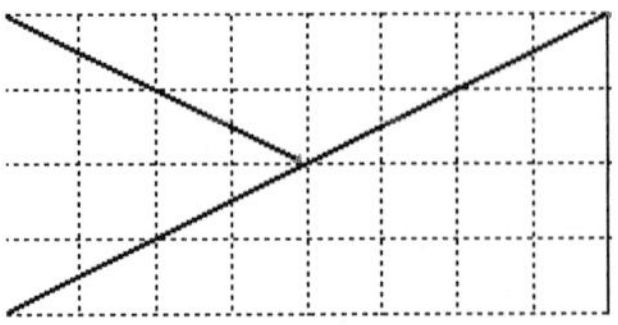

（b）部分修剪

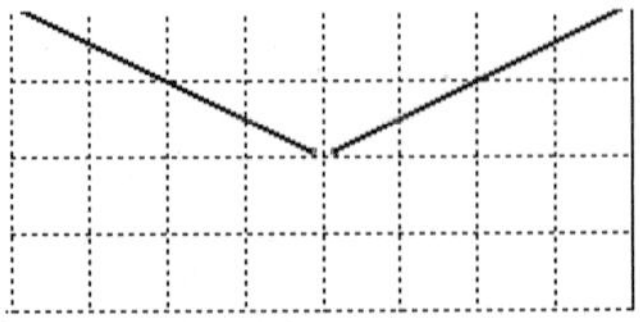

（c）完全修剪

图 2.5.8 原图与被部分修剪和完全修剪后的效果

“”：两条曲线均被修剪。

“”：第一条曲线被修剪，第二条曲线不被修剪。

（2）断开。

该命令可以使相交线段在交点处断开，也可以将一条直线分成两段。其具体操作步骤如下：

① 单击“重新限定”工具栏中的“断开”工具按钮“”。

② 单击选择需要插入间断点的线段，再在间断点处单击即创建一个间断点，即将一条线段变为了两条。

（3）快速修剪。

该命令是使用频率最高的草图修改工具。其具体操作步骤如下：

① 单击“重新限定”工具栏中的“快速修剪”工具按钮“”，“草图工具”工具栏如图 2.5.9 所示。可以看到其中包含 3 种修剪方式。

“”：该选项是默认选项，它可以擦除单一线，也可以擦除相交线。擦除相交线时，选中的部分将被擦除，交点外侧的部分将被保留。

“”：该选项只能修剪相交线。擦除相交线时，选中的部分被保留，交点外侧被擦除。

“”：该选项的作用是将选中的线剪断于交点并保留各线段。

② 选择需要的修剪方式，单击需要修剪的对象即可完成修剪，其效果如图 2.5.9 所示。

（4）封闭弧。

该命令可以将圆弧或椭圆弧封闭为圆或椭圆。其具体操作步骤如下：

① 单击“封闭弧”工具按钮“”。

② 单击选择弧，即可得到封闭后的圆或椭圆，其效果如图 2.5.10 所示。

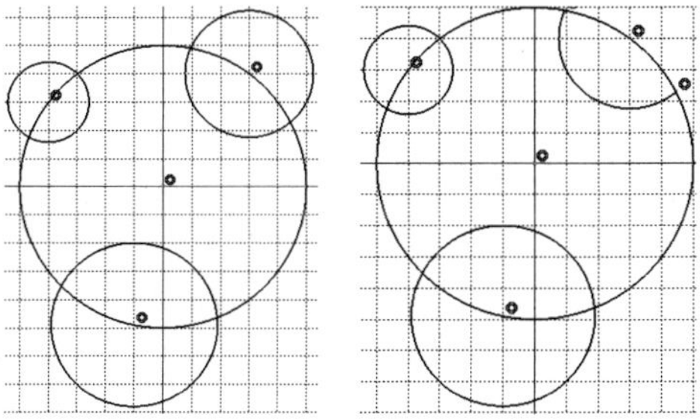

图 2.5.9　“快速修剪”效果图

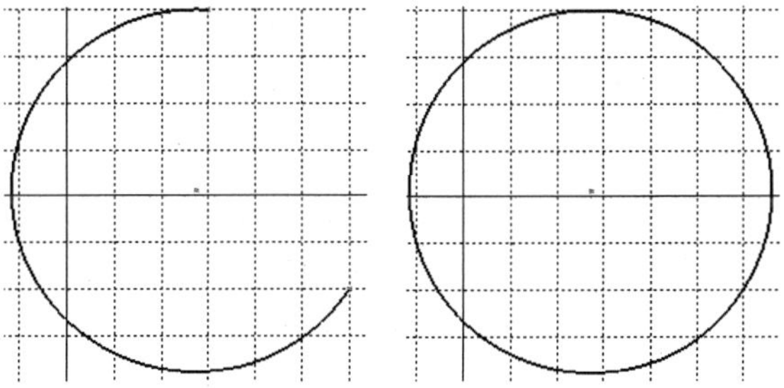

图 2.5.10　“封闭弧”效果

（5）互补。

该命令可以求出圆弧、椭圆弧的互补弧。操作步骤与“封闭弧”命令相同，其效果如图 2.5.11 所示。

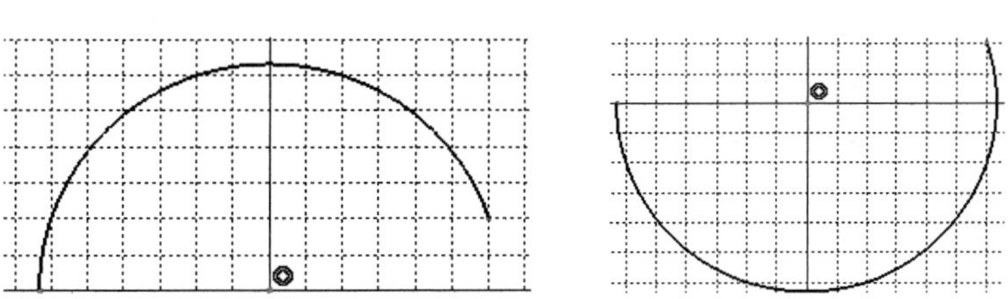

图 2.5.11　“互补”效果

4. 变　换

在操作工具条上单击“镜像”工具按钮“”右下角的黑色三角，将弹出“变换”子工具栏，如图 2.5.12 所示。该工具栏中提供了“镜像”“对称”“移动”“旋转”“缩放”和“偏移”等功能。

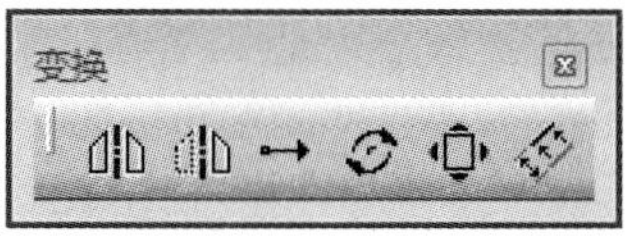

图 2.5.12 “变换”工具栏

（1）镜像。

“镜像”命令是绘制出与原来图形关于直线或者轴对称的部分，其具体操作步骤如下：

① 单击“变换”工具栏中的“镜像”工具按钮“”，单击需要做镜像变换的图形。

② 单击选择图形做镜像变换相关的轴或线即可得到镜像图形，如图 2.5.13 所示。

（2）对称。

“对称”命令用于在草绘轮廓绘制中对现有图素进行沿轴对称的移动。与“镜像”工具不同的是，“对称”工具仅仅将图形移动，而“镜像”则进行了复制操作。其具体操作方法与“镜像”相同，在此不再赘述，其效果如图 2.2.14 所示。

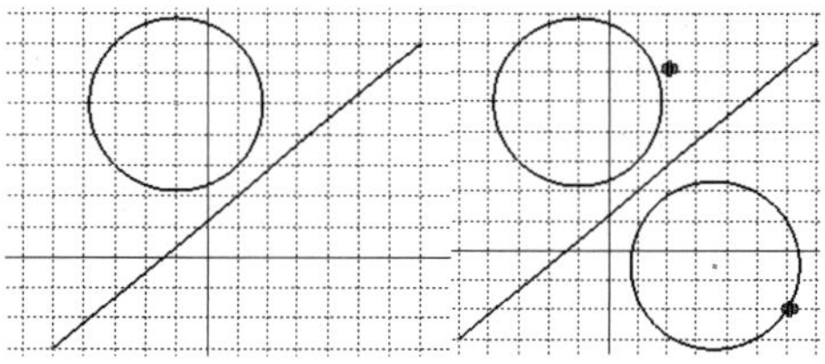
图 2.5.13 “镜像”效果图

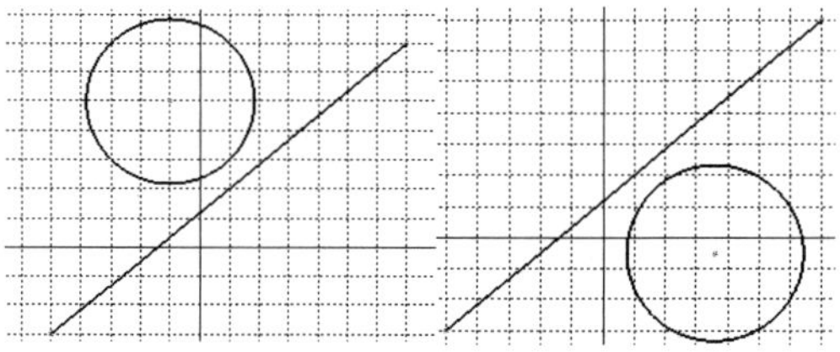
图 2.5.14 “对称”效果图

（3）平移。

该命令用于移动图形元素或移动复制图形元素，其具体操作步骤如下：

① 单击“变换”工具栏中的“平移”工具按钮“”，弹出“平移定义”对话框（见图 2.5.15），其各部分的作用介绍如下：

“实例”：用于定义平移后复制图形的数量。

“复制模式”：激活后将保留初始平移的图素。

“保持内部约束”：激活后将保留复制后图元内部的约束。

“保持外部约束”：激活后将保留复制后图元外部的约束。

“值”：用于定义平移的距离。

“捕捉模式”：激活后，沿水平方向移动时捕捉间距为 5 mm。

② 单击选择需要移动的图元，可以按住 Ctrl 键选择多个图元。

③ 单击选择平移的起点。

④ 单击选择平移的终点或者在“平移定义”对话框中的“长度”选项区域中输入要平移的距离，并用光标确定平移的角度，完成平移操作。

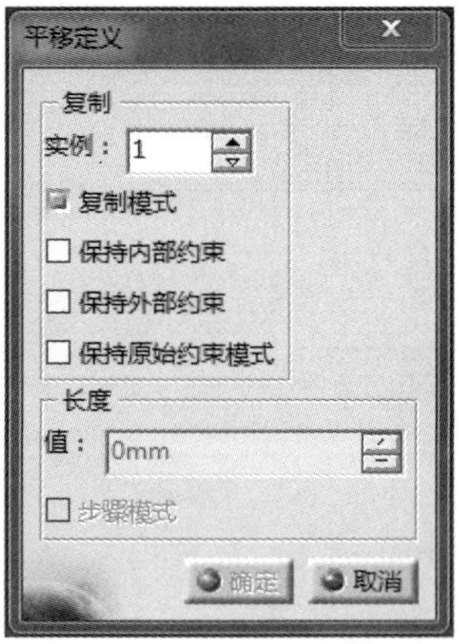

图 2.5.15 “平移定义”对话框

（4）旋转。

该命令与移动命令类似，用来把图形绕中心点旋转一定的角度，其具体操作步骤如下：

单击“变换”工具栏中的“旋转”工具按钮“”，将会弹出“旋转定义”对话框，如图 2.5.16 所示，其各部分的作用介绍如下：

“实例”：用于定义平移后复制图形的数量。

“复制模式”：激活后将保留初始平移的图素。

“保持内部约束”：激活后将保留复制后图元内部的约束。

“保持外部约束”：激活后将保留复制后图元外部的约束。

“角度”：用于定义两个图元之间旋转的角度，正值为逆时针旋转，负值为顺时针旋转。

“步骤模式”：激活后，使用光标确定角度时，每次增加的角度是确定的，该步幅可以通过在“值”文本框中右击，选择新的步幅。

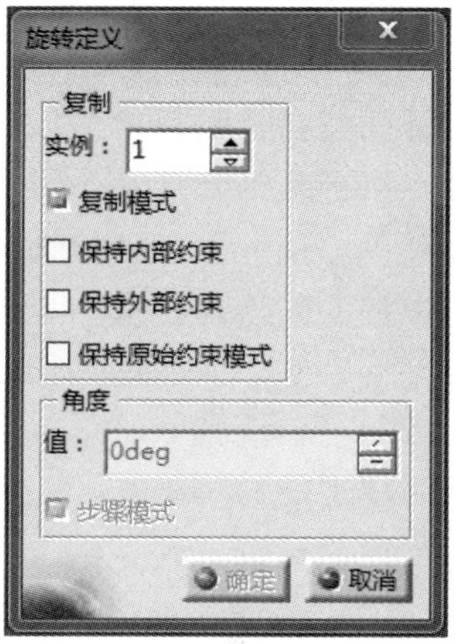

图 2.5.16　“旋转定义”对话框

（5）缩放。

该命令可以对已有图形按比例进行缩放，其具体操作步骤如下：

① 单击“变换”工具栏中的“缩放”工具按钮“”，将会弹出“缩放定义”对话框，如图 2.5.17 所示。其各部分的作用介绍如下：

“复制模式”：激活后将保留初始平移的图素。

“保持内部约束”：激活后将保留复制后图元内部的约束。

“保持外部约束”：激活后将保留复制后图元外部的约束。

“值”：定义缩放的比例值。

“步骤模式”：激活后缩放时捕捉数值为 0.1。

② 单击选择需要缩放的图元，可以按住 Ctrl 键复选图元，再单击选择缩放的中心点。

③ 单击选择缩放的终点或者在“缩放定义”文本框的“缩放”区域输入缩放的比例，单击“确定”完成缩放。

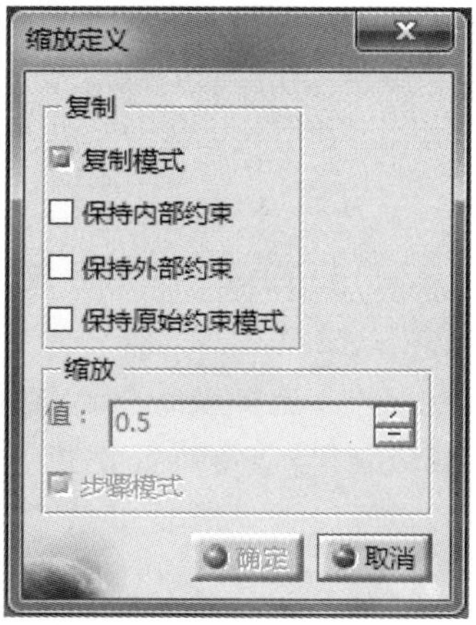

图 2.5.17　“缩放定义”对话框

（6）偏移。

该命令可以对已有直线、曲线或平面图形进行偏移复制。其具体操作步骤如下：

① 单击“变换”工具栏中的“偏移”工具按钮“”，“草图工具”工具栏如图 2.5.18 所示，可以看到其中有 4 种偏移方式。

图 2.5.18　“草图工具”工具栏

“无扩展”“”：默认选项，表示只对选中的图元进行偏置。

“相切扩展”“”：与选中图元保持相切关系的图元进行偏置。

“点扩展”“”：与所选图元有连接关系的都进行偏置。

“双侧偏移”“”：与选中图元进行对称偏置。

② 单击选择图元，使用光标对偏移图形进行定位或者在“草图工具”工具栏中输入偏移距离。

2.5.2 常用的三维修饰、编辑特征

修饰特征就是在已有实体的基础上，创建满足设计要求和制造工艺要求的功能特征。这些特征包括“倒圆角”“倒角”“拔模斜度”“抽壳”“增厚面”“螺纹”“移出面”和“替换面”等。执行修饰特征命令时，可以单击“修饰特征”工具栏中的命令图标，也可以通过单击下拉菜单“插入”→“修饰特征”下的菜单栏选择命令。以下主要通过“修饰特征”工具栏来完成相关的修饰特征。

1. 倒圆角

单击“修饰特征”工具栏中的“倒圆角”工具按钮“”的下三角按钮，展开“圆角”工具栏。可以看到，CATIA V6 中提供了 5 种倒圆角命令：倒圆角、可变半径圆角、弦圆角、面与面的圆角和三切线内圆角。

（1）倒圆角。

铸、锻造零件表面间的圆角以及轴肩根部的圆角都可以用等半径圆角命令创建。其具体操作如下：

① 单击“圆角”工具栏中的“倒圆角”工具按钮“”，将会弹出“倒圆角定义”对话框，如图 2.5.19 所示。

② 在“半径”文本框中输入圆角半径的数值。

③ 在“要圆角化的对象”文本框中单击，然后在图形区域中选择零件实体上需要进行圆角的棱边添加到文本框中。

④ 当有多个圆角对象需要定义时，可以通过文本框右侧的“编辑对象列表”工具按钮“”进行定义。

⑤ “选择模式”选项用于定义圆角的生成方式，有 4 种选项可供选择：“最小”“相切”“相交”“与选定特征相交”。

⑥ 设置完成后单击“倒圆角定义”对话框中的“确定”按钮完成倒圆角的绘制，其效果如图 2.5.20 所示。

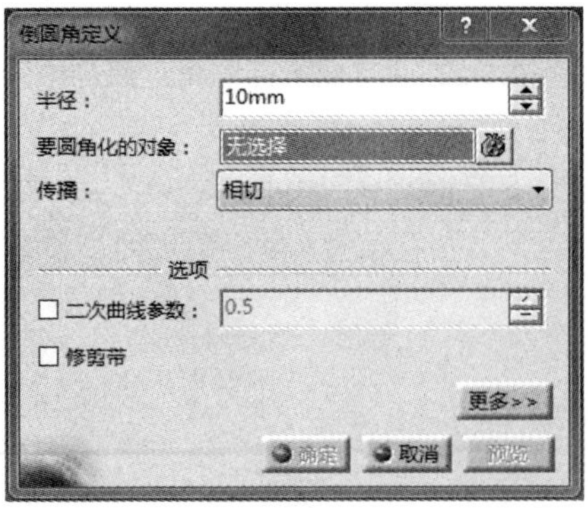

图 2.5.19 “倒圆角定义”对话框

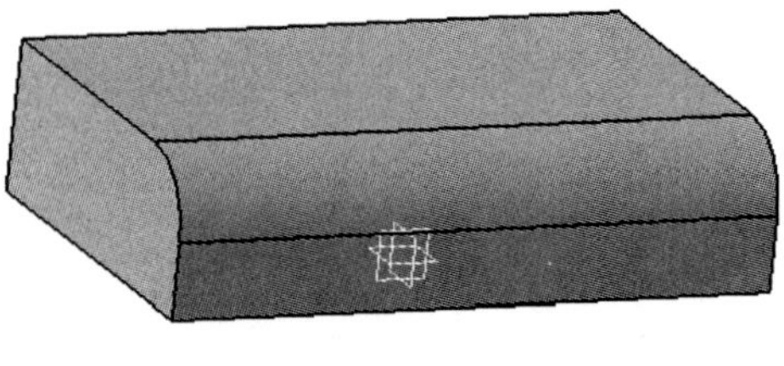

图 2.5.20 倒圆角后的效果

（2）可变半径圆角。

可变半径圆角可以创建沿圆角棱边的方向用不同的圆角半径对棱边进行倒圆角的圆角，

其具体操作步骤如下：

① 单击“圆角”工具栏中的“可变半径圆角”工具按钮“ ”，将会弹出“可变半径圆角定义”对话框，如图 2.5.21 所示。

② 在“要圆角化的边线”选择框中单击，然后在图形区域中选择需要进行圆角的棱边，也可以单击文本框右侧的“ ”按钮，对已选对象列表进行编辑。

③ 在“点”文本框中单击，然后在图形区域中选择位于圆角棱边上的点作为变半径圆角的半径控制点。如果棱边上没有适合的点存在，则在“点”文本框中右击，再在弹出的快捷菜单中选择相应命令的圆角棱边上创建点。

④ 在“变化”选项区域中有“立方体”和“相切”两个选项，根据需要选择其一。

⑤ 在对棱边的半径控制点进行了定义后，图形区域中的零件模型会适时显示每个控制点处圆角的半径值，单击选中每一个控制点处的绿色半径标注，然后在“半径”文本框中输入需要的半径值后，直接在图形区域中选择控制点处的半径标注或者选择下一个需要定义的半径，也可以直接双击控制点处的半径值，在弹出的“参数定义”文本框中输入相应的半径值后单击“确定”，完成该点处的半径值的定义。可以看到，图形区域中的半径标注会根据所定义的数值被适时更新。

⑥ 完成所有的定义后单击“可变半径圆角定义”对话框中的“确定”按钮完成可变半径圆角的绘制，效果如图 2.5.22 所示。

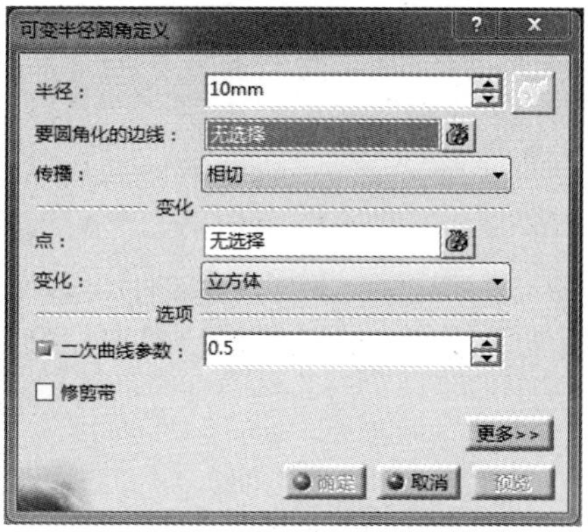

图 2.5.21　“可变半径圆角定义”对话框

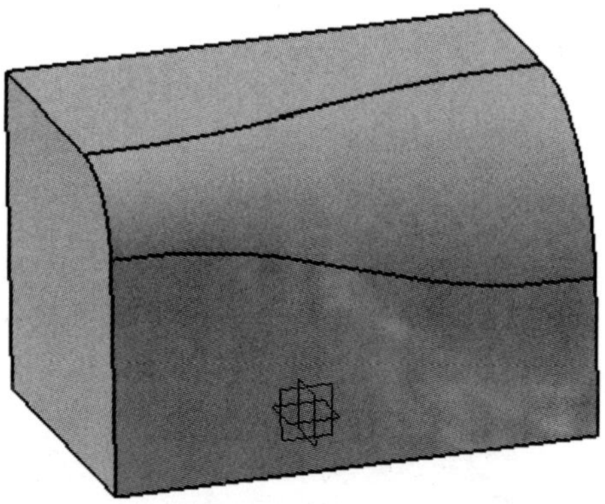

图 2.5.22　“可变半径圆角”后的效果

（3）弦圆角。

弦圆角与可变半径圆角的功能和操作完全相同，可以在棱边上选择几个控制点，在每个控制点处可以设置不同的圆角弦长。在“弦圆角定义”对话框的“变化”选项窗口中也有两个选项：“立方体”和“线性”。在同一条件下，选择不同的选项，则创建的弦圆角形态也不想同。

（4）面与面的圆角。

面与面的圆角是在两个曲面之间建立一个过渡曲面圆角。建立面与面的圆角要求圆角半径应该小于曲面的高度，并大于曲面间最小距离的 1/2，而且第三个特征必须要与建立过渡曲面圆角的两曲面特征相交，其具体操作步骤如下：

① 单击“圆角”工具栏中的“面与面的圆角”工具按钮“ ”，弹出“定义面与面的

圆角”对话框，如图 2.5.23 所示。

② 在“定义面与面的圆角”对话框中的“半径”文本框中输入圆角半径的数值。

③ 在图形区域中选择需要进行圆角的零件表面，添加到“要圆角化的面”文本框中。

④ 单击“定义面与面的圆角”文本框中的“预览”按钮查看效果，确认无误后单击“确定”按钮生成特征，效果如图 2.5.24 所示。

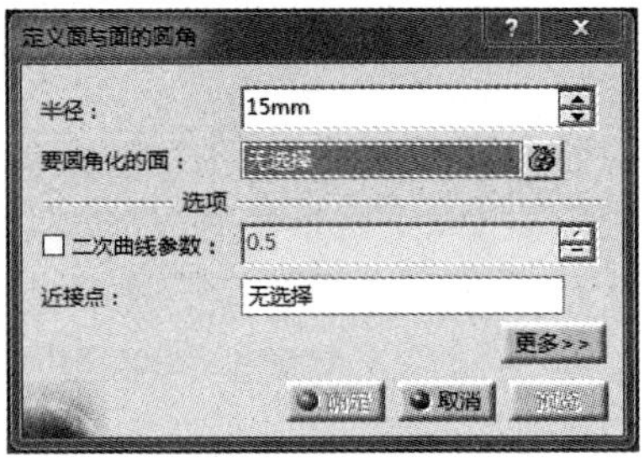

图 2.5.23 “定义面与面的圆角”对话框

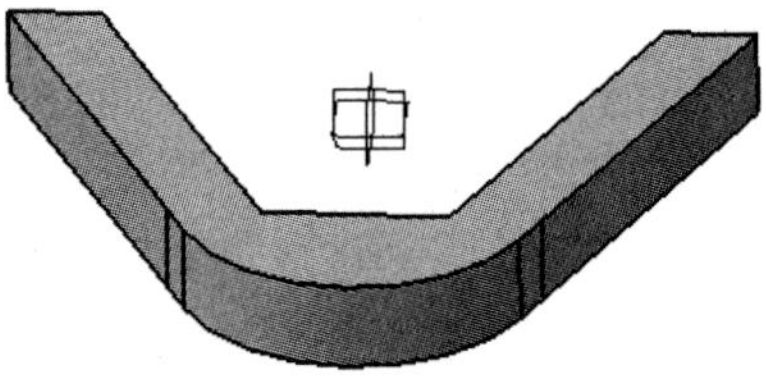

图 2.5.24 面与面的圆角效果图

（5）三切线内圆角。

“三切线内圆角”是在实体上选择 3 个相邻的平面，其中去除一个平面，然后用一个与两平面相切的圆弧面来代替去除的平面，其具体操纵步骤如下：

① 单击“圆角”工具栏中的“三切线内圆角”工具按钮“”，弹出“定义三切线内圆角”对话框，如图 2.5.25 所示。

② 在“定义三切线内圆角”对话框中的“要圆角化的面”文本框中单击，然后在图形区域中选择需要圆角的零件的表面。

③ 在“定义三切线内圆角”对话框中的“要移除的面”文本框中单击，然后选择在圆角过程中要移除的表面。

④ 单击“定义三切线内圆角”对话框中的“预览”按钮，确认无误后单击“确定”按钮完成绘制，效果如图 2.5.26 所示。

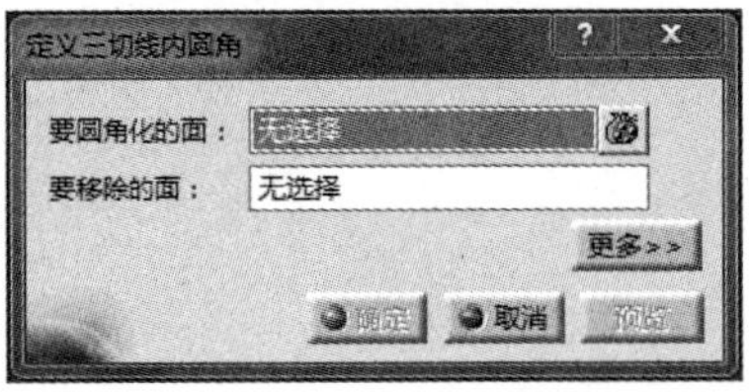

图 2.5.25 “定义三切线内圆角”对话框

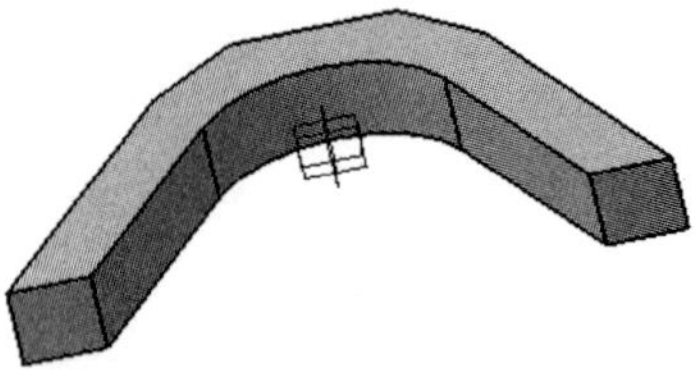

图 2.5.26 定义三切线内圆角效果图

2. 倒 角

零件切削加工时，对于公称尺寸相同的轴孔配合面以及零件的锐边都需进行倒角以保证顺利安全地进行装配。利用 CATIA V6 中的倒角命令，可方便地在实体上创建倒角特征，具体操作如下：

（1）单击“修饰特征”工具栏中的“倒角”工具按钮“”，弹出“定义倒角”对话框，如图 2.5.27 所示。

（2）单击对话框“模式”文本框的下三角按钮，选择需要的倒角模式。

（3）在“模式”下对应的文本框中输入对应的参数。

（4）单击选择要倒角的对象，可以连续选择倒角棱线，选择后单击“确定”按钮，完成对倒角的添加，效果如图 2.5.28 所示。

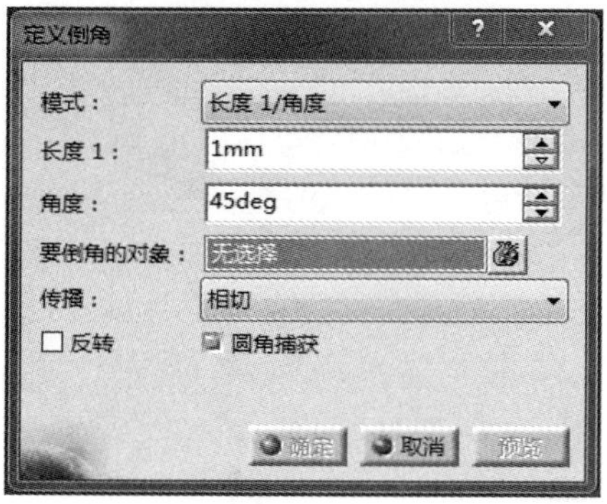

图 2.5.27 “定义倒角”对话框

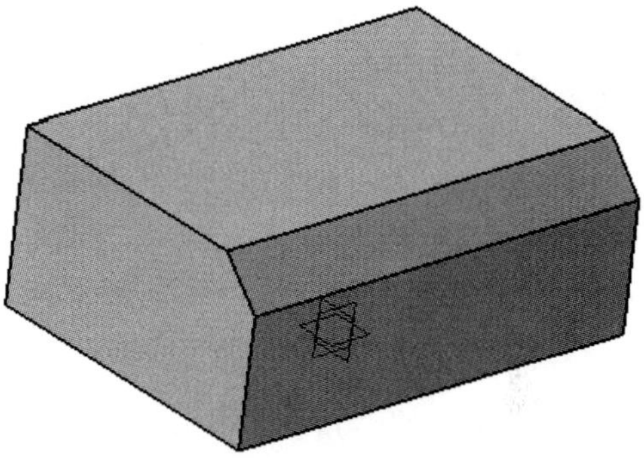

图 2.5.28 倒角效果图

3. 拔 模

对于铸造、锻造等零件，为了便于零件与模具分离，需要在零件的拔模面上创建一个斜角，这个角称为拔模角，也叫起模斜度。与拔模相关的术语及其含义如下：

- 拔模方向：零件与模具分离时的方向；
- 拔模角：拔模面与拔模方向间的夹角；
- 中性面：拔模前后形状保持不变的面；
- 分界面：沿中性线方向限制拔模面范围的平面；
- 分离元素：分割实体成两部分的元素，分离后的实体可各自创建拔模特征。

CATIA V6 提供了“拔模斜度”“拔模反射线”和“变角度拔模”3 个拔模命令，单击“修饰特征”工具栏中的“拔模斜度”工具按钮“”的下三角按钮，展开“拔模”工具栏可以看到这 3 个命令，下面分别对其做详细介绍。

（1）拔模斜度。

① 单击“拔模”工具栏中的“拔模斜度”工具按钮“”，弹出“定义拔模”对话框，如图 2.5.29 所示。

② 在“角度”窗口中输入拔模角度。

③ 在“要拔模的面”文本框中单击，在绘图区域中选择需要创建拔模角特征的实体表面。

④ 在对话框中部的“中性元素”选项区域中的“选择”文本框中单击，然后在绘图区域中选择需要的实体表面作为创建拔模角特征的中性面。

⑤ 单击文本框中的“确定”按钮完成拔模斜度特征的创建，效果如图 2.5.30 所示。

（2）反射线拔模。

反射线拔模是以一条射线作为拔模特征的中性线来创建拔模角特征。此种拔模可对已经创建倒圆角的实体表面进行拔模角的定义。其具体操作步骤如下：

① 单击“拔模”工具栏中的“反射线拔模”工具按钮“”，弹出“定义拔模反射线”对话框，如图 2.5.31 所示。

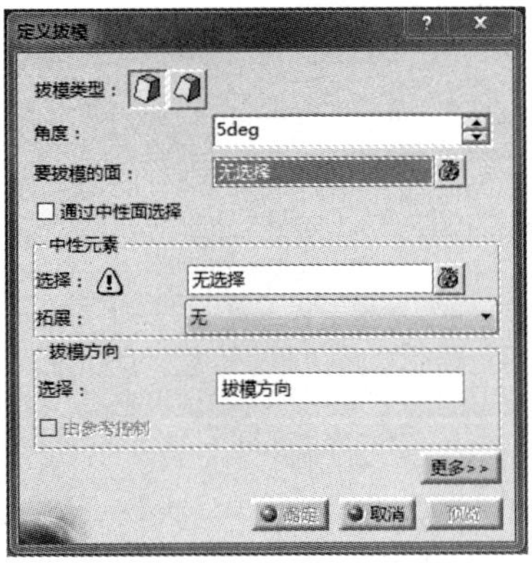

图 2.5.29 “定义拔模”对话框

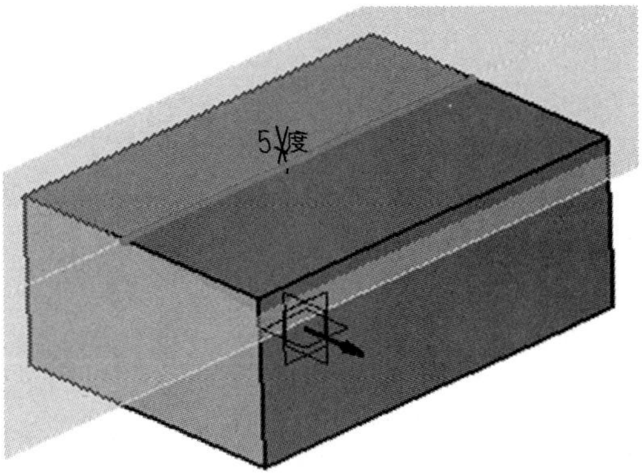

图 2.5.30 “拔模斜度”特征效果

② 在对话框中的“角度”窗口中输入角度值。

③ 在“要拔模的面”文本框中定义需要在其上建立拔模角特征的零件实体表面，选择零件实体上的倒圆角特征作为拔模面，系统根据拔模方向自动检测到作为生成拔模角的中性射线。

④ 单击“确定”按钮完成反射线拔模特征的创建，效果如图 2.5.32 所示。

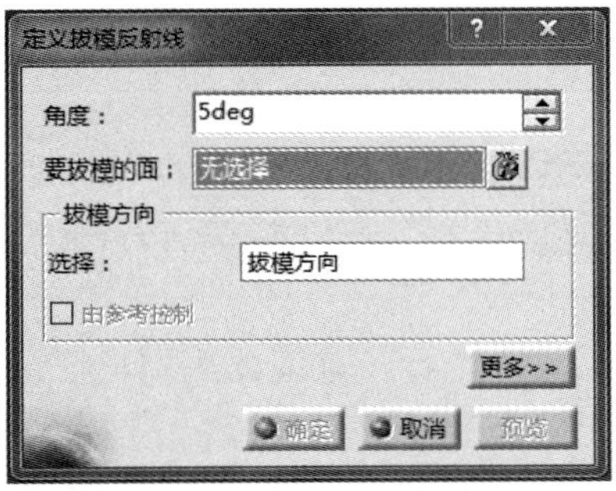

图 2.5.31 “定义拔模反射线”对话框

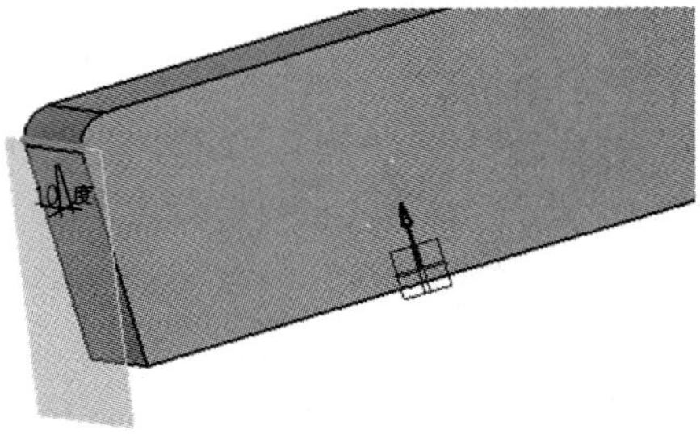

图 2.5.32 反射线拔模效果

（3）可变角度拔模。

此种拔模是沿着中性线的拔模角是可以变化的，控制拔模角变化范围的元素是中性线上若干点。这些点可以是中性线上端点，也可以在中性线上创建需要的控制点。其具体操作步骤如下：

① 单击“拔模”工具栏中的“可变角度拔模”工具按钮“”，弹出“定义拔模”对话框，如图 2.5.33 所示。

② 在对话框中的“角度”窗口中输入角度值。

③ 选择实体的一个面作为“要拔模的面”。

④ 在对话框中的“点”文本框中，对角度发生变化的点进行定义。

⑤ 角度变化定义好后，系统会在每一个点上生成一个标注指明该点处的拔模角度值，单击该标注然后在“角度”文本框中输入需要的角度值，实现对拔模角度的修改，效果如图 2.5.34 所示。

图 2.5.33 “定义拔模”对话框

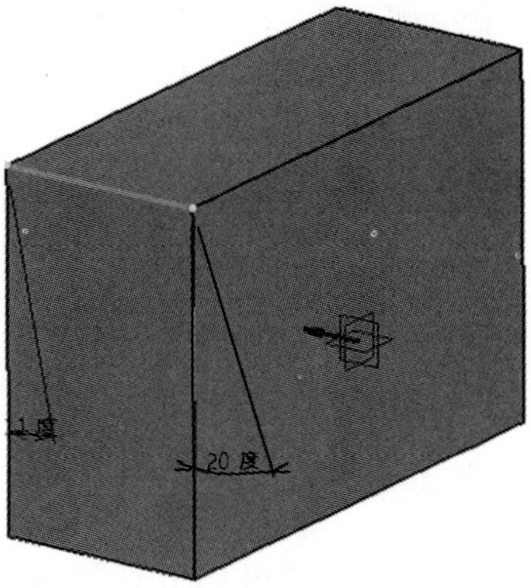

图 2.5.34 “可变角度拔模”效果

4. 盒 体

盒体也叫抽壳。利用此命令可方便地将各种形状的实心物体上的某些表面移除，形成具有一定厚度的薄壁盒体。盒体命令的具体操作步骤如下：

（1）单击“修饰特征”工具栏中的“盒体”工具按钮“ ”，弹出“定义盒体”对话框，如图 2.5.35 所示。

（2）对话框中的“默认内侧厚度”和“默认外侧厚度”根据具体要求输入需要的值，并对“要移除的面”和“其他厚度面”进行定义，下面对各自的含义进行说明。

内侧厚度：抽壳后实体原来的表面为外表面到内表面之间的厚度。

外侧厚度：抽壳后实体原来的表面为内表面到外表面之间的厚度。如果内外侧都赋值，则以原表面作为中性面向内外侧加厚度。

要移除的面：可单选一个移除面，可连续选择多个移除面，作为抽壳过程中要删除的面。

其他厚度面：用于定义不同厚度的面，在该文本框中添加图形元素后，可以生成一个厚度和其他面不同的面。

（3）在各项定义都准确无误后，单击“确定”按钮，完成壳体特征的创建，效果如图 2.5.36 所示。

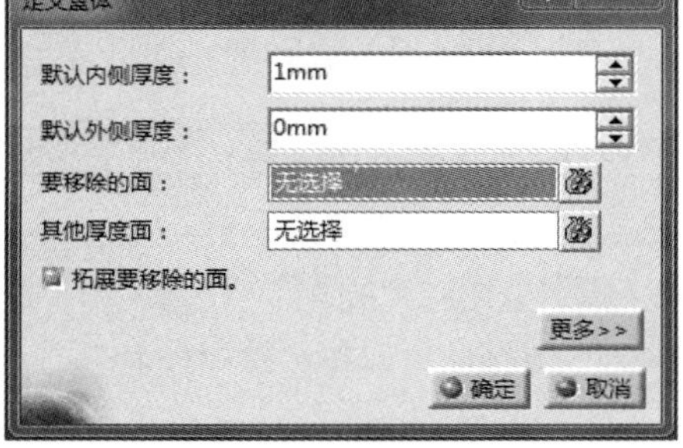

图 2.5.35 “定义盒体”对话框

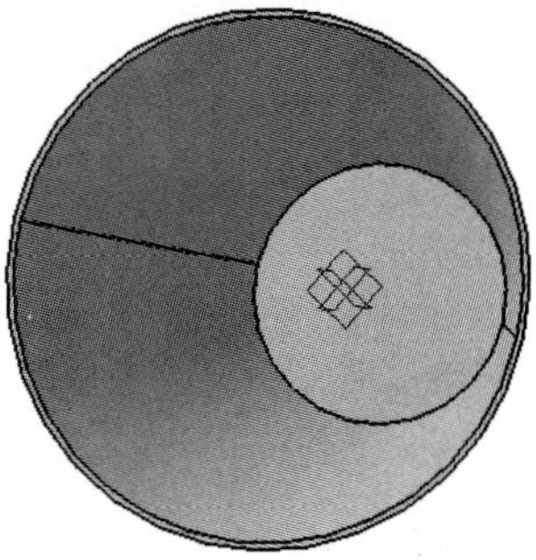

图 2.5.36 “盒体”效果图

5. 厚 度

厚度命令用于增加或减少实体上某处的厚度。当厚度值为正值时，增加实体表面厚度，当厚度值为负值时，减少实体表面厚度。其具体操作步骤如下：

（1）单击“修饰”工具栏中的“厚度”工具按钮“ ”，弹出“定义厚度”对话框，如图 2.5.37 所示。

（2）在对话框中的“默认厚度”窗口中输入厚度值。

（3）在图像区域单击选择需要改变厚度的表面。

（4）在一切修改完毕后，单击“确定”按钮完成“厚度”特征的创建。

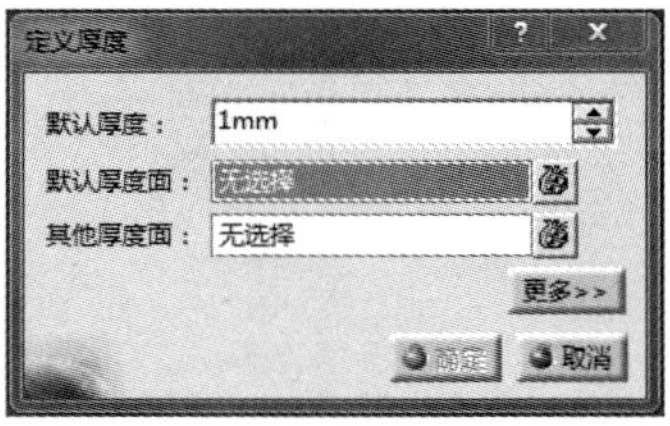

图 2.5.37 “定义厚度”对话框

6. 内螺纹/外螺纹

利用内螺纹/外螺纹命令可以方便地在圆柱面上创建螺纹特征。用螺纹命令创建的螺纹特征只在特征树上显示有内外螺纹的图标和参数，在三维实体上不显示螺纹，但在生成工程图是，系统会识别螺纹并用内外螺纹的规定画法表示螺纹。其具体操作如下：

单击“修饰特征”工具栏中的“内螺纹/外螺纹”工具按钮“ ”，弹出“定义内螺纹/外螺纹”对话框，如图 2.5.38 所示。

其各部分含义如下：

（1）“几何图形定义”区域。

① 侧面：在其上产生螺纹的零件实体表面。

② 限制面：限制螺纹起始位置的实体表面。

③ 选中“内螺纹”或“外螺纹”选项定义螺纹的类型。

（2）数值定义区域。

① 类型：定义螺纹的类型，可以选择定义标准螺纹和非标准螺纹。系统提供了“公制粗牙螺纹”“公制细牙螺纹”和“非标准螺纹”3 种类型。

② 外螺纹直径：定义螺纹的直径。当定义非标准螺纹时，需要手动输入螺纹的直径值；当定义标准螺纹时，只需在该文本框中添加相应的标准螺纹标号即可。

③ 支持面直径：螺纹支撑面的直径，由几何定义中指定的螺纹限制表面决定，不可更改。

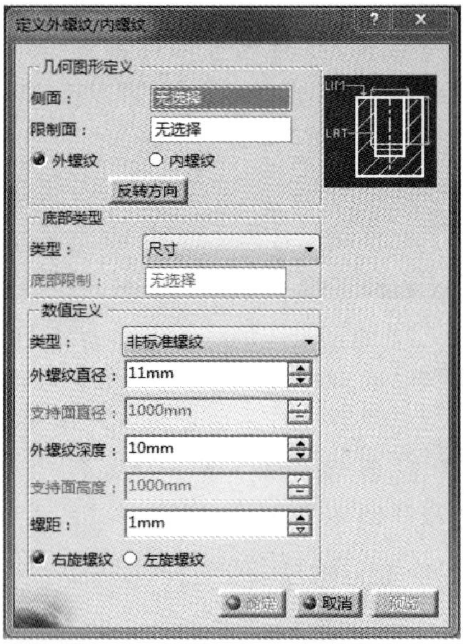

图 2.5.38 “定义外螺纹/内螺纹”对话框

④ 外螺纹深度：定义螺纹的长度。

⑤ 支撑面高度：螺纹支撑面的高度，由几何定义中指定的螺纹侧面决定，不可更改。

⑥ 螺距：定义螺距数值。

⑦ 选择“右旋螺纹”或“左旋螺纹”定义螺纹的旋转方向。

完成螺纹各参数的定义后，单击对话框中的“确定”按钮生成螺纹特征。

3 轨道车辆转向架的三维建模

3.1 轮对的三维建模

轮对，是机车车辆上与钢轨相接触的部分，由左右两个车轮牢固地压装在同一根车轴上所组成。轮对的作用是保证机车车辆在钢轨上的运行和转向，承受来自机车车辆的全部静、动载荷，把它传递给钢轨，并将因线路不平顺产生的载荷传递给机车车辆各零部件。

对于动车组来说，由于动车的转向架上面要加装驱动电机，这就占用了制动盘的安装空间，故而动车轮对的制动盘安装在车轮上，通过制动夹钳夹紧车轮上的制动盘实现制动。而对于拖车来说，由于不需要加装驱动电机，故而可以在车轴上加装制动盘，通过制动夹钳夹紧安装在车轴上的制动盘实现制动。

3.1.1 模型分析

轮对的三维模型如图 3.1.1 所示，由于动车的转向架上要加装驱动电机，所以动车的制动盘是安装在车轮上的，故而动车和拖车的车轮和车轴并不相同。但由于动车和拖车所走的轨道都是相同的，故而两者车轮的踏面是相同的。

（a）动车轮对

（b）拖车轮对

图 3.1.1 轮对三维模型

由图 3.1.1 中的三维模型看，不论是动车的轮对还是拖车的轮对，其建模用到的就是旋转、凹槽、凸台等常规的三维建模命令。唯一困难的就是其旋转截面或者凸台截面的绘制。由于动车和拖车的旋转截面在第 2 章中都已经进行了详细介绍，所以本节主要考验大家对于相关建模命令的熟练运用程度，属于比较简单的一节。

3.1.2 动车车轮的建模方法

（1）打开第 2 章中绘制的动车轮的旋转截面。

（2）单击“基于草图的特征”工具栏中的“旋转体”工具按钮“”，将会弹出“定义旋转体”对话框，在对话框中的“轮廓/曲面”选项区域中的“选择”文本框中单击，使之激活变为蓝色。单击特征树中的“零件几何体”前的“”，单击选择“草图 1”。

（3）在“定义旋转体”对话框中的“轴线”选项区域中的“选择”文本框中右击，选择“y 轴”作为旋转体旋转轴，单击“确定”按钮，完成旋转特征的创建。

（4）单击“修饰特征”工具栏中的“倒角”工具按钮“”，将会弹出“倒角定义”对话框，选择如图 3.1.2 所示的边为需要倒角的边。

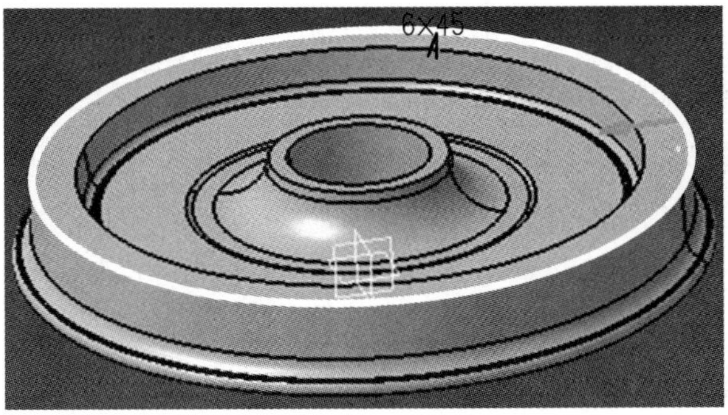

图 3.1.2　选择需要倒角的边

（5）在“定义倒角”对话框中的“长度 1”文本框中输入 6 mm，单击“确定”按钮，完成对于该条曲线倒角的定义。

（6）单击“基于草图的特征”工具栏中的“旋转槽”工具按钮“”，弹出“定义旋转槽”对话框，单击“定义旋转槽”对话框中的“”按钮，选择 yz 平面作为草绘平面，进入草绘工作台。

（7）绘制长为 6 mm，宽为 2 mm（6 mm 的边在上一步倒圆角的平面上，宽为 2 mm 的边距离中心 424.4 mm）的长方形，单击“退出工作台”工具按钮“”。

（8）右击“定义旋转槽”对话框中的“选择”文本框，选择 y 轴作为旋转槽的轴线，单击“确定”按钮。

（9）单击“修饰特征”工具栏中的“倒圆角”工具按钮“”，弹出“倒圆角定义”对话框，选择上一步所切的凹槽的下端面的边界圆形曲线作为需要倒圆角的曲线。

（10）设定倒圆角的半径为 2 mm，单击“倒圆角定义”对话框中的“确定”按钮，完成对本条曲线倒圆角的定义。

（11）单击“基于草图的特征”工具栏中的“凹槽”工具按钮“”，弹出“定义旋转槽”对话框，单击“定义旋转槽”对话框中的“”按钮，选择如图 3.1.2 所示的平面作为草绘平面，进入草绘工作台。

（12）绘制圆心在直径 605 mm 的与车轮同心的圆上，半径为 6 mm 的 3 个圆，其中每个圆与直径 605 mm 的圆的圆心连线之间的夹角为 15°，单击“退出工作台”工具按钮“”。

（13）在“定义凹槽”对话框中的“第一限制”选项区域中的“类型”文本框中选择“直

到最后”，单击“确定”按钮。

（14）单击“变换特征”工具栏中的“矩形阵列”工具按钮“”右下角的黑色倒三角，单击选择“圆形阵列”工具按钮“”，弹出“定义圆形阵列”对话框。

（15）在“轴向参考”选项卡中的“参数”文本框中设定为“完整径向”，在“实例”文本框中设定为“6”，在“参考方向”选项区域中的文本框中右击，选择“y 轴”，在“要阵列的对象”选项区域中的“对象”文本框中单击激活，选择第（13）步所得到的凹槽。

（16）单击“定义圆形阵列”对话框中的“确定”按钮，完成圆形阵列的创建，得到如图 3.1.3 所示的动车车轮的三维模型。

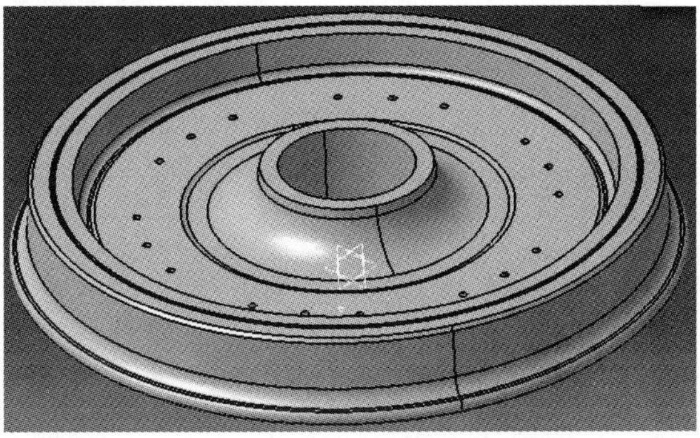

图 3.1.3 动车轮三维模型

3.1.3 动车轴的建模方法

（1）打开附件（见二维码）第 2 章中绘制的动车车轮的旋转截面。

（2）单击“基于草图的特征”工具栏中的“旋转体”工具按钮“”，弹出“定义旋转体”对话框，在对话框中的“轮廓/曲面”选项区域中的“选择”文本框中单击，使之激活变为蓝色。单击特征树中的“零件几何体”前的“”，单击选择“草图 1”。

（3）在“定义旋转体”对话框中的“轴线”选项区域中的“选择”文本框中右击，选择 y 轴作为旋转体旋转轴，单击“确定”按钮，完成旋转特征的创建。

（4）单击“修饰特征”工具栏中的“倒角”工具按钮“”，弹出“倒角定义”对话框，选择如图 3.1.4 所示的边（与此边相对应的另外一侧也要选中）为需要倒角的边。

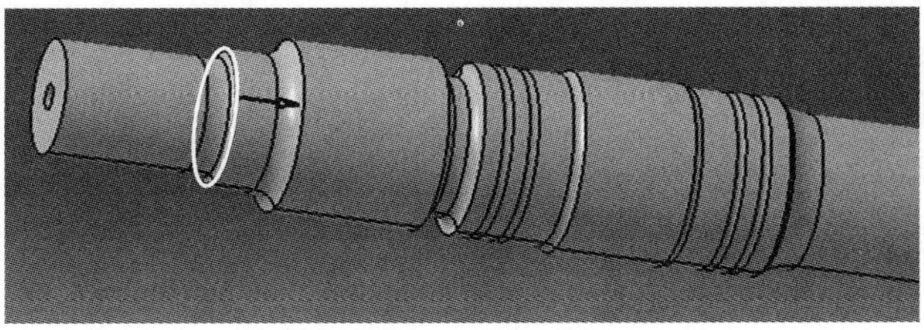

图 3.1.4 选择需要倒角的边

（5）在“定义倒角”对话框中的“长度 1”文本框中输入“2 mm”，单击“确定”按钮，完成对于该条曲线倒角的定义。

（6）单击“修饰特征”工具栏中的“倒圆角”工具按钮“”，弹出“倒圆角定义”对话框，选择如图 3.1.5 所示的边（与此两条边相对应的另外一侧的两条边也要选中）为需要倒圆角的边。

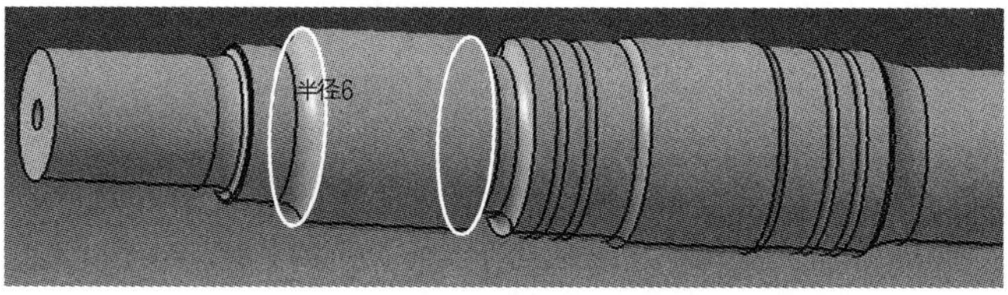

图 3.1.5　选择需要倒圆角的边

（7）设定倒圆角的半径为 6 mm，单击“倒圆角定义”对话框中的“确定”按钮，完成对倒圆角的定义。

（8）单击“基于草图的特征”工具栏中的“凹槽”工具按钮“”，弹出“定义旋转槽”对话框，单击“定义旋转槽”对话框中的“”按钮，选择车轴的端面作为草绘平面，进入草绘工作台。

（9）绘制圆心距离动车轴 50 mm，直径为 16 mm，均匀分布的 4 个圆，单击“退出工作台”工具按钮“”。

（10）在“定义凹槽”对话框中的“第一限制”选项区域中的“类型”文本框中选择“尺寸”，设定“深度”值为 60 mm，单击“确定”按钮。

（11）单击“参考元素（扩展）”工具栏中的“平面”工具按钮“”，弹出“定义平面”对话框。

（12）在“定义平面”对话框中的“平面类型”文本框中选择“偏移平面”，单击“参考”文本框后，单击选择动车轴的端面，在“偏移”文本框中输入 1 090 mm，单击“预览”按钮，若显示新创建的平面位于动车轴侧，则单击“确定”按钮，完成平面的创建；若显示新创建的平面位于动车轴外侧，则单击“平面定义”对话框中的“反转方向”按钮后，单击“确定”按钮，完成平面的创建。

（13）单击“变换特征”工具栏中的“镜像”工具按钮“”，单击选择第（10）步所得到的凹槽，弹出“定义镜像”对话框。

（14）单击选择第（12）步所得到的平面，在“镜像元素”文本框中显示出第（12）步所得到的平面的名称后，单击“确定”按钮，完成镜像特征的创建，得到动车的车轴如图 3.1.6 所示。

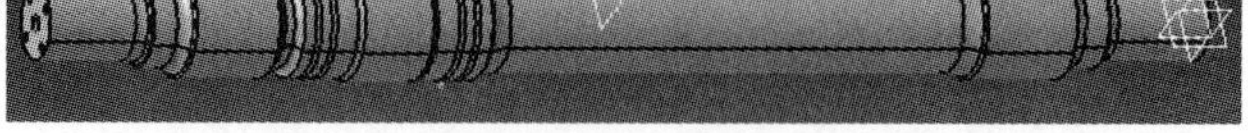

图 3.1.6　动车轴三维模型

3.1.4　拖车车轮的建模方法

（1）打开附件（见二维码）第 2 章中绘制的拖车车轮的旋转截面。

（2）单击“基于草图的特征”工具栏中的“旋转体”工具按钮“”，弹出“定义旋转体”对话框，在对话框中的“轮廓/曲面”选项区域中的“选择”文本框中单击，使之激活变为蓝色。单击特征树中的“零件几何体”前的“”，单击选择“草图 1”；

（3）在“定义旋转体”对话框中的“轴线”选项区域中的“选择”文本框中右击，选择“y 轴”作为旋转体旋转轴，单击“确定”按钮，完成旋转特征的创建。

（4）单击“修饰特征”工具栏中的“倒角”工具按钮“”，弹出“倒角定义”对话框，选择如图 3.1.7 所示的边为需要倒角的边。

（5）在“定义倒角”对话框中的“长度 1”文本框中输入 6 mm，单击“确定”按钮，完成对于该条曲线倒角的定义。

（6）单击“基于草图的特征”工具栏中的“旋转槽”工具按钮“”，弹出“定义旋转槽”对话框，单击“定义旋转槽”对话框中的“”按钮，选择“yz 平面”作为草绘平面，进入草绘工作台。

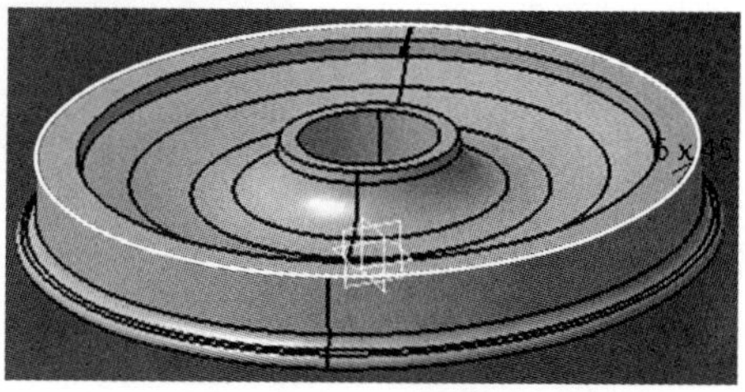

图 3.1.7　选择需要倒角的边

（7）绘制长为 6 mm，宽为 2 mm（6 mm 的边在上步倒圆角的平面上，宽为 2 mm 的边距离中心 415 mm）的长方形，单击“退出工作台”工具按钮“”。

（8）右击“定义旋转槽”对话框中的“选择”文本框，选择“y 轴”作为旋转槽的轴线，单击“确定”按钮。

（9）单击“修饰特征”工具栏中的“倒圆角”工具按钮“”，弹出“倒圆角定义”对话框，选择上一步所切的凹槽的下端面的边界圆形曲线作为需要倒圆角的曲线。

（10）设定倒圆角的半径为 2 mm，单击“倒圆角定义”对话框中的“确定”按钮，完成对本条曲线倒圆角的定义，得到如图 3.1.8 所示的拖车车轮。

图 3.1.8　拖车车轮三维模型

3.1.5　拖车轴的建模方法

（1）打开附件（见二维码）第 2 章中绘制的动车车轮的旋转截面。

（2）单击“基于草图的特征”工具栏中的“旋转体”工具按钮“”，弹出“定义旋转体”对话框，在对话框中的“轮廓/曲面”选项区域中的“选择”文本框中单击，使之激活变为蓝色。单击特征树中的“零件几何体”前的“”，单击选择“草图 1”；

（3）在“定义旋转体”对话框中的“轴线”选项区域中的“选择”文本框中右击，选择

y 轴作为旋转体旋转轴，单击“确定”按钮，完成旋转特征的创建。

（4）单击“修饰特征”工具栏中的“倒角”工具按钮“”，弹出“倒角定义”对话框，选择如图 3.1.9 所示的边（与此边相对应的另外一侧也要选中）为需要倒角的边。

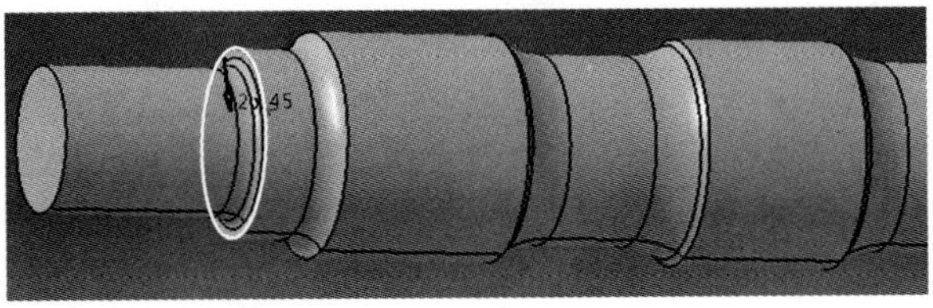

图 3.1.9　选择需要倒角的边

（5）在“定义倒角”对话框中的“长度 1”文本框中输入 2 mm，单击“确定”按钮，完成对该条曲线倒角的定义。

（6）单击“修饰特征”工具栏中的“倒圆角”工具按钮“”，弹出“倒圆角定义”对话框，选择如图 3.1.10 所示的边（与此两条边相对应的另外一侧的两条边也要选中）为需要倒圆角的边。

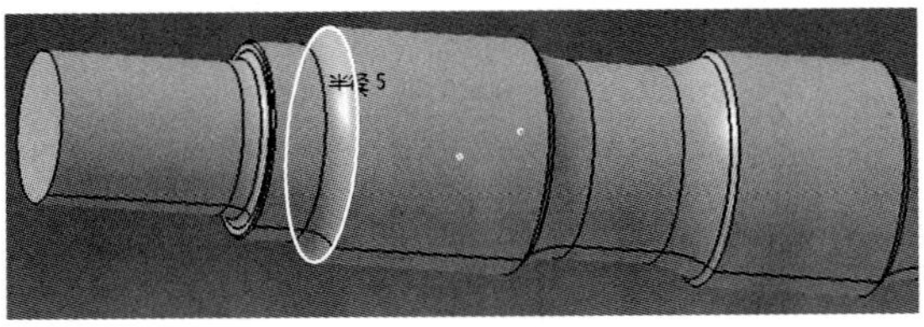

图 3.1.10　选择需要倒圆角的边

（7）设定倒圆角的半径为 5 mm，单击“倒圆角定义”对话框中的“确定”按钮，完成对倒圆角的定义。

（8）单击“基于草图的特征”工具栏中的“凹槽”工具按钮“”，弹出“定义旋转槽”对话框，单击“定义旋转槽”对话框中的“”按钮，选择车轴的端面作为草绘平面，进入草绘工作台。

（9）绘制圆心距离动车轴 50 mm，直径为 16 mm，均匀分布的 4 个圆，单击“退出工作台”工具按钮“”。

（10）在“定义凹槽”对话框中的“第一限制”选项区域中的“类型”文本框中选择“尺寸”，设定“深度”值为 60 mm，单击“确定”按钮。

（11）单击“变换特征”工具栏中的“镜像”工具按钮“”，单击选择第（10）步所得到的凹槽，弹出“定义镜像”对话框。

（12）单击 zx 平面，在“镜像元素”文本框中显示出“zx 平面”后，单击“确定”按钮，完成镜像特征的创建。

（13）单击“基于草图的特征”工具栏中的“凹槽”工具按钮“”，弹出“定义旋转槽”对话框，单击“定义旋转槽”对话框中的“”按钮，选择车轴的端面作为草绘平面，进入草绘工作台。

（14）绘制圆心位于拖车轴端面圆心直径为 30 mm 的圆，单击“退出工作台”工具按钮“”。

（15）在“定义凹槽”对话框中的“第一限制”选项区域中的“类型”文本框中选择“直到最后”，单击“确定按钮，完成凹槽特征的创建，得到如图 3.1.11 所示的拖车轴三维模型。

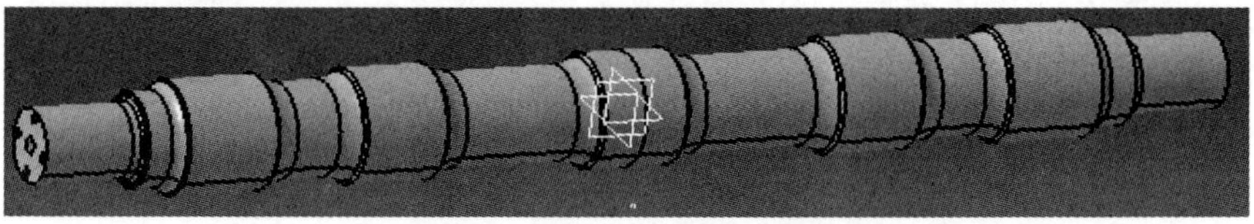

图 3.1.11　拖车轴三维模型

3.1.6　小　结

轮对的三维建模是转向架建模这一章的第一节，所以可见轮对对于整个轨道车辆的重要性。同时，由于这是第三章的第一节，因而在这一节中并没有涉及复杂的三维建模命令，用到的都是旋转、凸台、凹槽与旋转槽等命令，随着之后对于转向架上其他零件的建模的介绍，用到的建模命令也会越来越复杂。

3.2　枕　梁

枕梁是一种转向承载机构，是一种传递压力和牵引力的部件，在现代轨道交通车辆中，为保证车辆的乘坐舒适度，一般动车组转向架都设有枕梁，为满足工作要求，枕梁结构都比较复杂。本节主要讲解枕梁主要结构部位的三维建模，为了减少教材篇幅，这里我们省去了一些螺栓螺母等连接件的建模步骤，相关装配的讲解会在第 5 章进行详细介绍，枕梁的装配结构示意图如图 3.2.1 所示。

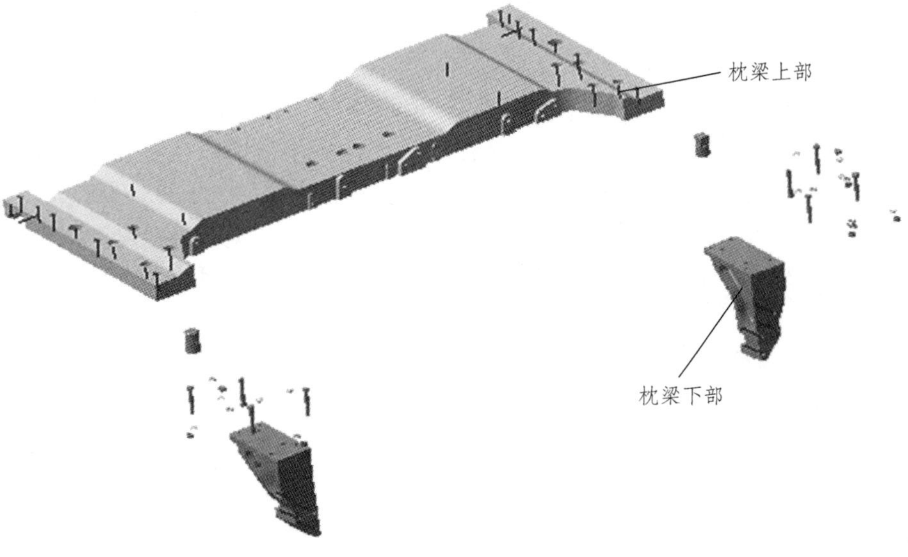

图 3.2.1　枕梁的装配关系爆炸图

3.2.1　枕梁上部的建模方法

图 3.2.2 为枕梁上部零件结构，这个零件初看时会觉得很复杂，难以下手，但对其进行一些模型化简后，可以看到它完全可以用我们所学的建模命令完成整体的建模。使用较多的操作命令便是凸台、凹槽、孔工具、圆角、倒角命令。整个零件解剖分析后可以发现零件可以用学过的方式进行建立，但过程稍微有些繁琐，建议读者耐心跟着演示一步一步进行操作。下面对枕梁的上部零件的建模方法进行详细介绍。

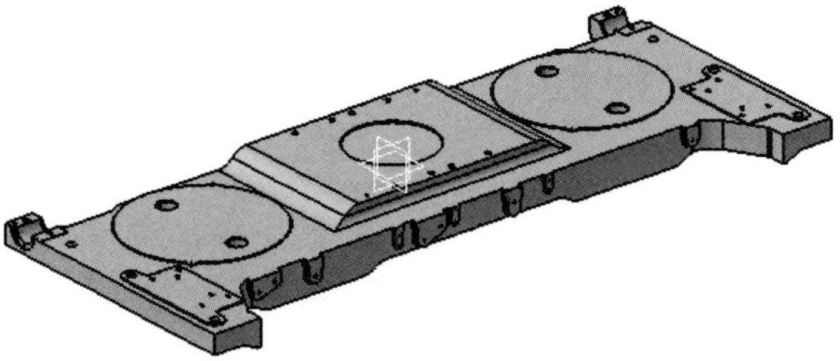

图 3.2.2　枕梁上部三维模型图

（1）打开 CATIA V6 软件，新建一个 Part 文件，并命名为“zhenliang-1”。

（2）点击“草图编辑器中”草图工具“ ”，选择 yz 平面进入草绘操作界面。

（3）在 yz 平面绘制如图 3.2.3 所示的草绘截面。

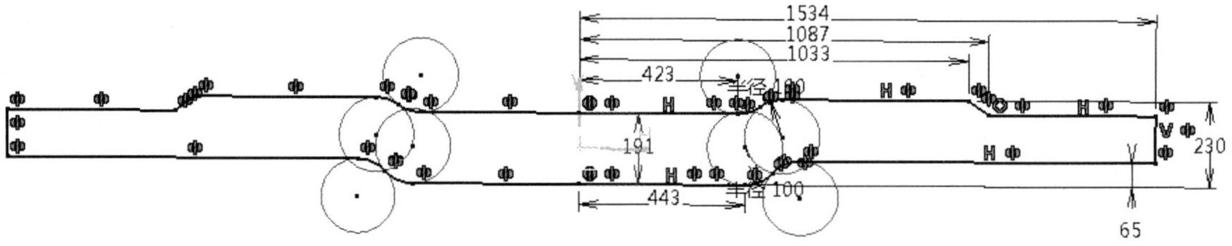

图 3.2.3　步骤（3）草绘

（4）单击“退出工作台”工具按钮“ ”，退出草绘工作界面，然后单击“基于草图的特征”工具栏中的凸台工具按钮“ ”，在弹出的对话框中修改长度参数为“850 mm”，单击“镜像范围”，按“确定”键完成凸台特征的创建。

（5）单击“基于草图的特征”工具栏中的凹槽工具按钮“ ”，弹出“定义凹槽”对话框，单击“定义凹槽”对话框中的“ ”工具按钮，选择 xy 平面作为草绘平面，进入草绘工作台。

（6）在 xy 平面内绘制如图 3.2.4 所示的草绘截面，单击“退出工作台”工具按钮“ ”，退出草绘工作界面。

（7）单击“退出工作台”工具按钮“ ”，在“定义凹槽”对话框中设定凹槽的深度为 300 mm，并单击“镜像范围”选项，单击“定义凹槽”对话框中的“确定”按钮，完成此步凹槽特征的创建。

（8）单击“修饰特征”工具栏中，“倒圆角”工具“ ”，点选如图 3.2.5 所示的相应边，并在倒圆角定义对话框中修改圆角半径为 120 mm，按“确定”键完成圆角特征的建立。

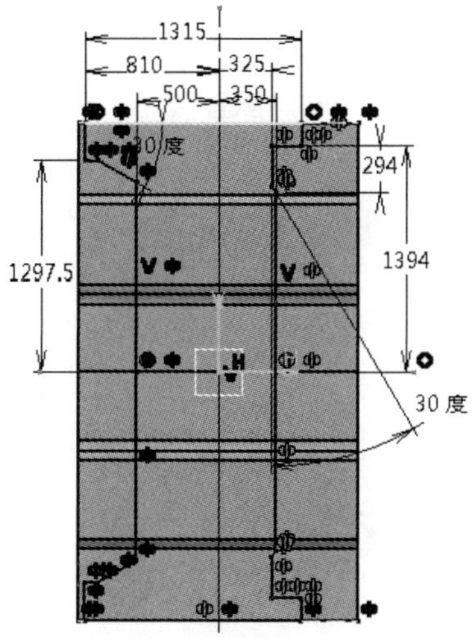

图 3.2.4　步骤（6）草绘

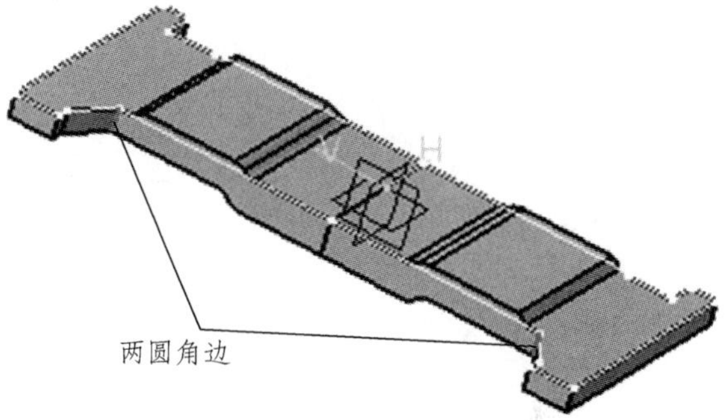

图 3.2.5　步骤（8）圆角边

（9）单击“修饰特征”工具栏中，“倒圆角”工具“ ”，点选如图 3.2.6 所示的相应边，并在倒圆角定义对话框中修改圆角半径为 30 mm，按确定键完成圆角特征的建立。

（10）单击“基于草图的特征”工具栏中的凹槽工具按钮“ ”，弹出“定义凹槽”对话框，单击“定义凹槽”对话框中的“ ”工具按钮，选择如图 3.2.6 所示的平面作为草绘平面，进入草绘工作台。

（11）在草绘工作台中绘制如图 3.2.7 所示的草绘。

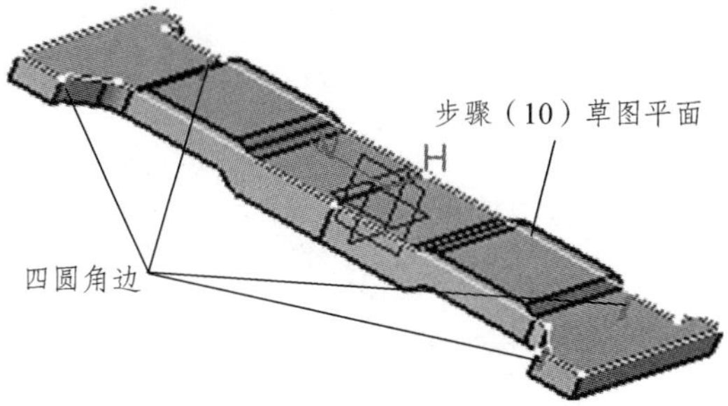

图 3.2.6　步骤（9）圆角边

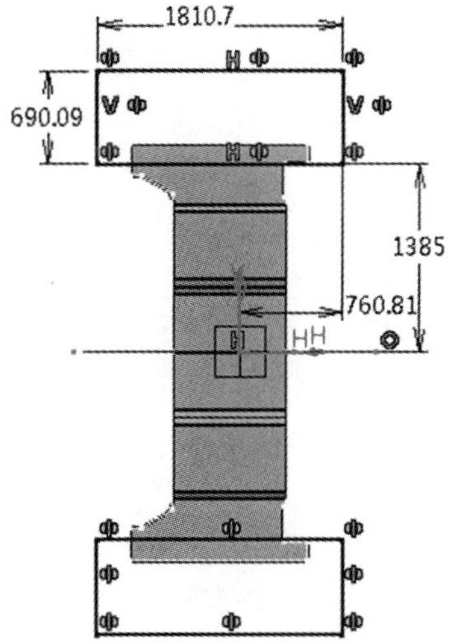

图 3.2.7　步骤（11）草绘

（12）单击“退出工作台”工具按钮“ ”，在“定义凹槽”对话框中设定凹槽的深度为 35 mm，并单击“镜像范围”选项，单击“定义凹槽”对话框中的“确定”按钮，完成此步凹槽特征的创建。

（13）单击“修饰特征”工具栏中“倒角”工具“”，在“定义倒角”对话框中修改“模式”为“长度 1/长度 2”，修改“长度 1”为 70 mm，“长度 2”为 35 mm，如图 3.2.8 所示，然后按“确定”键完成倒角特征的创建。

（14）单击“修饰特征”工具栏中，“倒圆角”工具“”，点选如图 3.2.9 所示的相应边，并在倒圆角定义对话框中修改圆角半径为 35 mm，按“确定”键完成圆角特征的建立。

（15）单击“基于草图的特征”工具栏中的凹槽工具按钮“”，弹出“定义凹槽”对话框，单击“定义凹槽”对话框中的“”工具按钮，选择如图 3.2.9 所示的平面作为草绘平面，进入草绘工作台。

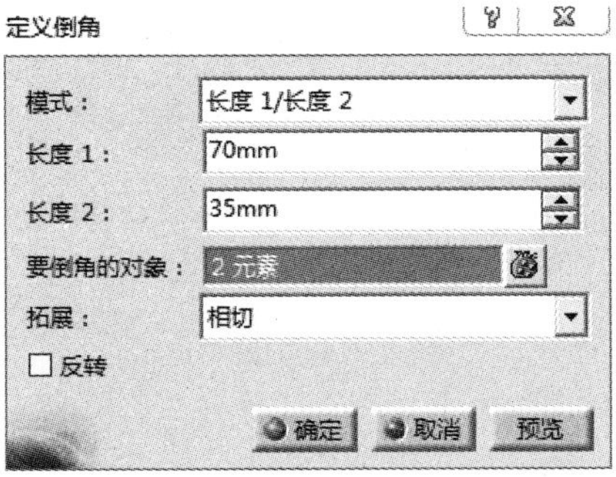

图 3.2.8 “定义倒角”对话框

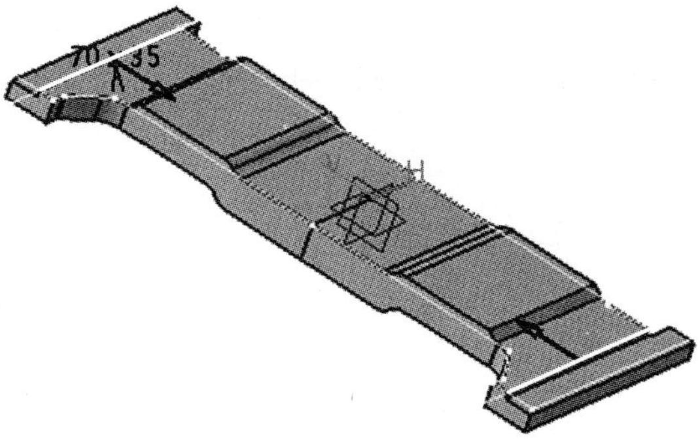

图 3.2.9 圆角边

（16）绘制如图 3.2.10 所示的草绘截面，单击“退出工作台”工具按钮“”，在“定义凹槽”对话框中设定凹槽的深度为 30 mm，单击“定义凹槽”对话框中的“确定”按钮，完成此步凹槽特征的创建，如图 3.2.11 所示。

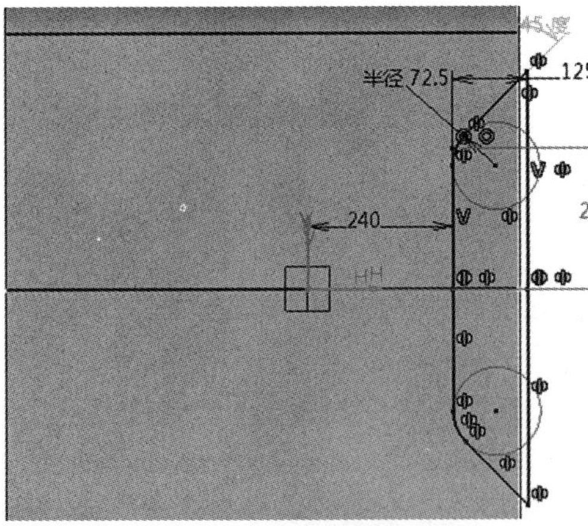

图 3.2.10 步骤 16 草绘截面

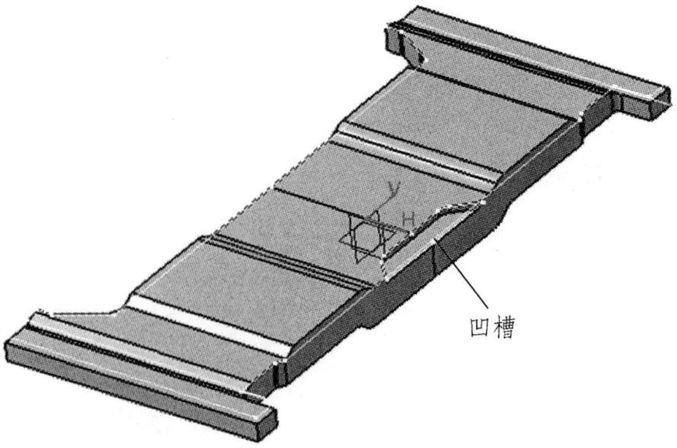

图 3.2.11 凹槽的创建

（17）单击“修饰特征”工具栏中“倒角”工具“”，在“定义倒角”对话框中选择“模式”为“长度 1/角度”，修改“长度 1”为 30 mm，“角度”为 45°，并选择如图 3.2.12 所示的边，按“确定”键完成倒角特征的创建。

（18）单击“修饰特征”工具栏中，“倒圆角”工具“”，点选如图 3.2.13 所示的相应边，并在“倒圆角定义”对话框中修改圆角半径为 15 mm，按“确定”键完成圆角特征的建立。

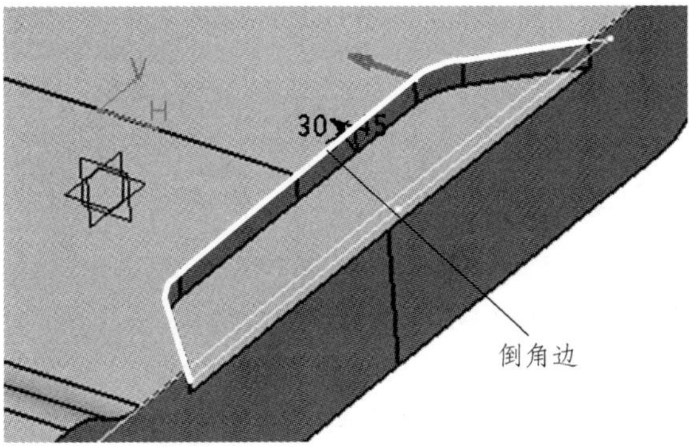

图 3.2.12 拾取倒角边

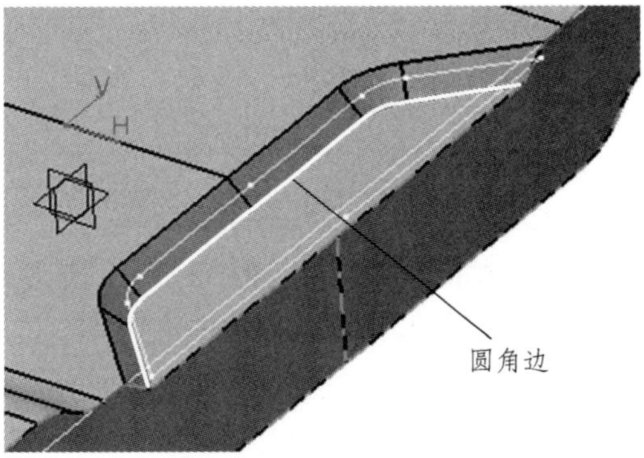

图 3.2.13 拾取圆角边

（19）单击“基于草图的特征”工具栏中的凹槽工具按钮“”，弹出“定义凹槽”对话框，单击“定义凹槽”对话框中的“”工具按钮，选择侧面作为草绘平面，进入草绘工作台。

（20）绘制如图 3.2.14 所示的草绘截面。

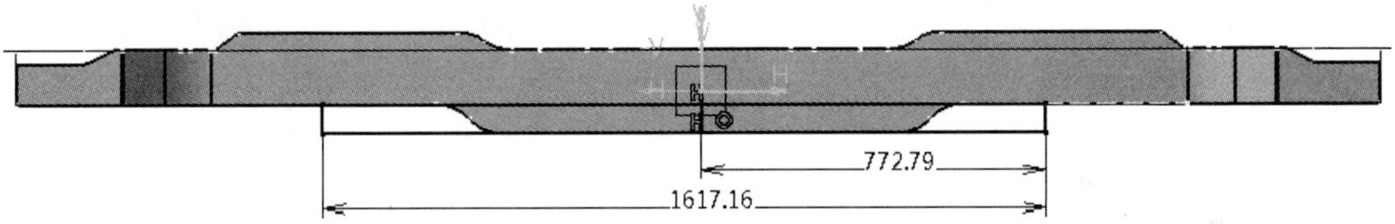

图 3.2.14 步骤（20）草绘截面

（21）单击“退出工作台”工具按钮“”，然后在“定义凹槽”对话框中设定凹槽的深度为 150 mm，单击“定义凹槽”对话框中的“确定”按钮，完成此步凹槽特征的创建，如图 3.2.15 所示。

（22）单击“修饰特征”工具栏中，“倒圆角”工具“”，点选如图 3.2.16 所示的相应边，并在倒圆角定义对话框中修改圆角半径为 30 mm，按“确定”键完成圆角特征的建立。

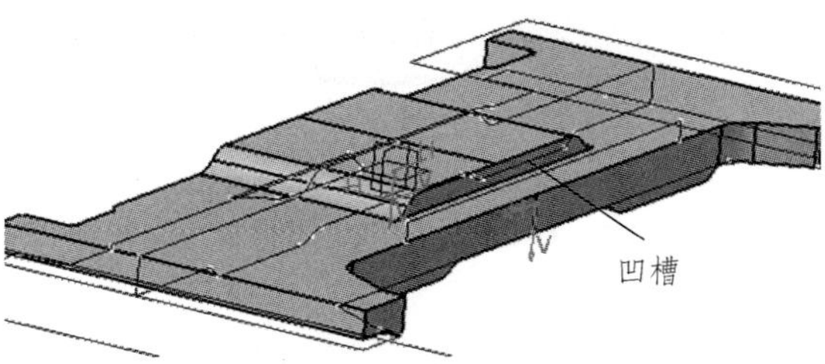

图 3.2.15 凹槽的创建

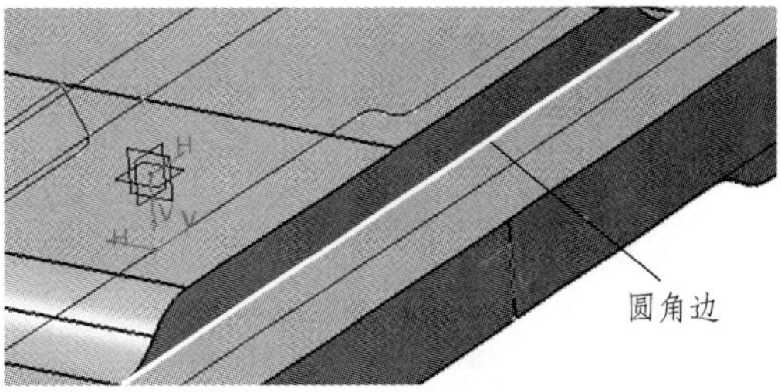

图 3.2.16 拾取圆角边

（23）单击“基于草图的特征”工具栏中的凹槽工具按钮“”，弹出“定义凹槽”对话框，单击“定义凹槽”对话框中的“”工具按钮，选择背面作为草绘平面，进入草绘工作台。

（24）以坐标原点为圆心绘制一个直径为 400 mm 的圆，并单击“退出工作台”工具按钮

“” 退出草绘工作台，并在“定义凹槽”对话框中修改“类型”为尺寸，“深度”为 7 mm，按“确定”键建立凹槽特征。

（25）单击“修饰特征”工具栏中“倒角”工具“”，在“定义倒角”对话框中选择“模式”为“长度 1/角度”，修改“长度 1”为 1 mm，“角度”为 45°，并选择步骤（24）中凹槽的外部边线进行倒角修饰，按“确定”键建立倒角修饰特征。

（26）单击“基于草图的特征”工具栏中的凹槽工具按钮“”，弹出“定义凹槽”对话框，单击“定义凹槽”对话框中的“”工具按钮，选择与步骤（23）相同的草绘平面，进入草绘工作界面。

（27）绘制如图 3.2.17 所示的草绘截面（图为 8 个小圆，可使用镜像命令）。

（28）单击“退出工作台”工具按钮“”，在“定义凹槽”对话框中设定“类型”为“直到最后”，单击“定义凹槽”对话框中的“确定”按钮，完成此步凹槽特征的创建，如图 3.2.18 所示。

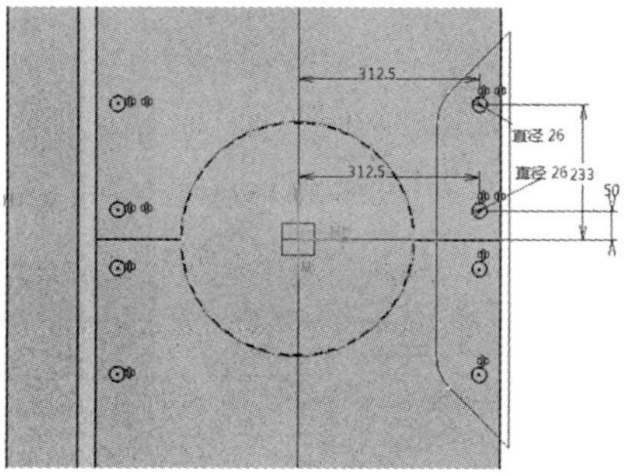

图 3.2.17　步骤（27）草绘

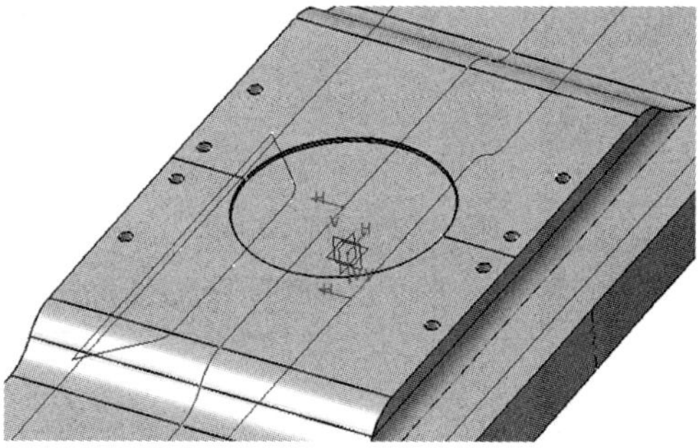

图 3.2.18　凹槽的创建

（29）单击“基于草图的特征”工具栏中的凹槽工具按钮“”，弹出“定义凹槽”对话框，单击“定义凹槽”对话框中的“”工具按钮，选择正面的草绘平面，进入草绘工作界面。

（30）绘制如图 3.2.19 所示的草绘截面。

（31）单击“退出工作台”工具按钮“”，在“定义凹槽”对话框中设定“类型”为“尺寸”并修改深度为 30 mm，单击“定义凹槽”对话框中的“确定”按钮，完成此步凹槽特征的创建，如图 3.2.20 所示。

（32）单击“修饰特征”工具栏中，“倒圆角”工具“”，点选如图 3.2.20 所示的下凹面的 4 个待圆角边，并在倒圆角定义对话框中修改圆角半径为 5mm，按“确定”键完成圆角特征的建立。

（33）单击“基于草图的特征”工具栏中的“孔”工具“”，在弹出的“定义孔”对话框中，点击“定位草图”工具“”，选择与步骤（23）相同的草绘平面，进入草绘工作界面。

（34）参照图 3.2.21 对孔的位置进行约束，并单击“退出工作台”工具按钮“”退出草绘工作台。

（35）在弹出的“定义孔”对话框中，点击“扩展”修改参数分别为“盲孔”“直径 16 mm”“深度 25 mm”，其他的参数都选择默认，然后单击“确定”键创建孔特征。

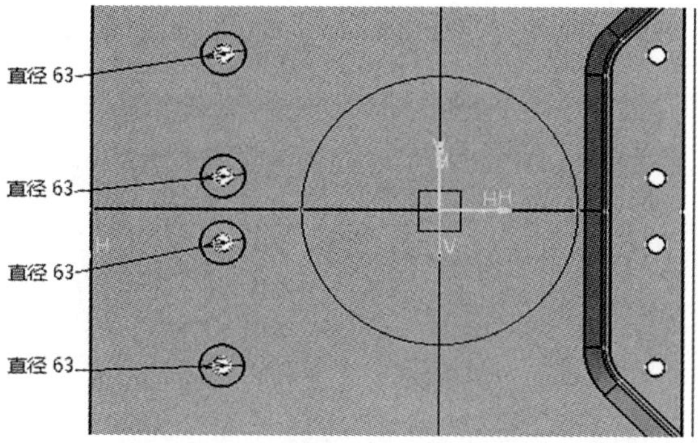

图 3.2.19 步骤（30）草绘截面

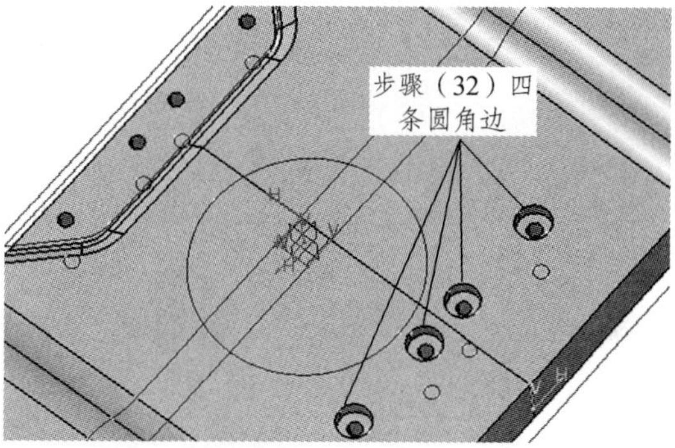

图 3.2.20 凹槽的创建

（36）单击“基于草图的特征”工具栏中的“孔”工具“”，在弹出的“定义孔”对话框中，点击“定位草图”工具“”，选择与步骤（33）相同的草绘平面，进入草绘工作界面。

（37）参照图 3.2.22 对孔的位置进行约束，并单击“退出工作台”工具按钮“”退出草绘工作台。

（38）在弹出的“定义孔”对话框中，点击“扩展”修改参数分别为“盲孔”“直径 16 mm”“深度 25 mm”，其他参数都选择默认，然后单击“确定”键创建孔特征，完成两孔的创建，如图 3.2.23 所示。

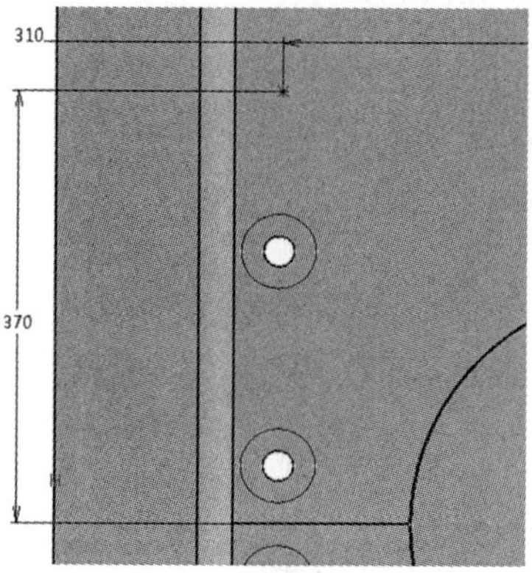

图 3.2.21 孔 1 定位草图

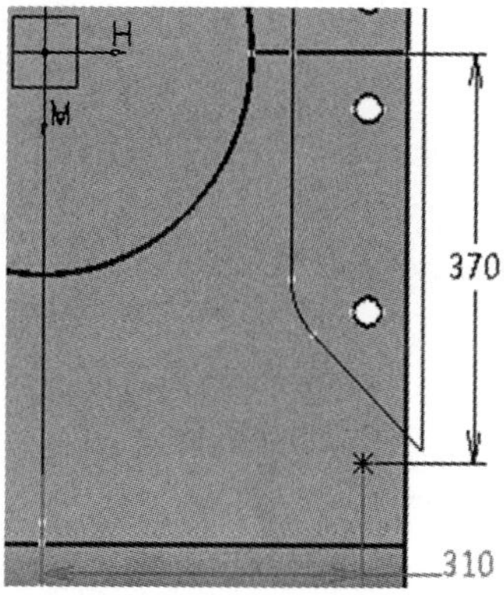

图 3.2.22 孔 2 定位草图

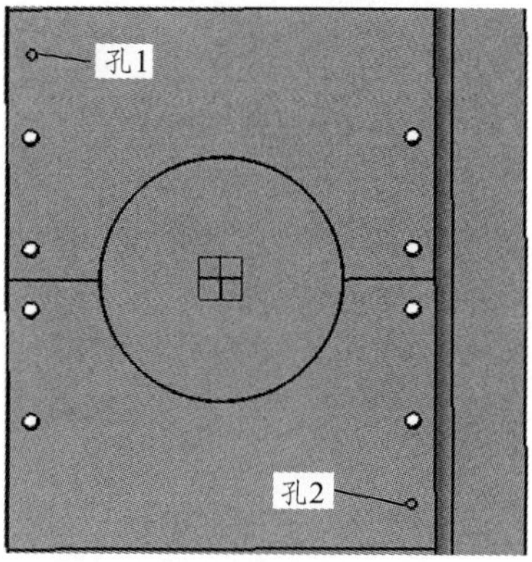

图 3.2.23 孔 1、孔 2 的创建

（39）单击“基于草图的特征”工具栏中的凸台工具按钮“”，在弹出的“定义凸台”对话框中，点击草图按钮“”，选择图 3.2.24 所示的平面进入草绘工作台。

（40）绘制如图 3.2.25 所示的草绘截面，点击“退出工作台”按钮“”退出草绘界面。

（41）在弹出的“定义凸台”对话框中，修改类型为“尺寸”，长度为 10 mm，并按“确定”键完成凸台特征的建立。

（42）单击“基于草图的特征”工具栏中的凸台工具按钮“”，在弹出的“定义凸台”对话框中，点击草图按钮“”，同样选择图 3.2.24 所示的平面进入草绘工作台。

（43）绘制如图 3.2.26 所示的草绘截面，点击“退出工作台”按钮“”退出草绘界面。

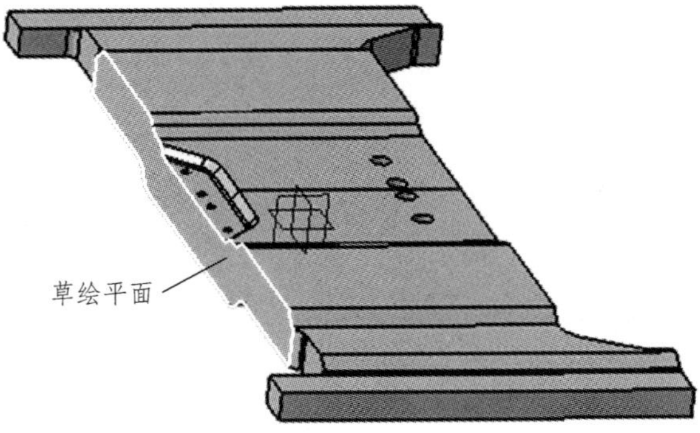

图 3.2.24　选择步骤（39）绘平面

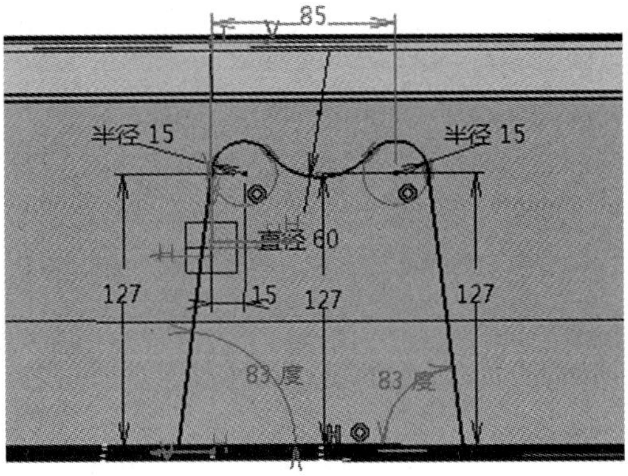

图 3.2.25　步骤（40）草绘截面

（44）在弹出的“定义凸台”对话框中，修改类型为“尺寸”，长度为 25 mm，并按“确定”键完成凸台特征的建立。

（45）单击“修饰特征”工具栏中，“倒圆角”工具“”，点选如图 3.2.27 所示的相应边，并在“倒圆角定义”对话框中修改圆角半径为 5 mm，按“确定”键完成圆角特征的建立。

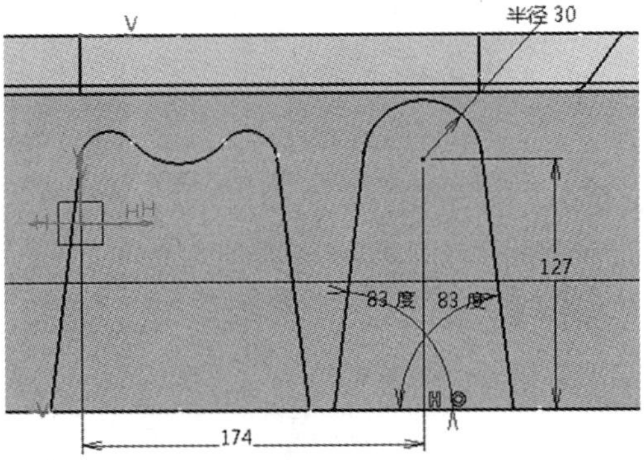

图 3.2.26　步骤（43）草绘截面

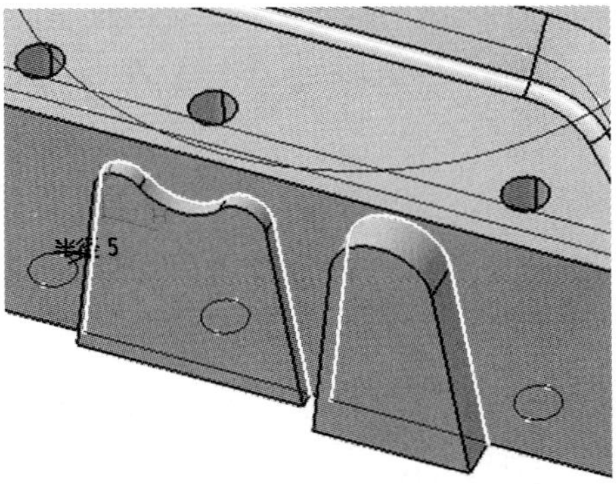

图 3.2.27　步骤（45）圆角边

（46）单击“基于草图的特征”工具栏中的凹槽工具按钮“”，弹出“定义凹槽”对话框，单击“定义凹槽”对话框中的“”工具按钮，选择如图 3.2.27 所示的草绘平面，进入草绘工作界面。

（47）绘制如图 3.2.28 所示的草绘截面，点击“退出工作台”按钮“”退出草绘工作界面。

（48）在“定义凹槽”对话框中，修改“类型”为尺寸，深度为 24 mm，按“确定”键完成凹槽的创建，如图 3.2.29 所示。

（49）单击“基于草图的特征”工具栏中的“孔”工具“”，在弹出的“定义孔”对话框中，点击“定位草图”工具“”，选择与步骤（33）相同的草绘平面，进入草绘工作界面。

（50）参照图 3.2.30 对孔的位置进行约束，并单击“退出工作台”工具按钮“”退出草绘工作台。

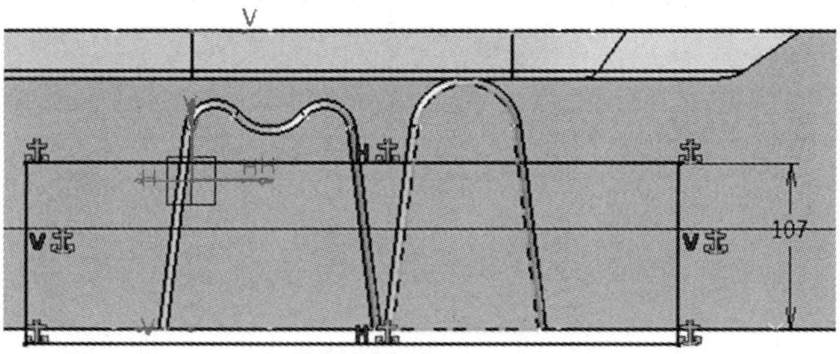

图 3.2.28　步骤（47）草绘截面

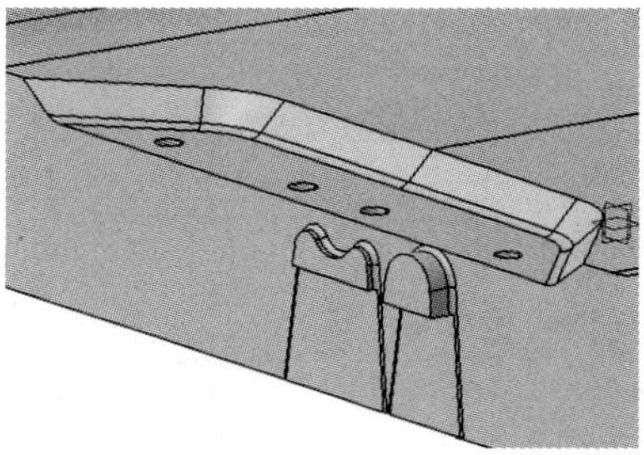

图 3.2.29　凹槽的创建

（51）在弹出的“定义孔”对话框中，点击“定义螺纹”修改底部类型为尺寸，定义螺纹为公制粗牙螺纹、M10、螺纹深度为 10 mm、孔深度为 20 mm、右旋螺纹，其他参数都选择默认，然后单击“确定”键创建孔特征。

（52）选择步骤（51）中创建的孔特征，单击“变换特征”工具栏中的“矩形阵列”工具，在弹出的“定义矩形阵列对话框”中，点击“第一方向”，修改参数为“实例和间距”，修改实例为“2”，修改间距为“70 mm”，在“参考元素”右边方框中，单击鼠标右键，选择“Y 轴”，然后按“确定”键完成孔的阵列。

（53）单击“基于草图的特征”工具栏中的“孔”工具“”，在弹出的“定义孔”对话框中，点击“定位草图”工具“”，参照图 3.2.31 对孔的位置进行定位，并单击“退出工作台”工具按钮“”退出草绘工作台。

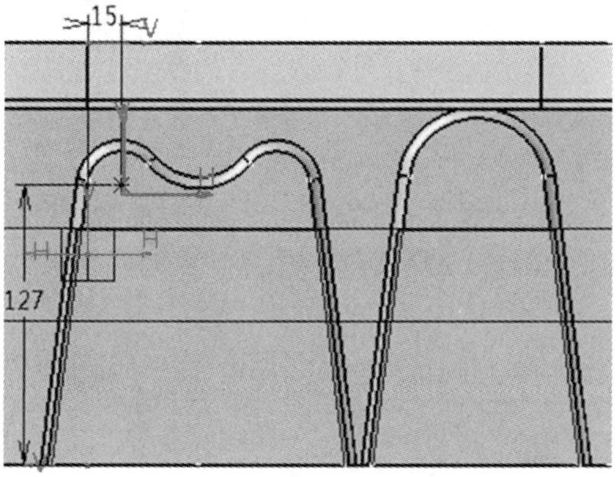

图 3.2.30　步骤（49）中孔的定位

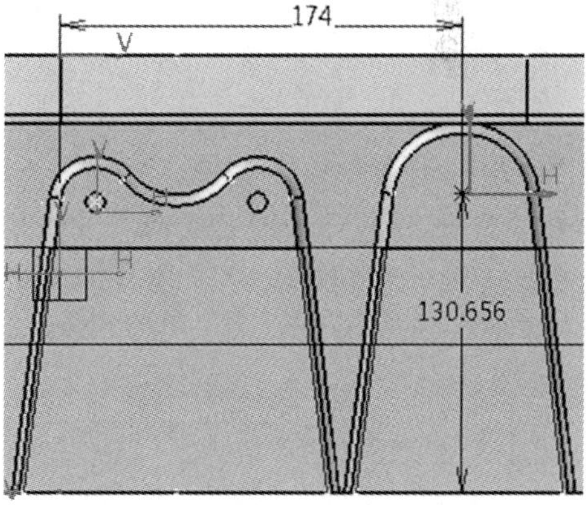

图 3.2.31　步骤（53）中孔的定位

（54）在弹出的“定义孔”对话框中，点击“定义螺纹”修改底部类型为“尺寸”，定义螺纹为“公制粗牙螺纹”，螺纹描述为“M10”，螺纹深度为“10 mm”，孔深度为“20 mm”，选择为“右旋螺纹”，其他参数都选择默认，然后单击“确定”键创建孔特征。

（55）单击“基于草图的特征”工具栏中的凸台工具按钮“”，在弹出的“定义凸台”对话框中，点击草图按钮“”，选择上述所置凸台的背面进入草绘工作台。

（56）绘制如图 3.2.32 所示的草绘截面，然后按“退出工作台”按钮“”退出草绘工作界面。

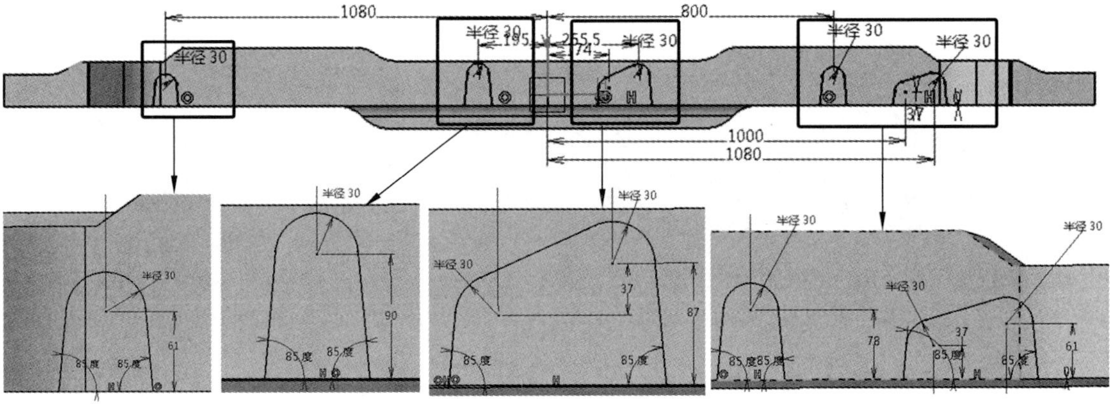

图 3.2.32　步骤（56）草绘平面

（57）在弹出的“定义凸台”对话框中，选择类型为“尺寸”，长度为“25 mm”，按“确定”键完成凸台的特征建立。

（58）单击“修饰特征”工具栏中，“倒圆角”工具“ ”，点选如图 3.2.33 所示的相应边，并在“倒圆角定义”对话框中修改圆角半径为“100 mm”，按“确定”键完成圆角特征的建立。

（59）单击“基于草图的特征”工具栏中的凸台工具按钮“ ”，在弹出的“定义凸台”对话框中，点击草图按钮“ ”，选择与步骤（55）中相同的草绘平面进入草绘工作台。

（60）绘制如图 3.2.34 所示的草绘截面，按“退出工作台”按钮“ ”退出草绘界面。

（61）在弹出的“定义凸台”对话框中，修改长度参数为“10 mm”，并按“确定”键完成特征建立。

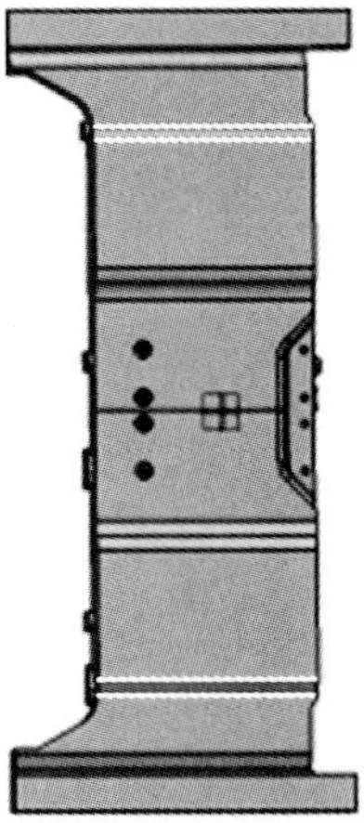

图 3.2.33　步骤（58）选择的圆角边

（62）单击“修饰特征”工具栏中，“倒圆角”工具“ ”，点选如图 3.2.35 所示的相应边，并在“倒圆角定义”对话框中修改圆角半径为“5 mm”，按“确定”键完成圆角特征的建立。

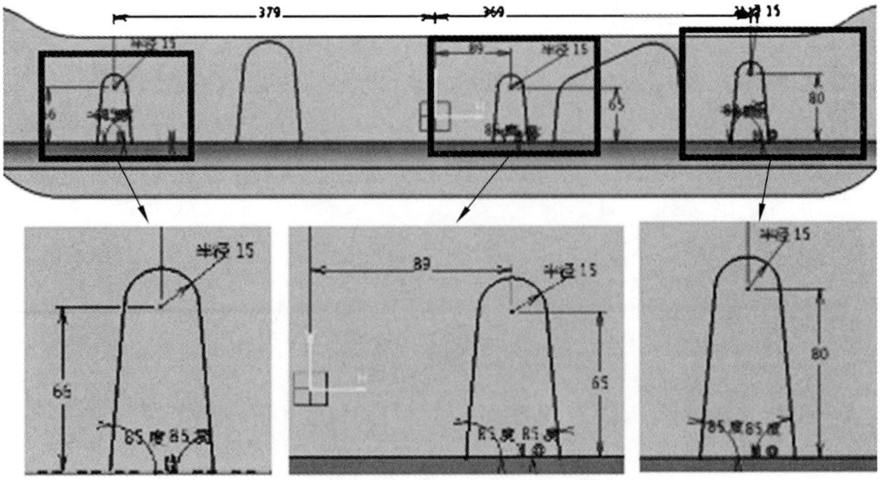

图 3.2.34　步骤（60）草绘截面

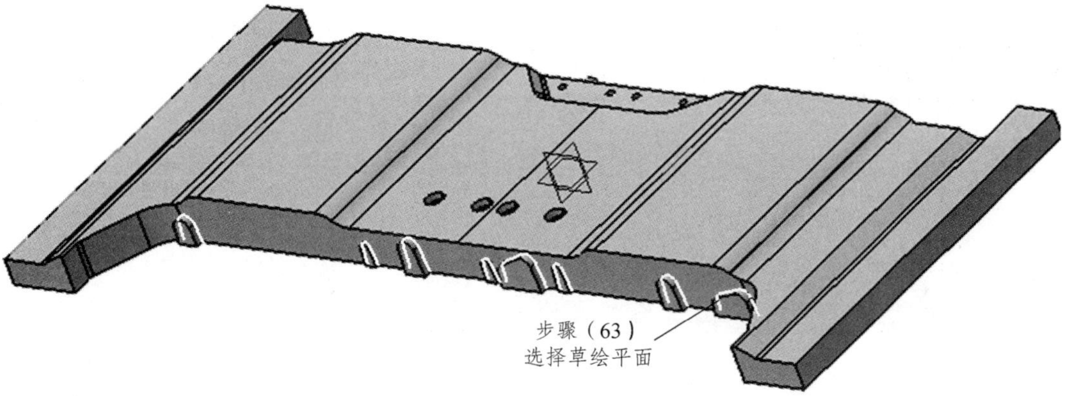

图 3.2.35 步骤（61）圆角边

（63）单击“基于草图的特征”工具栏中的“孔”工具“”，在弹出的“定义孔”对话框中，点击“定位草图”工具“”，选择如图 3.2.35 所示的平面进入草绘编辑器。

（64）在草绘工作台中对孔的位置参照图 3.2.36 进行约束，并单击“退出工作台”工具按钮“”退出草绘工作台。

（64）在弹出的“定义孔”对话框中，点击“扩展”，修改参数为“盲孔”、直径为“12 mm”，深度为“30 mm”，其他参数都选择默认，如图 3.2.37 所示，然后按“确定”键完成孔特征的建立。

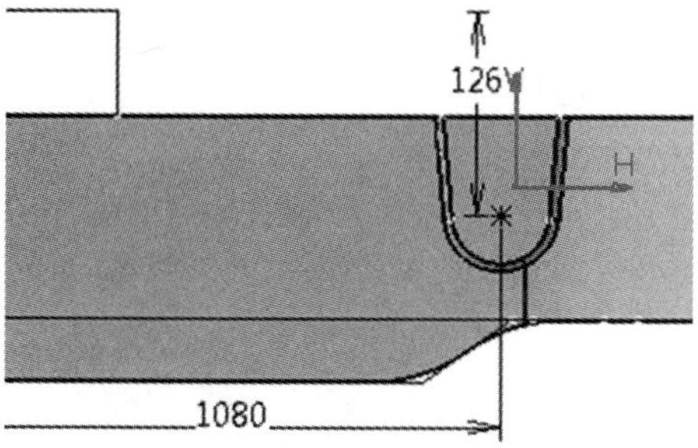

图 3.2.36 孔的定位

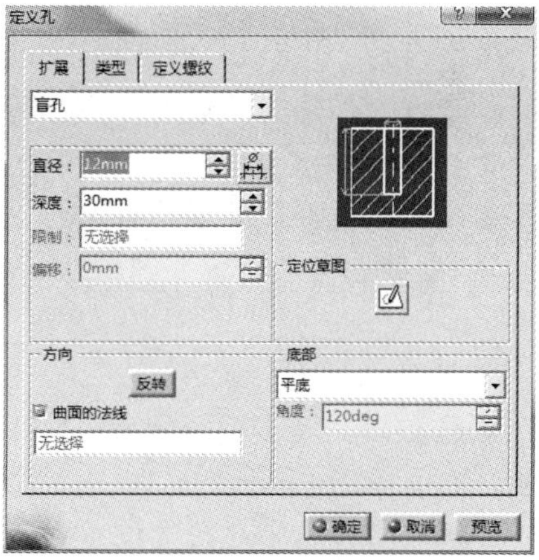

图 3.3.37 “定义孔”对话框

（65）同样单击“基于草图的特征”工具栏中的“孔”工具“”，在弹出的“定义孔”对话框中，点击“定位草图”工具“”，选择与步骤（63）相同的平面进入草绘编辑器。

（66）在草绘工作台中对孔的位置参照图 3.2.38 进行约束，并单击“退出工作台”工具按钮“”退出草绘工作台。

（67）在弹出的“定义孔”对话框中，点击“定义螺纹”，修改参数为“尺寸”、类型“为公制粗牙螺纹”，螺纹描述为“M10”，螺纹深度为“10 mm”，孔深度为“20 mm”，点击“右旋螺纹”，其他参数都保留默认，如图 3.2.39 所示，然后按“确定”键完成孔特征的创建。

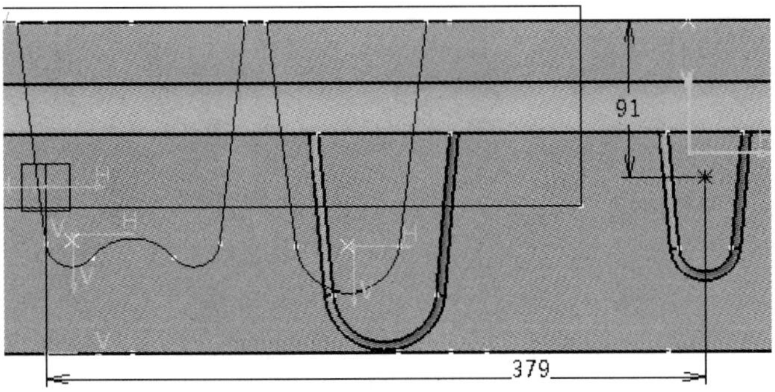

图 3.2.38　孔定位

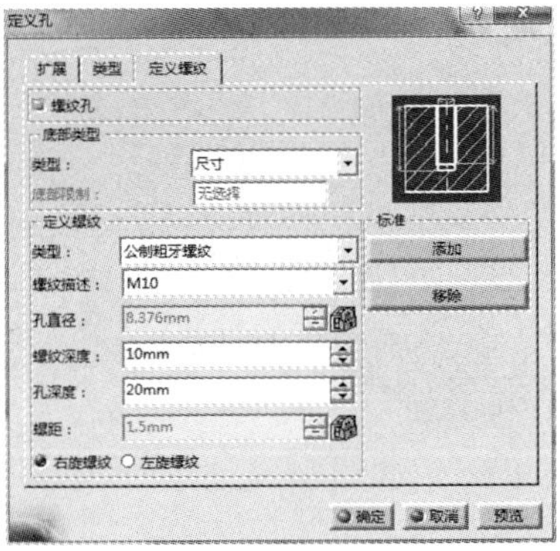

图 3.2.39　“定义孔”对话框

（68）单击“变换特征”工具栏中的“矩形阵列”命令“ ”，在弹出的对话框中，点击“第一方向”，参数选择“实例和间距”，修改实例数为“2”，间距为“40 mm”，在“参考元素”右侧方框内单击鼠标右键，选择“z 轴”，其他参数保留默认，然后按“确认”键完成孔的阵列特征。

（69）同样单击“基于草图的特征”工具栏中的“孔”工具“ ”，在弹出的“定义孔”对话框中，点击“定位草图”工具“ ”，选择如图 3.2.38 所示的平面进入草绘编辑器。

（70）在草绘工作台中对孔的位置参照图 3.2.40 进行约束，并单击“退出工作台”工具按钮“ ”退出草绘工作台。

（71）在弹出的“定义孔”对话框中，点击“定义螺纹”，修改参数为“尺寸”，类型为“公制粗牙螺纹”，螺纹描述为“M10”，螺纹深度为“10 mm”，孔深度为“20 mm”，点击“右旋螺纹”，其他参数都保留默认，然后按“确定”键完成孔特征的建立。

（72）单击“变换特征”工具栏中的“矩形阵列”命令“ ”，在弹出的对话框中，点击“第一方向”，参数选择“实例和间距”，修改实例数为“2”，间距为 40 mm，在“参考元素”右侧方框内单击鼠标右键，选择“z 轴”，其他参数保留默认，然后按“确认”键完成孔的阵列特征。

（73）同样单击“基于草图的特征”工具栏中的“孔”工具“ ”，在弹出的“定义孔”对话框中，点击“定位草图”工具“ ”，选择上述相同平面进入草绘编辑器。

（74）在草绘工作台中对孔的位置参照图 3.2.41 进行约束，并单击“退出工作台”工具按钮“ ”退出草绘工作台。

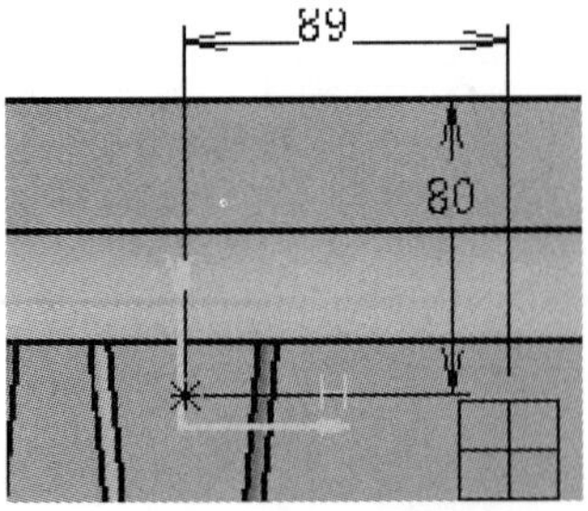

图 3.2.40　步骤（70）孔定位

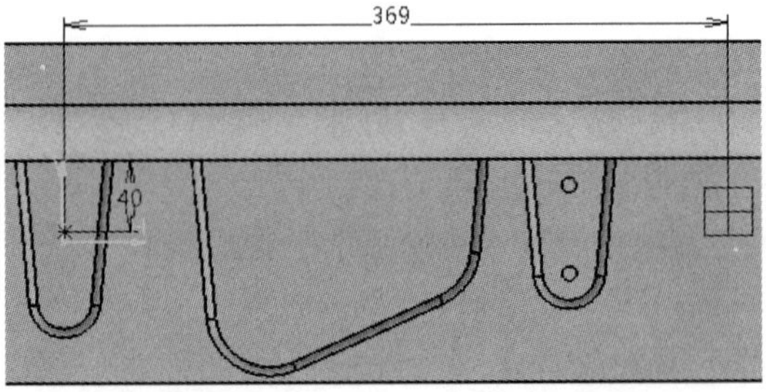

图 3.2.41　步骤（74）孔定位

（75）在弹出的“定义孔”对话框中，点击“定义螺纹”，修改参数为“尺寸”，类型为“公制粗牙螺纹”，螺纹描述为“M10”，螺纹深度为“10 mm”，孔深度为“20 mm”，点击“右旋螺纹”，其他参数都保留默认，然后按“确定”键完成孔特征的建立。

（76）单击“变换特征”工具栏中的“矩形阵列”命令“ ”，在弹出的对话框中，点击“第一方向”，参数选择“实例和间距”，修改实例数为“2”，间距为“40 mm”，在“参考元素”右侧方框内单击鼠标右键，选择“z 轴”，其他参数保留默认，然后按“确认”键完成孔的阵列特征。

（77）同样单击“基于草图的特征”工具栏中的“孔”工具“ ”，在弹出的“定义孔”对话框中，点击“定位草图”工具“ ”，选择上述相同平面进入草绘编辑器。

（78）在草绘工作台中对孔的位置参照图 3.2.42 进行约束，并单击“退出工作台”工具按钮“ ”退出草绘工作台。

（79）在弹出的“定义孔”对话框中，点击“定义螺纹”，修改参数为“尺寸”，类型为“公制粗牙螺纹”，螺纹描述为“M16”，螺纹深度为“14 mm”，孔深度为“30 mm”，点击“右旋螺纹”，其他参数都保留默认，然后按“确定”键完成孔特征的建立。

（80）同样还是单击“基于草图的特征”工具栏中的“孔”工具“ ”，在弹出的“定义孔”对话框中，点击“定位草图”工具“ ”，选择上述相同平面进入草绘编辑器。

（81）在草绘工作台中对孔的位置参照图 3.2.43 进行约束，并单击“退出工作台”工具按钮“ ”退出草绘工作台。

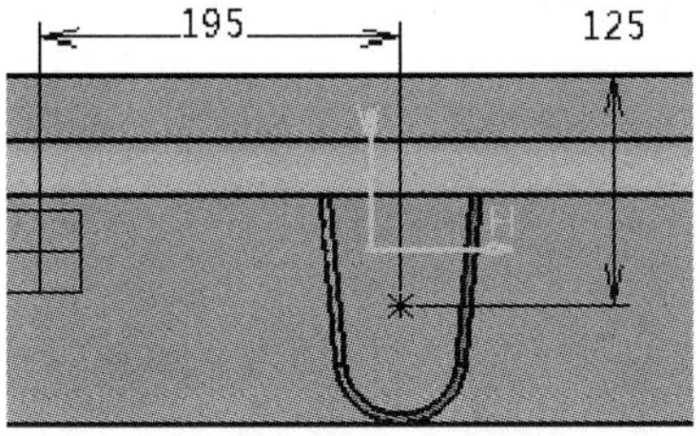

图 3.2.42　步骤（78）孔定位

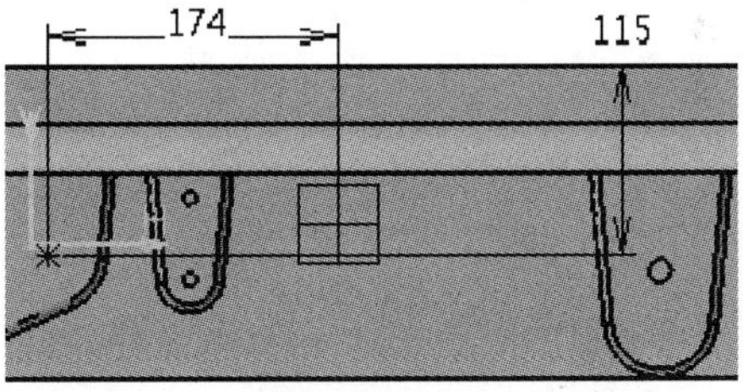

图 3.2.43　步骤（81）孔定位

（82）在弹出的“定义孔”对话框中，点击“定义螺纹”，修改参数为“尺寸”，类型为“公制粗牙螺纹”，螺纹描述为“M16”，螺纹深度为“14 mm”，孔深度为“30 mm”，点击“右旋螺纹”，其他参数都保留默认，然后按“确定”键完成孔特征的建立。

（83）还是用同样的打孔方式，在与步骤（81）相同的平面上创建相同的螺纹孔，位置如图 3.2.44 所示，定义孔的类型为“尺寸”，定义螺纹类型为“公制粗牙螺纹”，螺纹描述为“M16”，螺纹深度为“14 mm”，孔深度为“30 mm”。

（84）还是用同样的打孔方式，在与步骤（81）相同的平面上创建相同的螺纹孔，位置如图 3.2.45 所示，定义孔的类型为“尺寸”，定义螺纹类型为“公制粗牙螺纹”，螺纹描述为“M20”，螺纹深度为“18 mm”，孔深度为“25 mm”。

（85）还是用同样的打孔方式，在与步骤（81）相同的平面上创建相同的螺纹孔，位置如图 3.2.46 所示，定义孔的类型为“尺寸”，定义螺纹类型为“公制粗牙螺纹”，螺纹描述为“M20”，螺纹深度为“18 mm”，孔深度为“25 mm”。

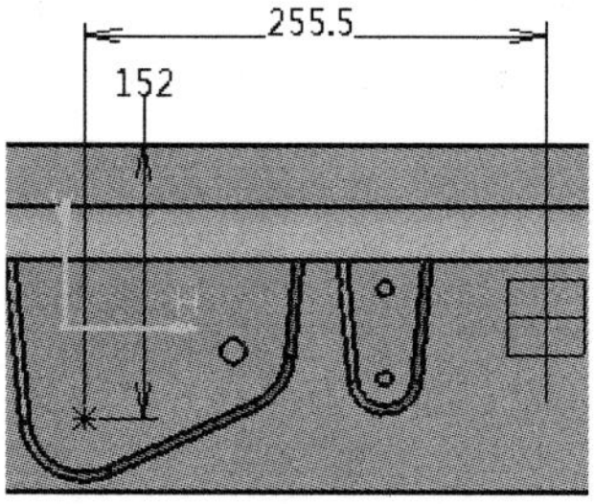

图 3.2.44　步骤（83）孔定位

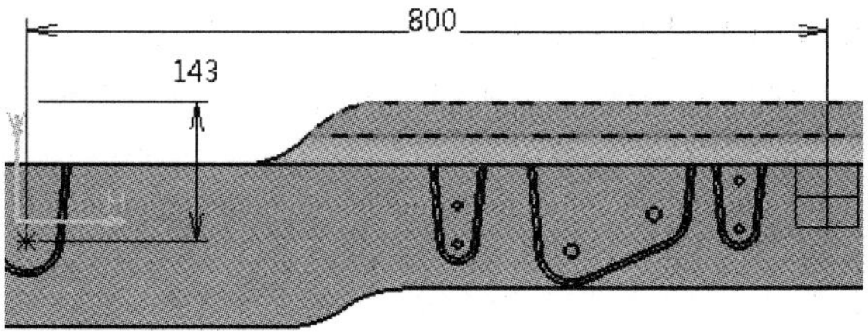

图 3.2.45　步骤（84）孔定位

（86）还是用同样的打孔方式，在与步骤（81）相同的平面上创建盲孔，位置如图 3.2.47 所示，定义盲孔的直径为“12 mm”，深度为“30 mm”。

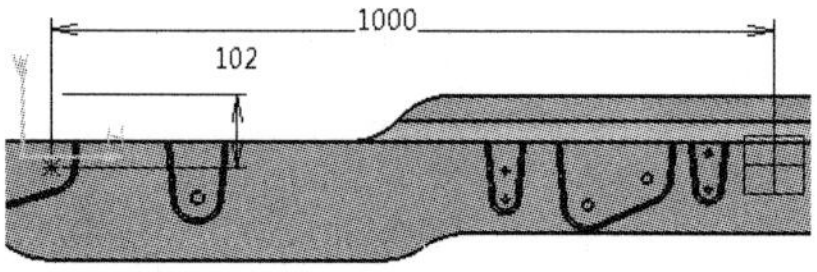

图 3.2.46　步骤（85）孔定位

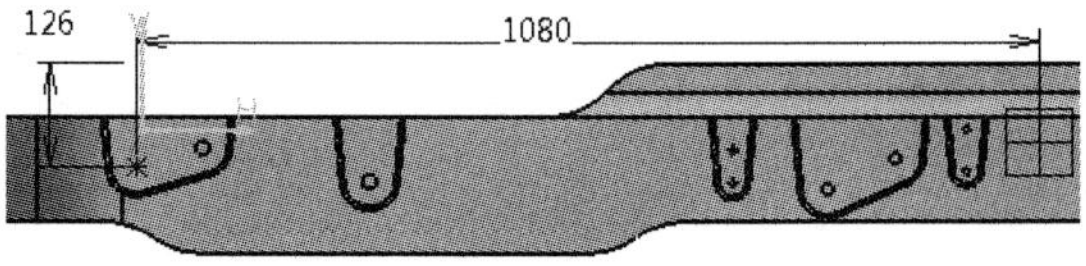

图 3.2.47　步骤（86）孔定位

（87）选择上表面作为草绘平面，按“草图”按钮“”进入草绘工作台，绘制如图 3.2.48 所示的草绘截面，点击“退出工作台”按钮“”退出草绘工作截面，单击“基于草图的特征”工具栏中的“凸台”命令“”，在弹出的对话框中，修改长度为“4 mm”，并按“确定”键完成凸台特征的建立。

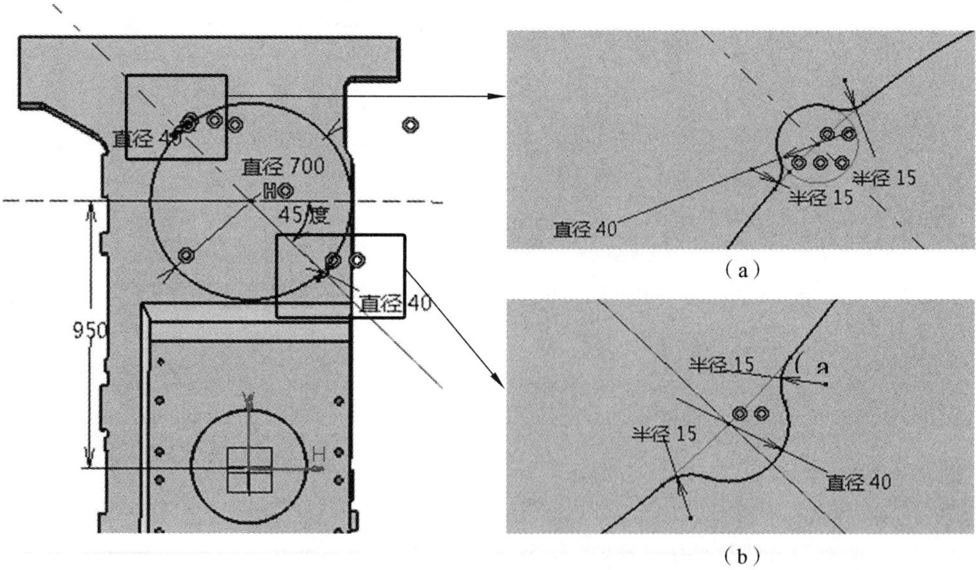

图 3.2.48　步骤（87）草图

（88）选择步骤（87）中建立的凸台特征，单击“变换特征”工具栏中的矩形阵列命令“”，在弹出的“定义矩形阵列”对话框中，修改“第一方向”中参数为“实例和间距”，修改实例为“2”，间距为“1 900 mm”，在“参考元素”右侧对话框中，单击鼠标右键，选择“y 轴”，然后点击“确定”键完成阵列特征的建立。

（89）选择上表面作为草绘平面，点击“草图”按钮“”进入草绘工作台，绘制如图 3.2.49 所示的草绘截面，点击“退出工作台”按钮“”退出草绘工作截面，单击“基于草图的特征”工具栏中的“凸台”命令“”，在弹出的对话框中，修改长度为“4 mm”，并按“确定”键完成凸台特征的建立。

（90）单击“修饰特征”工具栏中，“倒圆角”工具“”，点选如图 3.2.50 所示的相应边，并在倒圆角定义对话框中修改圆角半径为“3 mm”，按“确定”键完成圆角特征的建立。

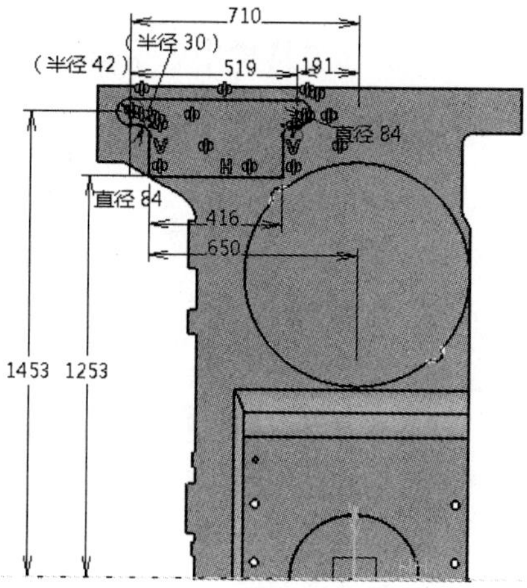

图 3.2.49　步骤（89）草图

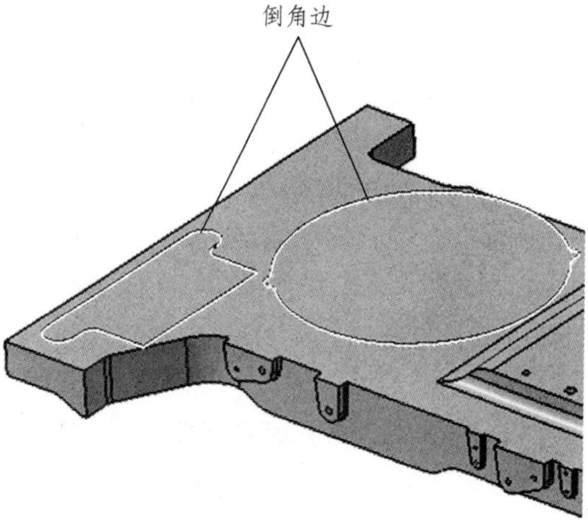

图 3.2.50　步骤（90）选取倒角边

（91）单击“基于草图的特征”工具栏中的凹槽工具按钮“”，弹出“定义凹槽”对话框，单击“定义凹槽”对话框中的“”工具按钮，选择如图 2.3.51 所示的草绘平面，进入草绘工作界面。

（92）在草绘工作台中，绘制如图 3.2.52 所示的草绘截面，镜像到另一侧，完成 4 个直径为 80 mm 的圆的绘制，完成后点击“退出工作台”按钮“”，在弹出的“定义凹槽”对话框中，选择类型为“尺寸”，深度为“75 mm”，按“确定”键完成凹槽特征的建立。

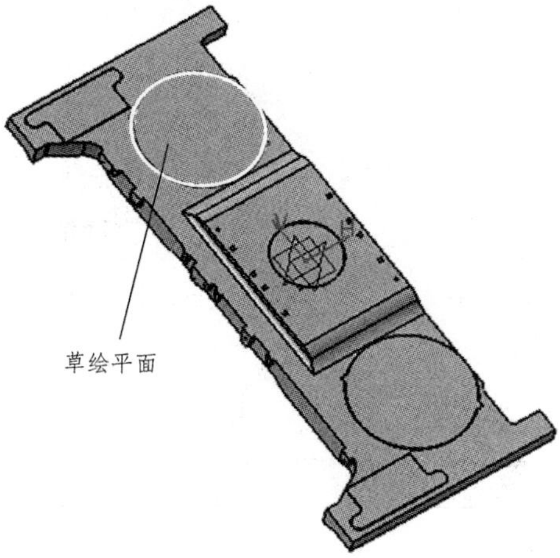

图 3.2.51　步骤（91）选择草绘平面

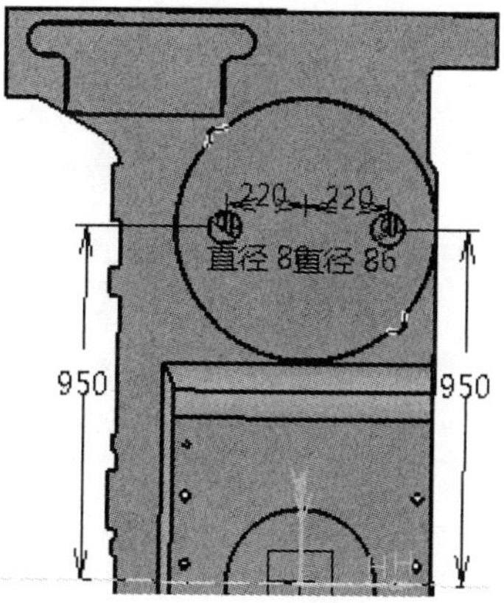

图 3.2.52　步骤（92）草图

（93）单击“修饰特征”工具栏中的“倒角”命令“ ”，选择步骤 92 中建立的凹槽特征的 4 个顶面边线，修改模式为“长度 1/角度”，修改参数“长度 1”为“5 mm”，“角度”为“15°”，按“确定”键完成特征的建立。

（94）单击“基于草图的特征”工具栏中的“孔”工具“ ”，在弹出的“定义孔”对话框中，点击“定义螺纹”，点选“螺纹孔”，在“定义螺纹”栏中，选择类型为“公制粗牙螺纹”，螺纹描述为“M8”，螺纹深度为“14 mm”，孔深度为“16 mm”，单击“扩展”栏，单击“ ”，选择如图 3.2.51 所示的平面，进入草绘工作台，对孔进行位置定位，草图两圆的圆心分别和图 3.2.48（a）、（b）圆弧的圆心同心。

（95）选择步骤（94）创建的两个孔特征，点击“变换特征”工具栏中“矩形阵列”命令“ ”，在弹出的对话框中，修改“参数”为“实例和间距”，修改“实例”为“2”，“间距”为“1 900 mm”，在“参考元素”右侧方框中单击鼠标右键，选择“y 轴”，然后按“确定”键完成特征的建立。

（96）单击“基于草图的特征”工具栏中的“凹槽”工具按钮“ ”，弹出“定义凹槽”对话框，单击“定义凹槽”对话框中的“ ”工具按钮，选择如图 2.3.53 所示的草绘平面，进入草绘工作界面。

（97）绘制如图 3.2.53 所示的草绘截面，然后点击“退出工作台”按钮“ ”退出草绘界面，然后在弹出的“定义凹槽”对话框中，修改“类型”为“直到最后”，然后按“确定”键完成草绘的建立。

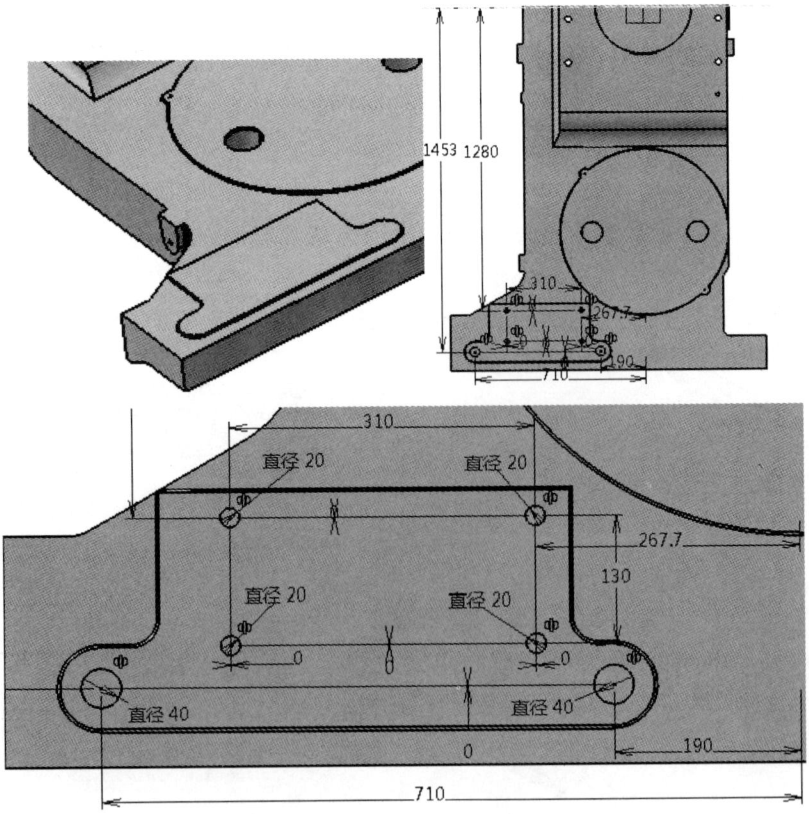

图 3.2.53　步骤（97）草绘截面

（98）单击“基于草图的特征”工具栏中的凹槽工具按钮“”，弹出“定义凹槽”对话框，单击“定义凹槽”对话框中的“”工具按钮，选择如图 2.3.62 所示的草绘平面，进入草绘工作界面。

（99）绘制如图 3.2.54 所示的草绘截面，然后点击“退出工作台”按钮“”退出草绘界面，然后在弹出的“定义凹槽”对话框中，修改“类型”为“尺寸”，“深度”为“32 mm”，然后按“确定”键完成草绘的建立。

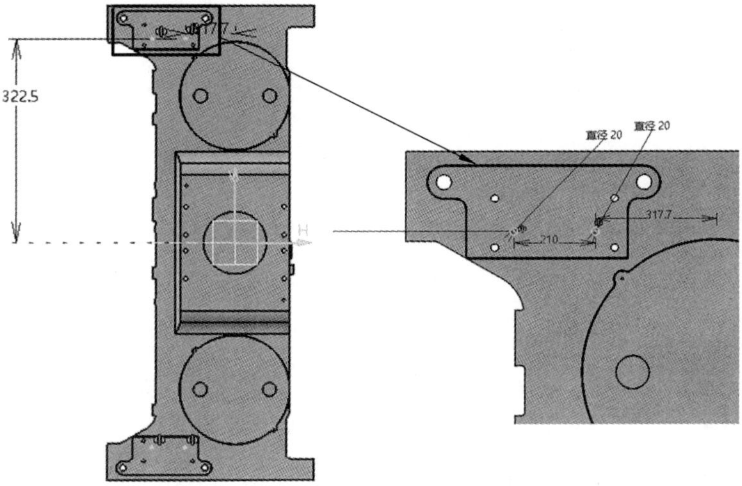

图 3.2.54　步骤（99）草绘截面

（100）单击“基于草图的特征”工具栏中的凹槽工具按钮“”，弹出“定义凹槽”对话框，单击“定义凹槽”对话框中的“”工具按钮，选择如图 3.2.55 所示的草绘平面，进入草绘工作界面。

（101）绘制如图 3.2.56 所示的草绘截面，然后点击“退出工作台”按钮“”退出草绘界面，然后在弹出的“定义凹槽”对话框中，在“第一限制”中修改“类型”为“直到最后”，点击对话框右下角“更多”按钮，在“第二限制”中修改“类型”为尺寸，“深度”为“25 mm”，适当地调整反转方向，然后按“确定”键，完成凹槽特征的建立，所得到的特征效果如图 3.2.57 所示。

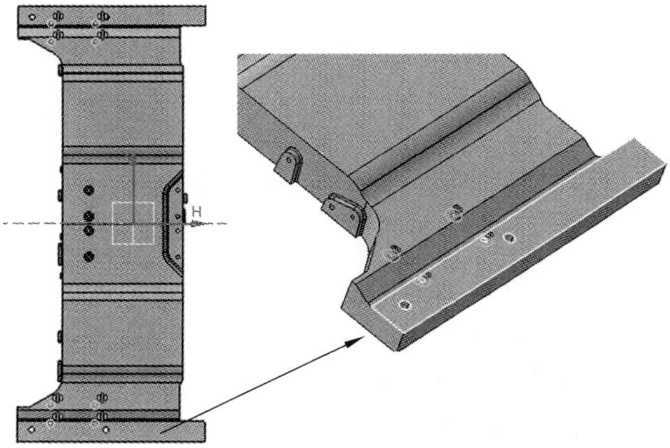

图 3.2.55　步骤（100）草绘平面选择

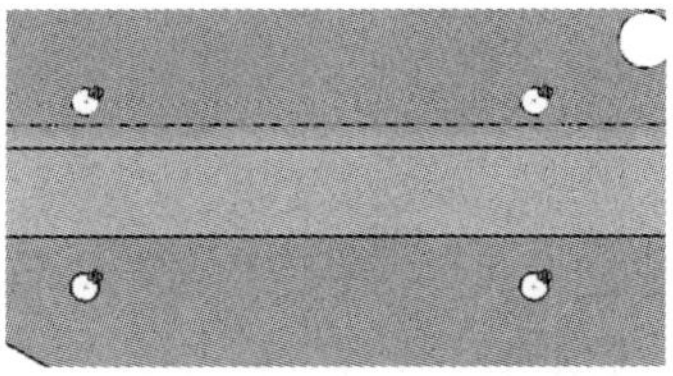

图 3.2.56　步骤（101）草绘截面

（102）单击“修饰特征”工具栏中，“倒圆角”工具“ ”，点选如图 3.2.58 所示的相应边，并在“倒圆角定义”对话框中修改圆角半径为 3.5 mm，按“确定”键完成圆角特征的建立。

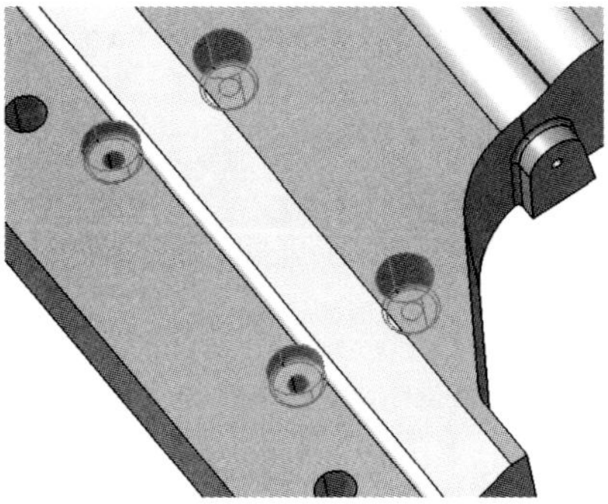

图 3.2.57　步骤（101）凹槽特征

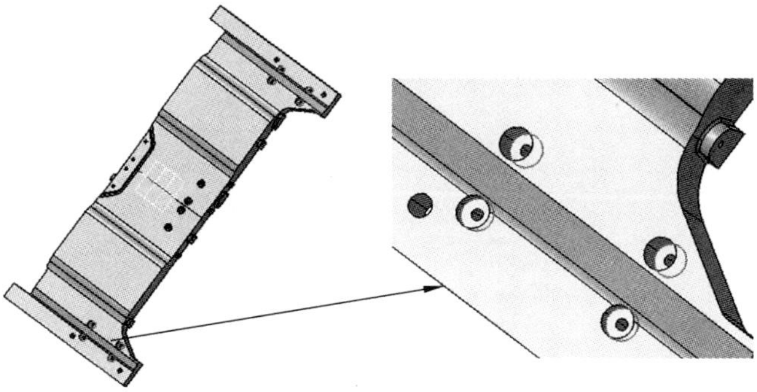

图 3.2.58　选择圆角边

（103）单击“基于草图的特征”工具栏中的凹槽工具按钮“ ”，弹出“定义凹槽”对话框，单击“定义凹槽”对话框中的“ ”工具按钮，选择如图 3.2.59 所示的草绘平面，进入草绘工作界面。

（104）绘制如图 3.2.60 所示的草绘截面，然后点击“退出工作台”按钮“ ”退出草绘界面，然后在弹出的“定义凹槽”对话框中，修改“类型”为“尺寸”，“深度”为“60 mm”，然后按“确定”键完成草绘的建立。

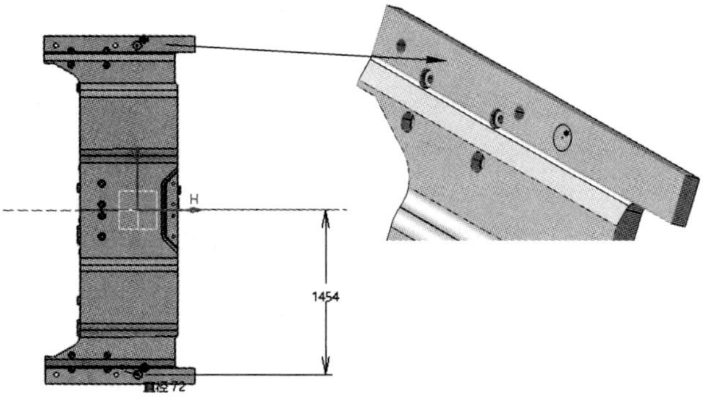

图 3.2.59　步骤（103）选择草绘平面

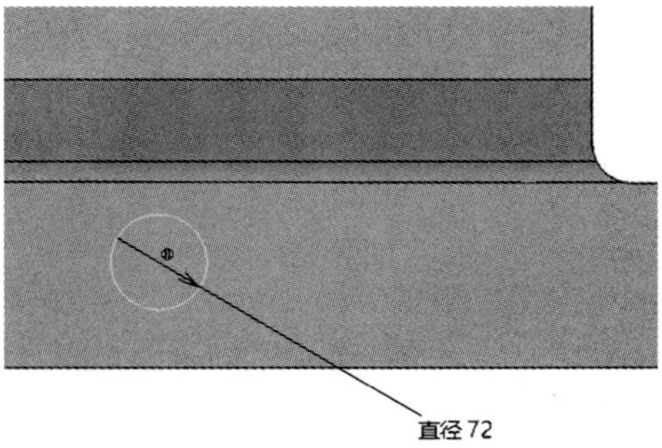

图 3.2.60　步骤（104）草绘截面

（105）同步骤（102）类似，选择步骤（101）创建的凹槽特征中底部边线进行倒圆角修饰，修改圆角半径为“1 mm”。

（106）单击“基于草图的特征”工具栏中的“凸台”命令，在弹出的“定义凸台”对话框中，单击“草图”按钮“ ”，选择如图 3.2.61 所示的平面进入草绘界面。

（107）绘制如图 3.2.62 所示的草绘截面，单击“退出工作台”按钮“ ”退出草绘工作台，然后在弹出的“定义凸台”对话框中，修改“类型”为尺寸，“长度”为“1 mm”，按“确定”键完成特征的建立。

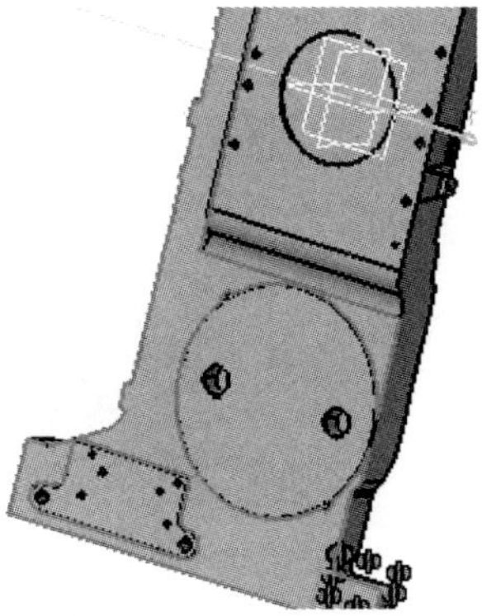

图 3.2.61 步骤（106）选择草绘平面

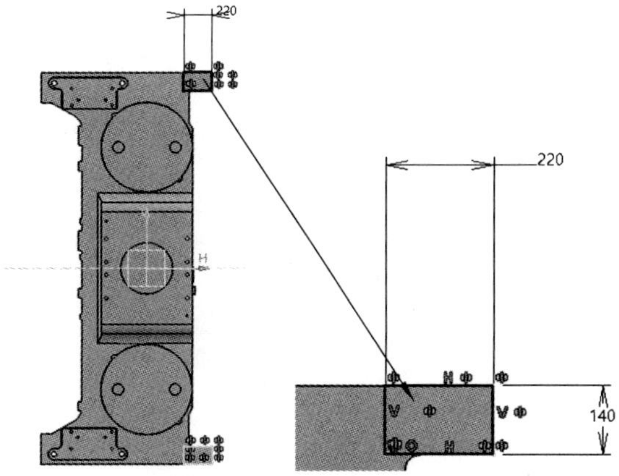

图 3.2.62 步骤（107）绘制草绘截面

（108）单击“修饰特征”工具栏中倒圆角命令“ ”，选择步骤（106）中创建的凸台的底边，修改圆角半径为“1 mm”，然后按“确定”键完成圆角特征的建立。

（109）单击“基于草图的特征”工具栏中的凹槽工具按钮“ ”，弹出“定义凹槽”对话框，单击“定义凹槽”对话框中的“ ”工具按钮，选择如图 2.3.63 所示的草绘平面，进入草绘工作界面。

（110）绘制如图 3.2.64 所示的草绘截面，点击“退出工作台”按钮“ ”退出草绘工作台，在弹出的“定义凹槽”对话框中，修改“类型”为尺寸，“深度”为“150 mm”，勾选左下角“镜像范围”，然后按“确定”键完成凹槽特征的建立。

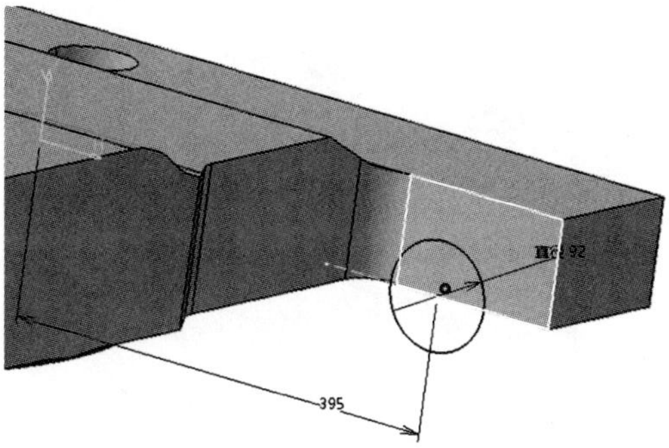

图 3.2.63 步骤（109）选择草绘平面

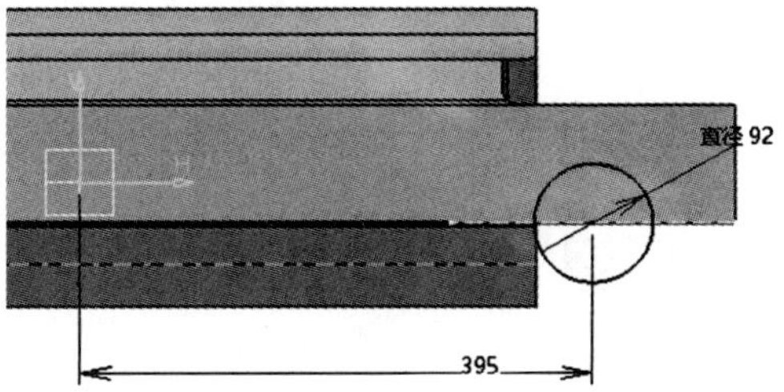

图 3.2.64 步骤（110）选择草绘平面

（111）选择步骤（110）中建立的凹槽特征，单击“变换特征”工具栏中的“镜像”按钮“ ”，在弹出的对话框中，选择“zx 平面”，然后单击“确定”键完成镜像特征的建立。

（112）单击“基于草图的特征”工具栏中的凹槽工具按钮“ ”，弹出“定义凹槽”对话框，单击“定义凹槽”对话框中的“ ”工具按钮，选择如图 2.3.65 所示的草绘平面，进入草绘工作界面。

（113）绘制如图 3.2.66 所示的草绘截面，点击“退出工作台”按钮“ ”退出草绘工作台，在弹出的“定义凹槽”对话框中，修改“类型”为“尺寸”，“深度”为“12 mm”，然后按“确定”键完成凹槽特征的建立。

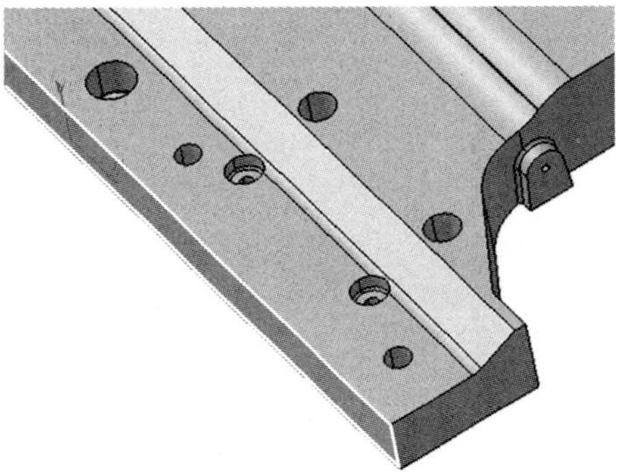

图 3.2.65 步骤（112）选择草绘平面

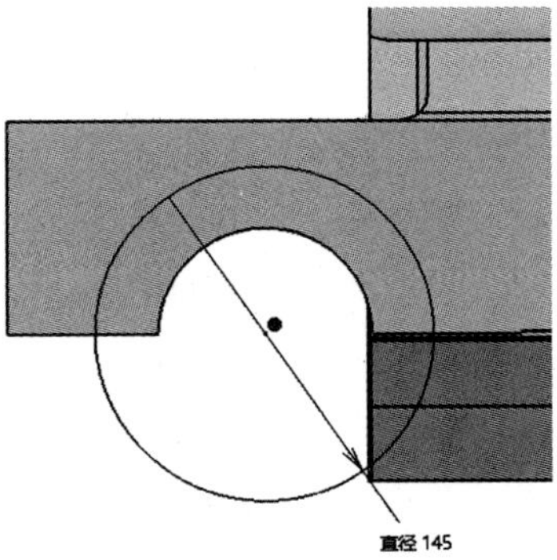

图 3.2.66 步骤（113）绘制草绘截面

（114）单击“基于草图的特征”工具栏中的凹槽工具按钮“”，弹出“定义凹槽”对话框，单击“定义凹槽”对话框中的“”工具按钮，选择如图 3.2.67 所示的草绘平面，进入草绘工作界面。

（115）绘制如图 3.2.67 所示的草图截面，然后单击“退出工作台”按钮“”退出草绘工作台，在弹出的“定义凹槽”对话框中，修改“类型”为“尺寸”，“深度”为“118.5 mm”，然后单击“确定”键完成创建。

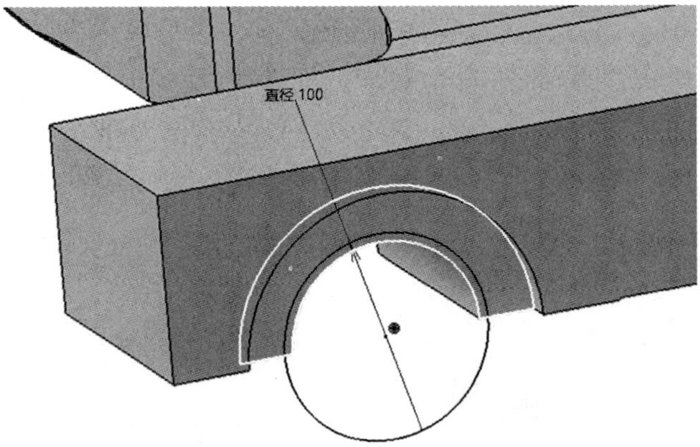

图 3.2.67 定义草绘

（116）选择步骤（113）、步骤（115）中建立的凹槽特征，单击“变换特征”工具栏中的“镜像”按钮“”，在弹出的对话框中，选择“zx 平面”，然后单击确定键完成镜像特征的建立。

（117）单击“修饰特征”工具栏中的“倒角”按钮“”，选择如图 3.2.68 所示的边，修改“模式”为“长度 1/角度”，“长度 1”为“2 mm”，“角度”为“15°”，并按“确定”键完成倒角特征的建立。

（118）单击“基于草图的特征”工具栏中“孔”工具“”，在弹出的对话框中修改孔的相关参数，如图 3.2.69 所示。

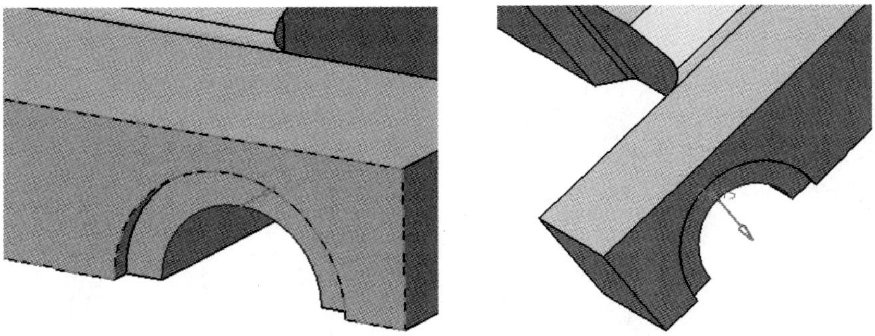

图 3.2.68 步骤（117）中倒角边

（119）单击“扩展”界面，单击“定位草图”按钮“ ”，选择如图 3.2.70 所示的平面进入草绘工作台。

（120）绘制如图 3.2.71 所示的定位草图，然后单击“退出草绘工作台”按钮“ ”，退出草绘界面，然后在弹出的“定义孔”对话框中单击“确定”键完成孔特征的建立。

（121）选择步骤（120）中建立的孔特征，单击“变换特征”工具栏中“矩形阵列 ”图标中右下角的三角形图标，在弹出的工具栏中，选择“圆形阵列 ”，在弹出的对话框中，修改参数如图 3.2.72 所示，参考元素可以选择如图 3.2.71 所示的曲面完成定义，然后单击“确定”完成环形阵列的建立。

（122）用同样的方法在相对的位置建立一个与上面步骤相同的环形阵列的特征。

（123）单击“基于草图的特征”工具栏中“孔”工具“ ”，在弹出的对话框中，修改孔的相关参数，单击“定义螺纹”界面，选择“类型”为“公制粗牙螺纹”，“螺纹描述”为“M24”，“螺纹深度”为“50 mm”，“孔深度”为“55 mm”，单击“扩展”界面，单击定位草图按钮“ ”，选择如图 3.2.73 所示的平面进入定位草绘界面。

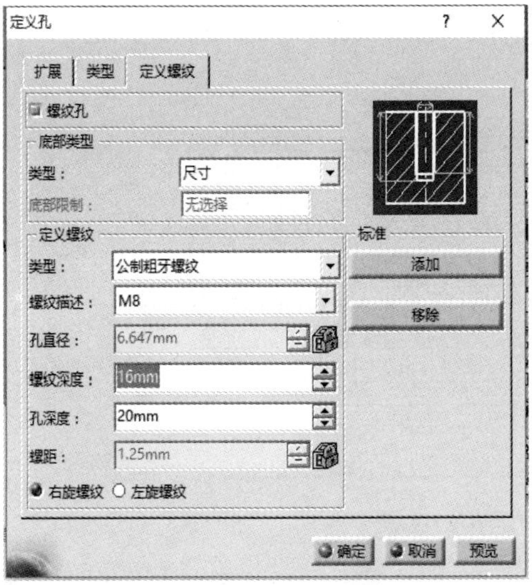

图 3.2.69 定义孔的相关参数

图 3.2.70 选择孔的定位平面

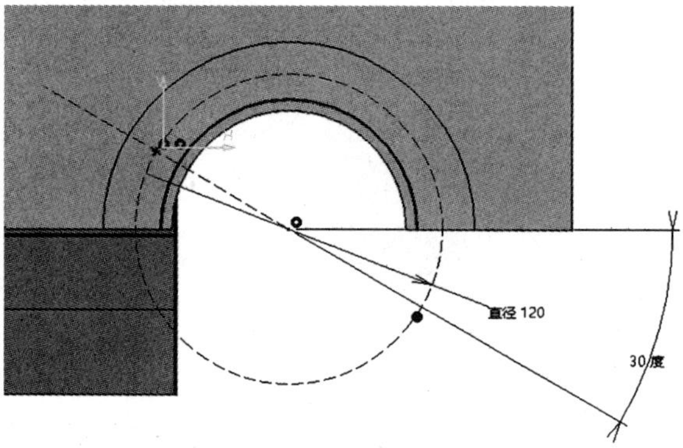

图 3.2.71　步骤（120）定义孔的草图

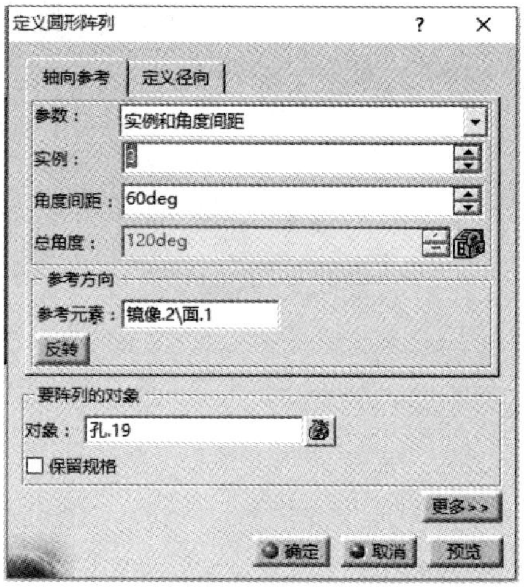

图 3.2.72　步骤（121）定义环形阵列

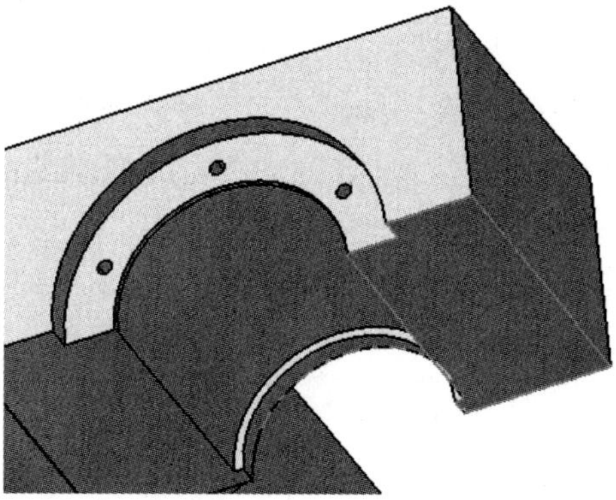

图 3.2.73　步骤（123）孔放置平面的选择

（124）绘制定位草图如图 3.2.74 所示，然后单击“退出工作台”按钮“”，在“定义孔”对话框中单击“确定”键完成孔特征的建立。

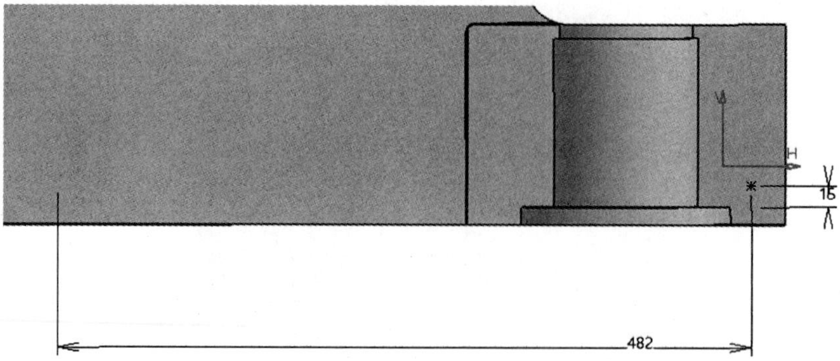

图 3.2.74　步骤（124）孔的定义

（125）单击“基于草图的特征”工具栏中“孔”工具“”，在弹出的对话框中，修改孔的相关参数，单击“定义螺纹”界面，选择“类型”为“公制粗牙螺纹”，“螺纹描述”为

“M24”，“螺纹深度”为“50 mm”，“孔深度”为“100 mm”，单击“扩展”界面，单击定位草图按钮“”，选择如图 3.2.73 所示的平面进入定位草绘界面；绘制定位草图如图 3.2.75 所示，然后单击“退出工作台”按钮“”，在“定义孔”对话框中单击“确定”键完成孔特征的建立。

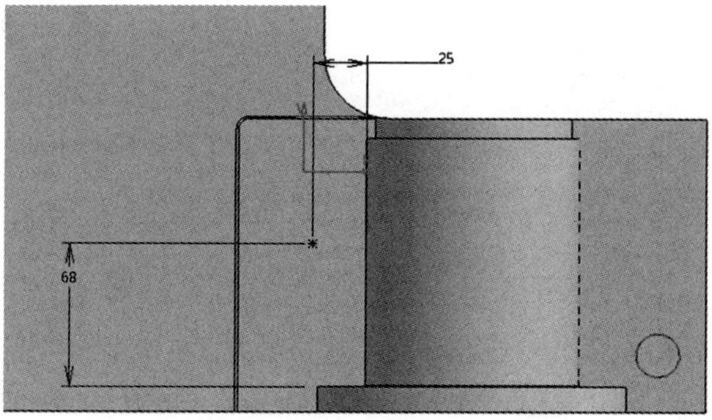

图 3.2.75　步骤（125）孔的定位草图

（126）单击“基于草图的特征”工具栏中“孔”工具“”，在弹出的对话框中，修改孔的相关参数，单击“扩展”界面，修改参数“类型”为“盲孔”，“直径”为“34 mm”，“深度”为“100 mm”，单击定位草图按钮“”，同样选择如图 3.2.73 所示的平面进入定位草绘界面。

（127）绘制定位草图如图 3.2.76，然后单击“退出工作台”按钮按钮“”，在“定义孔”对话框中单击“确定”键完成孔特征的建立。

（128）单击“基于草图的特征”工具栏中“孔”工具“”，在弹出的对话框中，修改孔的相关参数，单击“扩展”界面，修改参数“类型”为“直到最后”，“直径”为“40 mm”，单击定位草图按钮“”，同样选择如图 3.2.77 所示的平面进入定位草绘界面。

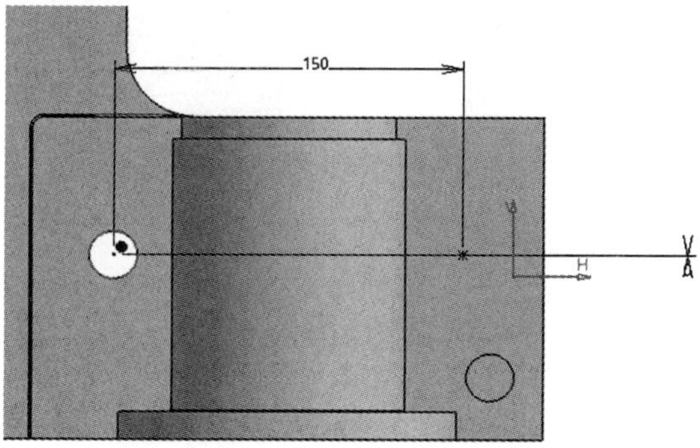

图 3.2.76　步骤（127）孔的定义

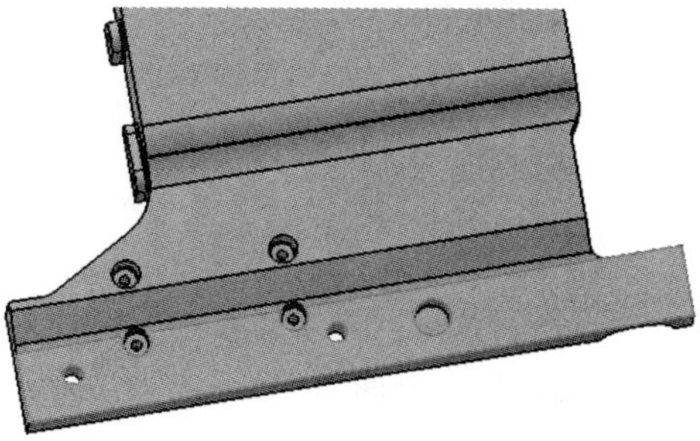

图 3.2.77　步骤（128）孔的定位平面

（129）绘制定位草图如图 3.2.78 所示，然后单击“退出工作台”按钮按钮“”，在“定义孔”对话框中单击“确定”键完成孔特征的建立。

（130）按住 Ctrl 键选择前面创建的 4 个孔特征，单击“变换特征”工具栏中的“镜像”工具“”，选择“zx 平面”，然后单击“确定”键完成镜像特征的建立。

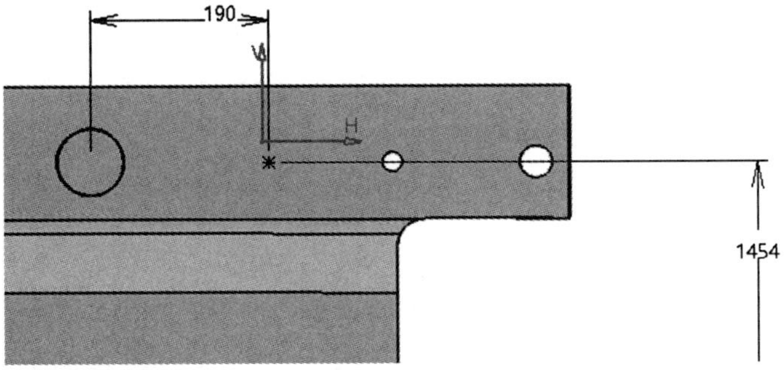

图 3.2.78　步骤（129）孔的定位平面

完成最后的镜像特征后，枕梁的上部结构就基本建模完成了。可以看到，这是一个十分复杂的零件，它存在许多的孔结构，在进行相关部位的打孔修饰时应耐心地去完成这些步骤。整个建模过程，模型没有应用一些特别复杂的建模方式，是较为普通的建模过程，少量的草绘平面比较难绘，读者若在此过程中感觉困难，应注意提高自己的草图绘制能力，并加强练习。

3.2.2　枕梁下部的建模方法

图 3.2.79 所示为枕梁下部零件结构，该零件较为复杂，但相对于第 3.2.1 小节建立的枕梁上部结构，又更为简单。经过分析，它完全可以用我们学到的建模命令完成整体的建模。使用较多的操作命令同样是凸台、凹槽、孔工具、圆角和倒角命令。如果建模方法不正确，建模过程将会变得较为复杂。下面对枕梁的下部零件的建模方法进行详细介绍。

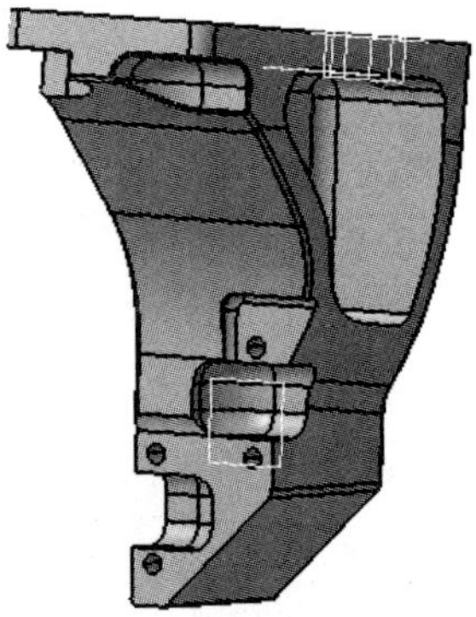

图 3.2.79　枕梁下部三维模型图

（1）打开 CATIA V6 软件，新建一个 Part 文件，并命名为“yaozhen-2”。

（2）单击“基于草图的特征”工具栏中的“凸台”按钮“”，在弹出的“定义凸台”对话框中，单击草图工具按钮“”，选择“yz 平面”，进入草绘界面，绘制如图 3.2.80 所示的草图截面，然后单击“退出工作台”按钮“”，在弹出的“定义凸台”对话框中，修改参数，选择“类型”为“尺寸”，“长度”修改为“100 mm”，并勾选左下方的“镜像范围”，然后单击“确定”键完成凸台特征的建立。

（3）单击“修饰特征”工具栏中的“倒圆角”工具按钮“”，在弹出的“倒圆角定义”对话框中，修改圆角半径为 145 mm，然后选择如图 3.2.81 所示的边进行圆角修饰，并按“确定”键完成圆角特征的建立。

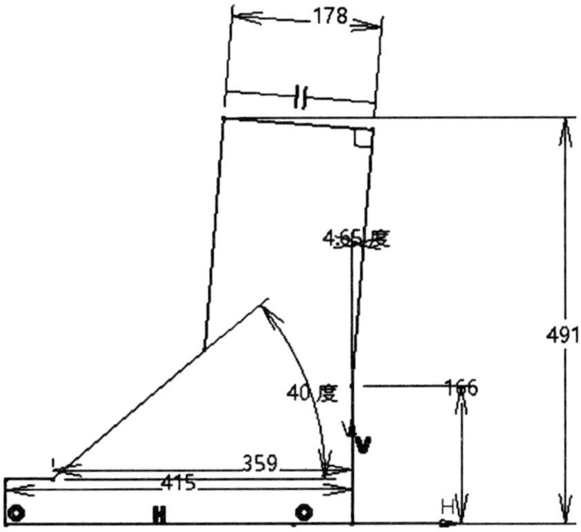

图 3.2.80 步骤（1）草绘截面

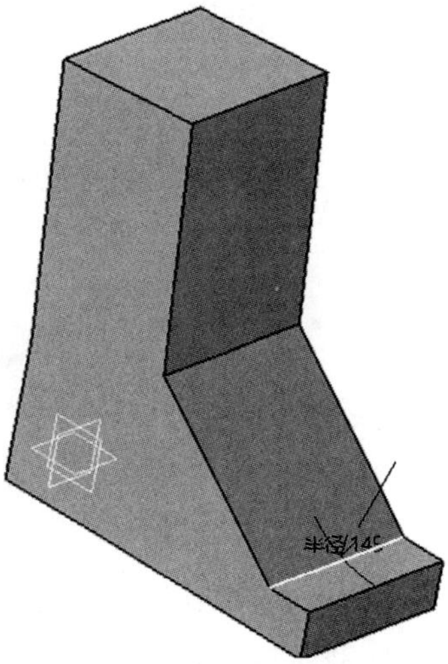

图 3.2.81 步骤（3）圆角边

（4）单击“修饰特征”工具栏中的“倒圆角”工具按钮“”，在弹出的“倒圆角定义”对话框中，修改圆角半径为 “170 mm”，然后点选如图 3.2.82 所示的两条边，单击“确定”键完成特征的建立。

（5）单击“基于草图的特征”工具栏中“凹槽”工具按钮“”，在弹出的对话框中，单击草图工具按钮“”，选择“xz”平面进入草绘工作界面。

（6）绘制如图 3.2.83 所示的草绘截面，然后单击“退出工作台”按钮“”，在“定义凹槽”对话框中，选择“类型”为“直到最后”，然后点击“确定”键完成特征的创建。

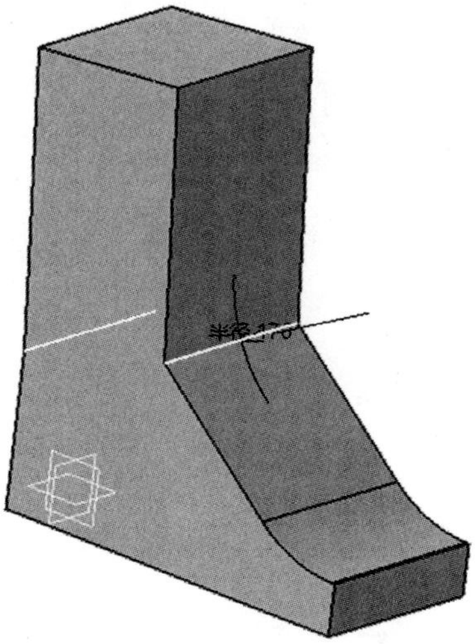

图 3.2.82 步骤（4）圆角边图

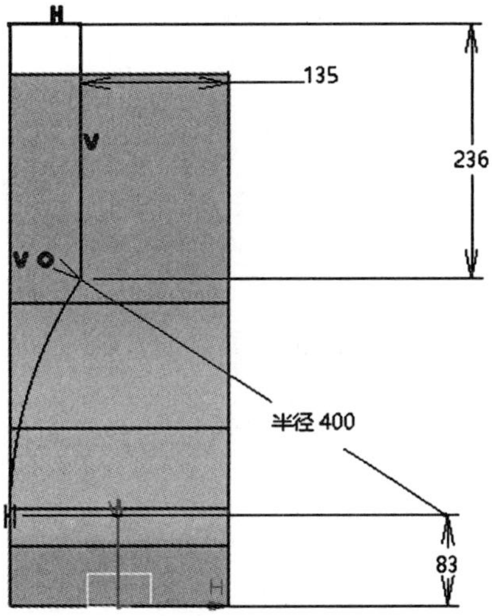

图 3.2.83 步骤（6）定义草绘截面

（7）同样单击“基于草图的特征”工具栏中“凹槽”工具按钮“”，在弹出的对话框中，单击草图工具按钮“”，选择如图 3.2.84 所示的平面进入草绘工作界面。

（8）绘制如图 3.2.85 所示的草绘截面，然后单击“退出工作台”按钮“”，在弹出的

“定义凹槽”对话框中，选择“类型”为“直到最后”，然后单击“确定”键完成凹槽特征的建立。

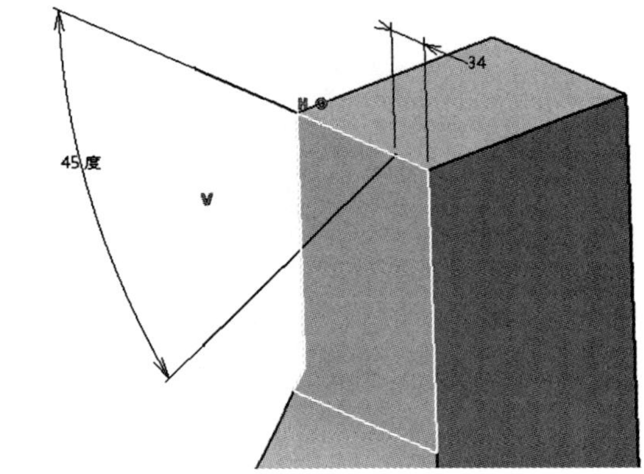

图 3.2.84　步骤（7）定义草绘平面

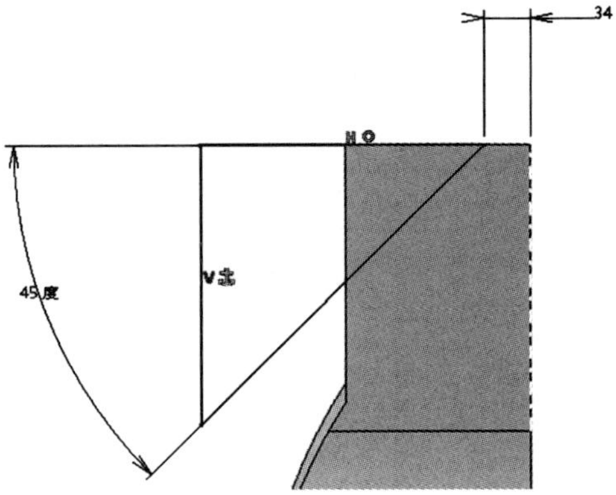

图 3.2.85　步骤（8）绘制草绘截面

（9）单击“修饰特征”工具栏中的“倒圆角”工具按钮“ ”，在弹出的“倒圆角定义”对话框中，修改圆角半径为 45 mm，然后点选如图 3.2.86 所示的相应边，单击“确定”键完成特征的建立。

（10）单击“修饰特征”工具栏中的“倒圆角”工具按钮“ ”，在弹出的“倒圆角定义”对话框中，修改圆角半径为 15 mm，然后点选如图 3.2.87 所示的相应边，单击“确定”键完成特征的建立。

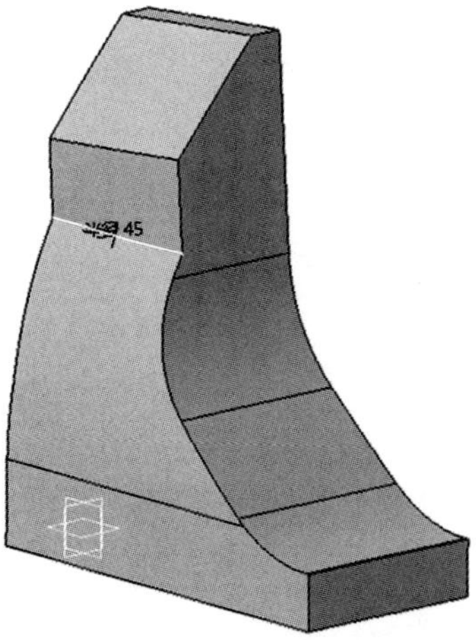

图 3.2.86　步骤（9）定义草绘平面

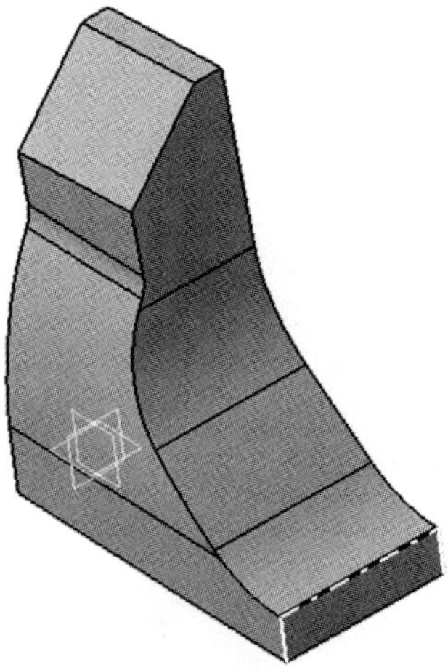

图 3.2.87　步骤（10）定义相应圆角边

（11）单击“修饰特征”工具栏中的“倒圆角”工具按钮“ ”，在弹出的“倒圆角定义”对话框中，修改圆角半径为 10 mm，然后点选如图 3.2.88 所示的相应边，单击“确定”键完成特征的建立。

（12）单击“修饰特征”工具栏中的“倒圆角”工具按钮“ ”，在弹出的“倒圆角定义”对话框中，修改圆角半径为 4 mm，然后点选如图 3.2.89 所示的相应边，单击“确定”键完成特征的建立。

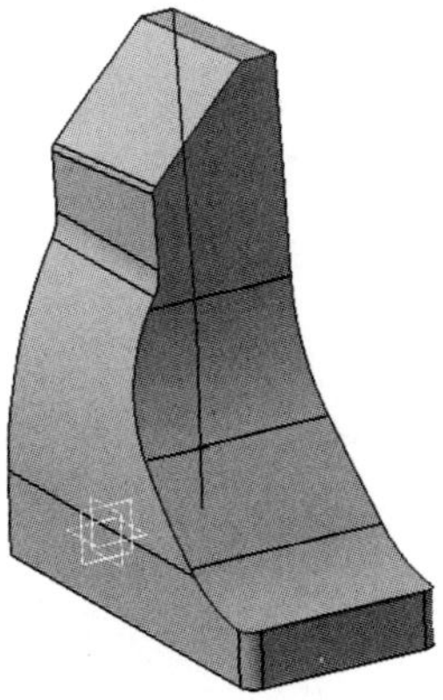

图 3.2.88　步骤（11）定义相应圆角边

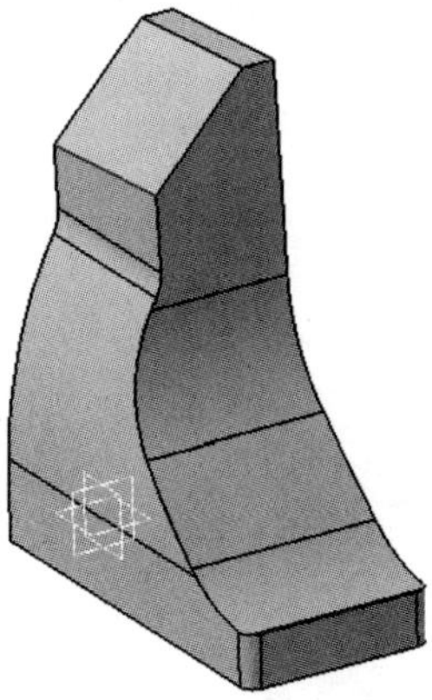

图 3.2.89　步骤（12）定义相应圆角边

（13）单击“参考元素（扩展）”工具栏中“平面”工具按钮“”，单击选择如图 3.2.90 所示的参考平面，在“平面定义”对话框中修改“偏移”为“80 mm”，点击“反转方向”按钮，调整其偏移方向，单击“确定”键完成平面的建立。

（14）单击“基于草图的特征”工具栏中“凹槽”工具按钮“”，在弹出的对话框中，单击草图工具按钮“”，选择步骤（13）中建立的参考平面进入草绘工作界面。

（15）绘制如图 3.2.91 所示的草图截面，然后单击“退出工作台”按钮“”，退出草绘工作平面。

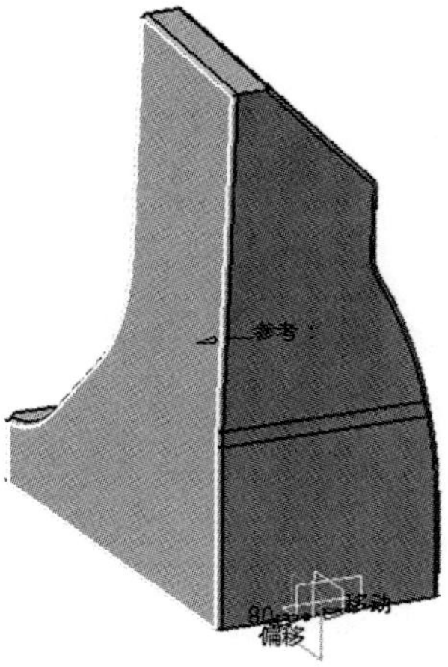

图 3.2.90　步骤（13）建立参考平面

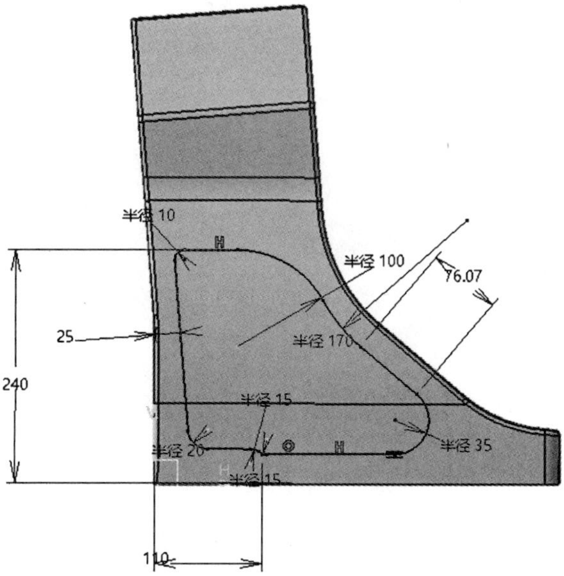

图 3.2.91　步骤（15）绘制草绘截面

（16）在弹出的“定义凹槽”对话框中，修改“类型”为“直到最后”，然后单击“确定”键完成凹槽特征的建立。

（17）单击“基于草图的特征”工具栏中“凹槽”工具按钮“ ”，在弹出的对话框中，单击草图工具按钮“ ”，选择图 3.2.92 所示的平面进入草绘工作界面。

（18）绘制如图 3.2.93 所示的草绘截面，然后单击“退出工作台”按钮“ ”退出草绘工作界面，在弹出的“定义凹槽”对话框中，修改“类型”为“尺寸”，“深度”为“55 mm”，并按“确定”键完成凹槽特征的创建。

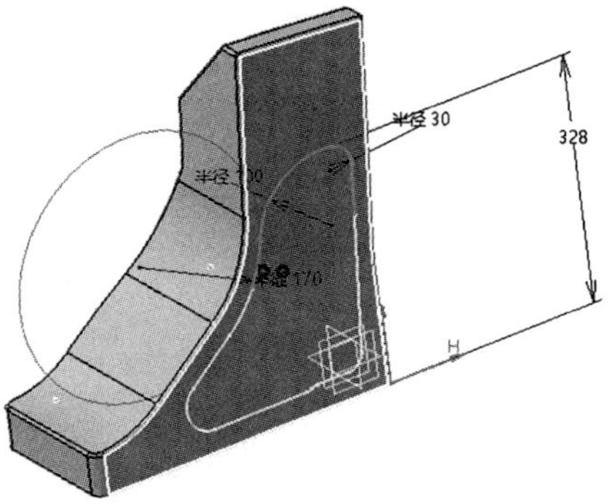

图 3.2.92　步骤（17）选择草绘平面

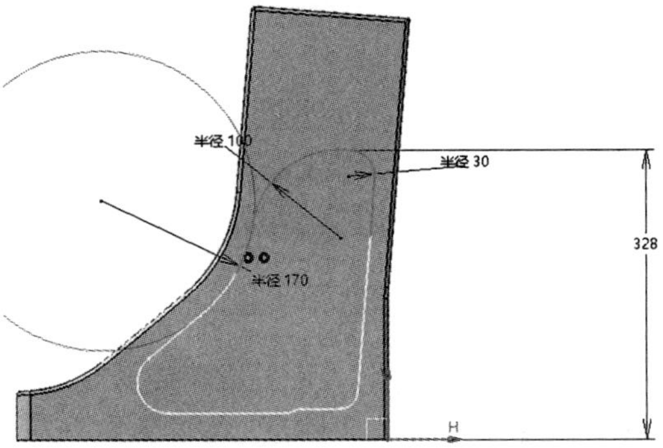

图 3.2.93　步骤（18）绘制草绘平面

（19）单击“参考元素（扩展）”工具栏中“平面”工具按钮“ ”，单击选择如图 3.2.94 所示的参考平面，在“平面定义”对话框中修改“偏移”为“31.5 mm”，点击“反转方向”按钮，调整其偏移方向，单击“确定”键完成平面的建立。

（20）单击“修饰特征”工具栏中的“倒圆角”工具按钮“ ”，在弹出的“倒圆角定义”对话框中，修改圆角半径为 4 mm，然后点选如图 3.2.95 所示的相应边，单击“确定”键完成特征的建立。

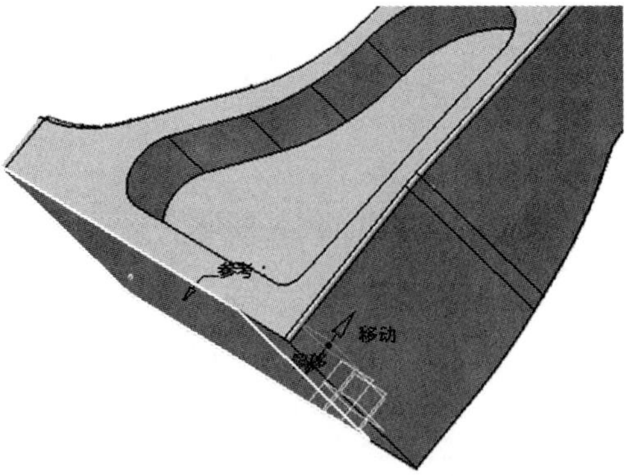

图 3.2.94　步骤（19）选择偏移平面

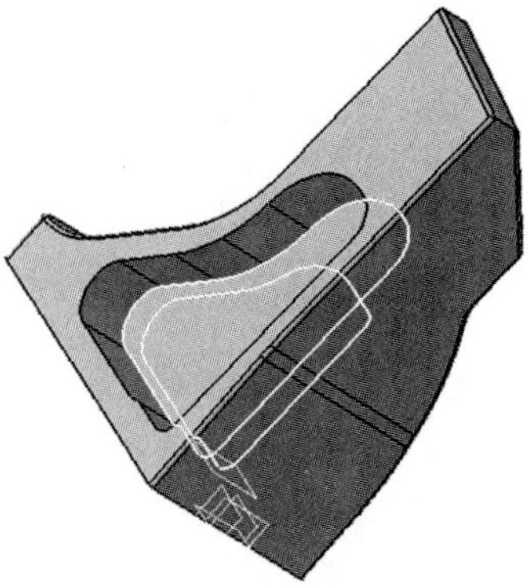
图 3.2.95　步骤（20）选择倒圆角边

（21）单击“基于草图的特征”工具栏中“凹槽”工具按钮“ ”，在弹出的对话框中，单击草图工具按钮“ ”，选择步骤（19）中所建立的平面进入草绘工作界面。

（22）绘制如图 3.2.96 所示的草绘截面，然后单击“退出工作台”按钮“ ”，在弹出的“定义凹槽”对话框中，修改“类型”为“直到最后”，并按“确定”键完成特征的建立。

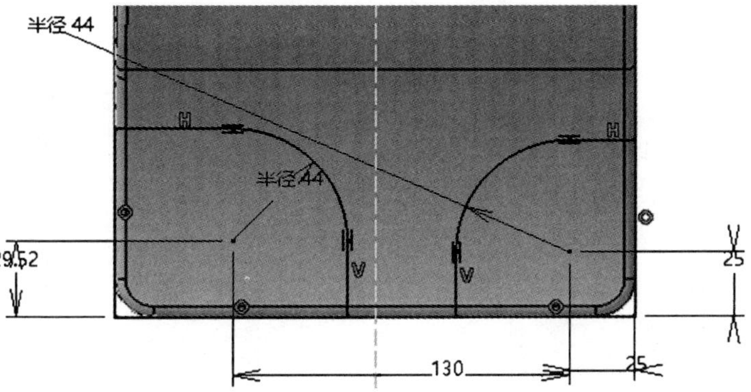

图 3.2.96 绘制步骤（22）草绘截面

（23）单击“修饰特征”工具栏中的“倒圆角”工具按钮“”，在弹出的“倒圆角定义”对话框中，修改圆角半径为 20 mm，然后点选如图 3.2.97 所示的相应边，单击“确定”键完成特征的建立。

（24）单击“修饰特征”工具栏中的“倒角”工具按钮“”，在弹出的“倒圆角定义”对话框中，修改“模式”为“长度 1/长度 2”，修改“长度 1”为“2.5 mm”，“长度 2”为“1 mm”，然后点选如图 3.2.98 所示的相应边，单击“确定”键完成特征的建立。

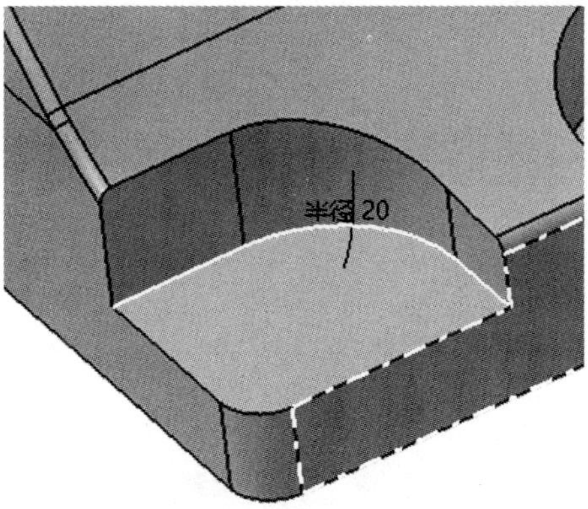

图 3.2.97 选择圆角边

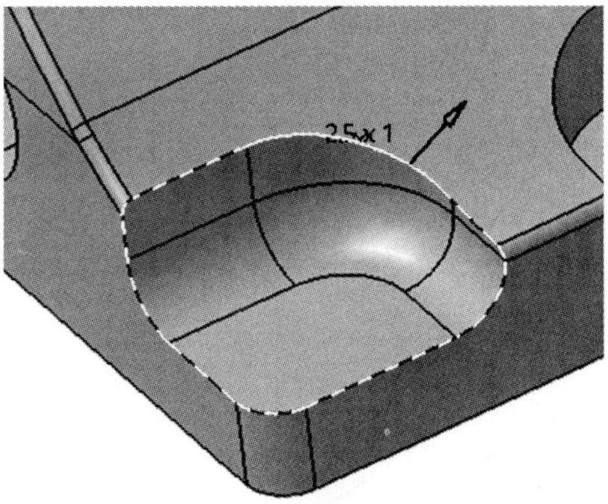

图 3.2.98 选择倒角边

（25）单击“基于草图的特征”工具栏中“凹槽”工具按钮“”，在弹出的对话框中，单击草图工具按钮“”，选择如图 3.2.99 所示的平面进入草绘工作界面。

（26）绘制如图 3.2.100 所示的草绘截面，然后单击“退出工作台”按钮“”，在弹出的“定义凹槽”对话框中，修改“类型”为“尺寸”，修改“深度”为“55 mm”，并按“确定”键完成特征的建立。

（27）单击“基于草图的特征”工具栏中“凹槽”工具按钮“”，在弹出的对话框中，单击草图工具按钮“”，选择如图 3.2.101 所示的平面进入草绘工作界面。

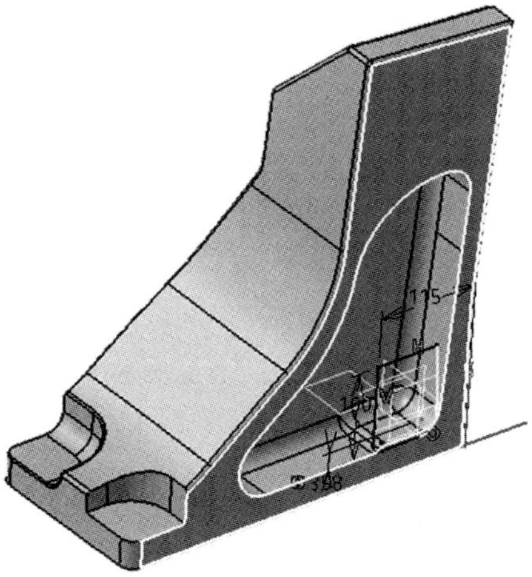

图 3.2.99　选择草绘平面

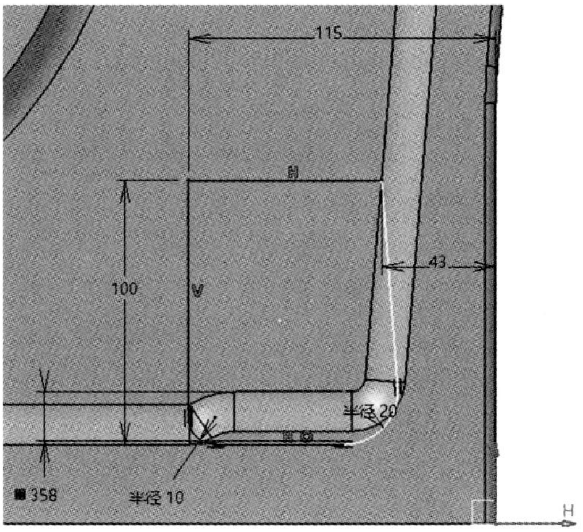

图 3.2.100　绘制草绘截面

（28）绘制如图 3.2.102 所示的草绘截面，然后单击“退出工作台”按钮“ ”，在弹出的“定义凹槽”对话框中，修改“类型”为“尺寸”，修改“深度”为“70 mm”，并按“确定”键完成特征的建立。

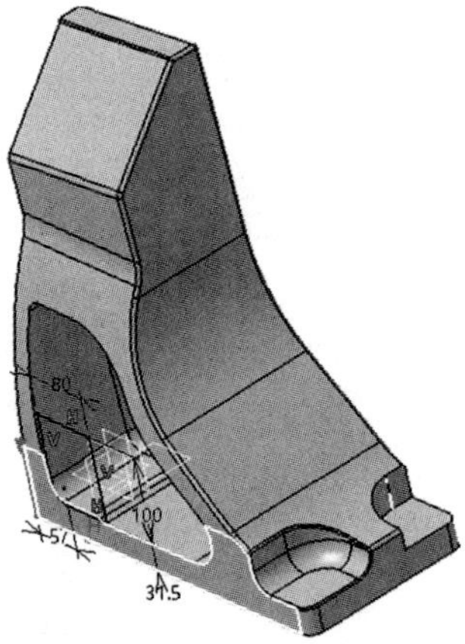

图 3.2.101　步骤（27）选择草绘平面

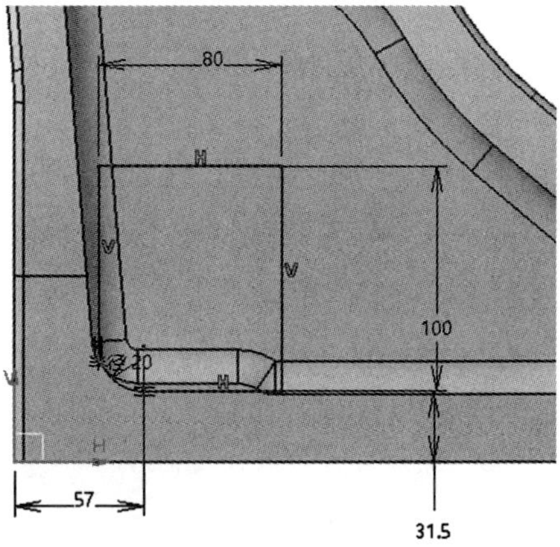

图 3.2.102　步骤（28）绘制草绘截面

（29）单击“修饰特征”工具栏中的“倒圆角”工具按钮“ ”，在弹出的“倒圆角定义”对话框中，修改圆角半径为“20 mm”，然后点选如图 3.2.103 所示的相应边，单击“确定”键完成特征的建立。

（30）单击“修饰特征”工具栏中的“倒圆角”工具按钮“ ”，在弹出的“倒圆角定义”对话框中，修改圆角半径为 7 mm，然后点选如图 3.2.104 所示的相应边，单击“确定”键完成特征的建立。

（31）单击“基于草图的特征”工具栏中“凹槽”工具按钮“ ”，在弹出的对话框中，单击草图工具按钮“ ”，选择如图 3.2.105 所示的平面进入草绘工作界面。

（32）绘制如图 3.2.106 所示的草绘截面，然后单击“退出工作台”按钮“ ”，在弹出的“定义凹槽”对话框中，修改“类型”为“直到最后”，并按“确定”键完成特征的建立。

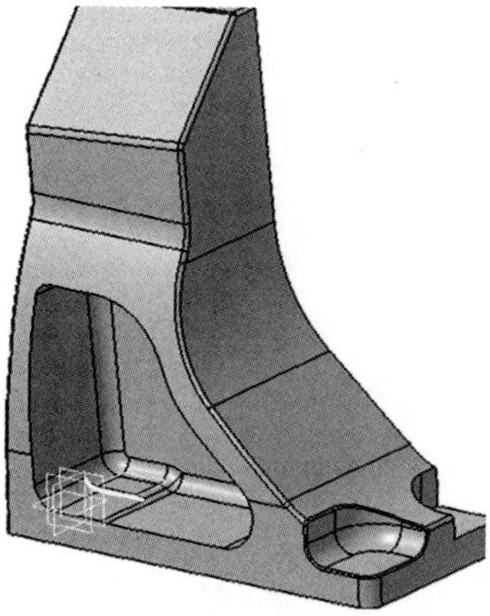

图 3.2.103 步骤（29）选择圆角边

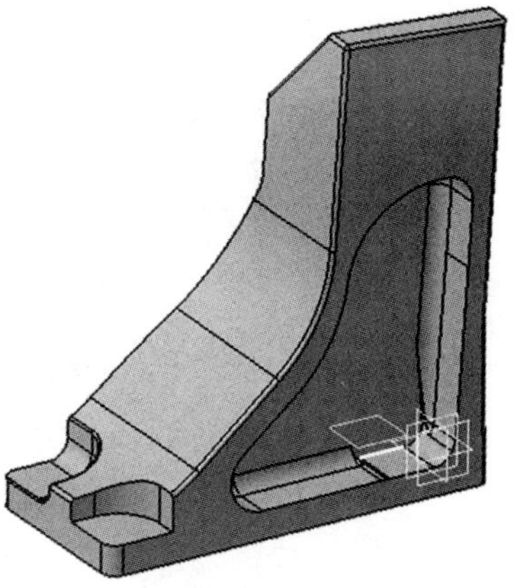

图 3.2.104 步骤（30）选择圆角边

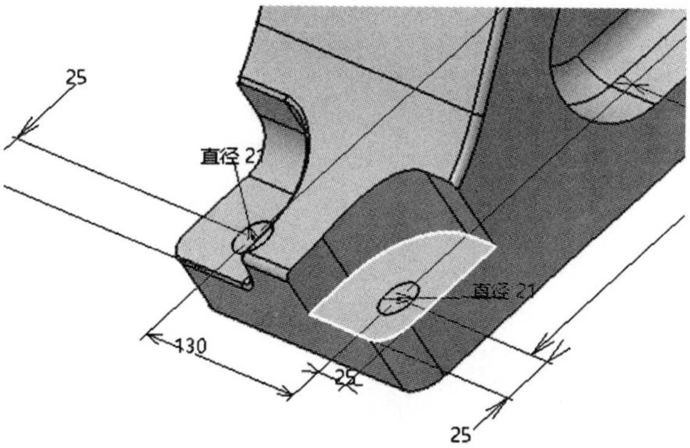

图 3.2.105 步骤（31）选择草绘平面

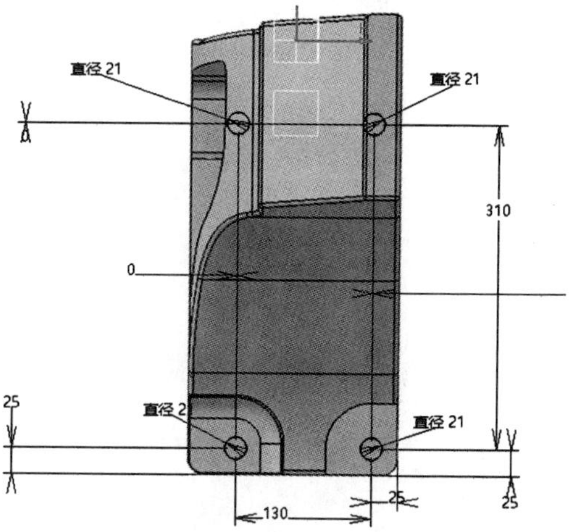

图 3.2.106 步骤（32）绘制草绘截面

（33）单击“基于草图的特征”工具栏中“凹槽”工具按钮“”，在弹出的对话框中，单击草图工具按钮“”，选择如图 3.2.107 所示的平面进入草绘工作界面。

（34）绘制如图 3.2.108 所示的草绘截面，然后单击“退出工作台”按钮“”，在弹出的“定义凹槽”对话框中，修改“类型”为“尺寸”，修改“深度”为“32 mm”，并按“确定”键完成特征的建立。

（35）单击“基于草图的特征”工具栏中“凹槽”工具按钮“”，在弹出的对话框中，单击草图工具按钮“”，选择如图 3.2.109 所示的平面进入草绘工作界面。

（36）绘制如图 3.2.110 所示的草绘截面，然后单击“退出工作台”按钮“”，在弹出的“定义凹槽”对话框中，修改“类型”为“直到最后”，并按“确定”键完成特征的建立。

（37）单击“参考元素（扩展）”工具栏中“平面”工具按钮“”，单击选择如图 3.2.111 所示的参考平面，在“平面定义”对话框中修改“偏移”为“170 mm”，点击“反转方向”按钮，调整其偏移方向，单击“确定”键完成平面的建立。

（38）单击“基于草图的特征”工具栏中“凹槽”工具按钮“”，在弹出的对话框中，单击草图工具按钮“”，选择步骤（36）中创建的平面进入草绘工作界面。

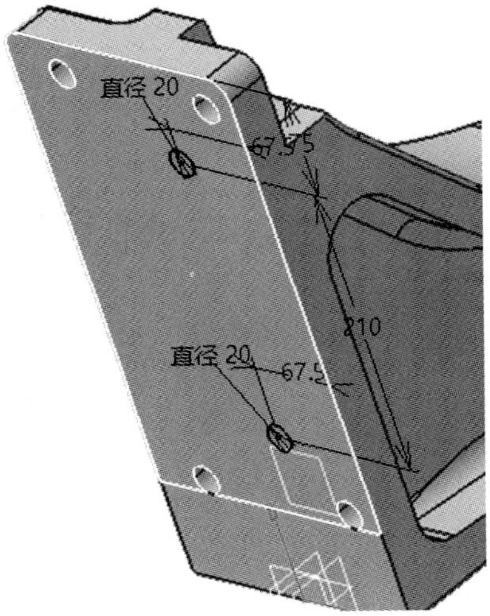

图 3.2.107　步骤（33）选择草绘平面

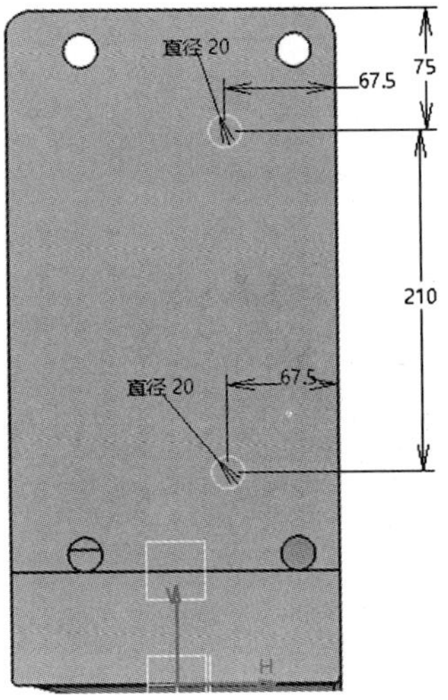

图 3.2.108　步骤（34）绘制草绘截面

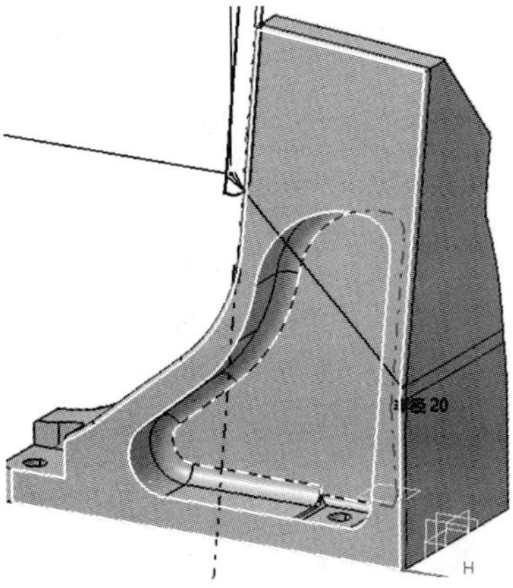

图 3.2.109　步骤（35）选择草绘平面

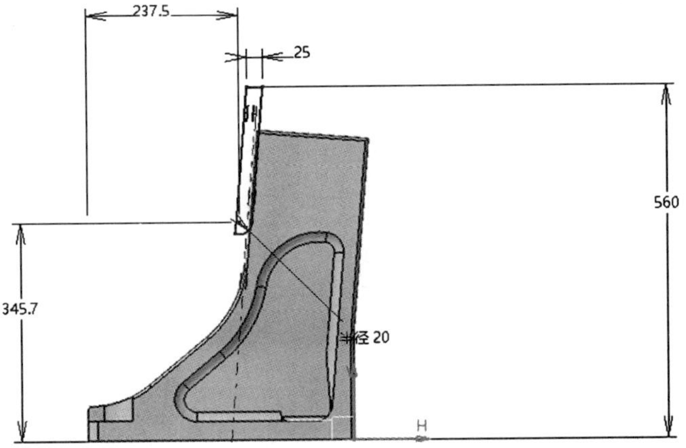

图 3.2.110　步骤（36）绘制草绘截面

（39）绘制如图 3.2.112 所示的草图截面，然后单击“退出工作台”按钮“”，在弹出的“定义凹槽”对话框中，修改“类型”为“直到最后”，并按“确定”键完成特征的建立。

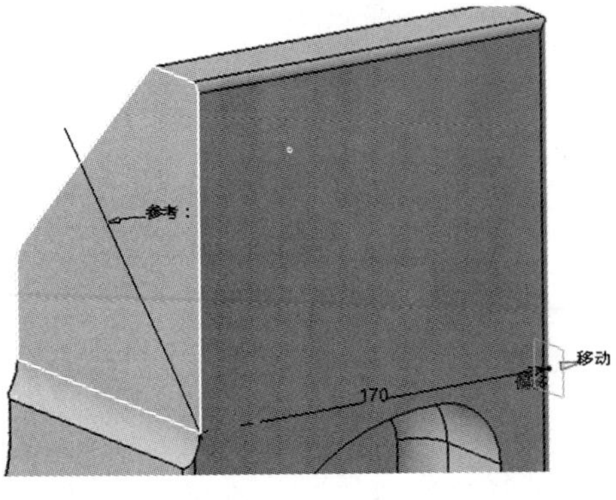

图 3.2.111　步骤（37）定义参考平面

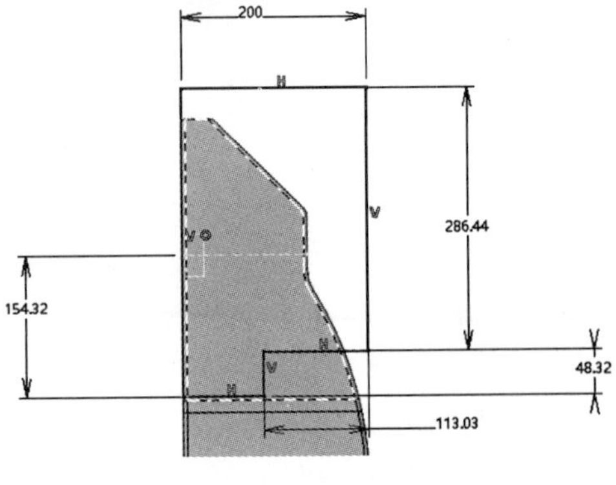

图 3.2.112　步骤（39）绘制草图截面

（40）单击“基于草图的特征”工具栏中“凹槽”工具按钮“”，在弹出的对话框中，单击草图工具按钮“”，选择如图 3.2.113 所示的平面进入草绘工作界面。

（41）绘制如图 3.2.114 所示的草图截面，然后单击“退出工作台”按钮“”，在弹出的“定义凹槽”对话框中，修改“类型”为“直到最后”，单击右下方的“更多”按钮，在“第二限制”中，修改“类型”为“尺寸”，“深度”为“50 mm”，并按“确定”键完成特征的建立。

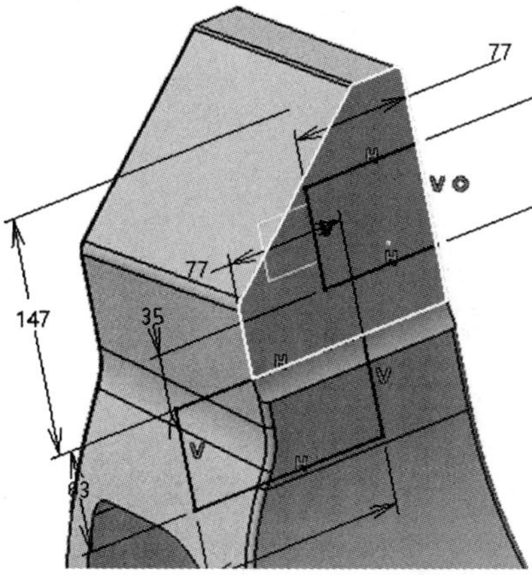

图 3.2.113　步骤（40）选择草图平面

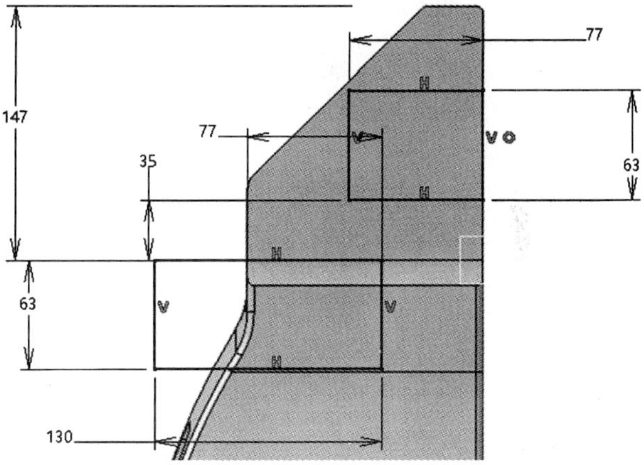

图 3.2.114　步骤（41）绘制草图截面

（42）单击“修饰特征”工具栏中的“倒圆角”工具按钮“”，在弹出的“倒圆角定义”对话框中，修改圆角半径为 45 mm，然后点选如图 3.2.115 所示的相应边，单击“确定”键完成特征的建立。

（43）同样单击“修饰特征”工具栏中的“倒圆角”工具按钮“”，在弹出的“倒圆角定义”对话框中，修改圆角半径为 20 mm，然后点选如图 3.2.116 所示的相应边，单击确定键完成特征的建立。

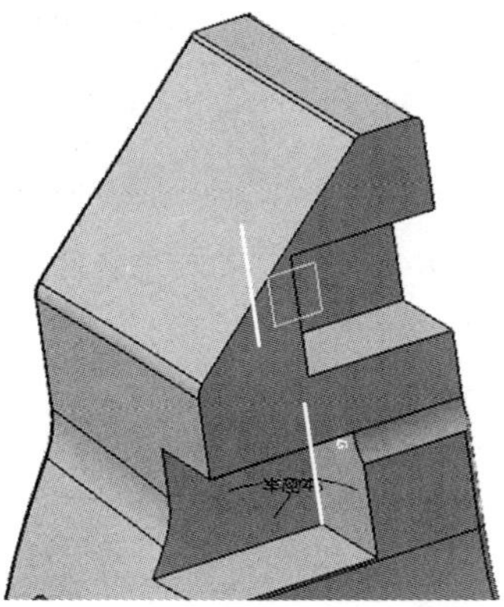
图 3.2.115　步骤（42）选择圆角边

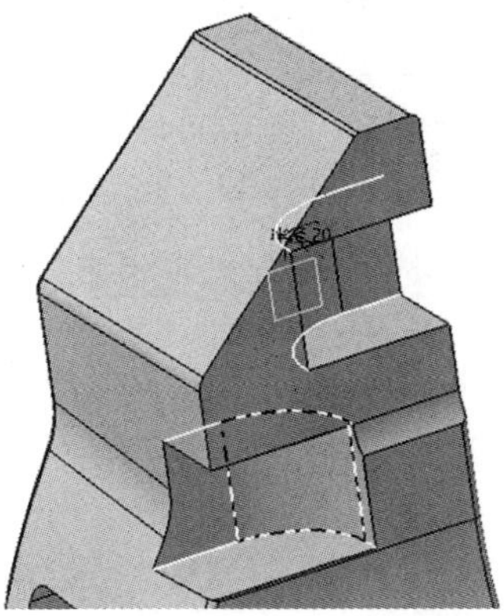
图 3.2.116　步骤（43）选择圆角边

（44）单击“基于草图的特征”工具栏中“凹槽”工具按钮“”，在弹出的对话框中，单击草图工具按钮“”，选择如图 3.2.117 所示的平面进入草绘工作界面。

（45）在草图工作台中绘制如图 3.2.118 所示的草图截面，然后单击“退出工作台”按钮“ ”，在弹出的“定义凹槽”对话框中，在“第一限制”中，修改“类型”为“尺寸”，修改“深度”为 6.516 mm，单击右下方的“更多”按钮，在“第二限制”中，修改“类型”为“直到最后”，然后单击“确定”键完成特征的建立。

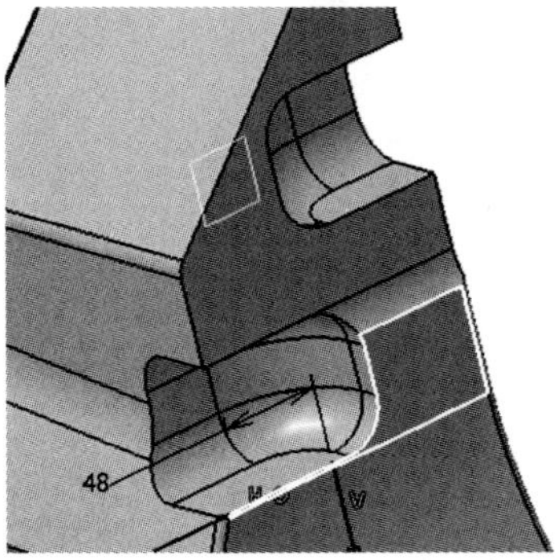

图 3.2.117　步骤（44）选择草图平面

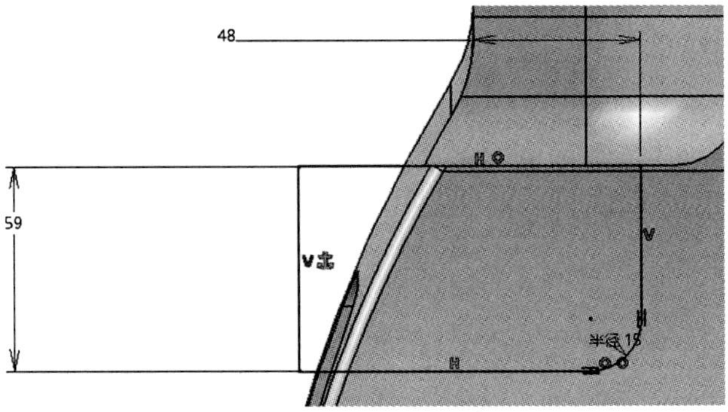

图 3.2.118　步骤（45）绘制草图截面

（46）单击“修饰特征”工具栏中的“倒圆角”工具按钮“ ”，在弹出的“倒圆角定义”对话框中，修改圆角半径为 8 mm，然后点选如图 3.2.119 所示的相应边，单击“确定”键完成特征的建立。

（47）单击“基于草图的特征”工具栏中“凹槽”工具按钮“ ”，在弹出的对话框中，单击草图工具按钮“ ”，选择如图 3.2.120 所示的平面进入草绘工作界面。

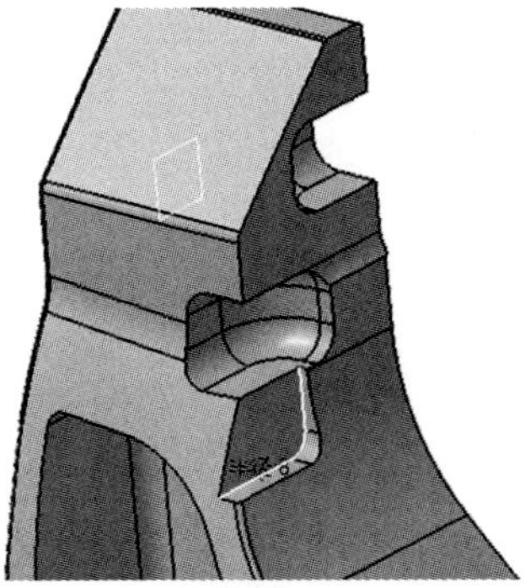

图 3.2.119　步骤（46）选择相应圆角边

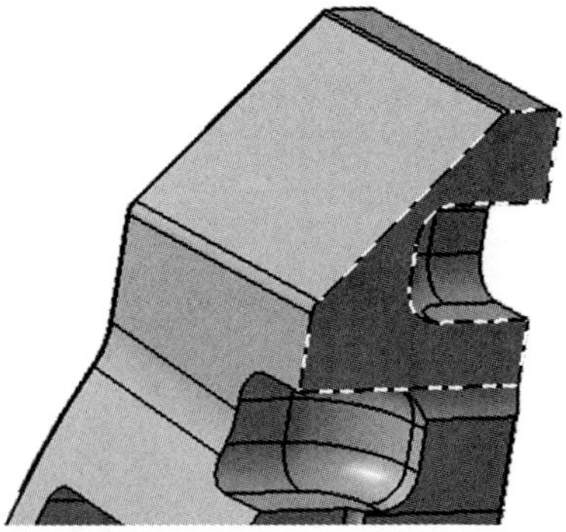

图 3.2.120　步骤（47）选择草图放置平面

（48）绘制如图 3.2.121 所示的草绘截面，然后单击“退出工作台”按钮“ ”，在弹出的“定义凹槽”对话框中，修改“类型”为“直到最后”，并按“确定”键完成最后一步特征的建立。

枕梁下部的最终三维模型如图 3.2.122 所示，纵观整个建模过程，其实不难发现，很多的三维模型都可以使用基本的建模方式来完成，复杂的模型也可以通过观察将其简化来进行建立和完善。当然，三维模型的建立不仅仅只有这样一种方式，可以有许许多多不同的方式也可以达到同样的效果。读者可以自己尝试使用其他方法进行建模，对于三维软件的学习会有较大的帮助。

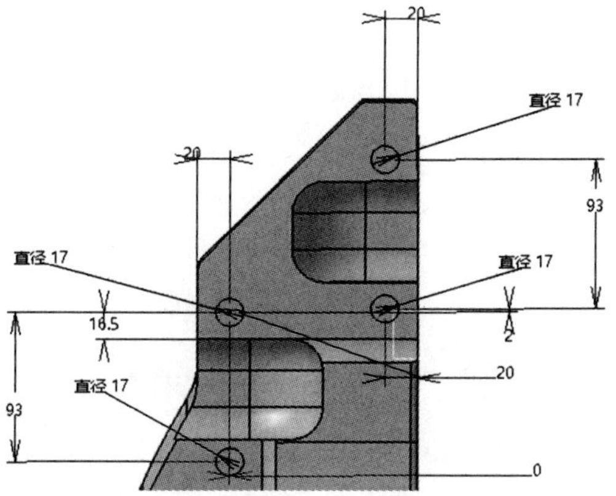

图 3.2.121 步骤（48）绘制草图截面

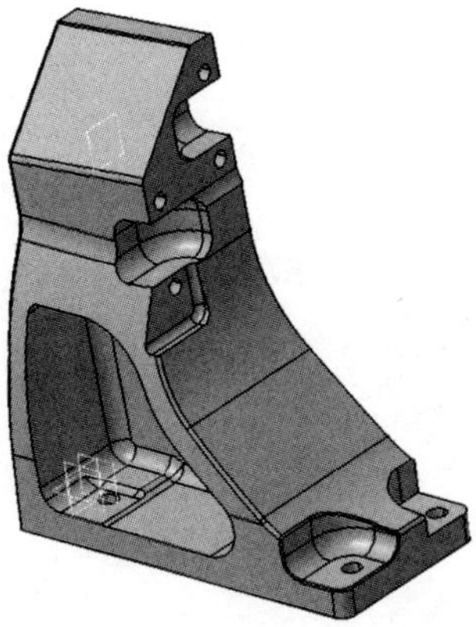

图 3.2.122 最终三维模型

3.2.3 小 结

本小节综合考虑了模型的复杂程度与内容教程进度，在建模的过程中并未使用较为复杂的建模方式，依然是使用最基础的建模命令，但因为模型较复杂，在建模的过程中，应耐心并细心地完成模型的特征建立与修饰，切忌焦躁。本小节相对于第 3.1 节而言，内容较为烦琐，为进一步地提升内容，在后面的建模教程中会运用到一些较复杂的命令来完成更复杂的模型的建立，望读者多加强练习，完全掌握相关三维模型的建立方法。

3.3 弹簧减振器的三维建模

3.3.1 模型分析

弹簧减振器的三维模型如图 3.3.1 所示。由转向架相关知识和图 3.3.1 中所示的模型可知，转向架的弹簧减振器由底部的底托、内弹簧、外弹簧、中间轴、法兰盘及上部的压片组成。就其整体而言，该部件是一个组件，要想得到一个弹簧减振器的三维模型，就要分别绘制各部分的零件，然后对其进行组装得到。

弹簧减振器建模的重点是内外弹簧的建模，难点也是内外弹簧的建模。而对于弹簧的建模就要用到 CATIA V6 机械设计中的线框与曲面设计模块，先将弹簧的中心螺旋线创建出来，再返回到零件设计模块利用“肋”命令完成弹簧的建模。由于弹簧的相关参数较多且需要切换模块，所以需要细心地完成建模过程。

中间轴的建模主要会用到旋转命令，而其他零件虽然只用旋转命令即可得到，但是会发现这些部件的截面需添加的约束过多，反而不易绘制，故这里用凸台加旋转配合的方式来建立其他零件的模型。

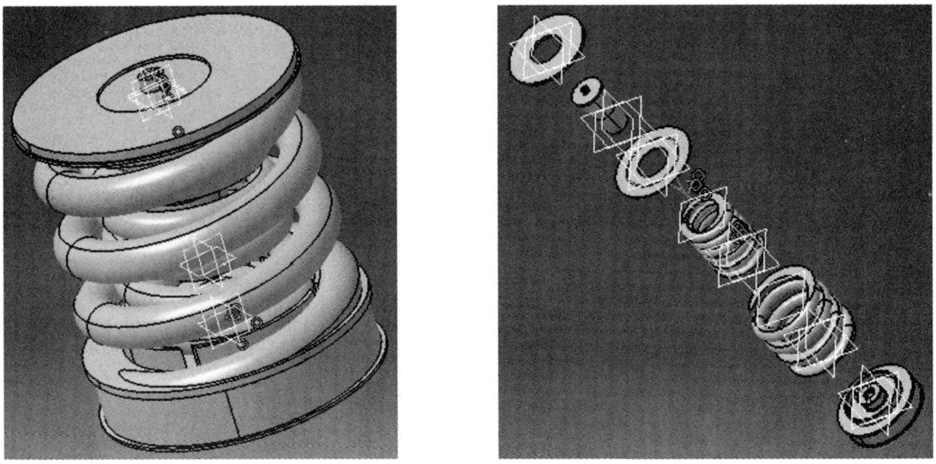

图 3.3.1　弹簧减振器三维模型图与爆炸图

3.3.2　底托的建模

底托的三维模型如图 3.3.2 所示，可以见到，对于底托只需要使用凸台和旋转命令即可得到。其具体步骤如下：

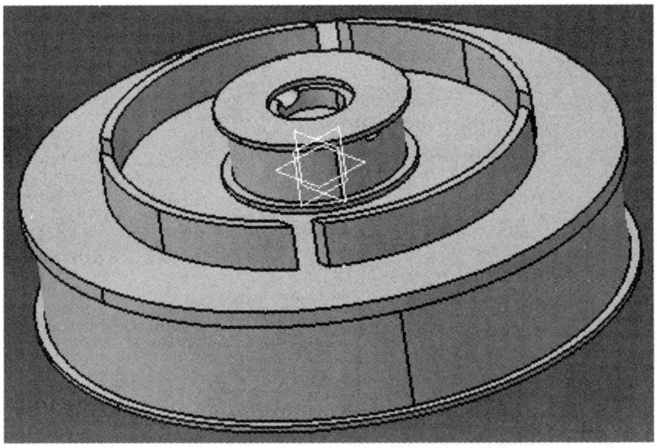

图 3.3.2　弹簧减振器底托模型

（1）新建一个 part 文件，并命名为“dituo”。

（2）单击“凸台”工具按钮，在 xy 平面上建立一个直径为 280 mm、高为 64 mm 、位于 xy 平面之下的圆柱体。

（3）单击“凸台”工具按钮，在圆柱体上表面上建立一个直径为 90 mm、高为 36 mm 的圆柱体。

（4）单击“凸台”工具按钮，在直径为 280 mm 的圆柱体的上表面建立一个内圆直径为 187.5 mm、外圆直径为 198.5 mm、高为 23 mm 的圆环，得到如图 3.3.3 所示的模型。

（5）单击“凹槽”工具按钮，在上一步所得到的圆环上切 4 个宽为 10 mm，凹槽内侧相距为 131 mm，关于中间平面对称的凹槽，如图 3.3.4 所示。

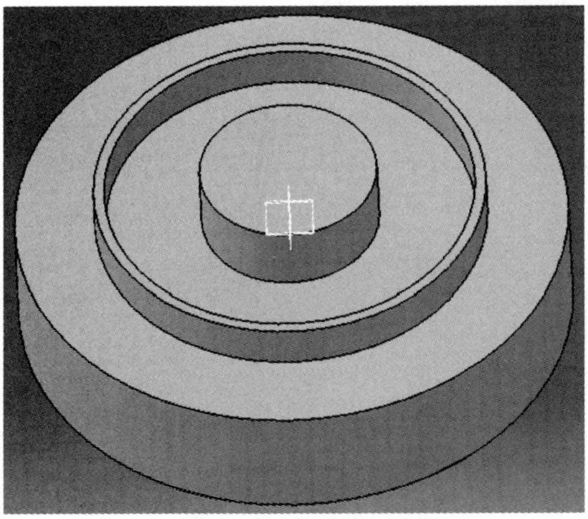

图 3.3.3　步骤（4）模型

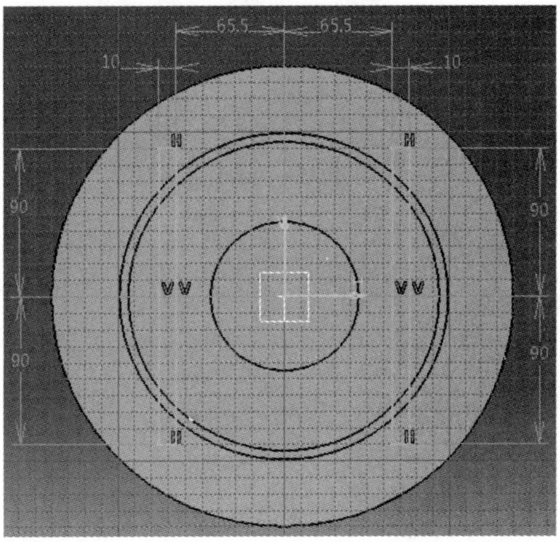

图 3.3.4　步骤（5）模型

（6）单击“旋转槽”工具按钮，选择 yz 或 zx 平面为草绘平面，在上一步所得到的图形上绘制如图 3.3.5 所示的图形。

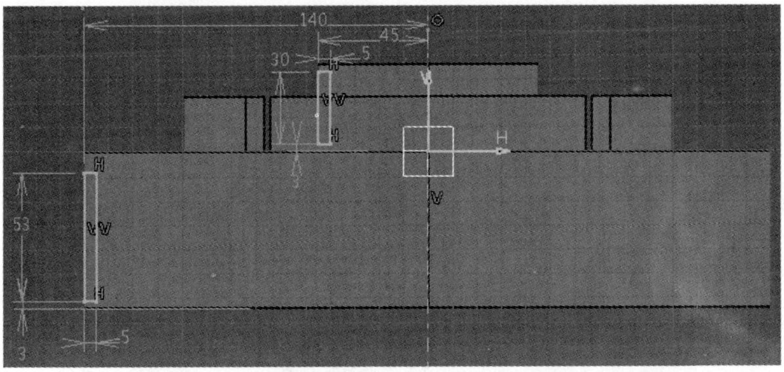

图 3.3.5　步骤（6）绘制图形

（7）单击“凹槽”工具按钮，选择第（1）步所建立的圆柱体的底面为草绘平面，绘制直径为 130 mm 的圆，并向第（1）步所建立的圆台内切除 56 mm 的深度。

（8）单击“凹槽”工具按钮，选择第（2）步所建立的圆柱体的上表面为草绘平面，绘制直径为 40 mm 的圆。单击“退出工作台”工具按钮，定义向圆柱体内切除深度为 3 mm。

（9）单击“凹槽”工具按钮，选择上一步所创建的凹槽的底面作为草绘平面，绘制一个直径为 31 mm 的圆，退出工作台，定义切除深度为 10 mm，得到如图 3.3.6 所示的模型。

（10）单击“凹槽”工具按钮，选择 yz 或 zx 平面为草绘平面，绘制如图 3.3.7 所示的图形，并选择“镜像范围”切除深度设定为 40 mm，单击“确定”，完成模型的创建，得到如图 3.3.1 所示的底托模型。

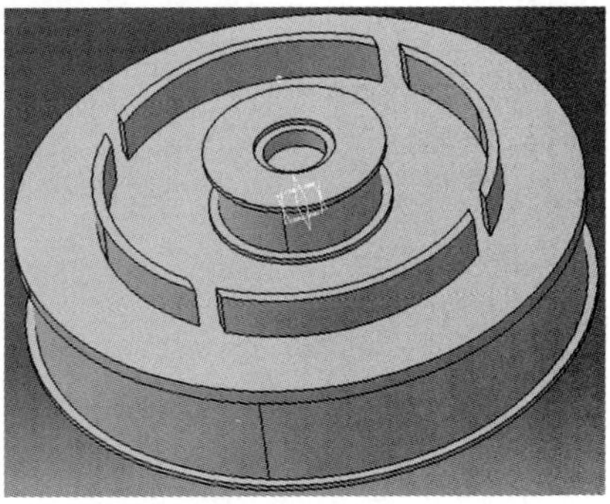

图 3.3.6　步骤（9）模型

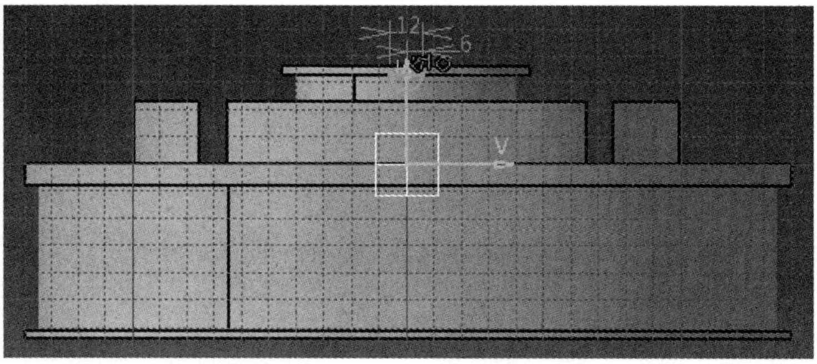

图 3.3.7　步骤（10）绘制图形

3.3.3　内弹簧的建模

内弹簧模型如图 3.3.8 所示。它是一个节距为 40 mm，顺时针旋向，弹簧截面为直径为 30 mm、上下端面为 240 mm 的弹簧。为了使弹簧与上面的法兰盘和下面的底托装配时能很好地装配定位，故而利用凹槽命令将弹簧的上下面切平。其具体的建模步骤如下：

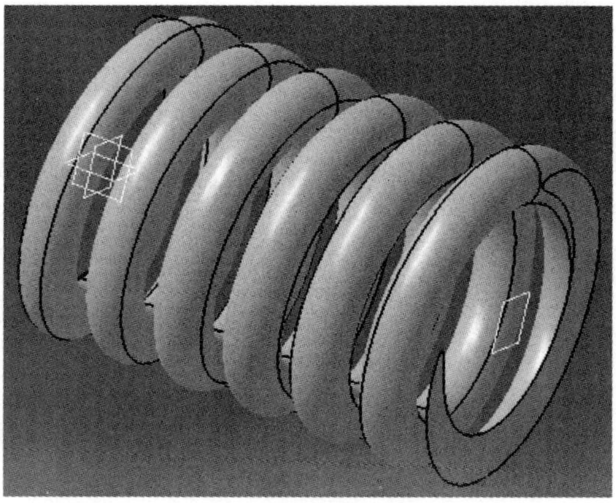

图 3.3.8　弹簧减振器内弹簧

（1）新建一个 part 文件并命名为“neitanhuang”。

（2）单击选择菜单栏中的“开始”按钮，选择其下拉菜单中的“机械设计”下拉菜单中的“线框和曲面设计”选项，进入“线框和曲面设计”模块，工作区域中出现“线框”工具条，如图 3.3.9 所示。

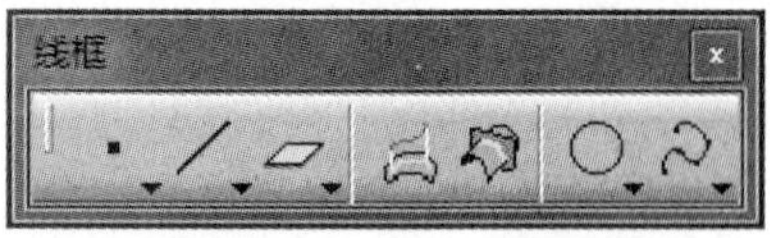

图 3.3.9　“线框”工具条

（3）单击选择“线框”工具条中的“样条线”工具按钮“”右下角的黑色三角形，在弹出的“曲线”工具条中选择“螺旋线”工具按钮“”，弹出“螺旋线定义”对话框，如图 3.3.10 所示。

（4）对“螺旋曲线定义”对话框中的相关数据进行修改，如图 3.3.10 所示。

（5）创建螺旋曲线的起点。单击选择“起点后的文本框后右击，选择“创建点”选项。

（6）在弹出的“定义点”对话框（见图 3.3.11）中，输入螺旋线起点的坐标为 X = “75 mm”，Y = “0 mm”，Z = “ – 15 mm”后，单击“确定”按钮。

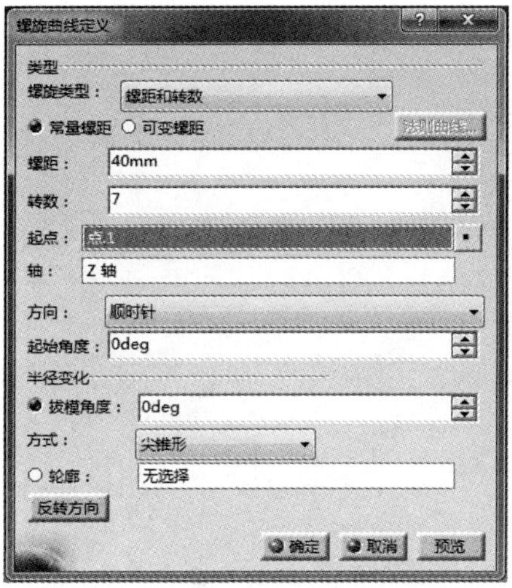

图 3.3.10 “螺旋曲线定义”对话框

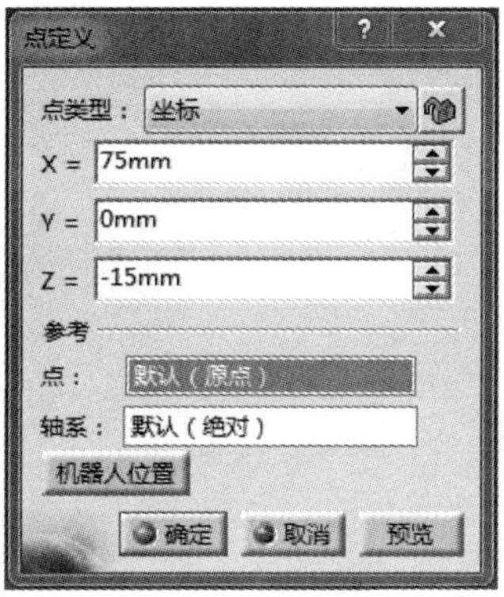

图 3.3.11 “点定义”对话框

（7）检查确认无误后单击“螺旋曲线定义”对话框中的“确定”按钮，完成螺旋曲线的创建。单击选择菜单栏中的“开始”按钮，选择其下拉菜单中的“机械设计”下拉菜单中的“零件设计”选项，重新回到零件设计模块。

（8）单击“草图”工具按钮，选择 zx 平面为草绘平面，以螺旋线的起点为圆心绘制直径为 30 mm 的圆，如图 3.3.12 所示。

（9）单击“退出工作台”工具按钮，退出草图工作台。

（10）单击“基于草图的特征（压缩）”（或“基于草图的特征”）工具栏栏中的“肋”工具按钮“”，弹出“定义肋”对话框，如图 3.3.13 所示。在“轮廓”后的文本框上单击，选择之前绘制的弹簧的横截面，即直径为 30 mm，同样的，在“中心曲线”后的文本框上单击，选择之前创建的螺旋曲线作为螺旋扫描的中心线。

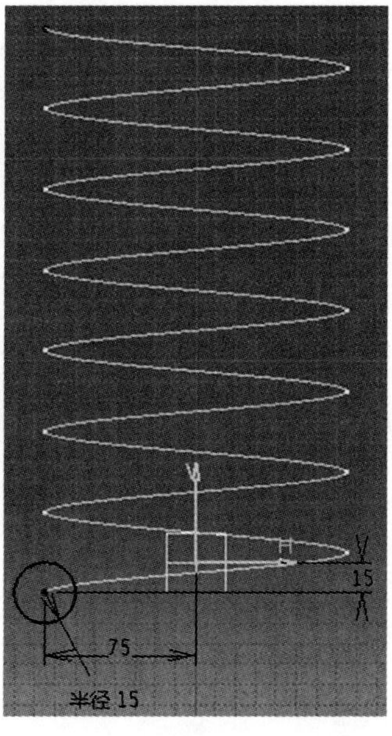

图 3.3.12 步骤（8）绘制图形

（11）单击“预览”按钮检查所创建的效果是否为期望得到的效果，若是，则单击“确定”按钮，完成内弹簧主体的创建，得到如图 3.3.14 所示的图形。

（12）单击选择“凹槽”命令，选择“xy 平面”作为草图绘制平面，并在该平面上绘制圆心与螺旋线的中心重合，半径为 90 mm 的圆。

（13）单击“退出工作台”工具按钮，定义凹槽切除材料的方向为沿“z 轴”向下，切除距离为 30 mm，得到如图 3.3.15 所示的模型。

（14）单击选择“创建平面”工具按钮，弹出“定义平面”对话框，如图 3.3.16 所示，单击选择“xy 平面”作为新创建的平面的参考平面，在“偏移后的文本框中输入“240 mm”作为新建平面与 xy 平面间的距离。

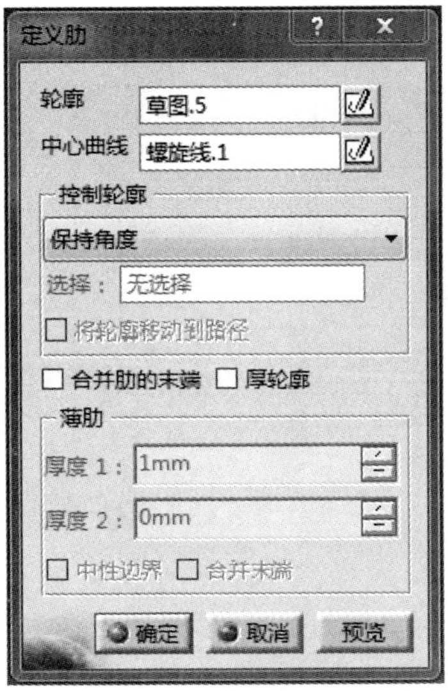

图 3.3.13 “定义肋”对话框

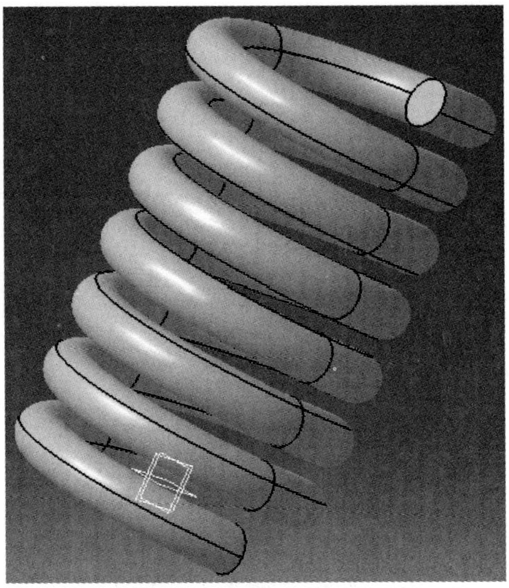

图 3.3.14 步骤（11）模型

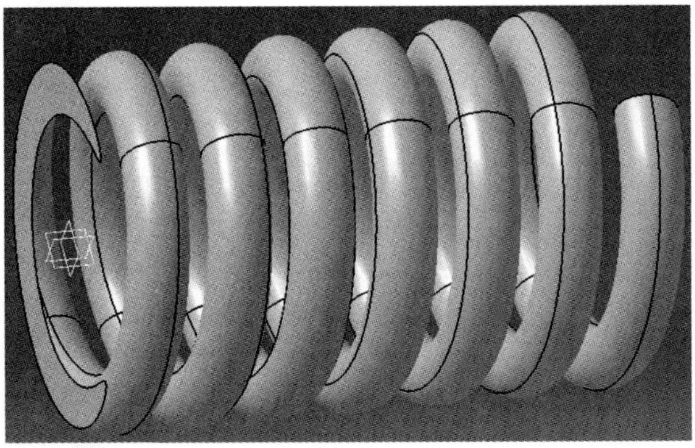

图 3.3.15 步骤（13）模型

注意：新建的平面在 xy 平面之上，若方向反了，可单击“定义平面”对话框中的“反转方向”按钮纠正新建平面的位置。

（15）单击选择“凹槽”命令，选择上一步所建立的平面作为草绘平面，绘制与螺旋线同心的半径为 90 mm 的圆。

（16）单击“退出工作台”工具按钮，定义凹槽切除的距离为将新建平面以上的材料全部切除，切除的方向为沿 z 轴向上，单击“预览”查看效果，确认无误后单击“确定”按钮即可得到如图 3.3.8 所示的弹簧减振器内弹簧。

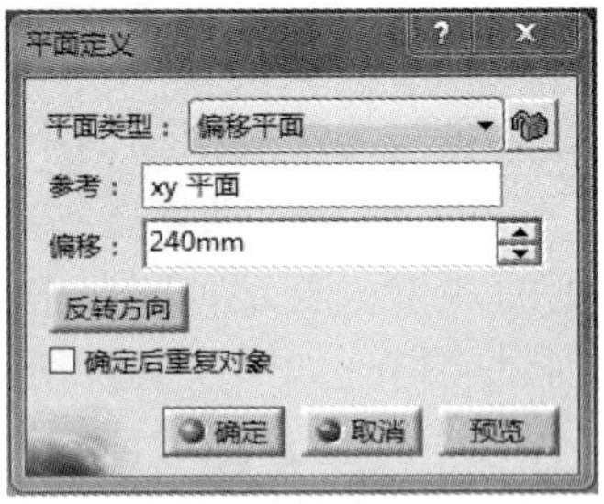

图 3.3.16 “新建平面”对话框

3.3.4 外弹簧的建模

外弹簧的三维模型如图 3.3.17 所示，其绘制步骤和内弹簧的完全一样，只不过是外弹簧相比于内弹簧而言，修改了部分参数。下面将外弹簧不同于内弹簧的参数列于表 3.3.1 中，请读者自行建立外弹簧的三维模型，在此不再赘述。

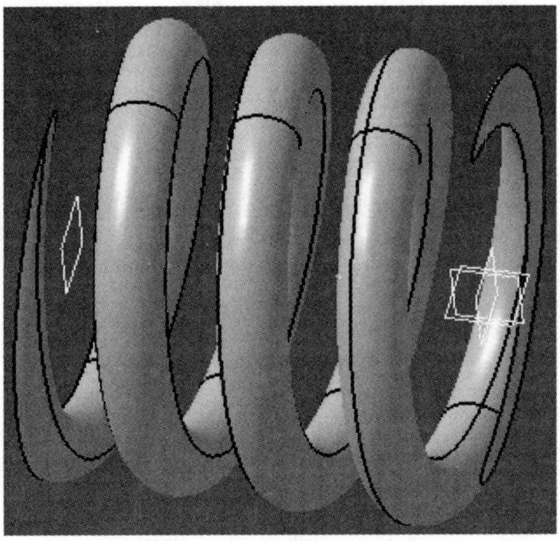

图 3.3.17 外弹簧模型

表 3.3.1 外弹簧相关参数

节距/mm	旋 向	螺旋半径/mm	横截面直径/mm	上下表面间距/mm
70	逆时针	115	40	240

3.3.5 中间轴的建模

中间轴的三维模型如图 3.3.18 所示。由图像可以看出，中间轴其实就是一个简单的旋转体零件。中间轴的单侧横截面如图 3.3.19 所示，绘制完成后，只需用一个简单的旋转命令即可得到，在此不再赘述。

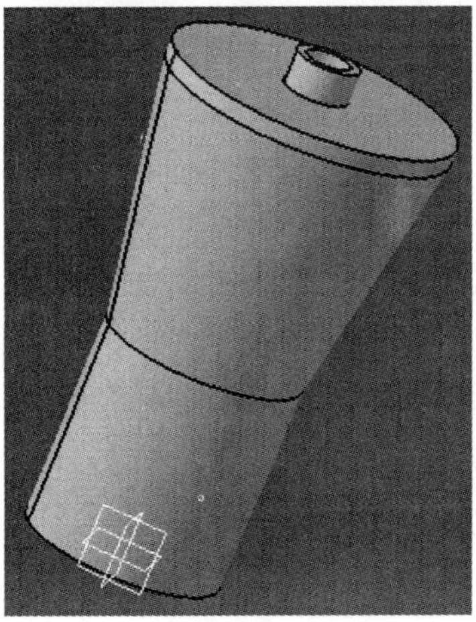

图 3.3.18 中间轴三维模型

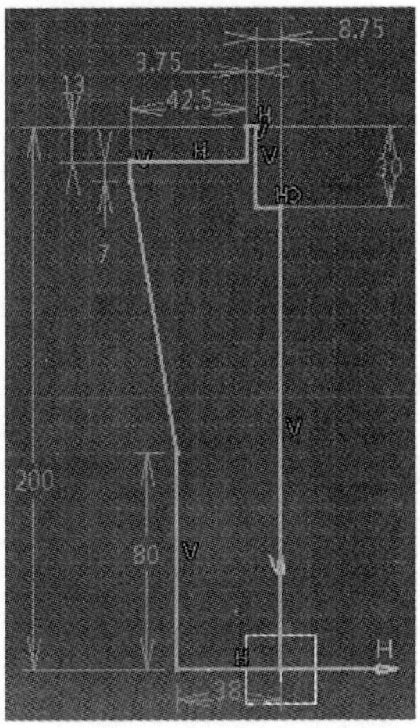

图 3.3.19 中间轴单侧截面

3.3.6 法兰盘的建模

法兰盘的三维模型如图 3.3.20 所示，由此三维模型可以看出，法兰盘其实就是由两个圆环构成，这两个圆环尺寸分别为：① 外直径为 280 mm，内直径为 112 mm，厚为 3 mm；② 外直径为 198.5 mm，内直径为 187.5 mm，高为 23 mm。这两个圆环只需用凸台命令即可得到，故不再重复。

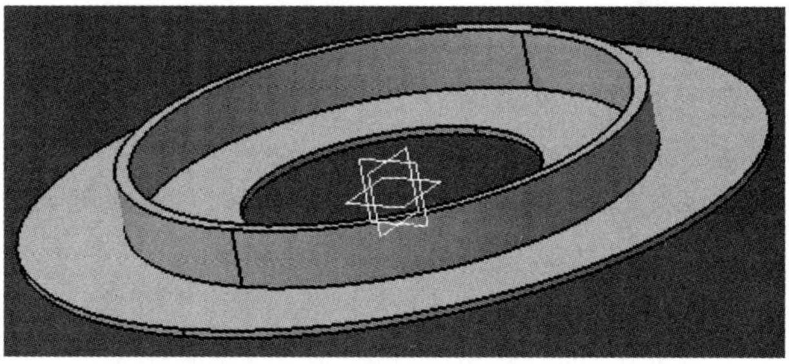

图 3.3.20　法兰盘三维模型

3.3.7 压片的建模

压片的三维模型如图 3.3.21 所示，压片其实就是一个外径为 275 mm，内径为 111 mm，高为 10 mm 的圆环，只需用凸台或旋转即可得到，请读者自行建立压片的模型。

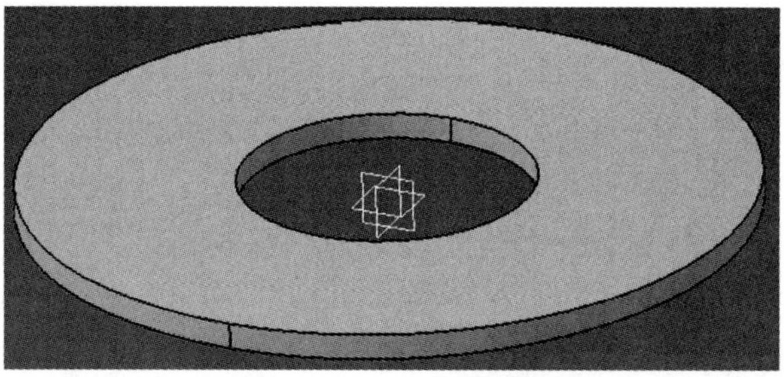

图 3.3.21　压片三维模型

3.3.8 小　结

弹簧减振器的装配将在后面章节进行介绍。

通过对弹簧减振器的三维建模，我们可以看到，有些部件看起来是相当复杂的，但是只要仔细分析，找出该部件或组件是由哪些部分组成的，各部分又可以通过哪些命令得到，再结合以前的知识，认真仔细，一步步建模，大部分零件的模型都是可以建出来的。

3.4 转向架构架

转向架构架是转向架的骨架，用以联系（安装）转向架各组成部分和传递各方向的力，并用来保持车轴在转向架内的位置。转向架一般由左、右两根侧梁和一个或几个横梁（或端梁）等组成。其中侧梁不仅是轮对（或轮组）传递垂向力、横向力和纵向力的主要构件，而且还用来规定轮对的相对位置，横梁用来保证构架在水平面内的刚度，保持各轴的平行及承托牵引电机等部件。

转向架构架的结构根据横梁或端梁数量的不同有“H”形、“口”字形、“日”字形、“Ⅱ”形及“目”字形。本节以 CRH_3 型动车组动车转向架的“口”字形转向架为例来介绍转向架构架三维建模的方法。

3.4.1 钣金命令的简单介绍

转向架构架的侧梁和纵向连接梁是由一块块的铁板焊接而成的，而这些铁板件的设计和建模都需要用到钣金中的命令，因此，本小节将先介绍需要用到的钣金中的相关命令。

1. 进入钣金设计工作台

在 CATIA 中默认钣金件也属于机械零件的一部分，故而新建钣金件和新建机械零件的步骤一样，在此不再赘述。在新建机械零件模型后单击菜单栏中的“开始”→“机械设计”→“Generative Sheetmetal Design”命令即可进入钣金设计工作台。

2. 常用的工具条

在钣金设计中常用的命令包含在“Walls”工具栏（见图 3.4.1）、“Cutting/Stamping”工具栏（见图 3.4.2）及“Bending”工具栏（见图 3.4.3）。因此，在钣金设计前先将这 3 个工具栏调出到工作台上。

图 3.4.1 “Walls”工具栏

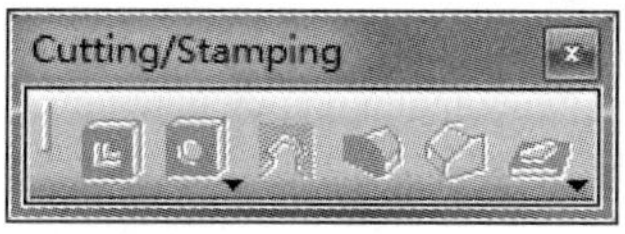

图 3.4.2 “Cutting/Stamping”工具栏

图 3.4.3 “Bending”工具栏

3. 所用命令的介绍

（1）“Sheet Metal Parameters”命令。

该命令用于在创建第一个钣金壁之前对钣金的参数进行设置，然后才能创建第一个钣金壁，否则钣金设计模块的相关钣金命令会处于不可用状态。其具体操作步骤如下：

单击“Walls”工具栏中的“Sheet Metal Parameters”命令按钮“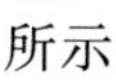”，弹出“Sheet Metal Parameters”对话框，如图 3.4.4 所示，下面对该对话框中各部分所能实现的功能进行介绍。

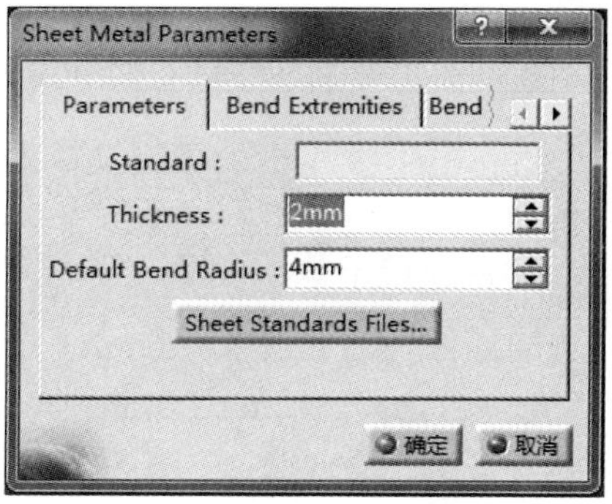

图 3.4.4 “Sheet Metal Parameters”对话框

在“Parameters”选项卡用于设置钣金壁的厚度和

折弯半径。其中“Standard”文本框用于显示所使用的标准钣金文件名；“Thickness”文本框用于定义钣金壁的厚度值；“Default Bend Radius”文本框用于定义钣金壁的折弯半径。由于我们在建立转向架的相关钣金件的三围模型时只需要用到“Parameters”选项卡中的相关功能，由于篇幅有限，这里不再对剩下的选项卡做更多的介绍，有兴趣的读者可自行探索学习。

（2）“Walls”命令。

在用“Sheet Metal Parameters”命令创建一个确定厚度和折弯半径的钣金件后，“Walls”工具栏中的“Wall”命令被激活。单击“Walls”工具栏中的“Wall”命令按钮“”，弹出“Wall Definition”对话框，如图 3.4.5 所示。下面对该对话框中各部分所能实现的功能进行介绍。

“Profile”文本框的作用是单击此文本框后，用户可以在绘图区选择钣金壁的轮廓；“”按钮的作用是用于绘制平整钣金的截面草图；“”按钮用于定义钣金厚度的方向为单侧；“”按钮用于定义钣金厚度的方向为双侧；“Tangent”文本的作用是单击此文本框后用户可以在绘图区选取与平整钣金壁相切的金属壁的特征（不经常使用，理解即可）；“Invert Material Side”按钮用于转换材料边，即钣金壁的创建方向。

（3）“Extrusion”命令。

在用“Sheet Metal Parameters”命令创建一个确定厚度和折弯半径的钣金件后，“Walls”工具栏中的“Extrusion”命令被激活。单击“Walls”工具栏中的“Extrusion”命令按钮“”，弹出“Extrusion Definition”对话框，如图 3.4.6 所示。下面对该对话框中各部分所能实现的功能进行介绍。

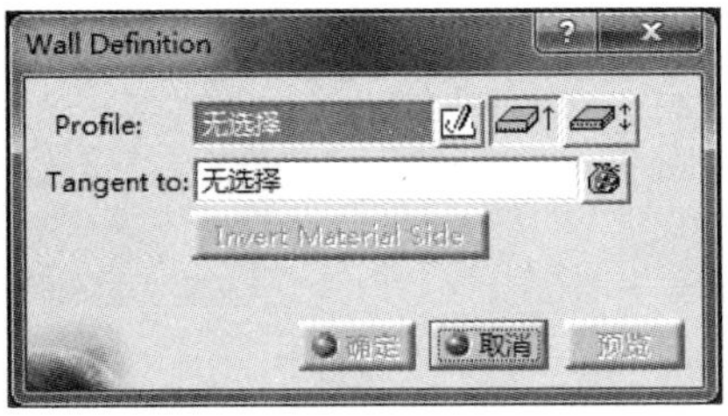

图 3.4.5 “Wall Definition”对话框

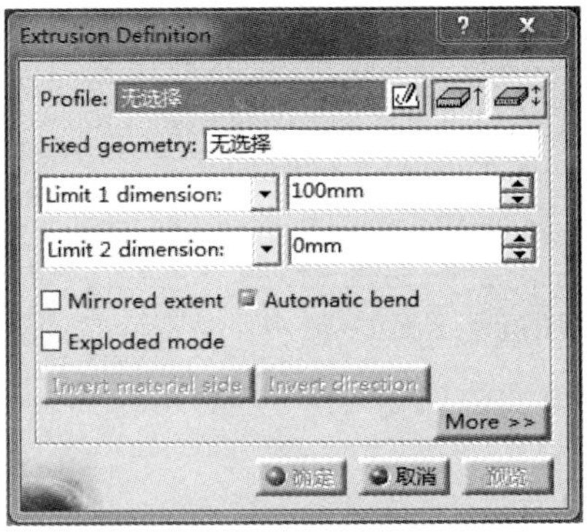

图 3.4.6 “Extrusion Definition”对话框

“Profile”文本框的作用是单击此文本框后，用户可以在绘图区选择钣金壁的轮廓。“”按钮的作用是用于绘制平整钣金的截面草图。“”按钮用于定义钣金厚度的方向为单侧。“”按钮用于定义钣金厚度的方向为双侧；“Limit 1 dimension”下拉列表用于定义拉伸第一方向属性，其中包含“Limit 1 dimension”“Limit 1 up to plane”和“Limit 1 up to surface”3 个选项。选择“Limit 1 dimension”选项时，激活其后的文本框，可输入数值，并以数值的方式定义第一方向限制；选择“Limit 1 up to plane”选项时，激活其后的文本框，可以通过选择一平面来定义第一方向限制；选择“Limit 1 up to surface”选项时，激活其后的文本框，可以选取一个曲面来定义第一方向限制。“Limit 2 dimension”下拉列表用于定义拉伸第二方向的属性，其中各个选项的作用和第一方向的相同，在此不再赘述。“Mirrored extent”复选框用于镜像当前的拉伸偏置。“Automatic bend”复选框的作用是当选中该复选框后，在草图中有尖角时，系统自动创建圆角。“Exploded mode”的作用是用于设置分解，依照草图实体的数量自动将钣金壁分解为多个单位。“Invert direction”按钮的作用是单击该按钮，可反转拉伸方向。

对于“Walls”工具栏中剩下的“Recognize”命令“”“Wall On Edge”命令“”及“Flange”命令“”，由于它们在建立转向架构架的三维模型时用不到而且由于篇幅的限制，这里不再对这 3 个命令做过多的介绍，读者可根据自己的需要选择性地进行自学。

（4）“Unfolding”命令。

“Unfolding”命令用于将三维的折弯钣金件展开为二维的平面板。在展开后可更容易地了解如何剪裁薄板以及各部分的尺寸。有些钣金特征（如止裂槽）需要在钣金展开后创建，并且展开对于钣金的下料和钣金工程图的创建十分有用。下面具体介绍“Unfolding”命令。

打开需要展平的折弯钣金件，单击“Bending”工具栏上的“Unfolding”工具按钮“”，弹出“Unfolding Definition”对话框，如图 3.4.7 所示。下面对该对话框中各部分所能实现的功能进行介绍。

“Reference Face”文本框用于选取展开固定几何平面；“Unfold Face”下拉列表用于选择展开面；“Select All”按钮用于自动选取所有展开平面；“Unselect”按钮用于自动取消选取所有展开平面。

（5）“Folding”命令。

“Folding”命令用于将展开的钣金壁部分或全部重新折弯，使其还原至展开前的状态。如果需要在二维平整状态下建立某些特征，则可先增加一个展开特征，在二维平面状态下进行某些特征的创建，然后增加一个折叠特征来恢复原来钣金件原来的三维状态。下面对“Folding”命令进行介绍。

打开需要重新折弯的展平钣金件，单击“Bending”工具栏上的“Unfolding”工具按钮右下角的黑色倒三角，单击选择下拉工具栏中的“Folding”工具按钮“”，弹出“Folding Definition”对话框，如图 3.4.8 所示。下面对该对话框中各部分所能实现的功能进行介绍。

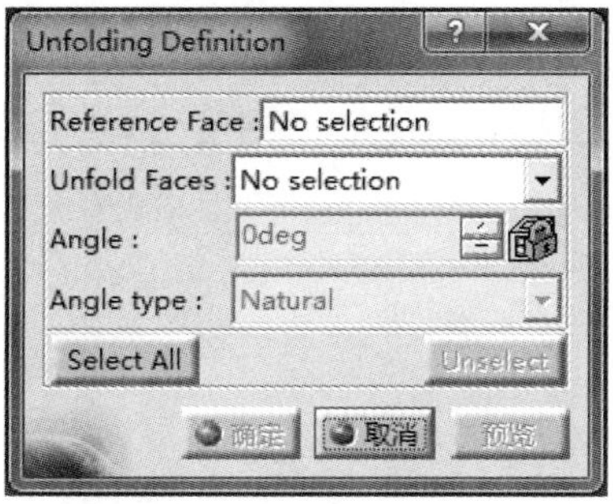

图 3.4.7 “Unfolding Definition”对话框

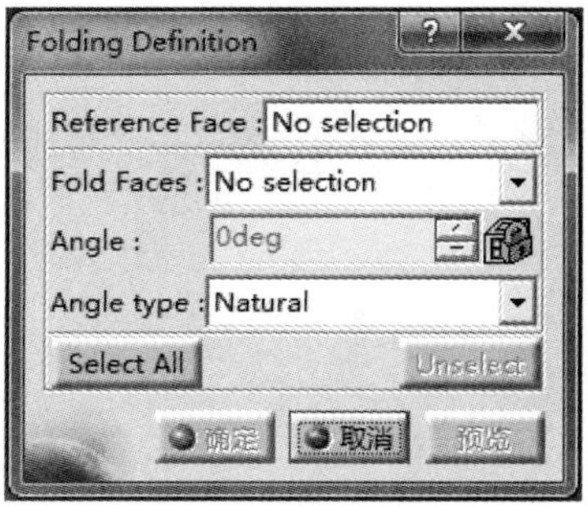

图 3.4.8 “Folding Definition”对话框

“Reference Face”文本框用于选取折弯固定几何平面；“Fold Face”下拉列表用于选择折弯面；“Angle”文本框用于定义折弯角度值；“Angle type”下拉列表用于定义折弯角度类型，其中包括“Natural”选项、“Defined”选项和“Spring back”选项。其中“Natural”选项用于设置展开前的折弯角度值；“Defined”选项用于设置用户自定义的角度值；“Spring back”选项用于设置用户自定义的角度值的补角值。“Select All”按钮用于自动选取所有折弯面。“Unselect”按钮用于自动取消选取所有折弯面。

对于“Bending”工具栏中剩下的“Bend”命令“”、“Bend From Flat”命令“”及“Point or Curve Mapping”命令“”，由于它们在建立转向架构架的三维模型时用不到而且由于篇幅的限制，这里不再对这 3 个命令做过多的介绍，读者可根据自己的需要选择性地进行自学。

（6）“Cut Out”命令。

“Cut Out”命令用于在钣金壁上进行切削以使其符合设计的需要，下面对该命令进行详细介绍。

打开需要进行切削的钣金壁，单击“Cutting/Stamping”工具栏中的“Cut Out”工具按钮“”，弹出“Cutout Definition”对话框，如图 3.4.9 所示。下面对该对话框中各部分所能实现的功能进行介绍。

在“Cutout Definition”对话框中的“Cutout Type”选项区域用于对切削的类型进行定义；“End Limit”选项区域用于对切削终点的方式进行定义，其中包括“Dimension”“Up to next”“Up to last”3 种方式，若选择“Dimension”，则该下拉选项下的“Depth”文本框被激活，可以通过在该文本框中输入切削深度值来定义切削孔的深度；“Profile”选项区域用于对切削孔的轮廓进行定义，若切削孔的轮廓已经在途中绘制完成，则直接单击“Selection”后面的文本框后在图中单击选择即可，若要切削的孔的轮廓未在图中绘制完成，则可单击“Selection”后面的“”按钮后选择需要切削孔的钣金面，进入草绘工作台后进行绘制即可。

（7）“Chamfer”命令。

“Chamfer”命令用于在钣金件上创建倒角。下面对其进行具体介绍。

打开需要进行倒角的钣金壁，单击“Cutting/Stamping”工具栏中的“Chamfer”工具按钮“”，弹出“Chamfer”对话框，如图 3.4.10 所示。下面对该对话框中各部分所能实现的功能进行介绍。

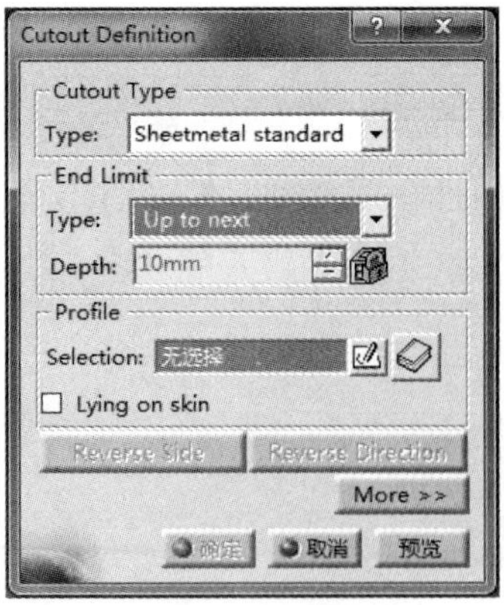

图 3.4.9 “Cutout Definition”对话框

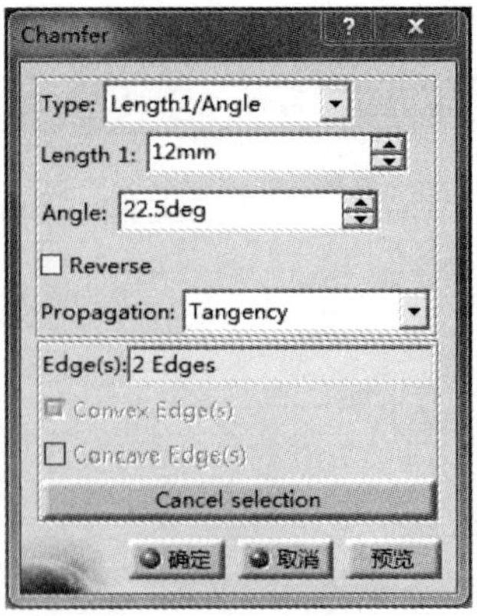

图 3.4.10 “Chamfer”文本框

“Type”后的下拉文本框用于设置倒角的方式，其中包括“Length 1/Length 2”和“Length 1/Angle”两种；其下面的“Length 1”和“Angle”（或“Length 2”）文本框用于对两种倒角方式的尺寸进行设定；在选定完需要进行倒角的边后，在“Edge（s）”后面的文本框中会显示所选择的需要倒角的边数。

（8）“Corner”命令。

“Corner”命令用于在钣金件上创建倒圆角，下面对其进行具体介绍。

打开需要进行倒角的钣金壁，单击“Cutting/Stamping”工具栏中的“Corner”命令，弹出“Corner”文本框，如图 3.4.11 所示。下面对该文本框中各部分所能实现的功能进行介绍。

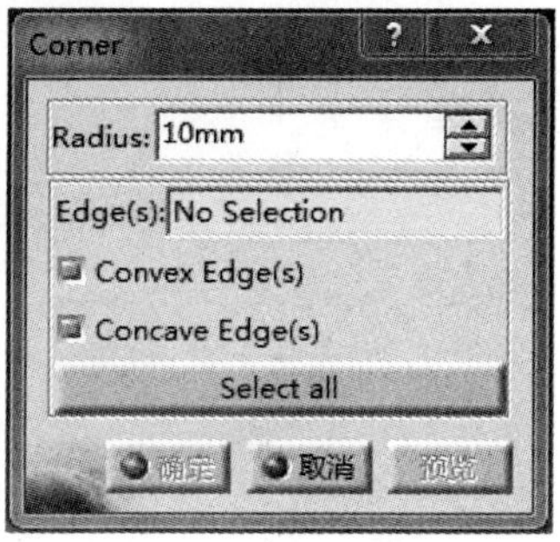

图 3.4.11 “Corner”文本框

在文本框中的“Radius”文本框中用于对倒圆角的半径进行设定，在“Edge（s）”文本框中显示所选中的需要进行倒圆角的边数。在使用时其余各选项保持默认即可。

对于“Cutting/Stamping”工具栏中剩下的“Hole”命令“”、“CornerRelief”命令“”及“Suface Stamp”命令“”，由于它们在建立转向架构架的三维模型时用不到而且由于篇幅的限制，这里不再对这 3 个命令做过多介绍，读者可根据自己的需要选择性地进行自学。

至此，在用 CATIA 建立转向架构架的三维模型时所需要用到的所有的钣金设计中的命令已经全部介绍完了。下面将具体介绍如何建立转向架构架的三维模型。

3.4.2 侧梁上相关钣金件的三维建模

1. 左侧侧梁上部钣金件的三维建模

（1）打开 CATIA 软件，新建一个 Part 文件并命名为“celiangshangleft”。

（2）单击菜单栏中的“开始”→“机械设计”→“Generative Sheetmetal Design”进入钣金设计工作台。

（3）单击“Walls”工具栏中的“Sheet Metal Parameters”工具按钮“”，弹出“Sheet Metal Parameters”对话框，如图 3.4.4 所示。

（4）在“Sheet Metal Parameters”对话框中的“Thickness”文本框中设置钣金壁的厚度为 14 mm，单击“确定”按钮。

（5）单击“Walls”工具栏上的“Extrusion”命令按钮“”，弹出“Extrusion Definition”对话框，如图 3.4.6 所示，单击对话框中的“Profile”选项区域后的“”按钮，单击选择 yz 平面进入草图设计工作台。

（6）在草图设计工作台中绘制如图 3.4.12 所示的图形。

（7）单击“退出工作台”工具按钮“”，在“Extrusion Definition”对话框中的“Limit 1 dimension”后的文本框中输入“800 mm”，单击“确定”按钮，得到如图 3.4.13 所示的钣金壁。

（8）单击“Bending”工具栏中的“Unfolding”工具按钮“”，弹出如图 3.4.7 所示的“Unfolding Definition”对话框，单击对话框中的“Reference Face”文本框后，单击选中上一步所得到的钣金壁的下凹平面，单击“Unfolding Definition”对话框中的“Select All”按钮后单击“确定”按钮，将上一步所得到三维弯曲的钣金壁展开，得到二维钣金壁，如图 3.4.14 所示。

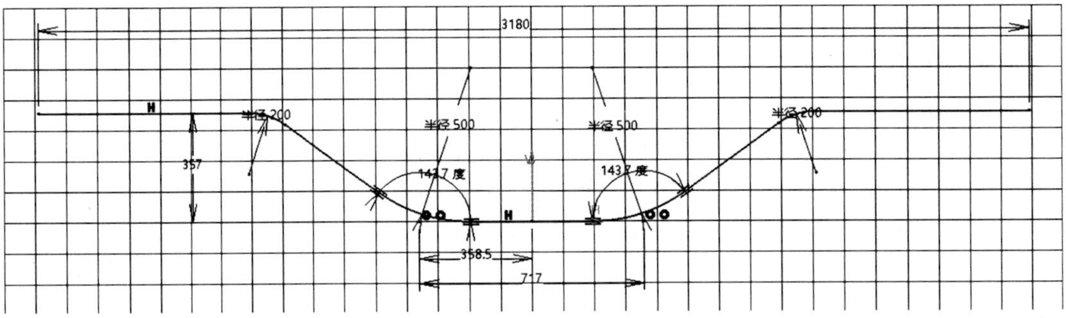

图 3.4.12　步骤（6）绘制图形

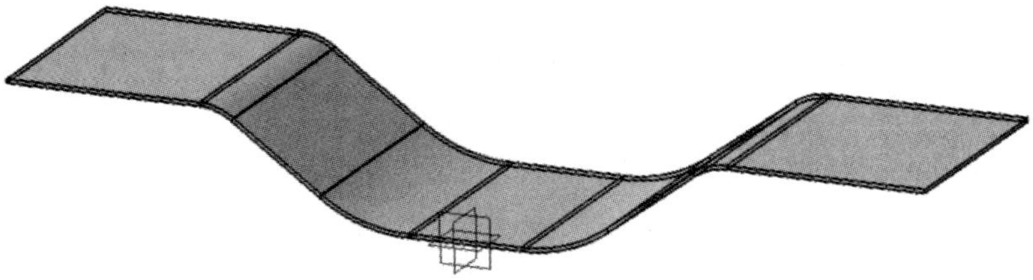

图 3.4.13　步骤（7）钣金壁

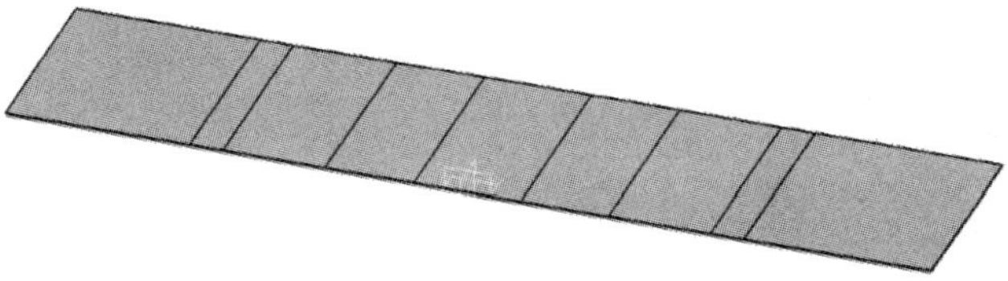

图 3.4.14　二维钣金壁

（9）单击“Cutting/Stamping”工具栏中的“Cut Out”工具按钮“”，弹出如图 3.4.9 所示的“Cutout Definition”对话框，单击对话框中“Profile”选项区域中的“”，单击选择之前展平钣金壁时所选择的钣金壁平面，进入草绘工作台。

注意：此时可能出现两种情况，一种是显示展平的钣金壁的颜色，和之前得到的钣金壁的颜色一样，均为灰色，也有可能显示的是和之前钣金壁的颜色不同的淡蓝色。需要说明的是 CATIA 在将一个折弯后的钣金壁展平为二维的平板时会默认地将这个钣金壁的下表面设置成淡蓝色。故而无论出现何种情况，所进行的操作都是正确的，若想要将二维钣金壁换一个朝向，使其符合使用习惯，可以单击菜单栏中的“视图”→“修改”→“法线视图”或者单击“视图”工具栏中的“法线视图”工具按钮“”来实现对于钣金壁朝向的转换。之后遇到类似的情况均可按此方法处理。

（10）在展平的钣金壁的左半边绘制如图 3.4.15 所示的二维图形。

（11）在绘制的二维图形的端口绘制一条轴线，选中上一步所绘制的二维图形，单击“操作”工具栏中的“镜像”工具按钮“”，单击刚绘制的轴线，完成对侧梁上部钣金件截面二维图形的绘制，得到如图 3.4.16 所示的二维图形。

（12）对完成镜像的右半边的图形进行修改，得到如图 3.4.17 所示的二维图形。

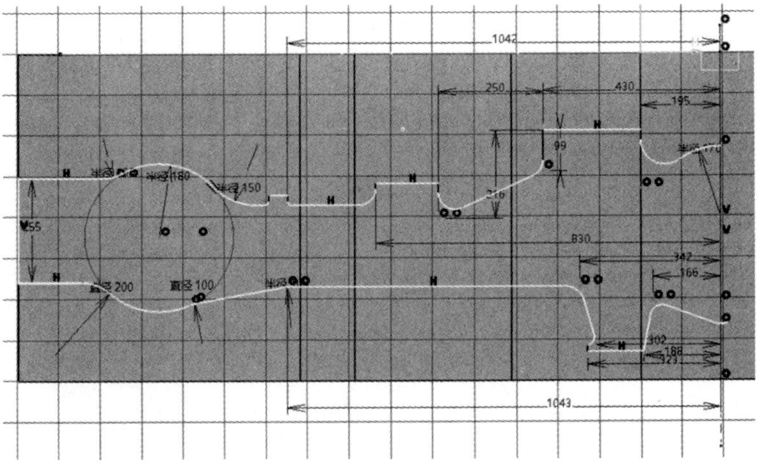

图 3.4.15 步骤（10）绘制图形

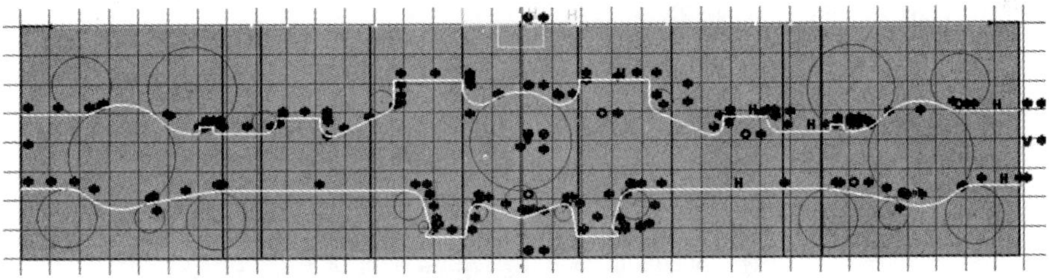

图 3.4.16 步骤（11）二维图形

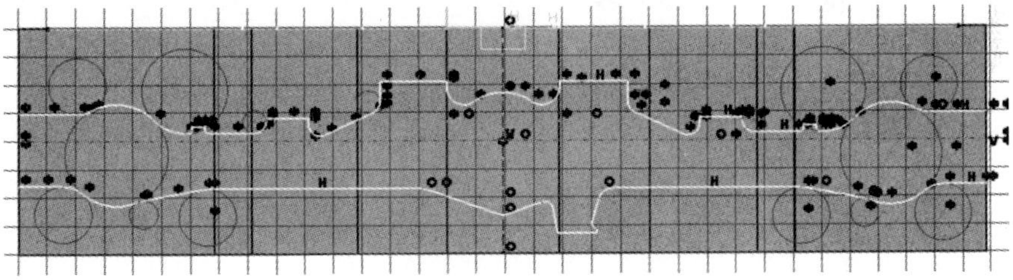

图 3.4.17 步骤（12）二维图形

（13）单击“退出工作台”工具按钮“”，退出草图设计工作台。单击“Cutout Definition”对话框中的“预览”按钮，若显示将上一步所绘制的截面图形里面的材料给挖去了，则单击“Cutout Definition”对话框中的“Reverse Side”按钮后单击“确定”按钮；若显示的是保留下了上一步所绘制的二维图形中的部分，则直接单击“确定”按钮完成对于钣金的切削，得到如图 3.4.18 所示的二维平面钣金。

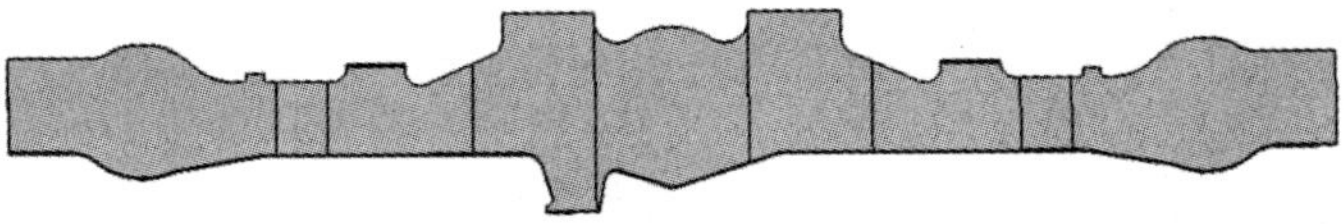

图 3.4.18 步骤（13）二维图形

（14）单击单击“Cutting/Stamping”工具栏中的“Cut Out”工具按钮“”，弹出如图 3.4.9 所示的“Cutout Definition”对话框，单击对话框中“Profile”选项区域中的“”，单

击选择之前展平钣金壁时所选择的钣金壁的平面，进入草绘工作台。

（15）在展平的钣金壁的左半边绘制如图 3.4.19 所示的二维图形。

（16）在绘制的二维图形的端口绘制一条轴线，选中上一步所绘制的二维图形，单击“操作”工具栏中的“镜像”工具按钮“”，单击刚绘制的轴线，完成对截面的绘制。

（17）单击“退出工作台”工具按钮“”，退出草图设计工作台。单击“Cutout Definition”对话框中的“预览”按钮，若显示将上一步所绘制的截面图形里面的材料保留下来了，则单击“Cutout Definition”对话框中的“Reverse Side”按钮后单击“确定”按钮；若显示的是挖掉了上一步所绘制的二维图形中的部分，则直接单击“确定”按钮完成对于钣金的切削，得到如图 3.4.20 所示的二维平面钣金。

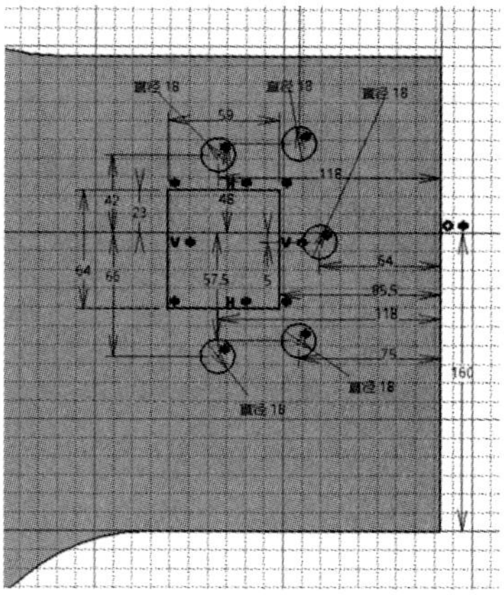

图 3.4.19　步骤（15）二维图形

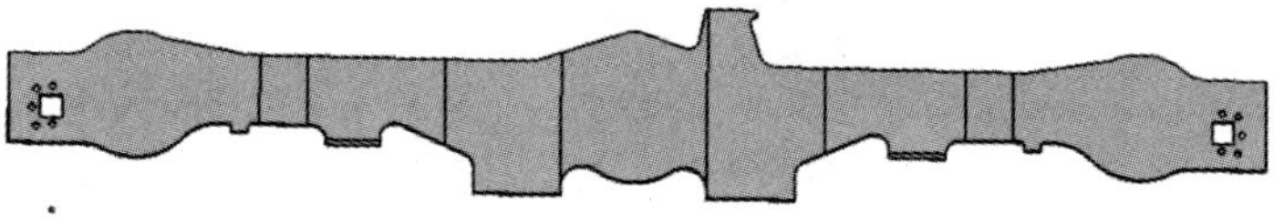

图 3.4.20　步骤（17）二维平面钣金

（18）单击“Cutting/Stamping”工具栏中的“Cut Out”工具按钮“”，弹出如图 3.4.9 所示的“Cutout Definition”对话框，单击对话框中“Profile”选项区域中的“”，单击选择之前展平钣金壁时所选择的钣金壁的平面，进入草绘工作台。

（19）在展平的钣金壁的左半边绘制如图 3.4.21 所示的二维图形，并利用镜像命令右侧的矩形对称至草图的左侧。

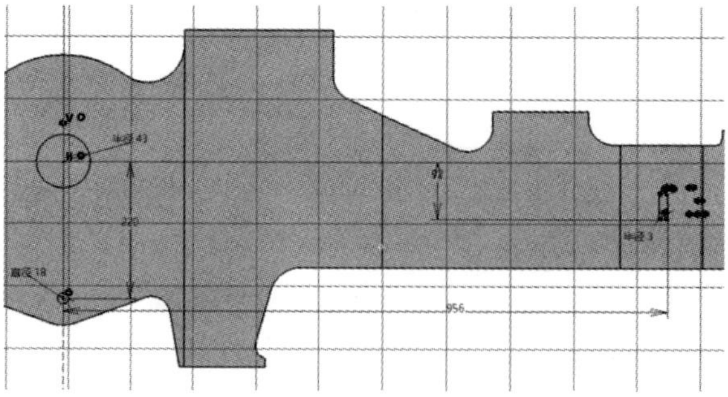

图 3.4.21　步骤（19）二维图形

（20）单击“退出工作台”工具按钮“”，退出草图设计工作台。单击“Cutout Definition”对话框中的“预览”按钮，若显示将上一步所绘制的截面图形里面的材料保留下来了，则单击“Cutout Definition”对话框中的“Reverse Side”按钮后单击“确定”按钮；若显示的是挖掉了上一步所绘制的二维图形中的部分，则直接单击“确定”按钮完成对于钣金的切削，得到如图 3.4.22 所示的二维平面钣金。

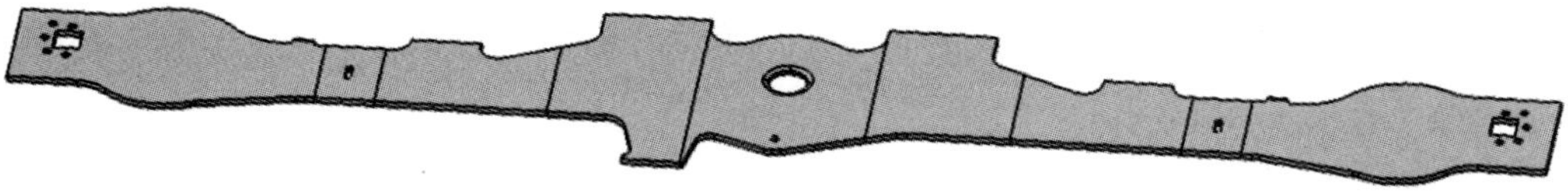

图 3.4.22　步骤（20）二维平面钣金

（21）单击“Cutting/Stamping”工具栏中的“Chamfer”工具按钮“”，弹出如图 3.4.10 所示的“Chamfer”对话框，在对话框中设置倒角的方式为“Length 1/Angle”，并设置“Length 1”的值为 12 mm，“Angle”的值为 45°。

（22）单击选择如图 3.4.23 所示的边为需要倒圆角的边后，单击“确定”按钮得完成倒角的二维钣金壁。

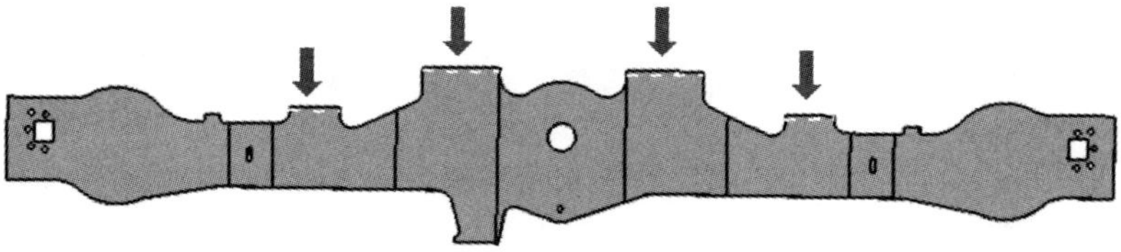

图 3.4.23　选择需要倒圆角的边

（23）单击“Bending”工具栏中的“Unfolding”工具按钮“”右下角的黑色倒三角，单击选择“Folding”工具按钮“”，弹出如图 3.4.8 所示的“Folding Definition”对话框。

（24）单击选择之前展开时所选择的钣金壁的下凹面后，单击“Folding Definition”对话框中的“Select All”按钮，单击“确定”按钮，得到如图 3.4.24 所示的左侧侧梁上部的钣金件。

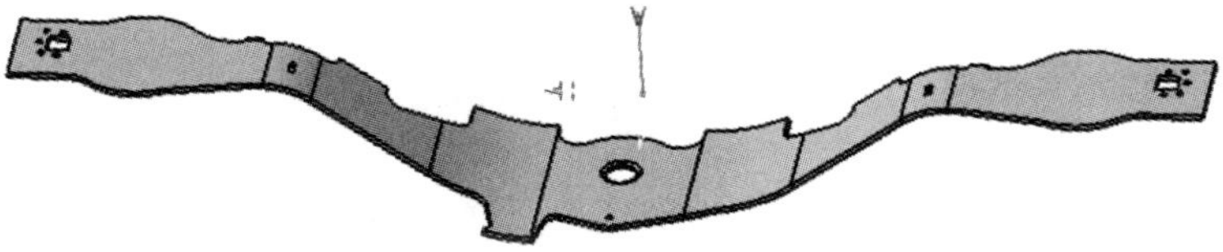

图 3.4.24　左侧侧梁上部的钣金件

2. 右侧梁上部钣金件的三维建模

右侧侧梁上部的钣金件各部尺寸相同，只是与左侧侧梁上部的钣金件为对称的钣金件，故在此不再赘述。

3. 左侧侧梁底部钣金件的三维建模

（1）打开 CATIA 软件，新建一个 Part 文件，并命名为“celiangdileft”。

（2）单击菜单栏中的“开始”→“机械设计”→“Generative Sheetmetal Design”进入钣金设计工作台。

（3）单击“Walls”工具栏中的“Sheet Metal Parameters”工具按钮“”，弹出“Sheet Metal Parameters”对话框，如图 3.4.4 所示。

（4）在“Sheet Metal Parameters”对话框中的“Thickness”文本框中设置钣金壁的厚度为 14 mm，单击“确定”按钮。

（5）单击“Walls”工具栏上的“Extrusion”命令按钮“”，弹出“Extrusion Definition”对话框，如图 3.4.6 所示，单击对话框中的“Profile”选项区域后的“”按钮，单击选择 yz 平面进入草图设计工作台。

（6）在草图设计工作台中绘制如图 3.4.25 所示的图形。

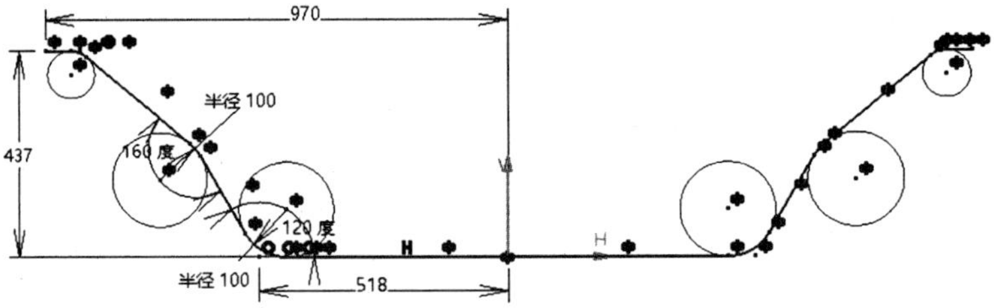

图 3.4.25　步骤（6）绘制图形

（7）单击“退出工作台”工具按钮“”，在“Extrusion Definition”对话框中的“Limit 1 dimension”后的文本框中输入 700 mm，单击“确定”按钮，得到如图 3.4.26 所示的钣金壁。

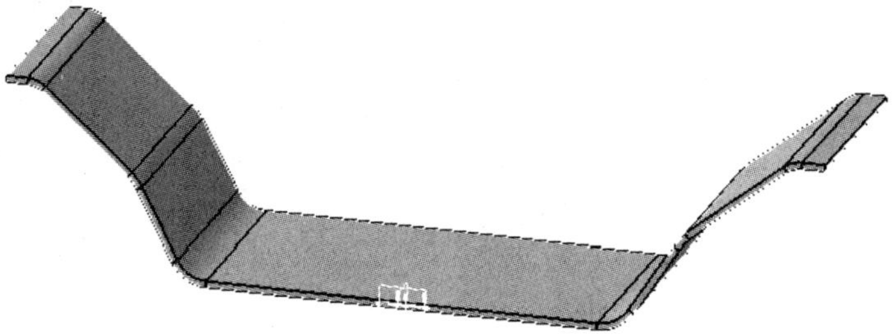

图 3.4.26　步骤（7）钣金壁

（8）单击“Bending”工具栏中的“Unfolding”工具按钮“”，弹出如图 3.4.7 所示的“Unfolding Definition”对话框，单击对话框中的“Reference Face”文本框后，单击选中上一步所得到的钣金壁的下凹的平面，单击“Unfolding Definition”对话框中的“Select All”按钮后单击“确定”按钮，将上一步所得到的三维弯曲的钣金壁展开，得到的二维钣金壁如图 3.4.27 所示。

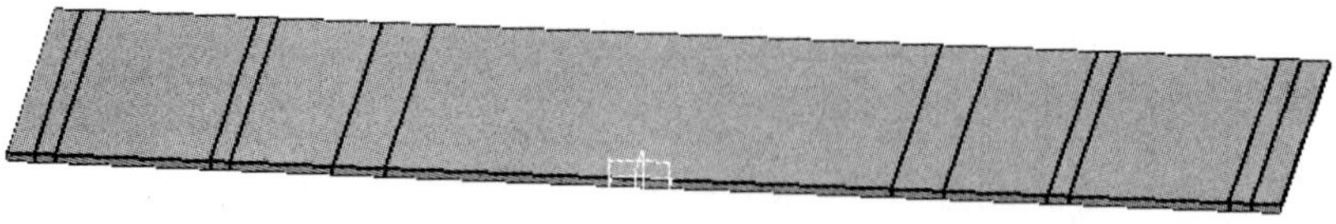

图 3.4.27　步骤（8）二维钣金壁

（9）单击“Cutting/Stamping”工具栏中的“Cut Out”工具按钮“”，弹出如图 3.4.9 所示的“Cutout Definition”对话框，单击对话框中“Profile”选项区域中的“”，单击选择之前展平钣金壁时所选择的钣金壁平面，进入草绘工作台。

（10）在展平的钣金壁的左半边绘制如图 3.4.28 所示的二维图形。

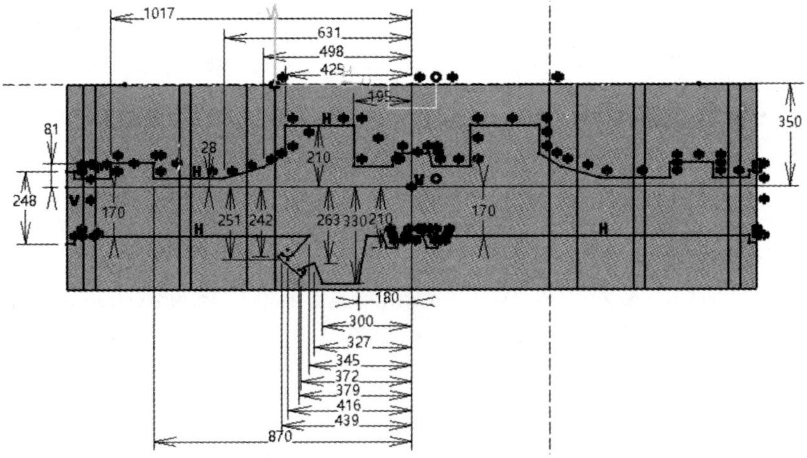

图 3.4.28 步骤（10）绘制图形

（11）单击“退出工作台”工具按钮“”，退出草图设计工作台。单击“Cutout Definition”对话框中的“预览”按钮，若显示将上一步所绘制的截面图形里面的材料给挖去了，则单击“Cutout Definition”对话框中的“Reverse Side”按钮后单击“确定”按钮；若显示的是保留下了上一步所绘制的二维图形中的部分，则直接单击“确定”按钮完成对于钣金的切削，得到如图 3.4.29 所示的二维平面钣金。

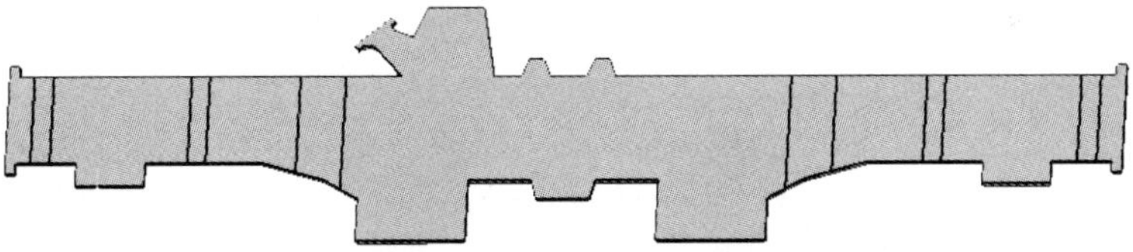

图 3.4.29 步骤（11）二维平面钣金

（12）单击“Cutting/Stamping”工具栏中的“Corner”工具按钮“”，弹出如图 3.4.11 所示的“Corner”对话框，在对话框中的“Radius”文本框中设置倒圆角的半径为 10 mm。

（13）单击选择如图 3.4.30 所示的边为需要倒圆角的边后，单击“确定”按钮得完成倒圆角的二维钣金壁。

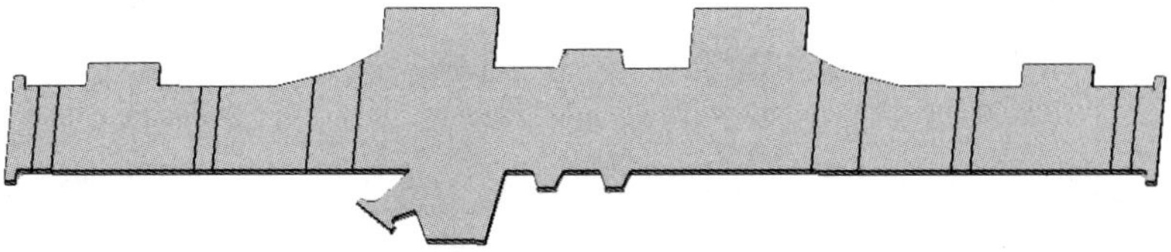

图 3.4.30 选择需要倒圆角的边

（14）单击“Cutting/Stamping”工具栏中的“Corner”工具按钮“”，弹出如图 3.4.11 所示的“Corner”对话框，在对话框中的“Radius”文本框中设置倒圆角的半径为 25 mm。

（15）单击选择如图 3.4.31 所示的边为需要倒圆角的边后，单击“确定”按钮得完成倒圆角的二维钣金壁。

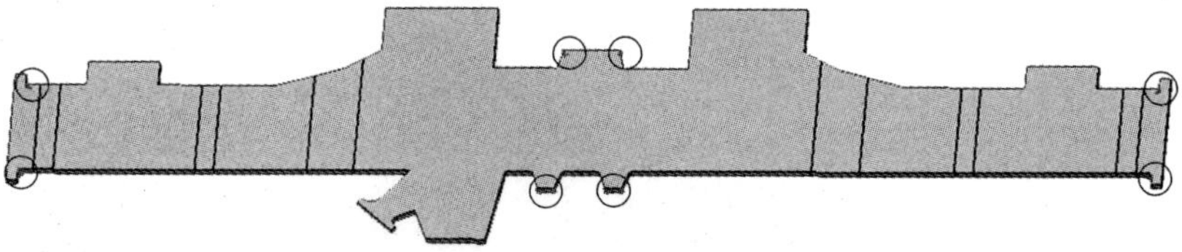

图 3.4.31　选择需要倒圆角的边

（16）单击“Cutting/Stamping”工具栏中的“Corner”工具按钮“”，弹出如图 3.4.11 所示的“Corner”对话框，在对话框中的“Radius”文本框中设置倒圆角的半径为 30 mm。

（17）单击选择如图 3.4.32 所示的边为需要倒圆角的边后，单击“确定”按钮得完成倒圆角的二维钣金壁。

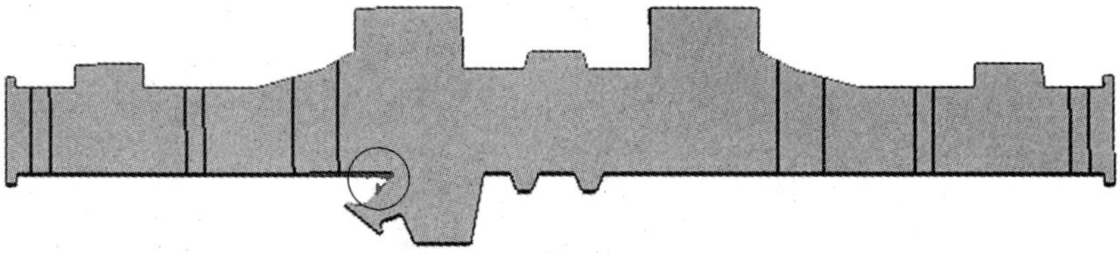

图 3.4.32　选择需要倒圆角的边

（18）单击“Cutting/Stamping”工具栏中的“Corner”工具按钮“”，弹出如图 3.4.11 所示的“Corner”对话框，在对话框中的“Radius”文本框中设置倒圆角的半径为 30 mm。

（19）单击选择如图 3.4.33 所示的边为需要倒圆角的边后，单击“确定”按钮得完成倒圆角的二维钣金壁。

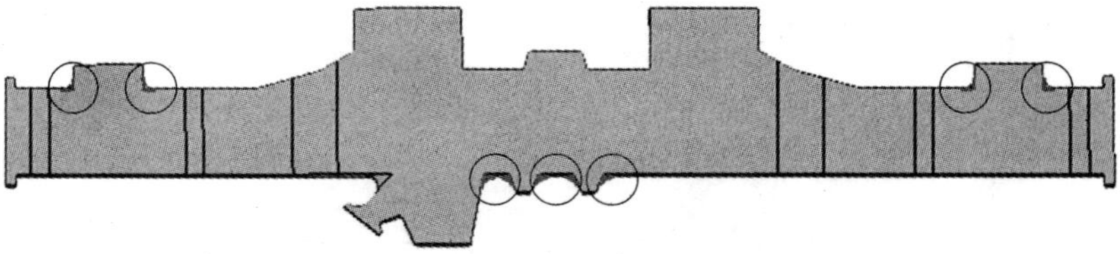

图 3.4.33　选择需要倒圆角的边

（20）单击“Cutting/Stamping”工具栏中的“Corner”工具按钮“”，弹出如图 3.4.11 所示的“Corner”对话框，在对话框中的“Radius”文本框中设置倒圆角的半径为 80 mm。

（21）单击选择如图 3.4.34 所示的边为需要倒圆角的边后，单击“确定”按钮得完成倒圆角的二维钣金壁。

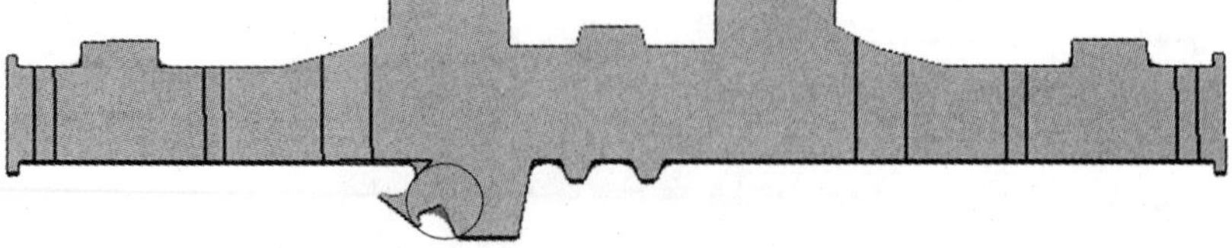

图 3.4.34　选择需要倒圆角的边

（22）单击“Cutting/Stamping”工具栏中的“Corner”工具按钮“”，弹出如图 3.4.11 所示的“Corner”对话框，在对话框中的“Radius”文本框中设置倒圆角的半径为 40 mm。

（23）单击选择如图 3.4.35 所示的边为需要倒圆角的边后，单击“确定”按钮得完成倒圆角的二维钣金壁。

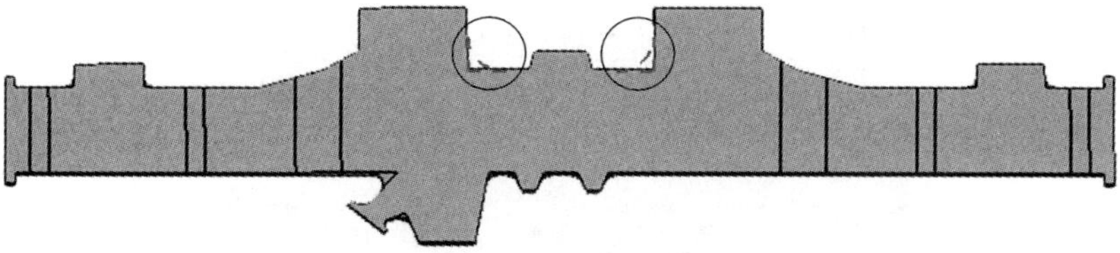

图 3.4.35 选择需要倒圆角的边

（24）单击“Cutting/Stamping”工具栏中的“Corner”工具按钮“”，弹出如图 3.4.11 所示的“Corner”对话框，在对话框中的“Radius”文本框中设置倒圆角的半径为 185 mm。

（25）单击选择如图 3.4.36 所示的边为需要倒圆角的边后，单击“确定”按钮得完成倒圆角的二维钣金壁。

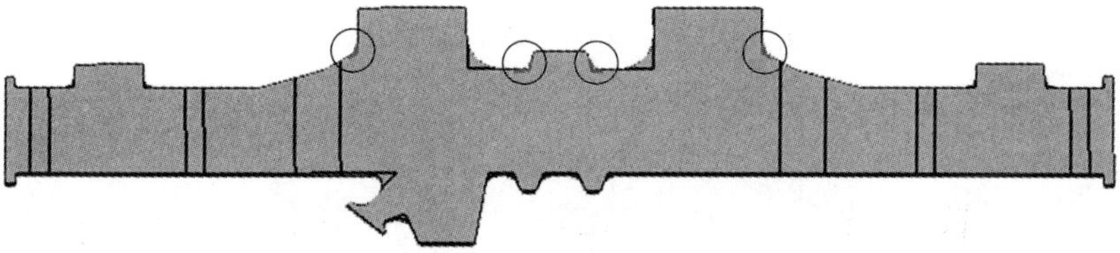

图 3.4.36 选择需要倒圆角的边

（26）单击“Cutting/Stamping”工具栏中的“Corner”工具按钮“”，弹出如图 3.4.11 所示的“Corner”对话框，在对话框中的“Radius”文本框中设置倒圆角的半径为 459 mm。

（27）单击选择如图 3.4.37 所示的边为需要倒圆角的边后，单击“确定”按钮得完成倒圆角的二维钣金壁。

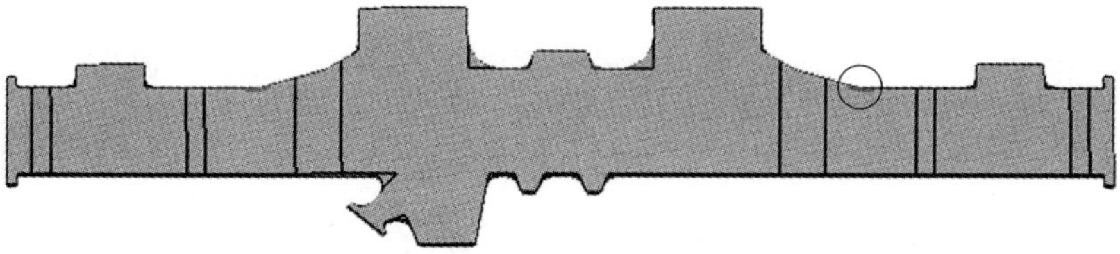

图 3.4.37 选择需要倒圆角的边

（28）单击“Cutting/Stamping”工具栏中的“Cut Out”工具按钮“”，弹出如图 3.4.9 所示的“Cutout Definition”对话框，单击对话框中“Profile”选项区域中的“”，单击选择之前展平钣金壁时所选择的钣金壁平面，进入草绘工作台。

（29）在展平的钣金壁的左半边绘制如图 3.4.38 所示的二维图形。

（30）单击“退出工作台”工具按钮“”，退出草图设计工作台。单击“Cutout Definition”对话框中的“预览”按钮，若显示将上一步所绘制的截面图形里面的材料给挖去了，则单击“Cutout Definition”对话框中的“Reverse Side”按钮后单击“确定”按钮；若显示的是保留下了上一步所绘制的二维图形中的部分，则直接单击“确定”按钮完成对于钣金的切削，得到如图 3.4.39 所示的二维平面钣金。

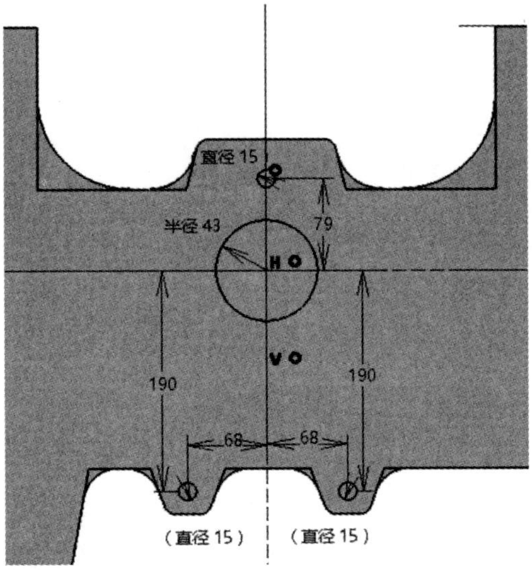

图 3.4.38　步骤（29）二维图形

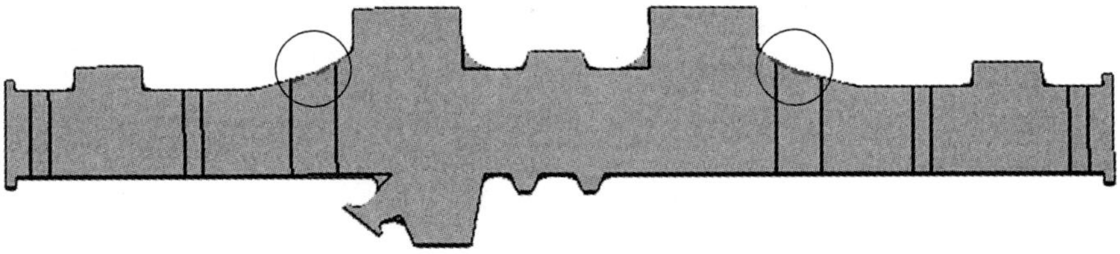

图 3.4.39　步骤（30）二维平面钣金

（31）单击“Cutting/Stamping”工具栏中的“Chamfer”工具按钮“”，弹出如图 3.4.10 所示的“Chamfer”对话框，在对话框中设置倒角的方式为“Length 1/Angle”，并设置“Length 1”的值为 12 mm，“Angle”的值为 45°。

（32）单击选择如图 3.4.40 所示的边为需要倒圆角的边后，单击“确定”按钮得完成倒角的二维钣金壁。

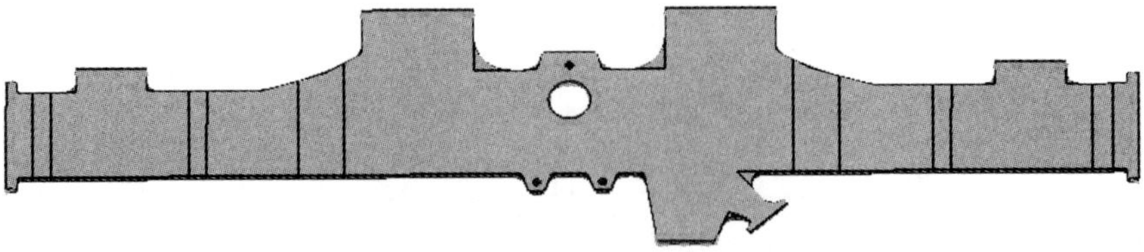

图 3.4.40　选择需要倒圆角的边

（33）单击“Bending”工具栏中的“Unfolding”工具按钮“”右下角的黑色倒三角，单击选择“Folding”工具按钮“”，弹出如图 3.4.8 所示的“Folding Definition”对话框。

（34）单击选择之前展开时所选择的钣金壁的下凹面后，单击“Folding Definition”对话框中的“Select All”按钮，单击“确定”按钮，得到如图 3.4.41 所示的左侧侧梁上部的钣金件。

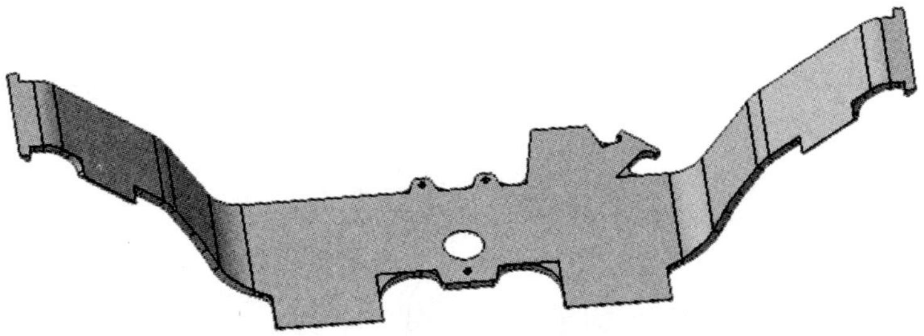

图 3.4.41 左侧侧梁上部的钣金件

4. 右侧侧梁下部钣金件的三维建模

右侧侧梁下部的钣金件各部尺寸相同，只是与左侧侧梁下部的钣金件为对称的钣金件，故在此不再赘述。

5. 左侧侧梁外部钣金件的三维建模

（1）打开 CATIA 软件，新建一个 Part 文件，并命名为“celiangwaileft”。

（2）单击菜单栏中的“开始”→“机械设计”→“Generative Sheetmetal Design”进入钣金设计工作台。

（3）单击“Walls”工具栏中的“Sheet Metal Parameters”工具按钮“”，弹出“Sheet Metal Parameters”对话框，如图 3.4.4 所示。

（4）在“Sheet Metal Parameters”对话框中的“Thickness”文本框中设置钣金壁的厚度为 14 mm，单击“确定”按钮。

（5）单击“Walls”工具栏上的“Extrusion”命令按钮“”，弹出“Extrusion Definition”对话框，如图 3.4.6 所示，单击对话框中的“Profile”选项区域后的“”按钮，单击选择 yz 平面进入草图设计工作台。

（6）在草图设计工作台中绘制如图 3.4.42 所示的图形。

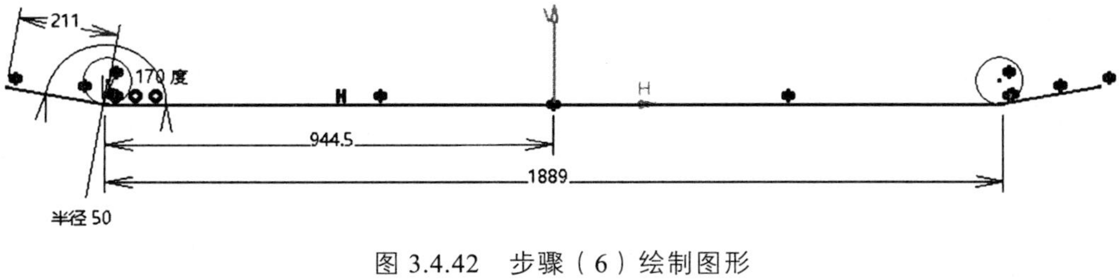

图 3.4.42 步骤（6）绘制图形

（7）单击“退出工作台”工具按钮“”，在“Extrusion Definition”对话框中的“Limit 1 dimension”后的文本框中输入 576 mm，单击“确定”按钮，得到如图 3.4.43 所示的钣金壁。

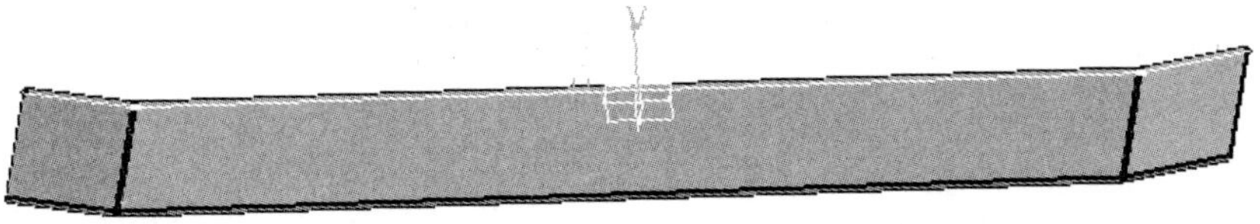

图 3.4.43 步骤（7）钣金壁

（8）单击“Bending”工具栏中的“Unfolding”工具按钮“”，弹出如图 3.4.7 所示的“Unfolding Definition”对话框，单击对话框中的“Reference Face”文本框后，单击选中上一步所得到的钣金壁的下凹平面，单击“Unfolding Definition”对话框中的“Select All”按钮后单击“确定”按钮，将上一步所得到的三维弯曲的钣金壁展开，得到的二维钣金壁如图 3.4.44 所示。

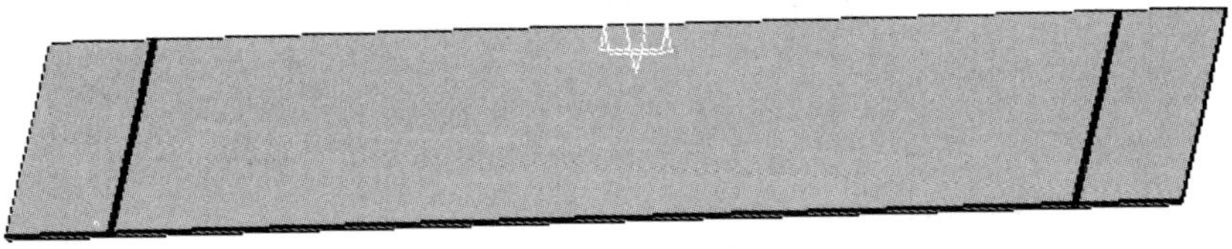

图 3.4.44　二维钣金壁

（9）单击“Cutting/Stamping”工具栏中的“Cut Out”工具按钮“”，弹出如图 3.4.9 所示的“Cutout Definition”对话框，单击对话框中“Profile”选项区域中的“”，单击选择之前展平钣金壁时所选择的钣金壁的平面，进入草绘工作台。

（10）在展平的钣金壁上绘制如图 3.4.45 所示的二维图形。

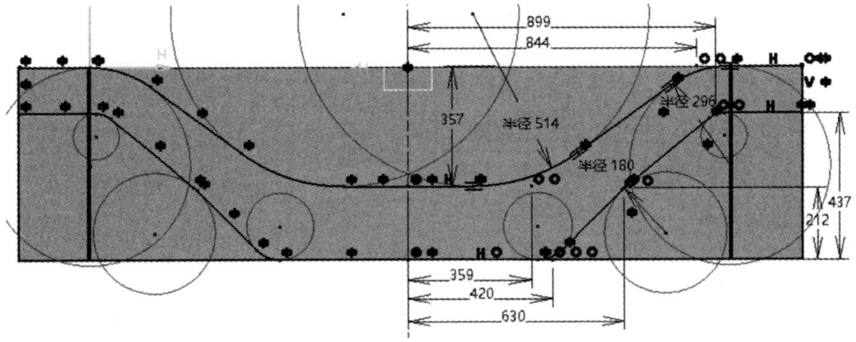

图 3.4.45　步骤（10）二维图形

（11）单击“退出工作台”工具按钮“”，退出草图设计工作台。单击“Cutout Definition”对话框中的“预览”按钮，若显示将上一步所绘制的截面图形里面的材料给挖去了，则单击“Cutout Definition”对话框中的“Reverse Side”按钮后单击“确定”按钮；若显示的是保留下了上一步所绘制的二维图形中的部分，则直接单击“确定”按钮完成对于钣金的切削，得到如图 3.4.46 所示的二维平面钣金。

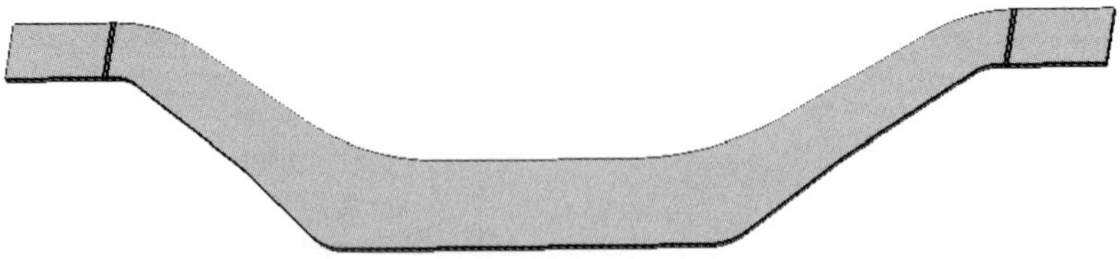

图 3.4.46　步骤（11）二维平面图形

（12）单击“Cutting/Stamping”工具栏中的“Cut Out”工具按钮“”，弹出如图 3.4.9 所示的“Cutout Definition”对话框，单击对话框中“Profile”选项区域中的“”，单击选择之前展平钣金壁时所选择的钣金壁的平面，进入草绘工作台。

（13）在展平的钣金壁上绘制如图 3.4.47 所示的二维图形。

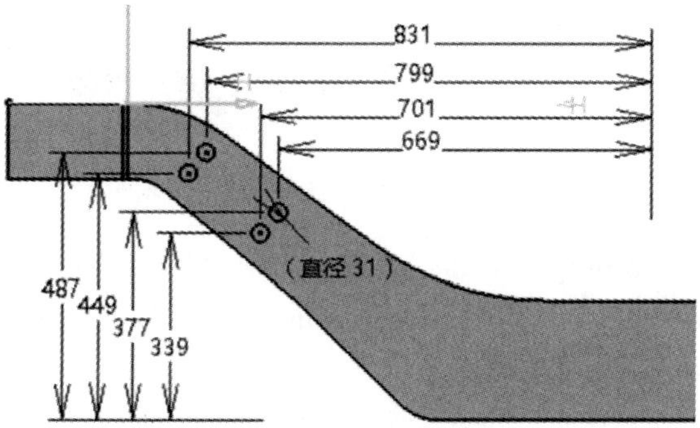

图 3.4.47　步骤（13）二维图形

（14）单击“退出工作台”工具按钮“”，退出草图设计工作台。单击“Cutout Definition”对话框中的“预览”按钮，若显示将上一步所绘制的截面图形里面的材料给挖去了，则单击“Cutout Definition”对话框中的“Reverse Side”按钮后单击“确定”按钮；若显示的是保留下了上一步所绘制的二维图形中的部分，则直接单击“确定”按钮完成对于钣金的切削，得到如图 3.4.48 所示的二维平面钣金。

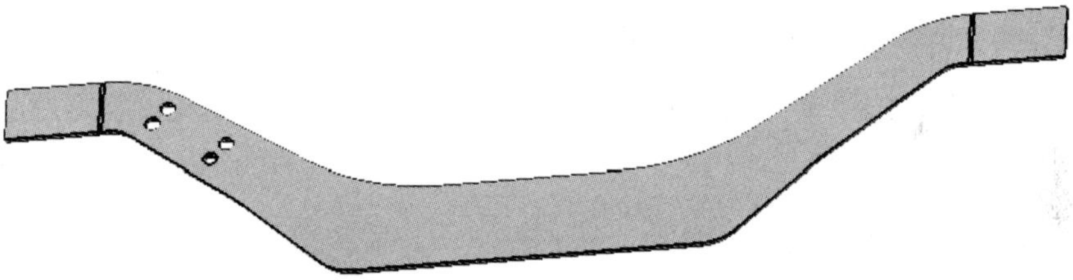

图 3.4.48　步骤（14）二维平面钣金

（15）单击“Cutting/Stamping”工具栏中的“Chamfer”工具按钮“”，弹出如图 3.4.10 所示的“Chamfer”对话框，在对话框中设置倒角的方式为“Length 1/Angle”，并设置“Length 1”的值为 6 mm，“Angle”的值为 45°。

（16）单击选择如图 3.4.49 所示的边为需要倒圆角的边后，单击“确定”按钮得完成倒角的二维钣金壁。

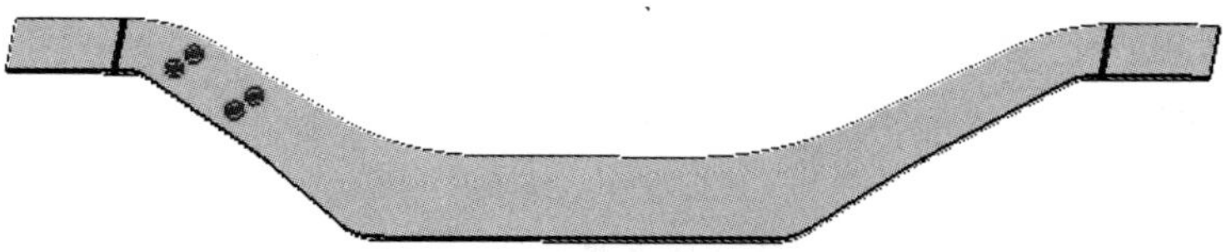

图 3.4.49　选择需要倒圆角的边

（17）单击“Bending”工具栏中的“Unfolding”工具按钮“”右下角的黑色倒三角，单击选择“Folding”工具按钮“”，弹出如图 3.4.8 所示的“Folding Definition”对话框。

（18）单击选择之前展开时所选择的钣金壁的下凹面后，单击“Folding Definition”对话框中的“Select All”按钮，单击“确定”按钮，得到如图 3.4.50 所示的左侧侧梁外侧的钣金件。

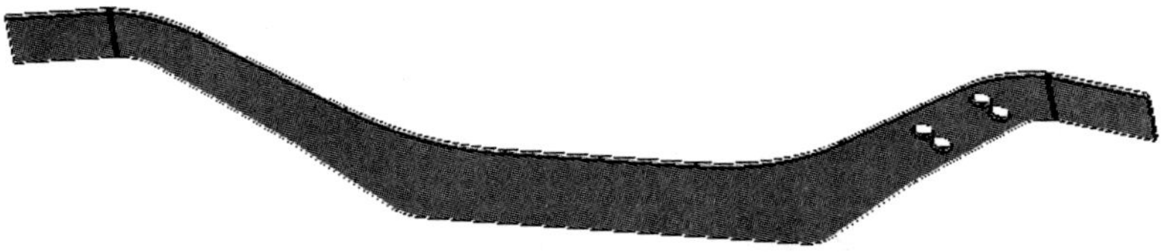

图 3.4.50　左侧侧梁外侧的钣金件

（19）单击“Cutting/Stamping”工具栏中的“Chamfer”工具按钮“”，弹出如图 3.4.10 所示的“Chamfer”对话框，在对话框中设置倒角的方式为“Length 1/Angle”，并设置“Length 1”的值为 12 mm，“Angle”的值为 45°。

（20）单击选择如图 3.4.51 所示的边为需要倒圆角的边后，单击“确定”按钮得完成倒角的三维钣金壁即左侧侧梁外部的钣金件。

图 3.4.51　选择需要倒圆角的边

6. 右侧侧梁外部钣金件的三维建模

右侧侧梁外部的钣金件各部尺寸相同，只是与右侧侧梁外部的钣金件为对称的钣金件，故在此不再赘述。

7. 侧梁内侧钣金件的三维建模

（1）打开 CATIA 软件，新建一个 Part 文件，并命名为“celiangwaileft”。

（2）单击菜单栏中的“开始”→“机械设计”→“Generative Sheetmetal Design”进入钣金设计工作台。

（3）单击“Walls”工具栏中的“Sheet Metal Parameters”工具按钮“”，弹出“Sheet Metal Parameters”对话框，如图 3.4.4 所示。

（4）在“Sheet Metal Parameters”对话框中的“Thickness”文本框中设置钣金壁的厚度为 14 mm，单击“确定”按钮。

（5）单击“Walls”工具栏中的“Wall”工具按钮“”，弹出“Wall Definition”对话框，如图 3.4.5 所示。单击“Wall Definition”对话框中的“Profile”后的“”按钮，进入草图设计工作台。

（6）在草图设计工作台中绘制如图 3.4.52 所示的图形。

（7）单击“退出工作台”工具按钮“”，在“Wall Definition”对话框中单击“确定”按钮，得到如图 3.4.53 所示的钣金壁。

（8）单击“Cutting/Stamping”工具栏中的“Corner”工具按钮“”，弹出如图 3.4.11 所示的“Corner”对话框，在对话框中的“Radius”文本框中设置倒圆角的半径为 514 mm。

（9）单击选择如图 3.4.53 所示的边为需要倒圆角的边后，单击“确定”按钮得完成倒圆角的二维钣金壁。

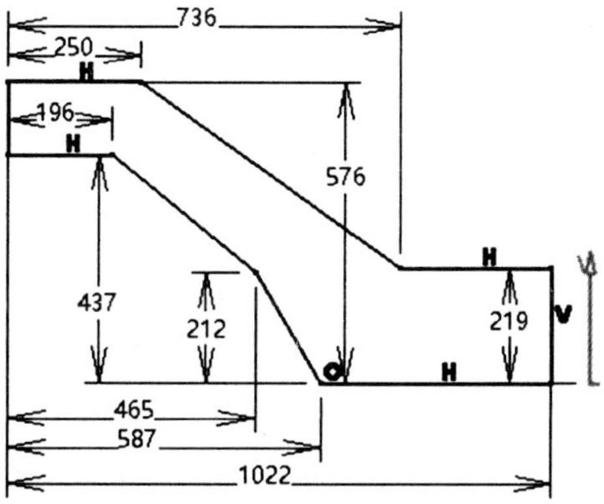

图 3.4.52 步骤（6）绘制图形

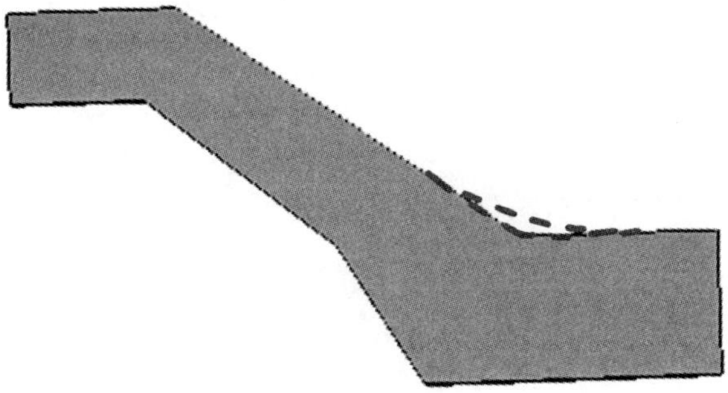

图 3.4.53 钣金壁

（10）单击“Cutting/Stamping”工具栏中的“Corner”工具按钮“ ”，弹出如图 3.4.11 所示的“Corner”对话框，在对话框中的“Radius”文本框中设置倒圆角的半径为 100 mm。

（11）单击选择如图 3.4.54 所示的边为需要倒圆角的边后，单击“确定”按钮得完成倒圆角的二维钣金壁。

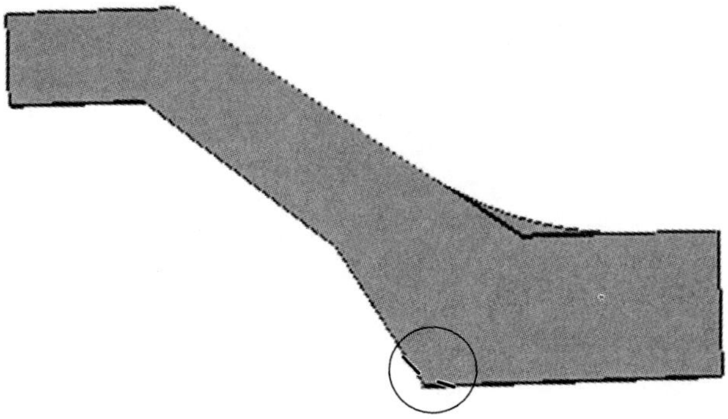

图 3.4.54 选择需要倒圆角的边

（12）单击“Cutting/Stamping”工具栏中的“Corner”工具按钮“ ”，弹出如图 3.4.11 所示的“Corner”对话框，在对话框中的“Radius”文本框中设置倒圆角的半径为 118 mm。

（13）单击选择如图 3.4.55 所示的边为需要倒圆角的边后，单击“确定”按钮得完成倒圆角的二维钣金壁。

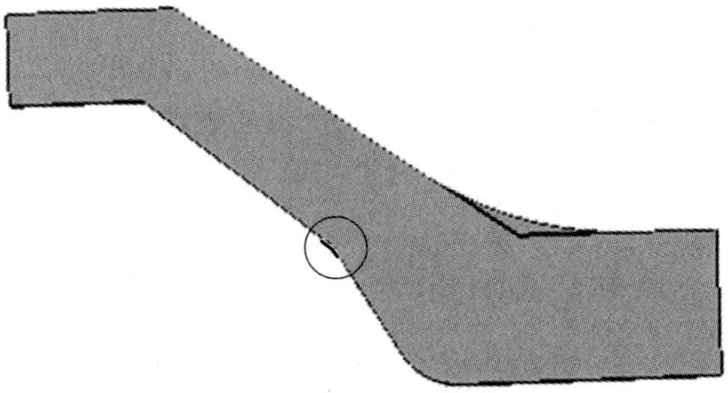

图 3.4.55　选择需要倒圆角的边

（14）单击“Cutting/Stamping”工具栏中的“Corner”工具按钮“”，弹出如图 3.4.11 所示的“Corner”对话框，在对话框中的“Radius”文本框中设置倒圆角的半径为 68 mm。

（15）单击选择如图 3.4.56 所示的边为需要倒圆角的边后，单击“确定”按钮得完成倒圆角的二维钣金壁。

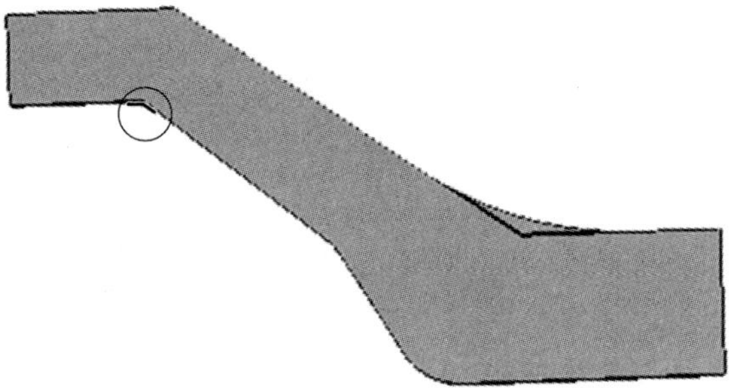

图 3.4.56　选择需要倒圆角的边

（16）单击“Cutting/Stamping”工具栏中的“Corner”工具按钮“”，弹出如图 3.4.11 所示的“Corner”对话框，在对话框中的“Radius”文本框中设置倒圆角的半径为 200 mm。

（17）单击选择如图 3.4.57 所示的边为需要倒圆角的边后，单击“确定”按钮得完成倒圆角的二维钣金壁，得到侧梁内侧钣金件的三维建模。

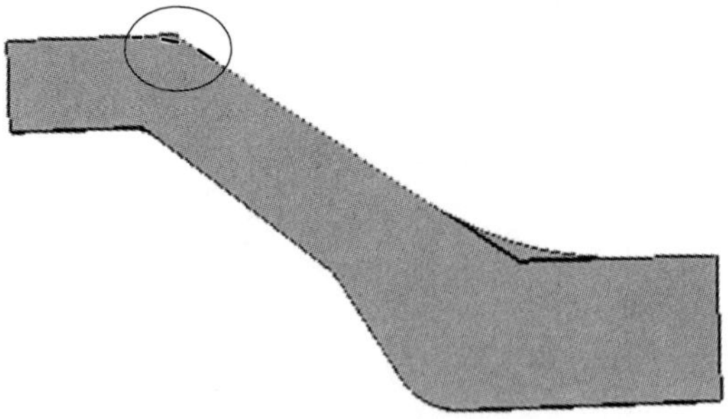

图 3.4.57　选择需要倒圆角的边

8. 侧梁上一连接钣金件的三维建模

（1）打开 CATIA 软件，新建一个 Part 文件，并命名为“celiangban1”。

（2）单击菜单栏中的“开始”→“机械设计”→“Generative Sheetmetal Design”进入钣金设计工作台。

（3）单击“Walls”工具栏中的“Sheet Metal Parameters”工具按钮“”，弹出“Sheet Metal Parameters”对话框，如图 3.4.4 所示。

（4）在“Sheet Metal Parameters”对话框中的“Thickness”文本框中设置钣金壁的厚度为 14 mm，单击“确定”按钮。

（5）单击“Walls”工具栏中的“Wall”工具按钮“”，弹出“Wall Definition”对话框，如图 3.4.5 所示。单击“Wall Definition”对话框中的“Profile”后的“”按钮，进入草图设计工作台。

（6）在草图设计工作台中绘制如图 3.4.58 所示的图形。

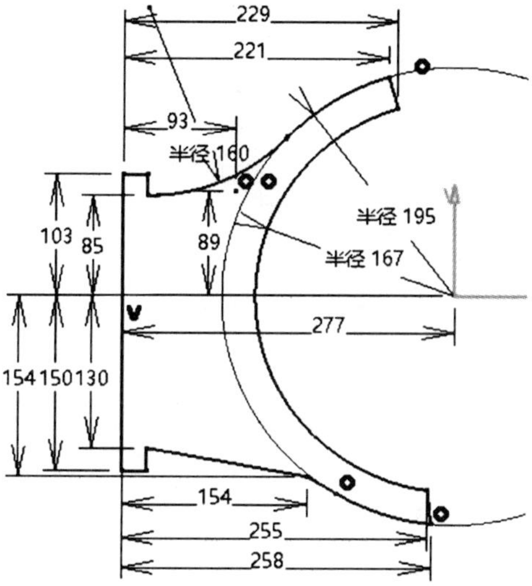

图 3.4.58　步骤（6）绘制图形

（7）单击“退出工作台”工具按钮“”，在“Wall Definition”对话框中单击“确定”按钮，得到如图 3.4.59 所示的钣金壁。

（8）单击“Cutting/Stamping”工具栏中的“Corner”工具按钮“”，弹出如图 3.4.11 所示的“Corner”对话框，在对话框中的“Radius”文本框中设置倒圆角的半径为 10 mm。

（9）单击选择如图 3.4.59 所示的边为需要倒圆角的边后，单击“确定”按钮得完成倒圆角的二维钣金壁。

（10）单击“Cutting/Stamping”工具栏中的“Corner”工具按钮“”，弹出如图 3.4.11 所示的“Corner”对话框，在对话框中的“Radius”文本框中设置倒圆角的半径为 150 mm。

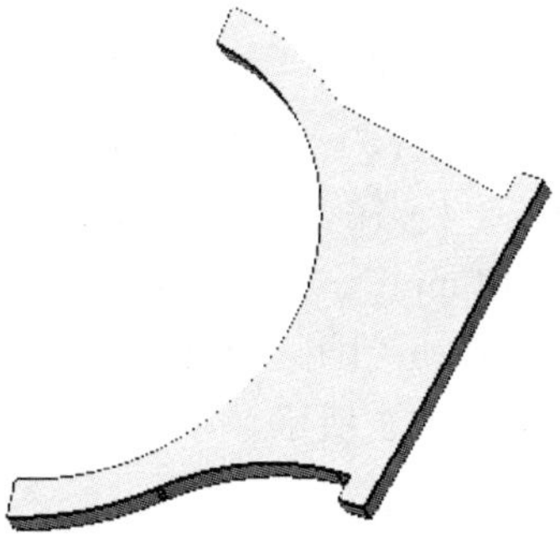

图 3.4.59　步骤（9）倒圆角

（11）单击选择如图 3.4.60 所示的边为需要倒圆角的边后，单击“确定”按钮得完成倒圆角的二维钣金壁。

（12）单击“Cutting/Stamping”工具栏中的“Corner”工具按钮“”，弹出如图 3.4.11 所示的“Corner”对话框，在对话框中的“Radius”文本框中设置倒圆角的半径为 10 mm。

（13）单击选择如图 3.4.61 所示的边为需要倒圆角的边后，单击“确定”按钮得完成倒圆角的二维钣金壁得到一个侧梁上的连接钣金件。

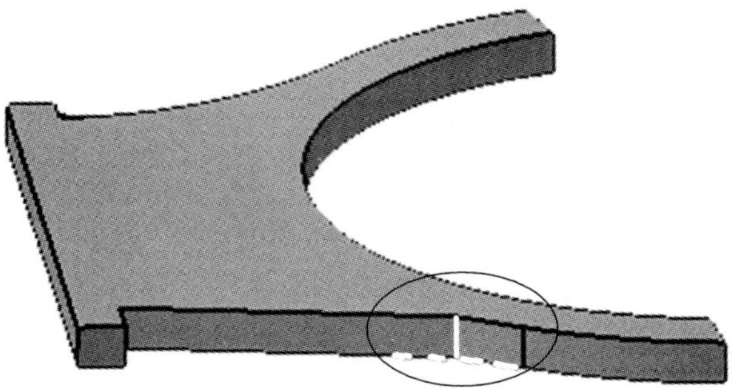

图 3.4.60　选择需要倒圆角的边

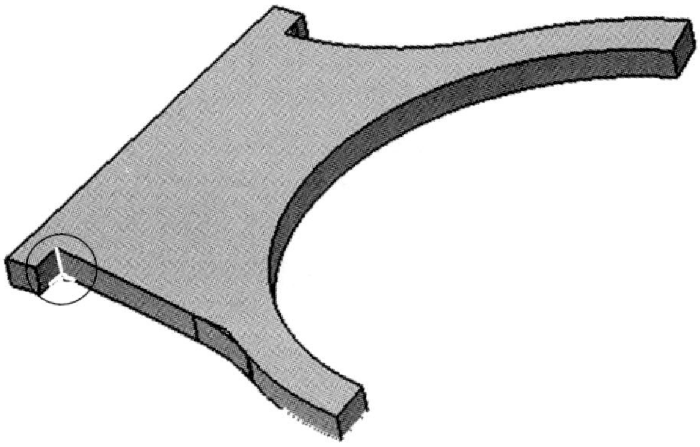

图 3.4.61　选择需要倒圆角的边

9. 侧梁上一个加强肋钣金件的三维建模

（1）打开 CATIA 软件，新建一个 Part 文件，并命名为“celiangban2”。

（2）单击菜单栏中的“开始”→“机械设计”→“Generative Sheetmetal Design”进入钣金设计工作台。

（3）单击“Walls”工具栏中的“Sheet Metal Parameters”工具按钮“”，弹出“Sheet Metal Parameters”对话框，如图 3.4.4 所示。

（4）在“Sheet Metal Parameters”对话框中的“Thickness”文本框中设置钣金壁的厚度为 14 mm，单击“确定”按钮。

（5）单击“Walls”工具栏中的“Wall”工具按钮“”，弹出“Wall Definition”对话框，如图 3.4.5 所示。单击“Wall Definition”对话框中的“Profile”后的“”按钮，进入草图设计工作台。

（6）在草图设计工作台中绘制如图 3.4.62 所示的图形。

（7）单击“退出工作台”工具按钮“”，在“Wall Definition”对话框中单击“确定”按钮，得到如图 3.4.63 所示的钣金壁。

（8）单击“Cutting/Stamping”工具栏中的“Corner”工具按钮“”，弹出如图 3.4.11 所示的“Corner”对话框，在对话框中的“Radius”文本框中设置倒圆角的半径为 20 mm。

（9）单击选择如图 3.4.64 所示的边为需要倒圆角的边后，单击“确定”按钮得完成倒圆角的二维钣金壁，得到一个侧梁上的连接加强肋钣金件。

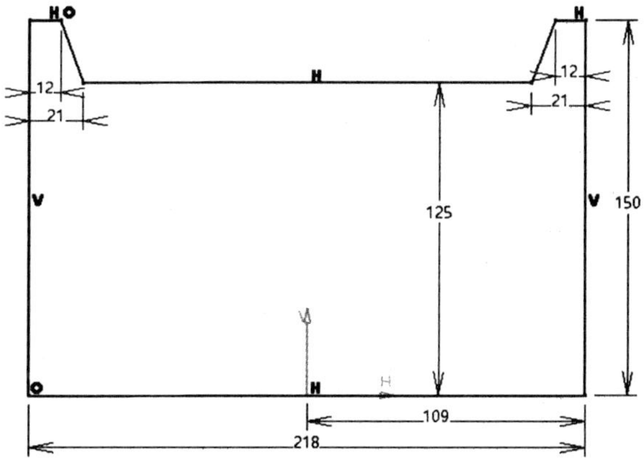

图 3.4.62　步骤（6）绘制图形

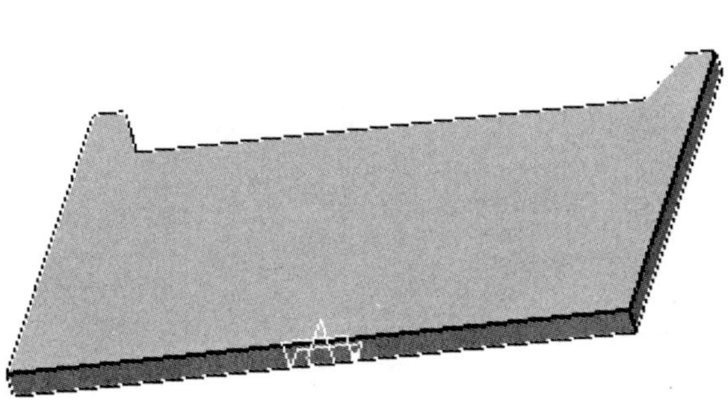

图 3.4.63　步骤（7）得到的钣金壁

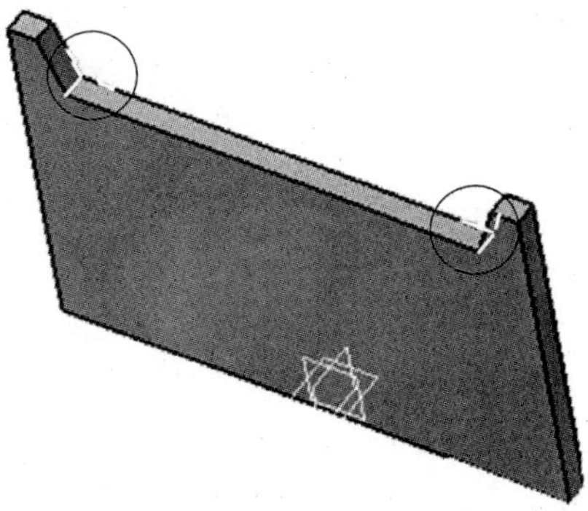

图 3.4.64　选择需要倒圆角的边

需要说明的是，在 CRH_3 型动车组动车转向架的侧梁上不仅包含有钣金件，还包含有非钣金件，且有些钣金件既可用钣金工作台中的相关命令来建立三维模型，也可以利用零件设计工作台中的相关命令来建立其三维模型。由于篇幅有限，这里仅提供了几个侧梁上具有代表性的零件的三维建模方法，感兴趣的读者可以根据自己的需要对其余一些零件的尺寸和模型所需要使用的命令自行探索与学习（见附件中二维码）。

另外，由于某些原因，本书附件中所包含的也不是所有的侧梁上的零件的三维模型。真正的 CRH_3 型动车组动车转向架的结构和零件是非常复杂的。故这里所介绍的只适合初学者使用。

3.4.3　横梁上相关零件的三维建模

对于 CHR_3 型动车组横梁上所用到的部件中，主要的零件是非钣金件。故这里介绍的两个零件的三维建模方法是在零件设计工作台中完成的。

1. 横梁主体钢管的三维建模

（1）打开 CATIA，新建立一个 Part 文件，并命名为“hengliang1”。

（2）单击“基于草图的特征”工具栏中的“旋转”工具按钮“”，选择 yz 平面作为草绘平面，绘制如图 3.4.65 所示的二维旋转图形。

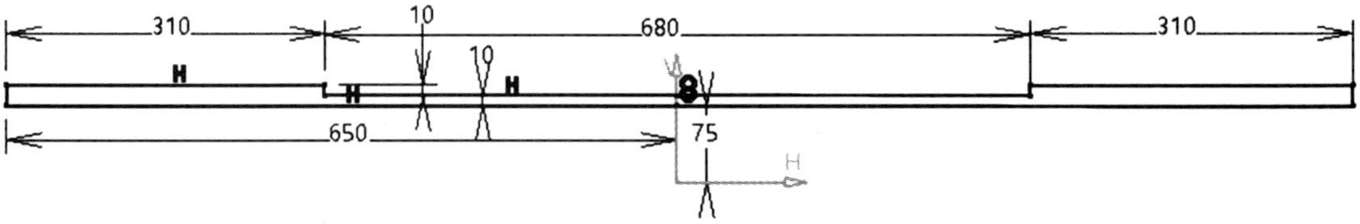

图 3.4.65　步骤（2）二维旋转图形

（3）单击“退出工作台”工具按钮“”，在“定义旋转体”对话框中的“轴线”选项区域的“选择”文本框中右击，选择“y 轴”作为旋转的轴线，单击“确定”按钮，得到如图 3.4.66 所示的三维模型。

图 3.4.66　步骤（3）三维模型

（4）单击“修饰特征”工具栏中的“倒圆角”工具按钮“”，弹出“倒圆角定义”对话框，选择如图 3.4.67 所示的边作为需要倒圆角的曲线。

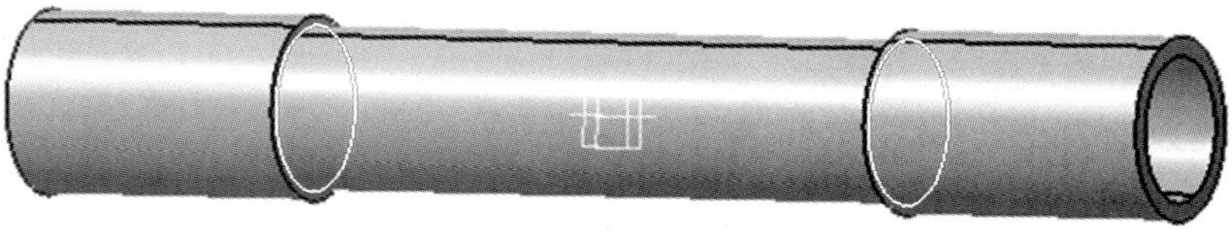

图 3.4.67　选择需要倒圆角的曲线

（5）设定倒圆角的半径为 10 mm，单击“倒圆角定义”对话框中的“确定”按钮，完成对本条曲线倒圆角的定义。

（6）单击“修饰特征”工具栏中的“倒角”工具按钮“”，弹出“倒角定义”对话框，选择如图 3.4.68 所示的圆形边界为需要倒角的边。

图 3.4.68　选择需要倒圆角的边

（7）在“定义倒角”对话框中的“长度 1”文本框中输入 5 mm，单击“确定”按钮，完成对于该条曲线倒角的定义，即可得到主体钢管的三维模型。

2. 横梁连接件的三维建模

（1）打开 CATIA，新建立一个 Part 文件，并命名为“hengliang2”。

（2）单击“基于草图的特征”工具栏中的“旋转”工具按钮“”，选择“xy 平面”作为草绘平面，绘制如图 3.4.69 所示的二维旋转图形。

（3）单击“退出工作台”工具按钮“”，在“定义旋转体”对话框中的“轴线”选项区域的“选择”文本框中右击选择 x 轴作为旋转的轴线，单击“确定”按钮，得到如图 3.4.70 所示的三维模型。

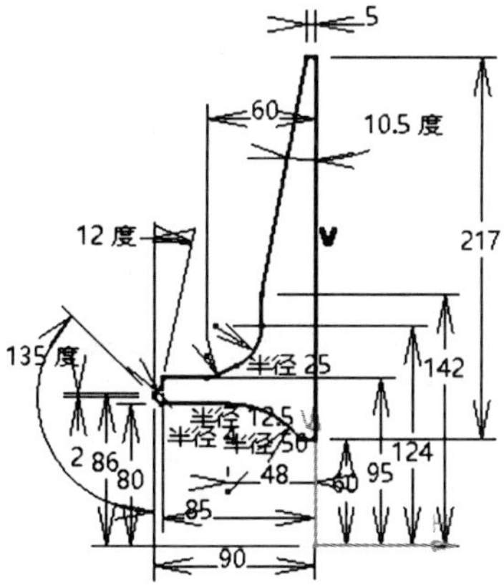

图 3.4.69　步骤（2）二维旋转图形

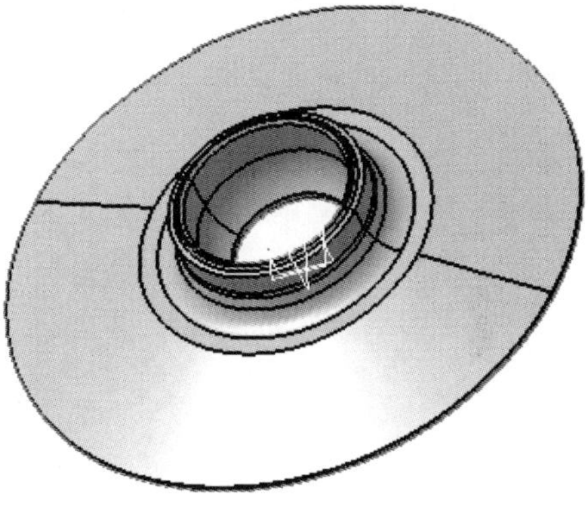

图 3.4.70　步骤（3）三维模型

（4）单击“基于草图的特征”工具栏中的“凹槽”工具按钮“”，弹出“定义凸台”对话框，单击“定义凸台”对话框中的“”工具按钮，选择“xy 平面”作为草绘平面，进入草绘工作台。

（5）在“xy 平面”上绘制如图 3.4.71 所示的图形。

（6）单击“退出工作台”工具按钮“”，在“定义凹槽”对话框中设定凹槽的类型为“直到最后”，单击“定义凹槽”对话框中的“确定”按钮，得到如图 3.6.72 所示的三维模型。

（7）单击“基于草图的特征”工具栏中的“凸台”工具按钮“”，弹出“定义凸台”对话框，单击“定义凸台”对话框中的“”工具按钮，选择“yz 平面”作为草绘平面，进入草绘工作台。

（8）在“yz 平面”上绘制如图 3.4.73 所示的图形。

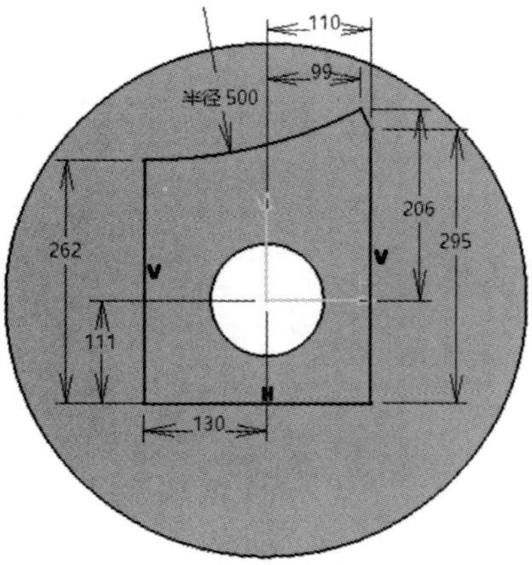

图 3.4.71　步骤（5）绘制图形

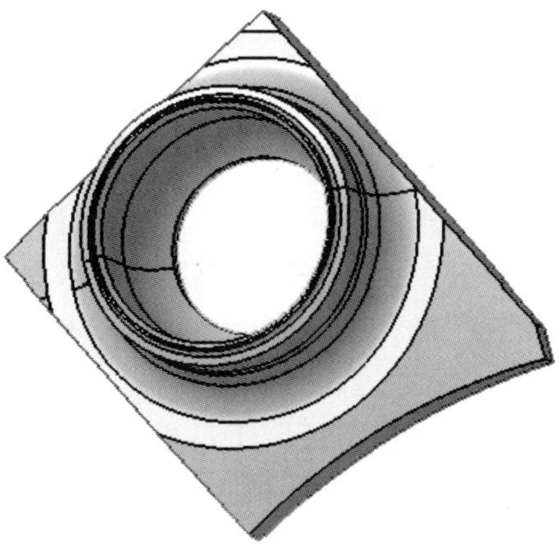

图 3.4.72　步骤（6）三维模型

（9）单击“退出工作台”工具按钮“”，在“定义凸台”对话框中设定凸台的长度为 35 mm，单击“定义凸台”对话框中的“确定”按钮，得到如图 3.4.74 所示的三维模型。

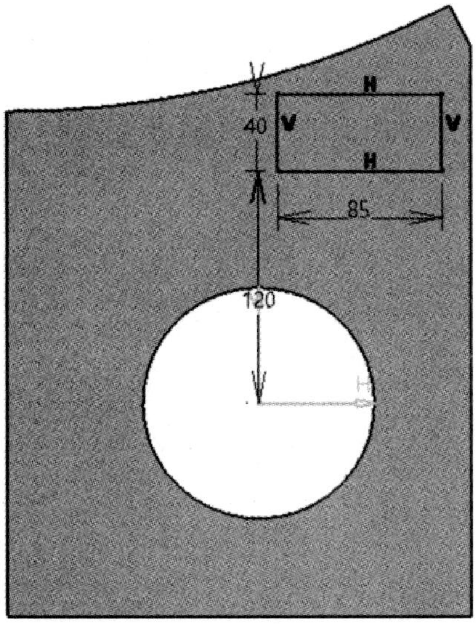

图 3.4.73　步骤（8）绘制图形

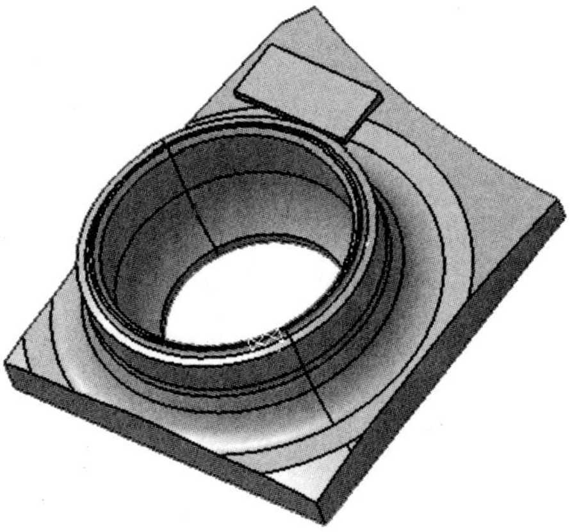

图 3.4.74　步骤（9）三维模型

（10）单击“修饰特征”工具栏中的“倒圆角”工具按钮“”，弹出如图“倒圆角定义”对话框，选择如图 3.4.75 所示的边作为需要倒圆角的曲线。

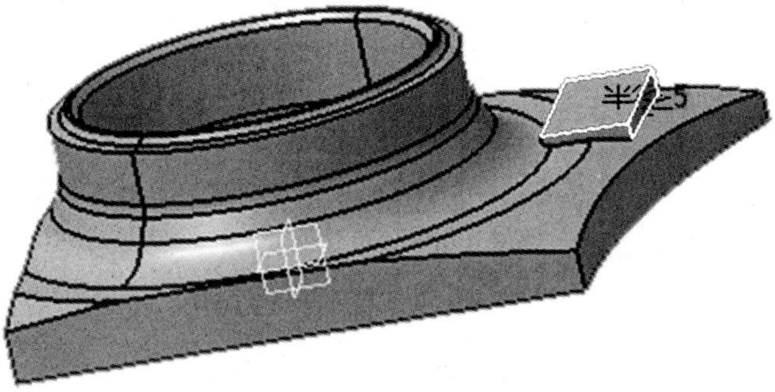

图 3.4.75　选择需要倒圆角的曲线

（11）设定倒圆角的半径为 5 mm，单击“倒圆角定义”对话框中的“确定”按钮，完成对本条曲线倒圆角的定义。

（12）单击“修饰特征”工具栏中的“倒圆角”工具按钮“”，弹出如图“倒圆角定义”对话框，选择如图 3.4.76 所示的边作为需要倒圆角的曲线。

（13）设定倒圆角的半径为 5 mm，单击“倒圆角定义”对话框中的“确定”按钮，完成对本条曲线倒圆角的定义。

（14）单击“修饰特征”工具栏中的“倒圆角”工具按钮“”，弹出“倒圆角定义”对话框，选择如图 3.4.77 所示的边作为需要倒圆角的曲线。

（15）设定倒圆角的半径为 5 mm，单击“倒圆角定义”对话框中的“确定”按钮，完成对本条曲线倒圆角的定义。

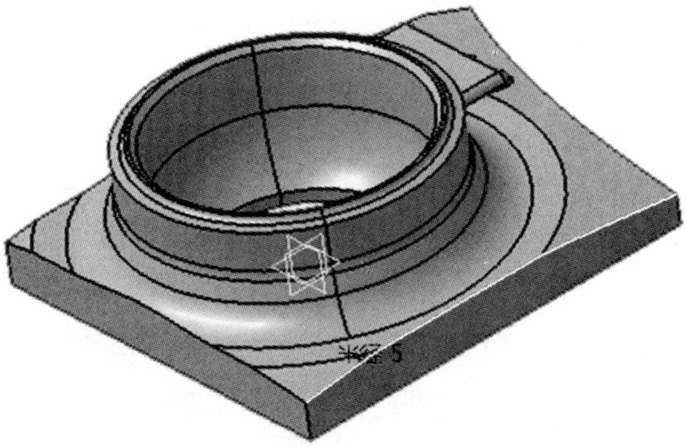

图 3.4.76　选择需要倒圆角的曲线

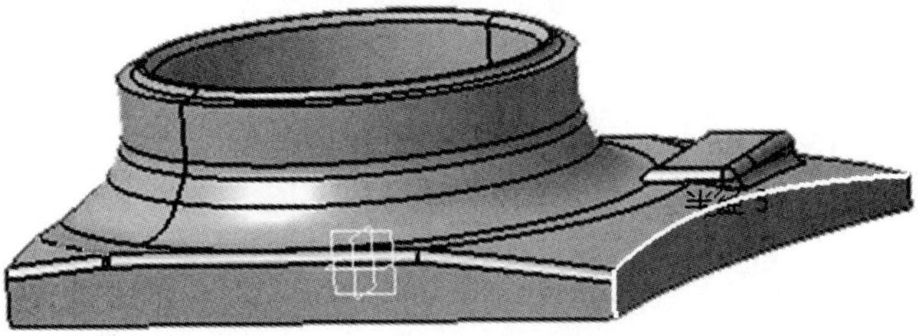

图 3.4.77　选择需要倒圆角的曲线

（16）单击“修饰特征”工具栏中的“倒圆角”工具按钮“”，弹出“倒圆角定义”对话框，选择如图 3.4.78 所示的边作为需要倒圆角的曲线。

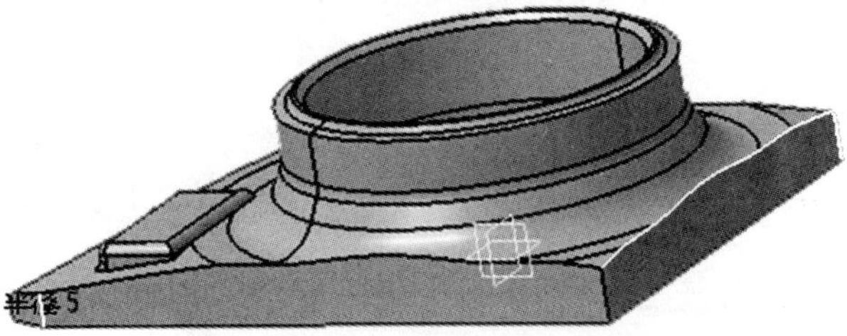

图 3.4.78　选择需要倒圆角的曲线

（17）设定倒圆角的半径为 5 mm，单击“倒圆角定义”对话框中的“确定”按钮，完成对本条曲线倒圆角的定义，得到横梁连接件。

横梁上还有较多的连接件，这里仅介绍了其中两个比较主要的零件。需要说明的是，这里所涉及的尺寸和实际尺寸有一定的差异，仅供读者借鉴。

3.4.4　纵向连接梁相关零件的三维建模

纵向连接梁和侧梁一样，也是由许多的钣金件相焊接而成的。下面介绍其中比较有代表性的一些钣金件的三维建模方法。

1. 纵向连接梁钣金件 1 的三维建模

（1）打开 CATIA 软件，新建一个 Part 文件，并命名为“zongxianglianjieliang1”。

（2）单击菜单栏中的“开始”→“机械设计”→“Generative Sheetmetal Design”进入钣金设计工作台。

（3）单击“Walls”工具栏中的“Sheet Metal Parameters”工具按钮“”，弹出“Sheet Metal Parameters”对话框，如图 3.4.4 所示。

（4）在“Sheet Metal Parameters”对话框中的“Thickness”文本框中设置钣金壁的厚度为 14 mm，单击“确定”按钮。

（5）单击“Walls”工具栏上的“Extrusion”命令按钮“”，弹出“Extrusion Definition”对话框，如图 3.4.6 所示，单击对话框中的“Profile”选项区域后的“”按钮，单击选择 yz 平面进入草图设计工作台。

（6）在草图设计工作台中绘制如图 3.4.79 所示的图形。

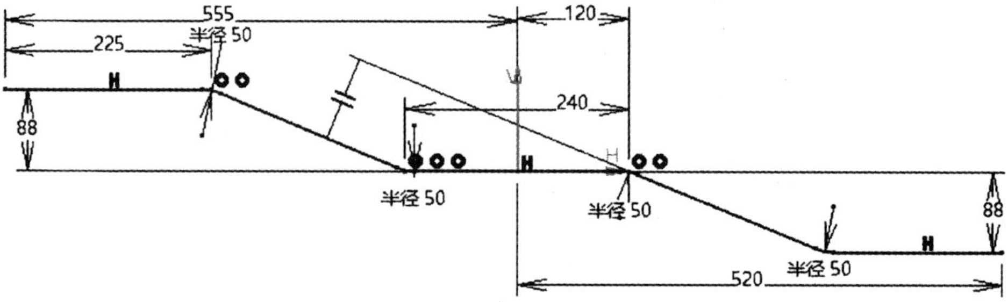

图 3.4.79　步骤（6）绘制图形

（7）单击“退出工作台”工具按钮“”，在“Extrusion Definition”对话框中的“Limit 1 dimension”后的文本框中输入 340 mm，单击“确定”按钮，得到如图 3.4.80 所示的钣金壁。

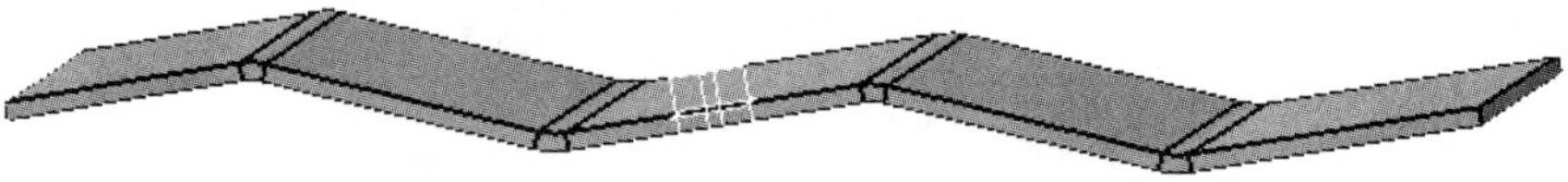

图 3.4.80　步骤（7）得到的钣金壁

（8）单击“Bending”工具栏中的“Unfolding”工具按钮“”，弹出如图 3.4.7 所示的“Unfolding Definition”对话框，单击对话框中的“Reference Face”文本框后，单击选中上一步所得到的钣金壁的中间平面，单击“Unfolding Definition”对话框中的“Select All”按钮后单击“确定”按钮，将上一步所得到三维弯曲的钣金壁展开，得到的二维钣金壁如图 3.4.81 所示。

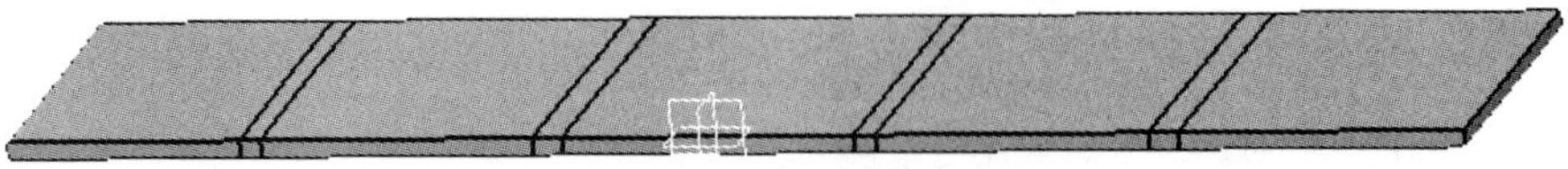

图 3.4.81　步骤（8）二维钣金壁

（9）单击“Cutting/Stamping”工具栏中的“Cut Out”工具按钮“”，弹出如图 3.4.9 所示的“Cutout Definition”对话框，单击对话框中“Profile”选项区域中的“”，单击选择之前展平钣金壁时所选择的钣金壁的平面，进入草绘工作台。

（10）在展平的钣金壁上绘制如图 3.4.82 所示的二维图形。

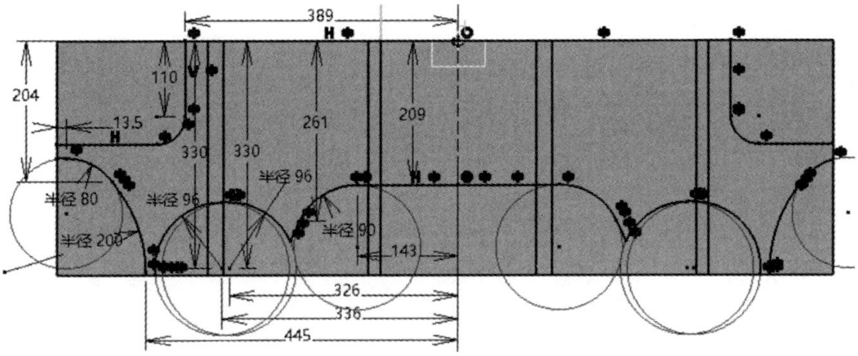

图 3.4.82 步骤（10）绘制二维图形

（11）单击“退出工作台”工具按钮“”，退出草图设计工作台。单击“Cutout Definition”对话框中的“预览”按钮，若显示的是将上一步所绘制的截面图形里面的材料给挖去了，则单击“Cutout Definition”对话框中的“Reverse Side”按钮后单击“确定”按钮；若显示的是保留下了上一步所绘制的二维图形中的部分，则直接单击“确定”按钮完成对于钣金的切削，得到如图 3.4.83 所示的二维平面钣金。

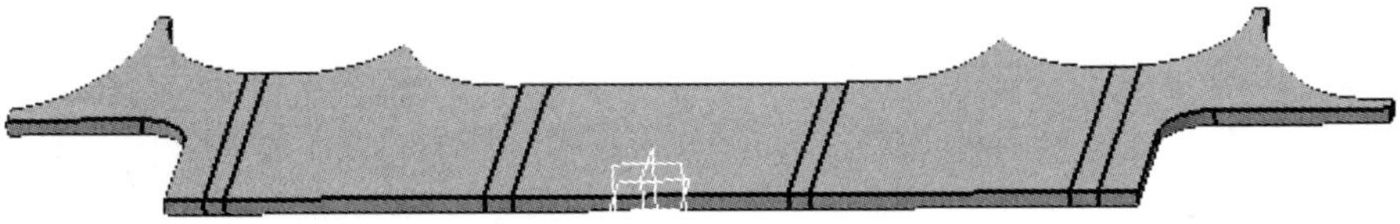

图 3.4.83 步骤（11）二维平面钣金

（12）单击“Cutting/Stamping”工具栏中的“Cut Out”工具按钮“”，弹出如图 3.4.9 所示的“Cutout Definition”对话框，单击对话框中“Profile”选项区域中的“”，单击选择之前展平钣金壁时所选择的钣金壁的平面，进入草绘工作台。

（13）在展平的钣金壁上绘制如图 3.4.84 所示的二维图形。

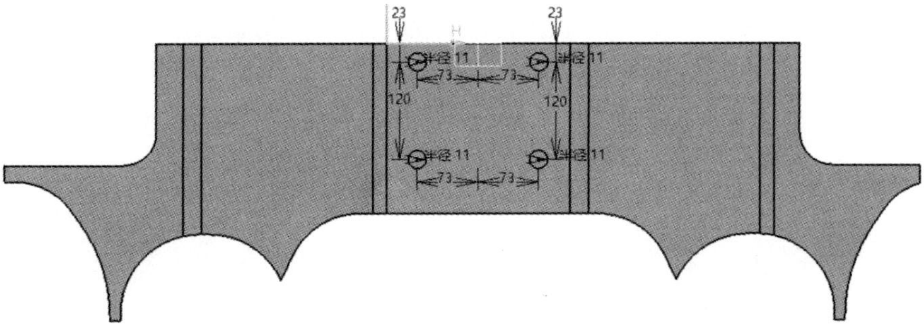

图 3.4.84 步骤（13）绘制二维图形

（14）单击“Cutting/Stamping”工具栏中的“Chamfer”工具按钮“”，弹出如图 3.4.10 所示的“Chamfer”对话框，在对话框中设置倒角的方式为“Length 1/Angle”，并设置“Length 1”的值为 6.5 mm，“Angle”的值为 30°。

（15）单击选择如图 3.4.85 所示的边为需要倒圆角的边后，单击“确定”按钮得完成倒角的二维钣金壁。

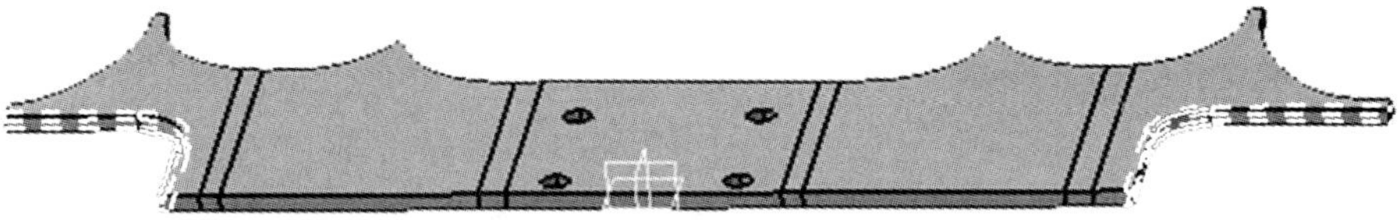

图 3.4.85　选择需要倒圆角的边

（16）单击“Bending”工具栏中的“Unfolding”工具按钮“”右下角的黑色倒三角，单击选择“Folding”工具按钮“”，弹出如图 3.4.8 所示的“Folding Definition”对话框。

（17）单击选择之前展开时所选择的钣金壁的下凹面后，单击“Folding Definition”对话框中的“Select All”按钮，单击“确定”按钮，得到如图 3.4.86 所示的钣金件。

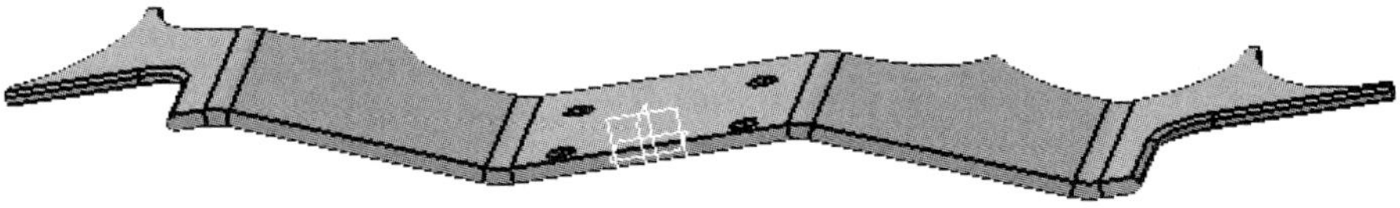

图 3.4.86　步骤（17）钣金件

（18）单击“Cutting/Stamping”工具栏中的“Chamfer”工具按钮“”，弹出如图 3.4.10 所示的“Chamfer”对话框，在对话框中设置倒角的方式为“Length 1/Angle”，并设置“Length 1”的值为 12 mm，“Angle”的值为 45°。

（19）单击选择如图 3.4.87 所示的边为需要倒圆角的边后，单击“确定”按钮得完成倒角的三维钣金壁。

图 3.4.87　选择需要倒角的边

（20）单击“Cutting/Stamping”工具栏中的“Chamfer”工具按钮“”，弹出如图 3.4.10 所示的“Chamfer”对话框，在对话框中设置倒角的方式为“Length 1/Angle”，并设置“Length 1”的值为 12 mm，“Angle”的值为 45°。

（21）单击选择如图 3.4.88 所示的边为需要倒圆角的边后，单击“确定”按钮，得到完成倒角的三维钣金壁，同时完成该零件的三维建模。

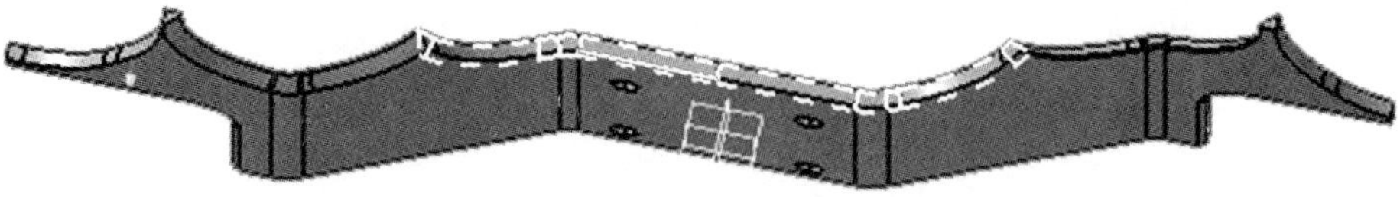

图 3.4.88　选择需要倒圆角的边

2. 纵向连接梁钣金件 2 的三维建模

（1）打开 CATIA 软件，新建一个 Part 文件，并命名为“zongxianglianjieliang1”。

（2）单击菜单栏中的“开始”→“机械设计”→“Generative Sheetmetal Design”进入钣金设计工作台。

（3）单击“Walls”工具栏中的“Sheet Metal Parameters”工具按钮“”，弹出“Sheet Metal

Parameters”对话框，如图 3.4.4 所示。

（4）在“Sheet Metal Parameters”对话框中的“Thickness”文本框中设置钣金壁的厚度为 14 mm，单击“确定”按钮。

（5）单击“Walls”工具栏上的“Extrusion”命令按钮“”，弹出“Extrusion Definition”对话框，如图 3.4.6 所示，单击对话框中的“Profile”选项区域后的“”按钮，单击选择 yz 平面进入草图设计工作台。

（6）在草图设计工作台中绘制如图 3.4.89 所示的图形。

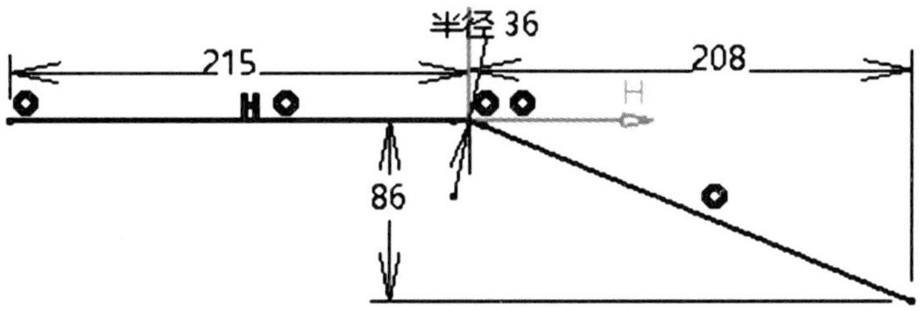

图 3.4.89 步骤（6）绘制图形

（7）单击“退出工作台”工具按钮“”，在“Extrusion Definition”对话框中的“Limit 1 dimension”后的文本框中输入 301 mm，单击“确定”按钮，得到如图 3.4.90 所示的钣金壁。

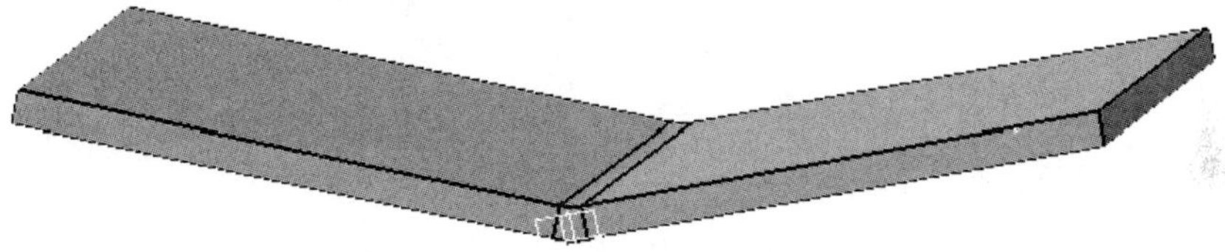

图 3.4.90 步骤（7）钣金壁

（8）单击“Bending”工具栏中的“Unfolding”工具按钮“”，弹出如图 3.4.7 所示的“Unfolding Definition”对话框，单击对话框中的“Reference Face”文本框后，单击选中上一步所得到的钣金壁的一个平面，单击“Unfolding Definition”对话框中的“Select All”按钮后单击“确定”按钮，将上一步所得到三维弯曲的钣金壁展开，得到的二维钣金壁如图 3.4.91 所示。

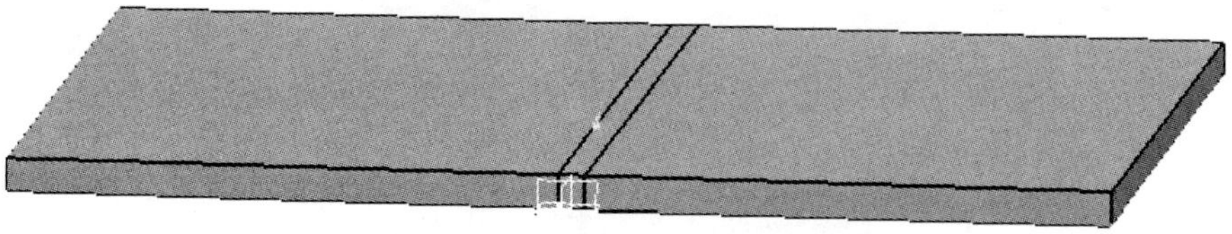

图 3.4.91 步骤（8）二维钣金壁

（9）单击“Cutting/Stamping”工具栏中的“Cut Out”工具按钮“”，弹出如图 3.4.9 所示的“Cutout Definition”对话框，单击对话框中“Profile”选项区域中的“”，单击选择之前展平钣金壁时所选择的钣金壁平面，进入草绘工作台。

（10）在展平的钣金壁的绘制如图 3.4.92 所示的二维图形。

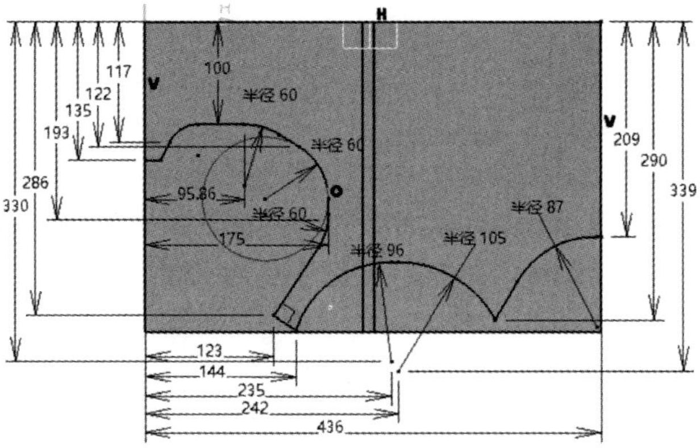

图 3.4.92　步骤（10）绘制二维图形

（11）单击“退出工作台”工具按钮“”，退出草图设计工作台。单击“Cutout Definition”对话框中的“预览”按钮，若显示的是将上一步所绘制的截面图形里面的材料给挖去了，则单击“Cutout Definition”对话框中的“Reverse Side”按钮后单击“确定”按钮；若显示的是保留下了上一步所绘制的二维图形中的部分，则直接单击“确定”按钮完成对于钣金的切削，得到如图 3.4.93 所示的二维平面钣金。

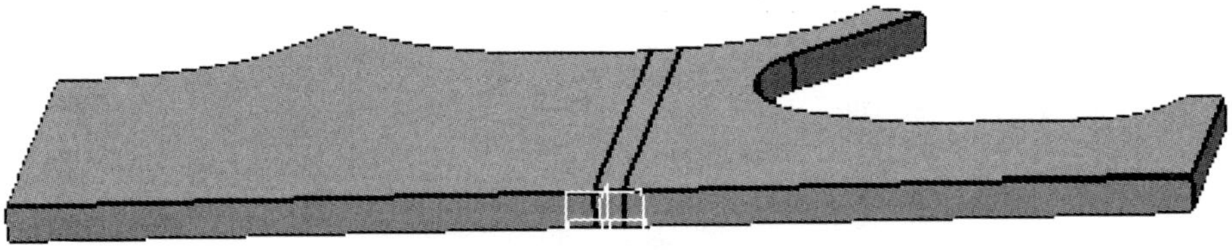

图 3.4.93　步骤（11）二维平面钣金

（12）单击“Bending”工具栏中的“Unfolding”工具按钮“”右下角的黑色倒三角，单击选择“Folding”工具按钮“”，弹出如图 3.4.8 所示的“Folding Definition”对话框。

（13）单击选择之前展开时所选择的钣金壁的下凹面后，单击“Folding Definition”对话框中的“Select All”按钮，单击“确定”按钮，得到如图 3.4.94 所示的钣金件。

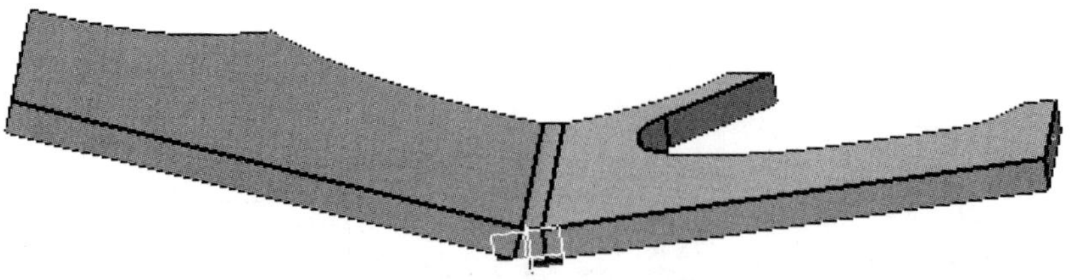

图 3.4.94　步骤（13）钣金件

（14）单击“Cutting/Stamping”工具栏中的“Chamfer”工具按钮“”，弹出如图 3.4.10 所示的“Chamfer”对话框，在对话框中设置倒角的方式为“Length 1/Angle”，并设置“Length 1”的值为 12 mm，“Angle”的值为 45°。

（15）单击选择如图 3.4.95 所示的边为需要倒圆角的边后，单击“确定”按钮，得到完成倒角的二维钣金壁，并完成该钣金壁的三维建模。

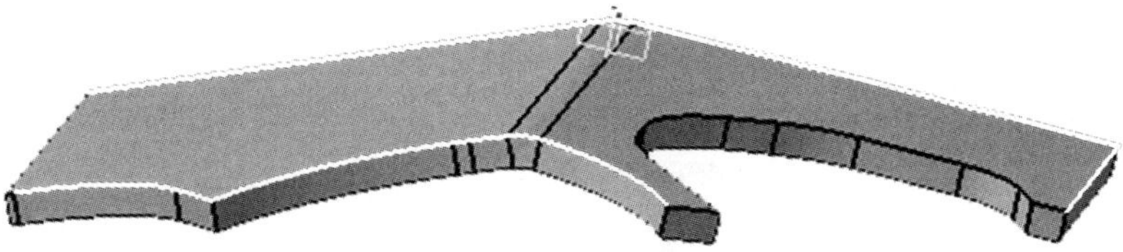

图 3.4.95 选择需倒圆角的边

3. 纵向连接梁钣金件 3 的三维建模

（1）打开 CATIA 软件，新建一个 Part 文件，并命名为“zongxianglianjieliang1”。

（2）单击菜单栏中的“开始”→“▶机械设计”→“Generative Sheetmetal Design”进入钣金设计工作台。

（3）单击“Walls”工具栏中的“Sheet Metal Parameters”工具按钮“”，弹出“Sheet Metal Parameters”对话框，如图 3.4.4 所示。

（4）在“Sheet Metal Parameters”对话框中的“Thickness”文本框中设置钣金壁的厚度为 14 mm，单击“确定”按钮。

（5）单击“Walls”工具栏上的“Extrusion”命令按钮“”，弹出“Extrusion Definition”对话框，如图 3.4.6 所示，单击对话框中的“Profile”选项区域后的“”按钮，单击选择 yz 平面进入草图设计工作台。

（6）在草图设计工作台中绘制如图 3.4.96 所示的图形。

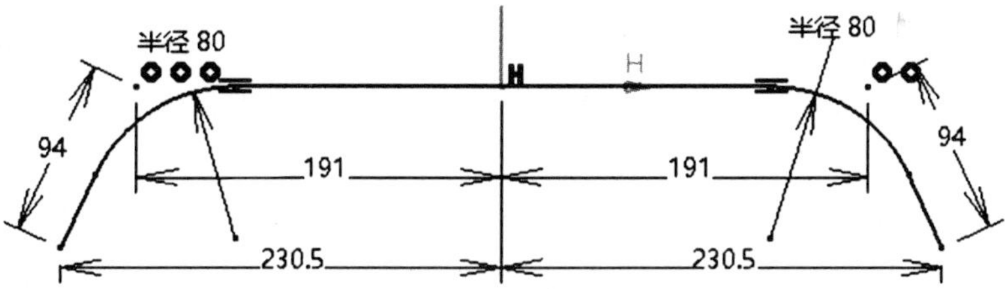

图 3.4.96 步骤（6）绘制图形

（7）单击“退出工作台”工具按钮“”，在“Extrusion Definition”对话框中的“Limit 1 dimension”后的文本框中输入 216 mm，单击“确定”按钮，得到如图 3.4.97 所示的钣金壁。

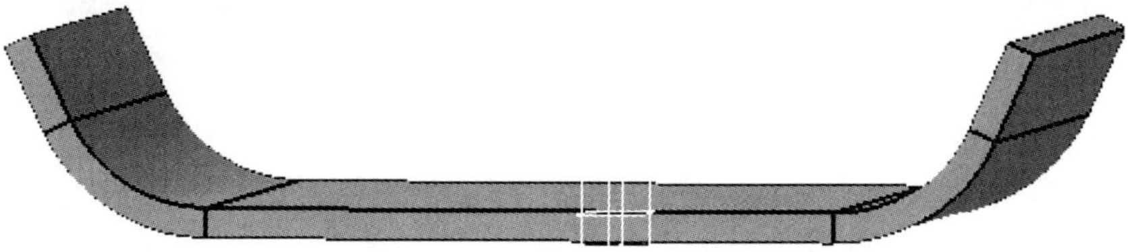

图 3.4.97 步骤（7）钣金壁

（8）单击“Bending”工具栏中的“Unfolding”工具按钮“”，弹出如图 3.4.7 所示的“Unfolding Definition”对话框，单击对话框中的“Reference Face”文本框后，单击选中上一步所得到的钣金壁的下凹的平面，单击“Unfolding Definition”对话框中的“Select All”按钮后单击“确定”按钮，将上一步所得到的三维弯曲的钣金壁展开，得到的二维钣金壁如图 3.4.98 所示。

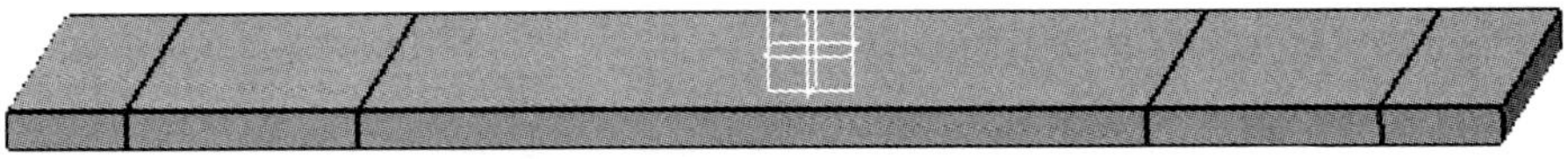

图 3.4.98　步骤（8）钣金壁

（9）单击“Cutting/Stamping”工具栏中的“Cut Out”工具按钮“”，弹出如图 3.4.9 所示的“Cutout Definition”对话框，单击对话框中“Profile”选项区域中的“”，单击选择之前展平钣金壁时所选择的钣金壁平面，进入草绘工作台。

（10）在展平的钣金壁边绘制如图 3.4.99 所示的二维图形。

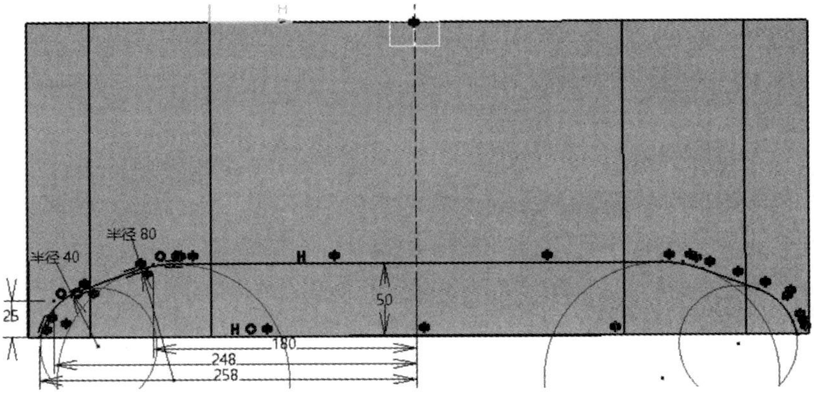

图 3.4.99　步骤（10）绘制图形

（11）单击“退出工作台”工具按钮“”，退出草图设计工作台。单击“Cutout Definition”对话框中的“预览”按钮，若显示的是将上一步所绘制的截面图形里面的材料留下了，则单击“Cutout Definition”对话框中的“Reverse Side”按钮后单击“确定”按钮；若显示的是挖去了上一步所绘制的二维图形中的部分，则直接单击“确定”按钮完成对钣金的切削，得到如图 3.4.100 所示的二维平面钣金。

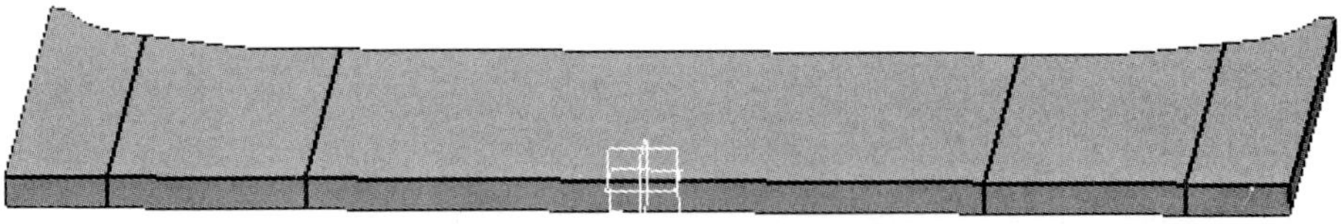

图 3.4.100　步骤（11）钣金

（12）单击“Cutting/Stamping”工具栏中的“Cut Out”工具按钮“”，弹出如图 3.4.9 所示的“Cutout Definition”对话框，单击对话框中“Profile”选项区域中的“”，单击选择之前展平钣金壁时所选择的钣金壁的平面，进入草绘工作台。

（13）在展平的钣金壁上边绘制如图 3.4.101 所示的二维图形。

（14）单击“退出工作台”工具按钮“”，退出草图设计工作台。单击“Cutout Definition”对话框中的“预览”按钮，若显示的是将上一步所绘制的截面图形里面的材料留下了，则单击“Cutout Definition”对话框中的“Reverse Side”按钮后单击“确定”按钮；若显示的是挖去了上一步所绘制的二维图形中的部分，则直接单击“确定”按钮完成对于钣金的切削，得到如图 3.4.102 所示的二维平面钣金。

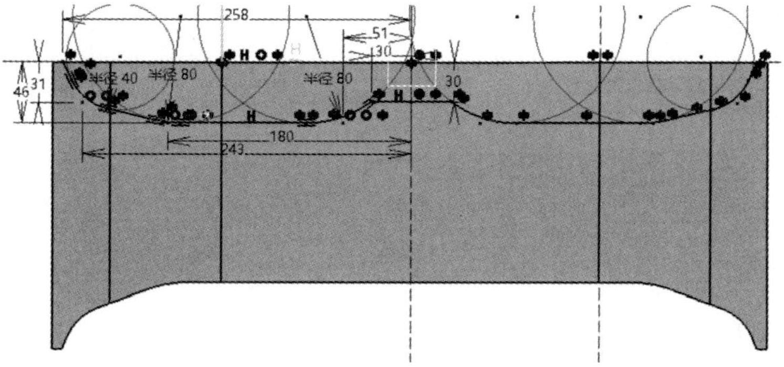

图 3.4.101 步骤（13）绘制图形

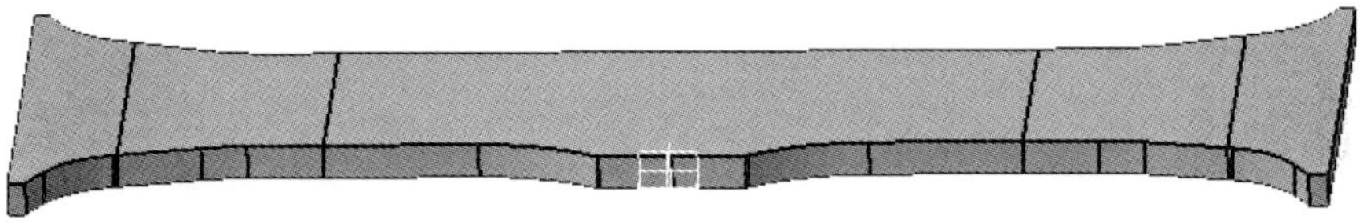

图 3.4.102 步骤（14）平面钣金

（15）单击“Bending”工具栏中的“Unfolding”工具按钮“”右下角的黑色倒三角，单击选择“Folding”工具按钮“”，弹出如图 3.4.8 所示的“Folding Definition”对话框。

（16）单击选择之前展开时所选择的钣金壁的下凹面后，单击“Folding Definition”对话框中的“Select All”按钮，单击“确定”按钮，得到如图 3.4.103 所示的纵向连接梁上的钣金件 3。

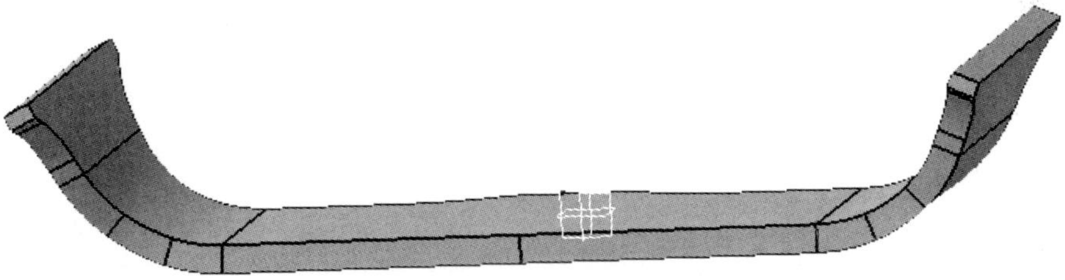

图 3.4.103 钣金件 3

这里仅介绍了 CRH_3 型动车组动车转向架纵向连接梁的几个比较具有代表性的零件的三维建模，需要说明的是，这里所涉及的尺寸和实际尺寸有一定的差异，仅供借鉴。

至此，CRH_3 型动车组动车转向架构架的三维建模就为读者介绍到这里。至于转向架中所包含的一些不具有代表性的零件或者是一些利用常规方法（如旋转、凸台等）就可以建立其三维模型的零件这里并未涉及。并不是这些零件不重要，只是本书侧重于对 CATIA 软件应用方面的介绍，且由于篇幅所限，故将剩下的一些零件包含在本中附件中（见二维码），感兴趣的读者可以根据附件中的尺寸和建模方法进行自学。

3.5 基础制动装置

这里主要介绍转向架上制动盘三维模型的建立。

转向架上的制动盘是在列车制动时，被摩擦制动的部件，在制动的过程中由于摩擦会产生大量的热，且由于经常性摩擦，制动盘的磨损也会相当大。因此，就要求制动盘要具有良好的散热特性及耐磨性。耐磨性主要是通过改善材料来实现的。制动盘的设计就很好地保证了制动盘的散热特性。下面将介绍制动盘三维模型的建立。

3.5.1 模型分析

制动盘的三维模型如图 3.5.1 所示。由图可得，制动盘的主体是由一个个的圆环柱体或圆柱体所组成，其上又加有倒角或倒圆角而生成。对于圆环柱体或圆柱体，应用凸台或旋转命令即可建立起三维模型。对于制动盘中央的螺栓、螺母及制动盘中央的散热柱，只需要建立一个或一组的三维模型，其余的利用阵列命令即可快速地得到。

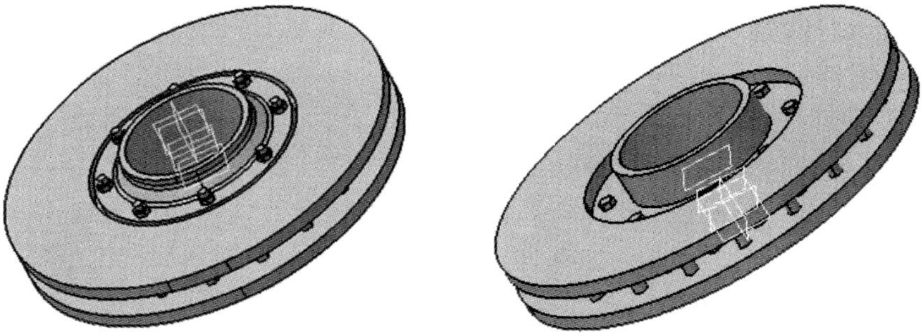

图 3.5.1 制动盘三维模型

3.5.2 建立制动盘三维模型的步骤

（1）打开 CATIA 软件，新建立一个 Part 文件，并命名为“制动盘”。

（2）单击“凸台”工具按钮，选择 xy 平面作为草绘平面，绘制一个以原点为圆心，内圆半径为 98.5 mm，外圆半径为 110 mm 的圆环。

（3）单击“退出工作台”工具按钮，定义凸台的高度为 150 mm，方向为沿 z 轴正方向。

（4）单击“平面”工具按钮，选择 xy 平面为参考平面，沿 z 轴正方向平移 35 mm 的距离创建一个平面。

（5）单击“凸台”工具按钮，选择上一步所建立的平面作为草绘平面，绘制一个内圆半径为 98.5 mm，外圆半径为 167 mm 的圆环。

（6）单击“退出工作台”工具按钮，设定凸台的高度为 22 mm，方向为沿 z 轴正方向，得到如图 3.5.2 所示的模型。

（7）单击“倒角”工具按钮，选择上一步所建立的圆环柱体与第（1）步所建立的圆环柱体的靠近 xy 平面的交线作为“要倒角的对象”，设定倒角的角度为 45°，倒角的长度为 20 mm，其余选项默认，单击“确定”按钮。

（8）单击“倒圆角”工具按钮，选择上一步所建立的倒角与之前建立的两个圆环柱体的交线作为“要倒角的对象”，设定倒角的半径为 10 mm，其余值默认，单击“确定”按钮，得到如图 3.5.3 所示的模型。

图 3.5.2　步骤（6）模型

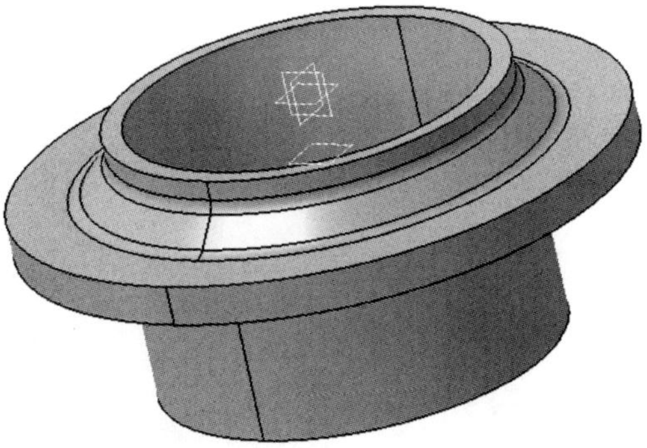

图 3.5.3　步骤（8）模型

（9）单击选择“凸台”工具按钮，选择凸台 2 未倒角的面作为草绘平面，绘制圆半径为 98.5 mm，外圆半径为 125 mm 的圆环。

（10）单击“退出工作台”工具按钮，选择凸台高度为 36 mm，方向为沿 z 轴正方向。

（11）单击选择“凸台”工具按钮，选择凸台 3 的上表面作为草绘平面，绘制内圆半径为 98.5 mm，外圆半径为 113 mm 的圆环。

（12）单击“退出工作台”工具按钮，设定凸台的高度为 57 mm，方向为沿 z 轴的正方向，得到如图 3.5.4 所示的模型。

（13）单击选择“凸台”工具按钮，选择凸台 2 的下表面作为草绘平面，绘制内圆半径为 175 mm，外圆半径为 320 mm 的圆环。

（14）单击“退出工作台”工具按钮，设定凸台的高度为 22 mm，方向为沿 z 轴的正方向，得到如图 3.5.5 所示的模型。

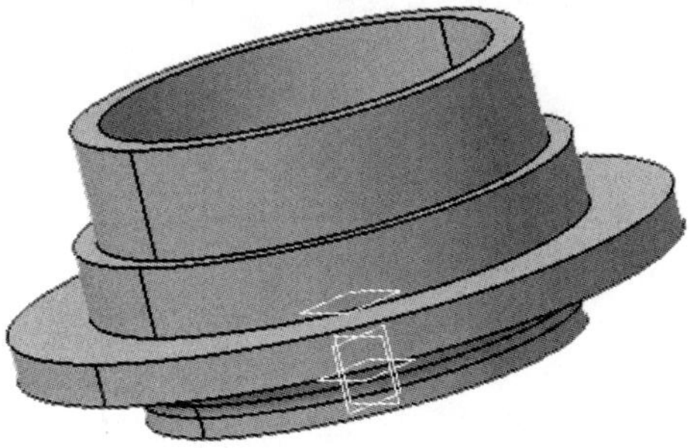

图 3.5.4　步骤（12）模型

图 3.5.5　步骤（14）模型

（15）单击选择“凸台”工具按钮，选择凸台 5 的上表面作为草绘平面，绘制圆心坐标分别为（145 mm，145 mm）、（145 mm，185 mm）和（195 mm，190 mm），直径为 20 mm 的圆。

（16）单击“退出工作台”工具按钮，设定凸台的高度为 36 mm，方向为沿 z 轴正方向，得到如图 3.5.6 所示的模型。

（17）单击“变换特征”工具栏（见图 3.5.7）中的“矩形阵列”工具按钮“”的下三角，弹出“阵列”工具栏，单击选择其中的“圆形阵列”工具按钮“”，弹出“定义圆形阵列”对话框，如图 3.5.8 所示。

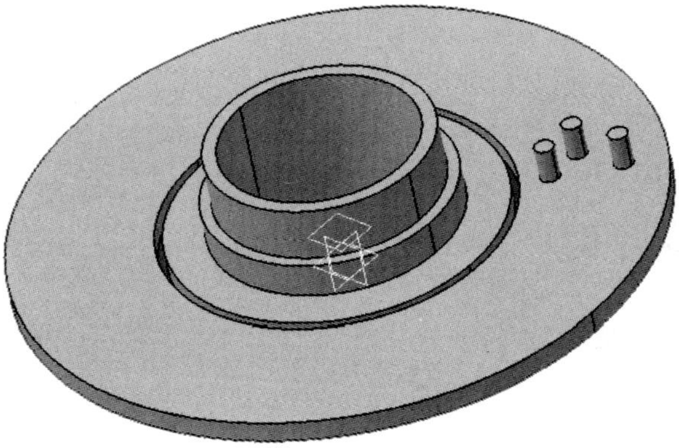

图 3.5.6　步骤（16）模型

图 3.5.7　“变换特征”工具栏

（18）单击“定义圆形阵列”对话框中“参数”后面的倒三角，选择“角度间距和总角度”，修改“角度间距”为 18°，修改“总角度”为 360°，单击“参考元素”后面的文本框后，单击选择凸台 1 的一个圆弧面，在“要阵列的对象”选项区域，单击选择“对象”后面的文本框后，单击选择凸台 6（修改完成后的“定义圆形阵列”对话框，见图 3.5.8），单击“预览”按钮检查所得到的结果是否为需要的结果，若是，则单击“确定”按钮，完成阵列特征的创建，得到如图 3.5.9 所示的模型。

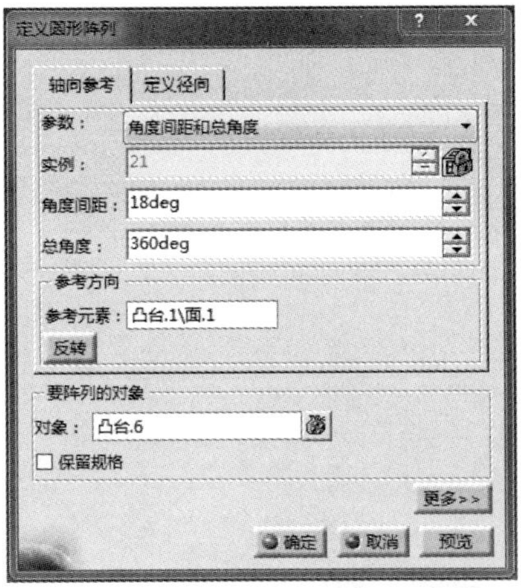

图 3.5.8　“定义圆形阵列”对话框

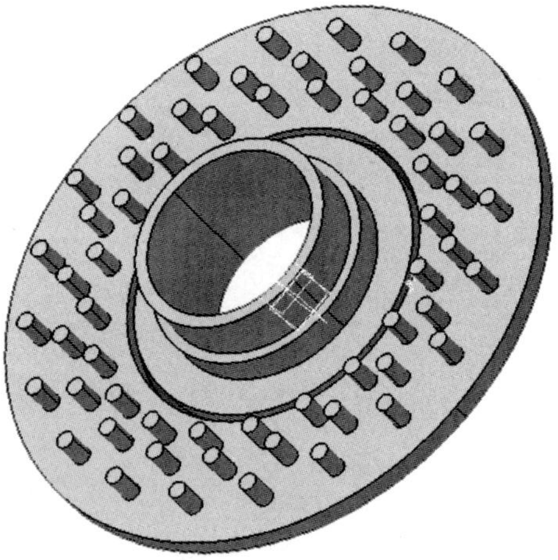

图 3.5.9　步骤（18）模型

（19）单击选择“凸台”工具按钮，选择凸台 5 的上表面作为草绘平面，绘制内圆半径为 125 mm，外圆半径为 175 mm 的圆环。

（20）单击“退出工作台”工具按钮，设置凸台的高度为 36 mm，方向为沿 z 轴正方向，单击“确定”按钮，得到如图 3.5.10 所示的模型。

（21）单击选择“平面”工具按钮，选择凸台 5 的上表面作为参考平面，创建新平面距离凸台 5 的上表面沿 z 轴向上平移 18 mm 的平面。

（22）单击选择“变换特征”工具栏中的“镜像”工具按钮“”，弹出“定义镜像”对话框，如图 3.5.11 所示。

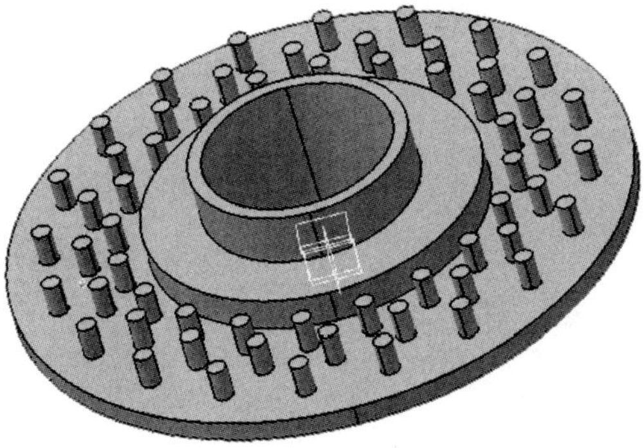

图 3.5.10 步骤（20）模型

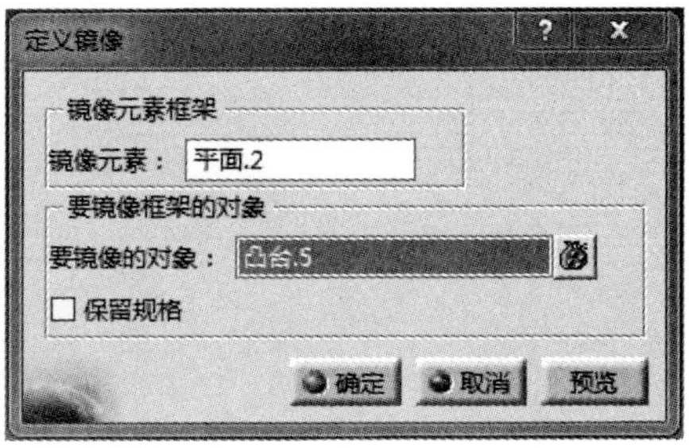

图 3.5.11 “定义镜像”对话框

（23）单击“镜像元素”后面的文本框，单击选择平面 2 作为镜像元素，单击“要镜像的对象”后面的文本框，单击选择凸台 5 作为“要镜像的对象”，如图 3.5.11 所示，单击“确定”按钮，得到如图 3.5.12 所示的模型。

（24）单击选择“凸台”工具按钮，选择凸台 7 的上表面作为草绘平面，绘制圆心坐标为（0 mm，148 mm），半径为 7.5 mm 的圆。

（25）单击“退出工作台”工具按钮，定义凸台的高度为 78 mm，方向为沿 z 轴向下。

（26）单击“凸台”工具按钮，选择凸台 7 的上表面作为草绘平面，绘制外接圆圆心坐标为（0 mm，148 mm），外切圆直径为 25 mm 的正六边形。

（27）单击“退出工作台”工作按钮，设定凸台的高度为 9 mm，方向为沿 z 轴向上，得到如图 3.5.12 所示的模型。

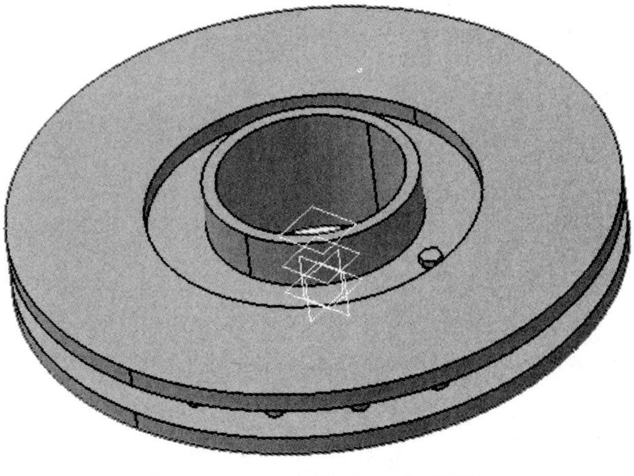

图 3.5.12 步骤（27）模型

（28）单击“凸台”工具按钮，选择凸台 2 的下表面作为草绘平面，绘制外接圆的圆心凸台 8 的圆心重合，外界圆的直径为 25 mm 的正六边形。

（29）单击“退出工作台”工具按钮，设定凸台的高度为 9 mm，方向为沿 z 轴向下，单击“确定”按钮，得到如图 3.5.13 所示的模型。

（30）单击“倒圆角”工具按钮，选择凸台 9 和凸台 10 的除了在凸台 2 和凸台 7 上的边外所有的边作为“要圆角化的对象”，设定“半径”值为 1 mm，单击“确定”按钮。

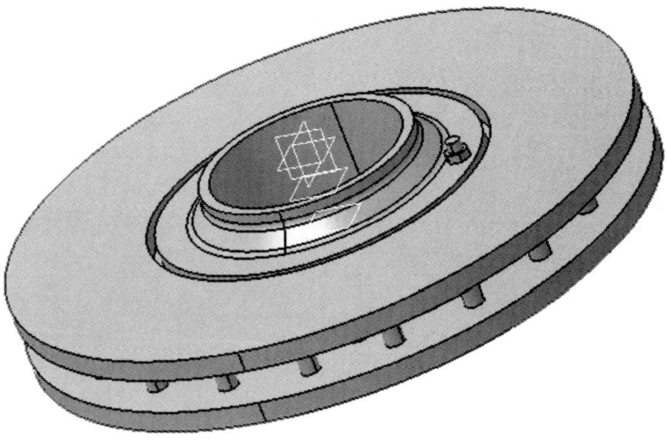

图 3.5.13　步骤（29）模型

（31）单击选择“圆形整列”工具按钮，设定“参数”为“实例和总角度”，设定“实例”为 9，设定“总角度”为 360°，设定要整列的对象为凸台 8、凸台 9、凸台 10 和倒圆角 2，设定参考元素为凸台 1 的一个曲面。

（32）单击“确定”按钮，即可得到如图 3.5.1 所示的制动盘的三维模型。

3.5.3　小　结

其实有些零部件看起来较简单，但是真正开始建立其模型时却会发现其实还是有一定的难度。就像本小节介绍的制动盘，看似草草几个图形，其实其中“别有一番天地”，因此不管看似多么简单的零件都不能大意对待，认真做好每一步才是我们应该做的！

3.6　空气弹簧

空气弹簧是在一个密封的容器中充入压缩空气，利用气体可压缩性实现其弹性作用。空气弹簧具有较理想的非线性弹性特性，加装高度调节装置后，车身高度不随载荷增减而变化，弹簧刚度可设计得较低，乘坐舒适性好。相比金属弹簧，空气弹簧有着优良的弹性，且能随负荷的变化进行空气压力的调整，极大地改善了列车在行驶过程中的舒适性。同时，空气弹簧能够很好地隔绝高频率的振动，增强乘坐的舒适感并减少噪声，增加零件的使用周期。

本节以 CTH_3 型动车组动车转向架上的驱动电机为例来介绍空气弹簧建模的方法。空气弹簧是由一系列的零件组装而成的，这里只介绍空气弹簧上单个零件建模的方法，对于空气弹簧的装配见 4.3 节。

3.6.1　模型分析

空簧的三维爆炸图和装配图如图 3.6.1 和图 3.6.2 所示。可以看到，空簧是由若干的零件装配而成的，其中对于每个零件的建模方法都不是非常复杂，大都用到了之前所学的凸台、旋转、凹槽、孔及阵列等命令，不同的是，其中所包含的个别零件的截面图可能会比较复杂，因此，需要耐心地将每一个零件的草图画出来。下面将逐个介绍每个零件的建模方法。

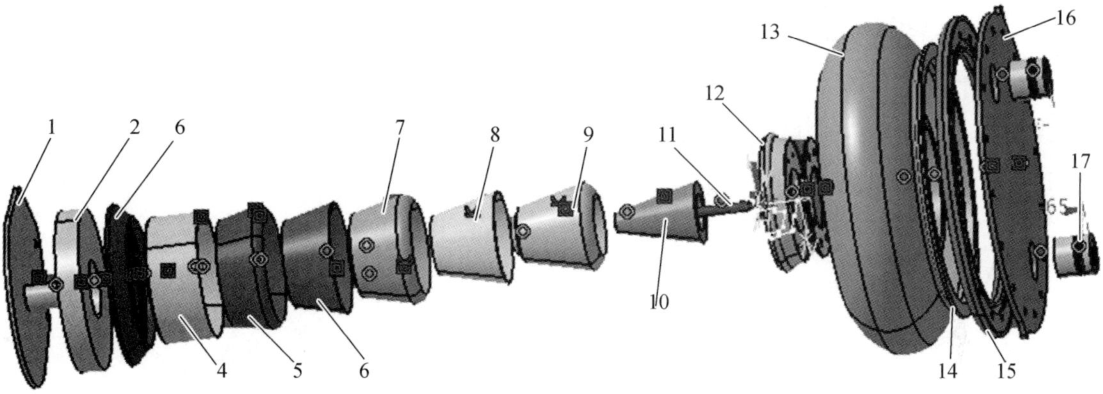

图 3.6.1 空簧三维爆炸图

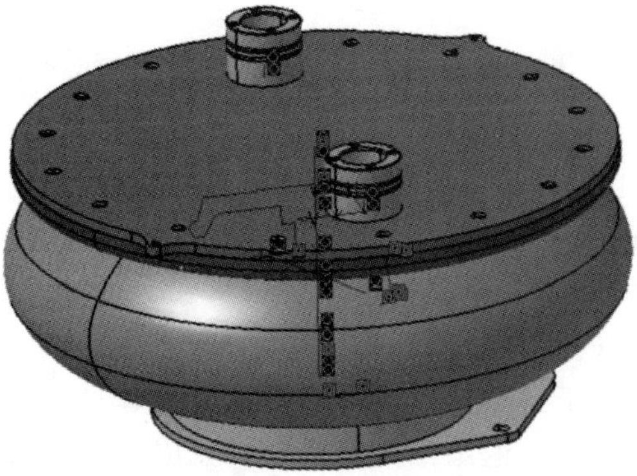

图 3.6.2 空簧装配图

3.6.2 零件 1 的建模方法

（1）打开 CATIA，新建立一个 Part 文件，并命名为“零件 1”。

（2）单击“基于草图的特征”工具栏中的“凸台”工具按钮“”，弹出“定义凸台”对话框，单击“定义凸台”对话框中的“”工具按钮，选择 xy 平面作为草绘平面，进入草绘工作台。

（3）在 xy 平面上绘制如图 3.6.3 所示的底托上托板的界面图形。

（4）单击“退出工作台”工具按钮“”，在“定义凸台”对话框中设定凸台的长度为 10 mm，单击“定义凸台”对话框中的“确定”按钮，得到如图 3.6.4 所示的三维模型。

（5）单击“基于草图的特征”工具栏中的“凸台”工具按钮“”，弹出“定义凸台”对话框，单击“定义凸台”对话框中的“”工具按钮，选择 xy 平面作为草绘平面，进入草绘工作台。

（6）在 xy 平面上绘制和半径为 190 mm 的圆弧同心的半径为 29 mm 的圆。

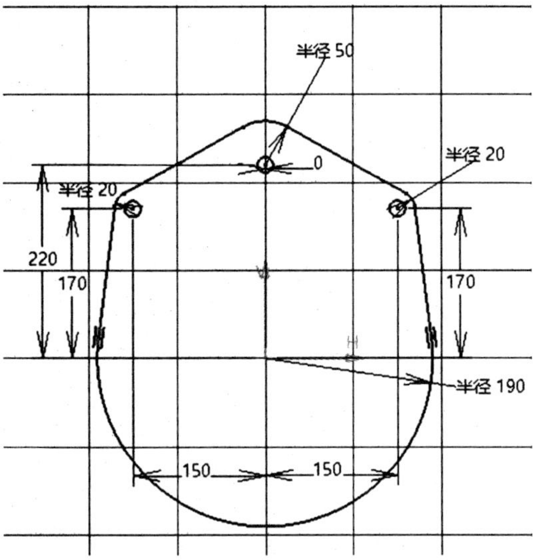

图 3.6.3　步骤（3）绘制图形

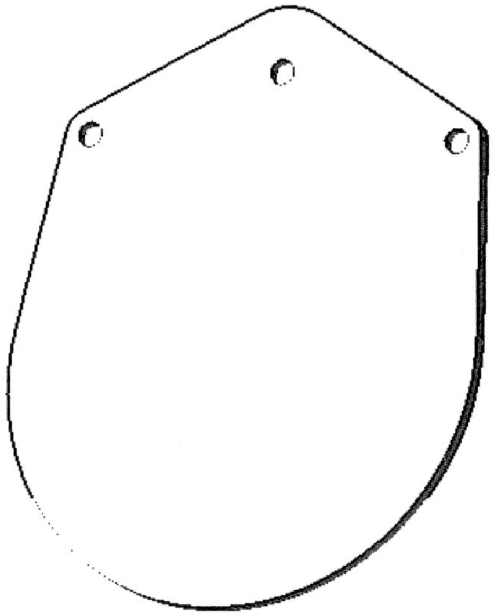

图 3.6.4　步骤（4）三维模型

（7）单击“退出工作台”工具按钮“”，在“定义凸台”对话框中设定凸台的长度为 80 mm，方向为与上一步凸台拉伸方向相反的方向，单击“定义凸台”对话框中的“确定”按钮，完成此步凸台的创建。

（8）单击“基于草图的特征”工具栏中的“凹槽”工具按钮“”，弹出“定义凹槽”对话框，单击选择“定义凹槽”对话框中的“”按钮，选择上一步凸台的上表面作为草绘平面，绘制和上步凸台同心的半径为 9 mm 的圆。

（9）单击“退出工作台”工具按钮“”在“定义凹槽”对话框中设定凹槽的类型为“直到下一个”，单击“确定”按钮，退出凹槽对话框，完成此步凹槽特征的创建。

（10）单击“修饰特征”工具栏中的“倒角”工具按钮“”，弹出“倒角定义”对话框，选择第（6）步所得到的圆形凸台的上端面的边为需要倒角的边。

（11）设定倒角模式为“长度 1/角度”，“长度 1”为 5 mm，“角度”为 45°，选择第（7）步得到的凸台的上端面的圆形边界为需要倒角的边，单击“倒角定义”对话框中的“确定”按钮，完成对本条曲线倒角的定义。得到如图 3.6.5 所示的零件 1 的三维模型。

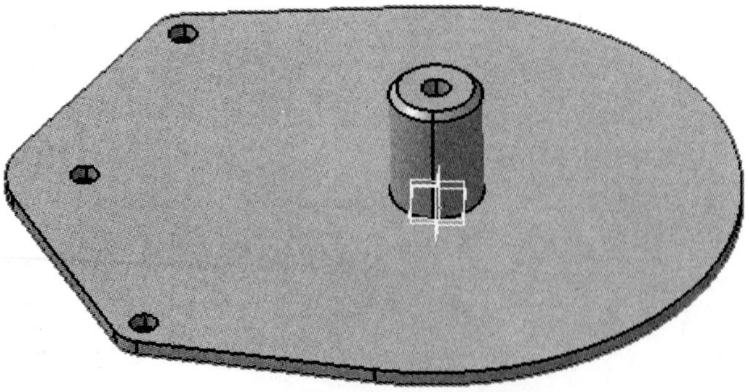

图 3.6.5　零件 1 三维模型

3.6.3　零件 2 的建模方法

（1）新建立一个 Part 文件，并命名为“零件 2”。

（2）单击“基于草图的特征”工具栏中的“凸台”工具按钮“”，弹出“定义凸台”对话框，单击“定义凸台”对话框中的“”工具按钮，选择 xy 平面作为草绘平面，进入草绘工作台。

（3）在 xy 平面上绘制半径分别为 62 mm 和 172 mm 的同心圆。

（4）单击“退出工作台”工具按钮“”，在“定义凸台”对话框中设定凸台的长度为 50 mm，单击“定义凸台”对话框中的“确定”按钮，得到如图 3.6.6 所示的零件 2 的三维模型。

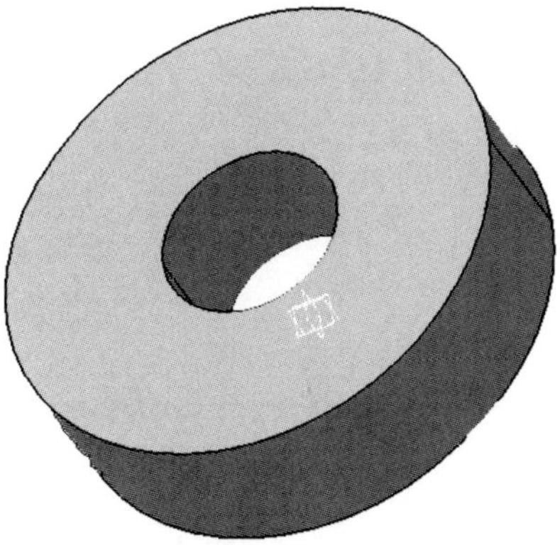

图 3.6.6　零件 2 三维模型

3.6.4　零件 3 的建模方法

（1）新建立一个 Part 文件，并命名为“零件 3”。

（2）单击“基于草图的特征”工具栏中的“旋转”工具按钮“”，选择 yz 平面作为草绘平面，绘制如图 3.6.7 所示的二维旋转图形。

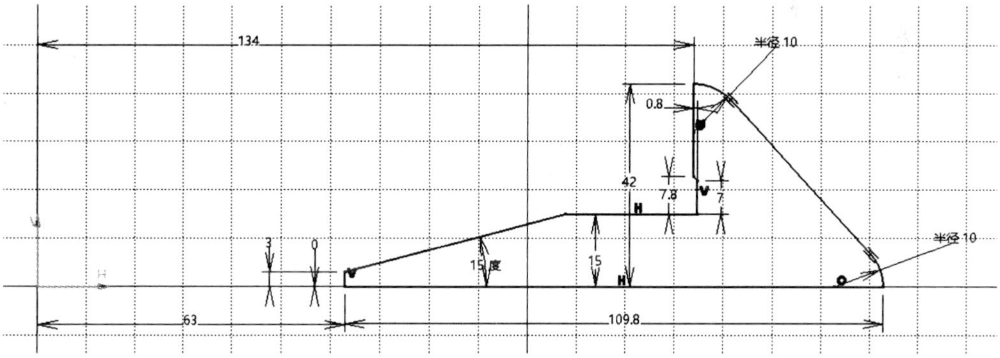

图 3.6.7　二维旋转图形

（3）单击“退出工作台”工具按钮“”，在“定义旋转体”对话框中的“轴线”选项区域的“选择”文本框中右击选择 z 轴作为旋转的轴线，单击“确定”按钮，得到如图 3.6.8 所示的零件 3 的三维模型。

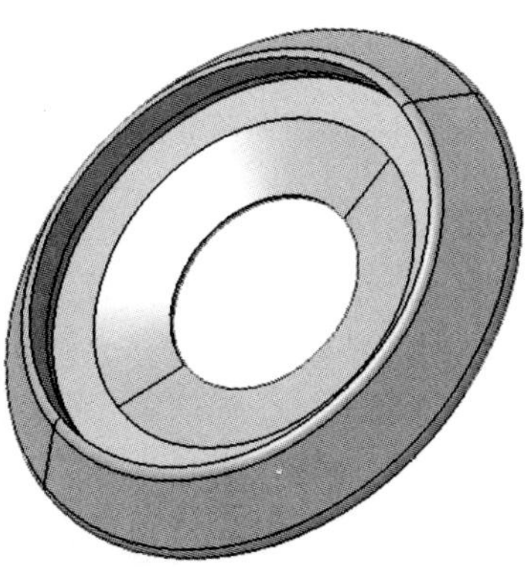

图 3.6.8　零件 3 三维模型

3.6.5　零件 4 的建模方法

（1）新建立一个 Part 文件，并命名为“零件 4”。

（2）单击“基于草图的特征”工具栏中的“旋转”工具按钮“”，选择 yz 平面作为草绘平面，绘制如图 3.6.9 所示

的二维旋转图形。

（3）单击“退出工作台”工具按钮“”，在“定义旋转体”对话框中的“轴线”选项区域的“选择”文本框中右击选择 z 轴作为旋转的轴线，单击“确定”按钮，完成对旋转特征的创建。

（4）单击“修饰特征”工具栏中的“倒角”工具按钮“”，弹出“倒角定义”对话框，选择如图 3.6.10 所示的边为需要倒角的边。

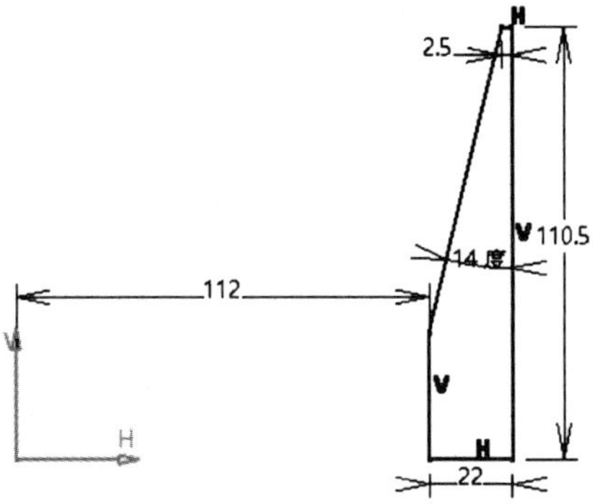

图 3.6.9　绘制二维图形

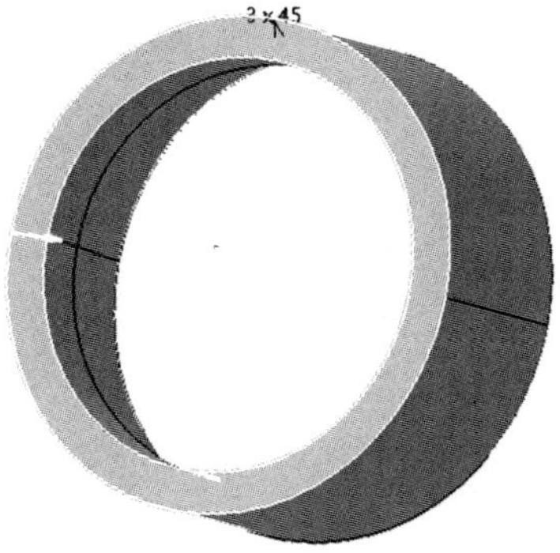

图 3.6.10　选择需要倒角的边

（5）设定倒角模式为“长度 1/角度”，“长度 1”为 3 mm，“角度”为 45°，选择需要倒角的边，单击“倒角定义”对话框中的“确定”按钮，完成对倒角的定义，得到零件 4 的三维模型。

3.6.6　零件 5 的建模方法

（1）新建立一个 Part 文件，并命名为“零件 5”。

（2）单击“基于草图的特征”工具栏中的“旋转”工具按钮“”，选择 yz 平面作为草绘平面，绘制如图 3.6.11 所示的二维旋转图形。

（3）单击“退出工作台”工具按钮“”，在“定义旋转体”对话框中的“轴线”选项区域的“选择”文本框中右击，选择 z 轴作为旋转的轴线，单击“确定”按钮，得到如图 3.6.12 所示的零件 5 的三维模型。

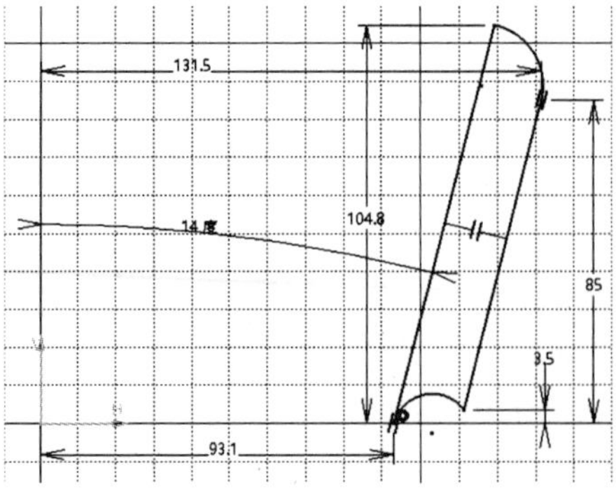

图 3.6.11　绘制二维图形

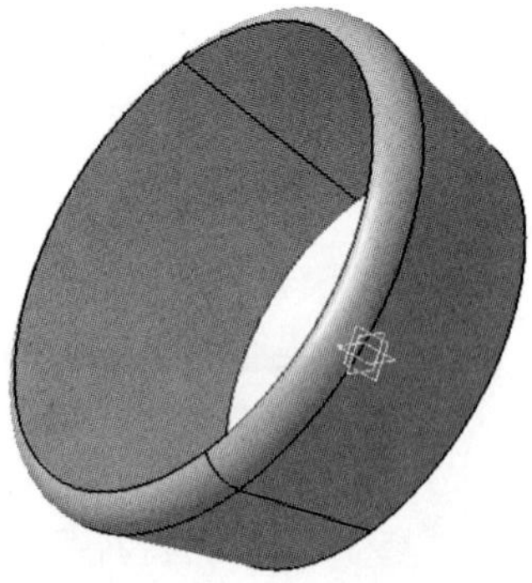

图 3.6.12　零件 5 三维模型

3.6.7 零件 6 的建模方法

（1）新建立一个 Part 文件，并命名为“零件 6”。

（2）单击“基于草图的特征”工具栏中的“旋转”工具按钮“ ”，选择 yz 平面作为草绘平面，绘制如图 3.6.13 所示的二维旋转图形。

（3）单击“退出工作台”工具按钮“ ”，在“定义旋转体”对话框中的“轴线”选项区域的“选择”文本框中右击，选择 z 轴作为旋转的轴线，单击“确定”按钮，得到如图 3.6.14 所示的零件 6 的三维模型。

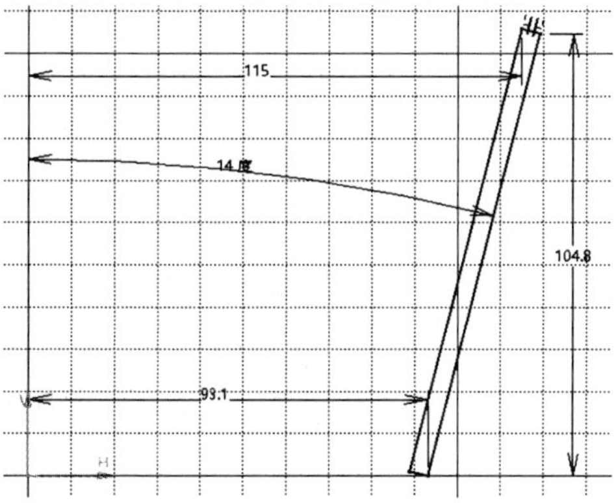

图 3.6.13　绘制二维图形

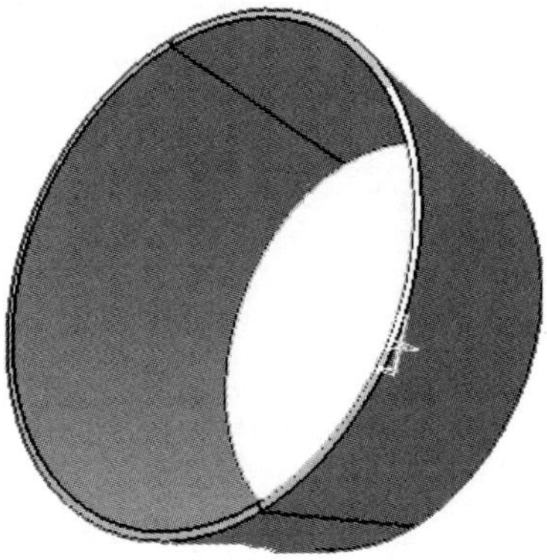

图 3.6.14　零件 6 三维模型

3.6.8 零件 7 的建模方法

（1）新建立一个 Part 文件，并命名为“零件 7”。

（2）单击“基于草图的特征”工具栏中的“旋转”工具按钮“ ”，选择 yz 平面作为草绘平面，绘制如图 3.6.15 所示的二维旋转图形。

（3）单击“退出工作台”工具按钮“ ”，在“定义旋转体”对话框中的“轴线”选项区域的“选择”文本框中右击，选择 z 轴作为旋转的轴线，单击“确定”按钮，得到如图 3.6.16 所示的零件 7 的三维模型。

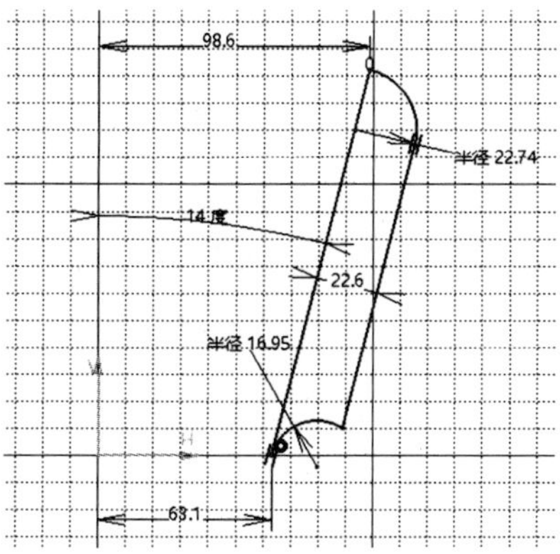

图 3.6.15　绘制二维图形

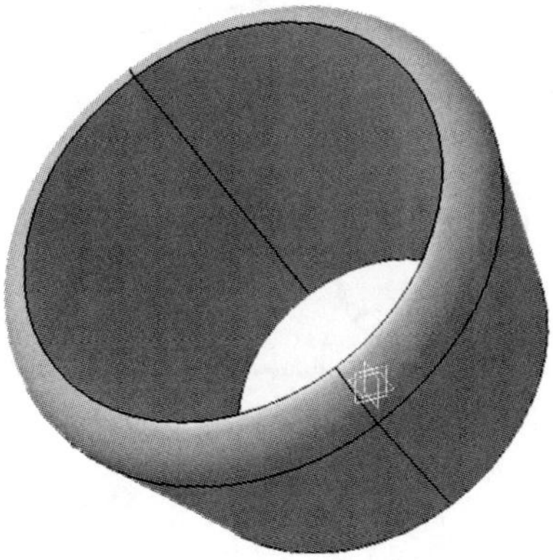

图 3.6.16　零件 7 三维模型

3.6.9 零件 8 的建模方法

（1）新建立一个 Part 文件，并命名为“零件 8”。

（2）单击“基于草图的特征”工具栏中的“旋转”工具按钮“ ”，选择 yz 平面作为草绘平面，绘制如图 3.6.17 所示的二维旋转图形。

（3）单击“退出工作台”工具按钮“ ”，在“定义旋转体”对话框中的“轴线”选项区域的“选择”文本框中右击，选择 z 轴作为旋转的轴线，单击“确定”按钮，得到如图 3.6.18 所示的零件 8 的三维模型。

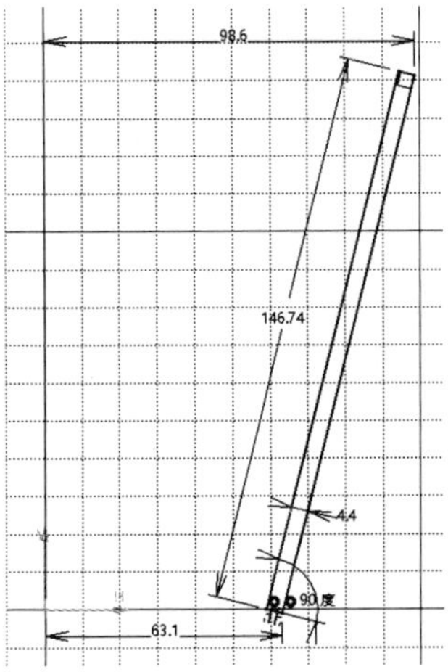

图 3.6.17 绘制二维图形

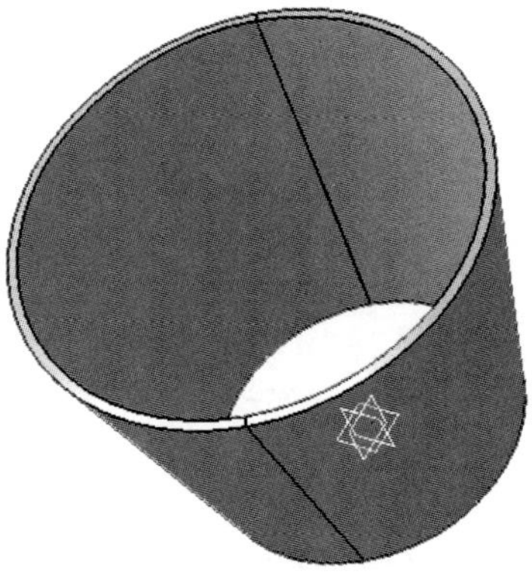

图 3.6.18 零件 8 三维模型

3.6.10 零件 9 的建模方法

（1）新建立一个 Part 文件，并命名为“零件 9”。

（2）单击“基于草图的特征”工具栏中的“旋转”工具按钮“ ”，选择 yz 平面作为草绘平面，绘制如图 3.6.19 所示的二维旋转图形。

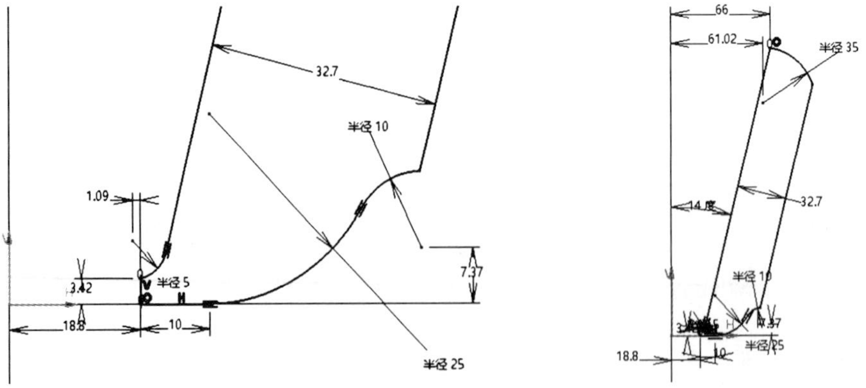

（a） （b）

图 3.6.19 绘制二维图形

（3）单击“退出工作台”工具按钮“”，在“定义旋转体”对话框中的“轴线”选项区域的“选择”文本框中右击选择 z 轴作为旋转的轴线，单击“确定”按钮，得到如图 3.6.20 所示的零件 9 的三维模型。

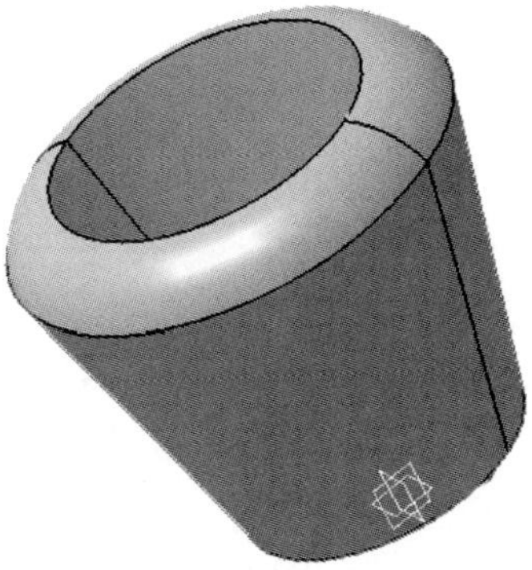

图 3.6.20　零件 9 三维模型

3.6.11　零件 10 的建模方法

（1）新建立一个 Part 文件，并命名为“零件 10”。

（2）单击“基于草图的特征”工具栏中的“旋转”工具按钮“”，选择 yz 平面作为草绘平面，绘制如图 3.6.21 所示的二维旋转图形。

（3）单击“退出工作台”工具按钮“”，在“定义旋转体”对话框中的“轴线”选项区域的“选择”文本框中右击，选择 z 轴作为旋转的轴线，单击“确定”按钮，得到如图 3.6.22 所示的零件 10 的三维模型。

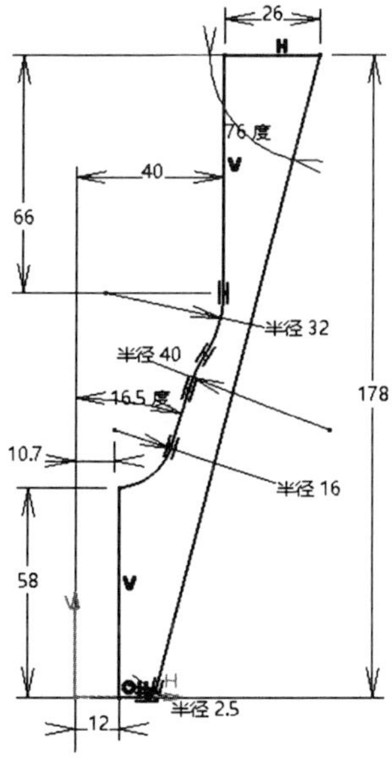

图 3.6.21　绘制二维图形

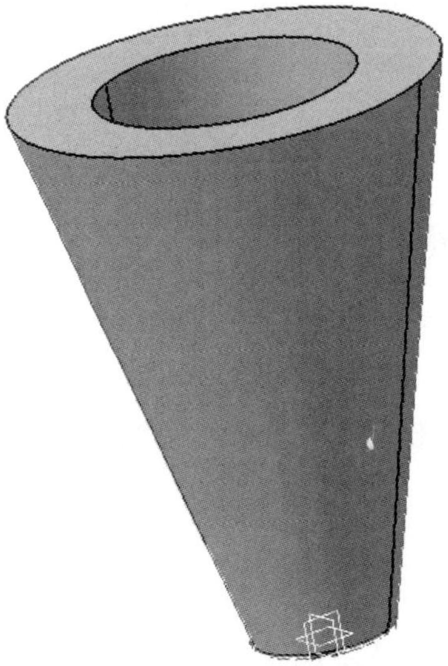

图 3.6.22　零件 10 三维模型

3.6.12　零件 11 的建模方法

（1）新建立一个 Part 文件，并命名为“零件 11”。

（2）单击“基于草图的特征”工具栏中的“旋转”工具按钮“”，选择 yz 平面作为草绘平面，绘制如图 3.6.23 所示的二维旋转图形。

（3）单击“退出工作台”工具按钮“”，在“定义旋转体”对话框中的“轴线”选项区域的“选择”文本框中右击，选择 z 轴作为旋转的轴线，单击“确定”按钮，完成对于旋转特征的创建。

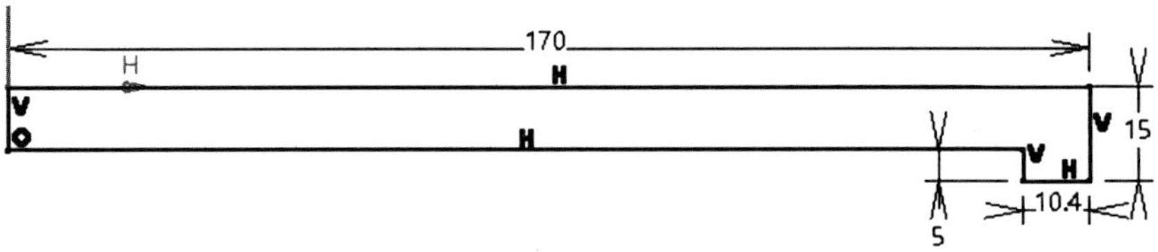

图 3.6.23　绘制二维图形

（4）单击选择“修饰特征”工具栏中的“内螺纹 / 外螺纹”工具按钮“ ”，弹出“定义外螺纹/内螺纹”对话框。

（5）在“几何图形定义”选项区域中的“侧面”文本框中单击，单击选择半径为 10 mm 的圆柱体的侧面，在“限制面”文本框中单击，选择半径为 10 mm 的圆柱体的端面，在“外螺纹”前的圆形中单击激活。

（6）在“底部类型”选项区域中的“类型”下拉菜单中选择“尺寸”，在“数值定义”选项区域的“类型”下拉菜单中选择“公制细牙螺纹”，在“外螺纹描述”下拉菜单中选择“M20*1.5”，在“外螺纹深度”文本框中输入“65 mm”。

（7）单击选择“右旋螺纹”后，单击“定义外螺纹/内螺纹”对话框中的“确定”按钮，完成螺纹特征的创建。

（8）单击“修饰特征”工具栏中的“倒角”工具按钮“ ”，弹出“倒角定义”对话框，选择半径为 10 mm 的圆柱体的上端面的圆形边界为需要倒角的边。

（9）在“定义倒角”对话框中的“长度 1”文本框中输入 2 mm，单击“确定”按钮，完成对于该条曲线倒角的定义。

（10）单击“修饰特征”工具栏中的“倒圆角”工具按钮“ ”，弹出如图“倒圆角定义”对话框，选择半径为 15 mm 的上端面的边界圆形曲线作为需要倒圆角的曲线。

（11）设定倒圆角的半径为 2 mm，单击“倒圆角定义”对话框中的“确定”按钮，完成对本条曲线倒圆角的定义，得到如图 3.6.24 所示的零件 11 的三维模型。

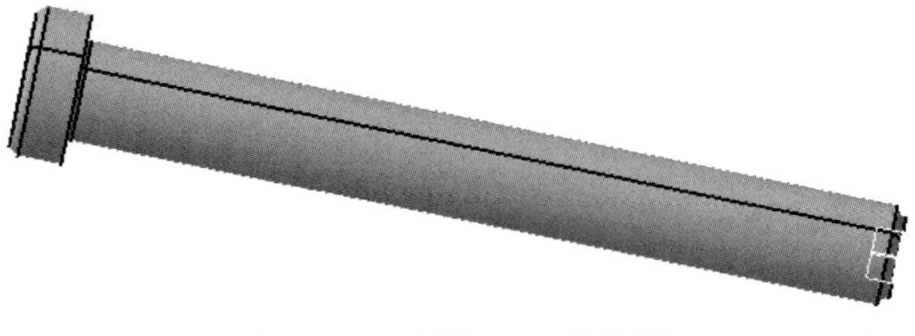

图 3.6.24　零件 11 三维模型

3.6.13　零件 12 的建模方法

（1）新建立一个 Part 文件，并命名为“零件 12”。

（2）单击“基于草图的特征”工具栏中的“旋转”工具按钮“ ”，选择 yz 平面作为草绘平面，绘制如图 3.6.25 所示的二维旋转图形。

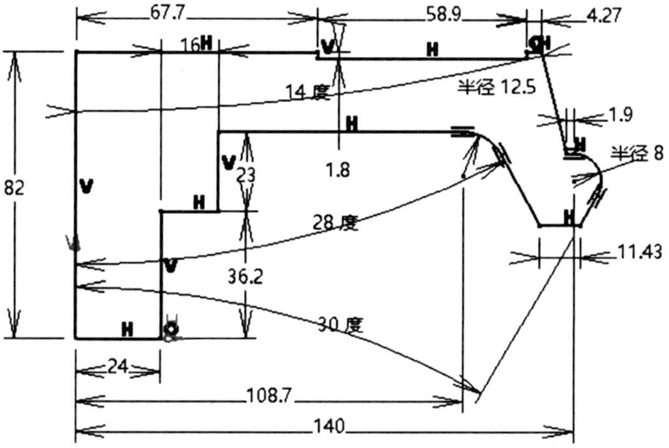

图 3.6.25 绘制二维图形

（3）单击“退出工作台”工具按钮“”，在“定义旋转体”对话框中的“轴线”选项区域的“选择”文本框中右击，选择 z 轴作为旋转的轴线，单击“确定”按钮，完成旋转特征的创建。

（4）单击“基于草图的特征”工具栏中的孔工具按钮“”，选择半径为 24 mm 的圆柱体的上端面为创建孔的平面。

（5）单击“定义孔”对话框中“定位草图”选项区域中的“”按钮，利用“约束”工具栏中的“约束”工具设定孔中心与圆柱体的圆心重合。

（6）在“定义孔”对话框中的“扩展”选项卡中设定孔的深度为 65 mm，在“底部”选项区域中，设定孔的底部为 V 形底，角度为 120°。

（7）在“定义孔”对话框中的“类型”选项卡的下拉文本框中设定孔的类型为埋头钻，在“参数”选项区域中的“模式”下拉菜单中选择“深度和角度”，定义“深度”为 2 mm，“角度”为 90°。

（8）在“定义孔”对话框中的“定义螺纹”选项卡中，在“螺纹孔”前打钩，在“底部类型”选项区域中设定“类型”为“尺寸”，在“定义螺纹”选项区域中设定“类型”为“公制细牙螺纹”，设定“螺纹描述”为“M20*2”，设定螺纹深度为 50 mm，其他保持默认设置，单击“确定”按钮，完成对一个螺纹孔三维模型的建立。

（9）单击“基于草图的特征”工具栏中的孔工具按钮“”，选择与上一步创建孔的相对的凹进去的平面作为创建孔的平面，弹出“定义孔”对话框。

（10）单击“定义孔”对话框中“定位草图”选项区域中的“”按钮，利用“约束”工具栏中的“约束”工具设定孔中心距离 yz 平面 10 mm，位于 zx 平面上，单击“退出工作台”工具按钮“”。

（11）在“定义孔”对话框中的“扩展”选项卡中设定孔的深度为 15 mm，在“底部”选项区域中，设定孔的底部为 V 形底，角度为 120°。

（12）在“定义孔”对话框中的“类型选项卡中设定孔的类型为埋头孔，深度为 1 mm，角度为 90°。

（13）在“定义孔”对话框中的“定义螺纹”选项卡中，在“螺纹孔”前打钩，在“底部类型”选项区域中设定“类型”为“尺寸”，在“定义螺纹”选项区域中设定“类型”为“公制细牙螺纹”，设定“螺纹描述”为“M8*1”，设定螺纹深度为“11 mm”，其他保持默认设置，单击“确定”按钮完成对一个螺纹孔三维模型的建立。

（14）单击“变换特征”工具栏中的“矩形阵列”工具按钮“”右下角的黑色倒三角，单击选择“圆形阵列”工具按钮“”，弹出“定义圆形阵列”对话框。

（15）在“轴向参考”选项卡中的“参数”文本框中设定为“完整径向”，在“实例”文本框中设定为“8”，在“参考方向”选项区域中的文本框中右击，选择 z 轴，在“要阵列的对象”选项区域中的“对象”文本框中单击激活，选择第（13）步所得到的孔。

（16）单击“定义圆形阵列”对话框中的“确定”按钮，完成圆形阵列的创建，得到如图 3.6.26 所示的零件 12 的三维模型。

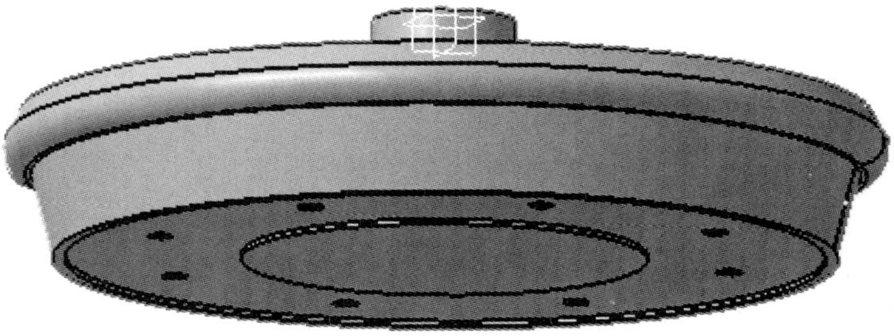

图 3.6.26　零件 12 三维模型

3.6.14　零件 13 的建模方法

（1）单击“基于草图的特征”工具栏中的“凸台”工具按钮“”，弹出“定义凸台”对话框，单击“定义凸台”对话框中的“”工具按钮，选择 xy 平面作为草绘平面。

（2）在草绘工作台中绘制圆心位于原点，内半径为 135.4 mm，外半径为 253.2 mm 的圆环。

（3）单击“退出工作台”工具按钮，设定凸台的长度为 5.8 mm，单击“确定”按钮，完成对于凸台特征的创建。

（4）单击“基于草图的特征”工具栏中的“凹槽”工具按钮“”，弹出“定义凹槽”对话框，单击选择“定义凹槽”对话框中的“”按钮，选择上一步凸台的上表面作为草绘平面，绘制直径为 9 mm，圆心位于 yz 平面，距离 zx 平面 100 mm 的圆。

（5）单击“退出工作台”工具按钮“”在“定义凹槽”对话框中设定“类型”为“直到最后”，单击“确定”按钮，完成对于凹槽特征的创建，退出凹槽对话框。

（6）单击“变换特征”工具栏中的“矩形阵列”工具按钮“”右下角的黑色倒三角，单击选择“圆形阵列”工具按钮“”，弹出“定义圆形阵列”对话框。

（7）在“轴向参考”选项卡中的“参数”文本框中设定为“完整径向”，在“实例”文本框中设定为“8”，在“参考方向”选项区域中的文本框中右击，选择 z 轴，在“要阵列的对象”选项区域中的“对象”文本框中单击激活，选择第（5）步所得到的凹槽。

（8）单击“定义圆形阵列”对话框中的“确定”按钮，完成圆形阵列的创建。

（9）单击“修饰特征”工具栏中的“倒角”工具按钮“ ”，弹出“倒角定义”对话框，依次选择上一步阵列的凹槽的上端边界为需要倒角的边。

（10）在“定义倒角”对话框中的“长度 1”文本框中输入 5 mm，单击“确定”按钮，完成对于倒角的建模，得到如图 3.6.27 所示的零件 13 的三维模型。

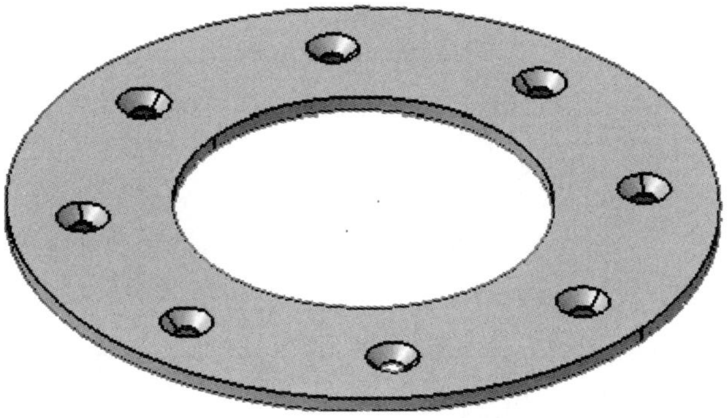

图 3.6.27　零件 13 三维模型

3.6.15　零件 14 的建模方法

（1）新建立一个 Part 文件，并命名为“零件 14”。

（2）单击“基于草图的特征”工具栏中的“旋转”工具按钮“ ”，选择 yz 平面作为草绘平面，绘制草图案例 2 中所示的空簧橡胶体旋转截面作为二维旋转图形。

（3）单击“退出工作台”工具按钮“ ”，在“定义旋转体”对话框中的“轴线”选项区域的“选择”文本框中右击，选择 z 轴作为旋转的轴线，单击“确定”按钮，完成对于旋转特征的创建，得到如图 3.6.28 所示的零件 14 的三维模型。

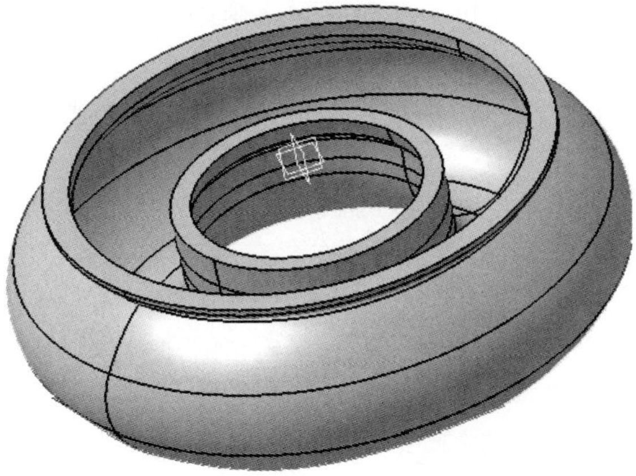

图 3.6.28　零件 14 三维模型

3.6.16　零件 15 的建模方法

（1）新建立一个 Part 文件，并命名为“零件 15”。

（2）单击“基于草图的特征”工具栏中的“旋转”工具按钮“”，选择 yz 平面作为草绘平面，绘制如图 3.6.29 所示的图形（其中图形的左边界距离 z 轴 268 mm）作为二维旋转图形。

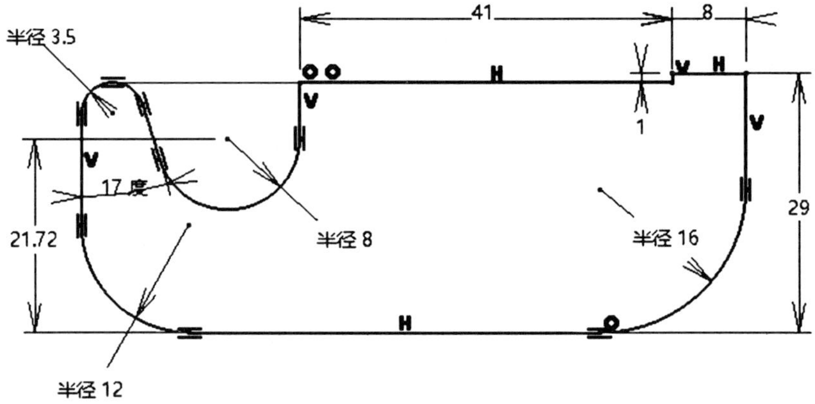

图 3.6.29　绘制二维图形

（3）单击“退出工作台”工具按钮“”，在“定义旋转体”对话框中的“轴线”选项区域的“选择”文本框中右击，选择 z 轴作为旋转的轴线，单击“确定”按钮，完成对于旋转特征的创建。

（4）单击“基于草图的特征”工具栏中的孔工具按钮“”，选择图 3.6.26 中边长为 41 mm 的边旋转而得的平面作为创建孔的平面，弹出“定义孔”对话框。

（5）单击“定义孔”对话框中“定位草图”选项区域中的“”按钮，利用“约束”工具栏中的“约束”工具设定孔中心距离 yz 平面 304 mm，位于 zx 平面上，单击“退出工作台”工具按钮“”。

（6）在“定义孔”对话框中的“扩展”选项卡中设定孔的深度为 18 mm，在“底部”选项区域中，设定孔的底部为 V 形底，角度为 120°。

（7）在“定义孔”对话框中的“类型”选项卡中设定孔的类型为埋头孔，深度为 1 mm，角度为 90°。

（8）在“定义孔”对话框中的“定义螺纹”选项卡中，在“螺纹孔”前打钩，在“底部类型”选项区域中设定“类型”为“尺寸”，在“定义螺纹”选项区域中设定“类型”为“公制细牙螺纹”，设定“螺纹描述”为“M16*1.5”，设定螺纹深度为“13 mm”，其他保持默认设置，单击“确定”按钮完成对一个螺纹孔三维模型的建立。

（9）单击“变换特征”工具栏中的“矩形阵列”工具按钮“”右下角的黑色倒三角，单击选择“圆形阵列”工具按钮“”，弹出“定义圆形阵列”对话框。

（10）在“轴向参考”选项卡中的“参数”文本框中设定为“完整径向”，在“实例”文本框中设定为“16”，在“参考方向”选项区域中的文本框中右击，选择 z 轴，在“要阵列的对象”选项区域中的“对象”文本框中单击激活，选择第（8）步所得到的孔。

（11）单击“定义圆形阵列”对话框中的“确定”按钮，完成圆形阵列的创建，得到如图 3.6.30 所示的零件 15 的三维模型。

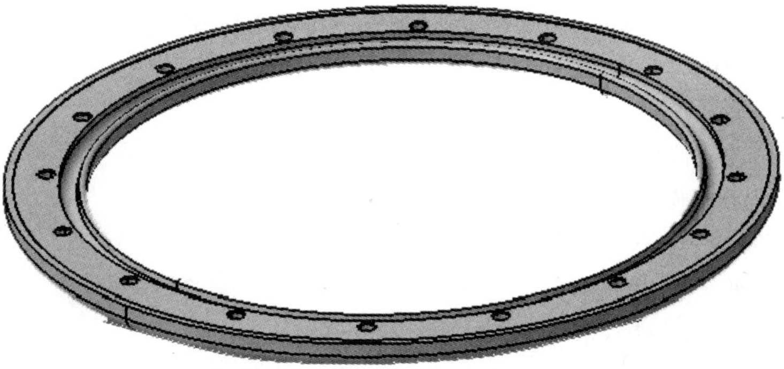

图 3.6.30　零件 15 三维模型

3.6.17　零件 16 的建模方法

（1）单击“基于草图的特征”工具栏中的“凸台”工具按钮“”，弹出“定义凸台”对话框，单击“定义凸台”对话框中的“”工具按钮，选择 xy 平面作为草绘平面。

（2）在草绘工作台中绘制如图 3.6.31 所示的凸台拉伸截面。

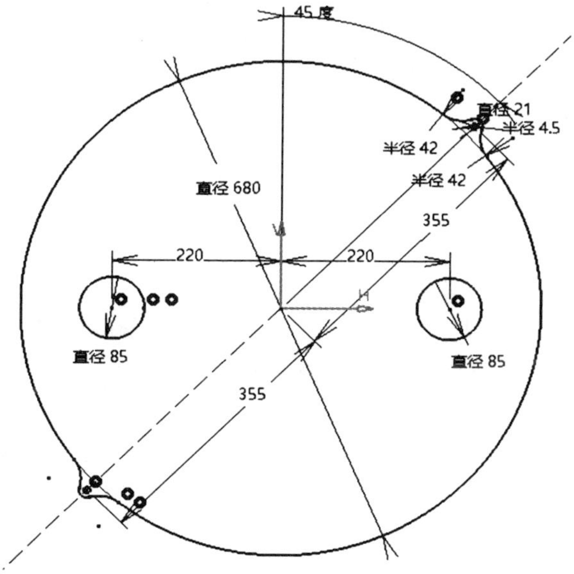

图 3.6.31　绘制二维图形

（3）单击“退出工作台”工具按钮“”，设定凸台的长度为 12 mm，单击“确定”按钮，完成对于凸台特征的创建。

（4）单击“基于草图的特征”工具栏中的“凹槽”工具按钮“”，弹出“定义凹槽”对话框，单击选择“定义凹槽”对话框中的“”按钮，选择上一步凸台的上表面作为草绘平面，绘制直径为 17 mm，圆心位于 yz 平面，距离 zx 平面 304 mm 的圆。

（5）单击“变换特征”工具栏中的“矩形阵列”工具按钮“”右下角的黑色倒三角，单击选择“圆形阵列”工具按钮“”，弹出“定义圆形阵列”对话框。

（6）在“轴向参考”选项卡中的“参数”文本框中设定为“完整径向”，在“实例”文本框中设定为“16”，在“参考方向”选项区域中的文本框中右击，选择 z 轴，在“要阵列的对象”选项区域中的“对象”文本框中单击激活，选择第（4）步所得的凹槽作为需要阵列的对象。

（7）单击“定义圆形阵列”对话框中的“确定”按钮，完成圆形阵列的创建。单击“修饰特征”工具栏中的“倒角”工具按钮“”，弹出“倒角定义”对话框，选择上一步阵列后的圆形凹槽的一端圆形边界为需要倒角的边。

（8）在“定义倒角”对话框中的“长度 1”文本框中输入 8 mm，单击“确定”按钮，完成对于倒角的定义，得到如图 3.6.32 所示的零件 16 的三维模型。

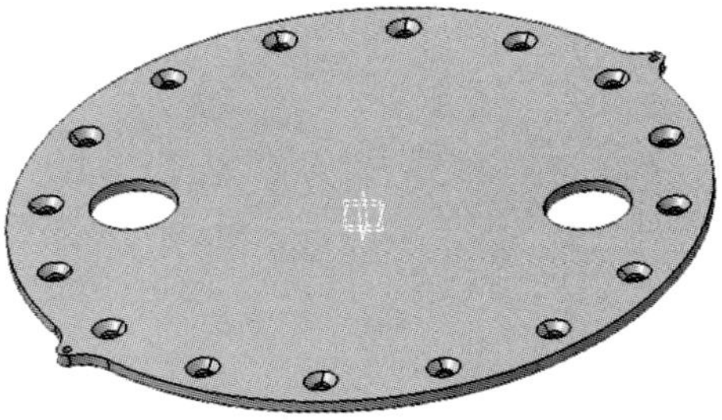

图 3.6.32　零件 16 三维模型

3.6.18　零件 17 的建模方法

（1）新建立一个 Part 文件，并命名为“零件 17”。

（2）单击“基于草图的特征”工具栏中的“旋转”工具按钮“”，选择 yz 平面作为草绘平面，绘制如图 3.6.33 所示的图形作为二维旋转图形。

（3）单击“退出工作台”工具按钮“”，在“定义旋转体”对话框中的“轴线”选项区域的“选择”文本框中右击，选择 z 轴作为旋转的轴线，单击“确定”按钮，完成对于旋转特征的创建。

（4）单击“修饰特征”工具栏中的“倒角”工具按钮“”，弹出“倒角定义”对话框，选择如图 3.6.34 所示的边为需要倒角的边。

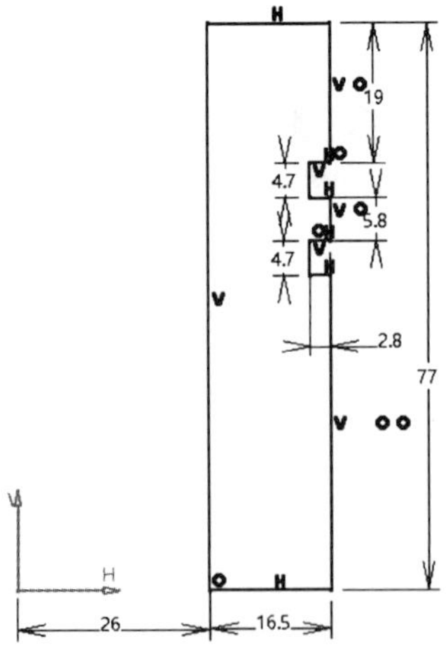

图 3.6.33　绘制二维图形

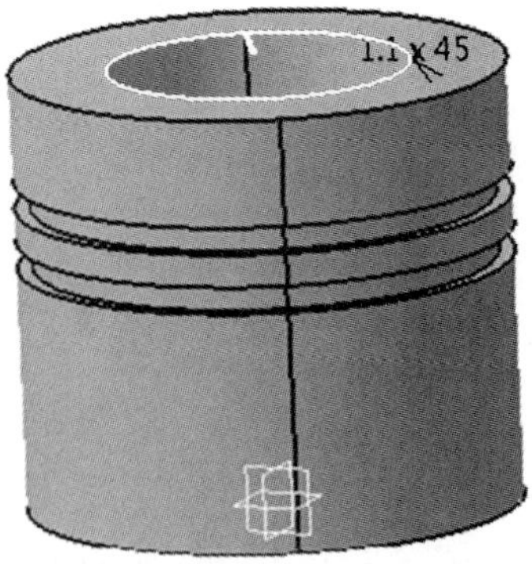

图 3.6.34　选择需要倒角的边

（5）在“定义倒角”对话框中的“长度 1”文本框中输入 1.1 mm，单击“确定”按钮，完成对于该条曲线倒角的定义。

（6）单击“修饰特征”工具栏中的“倒角”工具按钮“”，弹出“倒角定义”对话框，选择如图 3.6.35 所示的边为需要倒角的边。

（7）在“定义倒角”对话框中的“长度 1”文本框中输入 1 mm，单击“确定”按钮，完成对于该条曲线倒角的定义。

（8）单击“基于草图的特征”工具栏中的孔工具按钮“”，选择两次倒角的平面作为创建孔的平面，弹出“定义孔”对话框。

（9）单击“定义孔”对话框中“定位草图”选项区域中的“”按钮，利用“约束”工具栏中的“约束”工具设定孔中心距离 yz 平面 34.2 mm，位于 zx 平面上，单击“退出工作台”工具按钮“”。

（10）在“定义孔”对话框中的“扩展”选项卡中设定孔的深度为 15 mm，在“底部”选项区域中，设定孔的底部为 V 形底，角度为 120°。

（11）在“定义孔”对话框中的“类型”选项卡中设定孔的类型为埋头孔，深度为 2 mm，角度为 90°。

（12）在“定义孔”对话框中的“定义螺纹”选项卡中，在“螺纹孔”前打钩，在“底部类型”选项区域中设定“类型”为“尺寸”，在“定义螺纹”选项区域中设定“类型”为“公制细牙螺纹”，设定“螺纹描述”为“M8*1”，设定螺纹深度为“12 mm”，其他保持默认设置，单击“确定”按钮完成对一个螺纹孔三维模型的建立。

（13）单击“变换特征”工具栏中的“矩形阵列”工具按钮“”右下角的黑色倒三角，单击选择“圆形阵列”工具按钮“”，弹出“定义圆形阵列”对话框。

（14）在“轴向参考”选项卡中的“参数”文本框中设定为“完整径向”，在“实例”文本框中设定为“4”，在“参考方向”选项区域中的文本框中右击，选择 z 轴，在“要阵列的对象”选项区域中的“对象”文本框中单击激活，选择第（12）步所得到的孔。

（15）单击“定义圆形阵列”对话框中的“确定”按钮，完成圆形阵列的创建，得到如图 3.6.36 所示的零件 17 的三维模型。

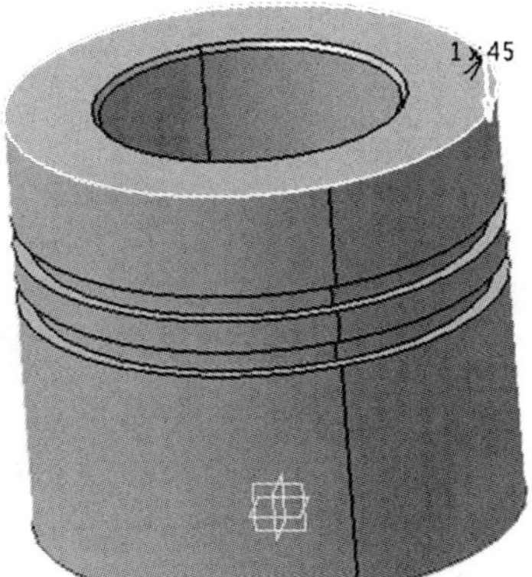

图 3.6.35　选择需要倒角的边

图 3.6.36　零件 17 三维模型

3.6.19　小　结

列车的空气弹簧也是由一个一个的小零件组装而成的，对于每一个零件自身的建模而言是比较容易的，用到的也都是我们常用到的三维建模命令。但是这里我们会发现对于个别零件的旋转截面或者凸台截面的绘制会比较困难。因此，在开始练习三维建模的同时也不能忽视对于二维草图命令的熟练掌握，须知三维图形的建立是以二维图形的绘制为基础的。

3.7 驱动装置

本节以 CRH_3 型动车组动车转向架上面的驱动电机为例，介绍如何运用 CATIA V6 建立列车驱动电机三维模型。

CRH_3 型动车组采取的是动力分散式牵引，因而会在动车的转向架上面加装驱动电机。我们知道，电机都是由定子和动子所组成的。由于本书不针对动车的驱动电机做详细研究，因而只介绍动车转向架上面驱动电机外观的三维模型的建立。

3.7.1 驱动电机模型分析

驱动电机的三维模型如图 3.7.1 所示。从图中可以看出，驱动电机主要由电机体、外壳、扇叶及一些需要安装在转向架上面的悬挂装置组合而成。对于中间的电机体，是由圆形的定子外壳及一个需要和联轴器相连的突出部分组成，因而可以利用旋转命令来建立。对于电机前端的扇叶，可以看到每一个扇叶都是位于两个平面之间，因而既可以利用凸台命令来建模，也可以利用加强肋命令。对于电机外壳，由于它不是旋转体，如果要用旋转命令来建立，则还需要辅助凹槽命令来切出需要的外观，故而这里运用凸台命令。对于外壳上面的一些悬挂装部分，这里均利用凸台命令来建模。同时，用到的一些螺纹孔这里用孔命令，对于悬挂部分上面的一些普通孔，由于其特殊位置的需要，这里就用到了凹槽命令。最后，利用倒角命令对已经建立驱动电机三维模型加以修饰。

总的来说，驱动电机三维模型的建立主要用到了旋转、凸台、凹槽、阵列、孔及倒角等命令。

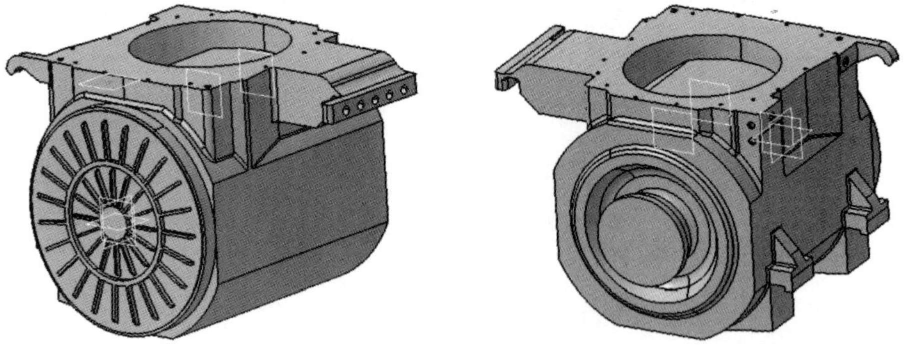

图 3.7.1　驱动电机三维模型

3.7.2 建立驱动电机三维模型的步骤

（1）打开 CATIA 软件，新建立一个 Part 文件，并命名为“驱动电机”。

（2）单击“基于草图的特征”工具栏中的“旋转”工具按钮“”，选择 yz 平面作为草绘平面，绘制如图 3.7.2 所示的二维旋转图形。

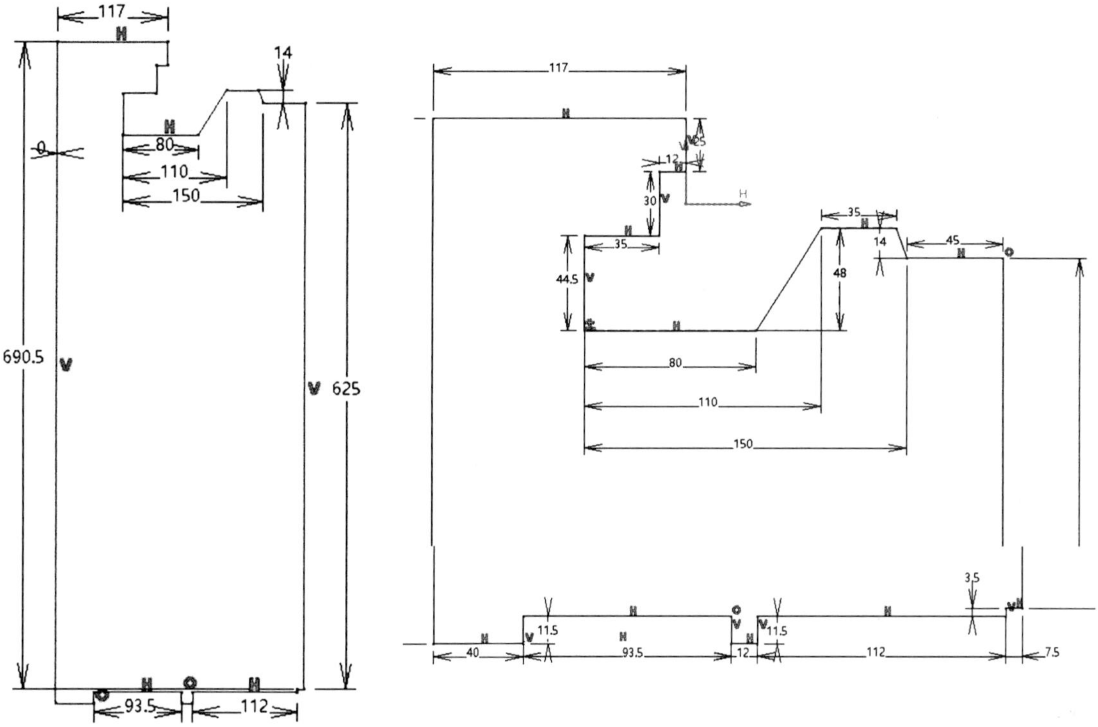

图 3.7.2　绘制二维图形

（3）与界面最长边重合绘制一条轴作为旋转轴。

（4）单击“退出工作台”工具按钮，得到如图 3.7.3 所示的模型。

（5）单击“定义旋转体”对话框中的“确定”按钮，得到电机体。

（6）建立外部扇叶三维模型。单击“基于草图的特征”工具栏中的“实体混合”工具按钮“”右下角的黑色倒三角形，单击选择“加强肋”工具按钮“”，弹出如图 3.7.4 所示的“定义加强肋”对话框。

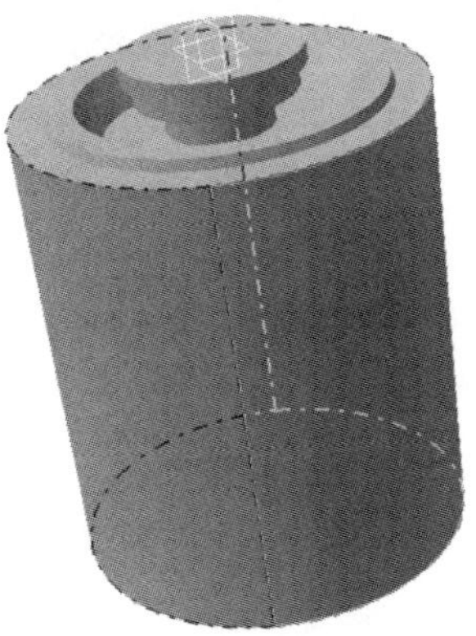

图 3.7.3　“旋转”得到的电机体

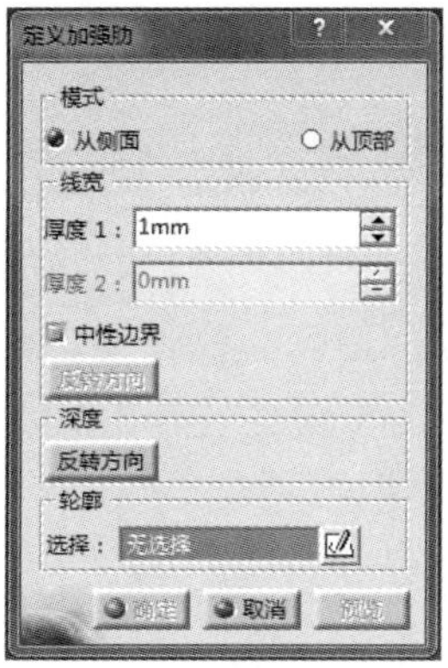

图 3.7.4　“定义加强肋”对话框

（7）单击选择“轮廓”区域中的“”工具按钮，选择 yz 平面作为草绘平面，进入草绘工作台。

（8）绘制如图 3.7.5 所示的肋板截面。

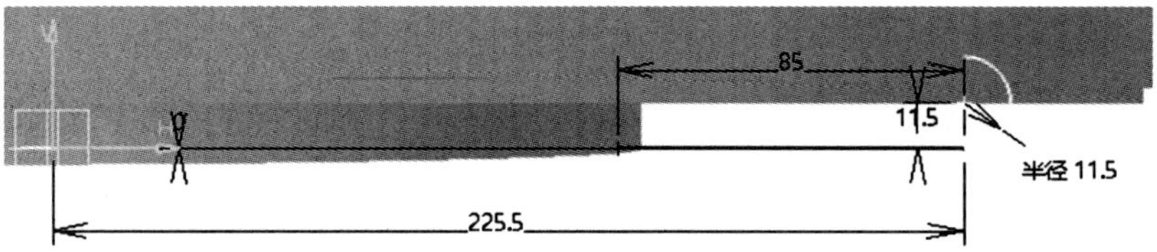

图 3.7.5　肋板截面

注意：在使用“加强肋”命令建立肋板三维模型时，肋板的界面必须是开放的曲线，且两端必须伸入三维实体中。

（9）单击“退出工作台”工具按钮“”，退出草绘工作台。在“定义加强肋”对话框中的模式区域中选择“从侧面”，在“线宽”选项区域中设定“厚度 1”为 6.5 mm，在“中性界面”前单击打钩。单击“确定”按钮，得到如图 3.7.6 所示的一个扇叶。

（10）单击“变换特征”工具栏中的“矩形阵列”工具按钮“”右下角的黑色倒三角，单击选择“圆形阵列”工具按钮“”，弹出如图 3.7.7 所示的“定义圆形阵列”对话框，参照图 3.7.7 对圆形阵列对话框中的各参数和选项进行设定。

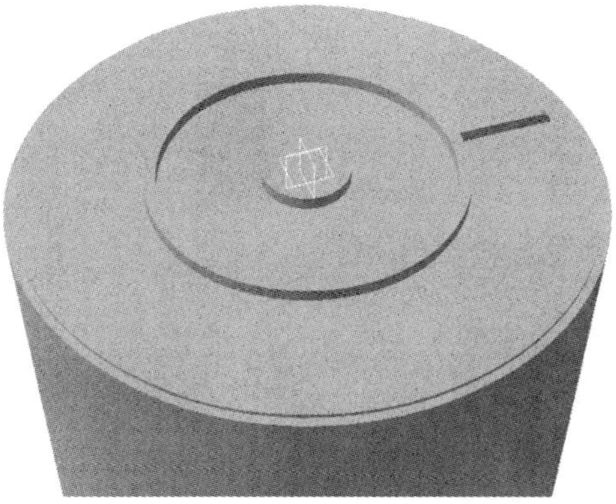

图 3.7.6　“加强肋”命令得到的一个外部扇叶

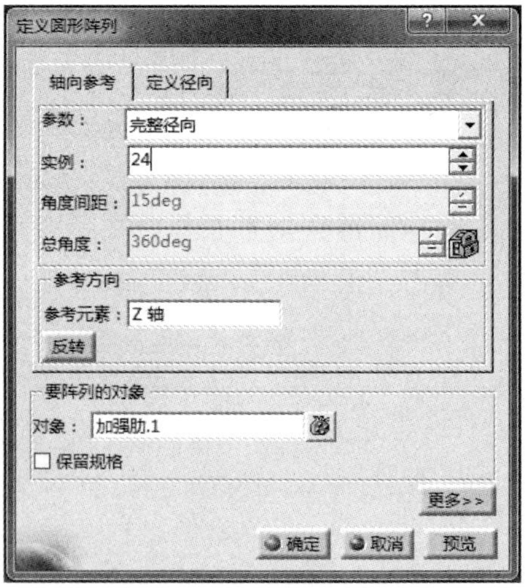

图 3.7.7　“定义圆形阵列”对话框

（11）单击“定义圆形阵列”对话框中的“确定”按钮，得到如图 3.7.8 所示的外部扇叶。

（12）建立内部扇叶三维模型。单击“基于草图的特征”工具栏中的“实体混合”工具按钮“”右下角的黑色倒三角形，单击选择“加强肋”工具按钮“”，弹出如图 3.7.4 所示的“定义加强肋”对话框。

（13）单击选择“轮廓”区域中的“”工具按钮，选择 yz 平面作为草绘平面，进入草绘工作台。

（14）绘制如图 3.7.9 所示的肋板截面。

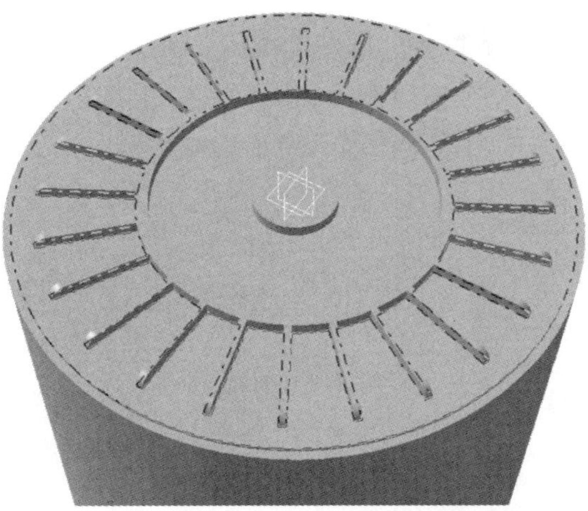

图 3.7.8 外部扇叶

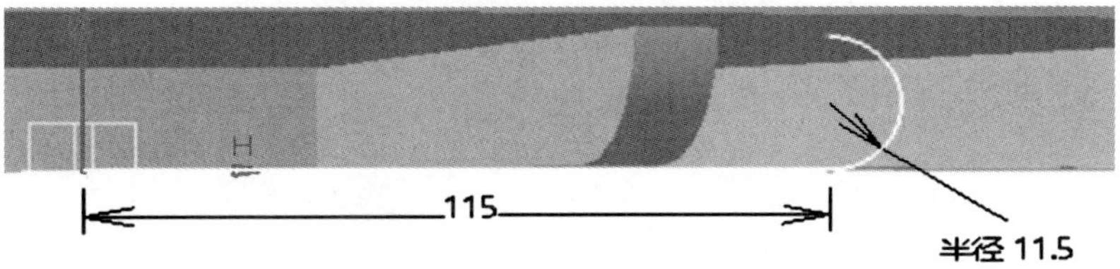

图 3.7.9 内扇叶截面

（15）单击“退出工作台”工具按钮“”，退出草绘工作台。在“定义加强肋”对话框中的模式区域中选择“从侧面”，在“线宽”选项区域中设定“厚度 1”为 5 mm，在“中性界面”前单击打钩。单击“确定”按钮，得到如图 3.7.10 所示的一个扇叶。

图 3.7.10 “加强肋”命令得到的一个内部扇叶

（16）单击“变换特征”工具栏中的“矩形阵列”工具按钮“”右下角的黑色倒三角，单击选择“圆形阵列”工具按钮“”，弹出如图 3.7.11 所示的“定义圆形阵列”对话框，参照图 3.7.11 对圆形阵列对话框中的各参数和选项进行设定。

（17）单击“定义圆形阵列”对话框中的“确定”按钮，得到如图 3.7.12 所示的内部扇叶。

（18）单击“修饰特征”工具栏中的“倒圆角”工具按钮“”，弹出如图 3.7.13 所示的“倒圆角定义”对话框，选择如图 3.7.14 所示的两条圆形曲线作为需要倒圆角的曲线。

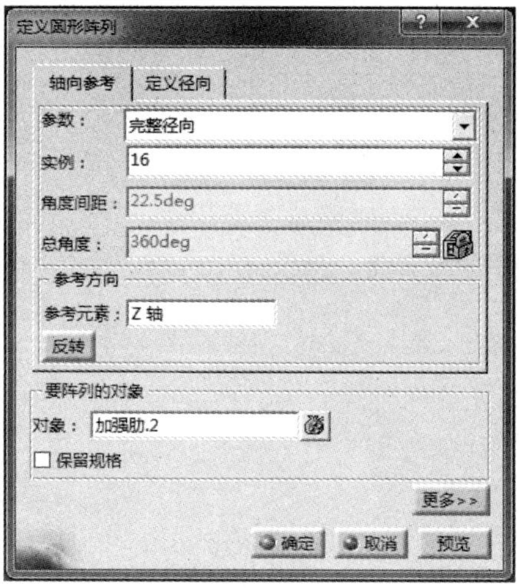

图 3.7.11 “定义圆形阵列”对话框

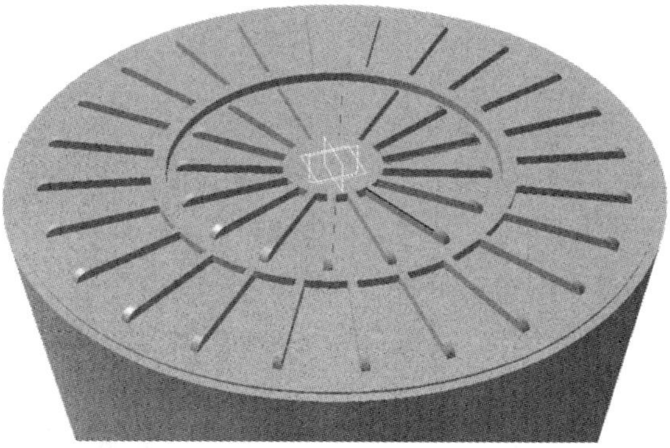

图 3.7.12 内部扇叶

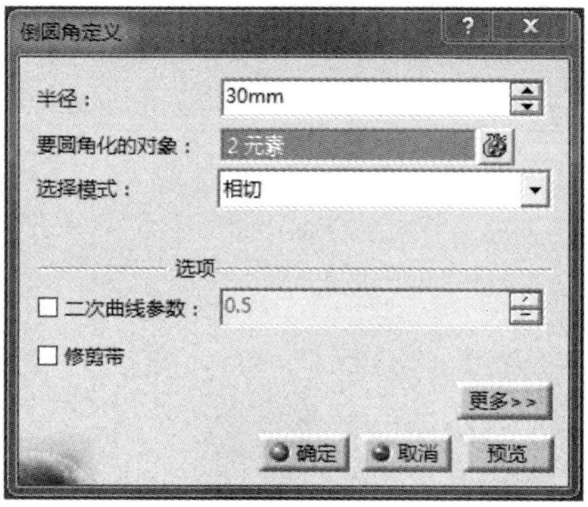

图 3.7.13 “倒圆角定义”对话框

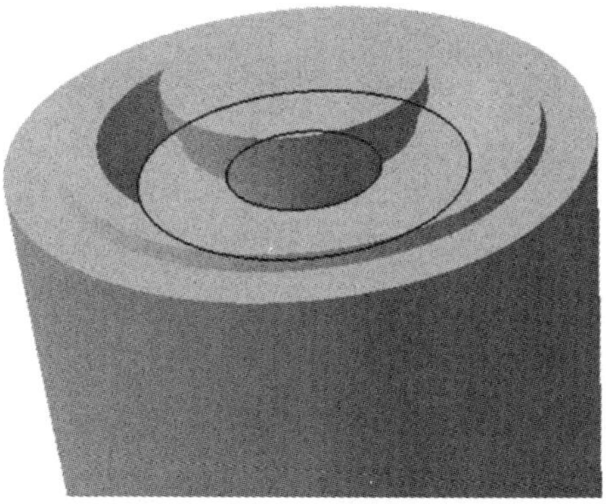

图 3.7.14 需要倒圆角的曲线

（19）单击“倒圆角定义”对话框中的“确定”按钮，完成对轴根部面的倒圆角。

（20）单击“修饰特征”工具栏中的“倒圆角”工具按钮“”，弹出如图 3.7.13 所示的“倒圆角定义”对话框，选择如图 3.7.15 所示的圆形曲线作为需要倒圆角的曲线。

（21）设定倒圆角的半径为 10 mm，单击“倒圆角定义”对话框中的“确定”按钮，完成对本条曲线倒圆角的定义。

（22）单击“倒圆角定义”对话框中的“确定”按钮，完成对轴根部面的倒圆角。

（23）单击“修饰特征”工具栏中的“倒圆角”工具按钮“”，弹出如图 3.7.13 所示的“倒圆角定义”对话框，选择如图 3.7.16 所示的圆形曲线作为需要倒圆角的曲线。

（24）设定倒圆角的半径为 5 mm，单击“倒圆角定义”对话框中的“确定”按钮，完成对本条曲线倒圆角的定义。

（25）单击“基于草图的特征”工具栏中的“凸台”工具按钮“”，弹出“定义凸台”对话框，单击“定义凸台”对话框中的“”工具按钮，选择电机体的下表面作为草绘平面，进入草绘工作台。

（26）在草绘工作台中绘制如图 3.7.17 所示的电机外壳界面图。

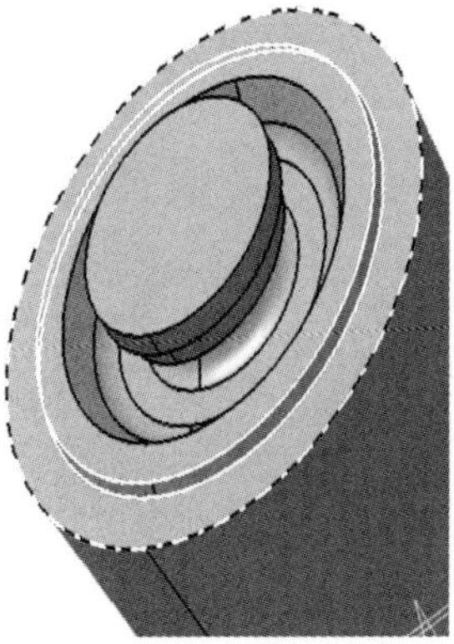

图 3.7.15　需要倒半径 10 mm 的圆角的边

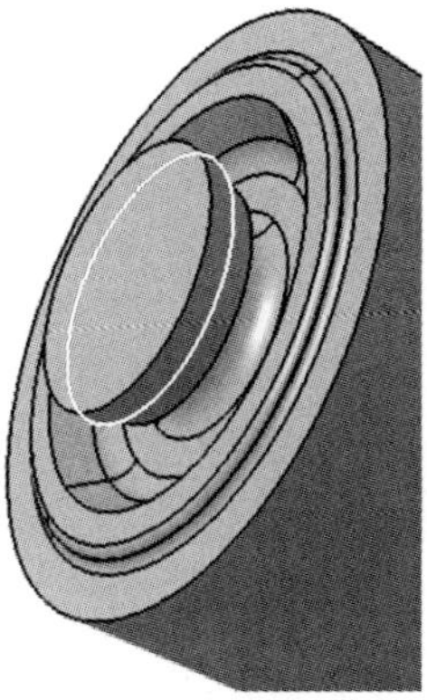

图 3.7.16　需要倒半径 5 mm 的圆角的边

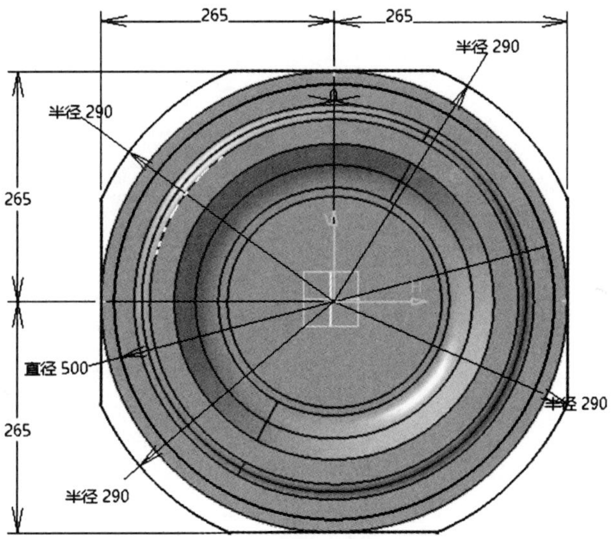

图 3.7.17　驱动电机外壳界面图

（27）单击“退出工作台”工具按钮“”，在“定义凸台”对话框中设定凸台的长度为 589.5 mm，方向为朝着有扇叶的一方，单击“定义凸台”对话框中的“确定”按钮，得到如图 3.7.18 所示的三维模型。

（28）单击“参考元素”工具栏中的“平面”工具按钮“”，弹出如图 3.7.19 所示的“定义平面”对话框。

（29）参照图 3.7.19 在“定义平面”对话框中对新创建的平面进行设定。

（30）单击“基于草图的特征”工具栏中的“凸台”工具按钮“”，弹出“定义凸台”对话框，单击“定义凸台”对话框中的“”工具按钮，选择上一步创建的平面作为草绘平面，进入草绘工作台。

（31）在草绘工作台中绘制如图 3.7.20 所示的图形。

（32）单击“退出工作台”工具按钮“”，在“定义凸台”对话框中设定凸台的长度为 215 mm，方向为朝向电机体，单击“定义凸台”对话框中的“确定”按钮，完成对该凸台三维模型的建立。

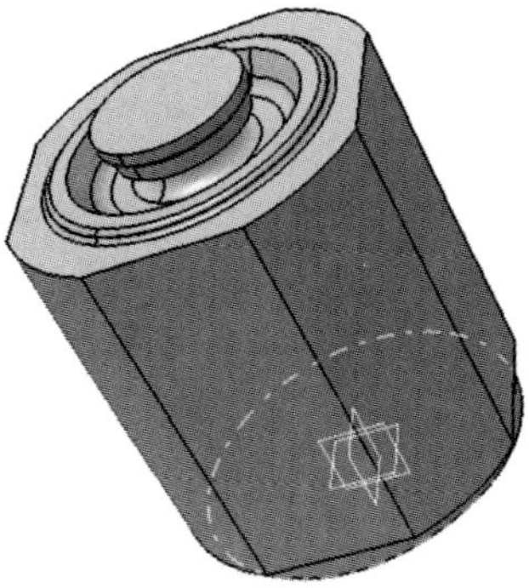

图 3.7.18　电机体

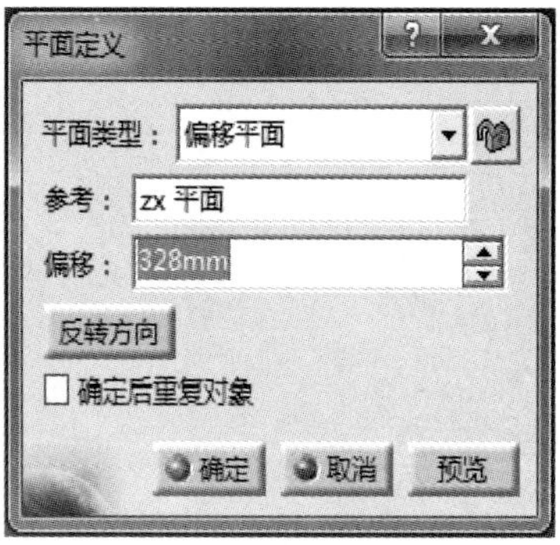

图 3.7.19　“定义平面”对话框

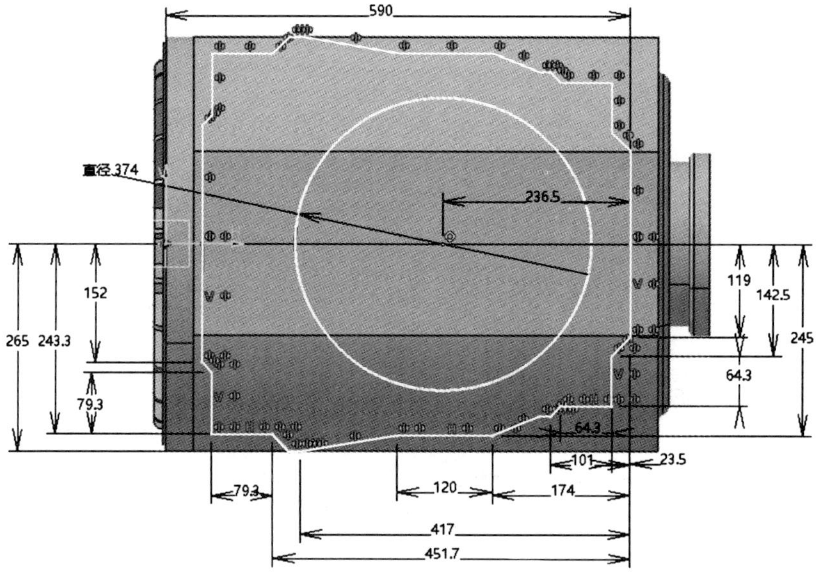

图 3.7.20　绘制图形

（33）单击“修饰特征”工具栏中的“倒圆角”工具按钮“”，弹出如图 3.7.13 所示的“倒圆角定义”对话框，选择如图 3.7.21 所示的圆形曲线作为需要倒圆角的曲线。

（34）设定倒圆角的半径为 15 mm，单击“倒圆角定义”对话框中的“确定”按钮，完成对本条曲线倒圆角的定义。

（35）单击“基于草图的特征”工具栏中的“凹槽”工具按钮“”，弹出“定义凹槽”对话框，单击选择“定义凹槽”对话框中的“”按钮，选择上一步凸台的上表面作为草绘平面，绘制如图 3.7.22 所示的 8 个销钉孔。

（36）单击“退出工作台”工具按钮“”在“定义凹槽”对话框中设定凹槽的深度为 25 mm，单击“确定”按钮，退出凹槽对话框。

（37）单击“变换特征”对话框中的“镜像”工具按钮“”，选择上一步所做的 8 个销钉孔作为需要镜像的对象，弹出“定义镜像”对话框，选择 yz 平面作为镜像元素，单击“确定”按钮，得到如图 3.7.23 所示的三维模型。

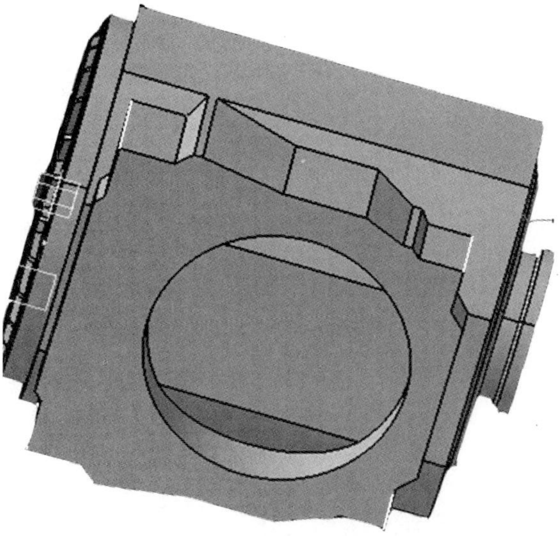

图 3.7.21　选择需要倒圆角的曲线

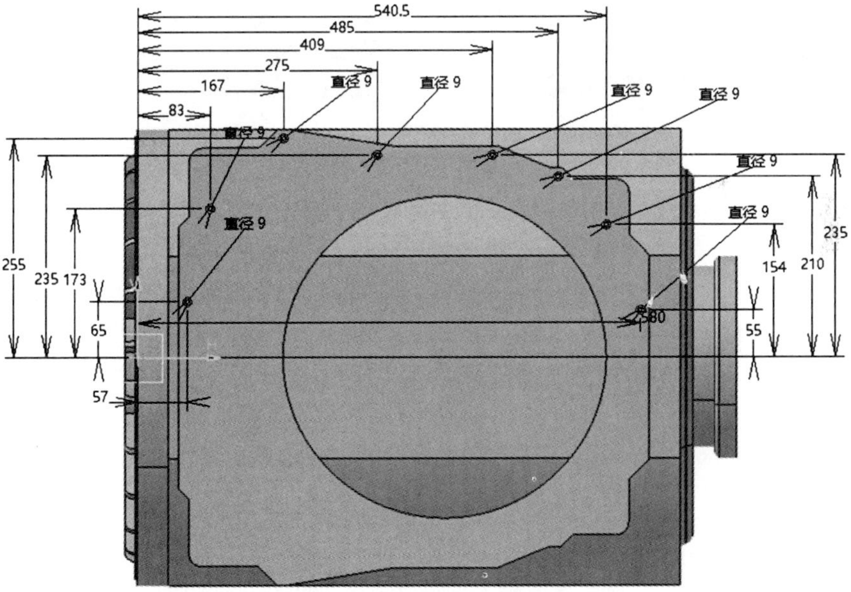

图 3.7.22　销钉孔位置

（38）单击“基于草图的特征”工具栏中的孔工具按钮“”，选择有销钉的表面作为创建孔的平面，弹出“定义孔”对话框。

（39）单击“定义孔”对话框中“定位草图”选项区域中的“”按钮，利用“约束”工具栏中的“约束”工具设定孔中心距离 xy 平面 80 mm，距离 yz 平面 220 mm，单击“退出工作台”工具按钮“”。

（40）在“定义孔”对话框中的“扩展”选项卡中设定孔的深度为 12 mm，在“底部”选项区域中，设定孔的底部为 V 形底，角度为 120°。

（41）在“定义孔”对话框中的“类型选项卡中设定孔的类型为倒钻孔，直径为 20 mm，深度为 3 mm，角度为 90°。

（42）在“定义孔”对话框中的“定义螺纹”选项卡中，在“螺纹孔”前打钩，在“底部类型”选项区域中设定“类型”为“尺寸”，在“定义螺纹”选项区域中设定“类型”为“公制细牙螺纹”，设定“螺纹描述”为“M16*1.5”，设定螺纹深度为 10 mm，其他保持默认设置，单击“确定”按钮完成对一个螺纹孔三维模型的建立。

（43）单击“变换特征”对话框中的“镜像”工具按钮“”，选择上步所建立的螺纹孔作为需要镜像的对象，弹出“定义镜像”对话框，选择 yz 平面作为镜像元素，单击“确定”按钮，得到如图 3.7.24 所示的三维模型。

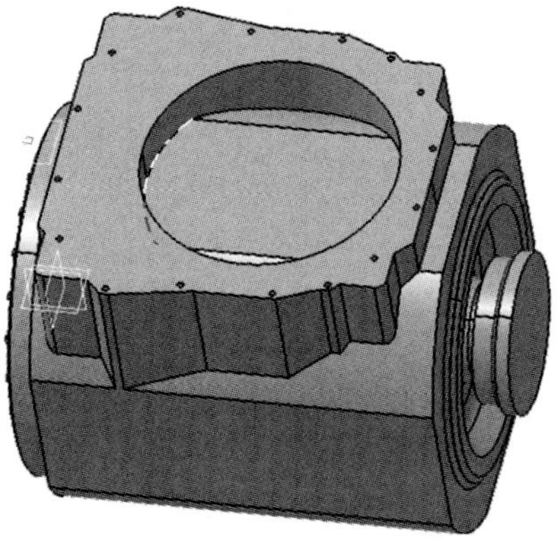

图 3.7.23　销钉孔

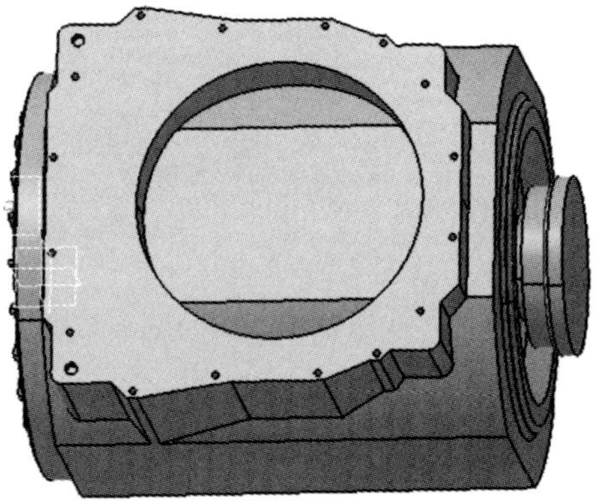

图 3.7.24　步骤（43）三维模型

（44）单击“参考元素”工具栏中的“平面”工具按钮“”，弹出如图 3.7.19 所示的“定义平面”对话框。

（45）在“定义平面”对话框中设定新平面距离 xy 平面 509 mm，单击“确定”按钮。

（46）单击“基于草图的特征”工具栏中的“凸台”工具按钮“”，弹出“定义凸台”对话框，单击“定义凸台”对话框中的“”工具按钮，选择上一步创建的平面作为草绘平面，进入草绘工作台。

（47）在草绘工作台中绘制如图 3.7.25 所示的图形。

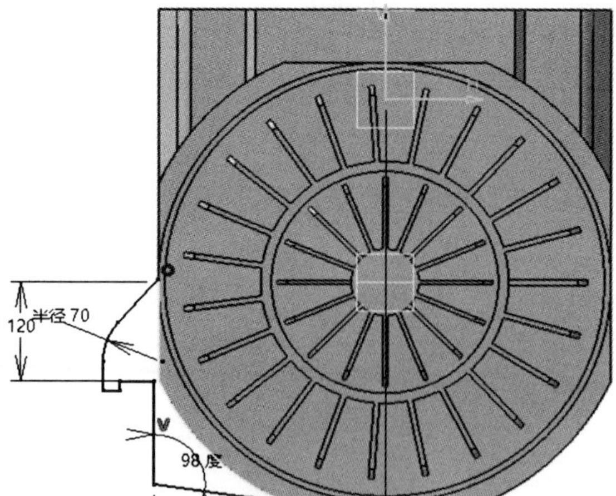

图 3.7.25　绘制图形

（48）单击“退出工作台”工具按钮“”，在“定义凸台”对话框中的“第一限制”区域中设定“长度”为 20 mm，在“镜像范围”选项前打钩，单击“确定”按钮，得到如图 3.7.26 所示的三维模型。

图 3.7.26　步骤（48）三维模型

（49）单击“基于草图的特征”工具栏中的“凸台”工具按钮“”，弹出“定义凸台”对话框，单击“定义凸台”对话框中的“”工具按钮，选择第（39）步创建的平面作为草绘平面，进入草绘工作台。

（50）双击选择“操作”对话框中的“投影 3D 元素”工具按钮“”，依次选择如图 3.7.27 所示的边后，单击“投影 3D 元素”工具按钮，完成元素投影。

（51）在图 3.7.27 位置绘制直线，单击“操作”对话框中的“修建”工具按钮“”右下角的黑色倒三角，单击选择“断开”工具按钮“”，对直线和之前投影的线段进行修剪，得到如图 3.7.27 所示的图形，单击“退出工作台”工具按钮“”。

（52）在“定义凸台”对话框中设定凸台的长度为 52 mm，在“镜像范围”前打钩，单击“确定”按钮。

（53）单击“修饰特征”工具栏中的“倒圆角”工具按钮“”，弹出如图 3.7.13 所示的“倒圆角定义”对话框，选择如图 3.7.27 所示的轮廓作为需要倒圆角的曲线。

（54）设定倒圆角的半径为 5 mm，单击“倒圆角定义”对话框中的“确定”按钮，完成对本条曲线倒圆角的定义。

（55）单击“基于草图的特征”工具栏中的孔工具按钮“”，选择有销钉的表面对立底面作为创建孔的平面，弹出“定义孔”对话框。

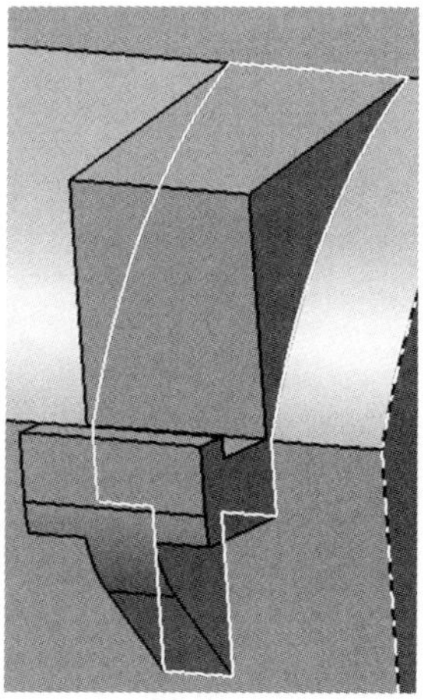

图 3.7.27　选择需要倒圆角的曲线

（56）单击“定义孔”对话框中“定位草图”选项区域中的“”按钮，利用“约束”工具栏中的“约束”工具“”设定孔中心距离 xy 平面 509 mm，距离 yz 平面 230 mm，单击“退出工作台”工具按钮“”。

（57）在“定义孔”对话框中的“扩展”选项卡中设定孔的深度为 54 mm，在“底部”选项区域中，设定孔的底部为 V 形底，角度为 120°。

（58）在“定义孔”对话框中的“类型”选项卡中设定孔的类型为倒钻孔，直径为 30 mm，深度为 3 mm，角度为 90°。

（59）在“定义孔”对话框中的“定义螺纹”选项卡中，在“螺纹孔”前打钩，在“底部类型”选项区域中设定“类型”为“尺寸”，在“定义螺纹”选项区域中设定“类型”为“公制细牙螺纹”，设定“螺纹描述”为“M24*2”，设定螺纹深度为“50 mm”，其他保持默认设置，单击“确定”按钮完成对一个螺纹孔三维模型的建立。

（60）单击“参考元素”工具栏中的“平面”工具按钮“”，弹出如图 3.7.19 所示的“定义平面”对话框。

（61）在“定义平面”对话框中设定新平面距离 xy 平面 324.5mm，单击“确定”按钮。

（62）单击“变换特征”对话框中的“镜像”工具按钮“”，选择（48）步所得到的凸台作为需要镜像的对象，弹出“定义镜像”对话框，选择（61）步所得到的平面作为镜像元素，单击“确定”按钮。

（63）单击“变换特征”对话框中的“镜像”工具按钮“”，选择（52）步所得到的凸台作为需要镜像的对象，弹出“定义镜像”对话框，选择（61）步所得到的平面作为镜像元素，单击“确定”按钮。

（64）单击“变换特征”对话框中的“镜像”工具按钮“”，选择（59）步所得到的孔作为需要镜像的对象，弹出“定义镜像”对话框，选择（61）步所得到的平面作为镜像元素，单击“确定”按钮。

（65）仿照第（53）步，对新得到的部分进行倒角，得到如图 3.7.28 所示的三维模型。

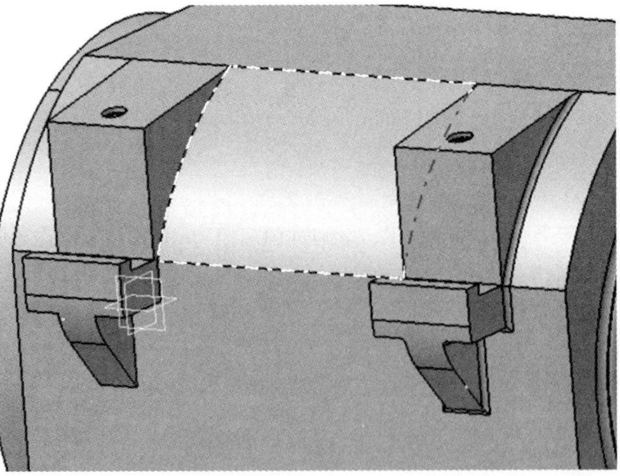

图 3.7.28　步骤（65）三维模型

（66）单击“基于草图的特征”工具栏中的“凸台”工具按钮“”，弹出“定义凸台”对话框，单击“定义凸台”对话框中的“”工具按钮，选择有销钉孔的平面作为草绘平面，进入草绘工作台。

（67）绘制如图 3.7.29 所示的图形，单击“退出工作台”工具按钮“”。

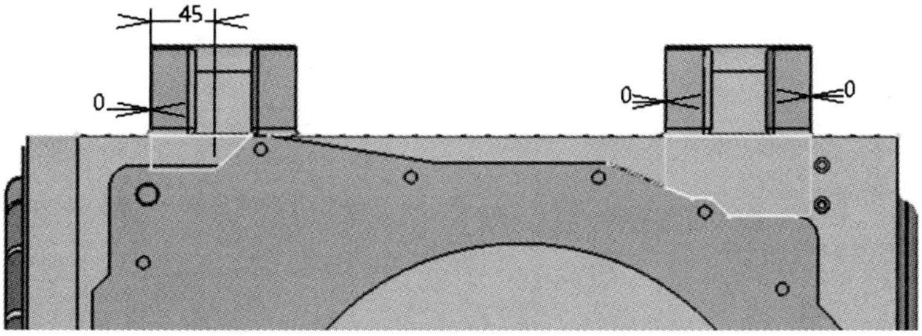

图 3.7.29 绘制图形

（68）在“定义凸台”对话框中设定凸台的长度为 240 mm。

（69）单击“基于草图的特征”工具栏中的“凸台”工具按钮“”，弹出“定义凸台”对话框，单击“定义凸台”对话框中的“”工具按钮，选择上一步所做的凸台的侧面为草绘平面，进入草绘工作台。

（70）绘制长边在有销钉孔的 85 mm × 53 mm 和 104 mm × 53 mm 的两个矩形（令长为 104 mm 的边在距离为 104 mm 的两条直线之间，令长为 80 mm 的边在长为 85 mm 的两条直线之间），单击“退出工作台”工具按钮“”。

（71）在“定义凸台”对话框中设定凸台的长度为 5 mm，单击“定义凸台”对话框中的“确定”按钮。

（72）单击“修饰特征”工具栏中的“倒圆角”工具按钮“”，弹出如图 3.7.13 所示的“倒圆角定义”对话框，选择如图 3.7.30 所示的边作为需要倒圆角的边。

图 3.7.30 选择需要倒圆角的边

（73）设定倒圆角的半径为 5 mm，单击“倒圆角定义”对话框中的“确定”按钮，完成对本条曲线倒圆角的定义。

（74）单击“修饰特征”工具栏中的“倒圆角”工具按钮“”，弹出如图 3.7.13 所示的“倒圆角定义”对话框，选择如图 3.7.31 所示的边作为需要倒圆角的边。

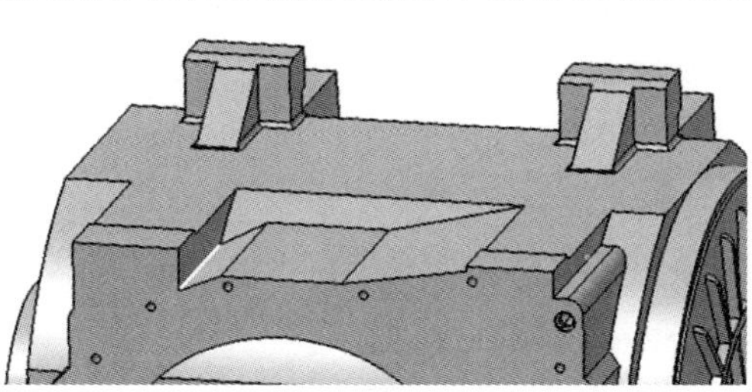

图 3.7.31 选择需要倒圆角的边

（75）设定倒圆角的半径为 15 mm，单击“倒圆角定义”对话框中的“确定”按钮，完成对本条曲线倒圆角的定义。

（76）单击“修饰特征”工具栏中的“倒圆角”工具按钮“ ”，弹出如图 3.7.14 所示的“倒圆角定义”对话框，选择如图 3.7.32 所示的边作为需要倒圆角的边。

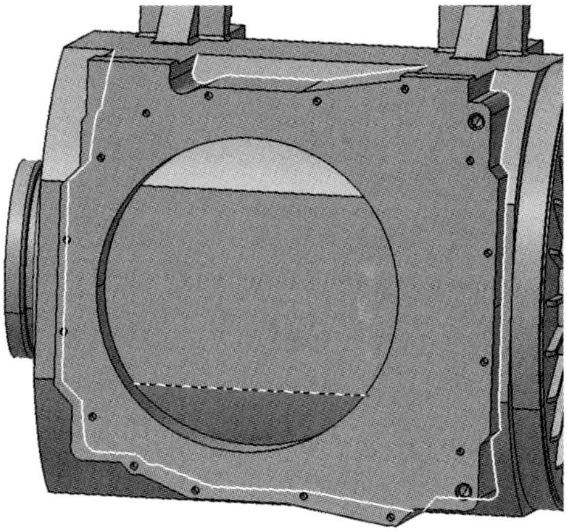

图 3.7.32　选择需要倒圆角的边

（77）设定倒圆角的半径为 10 mm，单击“倒圆角定义”对话框中的“确定”按钮，完成对本条曲线倒圆角的定义。

（78）单击“基于草图的特征”工具栏中的孔工具按钮“ ”，选择有销钉的表面作为创建孔的平面，弹出“定义孔”对话框。

（79）单击“定义孔”对话框中“定位草图”选项区域中的“ ”按钮，利用“约束”工具栏中的“约束”工具设定孔中心距离 xy 平面 130.5 mm，距离 zx 平面 299 mm，单击“退出工作台”工具按钮“ ”。

（80）在“定义孔”对话框中的“扩展”选项卡中设定孔的深度为 54 mm，在“底部”选项区域中，设定孔的底部为 V 形底，角度为 120°。

（81）在“定义孔”对话框中的“类型选项卡中设定孔的类型为倒钻孔，直径为 30 mm，深度为 3 mm，角度为 90°。

（82）在“定义孔”对话框中的“定义螺纹”选项卡中，在“螺纹孔”前打钩，在“底部类型”选项区域中设定“类型”为“尺寸”，在“定义螺纹”选项区域中设定“类型”为“公制细牙螺纹”，设定“螺纹描述”为“M24*2”，设定“螺纹深度”为“50 mm”，其他保持默认设置，单击“确定”按钮完成对一个螺纹孔三维模型的建立。

（83）单击“变换特征”对话框中的“镜像”工具按钮“ ”，上一步所得的螺纹孔作为镜像对象，弹出“定义镜像”对话框，选择（61）步所得到的平面作为镜像元素，单击“确定”按钮，在另外一边得到一个相同的螺纹孔。

（84）单击“基于草图的特征”工具栏中的孔工具按钮“ ”，选择有销钉的表面作为创建孔的平面，弹出“定义孔”对话框。

（85）单击“定义孔”对话框中“定位草图”选项区域中的“ ”按钮，利用“约束”工具栏中的“约束”工具设定孔中心距离 zx 平面 300 mm，距离 yz 平面 235 mm，单击“退出工作台”工具按钮“ ”。

（86）在“定义孔”对话框中的“扩展”选项卡中设定孔的深度为 25 mm，在“底部”

选项区域中，设定孔的底部为 V 形底，角度为 120°。

（87）在“定义孔”对话框中的“类型”选项卡中设定孔的类型为倒钻孔，直径为 20 mm，深度为 2 mm，角度为 90°。

（88）在“定义孔”对话框中的“定义螺纹”选项卡中，在“螺纹孔”前打钩，在“底部类型”选项区域中设定“类型”为“尺寸”，在“定义螺纹”选项区域中设定“类型”为“公制细牙螺纹”，设定“螺纹描述”为“M16*1.5”，设定“螺纹深度”为 20 mm，其他保持默认设置，单击“确定”按钮完成对一个螺纹孔三维模型的建立。

（89）单击选择“阵列”工具栏中的“举行阵列”工具按钮“”，弹出“定义矩形阵列”对话框。

（90）在“定义矩形阵列”对话框中的“第一方向”选项卡中设定“参数”为“实例和间距”，设定“实例”为 2，设定“间距”为 60 mm，设定“参考元素”为 y 轴，设定“对象”为上一步所建立的孔，单击“确定”按钮，得到如图 3.7.33 所示的三维模型。

图 3.7.33　步骤（90）三维模型

（91）单击“基于草图的特征”工具栏中的“凸台”工具按钮“”，弹出“定义凸台”对话框，单击“定义凸台”对话框中的“”工具按钮，选择与上一步所做的两个螺纹孔相对的另外一个凸台体的外侧面为草绘平面，进入草绘工作台。

（92）绘制长如图 3.7.34 所示的二维界面图形“”。

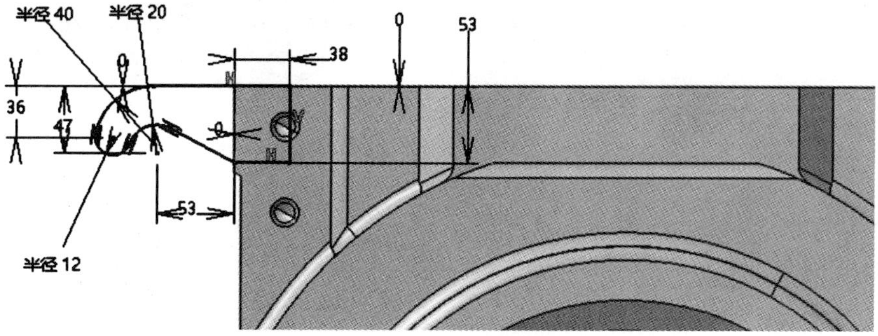

图 3.7.34　绘制图形

（93）击“修饰特征”工具栏中的“倒圆角”工具按钮“”，弹出如图 3.7.13 所示的“倒圆角定义”对话框，选择如图 3.7.35 所示的边作为需要倒圆角的边。

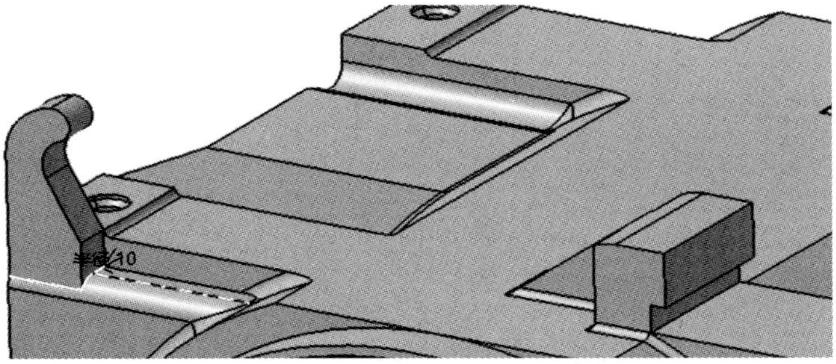

图 3.7.35　选择需要倒圆角的边

（94）设定倒圆角的半径为 10 mm，单击“倒圆角定义”对话框中的“确定”按钮，完成对本条曲线倒圆角的定义。

（95）单击“基于草图的特征”工具栏中的“凸台”工具按钮“”，弹出“定义凸台”对话框，单击“定义凸台”对话框中的“”工具按钮，选择有销钉孔的平面作为草绘平面，进入草绘工作台。

（96）绘制如图 3.7.36 所示的二维图形，单击“退出工作台”工具按钮“”。

（97）在“定义凸台”对话框中设定凸台的长度为 127 mm，单击“定义凸台”对话框中的“确定”按钮。

（98）单击“修饰特征”工具栏中的“倒圆角”工具按钮“”，弹出如图 3.7.13 所示的“倒圆角定义”对话框，选择如图 3.7.37 所示的边作为需要倒圆角的边。

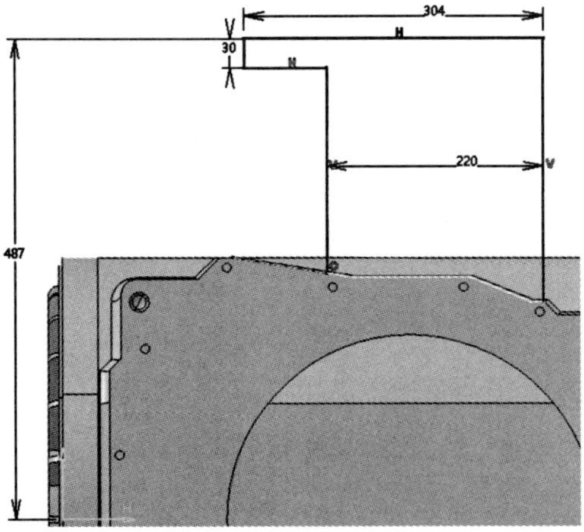

图 3.7.36　绘制图形

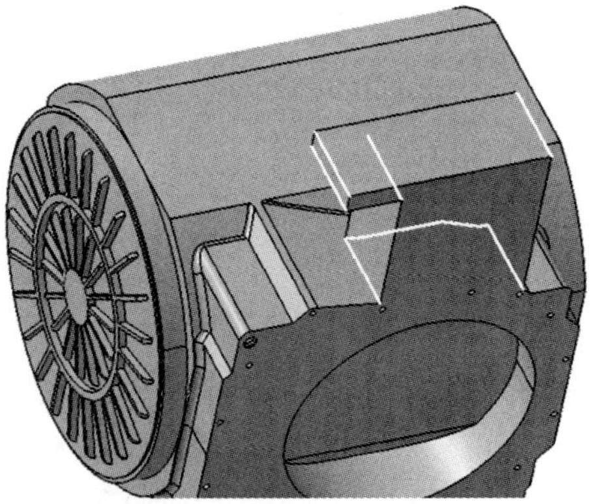

图 3.7.37　选择需要倒圆角的边

（99）设定倒圆角的半径为 10 mm，单击“倒圆角定义”对话框中的“确定”按钮，完成对本条曲线倒圆角的定义。

（100）单击“基于草图的特征”工具栏中的“凹槽”工具按钮“”，弹出“定义凹槽”对话框，单击选择“定义凹槽”对话框中的“”按钮，选择上一步凸台的侧面作为草绘平面，绘制如图 3.7.38 所示的凹槽界面图形。

（101）单击“退出工作台”工具按钮“”在“定义凹槽”对话框中设定“类型”为“直到下一个”，单击“确定”按钮，退出凹槽对话框。

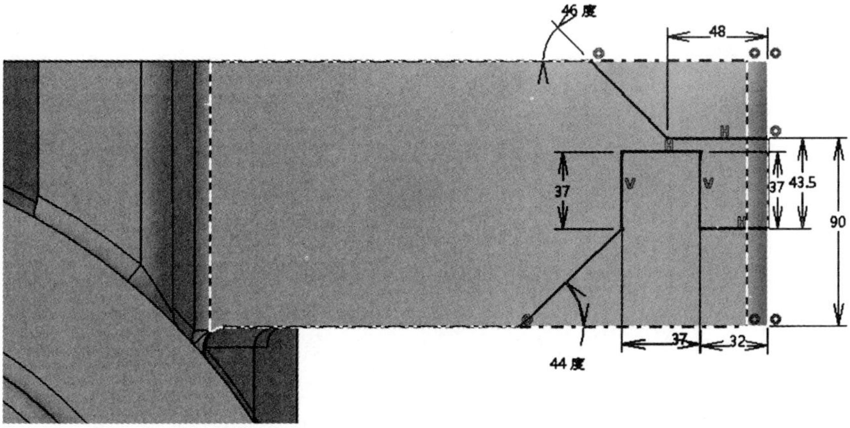

图 3.7.38　绘制图形

（102）单击“修饰特征”工具栏中的“倒圆角”工具按钮“”，弹出如图 3.7.14 所示的“倒圆角定义”对话框，选择如图 3.7.39 所示的边作为需要倒圆角的边。

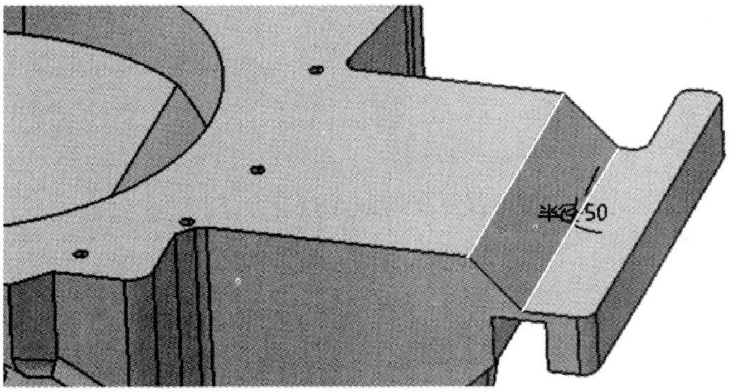

图 3.7.39　选择需要倒圆角的边

（103）设定倒圆角的半径为 50 mm，单击“倒圆角定义”对话框中的“确定”按钮，完成对本次曲线倒圆角的定义。

（104）单击“修饰特征”工具栏中的“倒圆角”工具按钮“”，弹出如图 3.7.13 所示的“倒圆角定义”对话框，选择如图 3.7.40 所示的边作为需要倒圆角的边。

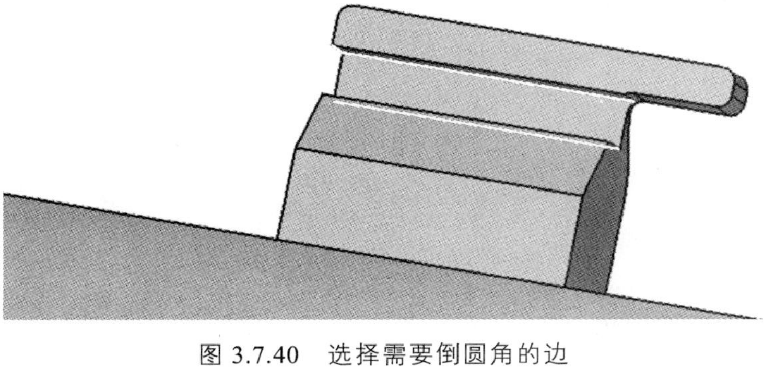

图 3.7.40　选择需要倒圆角的边

（105）设定倒圆角的半径为 10 mm，单击“倒圆角定义”对话框中的“确定”按钮，完成对本次曲线倒圆角的定义。

（106）单击“基于草图的特征”工具栏中的“凸台”工具按钮“”，弹出“定义凸台”对话框，单击“定义凸台”对话框中的“”工具按钮，选择与上一步所做的凹槽的顶面为草绘平面，进入草绘工作台。

（107）绘制如图 3.7.41 所示的二维界面图形“”，在“定义凹槽”对话框中设定“类型”为“直到下一个”，单击“确定”按钮，退出凹槽对话框，即可得到如图 3.7.1 所示的驱动电机三维模型。

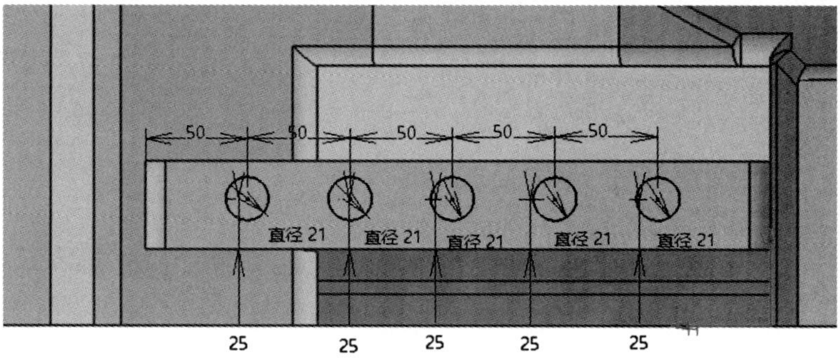

图 3.7.41　驱动电机三维模型

3.7.3　小　结

驱动电机对于整个 CHR_3 型动车组三维模型的建立来说是属于比较复杂的一个零部件，因此非常考验耐心和细心程度，同时也需要有足够扎实的基本功。

另外，对于驱动电机不同步骤的操作方法可能不同，有些部分利用不同的工具也可以得到，方法不是唯一的。**注意：**不能出错，否则将会影响到后面的操作步骤。

3.8　头车车体曲面建模

本节将详细介绍 CRH_1 型动车组头车的设计过程。设计过程中使用了自顶而下的设计方法，在“创成式曲面设计”界面进行曲面建模。头车车体模型如图 3.8.1 所示。

图 3.8.1　头车车体模型

3.8.1 建模步骤

（1）打开 CATIA 软件，新建立一个 Part 文件，并命名为“头车”。

（2）单击“开始”→“形状”→“创成式外形设计”，切换到“创成式外形设计”工作台，利用“线框”工具栏中的“点”命令按钮“”创建多点，然后单击“线框”工具栏中的“样条线”工具按钮“”命令建立曲线 1a，单击“直线”工具按钮“”建立曲线 1b，如图 3.8.2 所示。

曲线 1a	（0,0,192.76） （-6,0,192.785） （35.643,0,188.623） （70.658,0,173.32） （113.842,0,135.293） （133.326,0,112.06） （140.133,0,103.507） （155.165,0,83.723） （163.946,0,71.087） （173.696,0,54.74） （179.277,0,41.975） （180.818,0,29.285） （174.697,0,17.796） （162.772,0,13.405） （152.432,0,14.531）
曲线 1b	（-50，0，192.785） （-6，0，192.785）

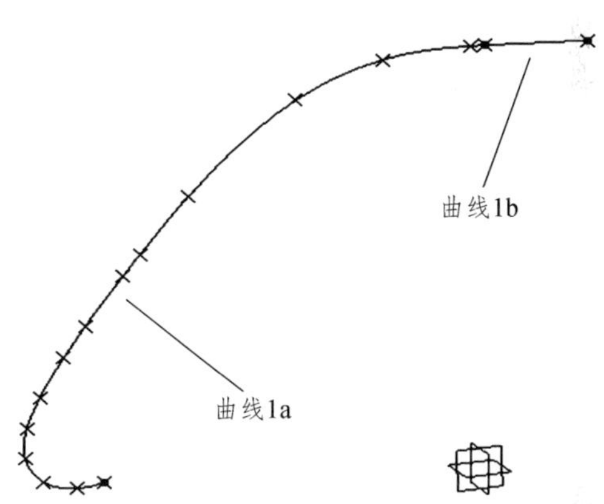

图 3.8.2　草图 1

（3）单击“操作”工具栏中的“接合”命令按钮“”，将上述绘制的两条曲线接合成曲线 1，完成接合 1 的操作，如图 3.8.3 所示。

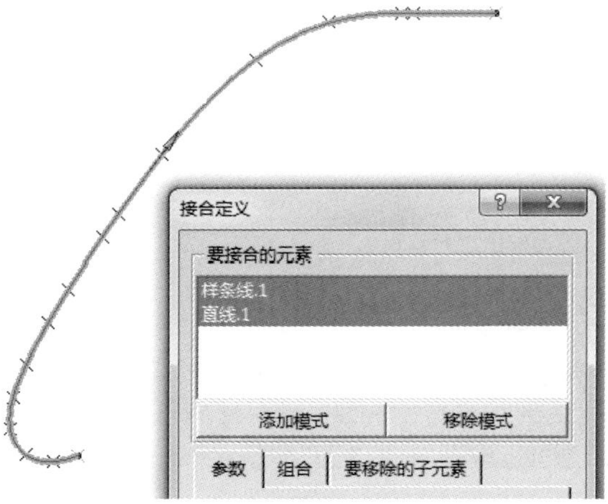

图 3.8.3　接合曲线 1

（4）单击“线框”工具栏中的“点”命令按钮“ ”创建多点，然后利用“线框”工具栏中的“样条线”命令按钮“ ”建立曲线 2，如图 3.8.4 所示。

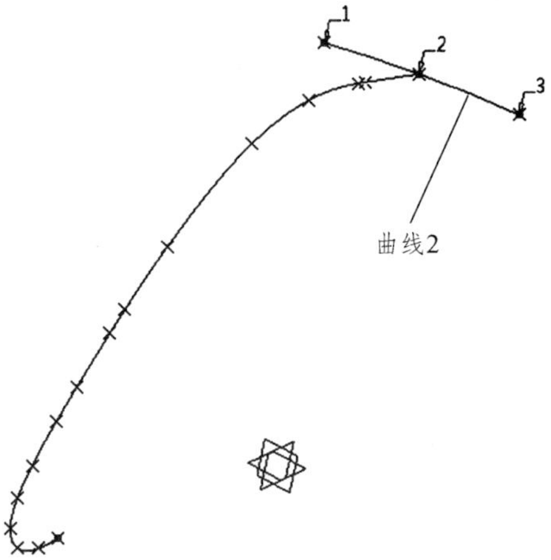

曲线2	（ −50,0,192.785 ） （ −50,55,190.998 ） （ −50,-55,190.998 ）

图 3.8.4　曲线 2 的绘制

（5）单击“曲面”工具栏中的“扫掠”命令按钮“ ”弹出“扫掠曲面定义”对话框，选择轮廓类型为“显式”，子类型选择“使用参考曲面”，选择曲线 2 为扫掠轮廓，接合为引导曲，定义对话框如图 3.8.5 所示，完成扫掠 1，如图 3.8.6 所示。

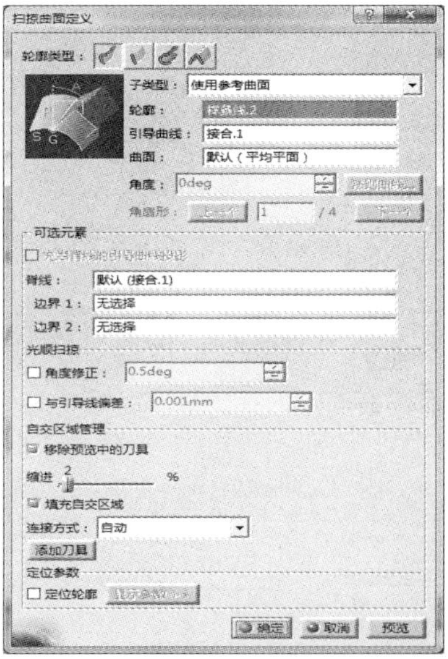

图 3.8.5　“扫掠曲面定义”对话框

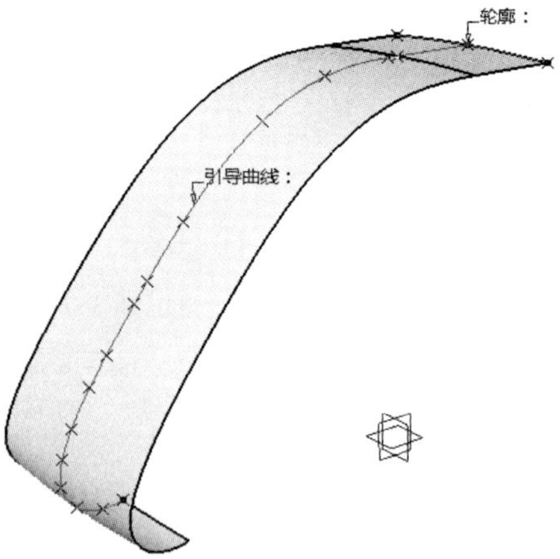

图 3.8.6　扫掠 1

（6）单击“线框”工具栏中的“点”命令“ ”创建多点，然后单击“线框”工具栏中的“直线”命令按钮“ ”建立空间曲线 3a 和曲线 3b，如图 3.8.7 所示。

（7）单击“操作”工具栏中的“接合”工具按钮“ ”选择接合对象为曲线 3a 和曲线 3b，定义接合对话框如图 3.8.8 所示，完成接合 2。

曲线 3a	（−50,54.68,195.666） （−50,37.795,74.575）
曲线 3b	（−50,37.795,74.575） （−50,37.795,10.155）

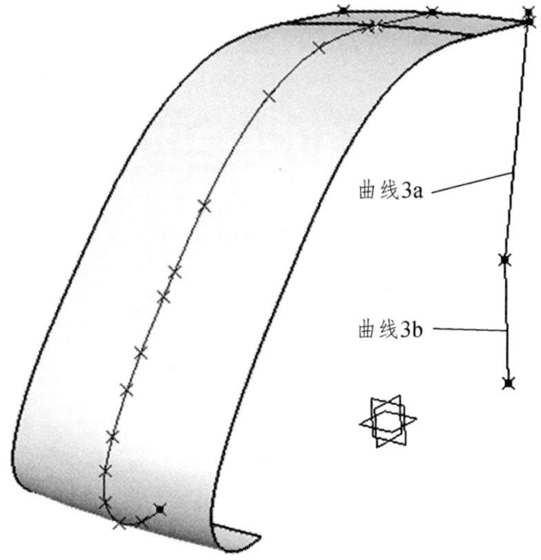

图 3.8.7 曲线 3a，3b 的创建

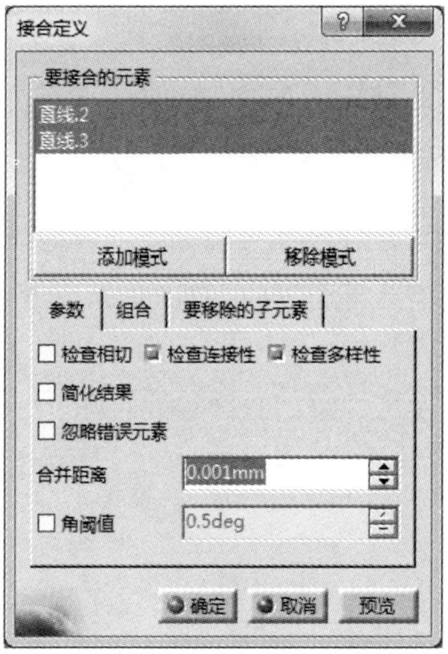

图 3.8.8 “接合定义”对话框

（8）单击“曲面”工具栏中的“拉伸”命令按钮“ ”创建拉伸 1，拉伸 1 以曲线 3 为轮廓线，拉伸方向右键单击，选择 X 部件，拉伸限制 1 尺寸为 240，如图 3.8.9 所示。

（9）单击“线框”工具条中的“相交”命令按钮“ ”，以曲面 2 为“第一元素”，曲面 1 为“第二元素”（颠倒顺序亦可），创建相交 1。相交 1 创建完成后将拉伸 1 隐藏，如图 3.8.10 所示。

（10）单击“操作”工具栏中的“对称”命令按钮“ ”，将相交 1 关于 zx 平面镜像，定义对称对话框如图 3.8.11 所示，创建对称 1 曲线如 3.8.12 所示。

（11）单击“操作”工具栏中的“分割”命令按钮“ ”，对扫掠 1 所得曲面进行分割，“要切除的元素”选择扫掠 11，“切除元素”选择相交 1 和对称 1，定义分割对话框如图 3.8.13 所示，完成分割 1 的创建，如图 3.8.14 所示。

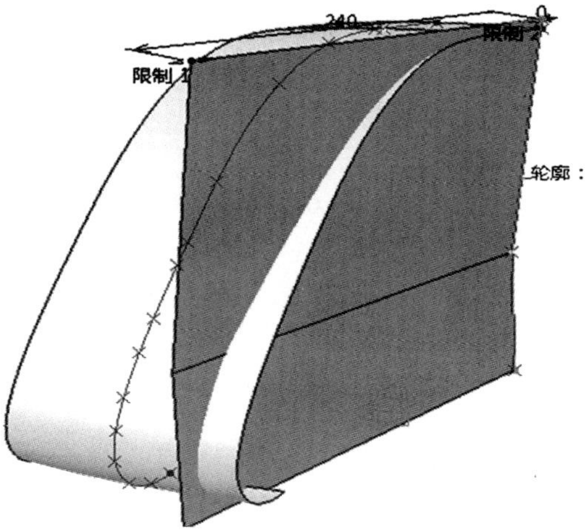

图 3.8.9　拉伸 1

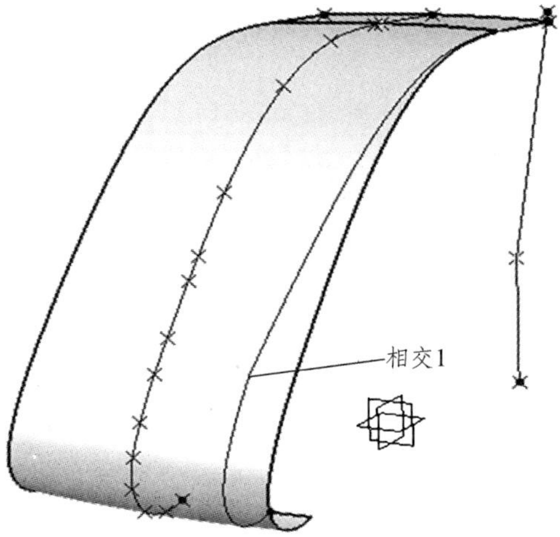

图 3.8.10　相交 1

图 3.8.11　“对称定义”对话框

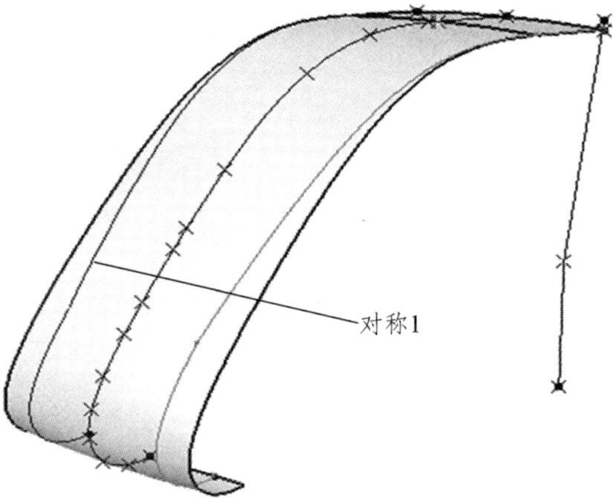

图 3.8.12　对称 1

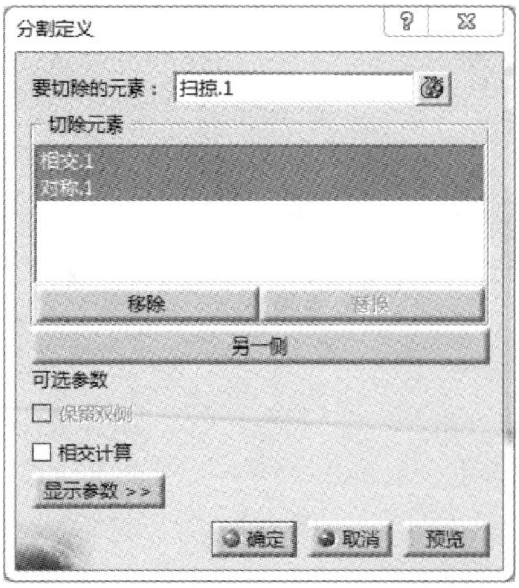

图 3.8.13　“分割定义对话框”

图 3.8.14　分割 1

（12）单击“线框”工具栏中的“点”命令按钮“ ”创建多点，然后单击“线框”工具栏中的“样条线”命令按钮“ ”建立曲线 4a，单击“直线”命令按钮“ ”创建曲线 4b，如图 3.8.15 所示。

曲线 4a	（−6,0,167.18） （0,0,167.118） （44.601,0,161.036） （111.957,0,115.78） （152.667,0,71.336）
曲线 4b	（−6,0,167.18） （−50,0,167.18）

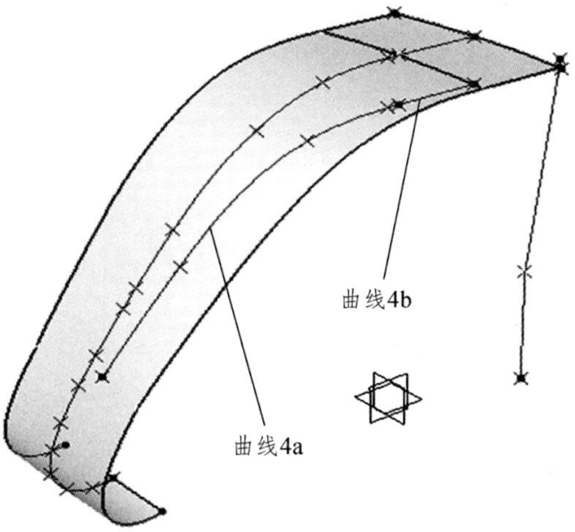

图 3.8.15　曲线 4a、4b 的创建

（13）单击“操作”工具条中的“接合”命令按钮“ ”，将曲线 4a 和曲线 4b 接合为曲线 4，完成接合 3 的创建。

（14）单击“曲面”工具栏中的“拉伸”命令按钮“ ”创建拉伸 2，如图 3.8.16 所示，拉伸 2 以曲线 4 为轮廓线，拉伸方向为 Y 部件，拉伸限制 1 尺寸为 100。

（15）单击“线框”工具栏中的“点”命令按钮“ ”创建多点，然后单击“线框”工具栏中的“直线”命令按钮“ ”建立曲线 5，定义弹出的直线对话框选择线型为“点-点”，选择刚刚创建的两点，如图 3.8.17 所示，创建曲线 5 如图 3.8.18 所示。

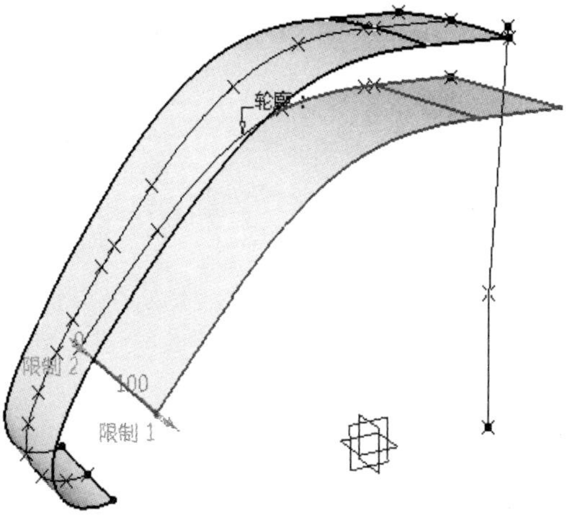

图 3.8.16　拉伸 2

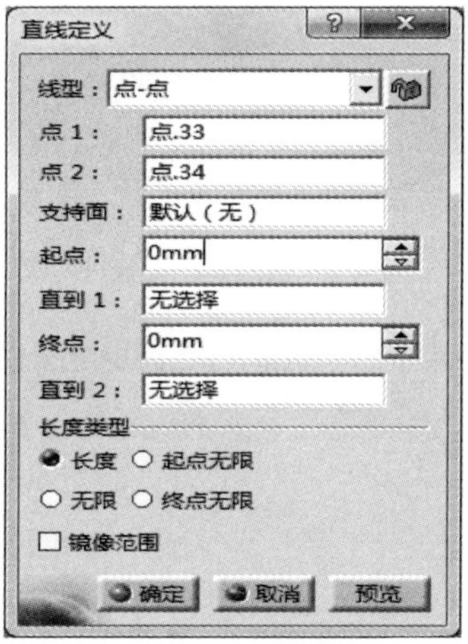

图 3.8.17　“直线定义”对话框

曲线 5	（−50,77.628,168.118） （−50,61.871,71.366）

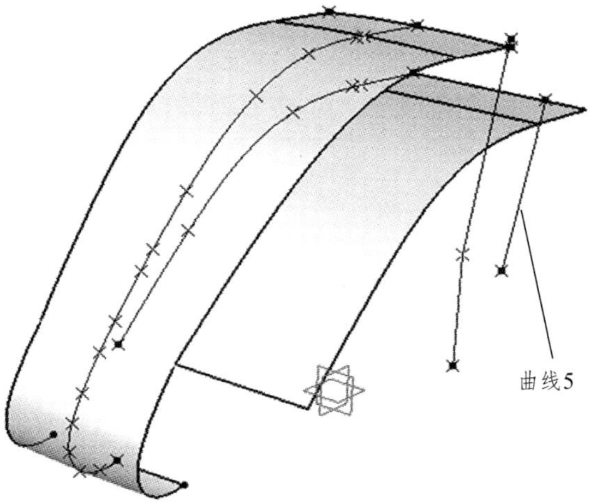

图 3.8.18　曲线 5

（16）单击“曲面”工具栏中的“拉伸”命令按钮“”创建拉伸 3 曲面，如图 3.8.19 所示。拉伸 3 以曲线 5 为轮廓线，拉伸方向为 X 部件，拉伸限制 1 尺寸为 220。

（17）单击“线框”工具条中的“相交”命令按钮“”，以拉伸 2 为“第一元素”，拉伸 3 为“第二元素”（颠倒顺序亦可），创建相交 2 曲线，相交 2 创建完成后将拉伸 2、拉伸 3 隐藏，如图 3.8.20 所示。

图 3.8.19　拉伸 3

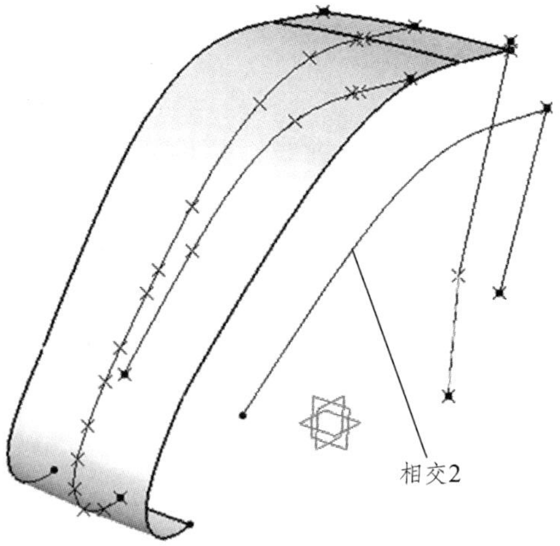

图 3.8.20　相交 2

（18）单击“线框”工具栏中的“点”命令按钮“”创建多点，然后单击“线框”工具条中的“直线”命令按钮“”，选择线型为“点-点”，建立曲线 6a 和曲线 6b，如图 3.8.21 所示。

（19）单击“操作”工具栏中的“接合”命令按钮“”，将曲线 6a 和曲线 6b 接合为曲线 6，完成接合 4 的创建，如图 3.8.22 所示。

（20）单击“线框”工具栏中的“点”命令按钮“”创建多点，然后单击“线框”工具栏中的“样条线”命令按钮“”建立空间曲线 7，如图 3.8.23 所示。

（21）单击“线框”工具栏中的“直线”命令按钮“╱”将曲线 7 和曲线 6 的端点连接起来创建曲线 8，如图 3.8.24 所示。

曲线 6a	（ −50,77.475,167.18 ） （ −50,79.972,85.783 ）
曲线 6b	（ −50,79.972,85.783 ） （ −50,61.871,25.781 ）

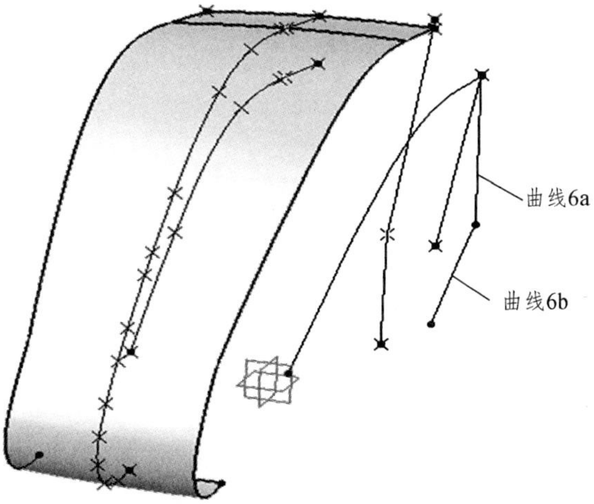

图 3.8.21　曲线 6a、6b 的创建

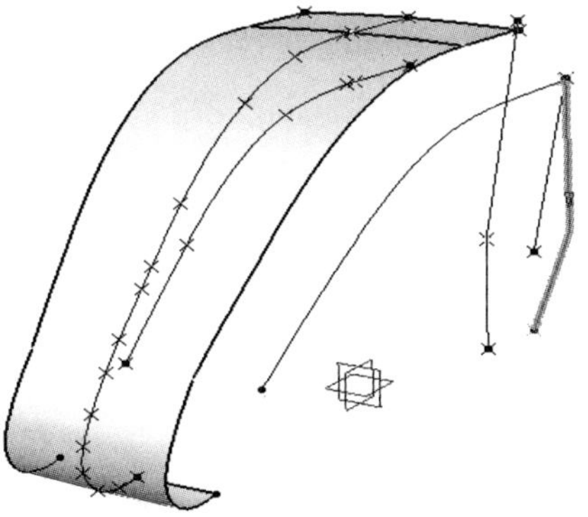

图 3.8.22　接合 4

曲线 7	（ 152.667,61.871,71.366 ） （ 152.667,64.69,47.685 ） （ 152.667,61.871,25.781 ）

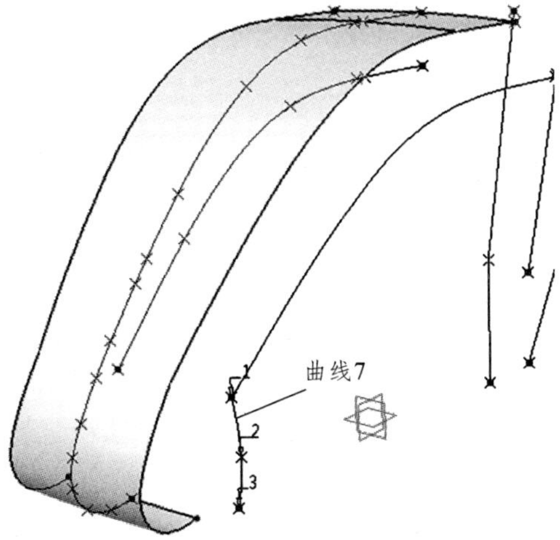

图 3.8.23　曲线 7 的创建

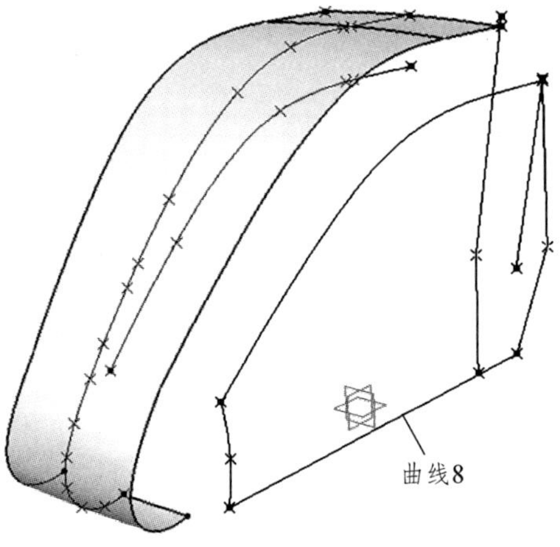

图 3.8.24　曲线 8 的创建

（22）单击“线框”工具栏中的“连接曲线”工具按钮“”，定义连接类型为“法线”，选择曲线 7 和曲线 6 的端点，张度均设为 1，必要时可单击“反转方向”按钮，定义连接曲线对话框，如图 3.8.25 所示，完成连接 1 曲线的创建，如图 3.8.26 所示。

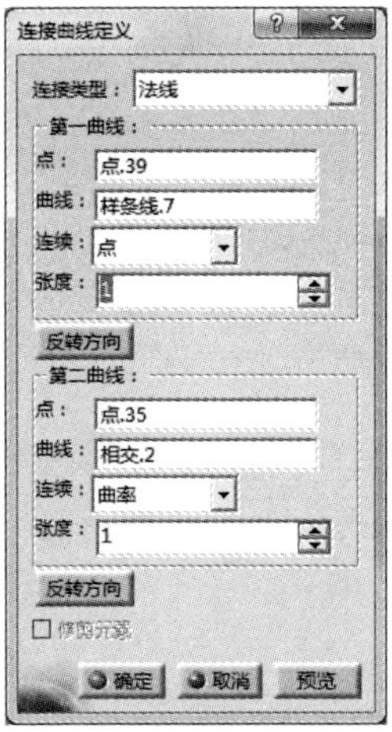

图 3.8.25　“连接曲线定义”对话框

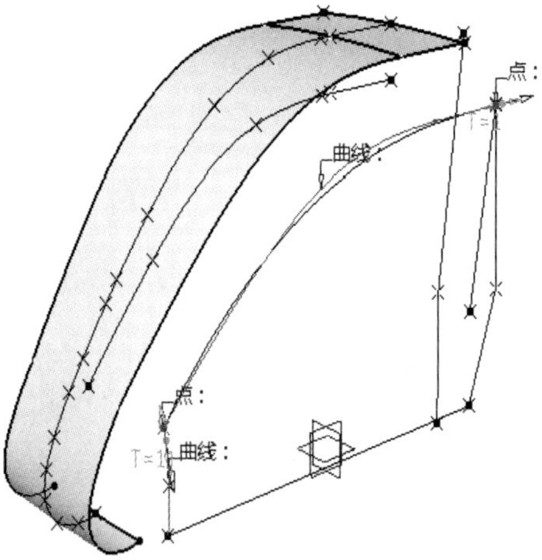

图 3.8.26　连接 1 曲线

（23）隐藏“相交 2”曲线。选中“相交 2”曲线，右键单击，隐藏。

（24）单击“曲面”工具栏中的“多截面曲面”命令按钮“”，以接合 4 和样条曲线 7 为截面轮廓，以连接 1 和曲线 8 为引导线，定义多截面曲面对话框如图 3.8.27 所示，完成多截面曲面 1 的构建，如图 3.8.28 所示。

（25）单击“操作”工具栏中的“提取”命令按钮“”定义拓展类型为“无拓展”，选取“相交 1”边线曲线部分，定义提取对话框如图 3.8.29 所示，完成提取 1 的创建，如图 3.8.30 所示。

（26）单击“操作”工具栏中的“提取”命令按钮“”，定义拓展类型为“无拓展”，选取“相交 1”边线直线部分，完成提取 2 的创建。

图 3.8.27 “多截面曲面”对话框

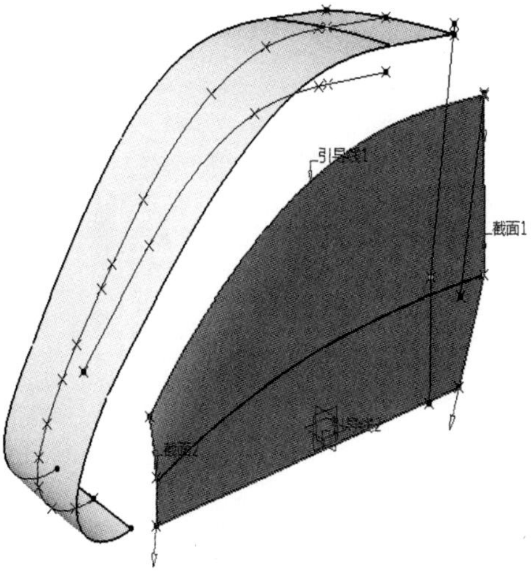

图 3.8.28 多截面曲面 1

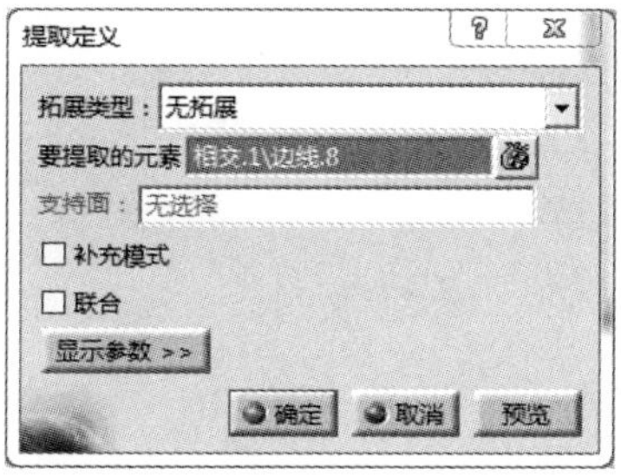

图 3.8.29 “提取定义”对话框

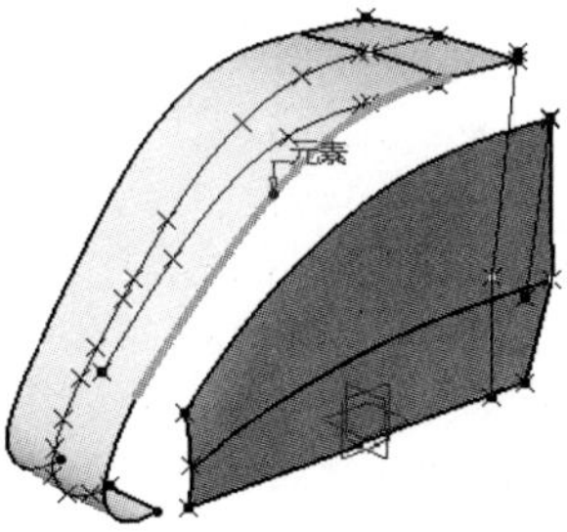

图 3.8.30 提取 1

（27）单击“操作”工具栏中的“提取”命令按钮“”，定义拓展类型为“无拓展”，选取“连接 1”曲线边线，完成提取 3 的创建。

（28）单击“操作”工具栏中的“接合”工具按钮“”，选取提取 1 和提取 2 为要接合的对象，完成接合 5 的创建。

（29）单击“曲面”工具栏中的“桥接”工具按钮“”，选取“接合 5”为第一曲线，“分割 1”为第一支持面，选取“提取 3”为第二曲线，“双截面曲面 1”为第二支持面，两者连续均选择“曲率”，相切边框均选择“双末端”，定义桥接曲面对话框如图 3.8.31 所示，完成桥接 1 的创建如图 3.8.32 所示。

（30）单击“线框”工具栏中的“点”命令按钮“”创建多点，然后单击“线框”工具栏中的“样条线”命令按钮“”建立空间曲线 9（起始点为连接 1 曲线的端点），如图 3.8.33 所示。

（31）单击“线框”工具栏中的“平面”命令按钮“”构建基准面 1，“平面类型”选择平行通过点，“参考”选择 yz 平面，“点”选择“相交 1”曲线的边界顶点，如图 3.8.34 所示。

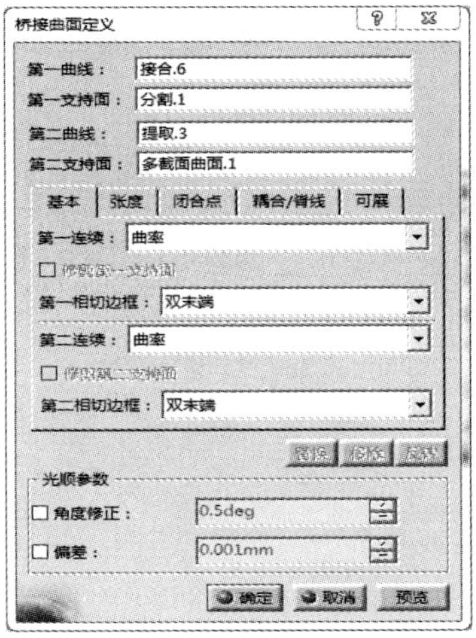

图 3.8.31 “桥接曲面定义”对话框

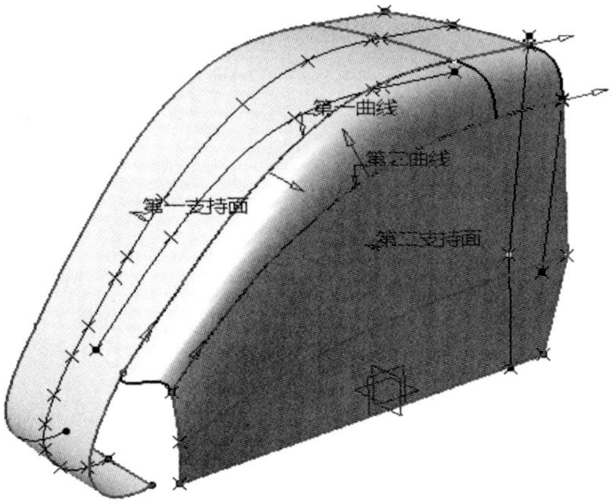

图 3.8.32 桥接 1

曲线 9	(158.696,61.256,63.1) (165.58,60.546,50.373) (168.101,60.286,42.421) (165.619,60.542,28.434) (159.854,61.137,26.137) (156.509,61.482,25.833) (152.69,61.871,25.781)

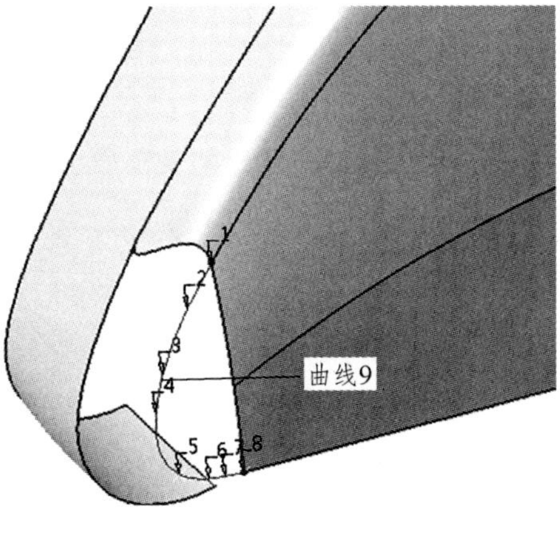

图 3.8.33 曲线 9

(32) 单击选中前面创建的“平面 1”，进入草图工作台，单击“操作”工具栏中的“投影 3D 元素”命令按钮“”选中“多截面曲线 1”边线和“分割 1”边线进行投影，如图 3.8.35 所示。

(33) 退出草图工作台，单击“操作”工具栏中的“连接曲线”工具按钮“”，依次选择两点为两投影线的端点，曲线为两条投影线，“连续”类型均选择相切，必要时可单击“反转方向”操作按钮，完成“连接 2”的创建，并在草图工作台中单击“草图”工具栏中的“构造/标准元素”命令按钮“”，将两条投影线设置为构造线，如图 3.8.36 所示。

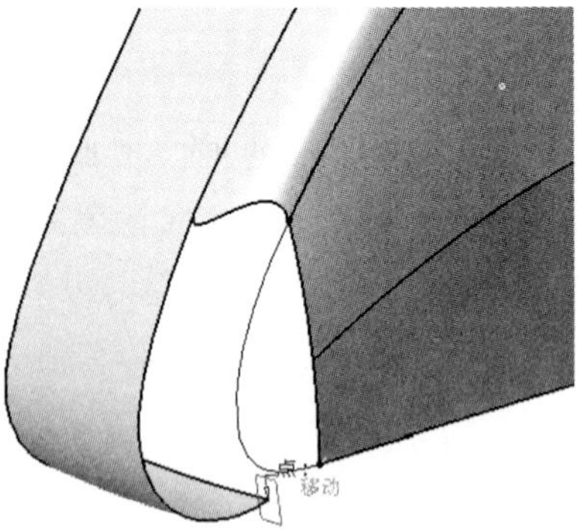

图 3.8.34 平面 1

(34) 单击“操作”工具栏中的“提取”命令按钮“”，选择“拓展类型”为“无拓展”，单击选中“多截面曲面 1”的边界线作为提取元素，如图 3.8.37 所示，完成“提取 4”的创建。

（35）单击“曲面”工具栏中的“填充”命令按钮“”，单击选择“提取 4”和“曲线 9”，完成“填充 1”的创建，如图 3.8.38 所示。

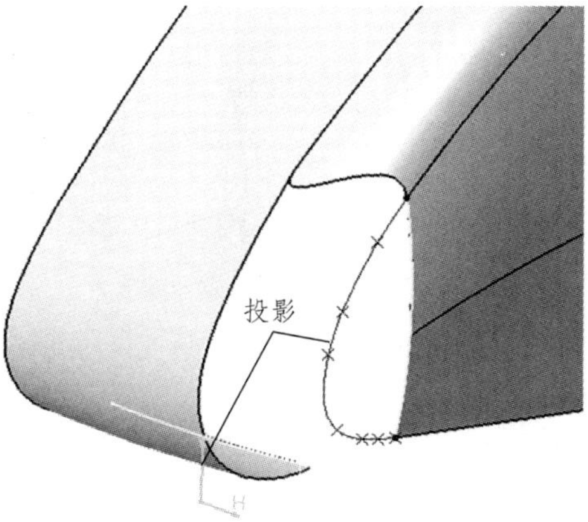

图 3.8.35　投影草图

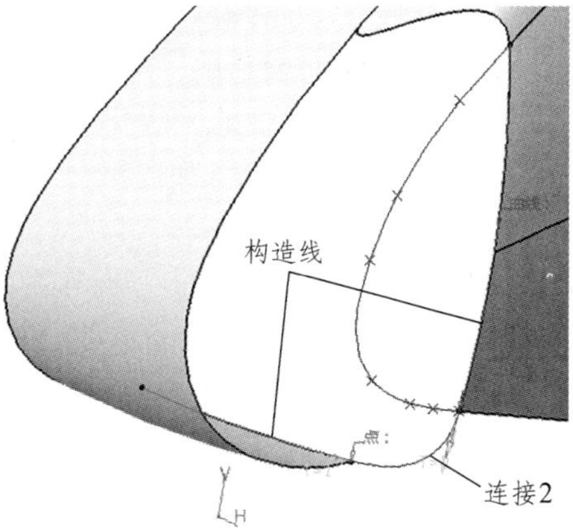

图 3.8.36　连接 2

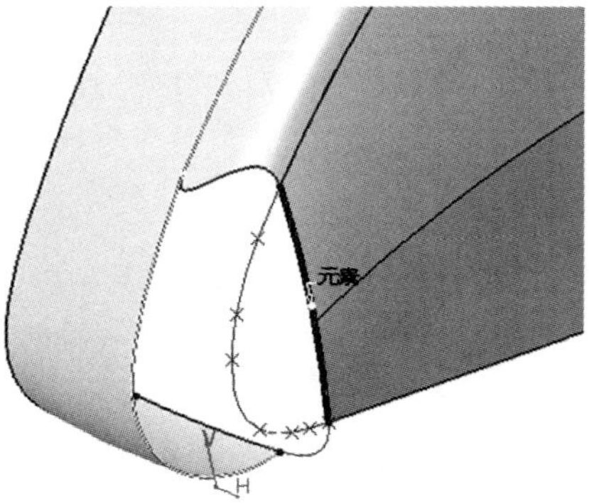

图 3.8.37　提取 4

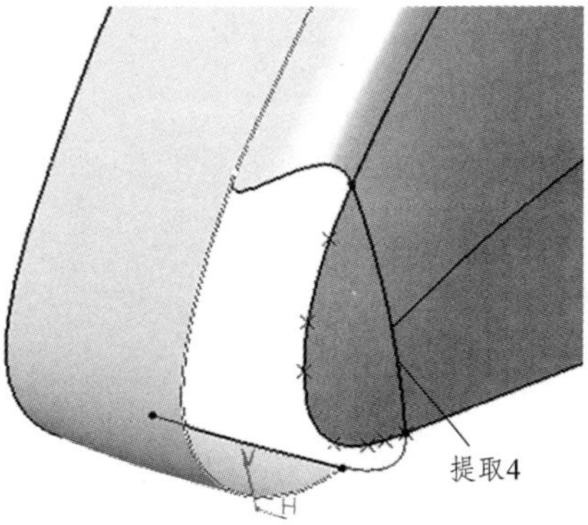

图 3.8.38　填充 1

（36）单击“线框”工具栏中的“平面”命令按钮“”构建基准面 2，“平面类型”选择平行通过点，“参考”选择 xy 平面，“点”选择曲线 9 上的自上向下数的第 4 个点为定点，如图 3.8.39 所示。

（37）单击“线框”工具栏中的“相交”命令按钮“”，以基准面 2 为“第一元素”，填充 1 为“第二元素”（颠倒顺序亦可），创建相交 3 曲线，如图 3.8.40 所示。

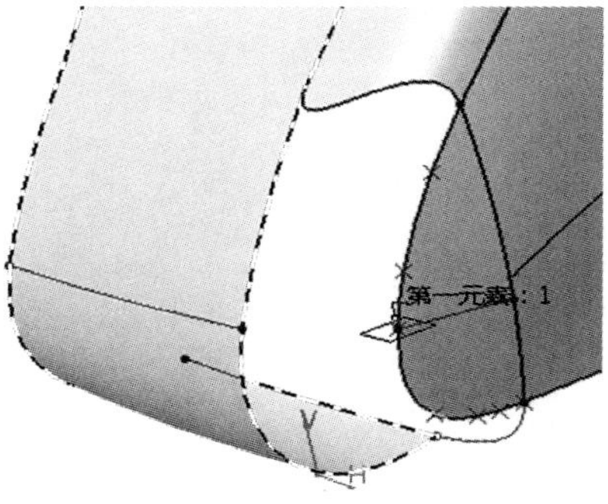

图 3.8.39　平面 2

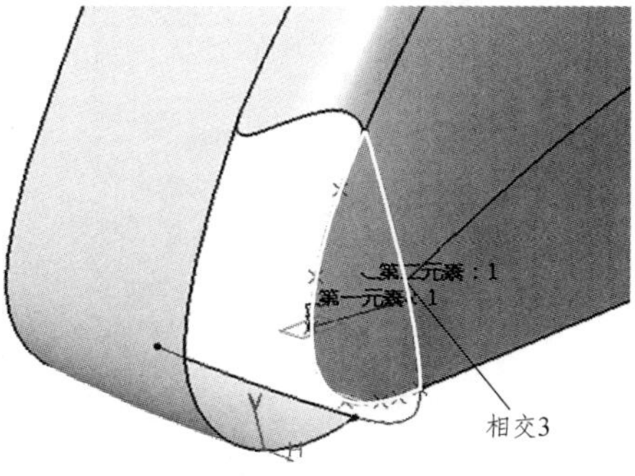

图 3.8.40　相交 3

（38）单击“线框”工具栏中的“相交”命令按钮“”，以基准面 2 为“第一元素”，分割 1 为“第二元素”（颠倒顺序亦可），创建相交 4 曲线，如图 3.8.41 所示。

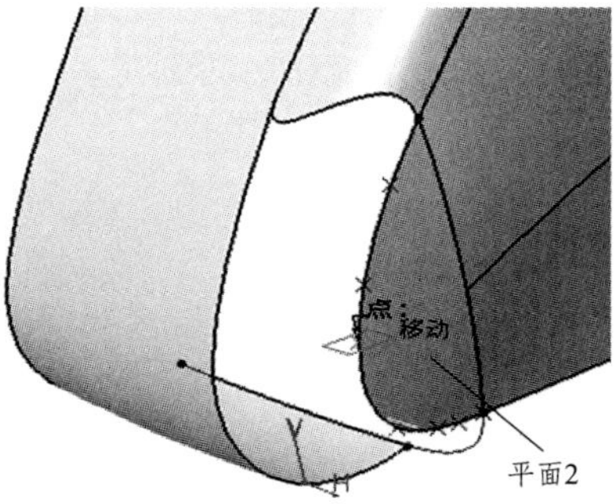

图 3.8.41　相交 4

（39）单击选中前面创建的“平面 2”，进入草图工作台，单击“操作”工具栏中的“投影 3D 元素”命令按钮“”依次选中“相交 3”边线和“相交 4”曲线进行投影，如图 3.8.42 所示。

（40）退出草图工作台，单击“操作”工具栏中的“连接曲线”工具按钮“”，依次选择两点为两投影线的端点，曲线为两条投影线，“连续”类型均选择相切，必要时可单击“反转方向”操作按钮，完成“连接 3”的创建，并在草图工作台中单击“草图”工具栏中的“构造/标准元素”命令按钮“”，将两条投影线设置为构造线，如图 3.8.43 所示。

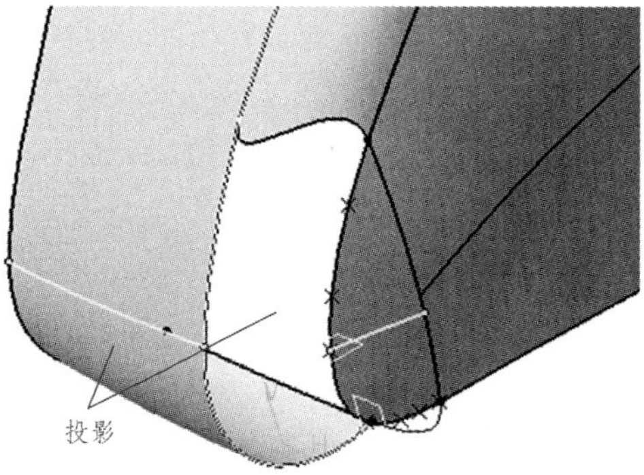

图 3.8.42　投影曲线

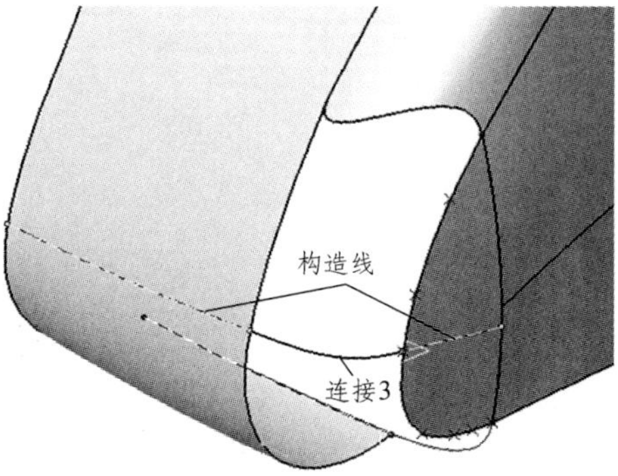

图 3.8.43　连接 3

（41）单击“曲面”工具栏中的“填充”命令按钮“”，在弹出的填充曲面定义对话框中边界依次选择“桥接 1”曲面边线为第一曲线，其支持面设为“桥接 1”，“相交 1”为第二曲线，其支持面设为“分割 1”，“连接 3”为第三曲线，曲线 9 为第四曲线，支持面设为“填充 1”，定义填充曲面对话框如图 3.8.44 所示，完成填充 2 的创建，如图 3.8.45 所示。

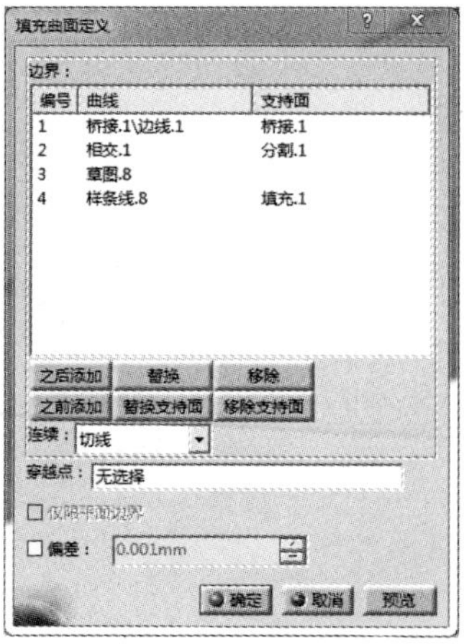

图 3.8.44　“填充曲面定义”对话框

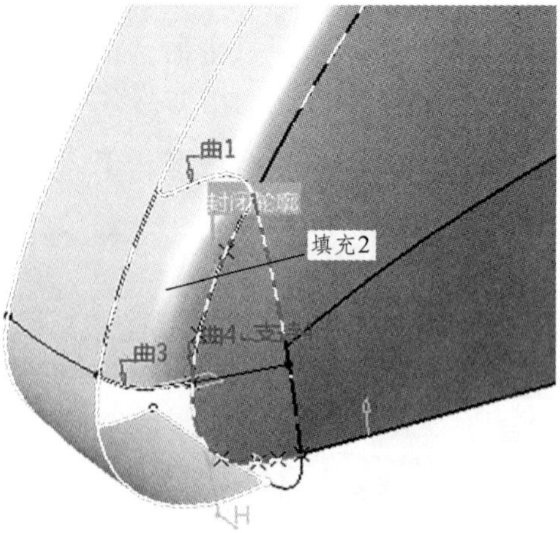

图 3.8.45　填充 2

（42）单击“操作”工具栏中的“分割”命令按钮“ ”，在弹出的“分割定义”对话框中选取“曲线 9”为要切割的元素，切除元素选取“平面 2”，完成分割 2 的创建，如图 3.8.46 所示。

（43）单击“操作”工具栏中的“分割”命令按钮“ ”，在弹出的“分割定义，对话框中选取“相交 1”为要切割的元素，切除元素选取“平面 2”，完成分割 3 的创建，如图 3.8.47 所示。

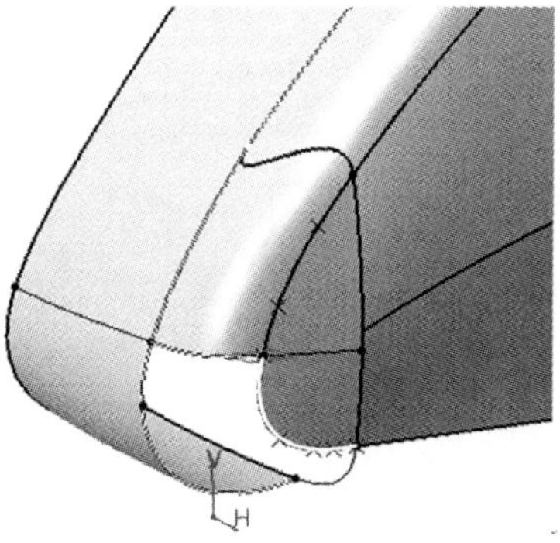

图 3.8.46　分割 2

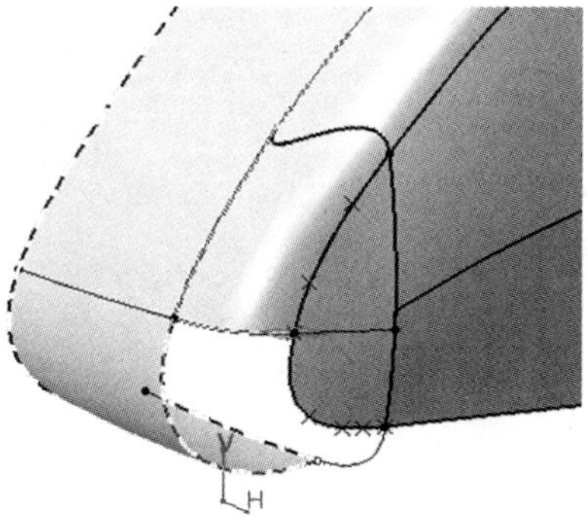

图 3.8.47　分割 3

（44）单击“曲面”对话框中的“填充”命令按钮“ ”，在弹出的对话框中定义“填充 2”边线为第一曲线，“分割 3”为第二曲线，“连接 2”为第三曲线，“分割 2”为第四曲线，完成填充 3 的创建，如图 3.8.48 所示。

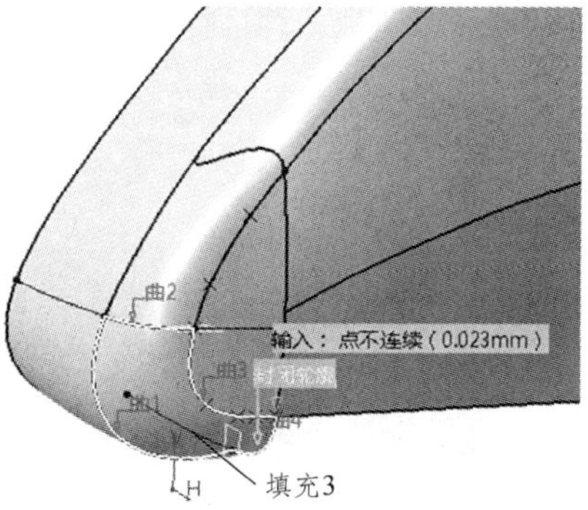

图 3.8.48　填充 3

（45）单击“线框”工具栏中的“点”命令按钮“ ”创建多点。

（46）单击“草图”工具栏中的“草图”命令绘制草图，草图绘制平面选择 xy 平面，利用“操作”工具条中的“投影 3D 元素”命令按钮“ ”，将上一步创建的点投影到草图绘制平面。再利用“轮廓”工具条中的“直线”命令按钮“ ”将 *a* 和 *b*，*c* 和 *d* 连成线，再利用“轮廓”工具条中的“连接”命令创建两段直线之间的连接线，如图 3.8.49 所示。绘制完成后单击“草图工具”工具栏中的“构造/标准元素”命令按钮“ ”将直线 *cd* 设置为构造线，余下的线条为曲线 11，如图 3.8.49 所示。操作完成后退出草图工作台。

点 *a*	（−50,61.871,0）
点 *b*	（34.143,61.871,0）
点 *c*	（155,0,0）
点 *d*	（169.589,−86.722,0）

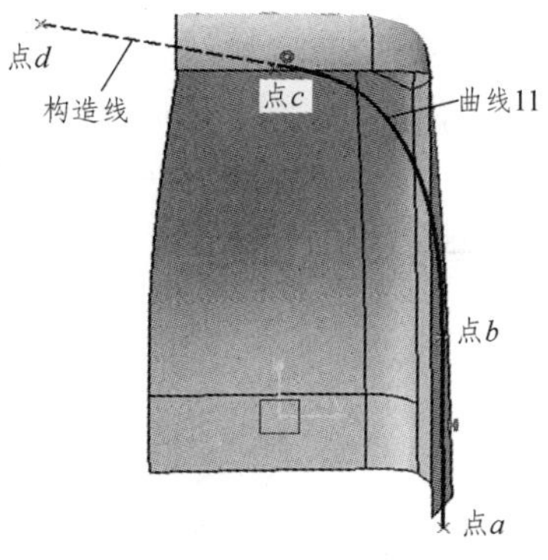

图 3.8.49　草图曲线 10

（47）单击“线框”工具栏中的“直线”命令按钮“ ”，将曲线 8 的端点和曲线 11 的一端点连接起来成直线 a，如图 3.8.50 所示，将曲线 1 的端点和曲线 11 的另一端点连接起来成直线 b，如图 3.8.51 所示。

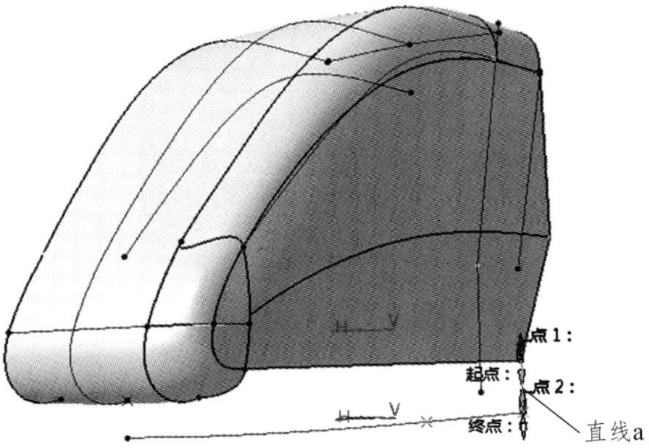

图 3.8.50　直线 a

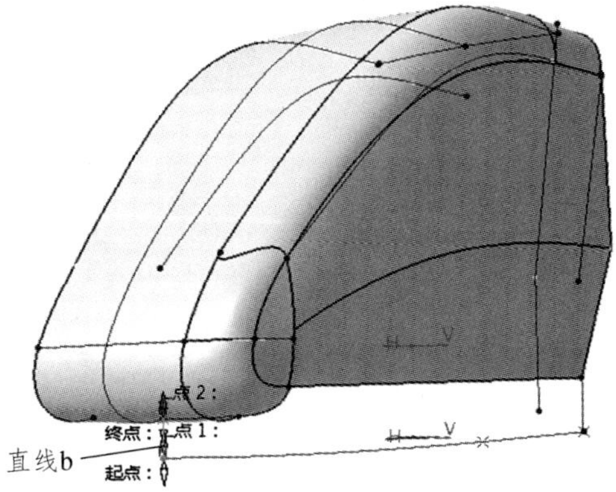

图 3.8.51　直线 b

（48）单击“曲面”工具栏中的“填充”命令按钮“ ”，按一个方向依次选取如图 3.8.52 所示的 7 条边界，单击“确定”，完成填充 4 的创建，如图 3.8.53 所示。

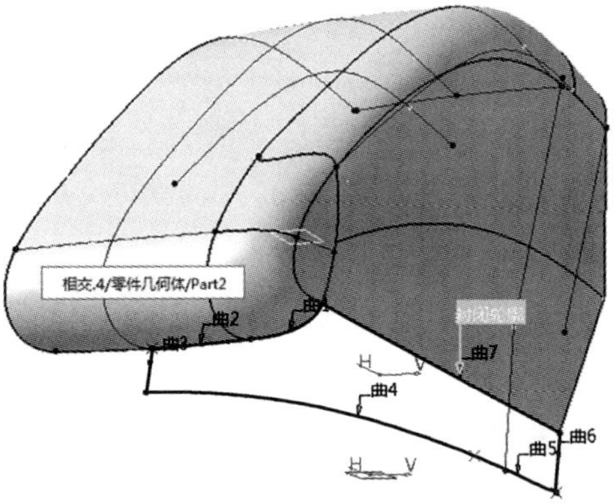

图 3.8.52　选取 7 条曲线作为填充边界

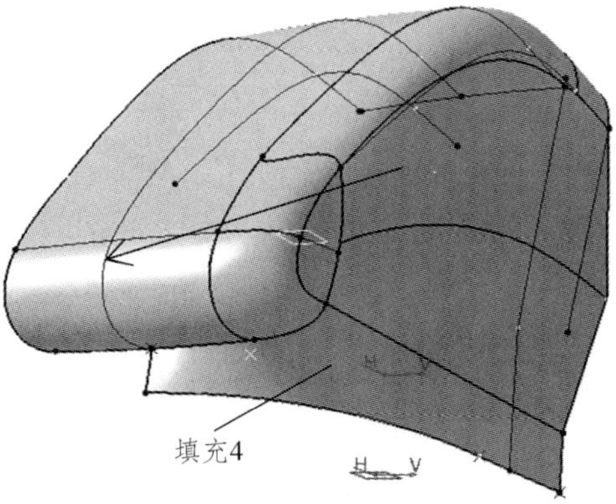

图 3.8.53　填充 4

（49）按住 Ctrl 键用鼠标选中除曲面 1 以外的全部曲面，如图 3.8.54 所示，单击“操作”工具栏中的“对称”命令按钮“ ”镜像出 CRH_1 头车的另外一半，在对称定义对话框中“参考”选择 zx 平面，得到结果如图 3.8.55 所示。

（50）单击“线框”工具栏中的“点”命令按钮“ ”创建多点，然后单击“线框”工具条中的“直线”命令按钮“ ”建立曲线 12a 和曲线 12b，如图 3.8.56 所示。

（51）单击“操作”工具栏中的“接合”命令按钮“ ”，将曲线 12a 和曲线 12b 接合为曲线 12，完成接合 6 的创建。

（52）单击“曲面”工具栏中的“拉伸”命令按钮“”，以接合 6 曲线为拉伸轮廓，拉伸方向为 Y 部件，拉伸限制 1 尺寸为 100，单击选中“镜像范围”，单击“确定”，完成拉伸 4 的创建，如图 3.8.57 所示。

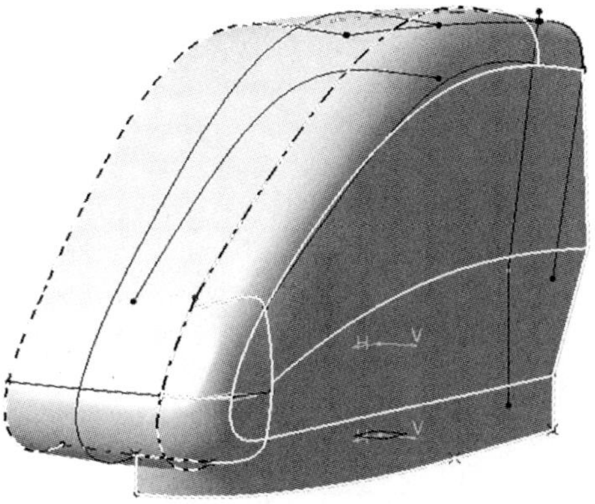

图 3.8.54 选取要对称的曲面

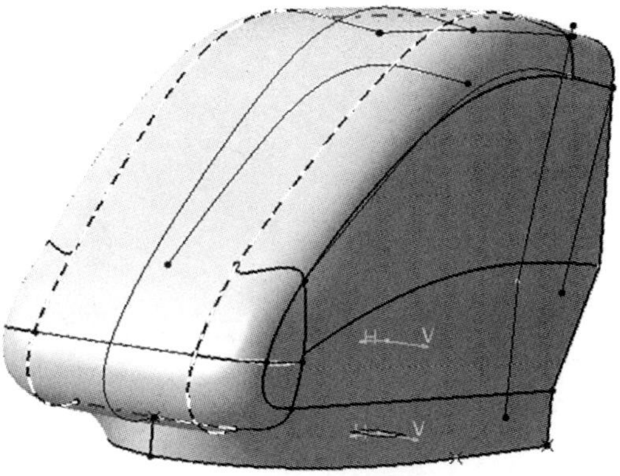

图 3.8.55 对称完成后的结果

曲线 12a	（−70,0,40） （60,0,40）
曲线 12b	（60,0,40） （87,0,−10）

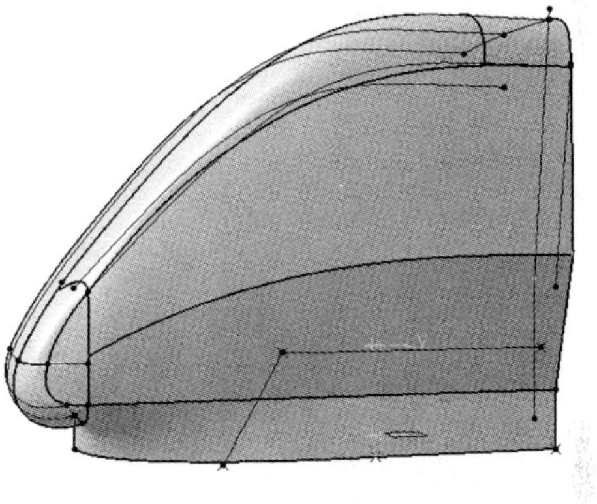

图 3.8.56 曲线 12a，12b 的创建

（53）按住 Ctrl 键选中除拉伸 4 以外的所有曲面，单击“操作”工具栏中的“接合”命令按钮“”，将头车所有曲面的接合，完成接合 7 的创建。

（54）单击“操作”工具栏中的“分割”命令按钮“”，选择“接合 7”为要切除的元素，“拉伸 4”为切除元素，单击确定，完成分割 5 的创建，分割完成后将“拉伸 4”隐藏，如图 3.8.58 所示。

（55）将所有的点、直线、曲线隐藏，得到头车最终效果如图 3.8.59 所示。

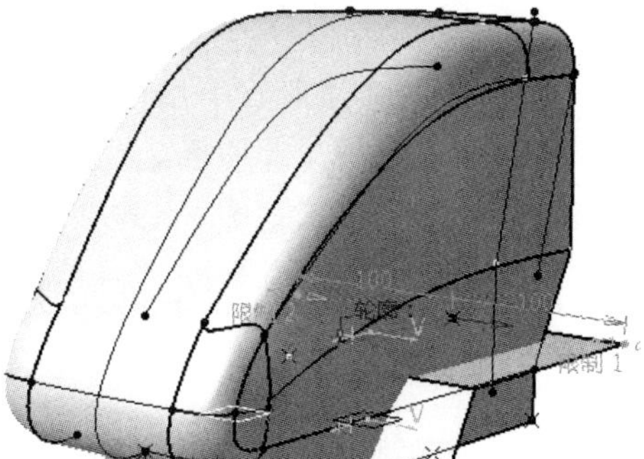

图 3.8.57 拉伸 4

（55）单击“线框”工具栏中的“平面”命令按钮“”，选择“平面类型”为偏移平面，选择参考平面为 yz 平面，偏移距离设为 50 mm，单击“反转反向”命令按钮，完成平面 3 的创建，如图 3.8.60 所示。

（56）单击选中平面 3 进入草图工作台，双击“操作”工具栏中的“投影 3D 元素”命令按钮“”，进行多条线的连续投影，选择如图 3.8.61 所示的边界（轮廓边线 13a，13b 不选），完成选取后再次单击“”取消激活，完成投影线的创建。

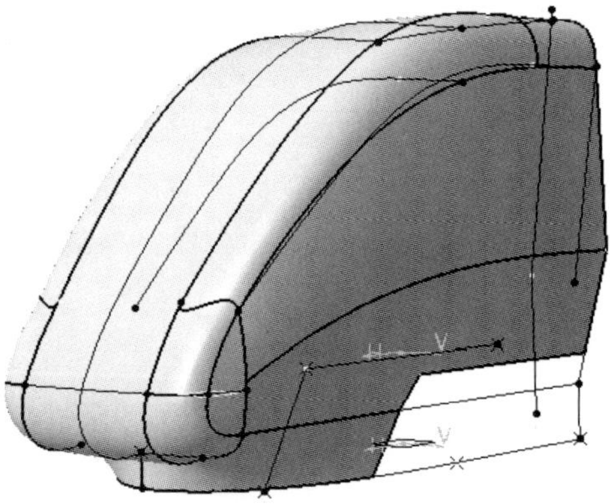

图 3.8.58　分割 5

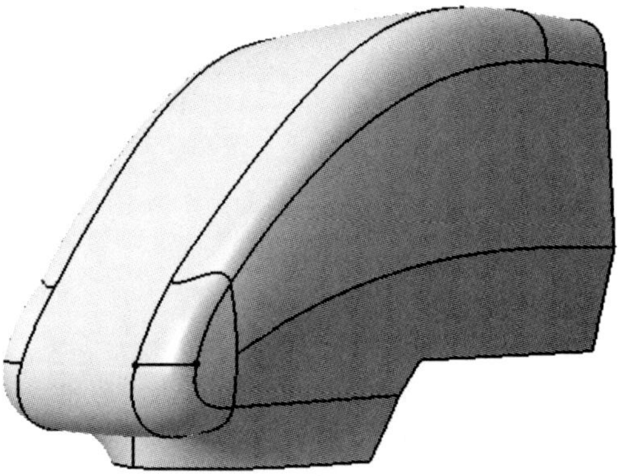

图 3.8.59　头车最终效果

（57）单击“轮廓”工具栏中的“直线”命令按钮“”，选取前面创建的投影线的端点完成直线 14a，14b 的创建，如图 3.8.62 所示，完成后退出草图工作台。

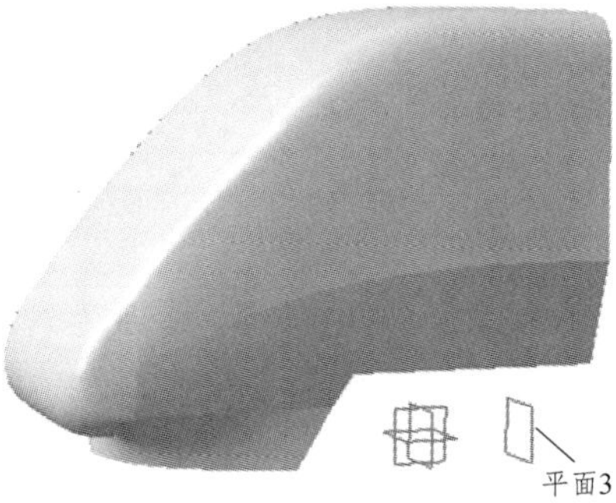

图 3.8.60　平面 3

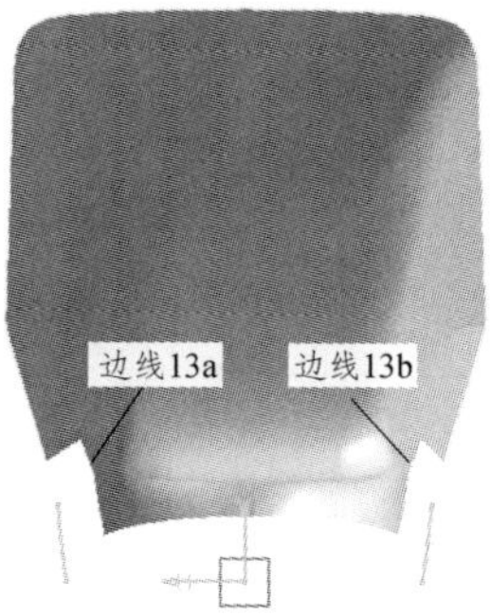

图 3.8.61　选择投影轮廓线

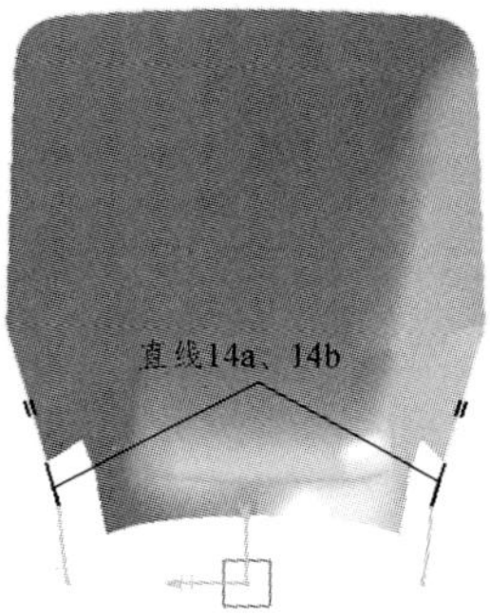

图 3.8.62　直线 14a、14b

（58）单击“曲面”工具栏中的“拉伸”命令按钮“”，选取前两步创建的草图为拉伸轮廓，在弹出的“拉伸曲面定义”对话框中设置限制 1 尺寸为 0，限制 2 尺寸为 1 080 mm，完成拉伸 5 的创建，如图 3.8.63 所示。

（59）单击选中 zx 平面进入草图工作台，绘制如图 3.8.64 所示的草图，约束线的长度为 100，倒角半径为 6。

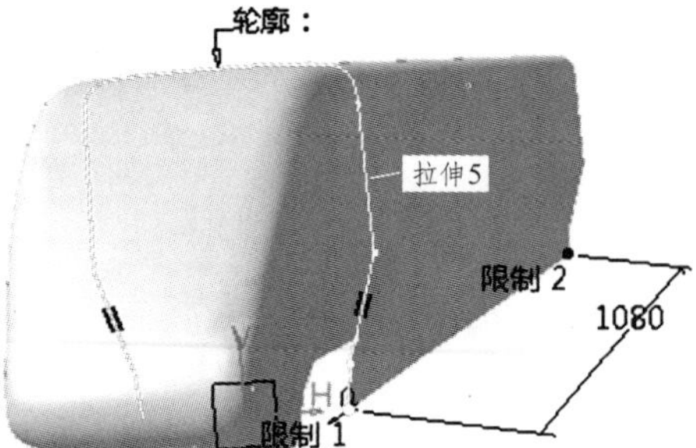

图 3.8.63　拉伸 5

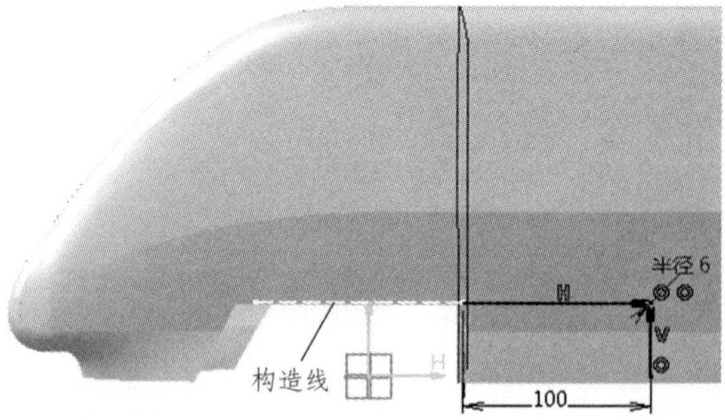

图 3.8.64　草图 a

（60）单击“曲面”工具栏中的“拉伸”命令按钮“”，选取上一步创建的草图为拉伸轮廓，设置限制 1、限制 2 的尺寸均为 100 mm，完成拉伸 6 的创建，如图 3.8.65 所示。

（61）单击“操作”工具栏中的“分割”命令按钮“”，选取“拉伸 5”为要切除的元素，选取“拉伸 6”为切除元素，完成分割 6 的创建，隐藏拉伸 6，结果如图 3.8.66 所示。

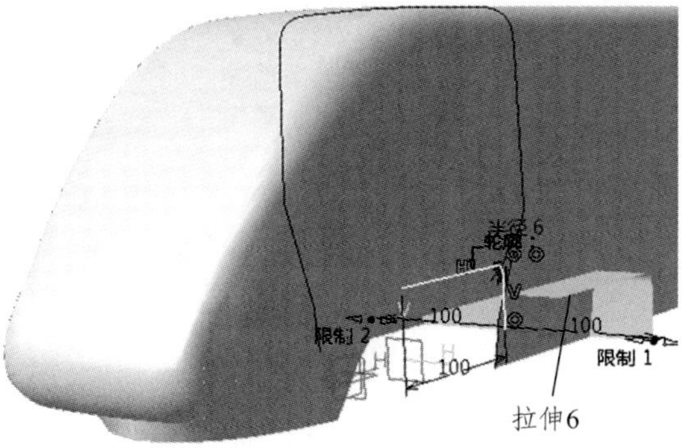

图 3.8.65　拉伸 6

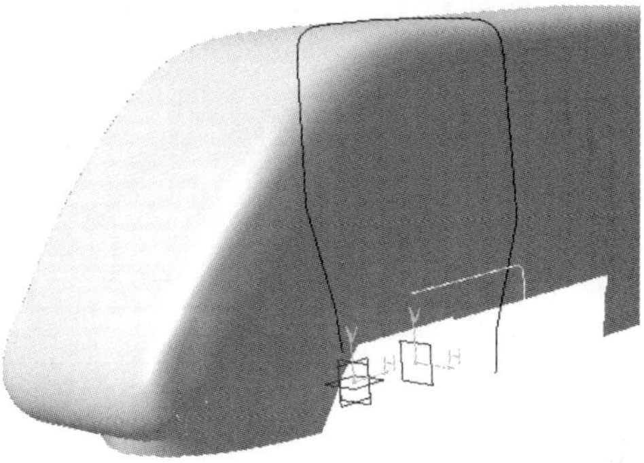
图 3.8.66　分割 6

（62）单击选中 zx 平面进入草图工作台，绘制如图 3.8.67 所示的草图 b，图中的尺寸数据有：750 mm、250 mm、40 mm，两倒角半径为 6 mm。

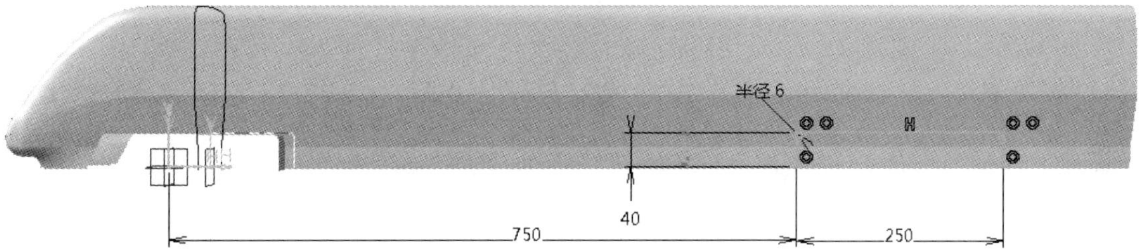

图 3.8.67　草图 b

（63）类似第（60）、（61）步，完成拉伸 7、分割 7 的创建，隐藏由草图 b 创建出的拉伸 7，结果如图 3.8.68 所示。

图 3.8.68　分割 7

（64）单击选中 zx 平面进入草图工作台，单击“轮廓”工具栏中的“延长孔”命令按钮“”绘制如图 3.8.69 所示的草图 c（在绘制时可以先绘制出一个，然后选中其边界，右键单击，“复制”→“粘贴”，然后再约束尺寸，如此可减少草图创建的工作量）。

（65）类似第（60）、（61）步，完成拉伸 8、分割 8 的创建，隐藏由草图 c 创建出的拉伸 8，结果如图 3.8.70 所示。

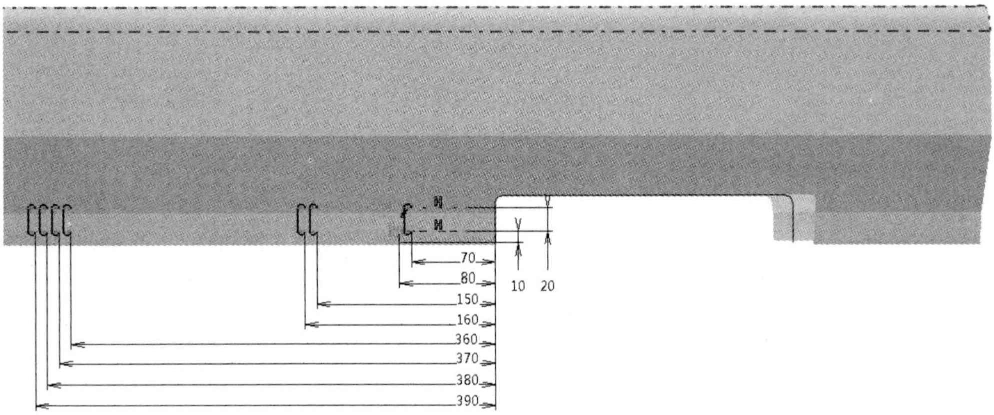

图 3.8.69　草图 c

图 3.8.70　分割 8

（66）单击“操作”工具栏中的“提取”命令按钮“”，定义“拓展类型”为无拓展，单击“提取定义”对话框中“要提取的元素”后边的“”按钮，定义提取的对话框如图 3.8.71 所示，选择如图 3.8.72 所示的拉伸 6 的边线，完成提取操作。

（67）单击“线框”工具栏中的“直线”命令按钮“”，定义类型为“点-点”，单击选中上一步创建的提取端点，完成直线 15 的创建，如图 3.8.73 所示。

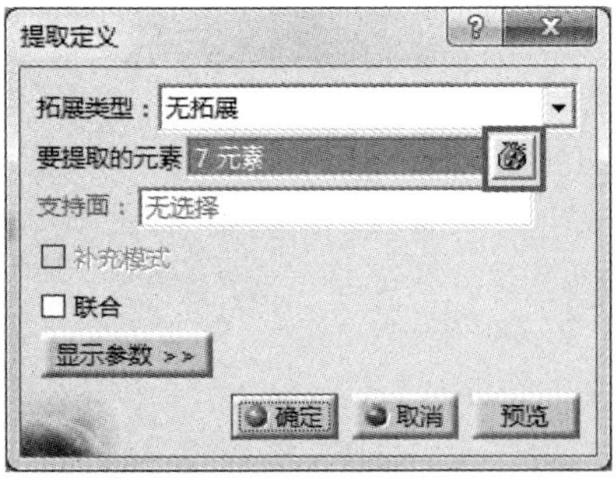

图 3.8.71　“提取定义”对话框

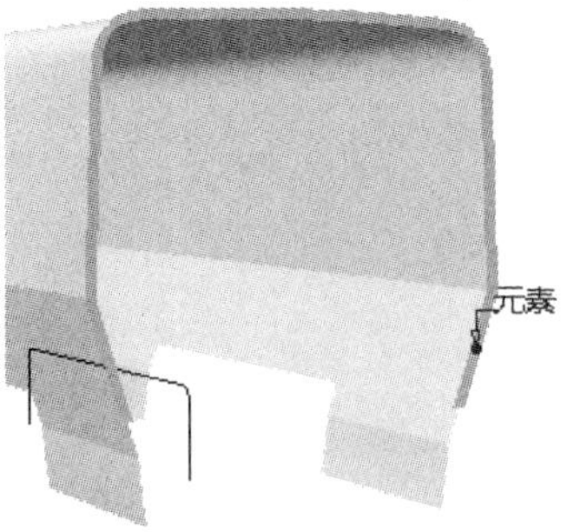

图 3.8.72　选取要提取的元素

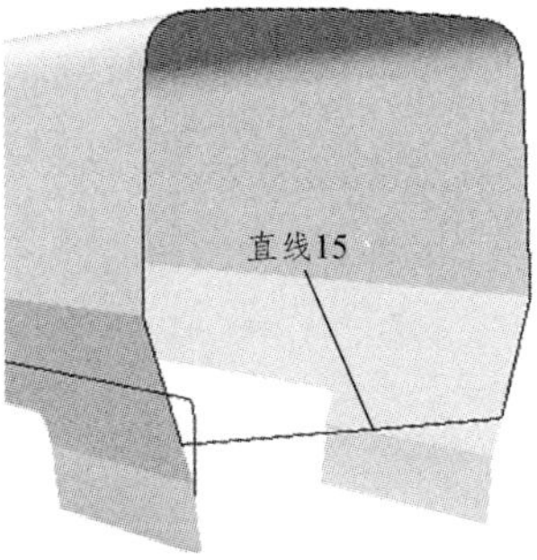

图 3.8.73　直线 15

（68）单击“曲面”工具栏中的“填充”命令按钮“”，依次选取前两步创建的曲线，完成填充 5 的创建，如图 3.8.74 所示。

（69）单击“操作”工具栏中的“提取”命令按钮“”，选取“分割 5”“分割 8”“填充 5”3 个曲面为要接合的对象，完成接合 8 的创建，如图 3.8.75 所示。

（70）单击“操作”工具栏中“倒圆角”命令按钮“”，选取接合 8 尾部锐边为倒圆角的对象，倒角半径设置为 20 mm，完成倒圆角的创建，隐藏第（66）、（67）步中创建的提取线和直线，如图 3.8.76 所示。

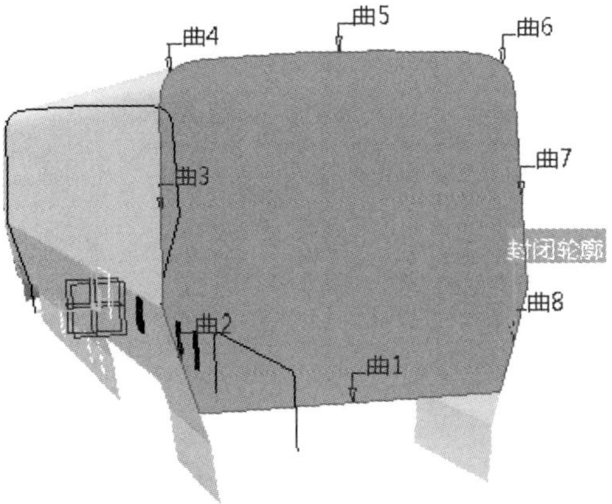

图 3.8.74　填充 5

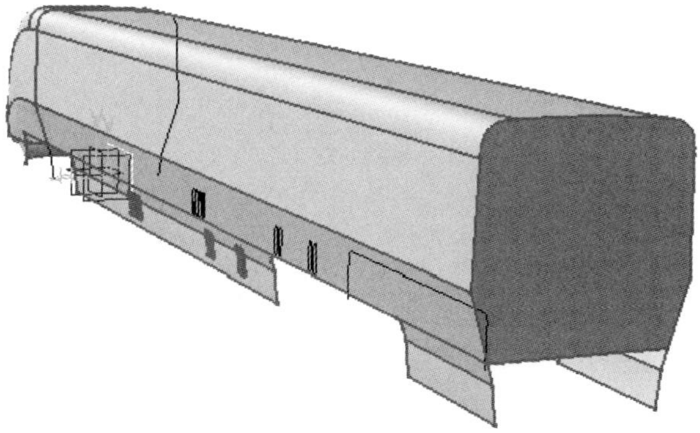

图 3.8.75　接合 8

（71）单击选中尾部平面，进入草图工作台，绘制如图 3.8.77 所示的草图 d。

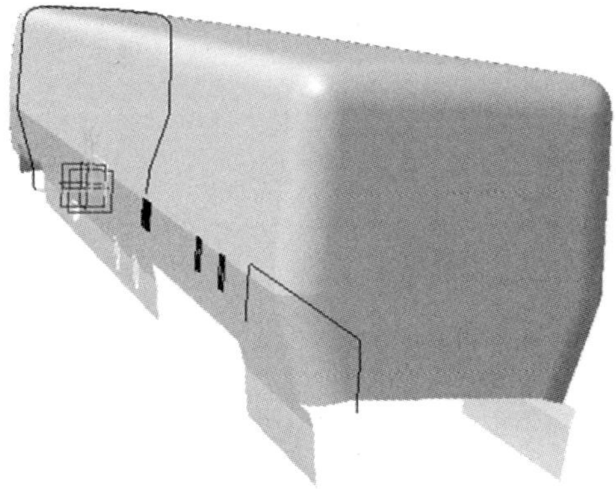

图 3.8.76　倒圆角

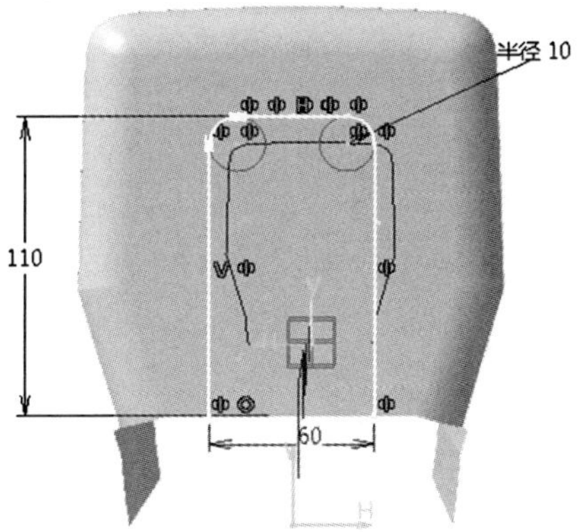

图 3.8.77　草图 d

（72）单击“曲面”工具栏中的“拉伸”命令按钮“”，以上一步创建的草图为要拉伸的对象，定义限制 1 尺寸为 10 mm，勾选“镜像范围”，完成拉伸 9 的创建，如图 3.8.78 所示。

（73）单击“操作”工具栏中的“分割”命令按钮“”，选取“接合 8”为要切除的对象，“拉伸 9”为切除元素，完成分割 9 的创建，隐藏拉伸 9，如图 3.8.79 所示。

（74）单击选中 zx 平面进入草图工作台，单击“操作”工具栏中的“投影 3D 元素”命令按钮“”选取如图 3.8.80 所示的边界线为要投影的元素，然后完成如图 3.8.80 所示的草图 e 的创建，图示尺寸为 20 mm。

（75）类似第（60）、（61）步，完成拉伸 10、分割 10 的创建，隐藏由草图 e 创建出的拉伸 10，结果如图 3.8.81 所示。

（76）单击选中 zx 平面进入草图工作台，完成如图 3.8.82 所示的草图 f 的创建，其中倒角半径为 10，其余尺寸见草图 f［为减少草绘的工作量可参照第（65）步中的“复制”→“粘贴”操作］。

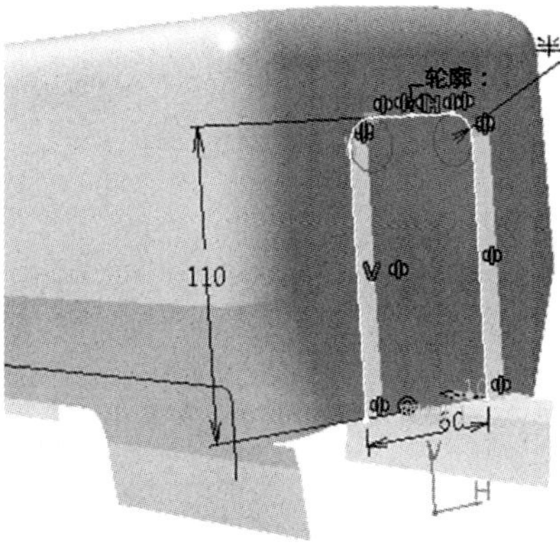

图 3.8.78　拉伸 9

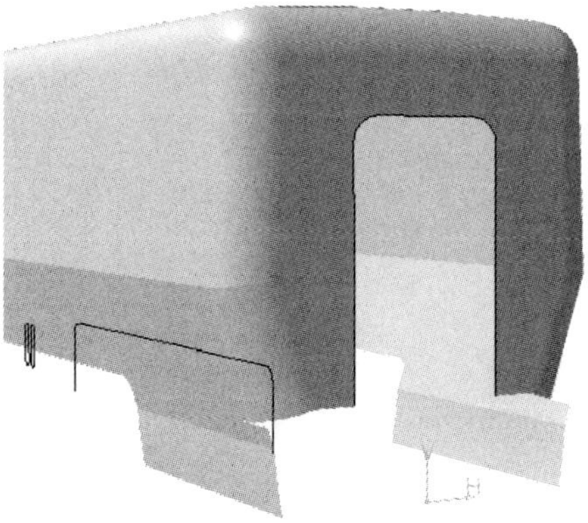

图 3.8.79　分割 9

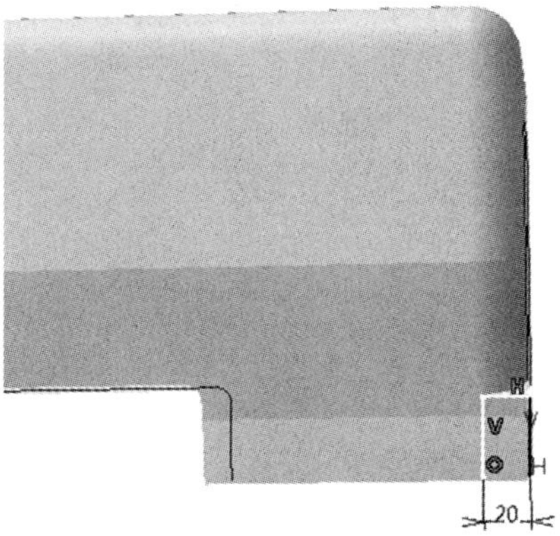

图 3.8.80　草图 e

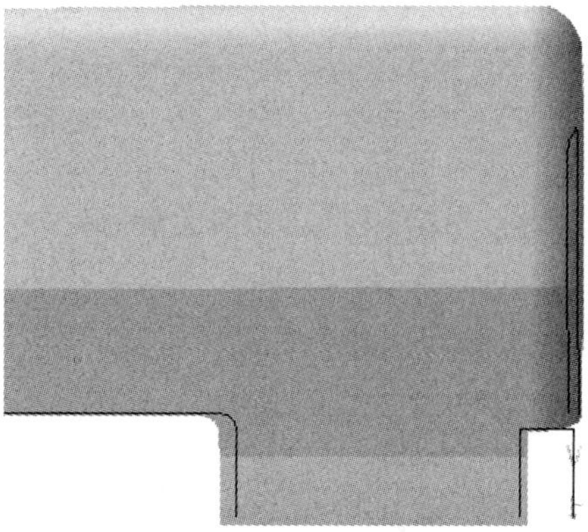

图 3.8.81　分割 10

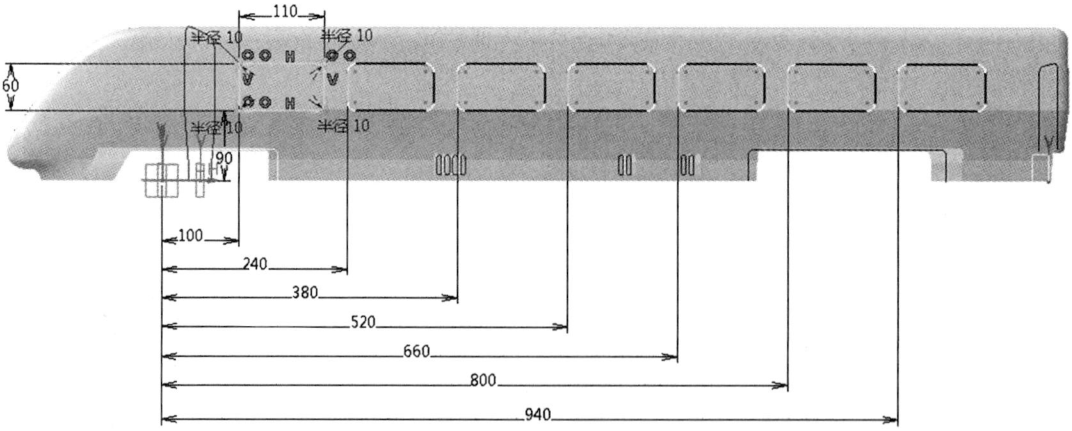

图 3.8.82　草图 f

（77）类似第（60）、（61）两步，完成拉伸 11、分割 11 的创建，隐藏由草图 f 创建出的拉伸 11，结果如图 3.8.83 所示。

（78）单击选中 zx 平面进入草图工作台，完成如图 3.8.84 所示的草图 g 的创建，其中倒角半径为 10。

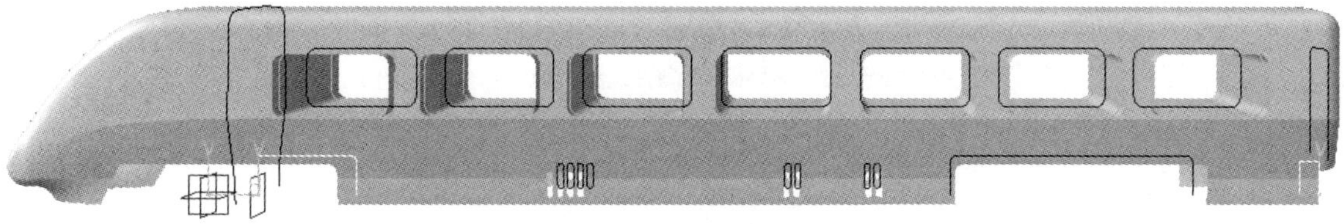

图 3.8.83　分割 11

（79）类似第（60）、（61）两步，完成拉伸 12、分割 12 的创建，隐藏由草图 g 创建出的拉伸 12，结果如图 3.8.85 所示。

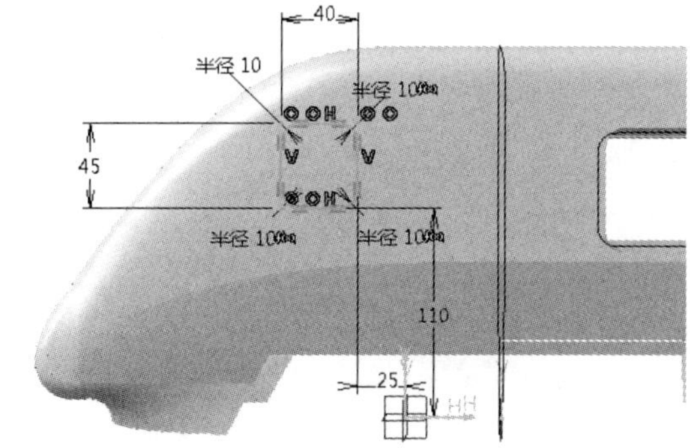

图 3.8.84　草图 g

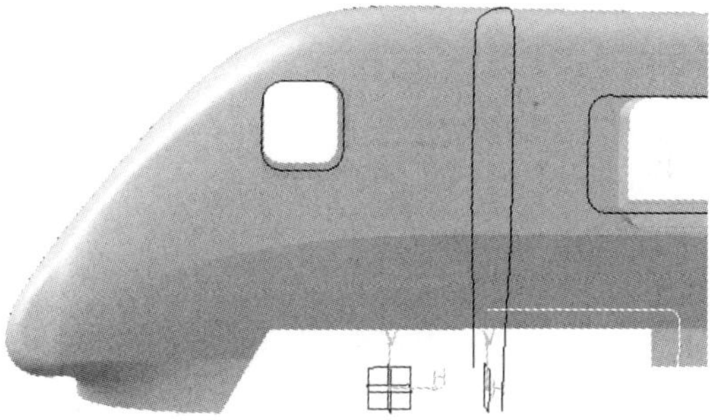

图 3.8.85　分割 12

（80）隐藏所有的点、直线、曲线、平面、草图，得到最终前车效果如图 3.8.86 所示。

图 3.8.86　最终效果

注：此头车的曲面建模尺寸都是象征性的，旨在于让读者了解头车的大致构造和建模方法，实际模型须以实际尺寸为准。

3.9　其他附件

列车转向架结构除前面介绍的主要零部件外，还有一些其他附件。主要零部件和其他附件都是组成列车转向架的重要部分。限于教材篇幅，这里只选择一些主要的附件进行建模教学演示，其余零部件放置在教材附件的二维码中，感兴趣的读者可以自行尝试建立模型。

3.9.1 垂向油压减振器

油压减振器整体三维模型如图 3.9.1 所示。

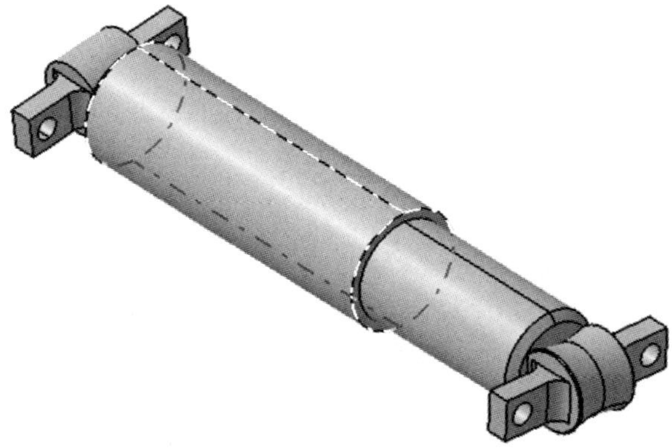

图 3.9.1 油压减振器整体三维模型

垂向油压减振器是一个较简单的模型，配合使用凸台、旋转槽、孔、倒角、圆角等命令即可完成整体模型的建立。

油压减振器三维模型的建立步骤：

（1）打开 CATIA 软件，新建立一个 Part 文件，并命名为“油压减振器”。

（2）选择 yz 平面，点击按钮进入草绘界面，绘制如图 3.9.2 所示的草绘截面，点击退出草绘工作台。点击凸台命令，弹出如图 3.9.3 所示的对话框，修改长度为“16 mm”，按“确定”键完成操作步骤。

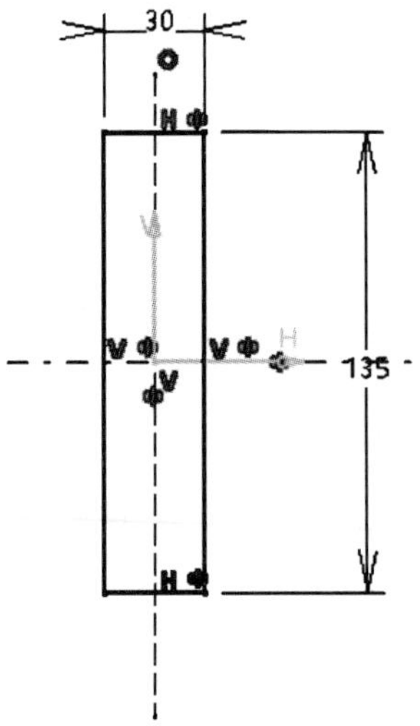

图 3.9.2 草绘截面

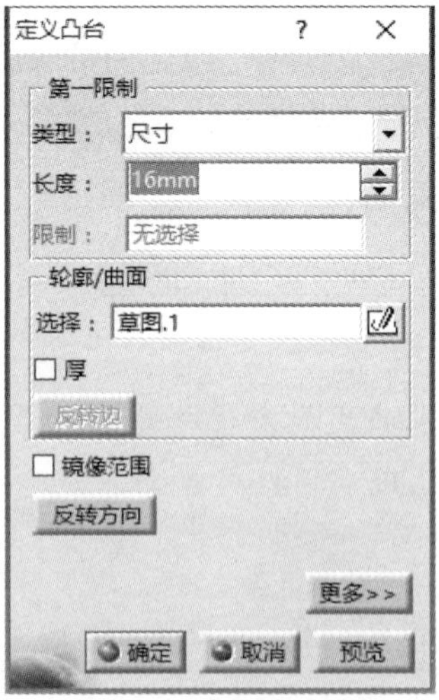

图 3.9.3 凸台命令修改对话框

（3）点击 xy 平面，按按钮进入草绘截面，绘制如图 3.9.4 所示的草绘截面，点击退出草绘工作台。点击凸台命令，在弹出的对话框中，修改长度为“23 mm”，点选镜像范围，如图 3.9.5 所示，按“确定”键完成操作步骤。

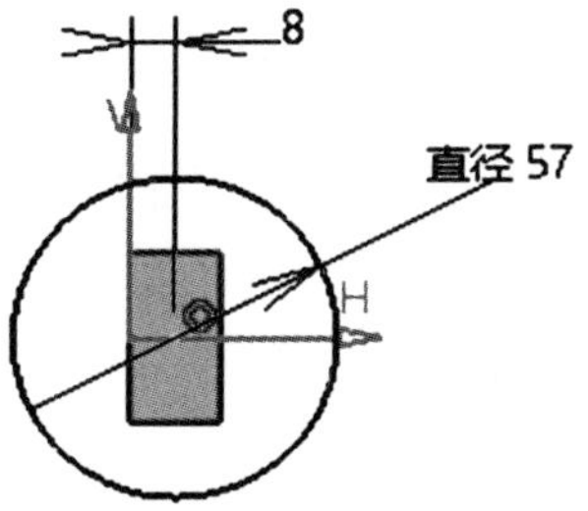

图 3.9.4　草绘截面

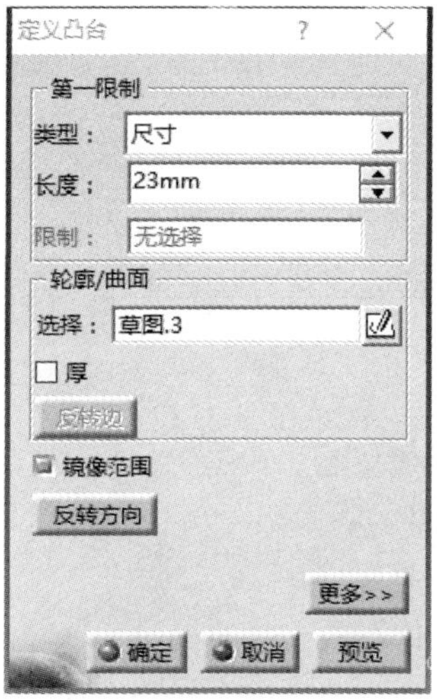

图 3.9.5　凸台命令修改对话框

（4）点击倒圆角命令按钮，选择如图 3.9.6 所示的几条边，将圆角半径修改为“10 mm”，按“确定”键完成操作。

（5）选择 zx 平面进行草绘，绘制如图 3.9.7 所示的草绘截面，按退出草绘工作台，点击旋转槽工具，选择凸台 2 中的轴作为旋转轴线，按“确定”键完成操作。

（6）点击倒角工具，修改长度为“1 mm”，选择如图 3.9.8 所示的边线，按“确定”键完成步骤。

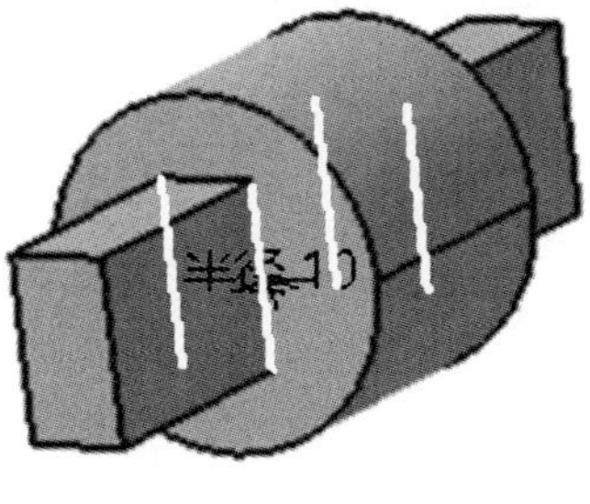

图 3.9.6　圆角边

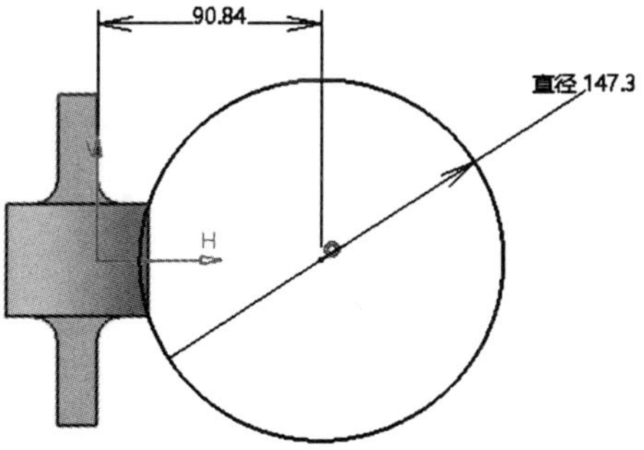

图 3.9.7　旋转槽草绘截面

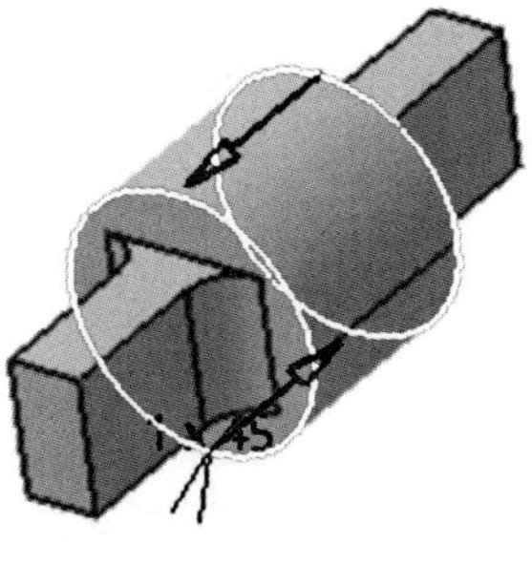

图 3.9.8　选择倒角边

（7）选择孔工具，选择如图 3.9.9 所示的凸台端面放置相应通孔，修改直径为“16 mm”，深度为“30 mm”，相关位置限制如图 3.9.9 所示，按“确定”键完成操作。

（8）选择步骤（7）中建立的通孔，点击镜像工具，选择 yz 面作为镜像元素，按“确定”键完成操作。

（9）选择如图 3.9.10 所示的平面，点击平面工具，在弹出的对话框中，修改偏移距离为“30 mm”，选择图示偏移方向，按“确定”键完成操作。

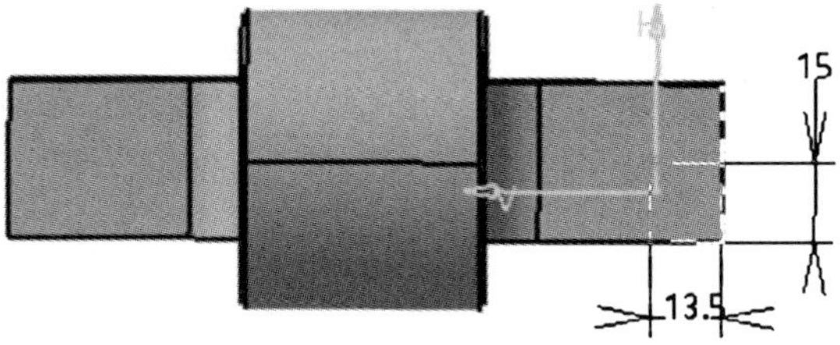

图 3.9.9　通孔的放置与相关尺寸

（10）选择步骤（9）中创建的偏移平面，按进入草绘界面，绘制如图 3.9.11 所示的草绘截面，点击退出草绘工作台，点击凸台工具，修改长度为“140 mm”，按“确定”键完成操作。

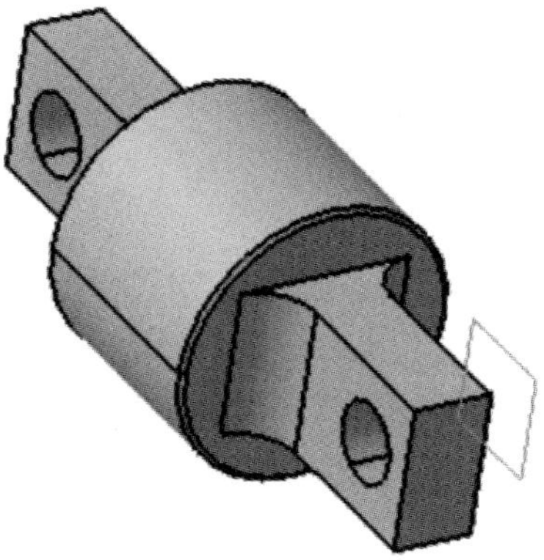

图 3.9.10　偏移平面

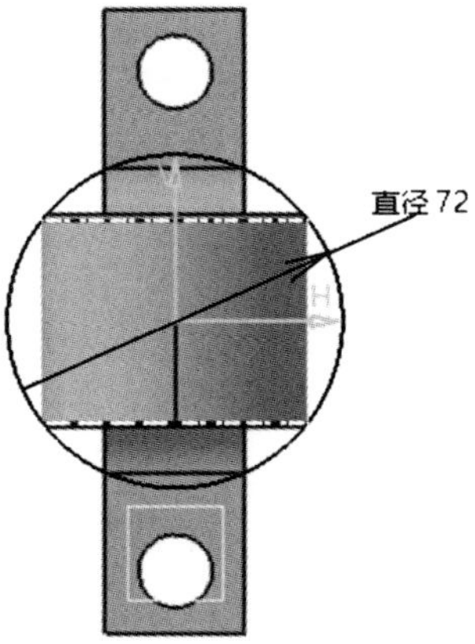

图 3.9.11　草绘截面

（11）选择步骤（10）中创建的凸台端面，进行草绘，绘制如图 3.9.12 所示的草绘截面，退出草绘工作台后点击凸台工具，修改长度为 252 mm，按“确定”键完成操作。

（12）单击倒角工具，选择如图 3.9.13 所示的两条边进行倒角，修改长度为“6 mm”，按“确定”键完成操作。

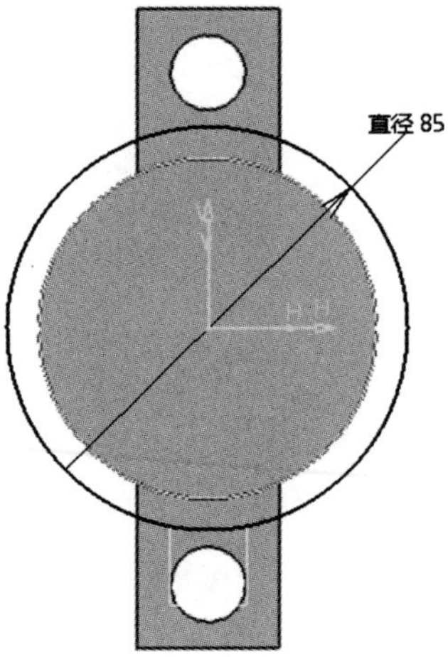

图 3.9.12　草绘截面

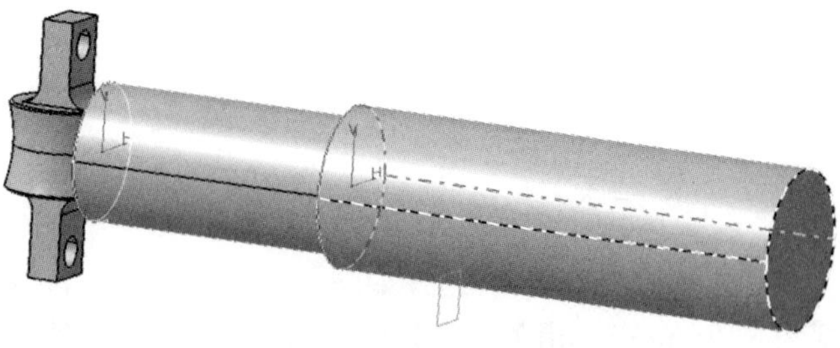

图 3.9.13　选择倒角边线

（13）选择如图 3.9.10 所示的平面，点击平面工具，在弹出的对话框中，修改偏移距离为 “457 mm”，选择与步骤（9）中相同的方向，按 “确定” 键完成平面建立。

（14）选择步骤（13）中创立的平面，进入草绘操作，绘制如图 3.9.14 所示的草绘截面，退出草绘工作台后点击凸台命令，在弹出的对话框中修改长度为“16 mm”。方向调整为由平面指向零件实体方向，如图 3.9.15 所示。

（15）选择如图 3.9.15 所示的平面，单击平面工具，在弹出的对话框中，修改偏移量为“67.5 mm”，按“确定”键完成参考平面的建立。

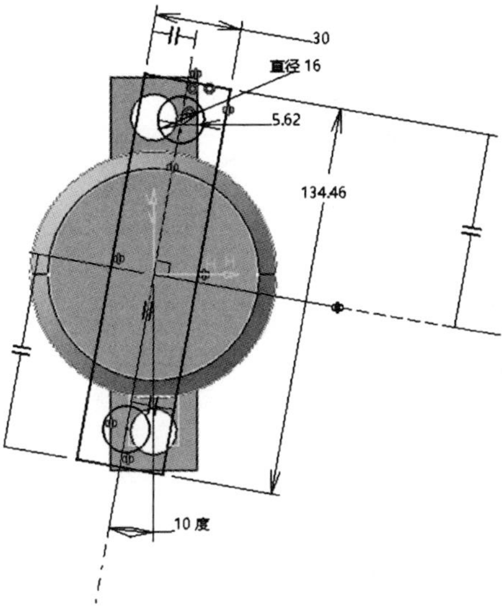

图 3.9.14　草绘截面

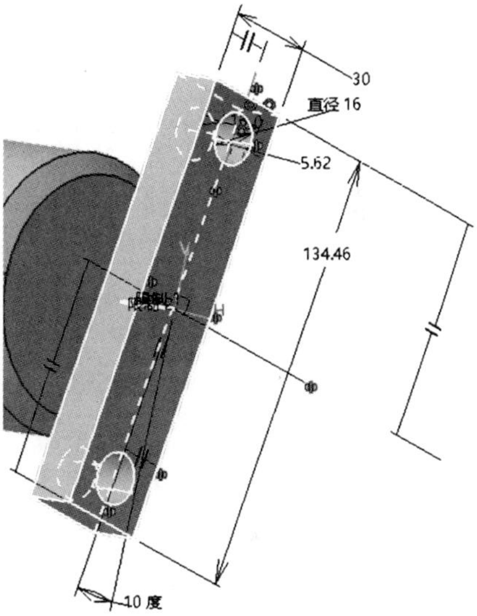

图 3.9.15　凸台指向

（16）选择步骤（15）中建立的参考平面，绘制如图 3.9.16 所示的草绘截面，退出草绘工作台后，单击凸台命令，在弹出的对话框中修改长度为“23 mm”，点击选择镜像范围，按“确定”键结束创建。

（17）单击圆角工具，修改圆角半径为“10 mm”，选择如图 3.9.17 中的相应的 4 条边，按“确定”键完成特征创建。

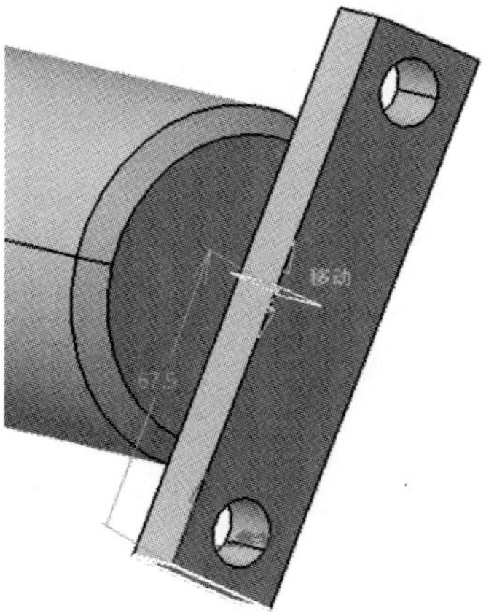

图 3.9.16　偏移平面 3 的创建

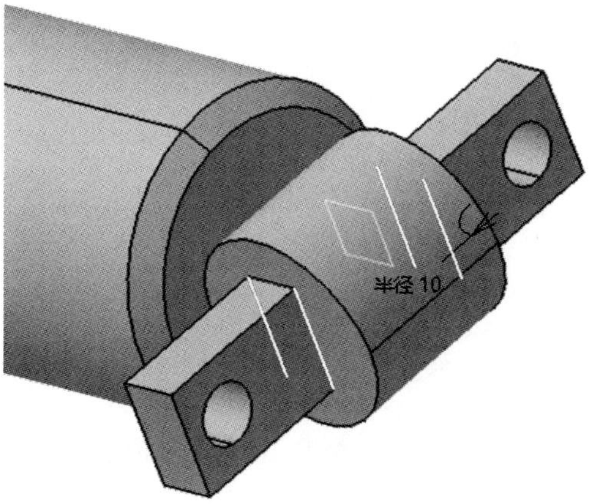

图 3.9.17　圆角边选择

（18）步骤（17）的圆角特征创建完成后，油压减振器三维模型的建立就基本上完成了，单击保存按钮，将模型保存到相应的文件夹中。

3.9.2 轴端盖

轴端盖三维模型如图 3.9.18 所示。

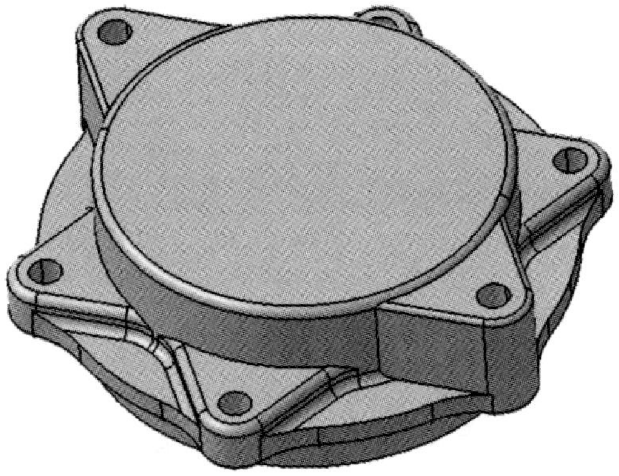

图 3.9.18 轴端盖三维模型

轴端盖三维模型的建立步骤：

（1）打开 CATIA 软件，新建立一个 Part 文件，并命名为“轴端盖”。

（2）单击 yz 面，点击草绘按钮进入草绘界面，绘制如图 3.9.19 所示的草绘截面，单击退出工作台按钮退出草绘工作台后，单击凸台命令，在弹出的对话框中，修改长度为“101.5 mm”，并按“确定”键完成特征的建立。

（3）选择步骤（2）中创建特征的表面，单击草绘按钮进入草绘界面，在坐标原点处绘制一个直径为 214 mm 的圆，单击退出工作台按钮退出草绘工作台，单击凹槽按钮，在弹出的对话框中，修改参数如图 3.9.20 所示，点击反转边按钮，使其去除外部材料，并按“确定”键创建特征。

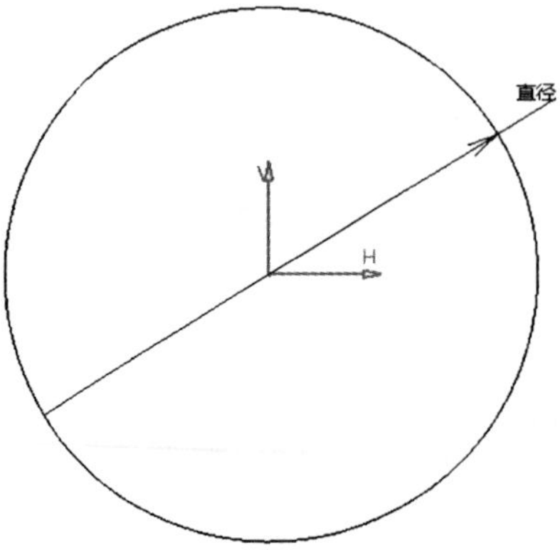

图 3.9.19 步骤（2）草绘截面

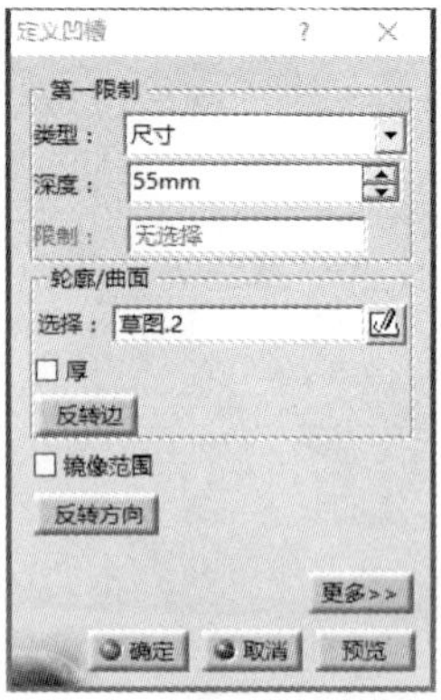

图 3.9.20 步骤（3）凹槽参数修改

（4）点击如图 3.9.21 所示的平面，单击草绘按钮进入草绘界面，在坐标原点处绘制一个直径为 193 mm 的圆，单击退出草绘工作台，单击凹槽工具，在弹出的对话框中，修改长度为 “85 mm”，并按“确定”键完成特征的创建。

（5）选择与步骤（4）相同的平面进行草绘，并在原点处绘制出一个直径为 240 mm 的圆，并按“退出工作台”按钮退出草绘工作台，单击凹槽工具，在弹出的对话框中修改深度为“29 mm”，点击“反转边”按钮，使其去除外部材料，效果如图 3.9.22 所示。

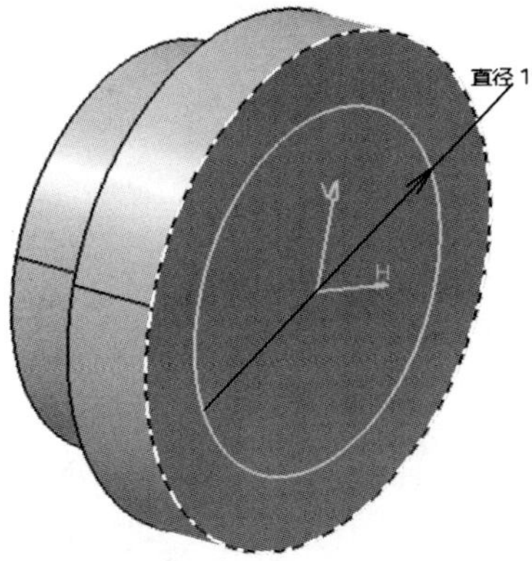

图 3.9.21　选择草绘平面

图 3.9.22　去除外部材料

（6）单击圆角工具，选择如图 3.9.23 所示的边进行圆角处理，修改圆角半径为“5 mm”并按“确认”键，完成圆角特征的创建。

（7）选择如图 3.9.24 所示的平面进入草绘界面，绘制如图 3.9.25 所示的草绘截面，并按退出草绘工作台后，单击凸台工具，在弹出的对话框中修改参数如图 3.9.26，按确认键完成特征的创建。

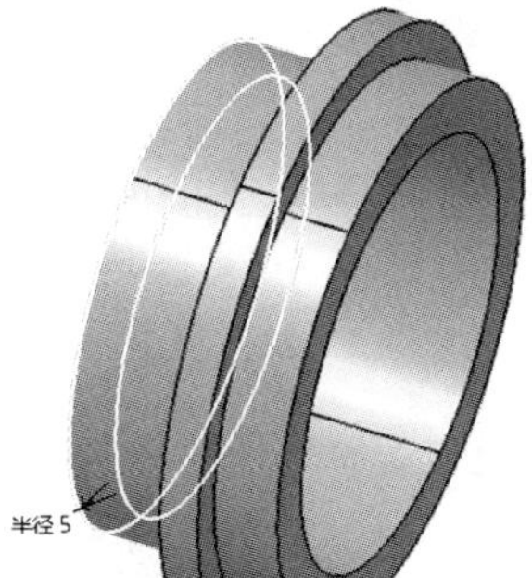

图 3.9.23　选择圆角边

图 3.9.24　选择步骤（7）草绘平面

（8）单击步骤（7）中创建的凸台特征，单击矩形阵列右下角的三角形按钮，在弹出的条形栏中，选择圆形阵列，在弹出的对话框中，修改参数实例为 6，角度间距为 60，在参考元素方框中按鼠标右键，选择 x 轴，并按“确认”键完成圆形阵列特征的创建。

（9）选择如图 3.9.27 所示的特征表面进行草绘，并使用投影工具绘制如图 3.9.28 所示的草绘截面，单击退出草绘工作台，单击凹槽工具，在弹出的对话框中，选择类型为“直到最后”，并按“确认”键完成特征的创建。

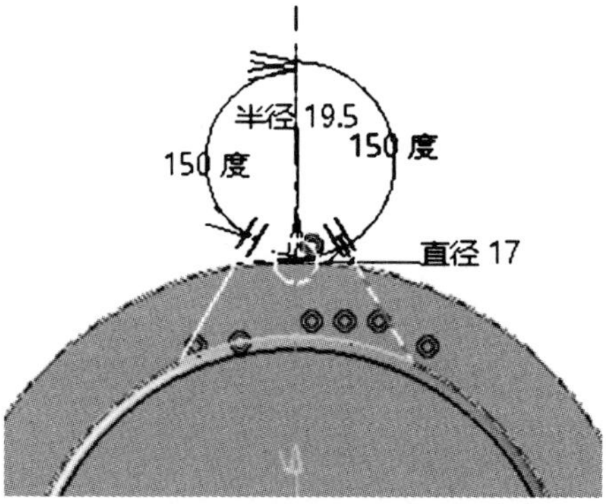

图 3.9.25　步骤（7）草绘截面

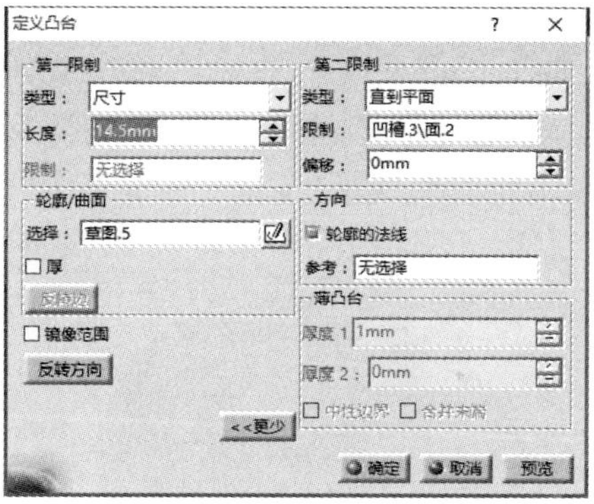

图 3.9.26　修改凸台特征参数

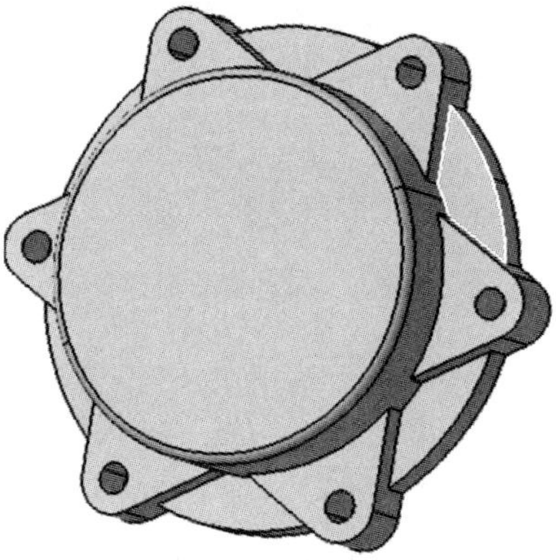

图 3.9.27　选择草绘平面

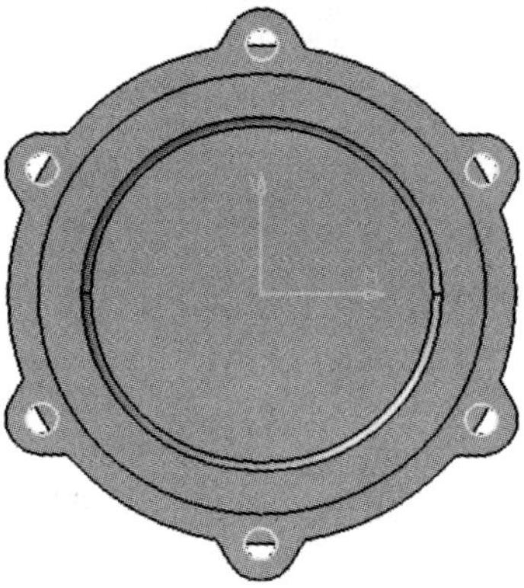

图 3.9.28　绘制草绘截面

（10）单击圆角工具，选择如图 3.9.29 所示的相应边，修改圆角半径为 20 mm，并按“确认”键完成特征的创建。

（11）单击圆角工具，选择如图 3.9.30 所示的相应边，修改圆角半径为 50 mm，并按“确认”键完成特征的创建。

图 3.9.29　选择步骤（10）需要圆角的边

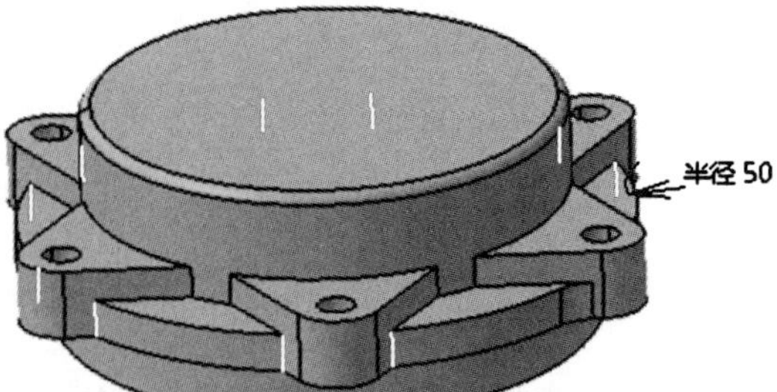

图 3.9.30　选择步骤（11）中需要圆角的边

（12）选择如图 3.9.31 所示的平面进行草绘，并使用投影工具绘制如图 3.9.32 所示的草绘截面，按退出草绘工作台。

（13）单击凸台命令，修改长度为 38.5 mm，按“确认”键完成凸台特征的创建。

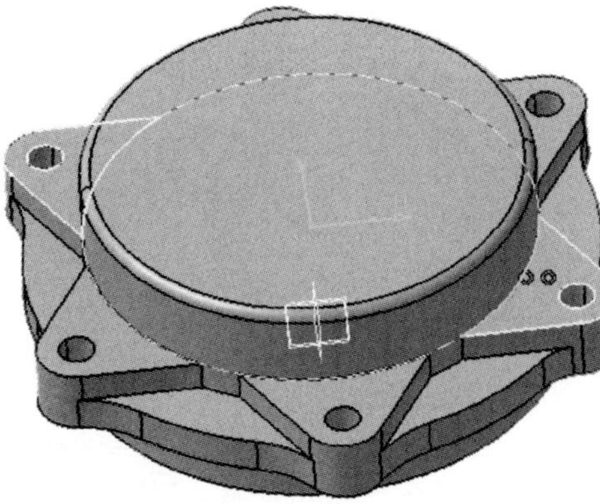

图 3.9.31 选择草绘平面

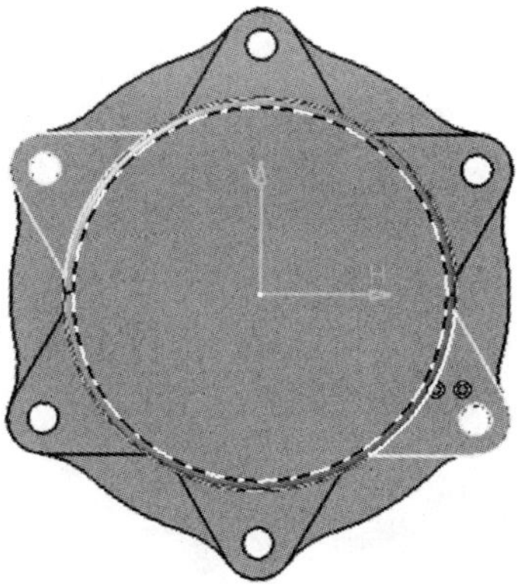

图 3.9.32 绘制草绘截面

（14）点击圆角工具，点选如图 3.9.33 所示的相应边，修改圆角半径为 30 mm，按“确认”键完成特征创建。

（15）同样点击圆角工具，选择如图 3.9.34 所示的相应边，修改圆角半径为 5 mm，按“确认”键完成特征的创建。

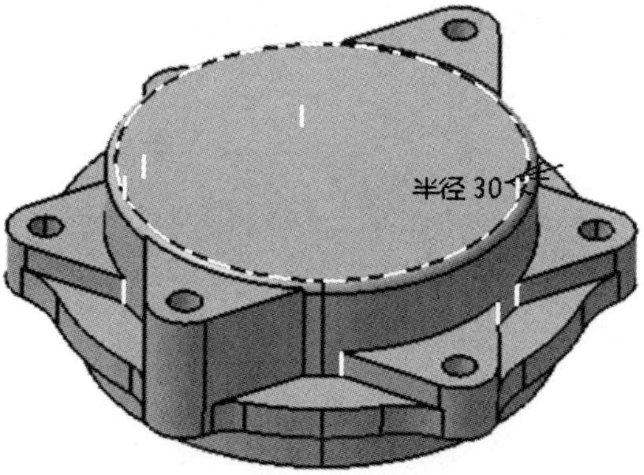

图 3.9.33 选择步骤（14）圆角边

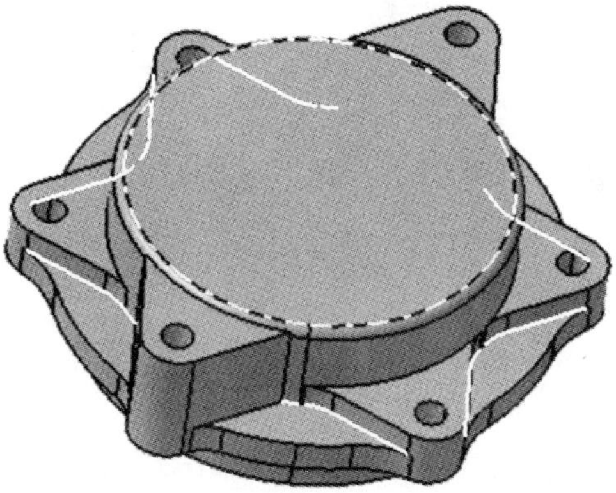

图 3.9.34 选择步骤（15）圆角边

（16）选择如图 3.9.35 所示的草绘平面，并在原点绘制两个圆，添加直径约束分别为 193 mm 和 224.5 mm。单击退出草绘工作台，然后单击凹槽命令，在弹出的对话框中，修改深度为 38.5 mm，按“确认”键完成特征建立。

（17）单击倒角按钮，选择如图 3.9.36 所示的边进行倒角，修改倒角参数为长度 45 mm，其他参数默认，然后按“确认”键完成特征的建立。

（18）单击圆角按钮，选择如图 3.9.37 所示的边进行圆角处理，修改圆角半径为 7 mm，其他参数默认，然后按“确认”键完成特征的建立。

（19）单击倒角按钮，选择如图 3.9.38 所示的边进行倒角处理，修改参数为长度 1.2 mm，并按“确认”键完成特征建立。

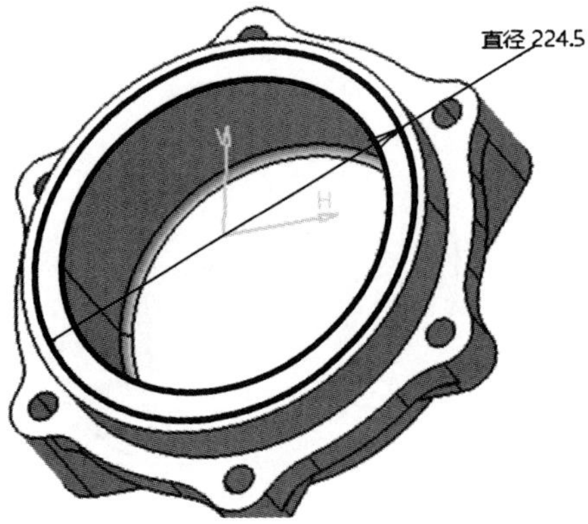

图 3.9.35　选择草绘平面

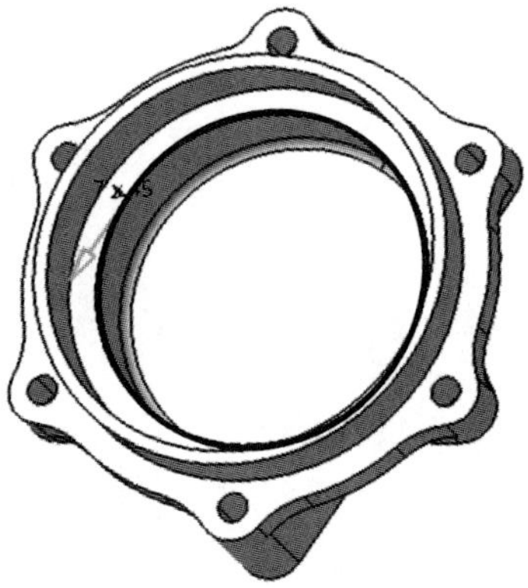

图 3.9.36　选择步骤（17）中倒角边

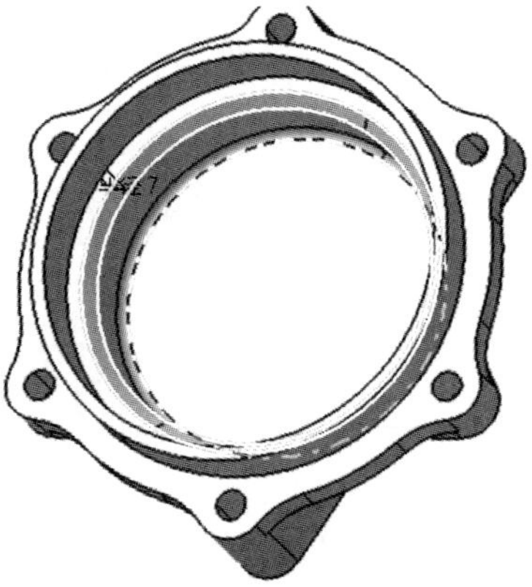

图 3.9.37　选择步骤（18）中圆角边

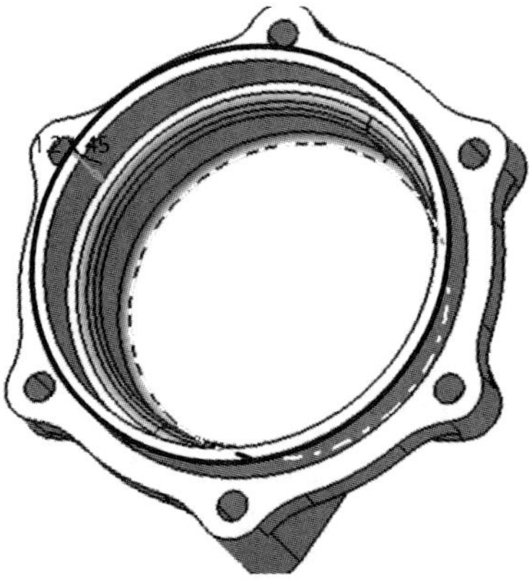

图 3.9.38　选择步骤（19）中倒角边

（20）用相同的方式，对图 3.9.39 所示的边进行圆角处理，圆角半径为 5 mm，按“确认”键完成特征的创建。

（21）同理，对图 3.9.40 中选择的边进行圆角处理，修改圆角半径为 3 mm，按“确认”键完成特征的创建。

图 3.9.39　选择步骤（20）中圆角边

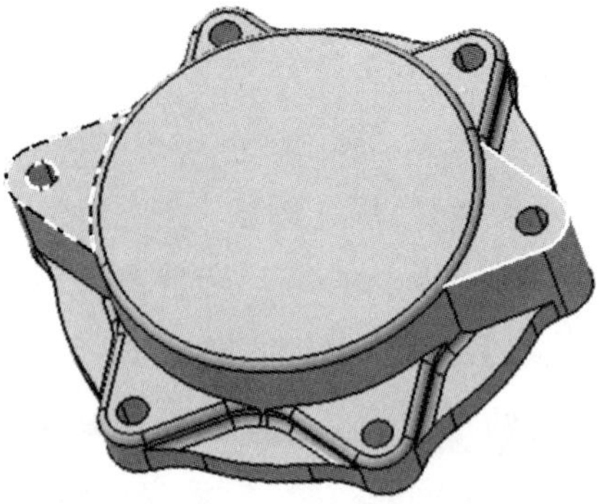

图 3.9.40　选择步骤（21）中圆角边

（22）轴端盖需要对轴承进行润滑密封，因而需要增加密封圈，端盖上开有密封圈安装槽。选择如图 3.9.41 所示的平面进行草绘，在原点处绘制两个圆，并修改参数分别为直径 243 mm 和 240 mm，按 退出草绘工作台，并点击凹槽工具 ，在弹出的对话框中，修改参数深度为 2.5 mm，并按“确认”键完成特征的建立。

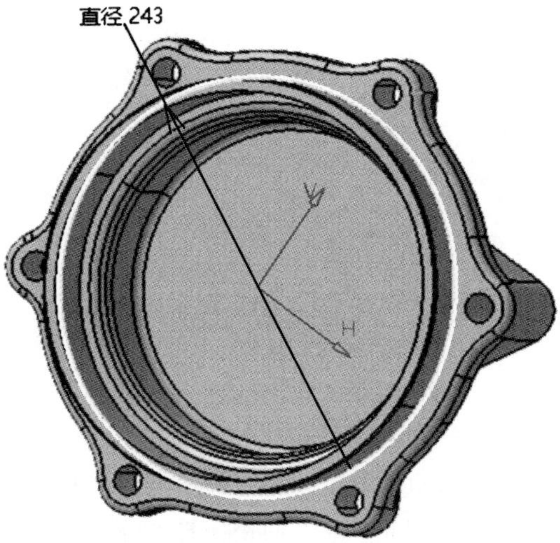

图 3.9.41　选择步骤（22）中草绘平面

至此，轴端盖三维模型的建立基本完成。

4 轨道车辆转向架虚拟装配

4.1 虚拟装配流程

在虚拟装配中，用户可以使用各种输入设备在像真实的环境中对产品的可装配性及对零部件的装配序列进行验证和规划。虚拟装配是产品数字化定义中的一个重要环节，在虚拟技术和仿真领域得到了广泛应用，并得到了良好的经济效益。

CATIA 装配设计模块是高效管理装配的产品，它提供了在装配环境下可由用户控制关系的设计的能力，并支持“自下而上”和“自上而下”两种装配方法。其中，“自下而上”设计是指先在零件设计工作台中设计完成每个零件后，再进入装配设计工作台，插入已设计好的零件，然后用相应命令将各零件装配成机器或产品。“自上而下”设计是指先进入装配设计工作台，再插入需要设计的若干新零件。如果设计的各个零件是在装配位置上进行的，则设计完成后就形成了机器或产品的装配，不需要再重新装配。

在进行虚拟装配时需要遵循一定的装配流程和装配方法，接下来将逐一进行介绍。

4.1.1 装配工作台简介

1. 进入装配设计工作台

进入装配设计工作台有多种方法，其中，最常用的是以下几种：

（1）单击菜单栏中的“开始”→“机械设计”下拉菜单中的“装配设计”选项，在弹出的“零件编号”对话框（见图 4.1.1）中输入零件编号，单击“确定”按钮，即可进入装配设计工作台。

（2）单击菜单栏中的“文件”下拉菜单中的“新建”选项，在弹出的“新建”对话框（见图 4.1.2）中，选择“Product”选项，单击“确定”按钮，弹出“零件标号”对话框，在对话框中输入装配体的标号即可。

2. 装配工作台中的工具栏

单击“开始”→“机械设计”→“装配”菜单进入装配工作台后，可以通过“视图”→“工具栏”选项打开“产品结构工具”“移动”“装配特征”“场景”“装配变量”“标注”“空间分析”“约束”等工具栏，如图 4.1.3 所示。若发现“视图”→“工具栏”下拉菜单中这些工具栏前已打钩，则可在窗口的右面、下面或上面找到这些工具栏，其具体作用将在以后用到时再详细介绍。

图 4.1.1 “零件编号”对话框

图 4.1.2 “新建”对话框

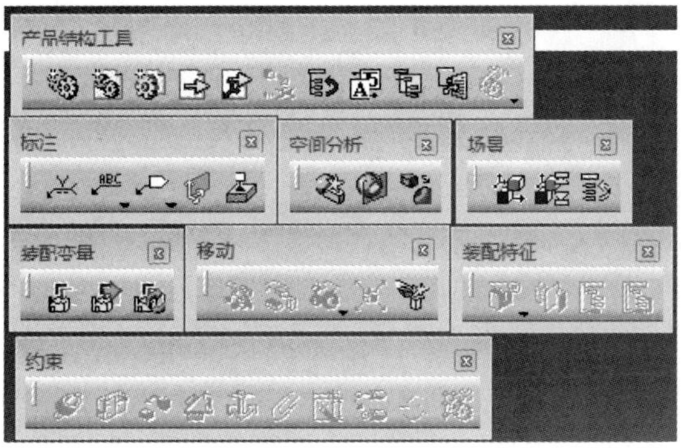

图 4.1.3 装配工具栏

3. 创建装配文档

进入装配工作台后，就默认建立了一个装配文档，这个装配设计文档的默认名称是“Product 1”，也是特征树根节点的名称。这个装配文档可保存到磁盘中，其文件类型为“CATProduct1”。若需要改变文件的名称，可在根节点处单击右键，在快捷菜单中选择“属性”，在弹出的“属性”对话框的零件编号窗口中重新命名，如图 4.1.4 所示。

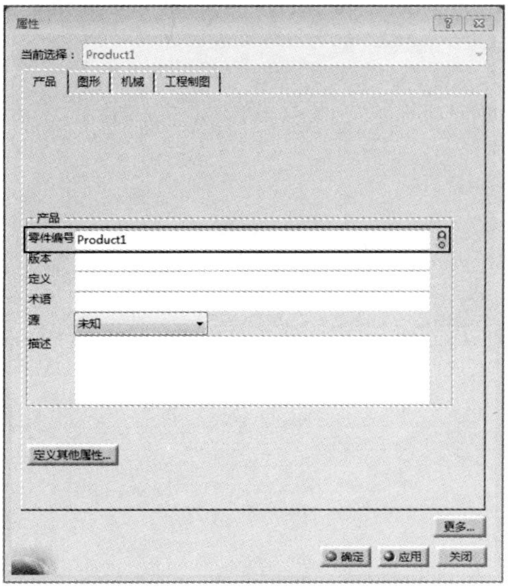

图 4.1.4 “属性”对话框

4.1.2 添加零部件

新建的装配文档中没有任何零件实体模型，在逻辑装配上也没有任何子装配和零件。利用“产品结构”工具栏中的相关工具按钮可以向装配文档中添加装配组件，下面将对其进行介绍。

1. 插入部件

该命令的功能在于插入一个新部件到当前装配之下，这个新部件本身没有任何数据，因此没有自己单独的磁盘文件，它的数据依靠在它之下插入的产品或零件数据支撑，一起保存在它的上层装配（父装配）中。“部件”图标的背景没有图纸页，其他 4 种插入命令图标的背景均有图纸页，以此区别其他 4 种命令均有自己单独的磁盘文件。插入部件的操作如下：

（1）单击装配特征树最上层的根节点“Product 1”。

（2）单击“产品结构”工具栏中的“部件”工具按钮“”或选择菜单栏中“插入”选项的下拉菜单中的“新建部件”。

（3）若出现“零件编号”对话框，则直接在对话框中输入新建部件的名称即可；若未出现“零件编号”对话框，则可通过如图 4.1.4 所示的“属性”对话框对其编号定义。若需要每次都手动输入零件编号，则可单击菜单栏中的“工具”按钮，下拉菜单中选择“选项”，在弹出的“选项”对话框中按图 4.1.5 所示进行选择，即可使其每次均弹出“零件编号”对话框。

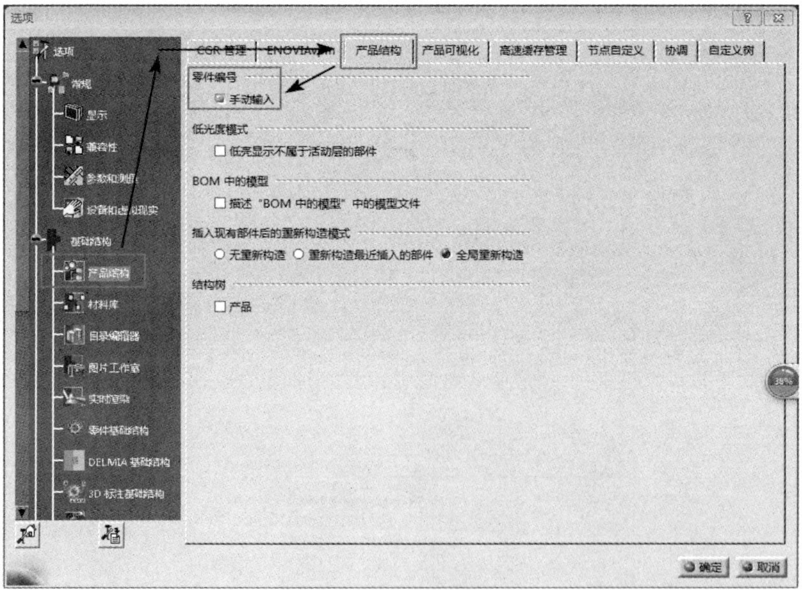

图 4.1.5　选项对话框

（4）重复操作可插入多个部件。

2. 插入产品

插入新产品，也可叫作插入子装配。它可以插入到上一级装配节点之下插入产品级别的子装配。其具体操作如下：

（1）单击装配特征树上需要插入产品的根节点。

（2）单击“产品结构”工具栏中的“产品”工具按钮“ ”或选择菜单栏中“插入”选项的下拉菜单中的“新建产品”。

（3）在弹出的“零件编号”对话框中输入产品的编号为“产品 1”。

（4）重复操作可插入多个产品。

3. 插入零件

这个命令可以在某一新产品（子装配）节点下插入一个新零件，插入后在按约束关系装配到已有的产品中。其具体操作如下：

（1）单击装配特征树上的“产品 1”。

（2）单击“产品结构”工具栏中的“零件”工具按钮“ ”在弹出的“零件编号”对话框中输入零件的名称，单击“确定”即完成一个零件的插入。

（3）单击选择插入的零件，选择菜单栏中“开始”→“机械设计”下拉菜单中的“零件设计”选项，可进入零件设计模块，对新插入的零件进行设计建模，使其符合产品要求。

（4）重复操作可插入多个零件。

4. 插入现有部件

该命令可以在某一节点下插入已经设计好的零件或已装配好的部件。要插入的零部件必须是已经保存在磁盘中的有效文件。插入后的零件如不满足装配要求，还可切换到零件设计工作台中修改这些零件。其具体操作步骤如下：

（1）单击特种树上的“产品 1”。

（2）单击“产品结构”工具栏中的“现有部件”工具按钮“ ”，在弹出的“选择文件”对话框（见图 4.1.6）中，找到要插入零件的文件，单击“打开”或双击该文件即可插入一个现有零件。

图 4.1.6 “选择文件”对话框

（3）重复操作可插入多个现有零件。

5. 插入具有定位的现有部件

该命令是“插入现有部件”命令的增强功能。在操作中出现的“智能移动”对话框能够实现在装配中插入零件的同时，对插入的零件进行简单定位。以插入弹簧减振器的底托为例，其具体操作步骤如下：

（1）单击装配特征树上的根节点“Product 1”。

（2）单击“产品结构”工具栏中的“具有定位的现有部件”工具按钮“”在弹出的“选择文件”对话框中，选择“第三章”→“弹簧减振器”文件夹下的“dituo”文件，然后单击“打开”按钮，界面上会出现插入的零件及“智能移动”对话框，如图 4.1.7 所示。

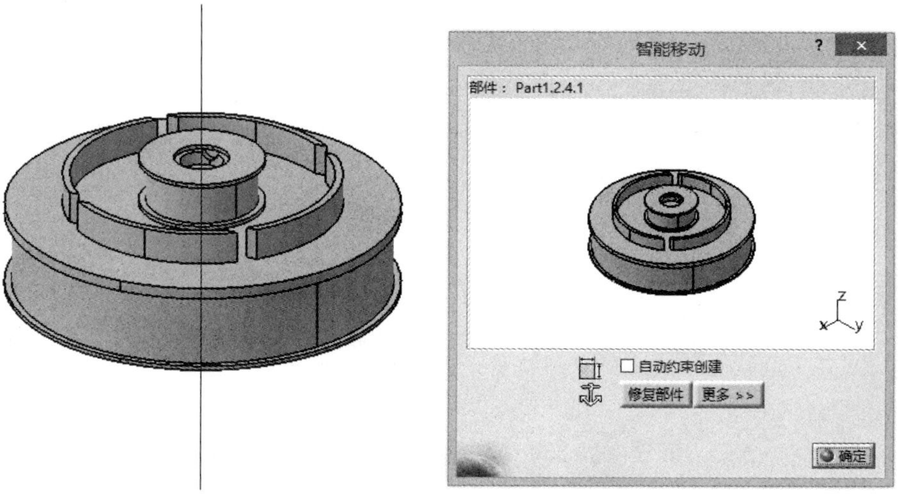

图 4.1.7　智能移动对话框及相应零件

（3）在“只能移动”对话框的“自动约束创建”前打钩，然后点击“修复部件”按钮后，单击“确定”按钮，完成底托的插入。

6. 替换部件

替换部件的功能是用存储在指定位置的零部件替换当前正在装配的零部件。其具体操作如下：

（1）在特征树中选择要被替换的零部件。

（2）单击“产品结构”工具栏中的“替换部件”工具按钮“”，弹出“选择文件”对话框，在“选择文件”对话框中选择替换文件，单击“打开”按钮，弹出“对替换的影响”对话框提醒操作者在进行替换操作后将对产品产生什么样的影响。

（3）在确认无误后单击“对替换的影响”对话框中的“确定”按钮，完成零部件的替换。

7. 插入标准件库中的零部件

在 CATIA 中有一个标准件库，库中有大量的已经造型完成的标准件。在装配设计中可以直接将标准件调出来使用。其具体操作如下：

（1）单击“浏览目录”工具按钮“![icon]”或者单击“工具”下拉菜单中的“目录浏览器”命令，弹出“目录浏览器”对话框，如图 4.1.8 所示。

（2）双击大窗口中的不同标准件的英文名称，会出现该标准件的不同规格的零件，同时在右侧预览窗口中以放大的形式显示选中的该型号的零件。

（3）在大窗口中双击选择不同型号的零部件，选择在上级根节点下插入一个该零部件，同时弹出“目录”对话框（见图 4.1.9），在确认无误后，单击“确认”按钮完成该零部件的插入。

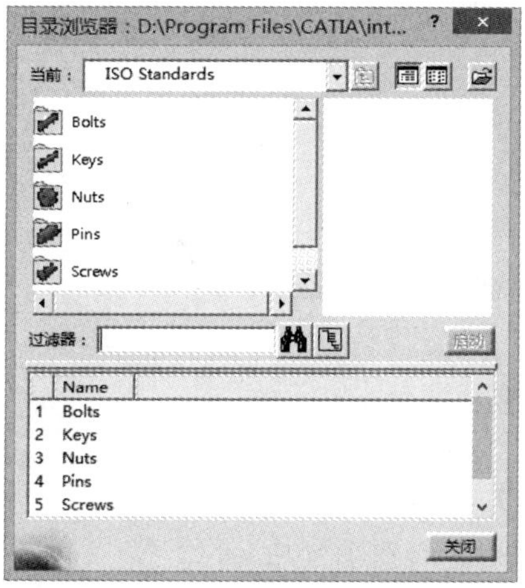

图 4.1.8　“目录浏览器”对话框

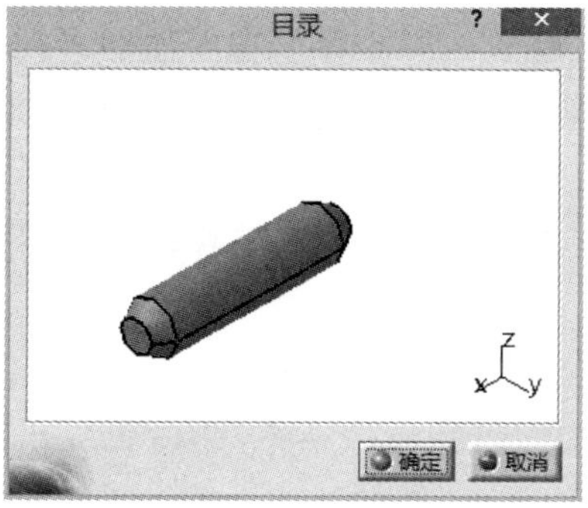

图 4.1.9　“目录”对话框

4.1.3　零件的移动

装配时，插入零件的位置往往是不合乎装配要求的，即按插入的位置进行装配时总是得不到想要的效果，这时就需要对插入的零件进行移动。通过恰当的移动可以使零件处于一个适当的位置，这时进行装配时即可得到想要的效果。在 CATIA 中，对零件移动比较方便快捷的方法是通过“移动”工具条（见图 4.1.10）中的相关命令实现的。下面对各个命令进行详细介绍。

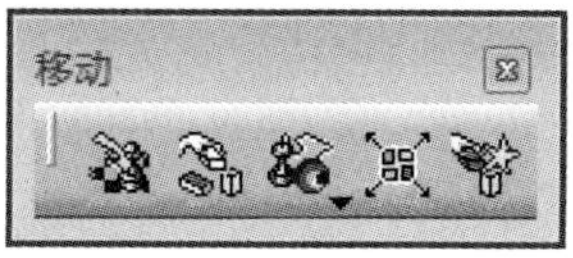

图 4.1.10　“移动”工具栏

1. “平移或旋转”命令

该命令可以通过输入对需要移动零部件的平移距离或旋转角度的具体数值，来实现对需要移动零部件的精确移动，使其处于适合装配的适当位置。其具体操作步骤如下：

（1）在工作窗口中单击选中需要移动的零部件。

（2）单击选择“移动”工具栏中的“平移或旋转”工具按钮“![icon]”，弹出“移动”对话框，如图 4.1.11 所示。

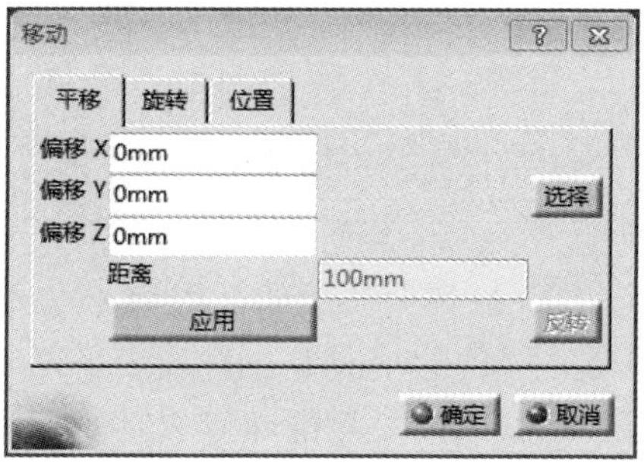

图 4.1.11　“移动”对话框

（3）该对话框中有“平移”“旋转”和“位置”3 个选项卡，选择需要进行移动方式所对应的选项卡，并在相应的文本框中输入相应的数值。

（4）单击“应用”按钮，查看移动的效果，若经移动后仍旧不符合装配位置要求，则重新选择对应的选项卡，并在相应的文本框中输入相应的数值，直至符合装配要求为止。

（5）单击“确定”按钮，完成对零件的移动。

2.“操作”命令

该命令是使用鼠标对零件进行平移或旋转得更加柔性、自由的移动方式。其具体操作步骤如下：

（1）在操作窗口中单击选中需要进行移动的零部件。

（2）单击选择“移动”工具栏中的“操作”工具按钮“”，弹出“操作参数”对话框，如图 4.1.12 所示。

（3）在对话框中选择需要移动或旋转的方向或轴线，其中各个按钮的作用是：

“”指沿着 x 轴方向移动；“”指沿着 y 轴方向移动；“”指沿着 z 轴方向移动；“”指沿着某一任意选定线的方向移动，选定线可以是某一部件的某一条棱线或轴线；“”指在 xy 面内方向移动；“”指在 yz 面内方向移动；“”指在 xz 面内方向移动；“”指在某一任意选定的面内移动，该选定的面应为平面；“”指绕 x 轴旋转；“”指绕 y 轴旋转；“”指绕 z 轴旋转；“”指绕某一任意选定的轴旋转，选定的轴可以是棱或轴线。

图 4.1.12 “操作参数”对话框

（4）在选择某一需要移动的方式后，将光标置于要移动的零件上按下左键拖动鼠标，即可移动零件。

选中复选项“遵循约束”后，将会保持约束移动或转动零件，且不会在任何方向上移动或转动，只能沿保留的自由度方向移动。

3.“捕捉”命令

单击“移动”工具栏中“捕捉”工具按钮“”右下角的黑色三角形，将展开“捕捉”工具栏，可以看到其中包含有“捕捉”“”和“智能移动”“”两个工具按钮。

“捕捉”命令用于移动零件时，可以为它设置相应的参考。根据参考对象，可以快速方便地移动零件。操作时，先被捕捉的零件总是移动的零件。选取的集合元素与获得的结果见表 4.1.1。

其具体操作步骤如下：

（1）单击选择“捕捉”工具栏中的“捕捉”工具按钮“”。

（2）根据要达到的捕捉效果及表 4.1.1 所示的捕捉操作结果，将光标移动到需要进行捕捉移动的零件的相应点、直线或平面上单击左键进行选择，在将光标移动到对应的零件的对应参考元素上单击左键即可实现对零件的移动。

（3）移动到合适的位置后，在空白处单击左键即可完成操作。

表 4.1.1　“捕捉”命令的操作及结果

第一个选定的元素	第二个选定的元素	捕捉结果
点	点	共点
点	直线	点移动到直线上
点	平面	点移动到平面上
直线	点	直线通过选择点
直线	直线	所选两条直线共线
直线	平面	直线移动到平面上
平面	点	平面通过点
平面	直线	平面通过直线
平面	平面	两平面共面

4. “智能移动”命令

“智能移动”命令与“捕捉”命令的操作步骤相同，但与“捕捉”命令不同的是“智能移动”命令实现了更高的智能化，即在移动的同时自动添加了相应的约束。其具体操作步骤如下：

（1）单击选择“捕捉”工具栏中的“智能移动”工具按钮“”，弹出“智能移动”对话框，如图 4.1.13（a）所示。单击对话框中的“更多”按钮，将对“智能移动”对话框进行展开，如图 4.1.13（b）所示。在“快速约束”窗口中共列有 6 种按优先顺序显示的约束，通过对话框右侧的上下箭头可改变优先约束顺序。

（2）选中“自动约束创建”选项，两零件间将按优先顺序自动创建约束列表中的某一约束。

（3）移动和约束添加完成后，单击“确定”按钮，完成智能移动。

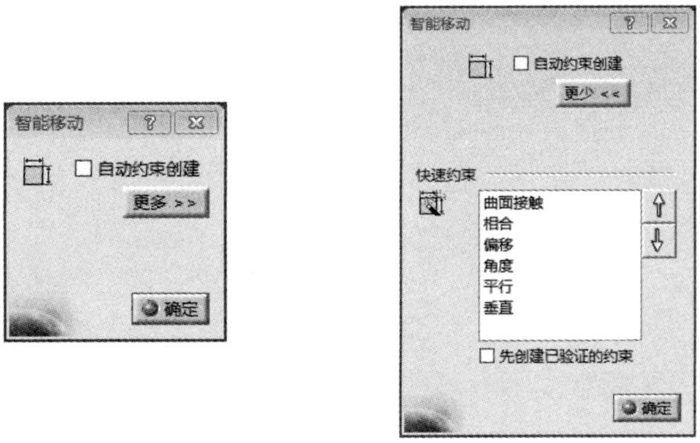

（a）　　（b）

图 4.1.13　“智能移动”对话框

5. “分解”命令

“分解”命令用于将一个装配体分解开来，以查看零部件之间的位置关系。其具体操作步骤如下：

（1）单击选择要分解的产品。

（2）单击“移动”工具栏中的“分解”工具按钮“”，弹出“分解”对话框，如图 4.1.14 所示。

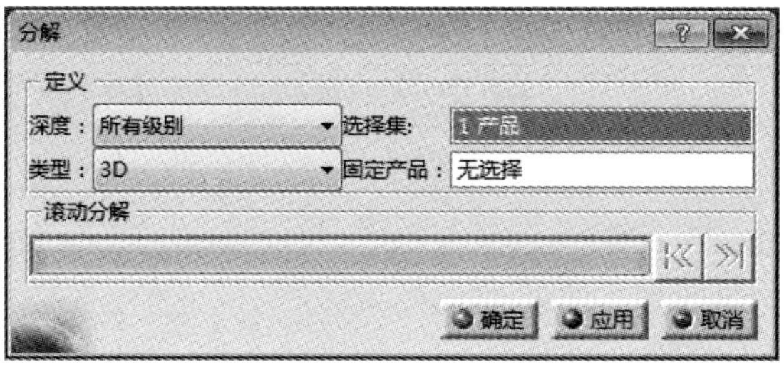

图 4.1.14 “分解”对话框

（3）在对话框中的“深度”窗口中有“所有级别”选项（分解所有层级的装配）和“第一级别”选项（分解第一级别的装配）。在“类型”窗口中有“3D”“2D”和“受约束”3 个选项共选取。“选择集”框内为欲分解的装配，若在分解时需固定某一部件的位置而不移动它，可将其选入“固定产品”窗口内，但在“所有级别”下无法固定部件的位置。

（4）在对“分解”对话框中的各选项完成定义后，单击“应用”按钮，将弹出“信息框”，如图 4.1.15 所示，单击“信息框”中的“确定”按钮。

（5）此时，可以拖动“分解”对话框中的“滚动分解”的滚动块调节分解的程度，也可以将罗盘（指南针）拖拽到零件上，然后逐个移动零件，调节零件的位置。

（6）在完成对组件中零件位置的调整后，单击“确定”按钮，在弹出的“警告”对话框中单击“是”，即可完成对组建的分解。

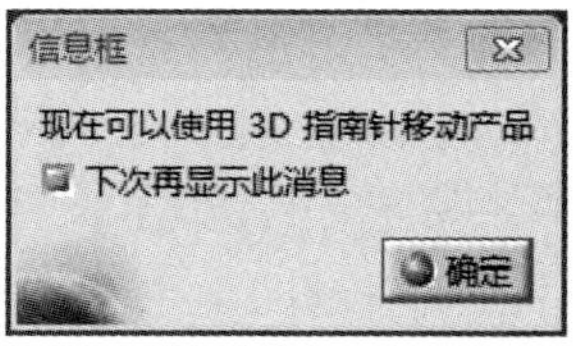

图 4.1.15 “信息框”对话框

6. “碰撞时停止操作”命令

在装配设计移动零件时，可以利用“碰撞时停止操作”命令检查装配零件是否有干涉。在移动组件时，可以停止正在进行的移动。其具体操作步骤如下：

（1）执行此命令时需首先单击“操作”按钮，在“操作参数”对话框中选择“遵循约束”（不要关闭“操作参数”对话框）。

（2）在单击“移动”工具栏中的“碰撞时停止操作”工具按钮“”，然后按选择的方向移动零件。当移动的零部件与其他零部件发生碰撞时，则在碰撞处停止移动，碰撞时所涉及零部件的边线立即呈橘黄高亮显示。如果不选择“遵循约束”，则在移动时两零件会融合在一起。

4.2 装配的约束类型

一个成型的产品是由多个零件组合而成的，而组合这些零件时，除了需要用到 4.1 节中所介绍到的插入零件、移动零件等命令外，更重要的是要添加约束，正是约束的存在才确定了各个零件的相对位置，使各个零件按照要求组合成需要的产品。而在添加约束之前，我们又必须要知道需要添加约束的零件的相关参数，这就要用到测量工具。本节将主要针对CATIA 中测量工具和约束的类型及如何添加约束进行详细介绍。

4.2.1 测量工具的使用

在装配时，有时会忘记某一零件的具体尺寸或相对位置，而为了更好地选用装配类型和确定装配位置，必须知道零件的尺寸和相对位置。重新打开该零件去查看或打开该零件所在的装配位置查看会较为烦琐且浪费时间。这时候测量工具就能很好地帮助我们解决这一问题。

“测量”工具条是一个通用的工具条（见图 4.2.1），在零件设计工作台中也包含有该工具条。使用测量工具可以测量零件或装配中的尺寸或角度，也可以测量零部件的质量参数。

图 4.2.1 “测量”工具栏

“测量”工具条中共有 3 个测量工具：① 测量几何元素之间的距离和角度的“测量间距”工具；② 测量单个对象尺寸的“测量项”工具；③ 测量零件的质量参数的“测量惯量”工具（该工具在使用前应先确定测量项的材料）。下面重点介绍“测量间距”和“测量项”两个工具。

1. “测量间距”命令

该命令用于测量两个几何元素如点、线、面之间的距离或角度。其具体操作步骤如下：

（1）单击“测量”工具栏中的“测量间距”工具按钮“”，弹出“测量间距”对话框，如图 4.2.2 所示。

（2）可以看到该对话框中有“独立式测量”“在链式模式中测量间距”“在扇形模式中测量间距”“测量项”“测量厚度”5 种测量方式。其中“测量项”将作为一个命令单独介绍，其余各种测量根据字面意思即可理解，在此不再赘述。

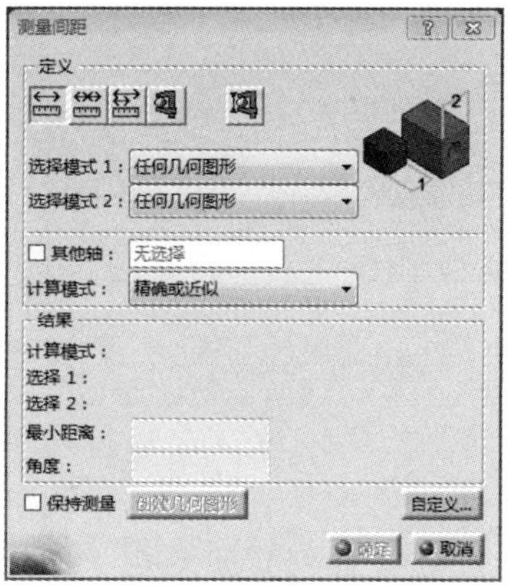

图 4.2.2 “测量间距”对话框

（3）单击展开“模式 1”和“模式 2”的窗口，分别有 14 种测量对象可供选择，其各种选项的含义如下：

①“任意几何图形”：点、线（轴线）、面、实体边等几何元素。

②“任意几何图形，无限”：与任意几何图形类似，不同之处是将线或面看作无限长。

③“拾取点”：在几何体表面上选择一个点，如面上的点、线上的点。

④“仅限点”：选择已经存在的点，如顶点、交点、端点等。

⑤“仅限边线”：选择几何体上的棱线，包括直线或圆弧。

⑥“仅限曲面”：选择曲面。

⑦“仅限产品”：选择产品。

⑧“仅限零件”：选择零件。

⑨“拾取轴”：选择一点，系统通过这点作一条垂直于屏幕的直线。

⑩“相交”：选择两条线，系统求出两条线的交点。

⑪“边线限制”：实体棱线上的端点或曲线上的极限点。

⑫“弧中心”：圆或圆弧的圆心点。

⑬“坐标”：输入一个点的坐标值，即可测出该点与其他元素之间的距离。

⑭“三点弧的中心”：选择三点，系统通过这三点作一个圆并求出这个圆的圆心。

一般取默认选择模式（任意几何图形），即可满足大部分几何元素之间的测量要求。

（4）选择需要测量的两个零件或产品之间的两个元素，即可在“测量间距”对话框中的“结果”区域中显示出测量的结果。

（5）在“保持测量”复选项前打钩，单击“确定”按钮，将在特征树上保留测量结果，否则不保留。

2. “测量项”命令

使用该命令可以测量一个与选择对象有关的尺寸，如点的坐标、线的长度、弧的半径、圆心、弧长、曲面面积、圆柱面的半径、实体的体积等。其具体操作步骤如下：

（1）单击“测量”工具栏中的“测量项”工具按钮“ ”，弹出“测量项”对话框（见图 4.2.3）。

图 4.2.3 “测量项”对话框

（2）用这个工具进行测量时只需选择一个测量对象。在“选择 1 模式”后面的下拉菜单中可以看到共有如下几种测量模式：

①“任何几何图形”（此种模式为默认模式）：可以选择任何几何元素，系统会判断需要测量的参数。

②“仅限点”：只测量点的参数。

③“仅限边线”：只测量边的参数。

④“仅限曲面”：只测量曲面的参数。

⑤“仅限产品”：用于装配。

⑥“仅限壁厚”：测量零件的壁厚。

⑦“以三点确定的角”：选择 3 个点，测量这 3 个点连线的夹角。

根据各个测量模式的作用，选择合适的测量模式。

（3）单击选择要测量的对象，在几何体和对话框中的“结果”区域将显示测量的结果。

（4）在“保持测量”复选项前打钩，单击“确定”按钮，在特征树上保留测量结果，否则不保留。

4.2.2 装配的约束类型

在确定了零件的相关尺寸和位置之后，接下来我们就来看下都有哪些约束类型及各种约束类型所起的作用。

各种约束类型均包含在“约束”工具栏（见图 4.2.4）中，其中包含“相合约束”“接触约束”“偏移约束”“角度约束”“修复部件”“固联”“快速约束”“柔性/刚性约束”“更改约束”“重复使用阵列”等命令。

图 4.2.4 “约束”工具栏

1. “相合约束”

“相合约束”可用于两回转体的同轴约束、两个零件上的两点相合（共点）、两线相合（共线）、两面相合（共面）以及点与线相合（点在线上）、点与面相合（点在面上）、线与面相合（现在面上）等。其具体操作步骤为：

（1）单击“约束”工具栏中的“相合约束”工具按钮“”。

（2）单击选择两个需要进行约束的元素。这里需要注意：如果选择的是回转体的表面，则默认为回转体的轴线；若选择的是两个平面，则默认的是两面相合。选择完后，将弹出“约束属性”对话框，如图 4.2.5 所示。

（3）在“约束属性”对话框中包含约束类型符号“”、未更新符号“”、约束名称窗口、被约束元素名称和约束状态、切换约束方向的窗口。在“方向”窗口中包含“相同”（表示几何元素的方向相同）、“相反”（表示几何元素的方向相反）、“未定义”（表示由 CATIA 自行计算最佳的约束）。根据要达到的约束目的对窗口中的选项进行定义。

（4）单击“确定”按钮，再单击“更新”按钮“”，该约束被添加到装配特征树中。

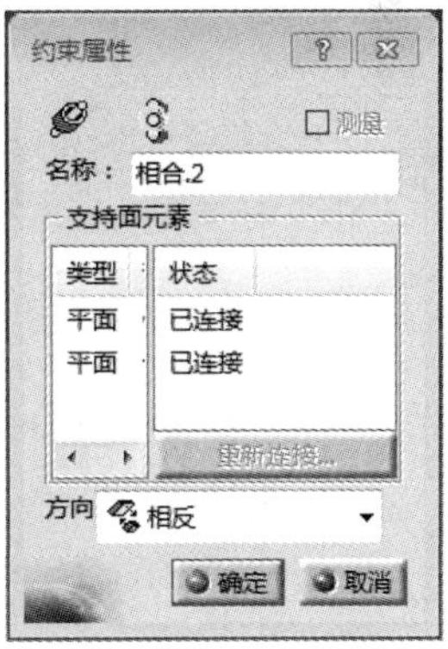

图 4.2.5 相合约束“约束属性”对话框

2. “接触约束”

“接触约束”命令可以使点接触（平面与球面接触）、线接触（平面与圆柱面接触、圆孔与球面接触、球面与圆锥面接触）、面接触（两平面接触）等。其操作步骤与“相合约束”操作步骤相同，在此不再赘述。

3. “偏移约束”

“偏移约束”可以用于设置两个元素之间的距离，包括点与点之间的距离、点与直线之间的距离、点与平面之间的距离、直线与直线之间的距离、直线与平面之间的距离及平面与平面之间的距离等。其具体操作步骤如下：

（1）单击“约束”工具栏中的“偏移约束”工具按钮“ ”，选择需要进行偏移约束的两个元素，弹出“约束属性”对话框，如图 4.2.6 所示。

（2）在对话框中的“偏移”后面的文本框中输入要偏移的数值。其余各项的定义参照“相合约束”的“约束属性”对话框。

（3）单击“确定”按钮，再单击“更新”按钮“ ”，该约束被添加到装配特征树中。

注意：

① 偏移约束完成后，若想改变偏移距离和方向，可双击旁边的偏移尺寸或双击特征树上的偏移约束，会弹出约束属性对话框并在两立体上显示绿箭头，对它进行修改即可。

② 如果选中“约束属性”对话框中的“测量”选项时，则偏移约束由所选两个零件上的元素的相对位置进行偏移约束。如果满足不了偏移约束的条件，则单击“确定”按钮后，将在“偏移”后的文本框中显示“##”，表示不能约束。如果满足约束的条件，则偏移距离为当前测量的距离（不能再修改），其偏移数值加括号显示，更新命令不再被激活。

图 4.2.6 偏移约束“约束属性”对话框

4. **“角度约束”**

角度约束可以设置两个元素之间的角度，包括直线（或轴线）与直线（或轴线）之间的角度、直线（或轴线）与平面之间的角度及平面与平面之间的角度。角度约束的类型可分为平行、垂直和角度 3 个类型。其具体操作步骤与偏移操作的步骤类似，也是在弹出的“约束类型”对话框（见图 4.2.7）中选择相应的约束类型并输入尺寸，在此不再赘述。

注意：在“约束类型”对话框的“扇形”窗口中有 4 个选项，其分别表示的意义为：“扇形 1”指直接测量或输入的角度；“扇形 2”指测量或输入的角度再加 180°；“扇形 3”指 180° 减去测量或输入的角度；“扇形 4”指 360° 减去测量或输入的角度，请读者根据添加约束的需要选择适当的扇形模式。

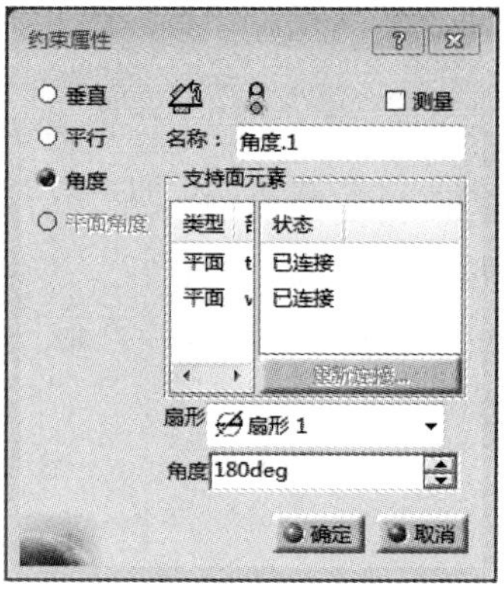

图 4.2.7 角度约束“约束属性”对话框

5. **“修复部件”**

在一个装配中，至少有一个零件是固定的。在装配时应先固定一个零件，然后其他零件再相对于该零件进行装配约束。该部件通常选择为机体、底座等相对固定的零件。对一个零件进行固定时，就用到了“修复部件”命令。其具体操作如下：

（1）单击选择“约束”工具栏中的“修复部件”工具按钮“ ”。

（2）单击选择要进行固定的部件，该零件即被固定，并在装配特征树的约束下面添加一个固定约束，在该部件的图形上显示一个绿色的“修复部件”符号。

注意：

①“修复部件”添加的固定约束有两种，包括“空间固定约束”和“相对固定约束”。默

认的固定约束是空间固定，在此固定状态下，移动这个零件后，单击“更新”命令，该零件会返回到原位。

② 若要设置为“相对固定约束”，则在操作区域中或在特征树上双击“修复部件”图标，在弹出的“约束定义”对话框（见图 4.2.8）中，单击“更多”按钮，在展开的对话框中取消“在空间固定”选项，并单击“确定”按钮，完成相对固定设置，此时移动零件不会再回到原位即不能更新。

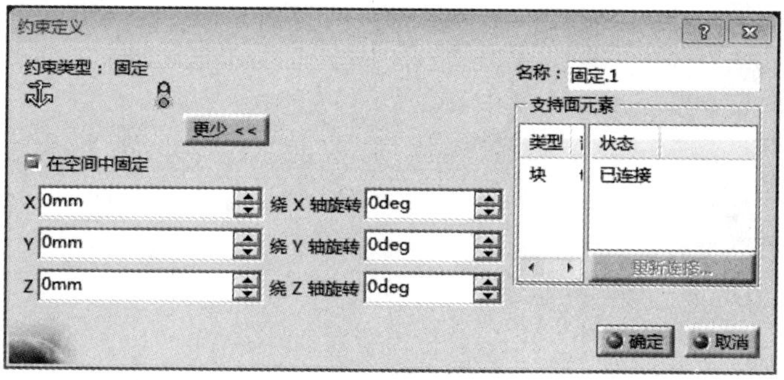

图 4.2.8　修复部件“约束定义”对话框

6. “固联”

“固联”命令可以将当前装配中的多个零部件固联在一起，然后使其一起移动或约束到指定的位置。其具体操作步骤如下：

（1）在已经插入并进行了装配的多个零件的情况下，单击“约束”工具栏中的“固联”工具按钮“”，弹出“固联”对话框，如图 4.2.9 所示。

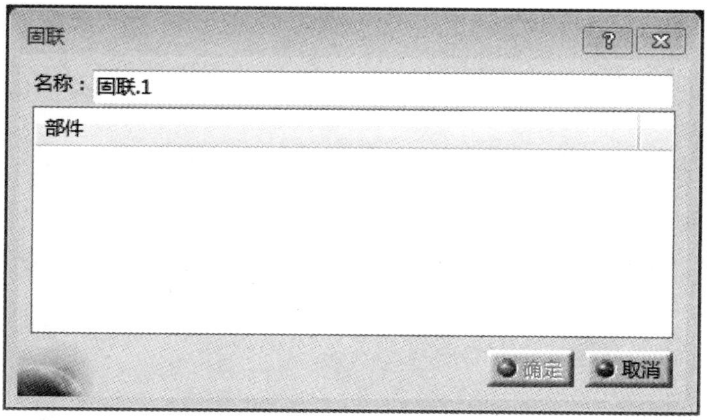

图 4.2.9　“固联”对话框

（2）在特征树或操作窗口中依次选择需要进行固联的零部件。被选择后的零部件出现在“固联”对话框的“部件”区域。

（3）单击“确定”按钮，完成固联约束。

7. “快速约束”

“快速约束”命令可以根据已经设置的快速约束顺序和所选几何元素的类型，自动建立一个适当的约束。其中，快速约束的优先顺序可以在“工具”→“选项”→“机械设计”→“装配设计”→“约束”选项卡中的“快速约束”区域（见图 4.2.10）中进行顺序的调整。快速约束的操作步骤与其他约束的操作步骤相同，在此不再赘述。

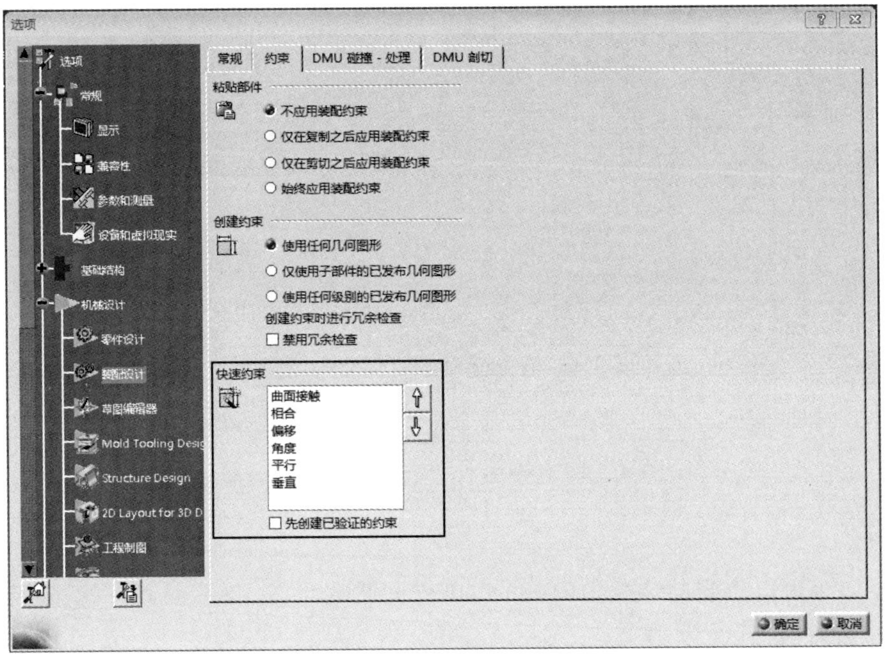

图 4.2.10 “选项”对话框

8. “柔性/刚性子装配”

在装配设计中，往往无法单独移动子装配中的组件，一个子装配往往作为一个刚性的整体来移动。利用“柔性/刚性子装配”工具可以将一个子装配中的组件单独处理。其具体操作步骤如下：

（1）单击“约束”工具栏中的“柔性/刚性子装配”工具按钮“”。

（2）单击选择要设置为柔性子装配的组件，在特征树中该组件图标左上角的小轮变为紫色，表示该子装配已经变为柔性子装配。此时可对该组件内的零件进行操作。

（3）若要将该组件变为刚性子装配，只需在特征树选取该部件后，再单击一次“柔性/刚性子装配”工具按钮即可。

图 4.2.11 “可能的约束”对话框

9. “更改约束”

“更改约束命令”可以将已经添加的约束修改为其他的约束。其具体操作步骤如下：

（1）在特征树中选择要更改的约束。

（2）单击“约束”工具栏中的“更改约束”工具按钮“”，弹出“可能的约束”对话框，如图 4.2.11 所示。

（3）在对话框中选择需要修改为的约束，单击“应用”按钮，特征树中添加了新选择的约束。

（4）单击“确定”按钮，之前的约束消失，取而代之的是新近修改的约束，完成约束的修改。

10．“重复使用阵列”

在装配中经常会遇到需要将一个零件重复多次装配到另一个零件上，如果按照装配第一个零件时那样逐一加装其余的零件，就显得相当烦琐。“重复使用阵列”命令的出现很好地解决了这一问题。利用“重复使用阵列”命令能够方便快捷地装配重复装配零件。其具体操作步骤如下：

（1）首先按之前介绍的步骤装配一个需要重复装配的零件。

（2）在装配特征树中展开具有阵列特征的零件。

（3）单击“约束”工具栏中的“重复使用阵列”工具按钮“”，弹出“在阵列上实例化”对话框，如图 4.2.12 所示。

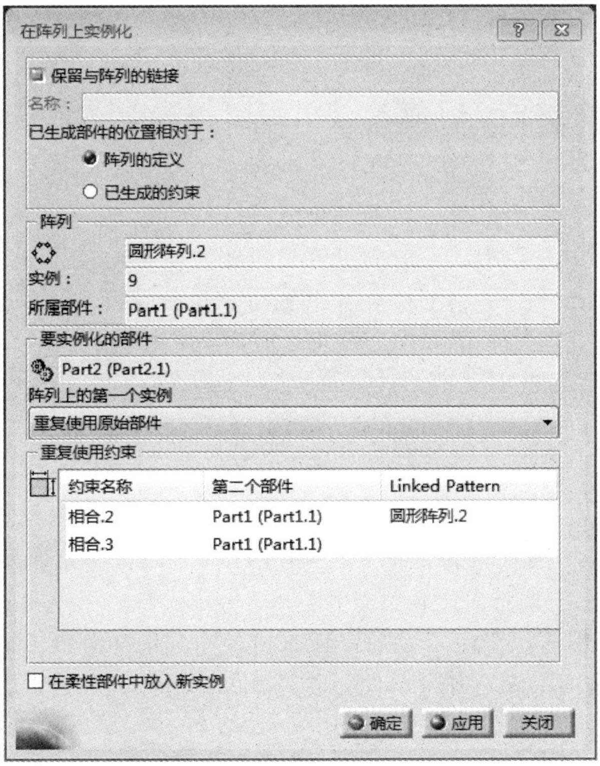

图 4.2.12　“在阵列上实例化”对话框

（4）在特征树中顺次选择零件上的阵列特征和需要阵列装配的零件。

（5）单击“应用”按钮后单击“确定”按钮，完成“重复使用阵列”。

对“在阵列上实例化”对话框中的相关选项说明如下：

①“保持与阵列的连接”复选项：复制的零部件与被引用的阵列特征保持链接关系，即阵列特征修改后，复制的零部件也随之改变。

② 在“已生成部件的位置相当于”选项区域中的“阵列的定义”复选项：表示只复制部件，不引入约束。如果选中“已生成的约束”复选项，则在复制的同时引入原部件的约束，

这时可以在“重复使用约束”列表框中选择引用那个约束。

③ 展开在“阵列上的第一个实例”下方的窗口，可以看到有 3 种复制部件的方式：

“重新使用原始部件”：保留原对象，其余对象在树中依次复制。

“创建新实例”：保留原对象，在原位置再复制一个新对象。

“剪切并粘贴原始部件”：剪切原对象，再按阵列定义复制原对象。

④ 选中“在柔性部件中放入新实例”复选框，阵列复制的零部件都会放到一个新部件下面。此选项选择与否，其装配结果完全相同，但在特征树上的显示却各不相同。

11．装配中其余的复制工具

除了在“约束”工具栏中所含有的“重复使用阵列”工具外，CATIA 中还在“插入”下拉菜单中提供了“快速多实例化”“定义多实例化”“对称”等命令，其具体的操作步骤与“重复使用阵列”命令大致相同，但却可以实现不同的效果，请读者自行探索其各自的作用，在此不再赘述。

4.3 转向架相关部件虚拟装配

转向架是轨道车辆结构中最为重要的部件之一，同时也是最为复杂的部件之一。在对转向架进行三维虚拟装配的过程中，一般的过程是对相对而言比较简单的小部件进行装配，装完所有的小部件后，再把所有的小部件全部组装在一起，成为一个真正的产品总体。本节将对部分转向架中的部件进行相关的虚拟装配演示进行介绍。

4.3.1 枕梁的虚拟装配

第 3 章已经介绍了枕梁的相关零部件的建模过程，相信读者对枕梁模型的结构与形状也相对会比较熟悉。本小节将对枕梁的装配步骤进行演示，装配完成后的枕梁总体效果如图 4.3.1 所示，枕梁的相关零部件装配位置如图 4.3.2 所示。

（1）打开 CATIA 软件，单击“新建”图标“ ”，在弹出的“新建”对话框中，选择“Product”，然后按“确定”键，并修改命名为“zhenliang”，按“确定”键进入装配界面。

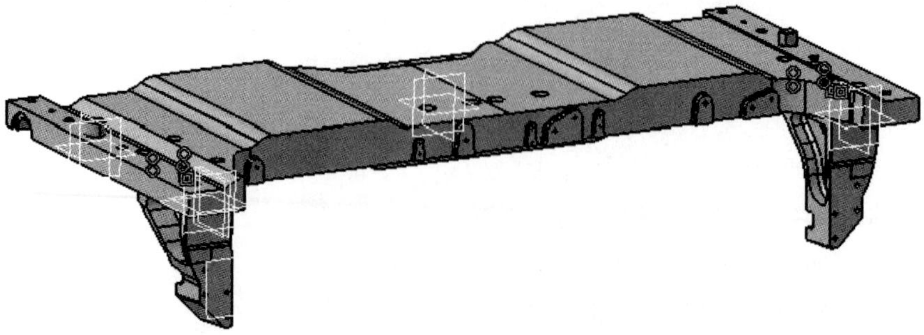

图 4.3.1 枕梁的总体装配效果

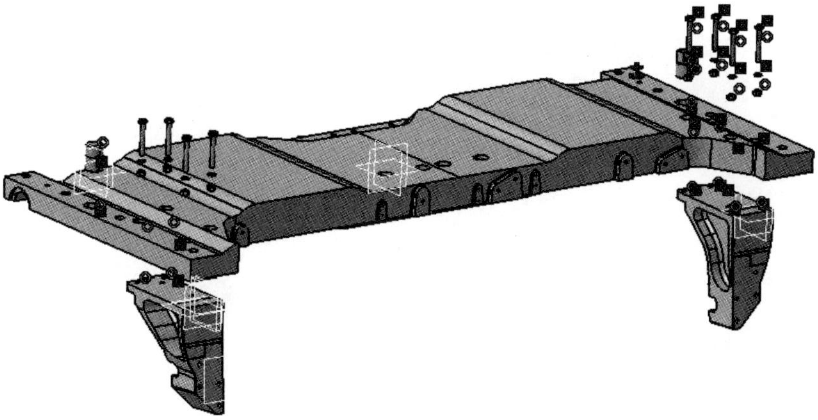

图 4.3.2　枕梁的部件位置爆炸图

（2）单击“产品工具”工具栏中“现有部件”图标“”，然后再单击屏幕左上角模型树中“产品 1”图标“”，然后在弹出的对话框中，选择在第 3 章建立的模型“yaozhen1”，然后单击“打开”按钮，将零件模型调入工作界面。

（3）单击“移动”工具栏中“操作”工具图标“”，在弹出的“操作…”对话框中，选择“沿 x 轴拖动”图标“”，然后将刚导入的“zhenliang1”模型，任意地拖动一定距离。

（4）单击“约束”工具栏中“修复部件”工具图标“”，然后单击零件“zhenliang1”，完成对“zhenliang1”的位置固定。

（5）单击“产品工具”工具栏中“现有部件”图标“”，然后再单击屏幕左上角模型树中“产品 1”图标“”，然后在弹出的对话框中，选择在第 3 章建立的模型“zhenliang2”，然后单击“打开”按钮，将零件模型调入工作界面。

（6）单击“约束”工具栏中“接触约束”工具图标“”，这时会弹出一个“助手”对话框，如果不需要，可以单击勾选对话框左下角的“以后不再提示”选项，以后进行约束则不会再弹出。

（7）单击选择如图 4.3.3 所示的两个平面，完成“接触约束”的定义。

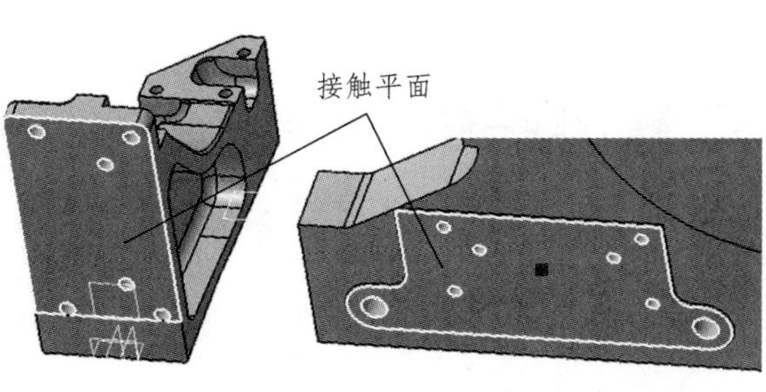

图 4.3.3　定义接触约束平面

（8）单击“约束”工具栏中“相合约束”图标“”，选择如图 4.3.4 所示的相应轴线，完成零件相合的约束定义。

（9）同样的单击“约束”工具栏中“相合约束”图标“”，选择如图 4.3.5 所示的相应轴线，完成零件相合的约束定义。

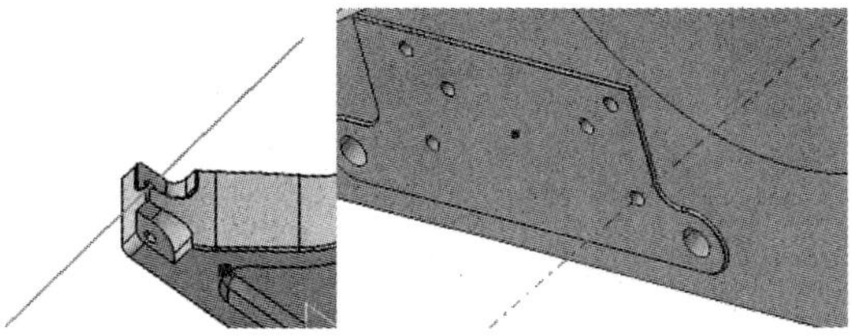

图 4.3.4　定义相合约束轴线

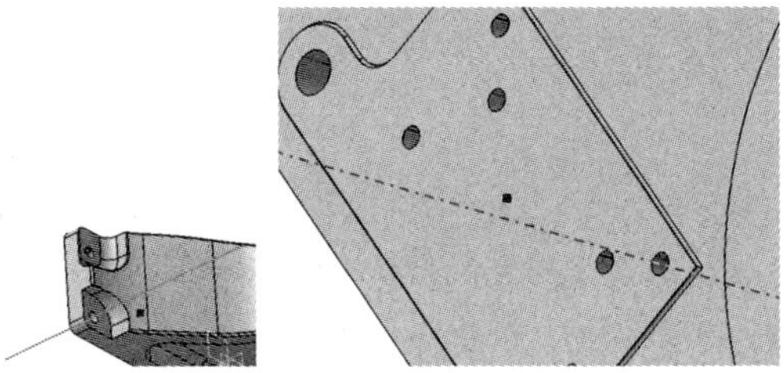

图 4.3. 5　定义相合约束轴线

（10）同样可以双击“约束”工具栏中“相合约束”图标“”，重复使用“相合约束”，同时完成步骤（8）与步骤（9）中演示步骤。

（11）完成上述操作步骤后，零件并未出现相应的位置信息改变，这时，需要我们对它进行手动更新，只需单击“更新”工具栏中“全部更新”工具图标“”，完成“zhenliang2”的装配。

（12）单击“装配特征”工具栏中“对称”图标“”，选择“zx 平面”作为对称平面，然后单击选择“zhenliang2”零件，在弹出的“装配对称”向导对话框中，直接单击“确定”键，完成对称装配过程，完成后效果如图 4.3.6 所示。

（13）单击“产品工具”工具栏中“现有部件”图标“”，然后再单击屏幕左上角模型树中“产品 1”图标“”，然后在弹出的对话框中，按住 Ctrl 键选择本书附件提供的模型“din7349_wahser_20”“iso4014_m20x140”“iso4032_nut_m20”，然后单击“打开”按钮，将这 3 个零件模型全部调入工作界面。

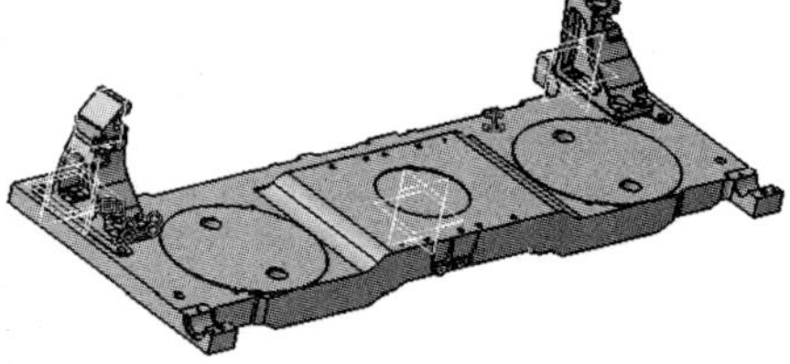

图 4.3.6　对称特征后的装配效果

（14）单击“移动”工具栏中的“操作”工具图标“”，把刚调入的 3 个零件位置挪开。

（15）单击“约束”工具栏中“相合约束”工具图标“”，将调入的 3 个零件全部约束到一个轴上，效果如图 4.3.7 所示。

（16）单击“约束工具栏”中“接触约束”工具图标“”，将螺母与垫圈的两端平面进行约束，效果如图 4.3.8 所示。

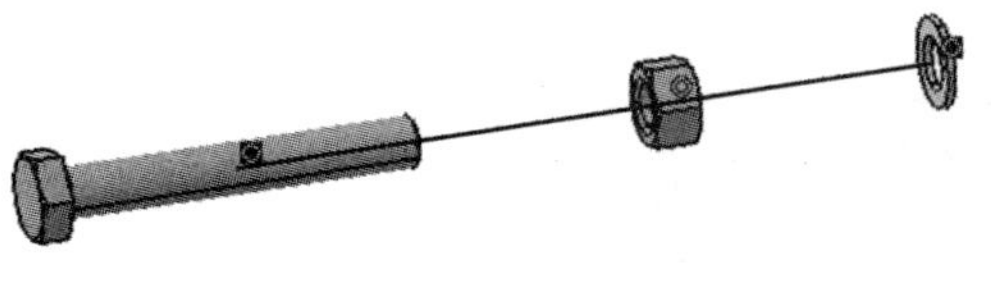

图 4.3.7　步骤（15）位置定义

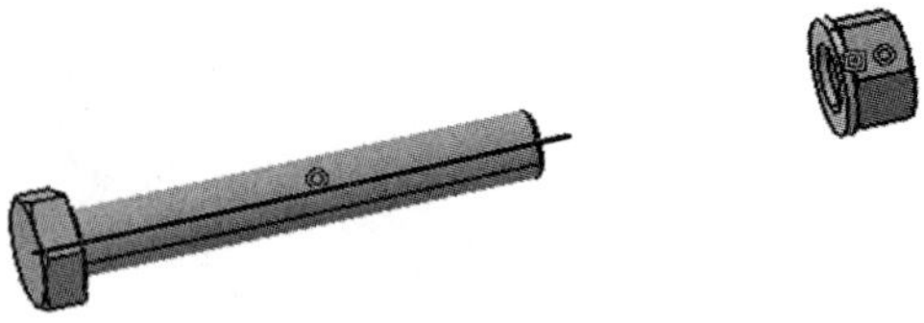

图 4.3.8　步骤（16）位置定义

（17）单击“约束工具栏”中“相合约束”工具图标“”，选择如图 4.3.9 所示的相应轴线进行约束。

（18）单击“约束工具栏”中“接触约束”工具图标“”，选择如图 4.3.10 所示的两个平面进行约束。

（19）同样单击“约束工具栏”中“接触约束”工具图标“”，选择如图 4.3.11 所示的两个平面进行约束。

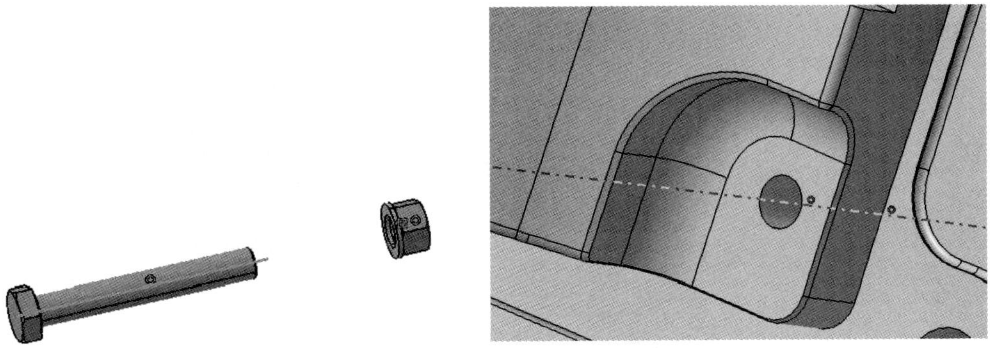

图 4.3.9 步骤（17）相合轴线选择

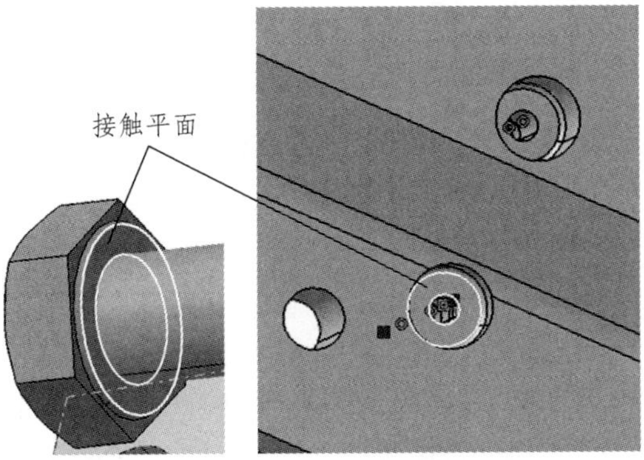

图 4.3.10 步骤（18）接触面选择

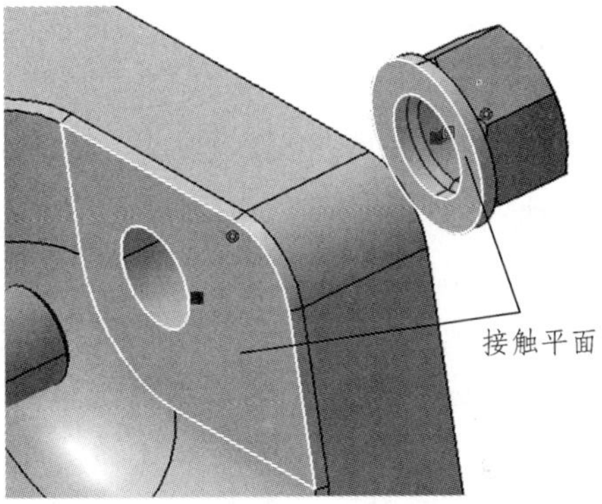

图 4.3.11 步骤（19）接触面选择

（20）最后单击“全部更新”工具图标“”，完成整个螺栓螺母的装配过程。

（21）接下来就是重复步骤（13）~（20）的过程来进行螺栓螺母的装配，位置关系在图 4.3.2 中已经给出。这里对其步骤进行省略，读者可以尝试使用对称工具命令来完成对称部位的相关零件约束。

以上是枕梁的装配演示过程，整个模型的装配较简单，所涉及的零件也并不多，适合初学者入门学习。在装配过程中，应注意各零部件的位置不能发生干涉，找到最合适的方法进行组装，这里读者可以自行进行相关探索。

4.3.2 动车轮对的虚拟装配

动车的轮对由动车轴、两侧的车轮及安装在车轮上的制动盘组成，其装配成型的部件如图 4.3.12 所示。下面将具体介绍动车轮对的装配方法。

（1）打开 CATIA，单击“文件”→“新建”，弹出“新建”对话框，选择“Product”，单击“确定”按钮，弹出“零件编号”对话框，在“新零件编号”文本框中输入本次装配部件的名称“dongchelundui”，单击“确定”按钮，进入“装配设计”工作台。

（2）单击选中模型树中的“Product1”，单击“产品结构工具”工具栏中的“现有部件”工具按钮“”，弹出“选择文件”对话框。

图 4.3.12　轮对装配成型的三维模型

（3）在“查找范围”下拉菜单中找到之前保存的动车车轴和动车车轮的保存目录，按住 Ctrl 键选中动车的车轮和车轴，单击“选择文件”对话框中的“打开”按钮。

（4）单击选择“约束”工具栏中的“相合”工具按钮“”，弹出“助手”对话框，移动光标至动车的车轮附近，显示出车轮的轴线时，单击鼠标左键选中车轮的轴线。

（5）移动光标至车轴的轴线附近，待显示出车轴的轴线时，单击鼠标左键选中车轴的轴线，这时会在车轮的轴线附近和车轴的轴线附近分别显示出两个绿色的小圆圈。

（6）单击选择“约束”工具栏中的“偏移约束”工具按钮“”，弹出“助手”对话框，移动光标单击选择车轮的外侧端面和车轴的一个端面，弹出“约束属性”对话框。

（7）在“约束属性”对话框中的“偏移”文本框中输入 278.5 mm，单击“确定”按钮。

（8）单击“更新”工具栏中的“全部更新”工具按钮“”，完成对动车轮对车轴和一个车轮的装配，得到如图 4.3.13 所示的装配模型。

图 4.3.13　轮对正确安装位置

注意：若发现车轮没有安装在如图 4.3.13 所示的位置而出现了如图 4.3.14 和图 4.3.15 所示的情况，则可采取的办法是：

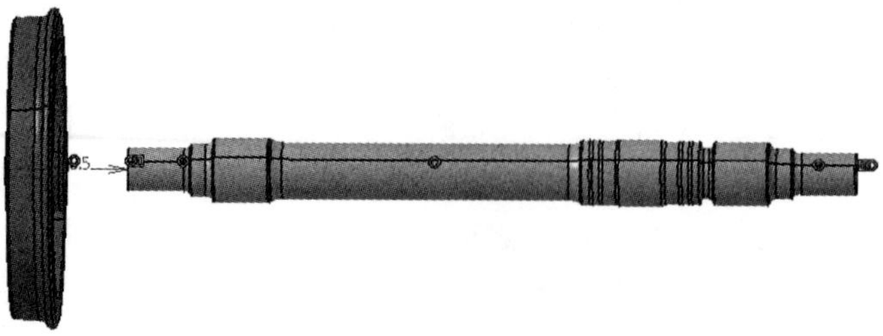

图 4.3.14　错误 1

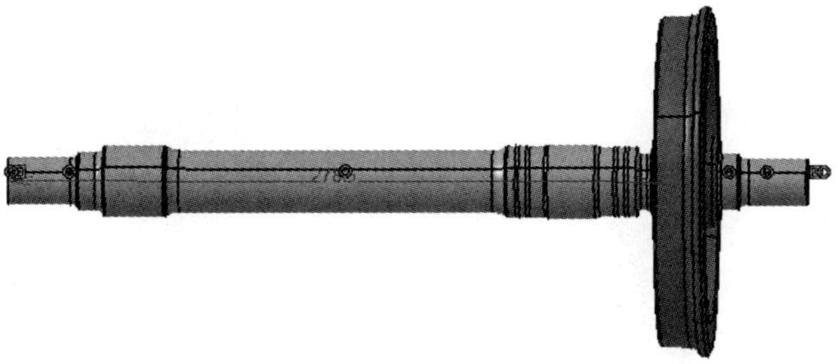

图 4.3.15　错误 2

① 若出现图 4.3.14 所示的情况，采取的改进办法是：双击在车轮端面和这轴端面之间的距离尺寸，弹出“约束定义”对话框，在“约束定义”对话框中的“值”文本框中输入“－278.5 mm”，单击“约束定义对话框中的“确定”按钮后，单击“更新”工具栏中的“全部更新”工具按钮“”，即可得到如图 4.3.13 所示的三维装配模型。

② 若出现图 4.3.15 所示的情况，采取的改进办法是：单击选中车轮端面与车轴端面之间的尺寸约束，按键盘上的“Delete”键，删除该距离约束，然后单击“约束”工具栏中的“偏移约束”工具按钮“”，弹出“助手”对话框，移动光标选中车轮的端面和车轴的另外端端面，弹出“约束属性”对话框，在“约束属性”对话框中的“偏移”文本框中输入“278.5 mm”，单击“约束属性”对话框中的“确定”按钮，退出“约束属性”对话框。单击“更新”工具栏中的“全部更新”工具按钮“”，即可得到如图 4.3.13 所示的三维装配模型。

（9）单击选中模型树中的“Product1”，单击“产品结构工具”工具栏中的“现有部件”工具按钮“”，弹出“选择文件”对话框。

（10）在“查找范围”下拉菜单中找到之前保存的动车车轮的保存目录，选中动车的车轮，单击“选择文件”对话框中的“打开”按钮，在装配工作台中又出现了一个动车车轮的三维模型。

注意：若发现车轮的内外侧朝向和要求的朝向不同，需要先单击“移动”工具栏中的“操作”工具按钮“”，弹出“操作参数”对话框，单击选择“”或“”或“”，将光标移动至新插入的车轮上，待车轮轮廓线变色后按住鼠标左键拖动，使该车轮旋转一定的角度，以使车轮的朝向满足要求后，单击“操作参数”对话框中的“确定”按钮，完成对于新插入的车轮的朝向的调整。

（11）单击选择“约束”工具栏中的“相合”工具按钮“”，弹出“助手”对话框，移动光标至动车的车轮附近，显示出车轮的轴线时，单击鼠标左键选中车轮的轴线。

（12）移动光标至车轴的轴线附近，待显示出车轴的轴线时，单击鼠标左键选中车轴的轴线，这时会在车轮的轴线附近和车轴的轴线附近分别显示出两个绿色的小圆圈。

（13）单击选择“约束”工具栏中的“偏移约束”工具按钮“”，弹出“助手”对话框，移动光标单击选择车轮的外侧端面和车轴的一个端面，弹出“约束属性”对话框。

（14）在“约束属性”对话框中的“偏移”文本框中输入 278.5 mm，单击“确定”按钮。

（15）单击“更新”工具栏中的“全部更新”工具按钮“”，完成对动车轮对车轴和一个车轮的装配，得到如图 4.3.16 所示的装配模型。

注意：若新装配的车轮也出现类似如图 4.3.14 和图 4.3.15 所示的情况，则处理方法和之前的类似。

图 4.3.16 车轮轮对装配效果

（16）单击选中模型树中的“Product1”，单击“产品结构工具”工具栏中的“现有部件”工具按钮“”，弹出“选择文件”对话框。

（17）在“查找范围”下拉菜单中找到之前保存的动车制动盘的保存目录，选中动车的制动盘，单击“选择文件”对话框中的“打开”按钮，在装配工作台中出现了一个动车制动盘的三维模型。

（18）单击选择“约束”工具栏中的“相合”工具按钮“”，弹出“助手”对话框，移动光标至动车制动盘的中心轴附近，显示出动车制动盘的中心轴线时，单击鼠标左键选中动车制动盘的轴线。

（19）移动光标至车轴的轴线附近，待显示出车轴的轴线时，单击鼠标左键选中车轴的轴线，这时会在车轮的轴线附近和车轴的轴线附近分别显示出两个绿色的小圆圈。

（20）单击选择“约束”工具栏中的“偏移约束”工具按钮“”，弹出“助手”对话框，移动光标单击选择动车制动盘上没有凸台的端面和车轴的一个端面，弹出“约束属性”对话框。

（21）在“约束属性”对话框中的“偏移”文本框中输入 277.5 mm，单击“确定”按钮。

（22）单击“更新”工具栏中的“全部更新”工具按钮“”，完成对动车轮对上一个制动盘的装配，得到如图 4.3.17 所示的装配模型。

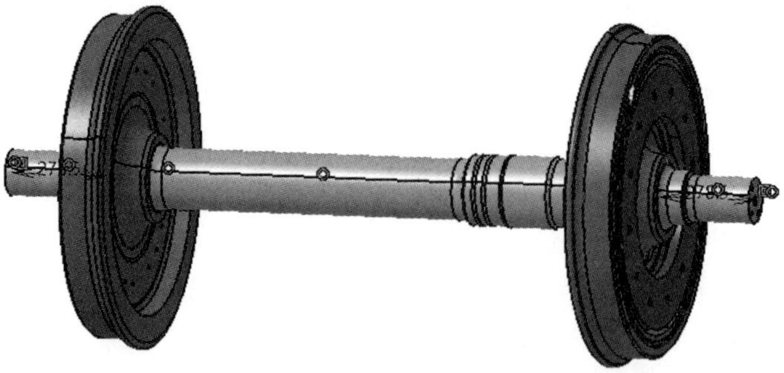

图 4.3.17 制动盘安装效果

注意： 若出现动车制动盘的朝向不同或者位置不同时，处理方法和之前相同，这里不再多做介绍。

若觉得动车车轮和制动盘的颜色相同不易辨别，想要更换零件颜色时，可采取的方法是：单击菜单栏中的“视图”→“工具栏”，在工具栏下拉菜单中的“图形属性”选项上打钩，调出如图 4.6.18 所示的“图形属性”工具栏，按住“Ctrl”键，依次选择想要改变颜色的零件的各个表面后，单击“图形属性”工具栏前面显示颜色的文本框里的黑色倒三角，选择自己喜欢的颜色，零件即可变为选中的颜色。

图 4.6.18 “图形属性”工具栏

（23）单击选中模型树中的“Product1”，单击“产品结构工具”工具栏中的“现有部件”工具按钮“”，弹出“选择文件”对话框。

（24）在“查找范围”下拉菜单中找到之前保存的动车制动盘的保存目录，选中动车的制动盘，单击“选择文件”对话框中的“打开”按钮，在装配工作台中又出现了一个动车车轮的三维模型。

（25）利用“移动”工具栏中的“操作”工具“”调整制动盘方向，使其没有凸台的一侧朝向另外一个动车车轮。

（26）单击选择“约束”工具栏中的“相合”工具按钮“”，弹出“助手”对话框，移动光标至动车制动盘的中心轴附近，显示出动车制动盘的中心轴线时，单击鼠标左键选中动车制动盘的轴线。

（27）移动光标至车轴的轴线附近，待显示出车轴的轴线时，单击鼠标左键选中车轴的轴线，这时会在车轮的轴线附近和车轴的轴线附近分别显示出两个绿色的小圆圈。

（28）单击选择“约束”工具栏中的“偏移约束”工具按钮“”，弹出“助手”对话框，移动光标单击选择动车制动盘上没有凸台的端面和车轴的靠近安装制动盘的一个端面，弹出“约束属性”对话框。

（29）在“约束属性”对话框中的“偏移”文本框中输入 414.5 mm，单击“确定”按钮。

（30）单击“更新”工具栏中的“全部更新”工具按钮“”，完成对动车轮对上一个制动盘的装配，得到如图 4.3.12 所示的动车轮对的装配模型。

（31）按照同样的方法在动车轮对另一侧的车轮上也安装制动盘，即可完成对动车轮对的装配。

（32）为了后期方便总体装配，这里我们将继续组装好动车车轴上的其他零件，将第 3 章中建立的“牵引电机”模型导入进装配工作界面，使用“相合约束”工具，将电机的中间通孔的轴与车轴的轴相合，然后使用“相合约束”工具，将电机的 xy 平面与动车车轴的 xy 平面进行约束，最后使用“偏移约束”工具，选择电机的 yz 平面与车轴的 yz 平面，在弹出的“约束定义”对话框中修改“值”为 475 mm，然后单击“确定”键完成约束，单击“全部更新”按钮，得到如图 4.3.19 所示的装配体。

（33）接下来将第 3 章中建立的“轴箱”模型零件导入进装配工作界面，使用“相合约束”工具，将轴箱装配体的孔与车轴的轴进行相合约束，然后使用“接触约束”工具，选择如图 4.3.20 所示的两个平面进行约束，最后使用“相合约束”工具，将轴箱的 xy 平面与车轴的 xy 平面进行约束，最后单击“全部更新”按钮完成轴箱的装配。

（34）最后选择已经装配好的轴箱体，使用对称工具，整体装配体的 yz 平面作为对称平面，在弹出的对话框中，单击“确定”键，最后得到如图 4.3.21 所示的动车轮对最终装配效果（为了得到比较美观的效果，这里将相关的辅助平面进行了隐藏）。

图 4.3.19　步骤（32）得到的装配效果

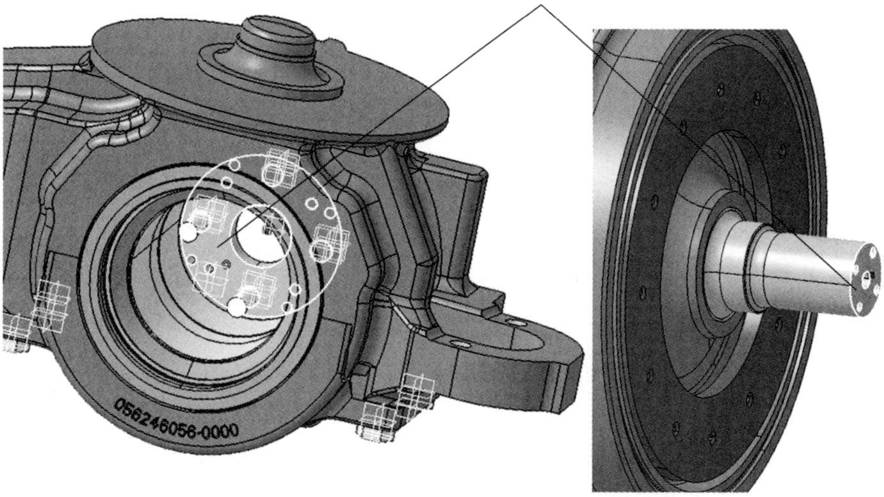

图 4.3.20　步骤（33）选择的接触约束平面

图 4.3.21　动车轮对最终装配效果

4.3.3　拖车轮对的虚拟装配

拖车的轮对由车轴、两个车轮及安装在轴上的 3 个制动盘所组成，其三维装配模型如图 4.3.22 所示。下面将介绍拖车轮对的虚拟装配过程。

图 4.3.22　三维装配模型

（1）打开 CATIA，单击“文件”→“新建”，弹出“新建”对话框，选择“Product”，单击“确定”按钮，弹出“零件编号”对话框，在“新零件编号”文本框中输入本次装配部件的名称“tuochelundui”，单击“确定”按钮，进入“装配设计”工作台。

（2）单击选中模型树中的“”，单击“产品结构工具”工具栏中的“现有部件”工具按钮“”，弹出“选择文件”对话框。

（3）在“查找范围”下拉菜单中找到之前保存的拖车车轴和拖车车轮的目录，按住 Ctrl 键选中拖车的车轮和车轴，单击“选择文件”对话框中的“打开”按钮。

（4）单击选择“约束”工具栏中的“相合”工具按钮“”，弹出“助手”对话框，移动光标至拖车的车轮附近，显示出车轮的轴线时，单击鼠标左键选中车轮的轴线。

（5）移动光标至车轴的轴线附近，待显示出车轴的轴线时，单击鼠标左键选中车轴的轴线，这时会在车轮的轴线附近和车轴的轴线附近分别显示出两个绿色的小圆圈。

（6）单击选择“约束”工具栏中的“偏移约束”工具按钮“”，弹出“助手”对话框，移动光标单击选择车轮的外侧端面和车轴的一个端面，弹出“约束属性”对话框。

（7）在“约束属性”对话框中的“偏移”文本框中输入 278.5 mm，单击“确定”按钮。

（8）单击“更新”工具栏中的“全部更新”工具按钮“”，完成对拖车车轴和一个车轮的装配，得到如图 4.3.23 所示的装配模型。

图 4.3.23　装配模型

注意：若未出现如图 4.3.23 所示的效果，则处理方法和之前动车车轮装配时的方法相同。

（9）单击选中模型树中的“”，单击“产品结构工具”工具栏中的“现有部件”工具按钮“”，弹出“选择文件”对话框。

（10）在“查找范围”下拉菜单中找到之前保存的动车车轮的目录，选中动车的车轮，单击“选择文件”对话框中的“打开”按钮，在装配工作台中又出现了一个动车车轮的三维模型。

（11）利用“移动”工具栏中的“操作”工具“”调整拖车车轮的朝向，使其符合装配要求。

（12）单击选择“约束”工具栏中的“相合”工具按钮“”，弹出“助手”对话框，移动光标至拖车的车轮附近，显示出车轮的轴线时，单击鼠标左键选中车轮的轴线。

（13）移动光标至车轴的轴线附近，待显示出车轴的轴线时，单击鼠标左键选中车轴的轴线，这时会在车轮的轴线附近和车轴的轴线附近分别显示出两个绿色的小圆圈。

（14）单击选择“约束”工具栏中的“偏移约束”工具按钮“”，弹出“助手”对话框，移动光标单击选择车轮的外侧端面和车轴的另外一个端面，弹出“约束属性”对话框。

（15）在“约束属性”对话框中的“偏移”文本框中输入 278.5 mm，单击“确定”按钮。

（16）单击“更新”工具栏中的“全部更新”工具按钮“”，完成对拖车车轴和一个车轮的装配，得到如图 4.3.24 所示的装配模型。

图 4.3.24　两侧车轮装配效果

（17）单击选中模型树中的“Product1”，单击“产品结构工具”工具栏中的“现有部件”工具按钮“”，弹出“选择文件”对话框。

（18）在“查找范围”下拉菜单中找到之前保存拖车制动盘的目录，选中拖车制动盘，单击“选择文件”对话框中的“打开”按钮，在装配工作台中出现了一个拖车制动盘的三维模型。

（19）单击选择“约束”工具栏中的“相合”工具按钮“”，弹出“助手”对话框，移动光标至拖车制动盘的中心轴附近，显示出拖车制动盘的中心轴线时，单击鼠标左键选中拖车制动盘的轴线。

（20）移动光标至车轴的轴线附近，待显示出车轴的轴线时，单击鼠标左键选中车轴的轴线，这时会在车轮的轴线附近和车轴的轴线附近分别显示出两个绿色的小圆圈。

注意：这时如果无法判断制动盘的哪个面靠近车轴的哪个端面，可以单击“更新”工具栏中的“全部更新”工具按钮“”，这时制动盘会旋转一个角度，然后就可以判断了。

（21）单击选择“约束”工具栏中的“偏移约束”工具按钮“”，弹出“助手”对话框，移动光标单击选择拖车制动盘上的一个端面和车轴上靠近选中的制动盘端面的一个端面，弹出“约束属性”对话框。

（22）在“约束属性”对话框中的“偏移”文本框中输入 620 mm，单击“确定”按钮。

（23）单击“更新”工具栏中的“全部更新”工具按钮“”，完成对动车轮对上一个制动盘的装配，得到如图 4.3.25 所示的装配模型。

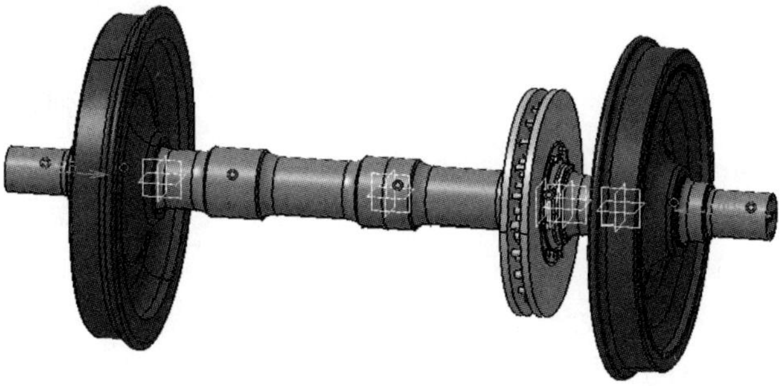

图 4.3.25 制动盘装配效果

（24）单击选中模型树中的“Product1”，单击“产品结构工具”工具栏中的“现有部件”工具按钮“”，弹出“选择文件”对话框。

（25）在“查找范围”下拉菜单中找到之前保存拖车制动盘的目录，选中拖车的制动盘，单击“选择文件”对话框中的“打开”按钮，在装配工作台中出现了一个拖车制动盘的三维模型。

（26）单击选择“约束”工具栏中的“相合”工具按钮“”，弹出“助手”对话框，移动光标至拖车制动盘的中心轴附近，显示出拖车制动盘的中心轴线时，单击鼠标左键选中拖车制动盘的轴线。

（27）移动光标至车轴的轴线附近，待显示出车轴的轴线时，单击鼠标左键选中车轴的轴线，这时会在车轮的轴线附近和车轴的轴线附近分别显示出两个绿色的小圆圈。

（28）单击选择“约束”工具栏中的“偏移约束”工具按钮“”，弹出“助手”对话框，移动光标单击选择拖车制动盘上的一个端面和车轴上靠近选中的制动盘端面的一个端面，弹出“约束属性”对话框。

（29）“约束属性”对话框中的“偏移”文本框中输入 1 050 mm，单击“确定”按钮。

（30）单击“更新”工具栏中的“全部更新”工具按钮“”，完成对动车轮对上一个制动盘的装配，得到如图 4.3.26 所示的装配模型。

图 4.3.26 中间制动盘装配位置

（31）用同样的方法，在靠近另外一个车轮的附近安装一个制动盘，即可完成对于拖车轮对的装配，得到如图 4.3.22 所示的拖车轮对的三维装配模型。

4.3.4 弹簧减振器的虚拟装配

弹簧减振器的装配模型如图 4.3.27 所示，相应的位置关系爆炸图如图 4.3.28 所示。可以看到，该部件的装配较简单。下面对弹簧减振器的装配过程进行介绍。

（1）打开 CATIA，单击“文件”→“新建”，弹出“新建”对话框，选择“Product”，单击“确定”按钮，弹出“零件编号”对话框，在“新零件编号”文本框中输入本次装配部件的名称“弹簧减振器”，单击“确定”按钮，进入“装配设计”工作台。

（2）单击选中模型树中的“Product1”，单击“产品结构工具”工具栏中的“现有部件”工具按钮“ ”，弹出“选择文件”对话框。

（3）找到第 3 章中建立的弹簧减振器模型底托“dituo”，单击“确定”键将模型调入工作界面。

图 4.3.27 弹簧减振器装配效果

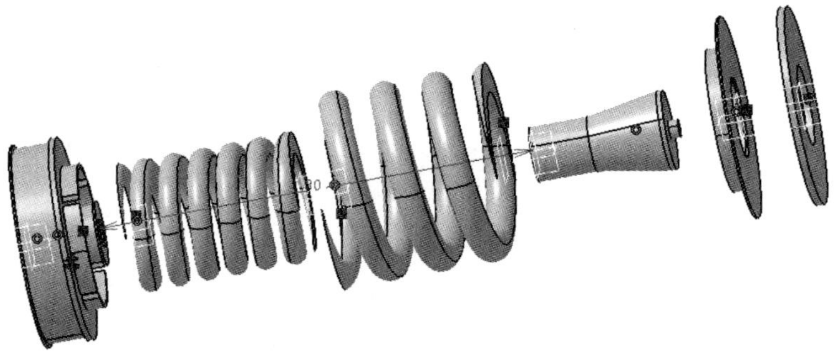

图 4.3.28 弹簧减振器位置关系爆炸图

（4）单击“移动”工具栏中“操作”工具图标“ ”，将调入的底托“dituo”模型任意地移动一定位置，按“确定”键完成操作。

（5）单击“约束”工具栏中的“修复部件”工具图标“ ”，然后选择零件“dituo”进行位置固定。

（6）与步骤（3）、（4）相同，调入第 3 章中建立的零件模型中间轴“zhongjianzhou”，单击“约束”工具栏中“相合约束”工具图标“ ”，选择零件“zhongjianzhou”中的轴线与零件“dituo”的轴线，完成约束定义。

（7）单击“约束”工具栏中“偏移约束”工具图标“ ”，选择如图 4.3.29 所示的两个平面进行约束定义，在弹出的对话框中，修改偏移量为 30 mm，在“方向”右侧下拉菜单中修改正确的方向，按“确定”键完成约束定义，然后单击“全部更新”按钮“ ”完成此步操作。

（8）调入零件内弹簧“neitanhuang”，单击“约束”工具栏中“相合约束”工具图标“ ”，选择内弹簧的轴线与底托的轴线进行约束。（提示：如果找不到相应的轴线，可以使用相合约束将定义轴的两个平面进行相对应约束也可以完成约束定义）

（9）单击“约束”工具栏中“接触约束”工具图标“ ”，选择如图 4.3.30 所示的两个平面进行约束，然后单击“全部更新”按钮“ ”完成此步操作。

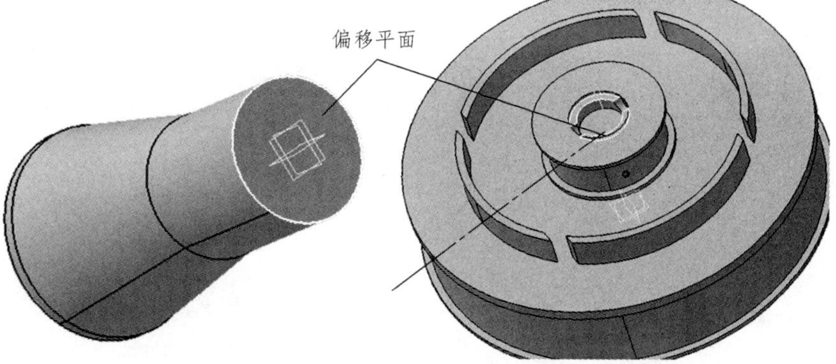

图 4.3.29　选择定义偏移平面

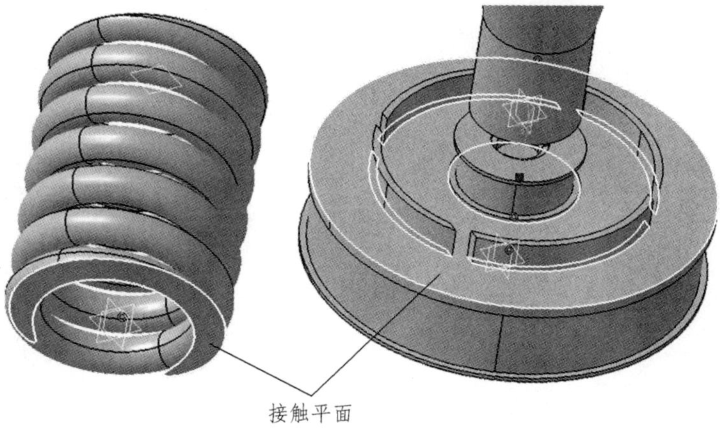

图 4.3.30　选择定义偏移平面

（10）用同样的方式，将弹簧减振器的外弹簧“waitanhuang”零件进行约束定义。

（11）调入第 3 章中建立的“fanlanban”模型，使用“相合约束”将“fanlanban”的轴线与底托“dituo”的轴线相合，再使用“接触约束”将“fanlanban”模型的底面与内外弹簧的上部端面进行约束，最后单击“全部更新”按钮“”，完成模型的装配。

（12）调入第 3 章中建立的“tanhuang-ding”模型，使用“相合约束”将其轴线与底托轴线相合，并使用“接触约束”将其底面与“fanlanban”的上部端面约束，最后同样的单击“全部更新”按钮“”，完成最后一个零件的装配，便可得到如图 4.3.27 所示的弹簧减振器装配模型。

4.3.5　空气弹簧的虚拟装配

空气弹簧的装配模型如图 4.3.31 所示。空气弹簧看似简单，由于它要起到的作用和其工作原理的限制，所以其内部还有很多零件，如图 4.3.32 所示。

空气弹簧的位置爆炸图与相关零件的指定编号如图 4.3.33 所示。下面将介绍空气弹簧的装配过程。

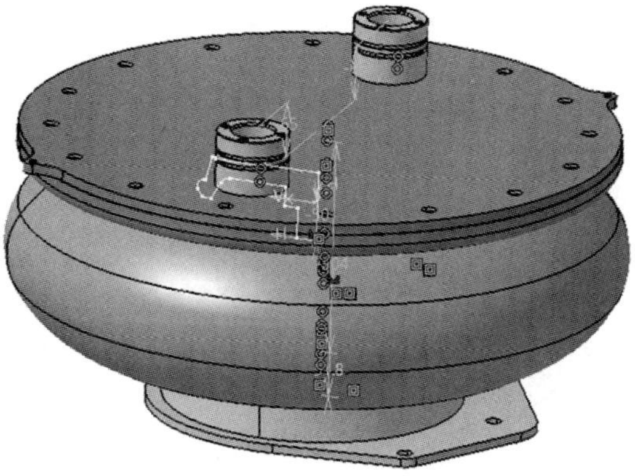

图 4.3.31　空气弹窗模型

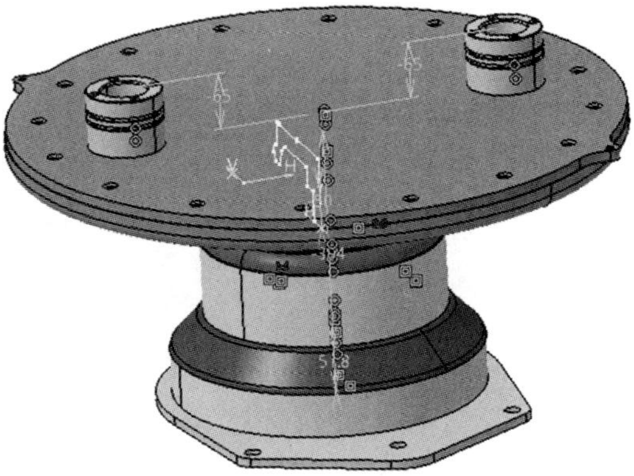

图 4.3.32　空簧内部结构

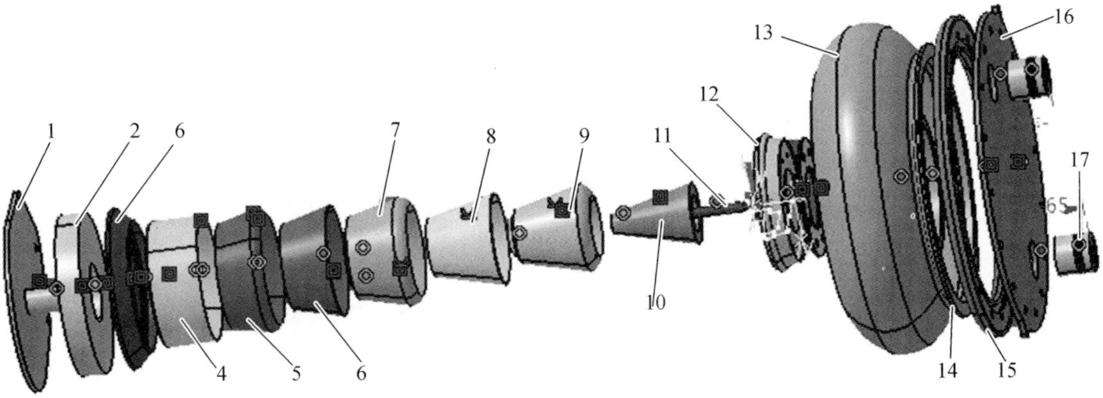

图 4.3.33　空气弹簧位置分解图

（1）打开 CATIA，单击“文件”→“新建”，弹出“新建”对话框，选择“Product”，单击“确定”按钮，弹出“零件编号”对话框，在“新零件编号”文本框中输入本次装配部件的名称“空气弹簧”，单击“确定”按钮，进入“装配设计”工作台。

（2）单击选中模型树中的“Product1”，单击“产品结构工具”工具栏中的“现有部件”工具按钮“”，弹出“选择文件”对话框。

（3）选择第 3 章中建立的模型“dituo”，也就是图示的零件 1，然后单击“确定”将模型调入工作截面中。

（4）单击“移动”工具栏中的“操作”工具图标“”，将刚调入的文件任意地移动一定位置；随后单击“约束”工具栏中的“修复部件”工具图标“”，然后点选零件 1，将零件固定。

（5）与步骤（2）、（3）相同，调入零件 2 进入工作界面，单击“约束”工具栏中“相合约束”工具图标“”，依次选择零件 2 的轴线和零件 1 顶部圆柱特征的轴线，完成相合约束定义。

（6）单击“约束”工具栏中的“接触约束”，依次单击零件 2 的底面和零件 1 的上部表面，随后单击“更新”工具栏中的“全部更新”按钮“”，完成零件 2 的装配过程。

（7）调入零件 3 进入工作截面，使用“接触约束”工具将零件 3 的大端面与零件 2 的顶部端面进行约束。然后使用“相合约束”依次选择零件 3 的轴线与零件 2 的轴线，完成相合约束定义，随后单击“更新”工具栏中的“全部更新”按钮“”，完成零件 3 的装配过程。

（8）调入零件 4 进入工作截面，用同样的操作方式，完成零件 4 的轴线约束与平面的接触约束，最后也同样需要对装配的内容进行更新完成操作。

（9）同样调入零件 5 进入工作界面，使用“接触约束”选择如图 4.3.34 所示的两个平面，随后对界面内容进行更新即可完成零件 5 的装配过程。

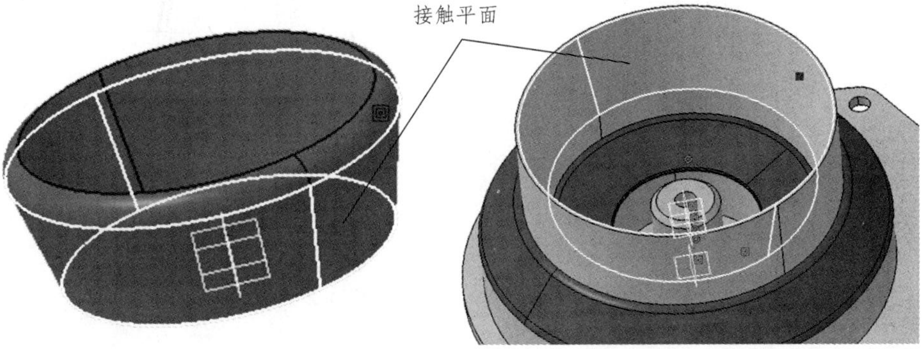

图 4.3.34　面接触约束平面的选择

（10）与步骤（9）相同，依次调入零件 6、零件 7、零件 8、零件 9、零件 10，使用接触约束，选择与步骤（9）相对应的平面进行约束，然后单击更新按钮完成这 5 个零件的装配。

（11）将零件 11 调入工作界面当中，然后同样使用“相合约束”将零件 11 的轴与装配好的零件轴相合，然后使用“接触约束”选择如图 4.3.35 所示的两个平面进行约束，单击“全部更新”按钮“”，完成此步装配。

注：*在选择接触面时，若需要选择的零件的表面被其他零件挡住了，可以使用“移动”工具栏中“操作”工具，将零件移动开来，然后再进行相应面或者其他元素的选取，最后单击“全部更新”，所有零件都会根据约束的情况进行位置更新，回到正确的位置。*

（12）将零件 12 调入工作界面当中，同样，使用“相合约束”对其进行中心轴的定位；随后使用“接触约束”选择如图 4.3.36 所示的两个平面进行约束，然后单击“全部更新”按钮。

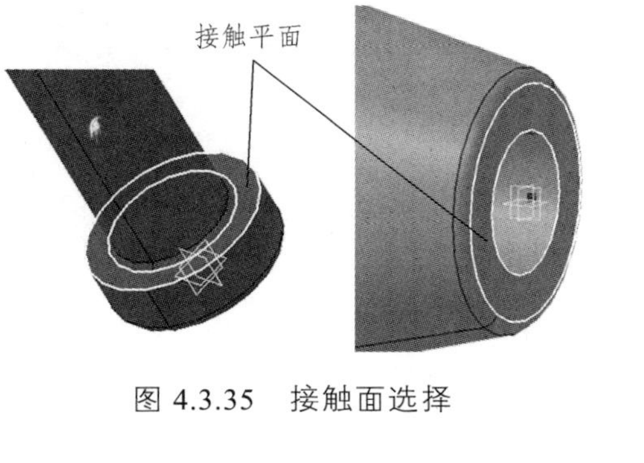

图 4.3.35　接触面选择

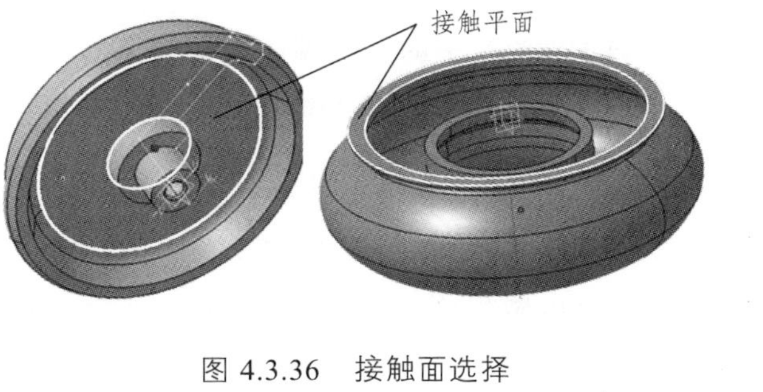

图 4.3.36　接触面选择

（13）将零件“shangdianpian”调入工作界面当中，使用“相合约束”工具，对其表面的孔与零件 12 中的孔进行相应轴线配对，然后使用“接触约束”工具，选择该零件的下部端面与零件 12 中的上部端面，最后单击更新，完成的效果如图 4.3.37 所示。

图 4.3.37　步骤（13）装配效果

（14）调入零件 13 进入工作界面，同样使用“相合约束”将其轴线与装配体中心轴线进行配对，然后使用“偏移约束”工具，选择如图 4.3.38 所示的两个平面，在弹出的“约束定义”对话框中，修改“值”为“－304 mm”，“方向”选择“相同”，然后单击“全部更新”按钮。

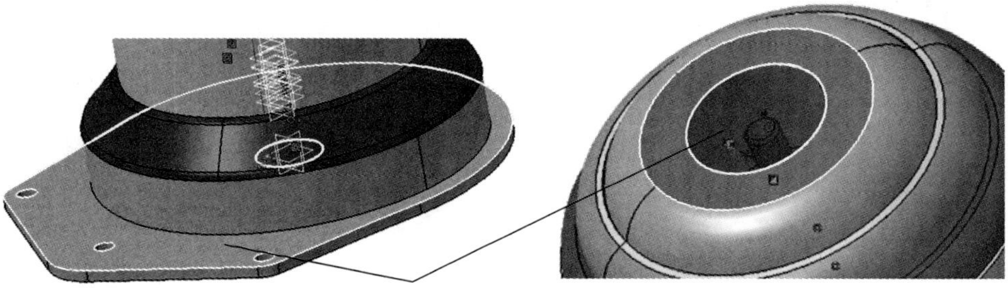

图 4.3.38　选择偏移定义平面

（15）将零件 15 调入工作界面当中，同样使用“相合约束”命令，将其轴线与装配体的轴线相合，然后单击“偏移约束”工具，选择如图 4.3.39 所示的两个平面，在弹出的“约束”定义对话框中，修改“值”为“ 0 mm”，“方向”为“相同”，最后单击“全部更新”。

（16）将零件 16 调入工作界面中，使用“相合约束”用与步骤（14）相同的方式将对应孔的轴线一一做相合约束，最后使用“接触约束”命令将零件 16 的下表面与零件 15 的上端面配对好，单击“全部更新”按钮，完成装配，效果如图 4.3.39 所示。

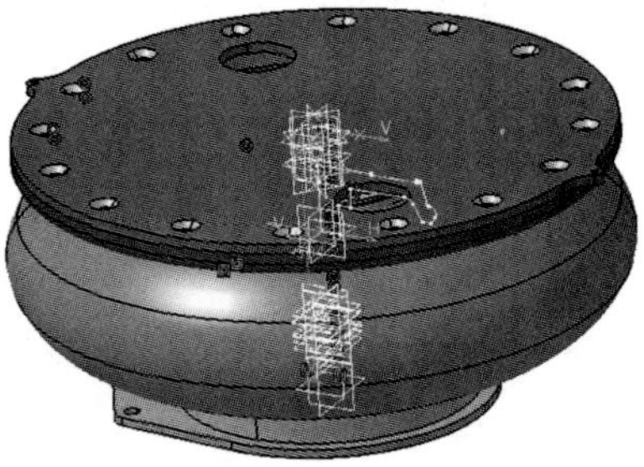

图 4.3.39　步骤（16）后装配效果

（17）将零件 17 调入工作界面，使用“相合约束”，将其轴线与零件 16 中的中间两个通孔轴线进行配对，随后使用“偏移约束”工具，选择零件 17 中打有四个螺纹孔的上部端面与零件 16 中的上部端面，在弹出的“定义约束”对话框中，修改值为“－70 mm”，“方向”为“相同”，最后单击“全部更新”工具。

（18）将调入一个零件 17 进入工作界面，使用与步骤（17）相同的方法，对零件 16 另外一个孔进行装配，完成整体空气弹簧的装配过程。最终可以得到空气弹簧的装配效果如图 4.3.40 所示。

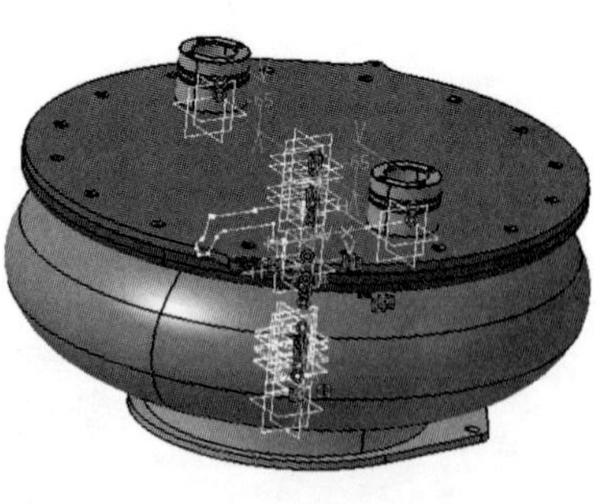

图 4.3.40　空气弹簧装配效果

注：由于教材篇幅有限，这里省去了空气弹簧中的一些连接件（如螺栓螺母）的装配演

示，所使用的装配命令与教材中所介绍的相同，这里就不再重复介绍，读者若有兴趣可自行尝试进行相关装配练习。

4.3.6 构架的虚拟装配

本小节将对转向架构架的装配过程进行介绍，转向架构架的最终装配效果如图 4.3.41 所示。可以看到，它是一个较复杂的装配体，涉及的零件较多，零件的结构也相对比较复杂，在装配过程中，读者应耐心、细心地去完成每一步操作并合理地对装配体的结构进行划分，将其化整为零，化繁为简，最终完成整个构架的装配。

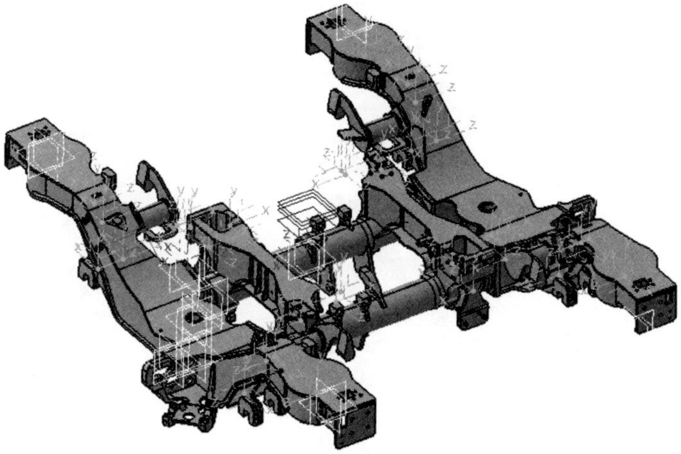

图 4.3.41 转向架构架的最终装配效果

因为构架结构的特殊性，在进行装配的过程中，宜将总体部件拆分开来进行单独部件的装配，最后再一起装配成整体，这里将使用这种装配方式进行装配。

1. Part1 的装配过程

首先对如图 4.3.42 所示的零件单元体进行装配，其位置爆炸图如图 4.3.43 所示。下面对其装配过程进行介绍。

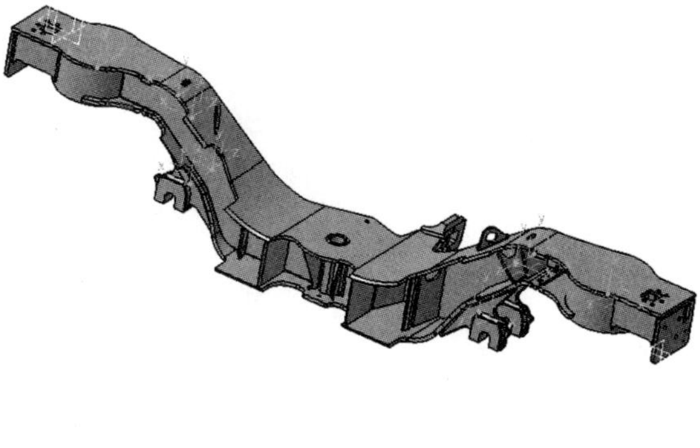

图 4.3.42 Part1 装配效果图

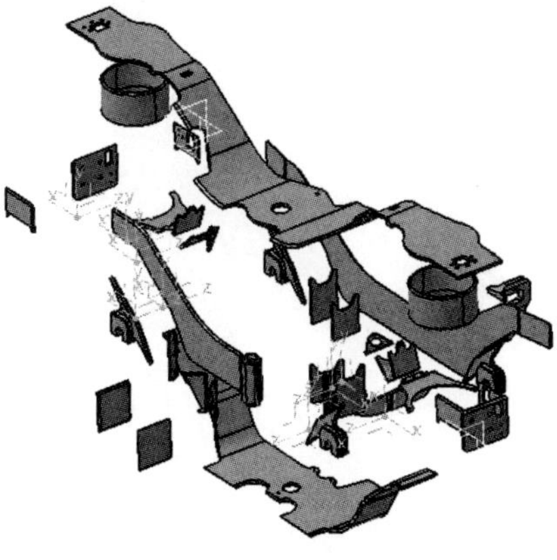

图 4.3.43 Part1 位置关系爆炸图

（1）打开 CATIA 软件，单击“文件”→“新建”，弹出“新建”对话框，选择“Product”，单击“确定”按钮，进入“装配设计”工作台。

（2）单击选中模型树中的“Product1”，单击“产品结构工具”工具栏中的“现有部件”工具按钮“”，弹出“选择文件”对话框。

（3）选择第 3 章中建立的模型“lingjian1”，然后单击“确定”将模型调入工作界面中。

（4）单击“移动”工具栏中的“操作”工具图标“”将“lingjian1”任意地移动一定位置，然后单击“约束”工具栏中的“修复部件”工具图标“”，选择“lingjian1”将零件 1 进行固定。

（5）用相同的方式，将第 3 章中建立的零件 2“lingjian2”调入装配工作界面，单击“约束”工具栏中“相合约束”工具“”，将零件 2 的 yz 平面与零件 1 的 yz 平面进行相合，单击“约束”工具栏中“相合约束”工具“”选择零件 2 中通孔的中间轴与零件 1 中通孔的中间轴进行相合定义，最后使用“偏移约束”工具按钮，选择如图 4.3.44 所示的两个平面，在弹出的“约束定义”对话框中修改“值”为 – 594 mm，单击“确定”键完成定义。

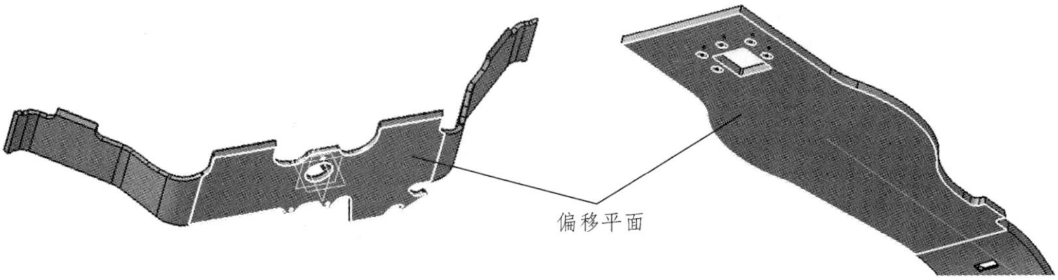

图 4.3.44 选择偏移定义平面

（6）将第 3 章建立的零件 3“lingjian3”调入工作界面，使用“相合工具”将零件 3 的 yz 平面与装配整体的 yz 平面进行约束，然后使用“偏移约束”工具，选择如图 4.3.45 所示的两个平面，在弹出的“定义约束”对话框中修改“值”为 – 10 mm（正负值视装配情况定义，以达到最佳装配效果为准，后同），然后使用“相合约束”工具，将零件 3 的 zx 平面与零件 2 的顶面进行约束配对，最后单击“全部更新按钮”。

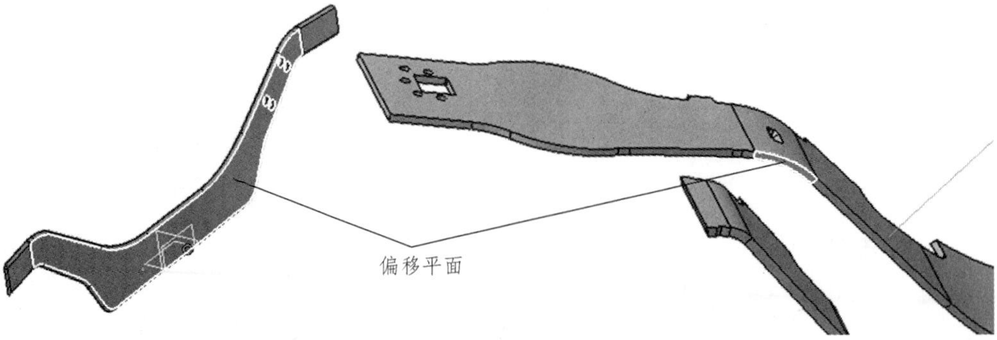

图 4.3.45 选择偏移定义平面

（7）导入零件 4“lingjian4”，使用“相合约束”将其 yz 平面与装配体的 yz 平面进行配对，然后使用“相合约束”将其 zx 平面与零件 2 的上部平面进行配对，最后使用“偏移约束”

选择如图 4.3.46 所示的平面，在弹出的“定义约束”对话框中修改“值”为 10 mm，最后单击“全部更新”工具完成操作。

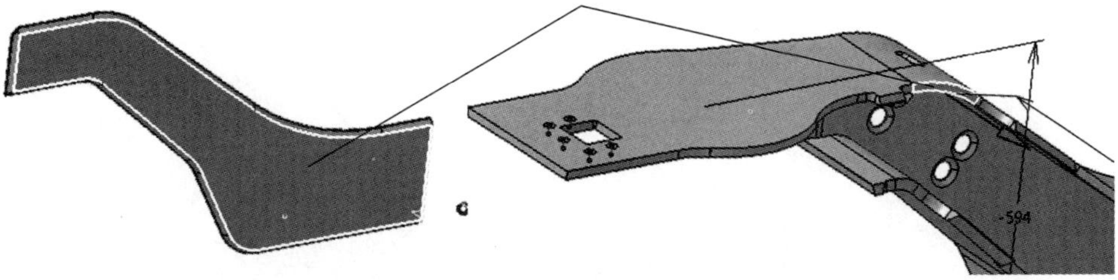

图 4.3.46 选择偏移定义平面

（8）选择步骤（7）中定义好的零件 4，单击“装配特征”工具栏中的“对称”工具图标“”，选择 yz 平面，在弹出的对话框中，直接单击“确定”键完成此步操作。

（9）用同样的方式调入零件 5 进入工作界面，使用“相合约束”将零件 5 的轴线与如图 4.3.47 所示的轴线进行配对，使用“接触约束”选择零件 5 上部端面与零件 1 的下部端面进行约束，最后单击“全部更新”按钮，再选中零件 5，使用对称工具，选择 yz 平面，完成对称面的相应零件装配，最终装配效果如图 4.3.48 所示。

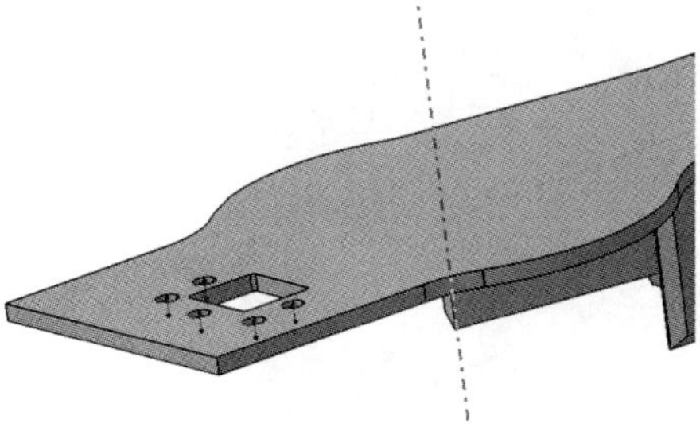

图 4.3.47 选择相合轴线

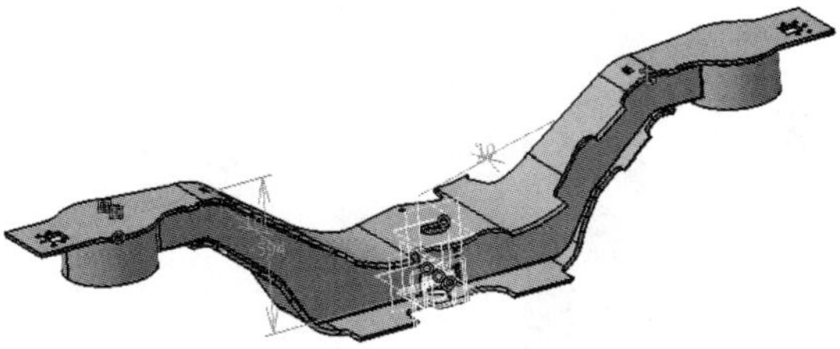

图 4.3.48 装配效果

（10）调入零件 6 进入工作界面，使用“偏移约束”，选择如图 4.3.49 所示的两个平面，在弹出的对话框中，修改“值”为 139 mm，使用“相合约束”工具，选择零件 6 中半圆轴线与零件 5 的轴线，最后单击“全部更新”工具，完成操作。

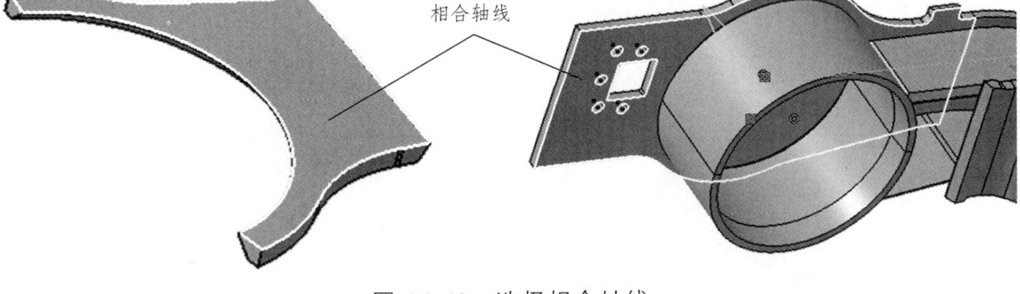

图 4.3.49 选择相合轴线

（11）选择步骤（10）中约束好的零件 6，使用对称工具，单击 yz 平面，完成对称零件的装配。

（12）同理，调入零件 7 进入工作界面，使用“相合约束”工具，依次选择如图 4.3.50 所示的两个平面，对其位置进行约束，然后使用“接触约束”工具，选择如图 4.3.51 所示的平面，最后使用“相合约束，选择”零件 7 的侧面，与零件 1 的侧面配对，单击“全部更新”按钮。

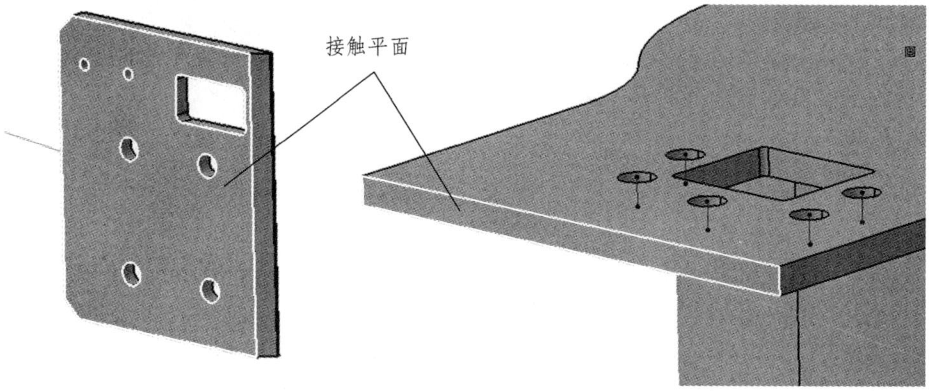

图 4.3.50　选择相合平面

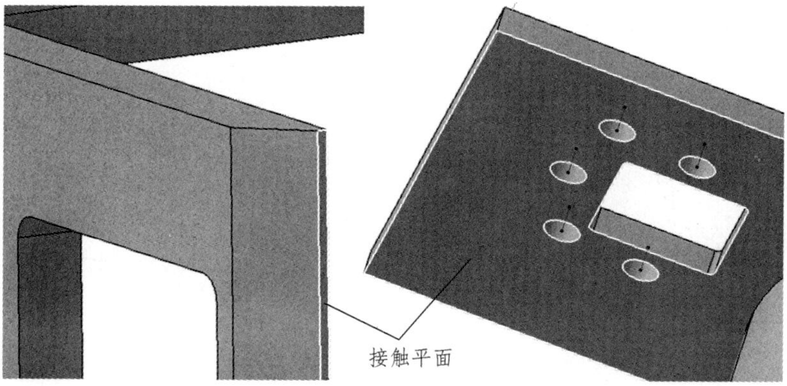

图 4.3.51　选择接触平面

（13）选择步骤（12）中装配好的零件 7，使用“对称工具”选择 yz 面作为对称平面，在弹出的对话框中，直接单击“确定”键完成装配。

（14）将零件 8 调入工作界面，使用“偏移约束工具”，选择如图 4.3.52 所示的两个平面，在弹出的对话框中，修改“值”为 0 mm，“方向”为“相反”，然后单击“确定”键，使用“接

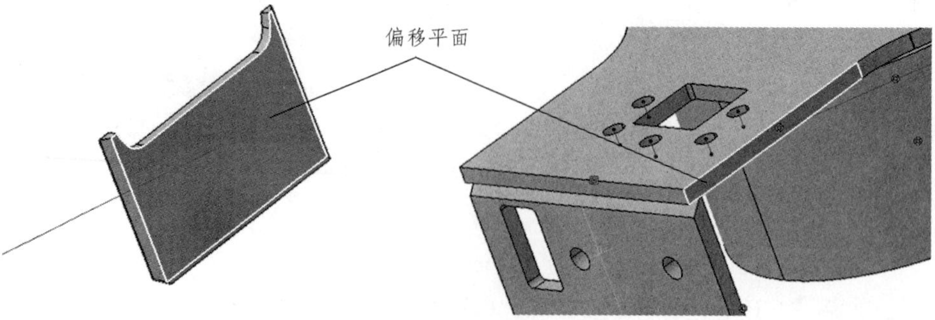

图 4.3.52　选择偏移约束平面

触约束”工具，选择零件 8 的上端面，与零件 1 的下端面进行约束定义，最后同样使用“接触约束”依次选择零件 8 的左端平面与零件 7 的右端平面进行约束,最后单击“全部更新”按钮,完成后的装配效果如图 4.3.53 所示。

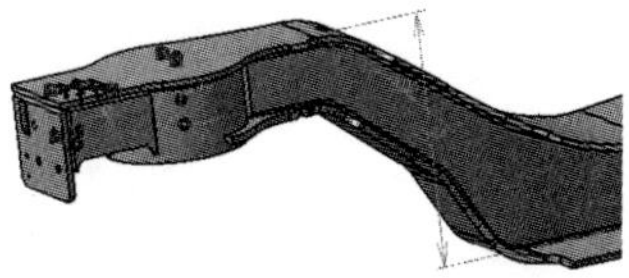

图 4.3.53 步骤（14）装配效果

（15）使用“对称工具”选择步骤（14）中装配好的零件 8 进行对称装配。

（16）调入零件 9 进入装配界面，使用“偏移约束”工具，选择如图 4.3.54 所示的两个平面，在弹出的“定义约束”对话框中，修改“值”为 – 20 mm，按“确定”键完成定义，然后使用“接触约束”工具，选择零件 9 的上部端面与零件 1 的下部端面进行定义，最后同样使用“接触约束”工具，选择零件 9 的右端面与零件 7 的左端面进行定义，最后单击“全部更新”工具按钮。

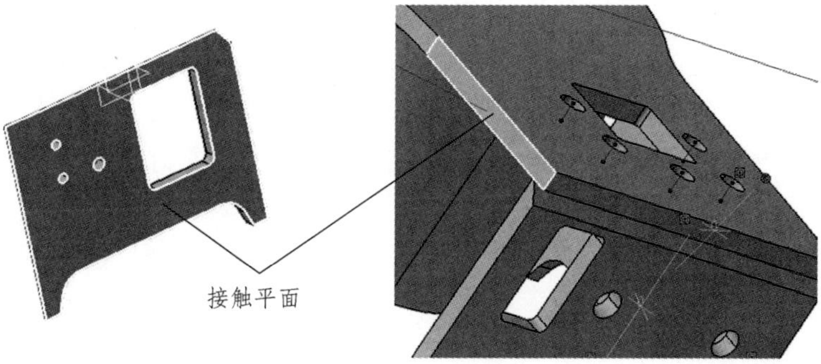

图 4.3.54 定义偏移平面

（17）将步骤（16）中装配好的零件 9 使用“对称”工具将其相对于 yz 平面对称生成新的对称实体。

（18）调入零件 10 进入工作界面，使用“接触约束”命令，选择如图 4.3.55 所示的两个平面，使用“偏移约束”工具，选择如图 4.3.56 所示的两个平面，在弹出的“约束定义”对话框中，修改“值”为 5 mm 最后，单击“全部更新”按钮。

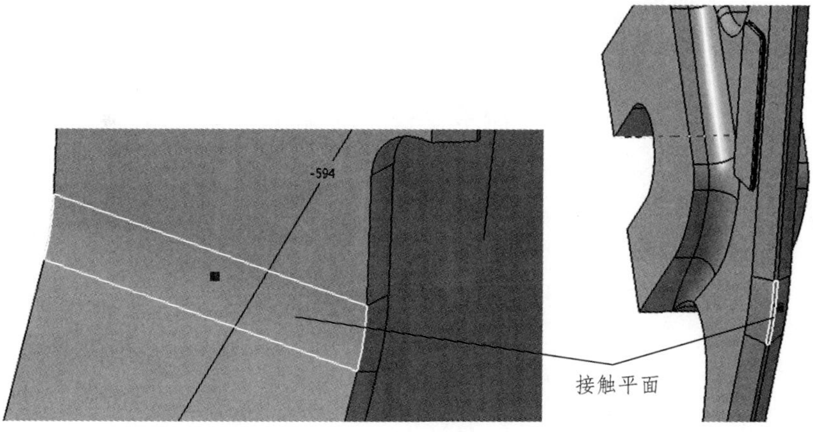

图 4.3.55 定义接触平面

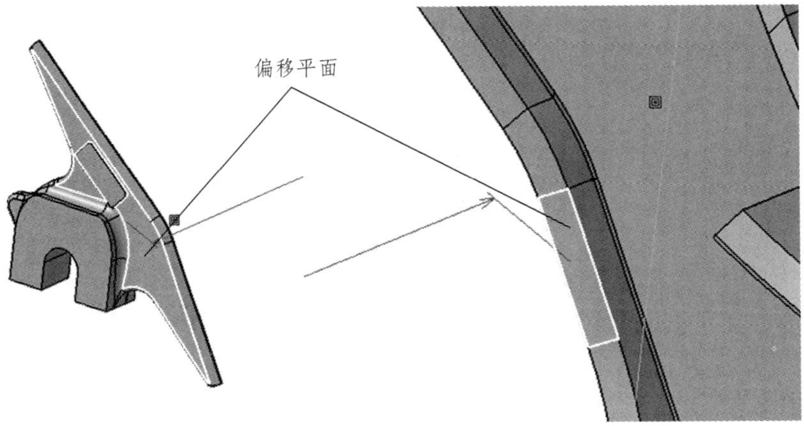

图 4.3.56　定义偏移平面

（19）重复调入零件 10 进入装配界面进行装配工作，其他的约束定义与上步操作相似，唯一不同的约束定义在于新定义的零件在 z 轴方向较步骤（18）中定义的零件偏移 – 166 mm。

（20）使用“对称”工具，将步骤（18）、（19）中装配定义好的两个零件，相对 yz 平面进行相应配对。

（21）调入零件 11 进入装配界面，使用“相合约束”工具将零件 11 的轴线与零件 1 中中间的通孔轴线相合，使用“相合工具”将零件 11 的 zx 平面配对零件 1 的 xy 平面，然后使用“相合约束”工具，选择如图 4.3.57 所示的两个平面，完成定义，最后单击“全部更新”按钮。

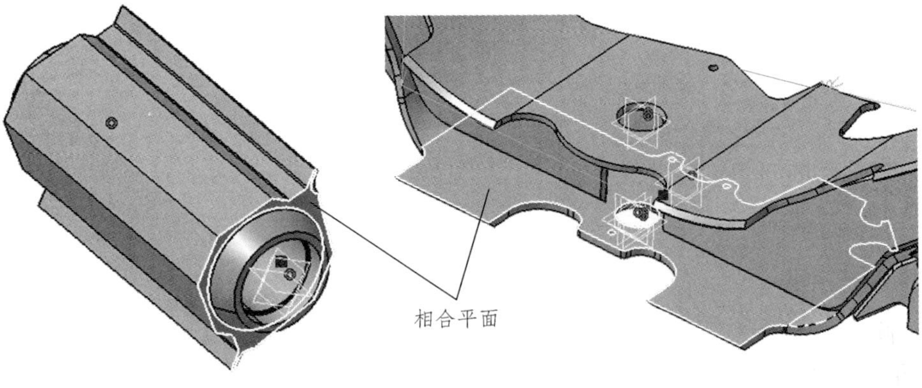

图 4.3.57　定义相合平面

（22）调入零件 12 进入装配界面，使用“相合约束”定义相合平面，使用“偏移约束”选择零件 12 底面与装配体 yz 平面，在弹出的对话框中修改“值”为 – 215 mm，单击“确定”，最终装配效果如图 4.3.58 所示。

（23）使用“对称”命令，选择装配体 yz 平面作为对称平面，然后选择步骤（22）中装配的零件实体，然后单击“确定”键完成装配。

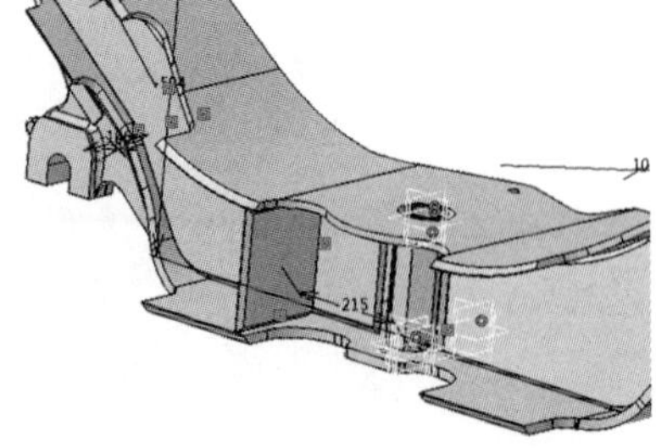

图 4.3.58　步骤（22）最终装配效果

（24）同样，将零件 13 调入装配工作界面，使用偏移约束，选择零件的 yz 平面和如图 4.3.59 所示的平面，在弹出的“约束定义”对话框中，修改“值”为 – 350 mm，单击“确定”键；使用“偏移工具”，选择如图 4.3.60 所示的零件表面与装配体 yz 平面，在弹出的“约束定义”对话框中，修改“值”为 300 mm，单击“确定”键；继续使用偏移工具，选择零件的 xy 平面与零件 2 的上部端面，在弹出的“约束定义”对话框中修改“值”为 0，调整方向，最终装配效果如图 4.3.61 所示。

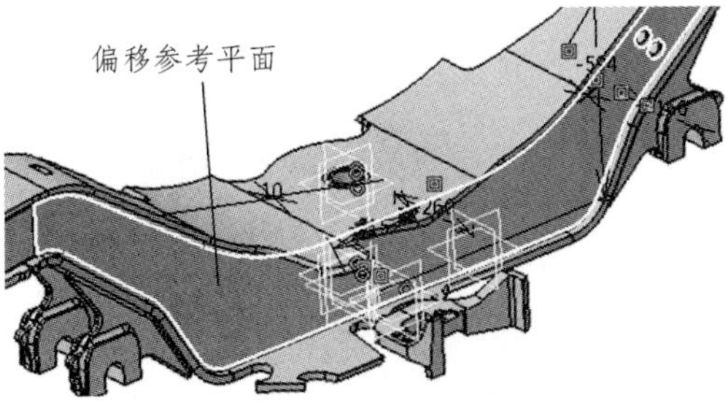

图 4.3.59　选择偏移参考平面

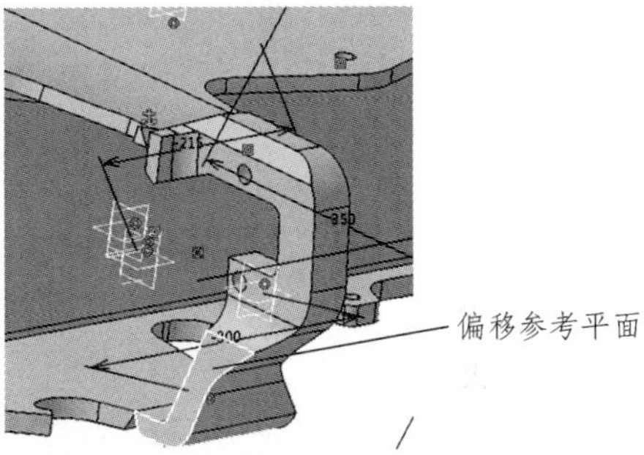

图 4.3.60　选择偏移参考平面

（25）将零件 14 调入装配工作界面，使用“接触约束”命令，参照如图 4.3.61 所示的两个最终装配效果图进行面接触约束，选择如图 4.3.62 所示的零件表面与零件 13 中的 yz 平面，在弹出的“约束定义”对话框中，修改“值”为 77 mm，然后单击“确定”键，最后单击“全部更新”命令。

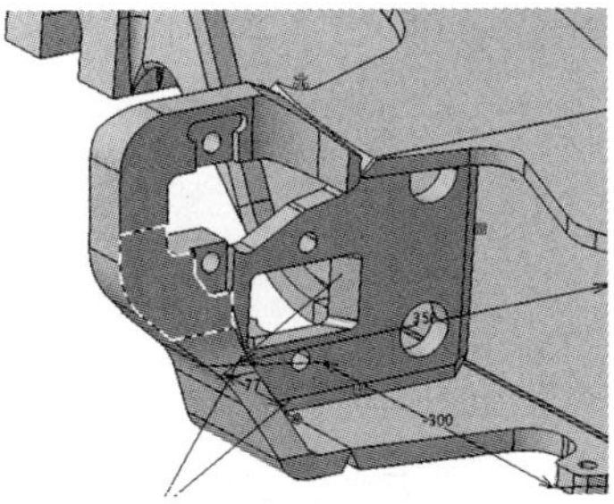
图 4.3.61　装配效果

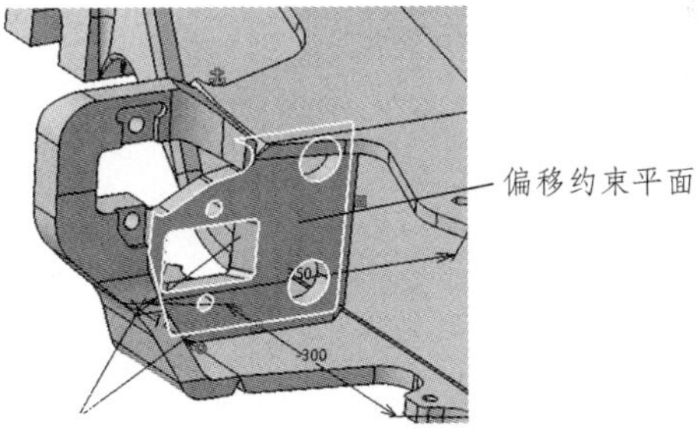

图 4.3.62　选择偏移约束平面

（26）同理将零件 15 调入工作界面，使用“接触约束”命令，参照如图 4.3.63 所示的最终装配效果进行相应平面的约束，随后使用“相合约束”工具选择如图 4.3.64 所示的零件表面和直线，然后点击“全部更新”按钮，完成装配。

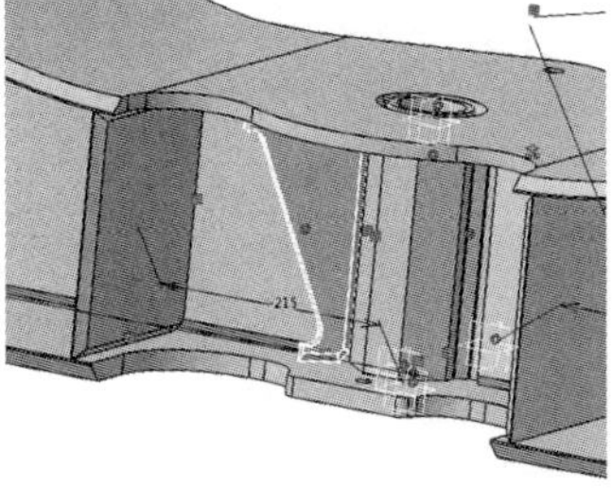
图 4.3.63　零件 15 装配效果

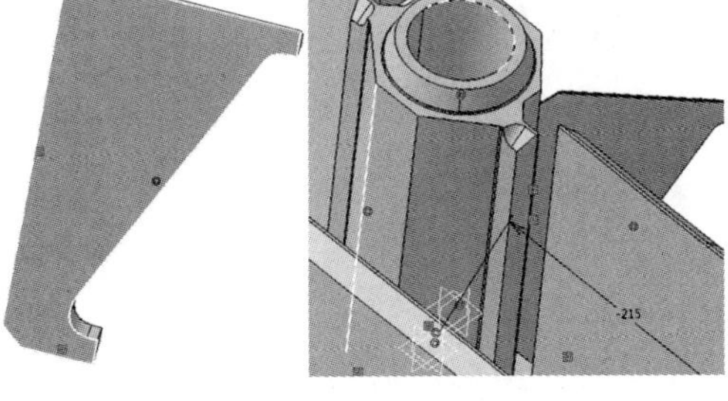
图 4.3.64　相合约束选择元素

（27）使用“对称”工具，选择装配体 yz 平面作为对称参考面，然后选择步骤（26）中装配的零件，在弹出的对话框中单击“确定”键完成装配。

（28）将零件 16 调入装配界面，使用“接触约束”工具，选择如图 4.3.65 所示的两个平面，然后使用“约束”工具栏中“角度约束”工具图标“”，选择如图 4.3.66 所示的平面与装配体中 yz 平面，在弹出的“约束定义”对话框中修改“值”为 53deg，然后按“确定”键完成定义，使用“偏移约束”选择如图 4.3.67 所示的轴线，分别定义与图 4.3.68 所示平面偏移距离为 245.374 mm，与图 4.3.69 所示平面偏移距离为 1 987.5 mm，最后单击“更新全部”完成约束。

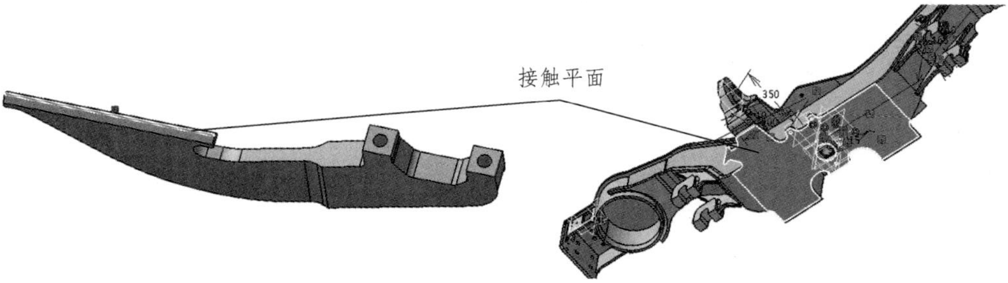

图 4.3.65　选择接触平面

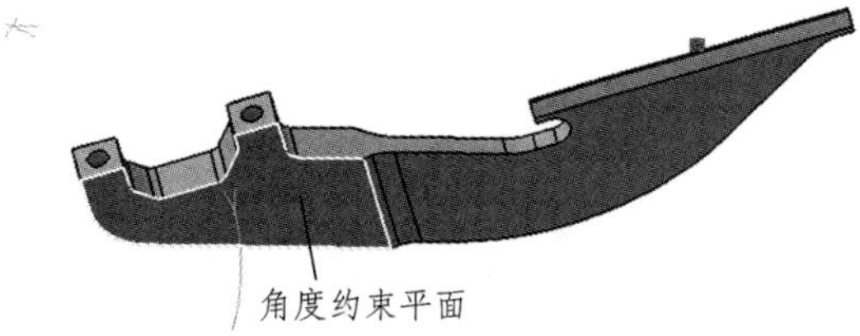

图 4.3.66　选择角度约束定义平面

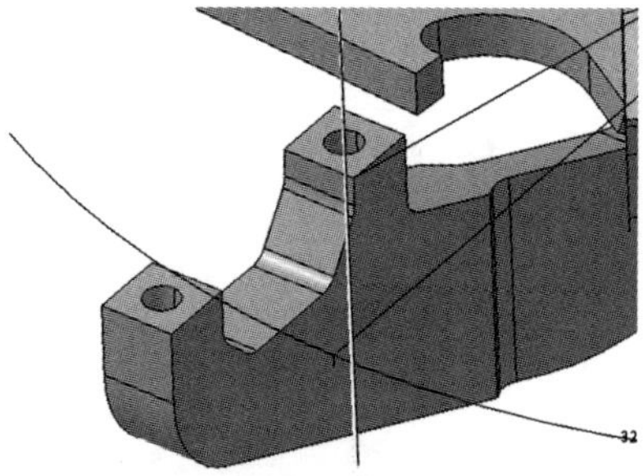

图 4.3.67　选择定义偏移约束轴线

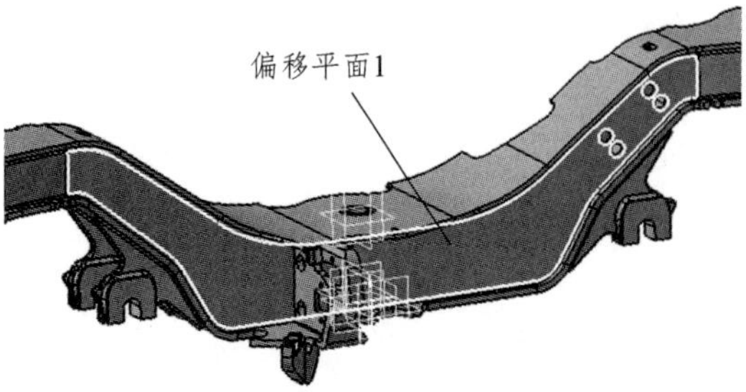

图 4.3.68　选择定义偏移约束平面 1

图 4.3.69　选择定义偏移约束平面 2

（29）将零件 17 调入工作界面中，使用“接触约束”工具，如图 4.3.70 所示的最终装配效果进行接触面约束，最后使用偏移工具，选择零件 17 的大端面与装配体 yz 平面，在弹出的“约束定义”对话框中修改“值”为 401 mm，单击“全部更新”完成装配。

（30）将零件 18 调入工作界面中，参照步骤（29）中的操作过程，将零件 18 贴于零件

17 左边，最终装配效果如图 4.3.71 所示。

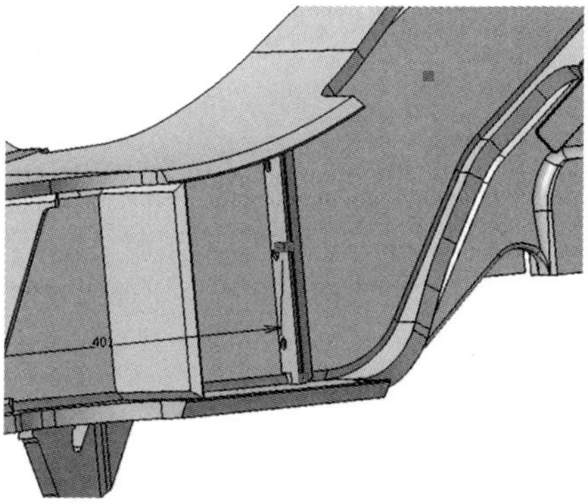

图 4.3.70　零件 17 的最终装配效果

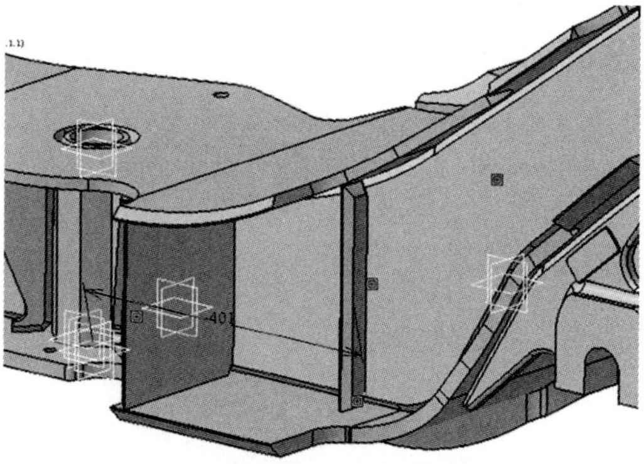

图 4.3.71　零件 18 的最终装配效果

（31）使用“对称”工具，将步骤（29）和步骤（30）装配的零件 17 和零件 18 关于装配体的 yz 面进行对称装配，完成 Part1 模块模型的整体建立，最终完成的装配效果如图 4.3.72 所示。

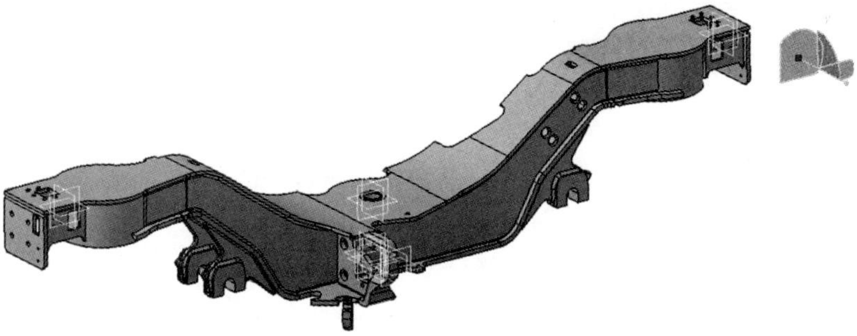

图 4.3.72　Part1 的最终装配效果

2. Part2 的装配过程

下面对如图 4.3.73 所示的零件单元体进行装配，其位置爆炸图如图 4.3.74 所示。

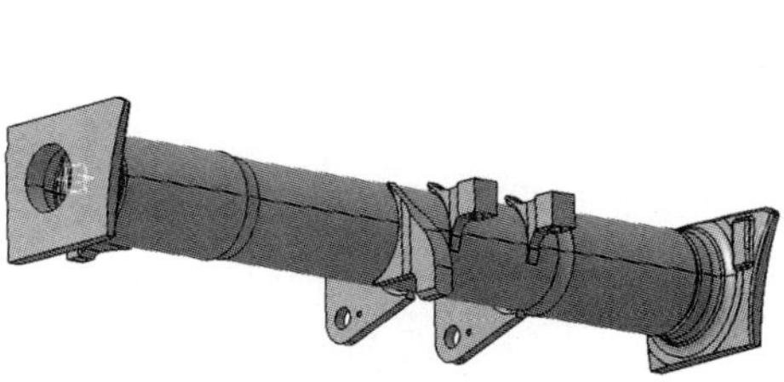

图 4.3.73　部分单元装配效果

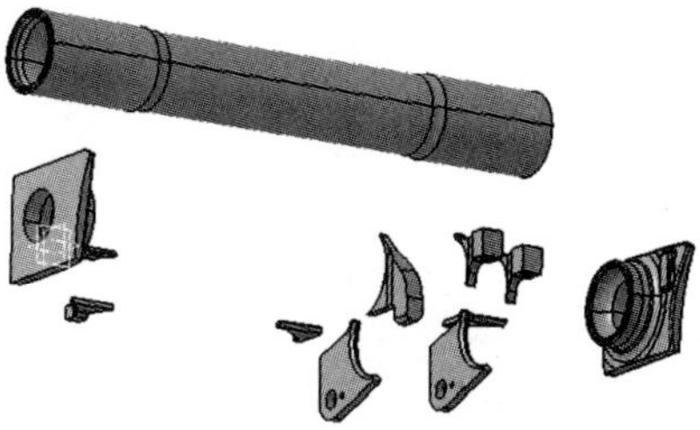

图 4.3.74　部分单元装配爆炸图

（1）打开 CATIA，单击“文件”“新建”，弹出“新建”对话框，选择“Product”，单击“确定”按钮，进入“装配设计”工作台。

（2）单击选中模型树中的“Product1”，单击“产品结构工具”工具栏中的“现有部件”工具按钮“ ”，弹出“选择文件”对话框。

（3）选择第 3 章中建立的模型“lingjian1”，然后单击“确定”，将模型调入工作界面中。

（4）单击“移动”工具栏中的“操作”工具图标“ ”将“lingjian1”任 意地移动一定位置，然后单击“约束”工具栏中的“修复部件”工具图标“ ”，选择“lingjian1”将零件 1 进行固定。

（5）用同样的方式将第 3 章中建立的零件 2“lingjian2”调入装配工作界面，单击“约束”工具栏中“相合约束”工具“ ”选择零件 2 中通孔的中间轴与零件 1 中通孔的中间轴进行相合定义，最后使用“偏移约束”工具按钮，选择如图 4.3.75 所示的两个平面，在弹出的“约束定义”对话框中修改“值”为 – 90 mm，单击“确定”键完成定义。

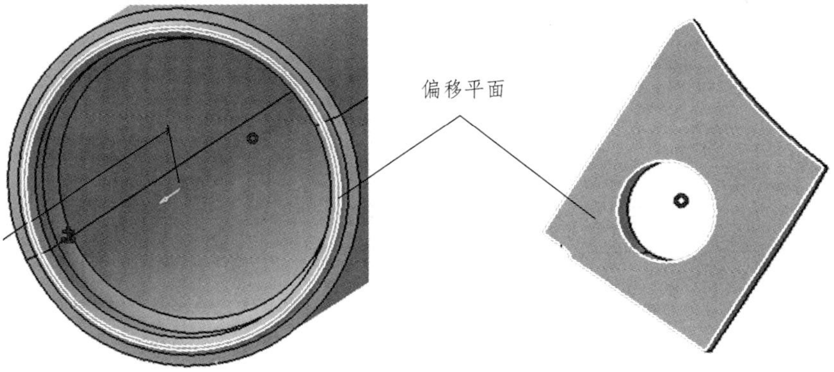

图 4.3.75　选择偏移定义平面

（6）点击 按钮，选择“lingjian1”的 yz 平面，再点击“lingjian2”，点击“确定”即可将“lingjian2”镜像。

（7）调入零件 4“lingjian4”，单击“约束”工具栏中“相合约束”工具“ ”，选择零件 4 的轴线与零件 1 的轴线进行相合定义，使用“偏移约束”工具按钮，选择如图 4.3.76 所示的平面以及零件 1 的 xy 平面，在弹出的“约束定义”对话框中修改“值”为 42.5 mm，单击“确定”键完成定义。效果图如图 4.3.77 所示。装配时该零件的角度可能有误，需要单击“ ”按钮来定义角度。

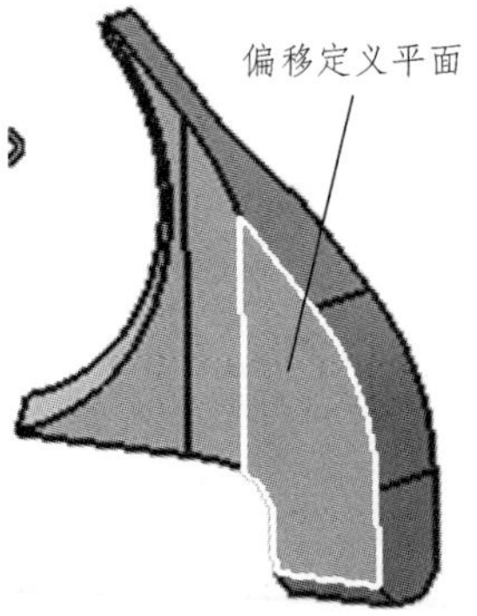

图 4.3.76　选择偏移定义平面

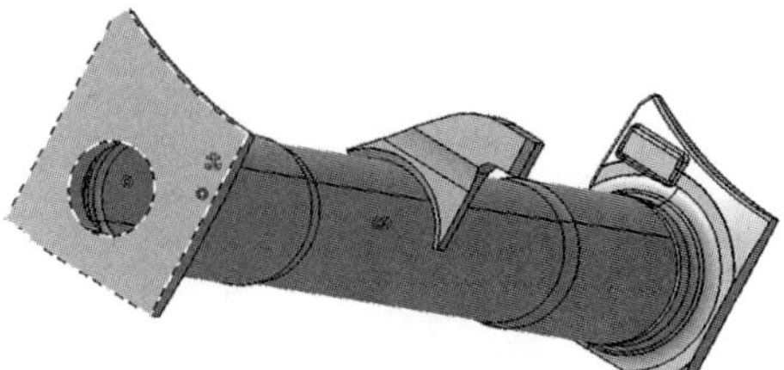

图 4.3.77　最终效果

（8）用相同的方式调入零件 5 进入工作界面，单击“约束”工具栏中“相合约束”工具“ ”选择零件 5 中通孔的中间轴与零件 1 中通孔的中间轴进行相合定义，最后使用“偏移约束”工具按钮，选择如图 4.3.78 所示的平面和零件 1 的 xy 平面，在弹出的“约束定义”对话框中修改“值”为 – 89 mm，单击“确定”键完成定义。单击按钮选择如图 4.3.79 的两个平面，设置角度为 0，完成角度的定义。

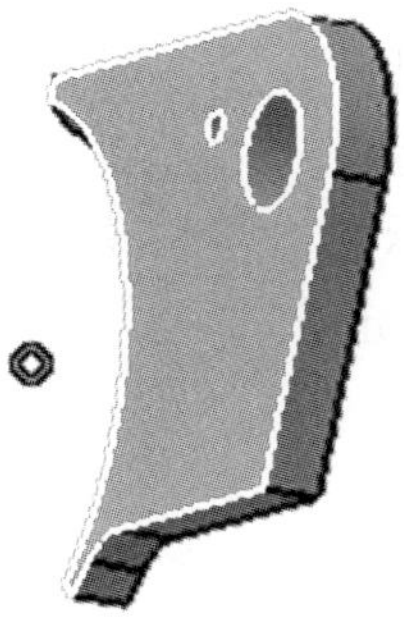

图 4.3.78　选择偏移定义平面

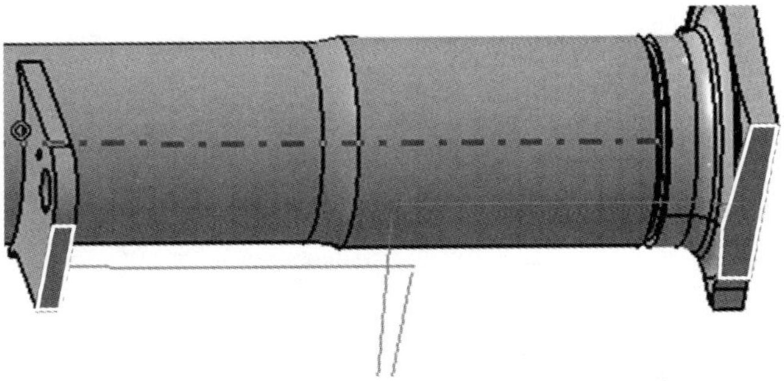

图 4.3.79　选择角度定义平面

（9）用相同方式调入零件 5 进入工作界面，同样的方式进行装配，只是用到“偏移约束”时选取之前零件 5 的左端面作为参考，刚导进的零件 5 的右端面距离它 270 mm，效果如图 4.3.80 所示。

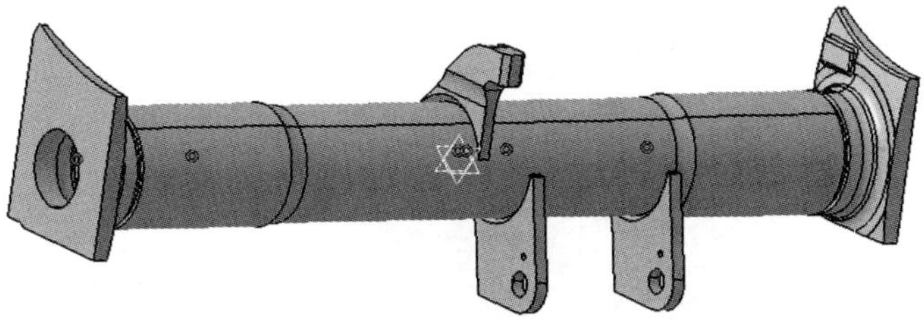

图 4.3.80　效果图

（10）用相同的方式调入零件 6 进入工作界面，单击“约束”工具栏中“相合约束”工具“”选择零件 6 中通孔的中间轴与零件 1 中通孔的中间轴进行相合定义，使用“偏移约束”工具按钮，选择零件 6 的 xy 平面以及零件 1 的 xy 平面，在弹出的“约束定义”对话框中修改“值”为 97.5 mm，最后单击按钮选择如图 4.3.81 的两个平面，角度设置为 180°，完成角度的定义。

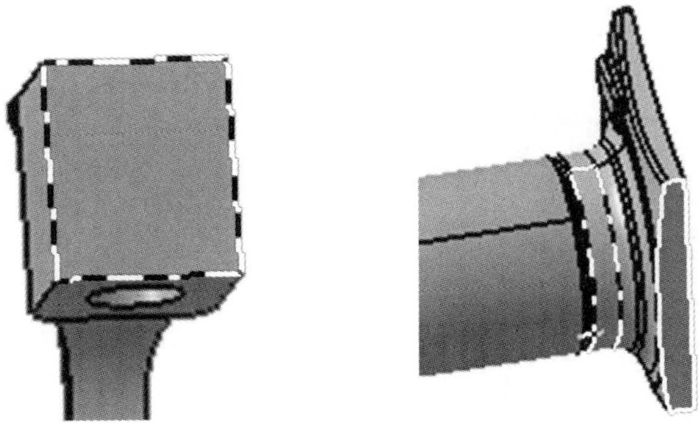

图 4.3.81　选择角度定义平面

（11）进入工作界面，装配方法与上述一致，只是使用“偏移约束”时该零件的 yz 平面距离上一个零件 6 的 xy 平面 175 mm，最终效果如图 4.3.82 所示。

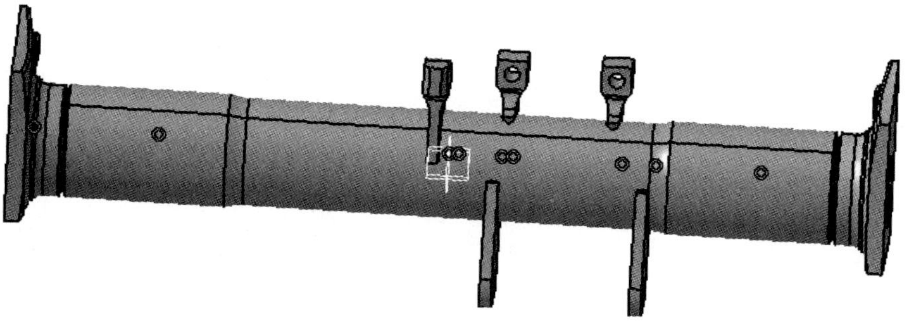

图 4.3.82　效果图

（12）用相同的方式调入零件 6 进入工作界面，装配方法与上述一致，只是使用“偏移约束”时该零件的 yz 平面距离上一个零件 6 的 xy 平面 175 mm，最终效果如图 4.3.82 所示。

（13）用同样的方式调入零件 7 进入工作界面，单击“约束”工具栏中“相合约束”工具“ ”选择如图 4.3.83 的两截面进行相合定义，再使用“偏移约束”工具按钮，选择如图 4.3.84 的两截面进行偏移定义，在弹出的“约束定义”对话框中修改“值”为 96 mm，最后使用“偏移约束”工具按钮，选择如图 4.3.85 的两截面进行偏移定义，在弹出的“约束定义”对话框中修改“值”为 35.2 mm。

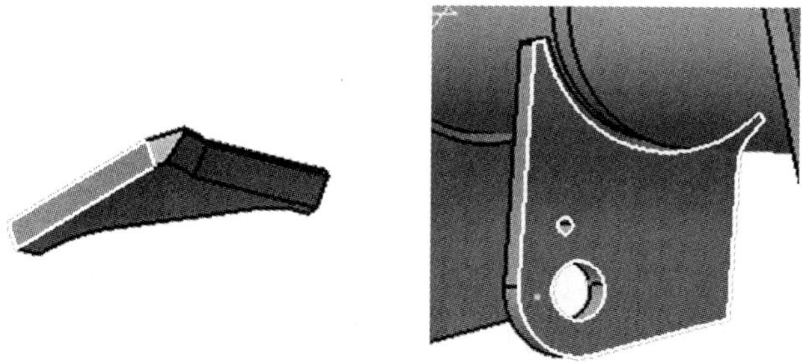

图 4.3.83　选择相合定义平面

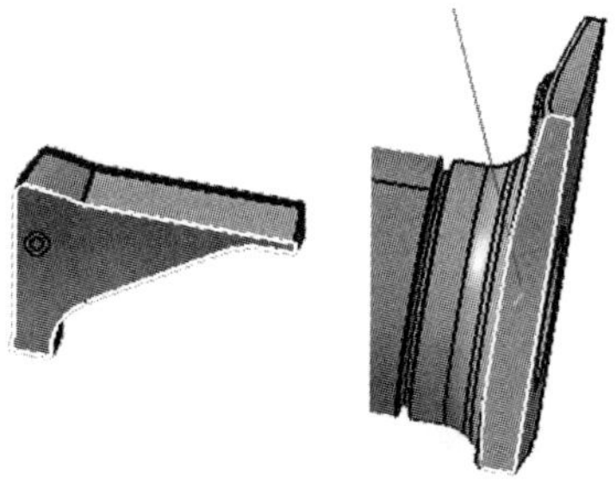

图 4.3.84　选择偏移定义平面

（14）用同样的方式调入零件 8 进入工作界面，装配方法与零件 7 一样，最终效果图如 4.3.86 所示。

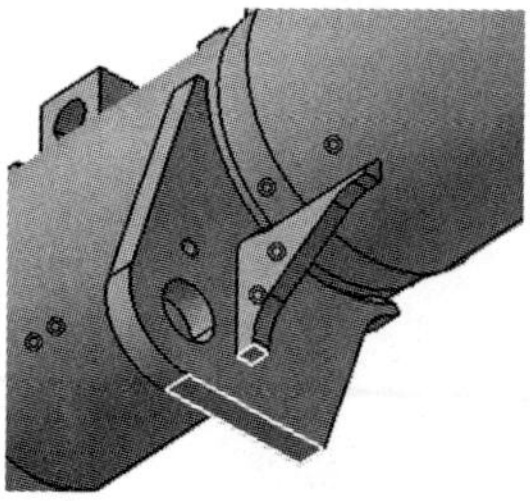

图 4.3.85　选择相合定义平面图

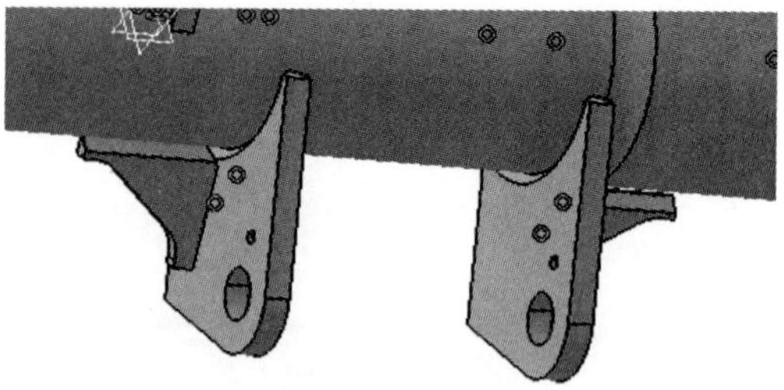

图 4.3.86　效果图

（15）用同样的方式调入零件 9 进入工作界面，单击“约束”工具栏中“偏移约束”工具

“”，选择零件 9 的 xy 平面和如图 4.3.87 的截面进行偏移定义，在弹出的“约束定义”对话框中修改“值”为 164 mm。再分别单击“约束”工具栏中“偏移约束”工具“”，选择如图 4.3.88 和 4.3.89 的两截面进行偏移定义，分别在弹出的“约束定义”对话框中修改“值”为 59 mm 和 219 mm。

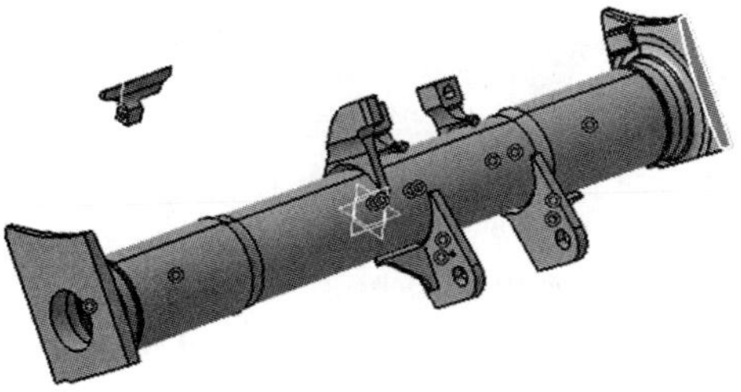

图 4.3.87　选择偏移定义平面

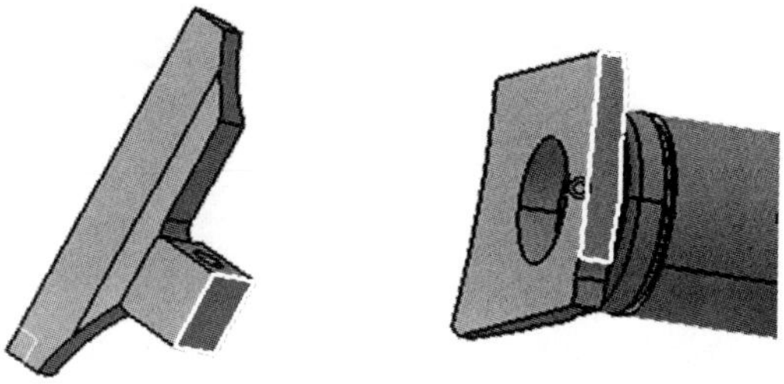

图 4.3.88　选择偏移定义平面

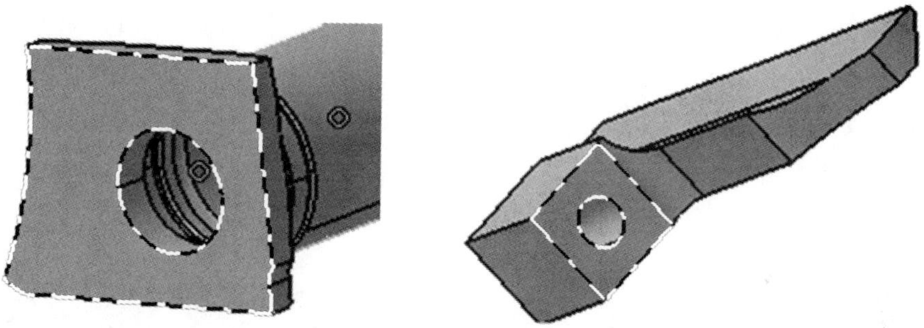

图 4.3.89　选择偏移定义平面

（16）用同样的方式调入零件 10 进入工作界面，该零件与零件 9 在 x 轴和 z 轴的定位一样，从 x 轴正方向上看，零件 9 的右端面距离零件 10 的左端面 138 mm。最终效果如图 4.3.90 所示。

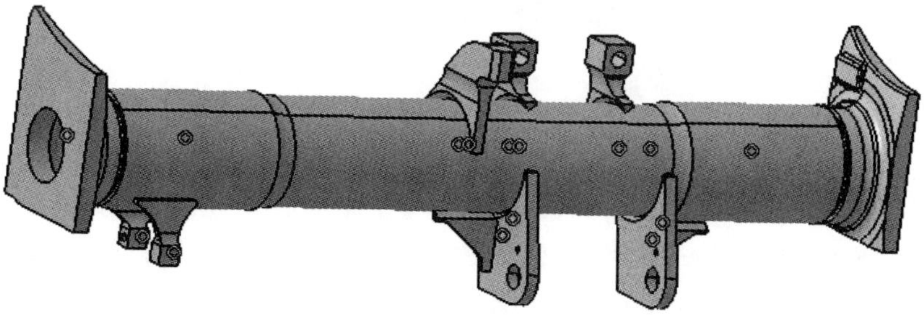

图 4.3.90　Part2 效果图

3. Part3 的装配过程

下面对如图 4.3.91 所示的零件单元体进行装配，其位置爆炸图如图 4.3.92 所示。

（1）启动软件并进入装配的界面，按照装配 part2 一样的步骤，先导入零件 1。

（2）单击“移动”工具栏中的“操作”工具图标“”将“lingjian1”任意地移动一定位置，然后单击“约束”工具栏中的“修复部件”工具图标“”，选择“lingjian1”将零件 1 进行固定。

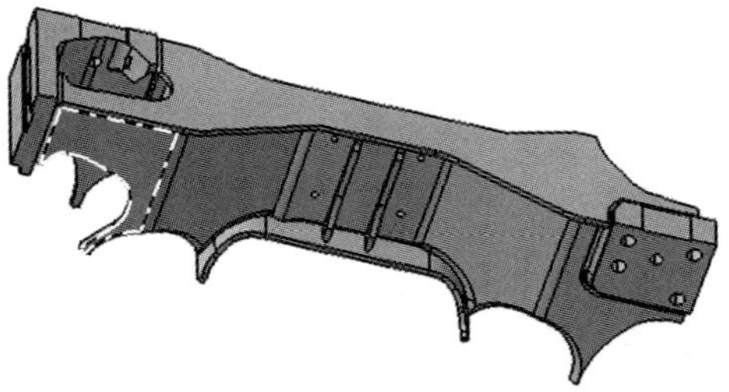

图 4.3.91　Part3 装配效果

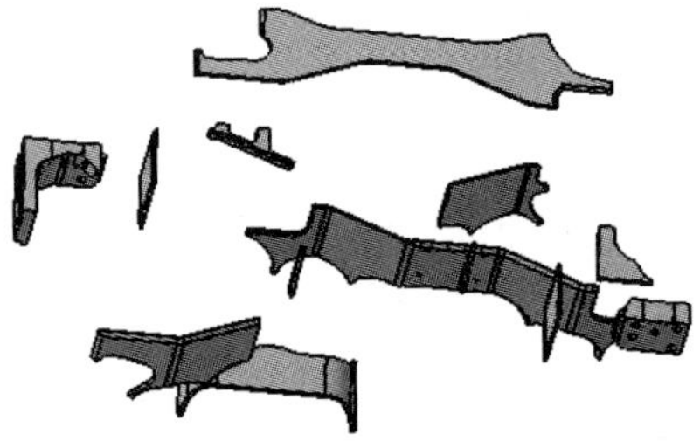

图 4.3.92　Part3 零件拆分效果

（3）用相同的方式将第 3 章中建立的零件 2 调入装配工作界面，单击“约束”工具栏中“偏移约束”工具“”选择如图 4.3.93 所示的两个平面，在弹出的“约束定义”对话框中修改“值”为 2 mm，单击“确定”键完成定义。再分别单击“约束”工具栏中“相合约束”工具“”选择图 4.3.94 和图 4.3.95 所示平面进行定义。

（4）用相同的方式将第 3 章中建立的零件 3 调入装配工作界面，装配方法和零件 2 完全一样，最终效果图如图 4.3.96 所示。

图 4.3.93　选择偏移定义平面

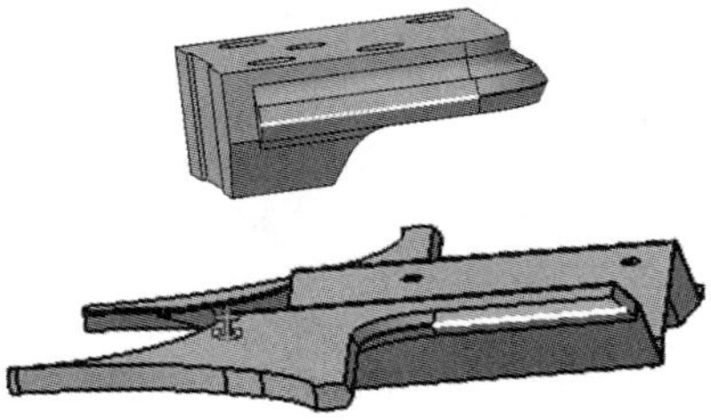

图 4.3.94　选择相合定义平面图

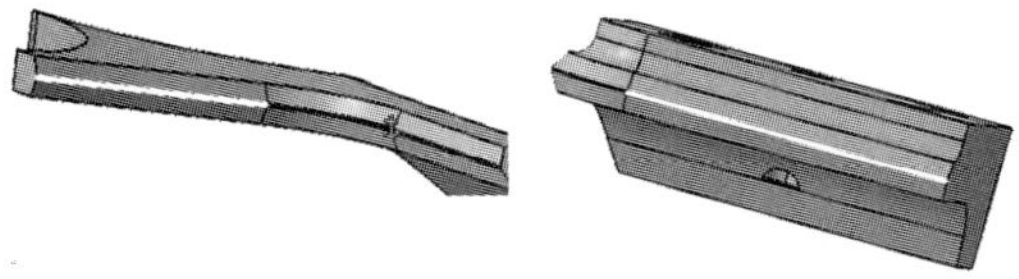

图 4.3.95　选择相合定义平面图

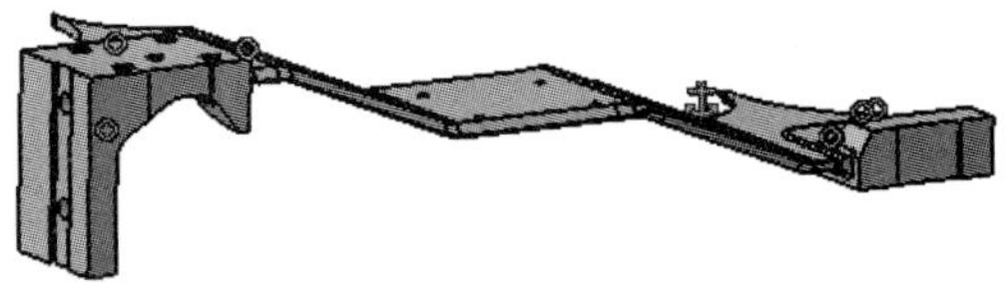

图 4.3.96　效果图

（5）用相同的方式将第 3 章中建立的零件 4 调入装配工作界面，单击“约束”工具栏中“偏移约束”工具“”选择如图 4.3.97 所示的两个平面，在弹出的“约束定义”对话框中修改“值”为 166 mm，单击“确定”键完成定义。再分别单击“约束”工具栏中“相合约束”工具“”选择图 4.3.98 和 4.3.99 所示的平面进行定义。

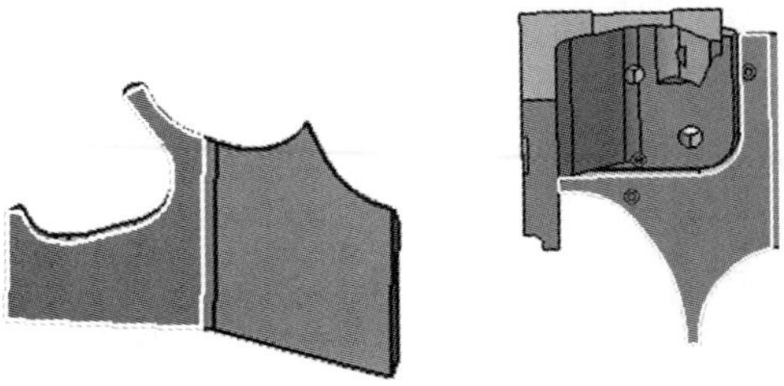

图 4.3.97　选择偏移定义平面

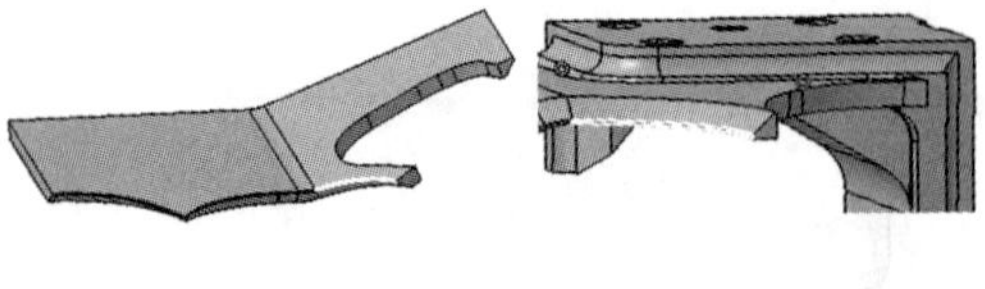

图 4.3.98　选择相合定义平面图

（6）用相同的方式将第 3 章中建立的零件 5 调入装配工作界面，装配方法与零件 4 一样，最终效果如图 4.3.100 所示。

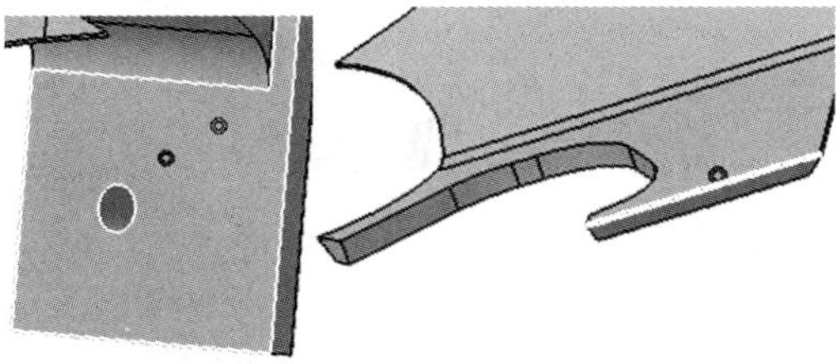

图 4.3.99　选择相合定义平面图

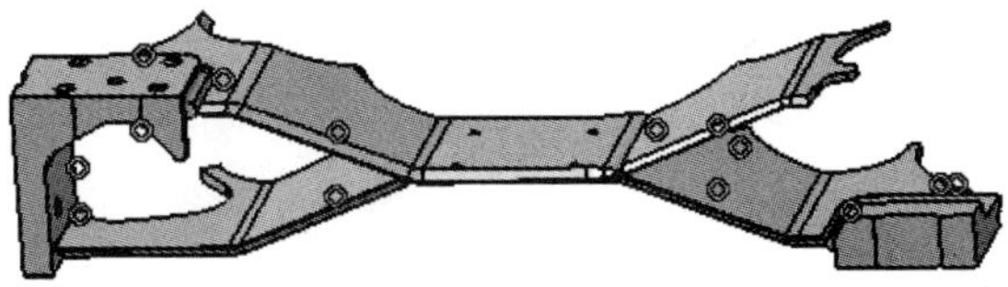

图 4.3.100　效果图

（7）用相同的方式将第 3 章中建立的零件 6 调入装配工作界面，单击“约束”工具栏中“偏移约束”工具“”选择如图 4.3.101 所示的两个平面，在弹出的“约束定义”对话框中修改“值”为 60 mm，单击“确定”键完成定义。再分别单击“约束”工具栏中“相合约束”工具“”选择图 4.3.98 所示的平面和零件 6 的 yz 平面和零件 1 的 yz 平面进行定义。

图 4.3.101　选择偏移定义平面

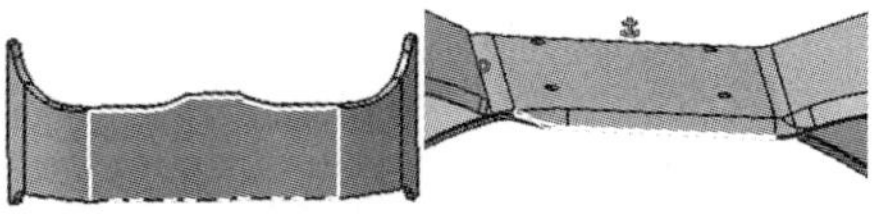

图 4.3.102　选择相合定义平面图

（8）用相同的方式将第 3 章中建立的零件 7 调入装配工作界面，单击“约束”工具栏中“偏移约束”工具“”选择如图 4.3.103 所示的两个平面，在弹出的“约束定义”对话框中修改“值”为 60 mm，单击“确定”键完成定义。另外两个约束和上述一致。

（9）用相同的方式将第 3 章中建立的零件 8 调入装配工作界面，单击“约束”工具栏中“偏移约束”工具“”，选择如图 4.3.104 所示的平面和零件 1 的 yz 平面，在弹出的“约束定义”对话框中修改“值”为 353 mm，单击“确定”键完成定义。再分别单击“约束”工具栏中“相合约束”工具“”选择图 4.3.105 和 4.3.106 所示的平面进行定义。

图 4.3.103　选择偏移定义平面

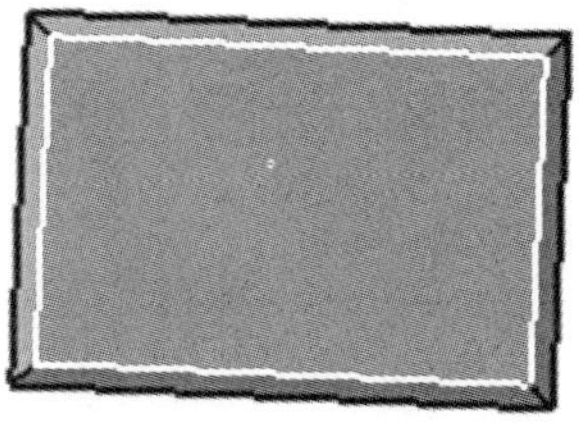

图 4.3.104　选择偏移定义平面

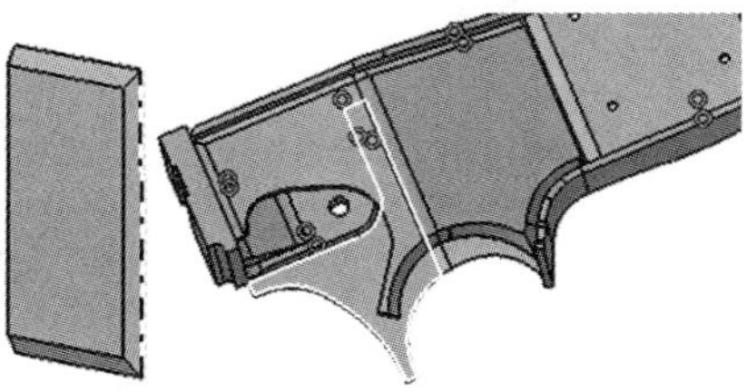

图 4.3.105　选择相合定义平面图

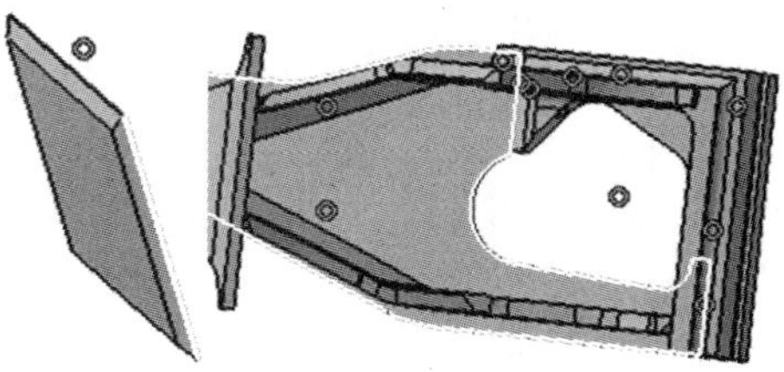

图 4.3.106　选择相合定义平面

（10）用相同的方式将第 3 章中建立的零件 9 调入装配工作界面，装配方法和上述零件 8 一样，使它们与零件 1 的 yz 平面对称就可以了。

（11）用相同的方式将第 3 章中建立的零件 10 调入装配工作界面，单击“约束”工具栏中“偏移约束”工具“”选择如图 4.3.107 所示的平面和零件 1 的 yz 平面，在弹出的“约束定义”对话框中修改“值”为 30 mm，单击“确定”键完成定义。再分别单击“约束”工具栏中“相合约束”工具“”选择图 4.3.108 和 4.3.109 所示的平面进行定义。

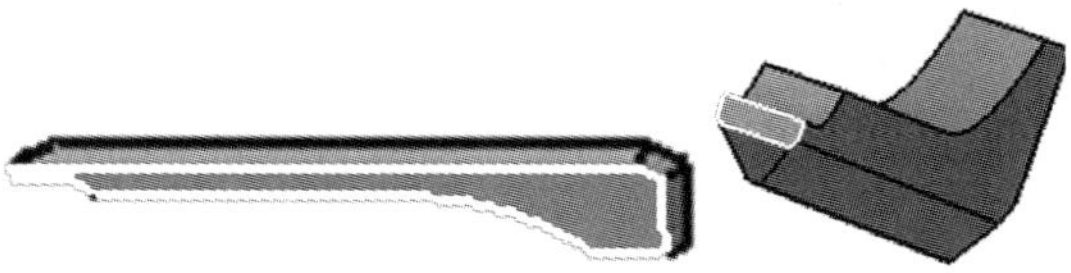

图 4.3.107　选择偏移定义平面

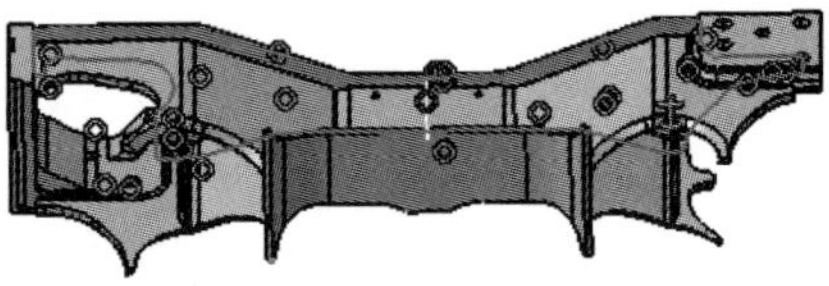

图 4.3.108　选择相合定义平面图

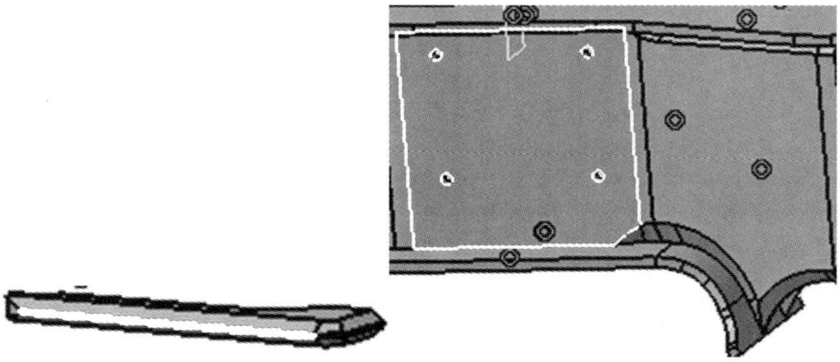

图 4.3.109　选择相合定义平面

（12）用相同的方式将第 3 章中建立的零件 11 调入装配工作界面，装配方法和上述零件 10 一样，使它们与零件 1 的 yz 平面对称就可以了。

（13）用相同的方式将第 3 章中建立的零件 12 调入装配工作界面，单击“约束”工具栏中“偏移约束”工具“”选择如图 4.3.110 所示的平面和零件 1 的 yz 平面，在弹出的“约束定义”对话框中修改“值”为 105 mm，单击“确定”键完成定义。再分别单击“约束”工具栏中“相合约束”工具“”选择图 4.3.111 和 4.3.112 所示的平面进行定义。

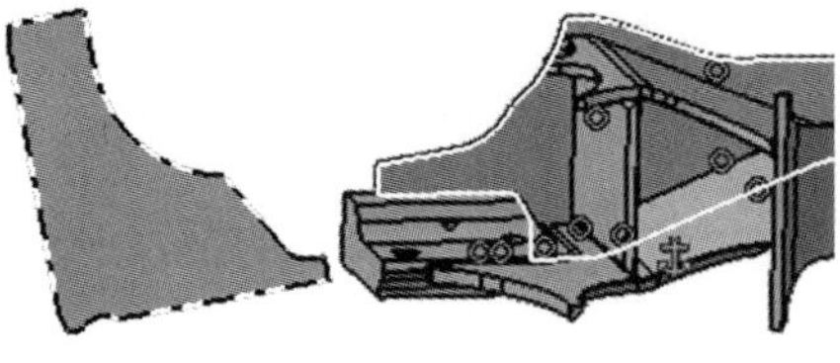

图 4.3.110　选择偏移定义平面

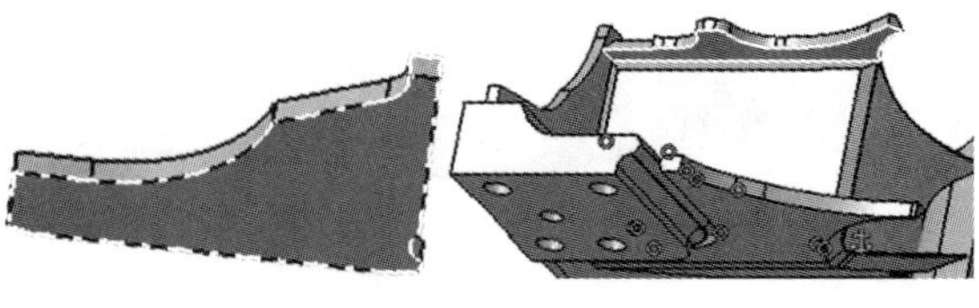

图 4.3.111　选择相合定义平面图

（14）用相同的方式将第 3 章中建立的零件 13 调入装配工作界面，单击“约束”工具栏中“偏移约束”工具“”选择如图 4.3.113 所示的平面和零件 1 的 yz 平面，在弹出的“约束定义”对话框中修改“值”为 50 mm，单击“确定”键完成定义。单击“约束”工具栏中“相合约束”工具“”选择图 4.3.114 所示的平面进行定义。单击“约束”工具栏中“偏移约束”工具“”选择如图 4.3.115 所示的两个平面，在弹出的“约束定义”对话框中修改“值”为 186 mm，单击“确定”键完成定义。

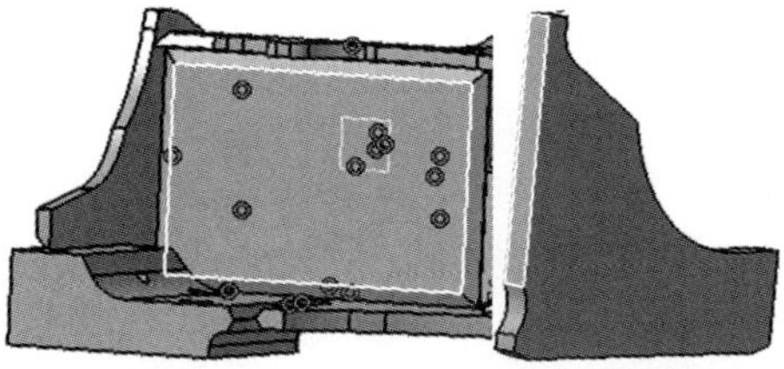

图 4.3.112 选择相合定义平面

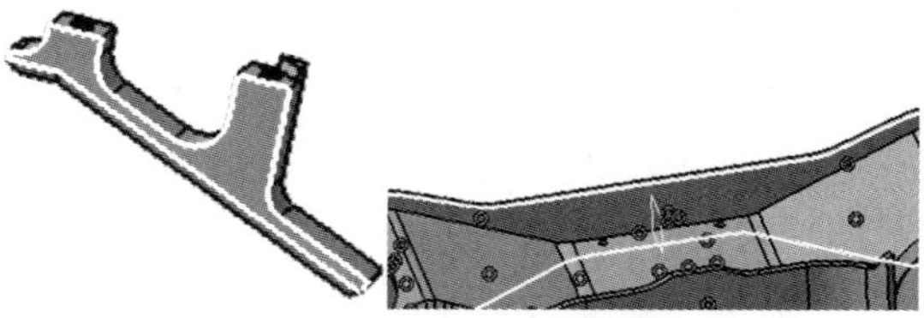

图 4.3.113 选择偏移定义平面

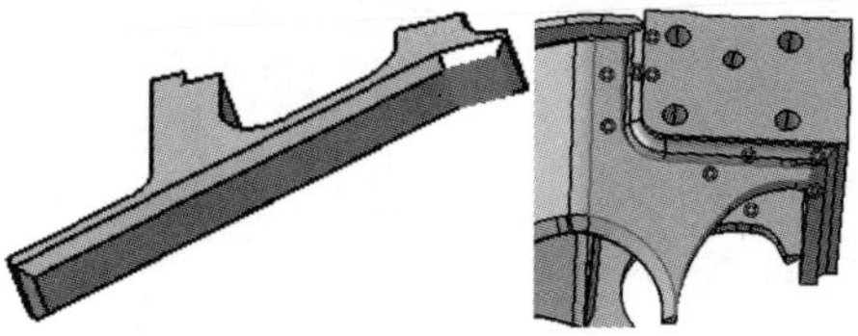

图 4.3.114 选择相合定义平面

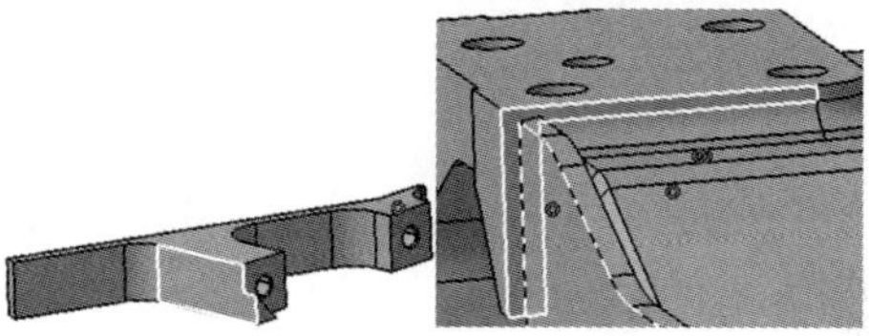

图 4.3.115 选择偏移定义平面

4. Part 4 的装配过程

下面对如图 4.3.116 所示的零件单元体进行装配。

图 4.3.116 装配效果图

（1）启动软件并进入装配界面，按照装配 part2 一样的步骤，先导入零件 1。

（2）单击“移动”工具栏中的“操作”工具图标“”，将“lingjian1”任意地移动一定位置，然后单击“约束”工具栏中的“修复部件”工具图标“”，选择“lingjian1”，将零件 1 进行固定。

（3）用相同的方式将第 3 章中建立的零件 2 调入装配工作界面，单击“约束”工具栏中“相合约束”工具“”选择图 4.3.117 所示的平面进行定义。分别单击“约束”工具栏中“偏移约束”工具“”选择如图 4.3.118 和图 4.3.119 所示的平面，在弹出的“约束定义”对话框中修改“值”分别为 97 mm 和 15 mm，单击“确定”键完成定义。

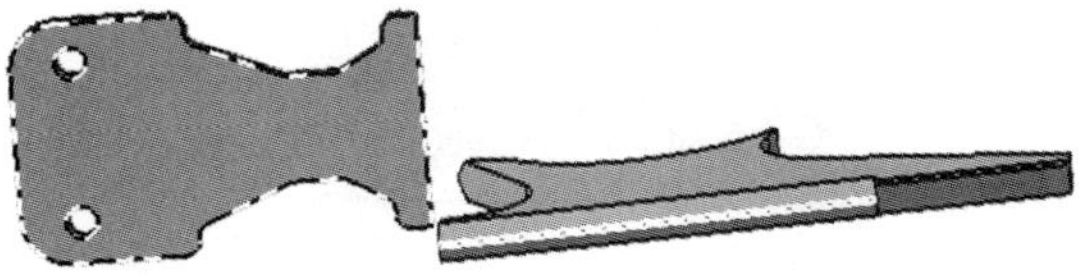

图 4.3.117 选择相合定义平面

图 4.3.118 选择偏移定义平面

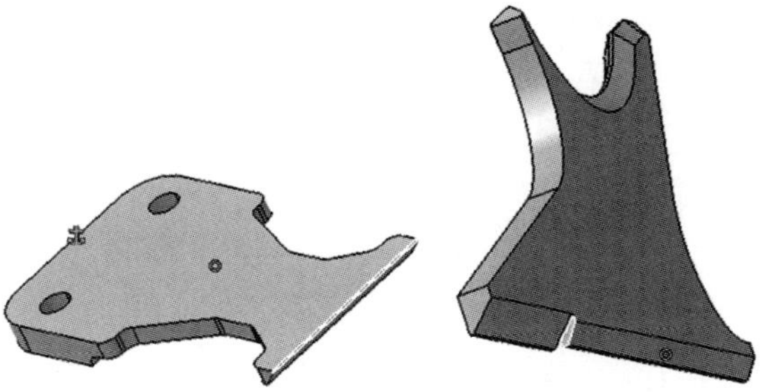

图 4.3.119 选择偏移定义平面

5. 总体装配

（1）前面的步骤基本一样，不再赘述。先导入 Part2，移动位置固定，然后再导入 Part3。

（2）分别单击“约束”工具栏中“偏移约束”工具“ ”，选择如图 4.3120 ~ 4.3.122 所示的平面，在弹出的“约束定义”对话框中修改“值”分别为 607 mm、560 mm 和 160 mm，单击“确定”键完成定义。

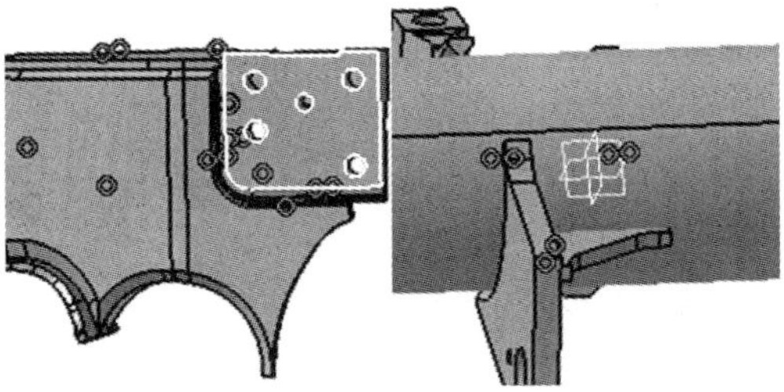

图 4.3.120　选择偏移定义平面

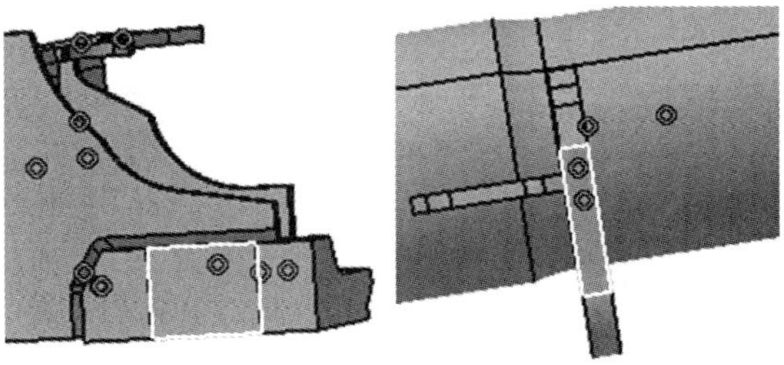

图 4.3.121　选择偏移定义平面图

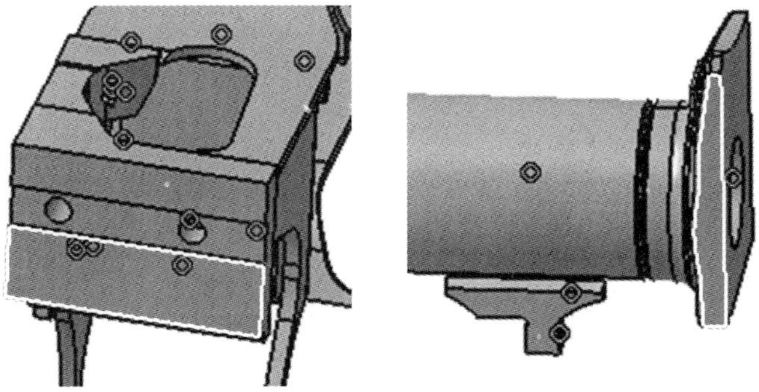

图 4.3.122　选择偏移定义平面

（3）单击 Part2，再单击“ ”按钮，系统弹出如图 4.3.123 所示的对话框，选择如图 4.3.124 所示的平面，最后单击“确定”即可。

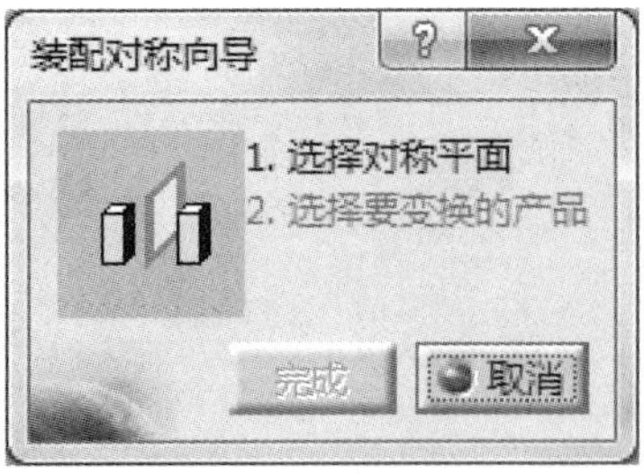

图 4.3.123　对称对话框

图 4.3.124　对称平面选择

（4）导入 Part3，单击“约束”工具栏中“相合约束”工具“ ”选择图 4.3.125 所示的平面进行定义。分别单击“约束”工具栏中“偏移约束”工具“ ”选择如图 4.3.126 和图 4.3.127 所示的平面，在弹出的“约束定义”对话框中修改“值”分别为 1 025 mm 和 607 mm，单击“确定”键完成定义。

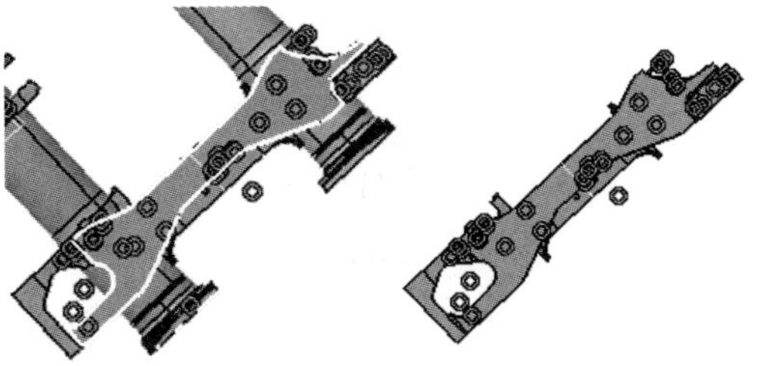

图 4.3.125　选择相合定义平面

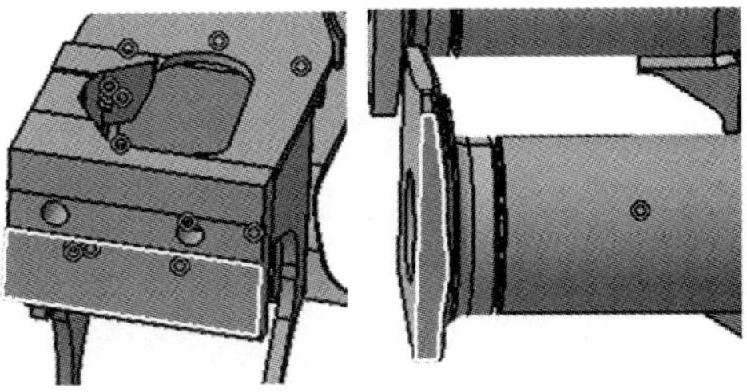

图 4.3.126　选择偏移定义平面

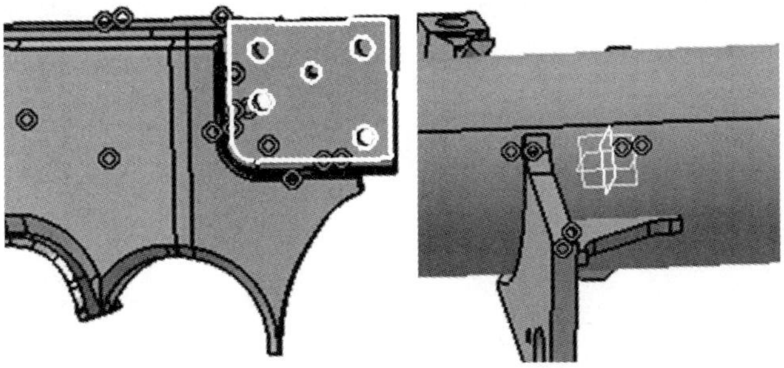

图 4.3.127　选择偏移定义平面

（5）导入 Part4，单击“约束”工具栏中“相合约束”工具“ ”选择图 4.3.128 所示的轴线进行定义。单击“约束”工具栏中“偏移约束”工具“ ”选择如图 4.3.129 所示的平面，在弹出的“约束定义”对话框中修改“值”为 175 mm，单击“确定”键完成定义。

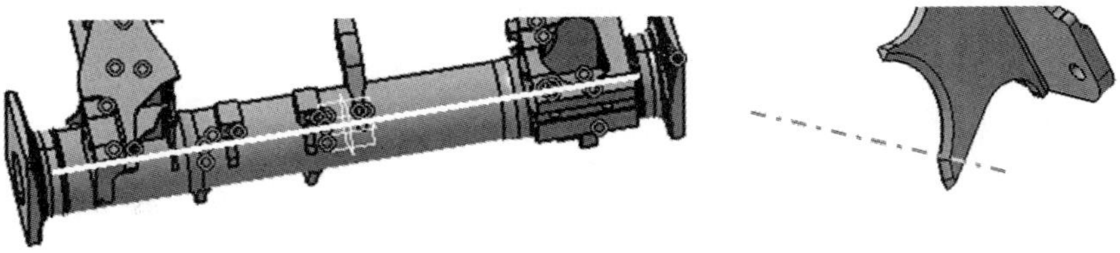

图 4.3.128　选择相合定义轴线

（6）再次导入 Part4，装配方法和上述一致，效果如图 4.3.130 所示。

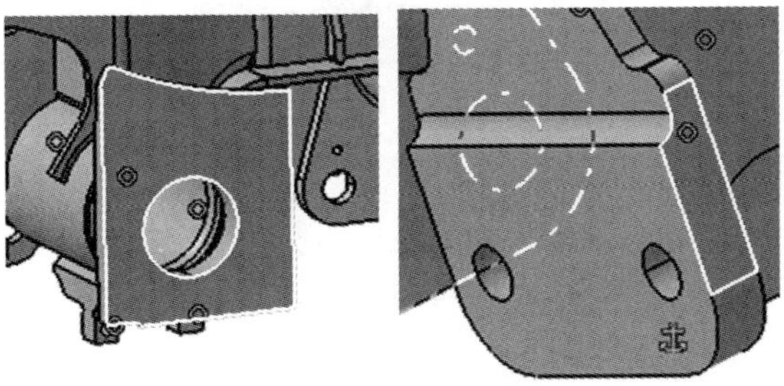

图 4.3.129　选择偏移定义平面

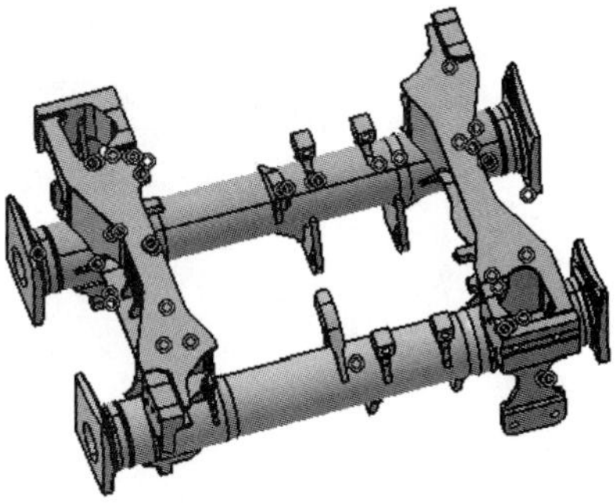

图 4.3.130　效果图

（7）导入前面组装的装配体 Part1，然后使用接触约束工具，选择如图 4.3.131 所示的两个平面进行约束。

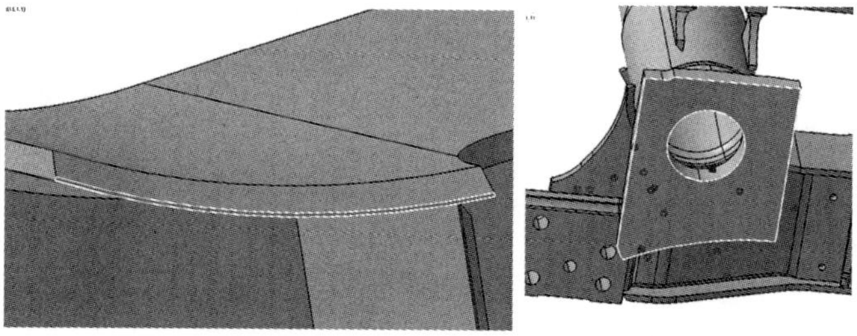

图 4.3.131　选择接触约束定义平面图

（8）使用偏移约束工具，选择如图 4.3.132 所示的两个平面，在弹出的“约束定义”对话框中，修改“值”为“0”，然后单击“确定”键完成约束定义。

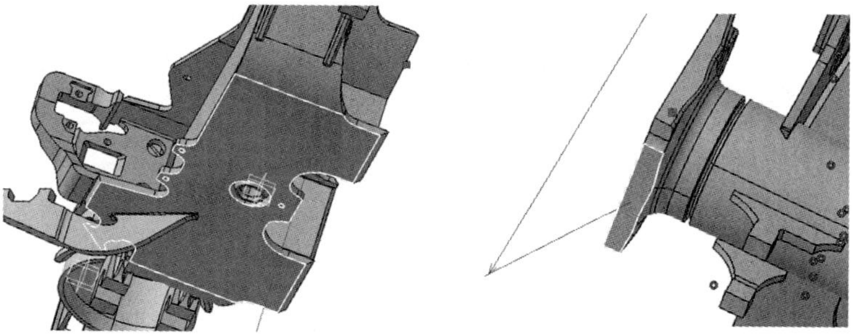

图 4.3.132　选择偏移约束定义平面

（9）使用“相合约束”工具，选择 part1 中的装配体的 yz 平面与总装体的 yz 平面进行相合约束，最后单击“全部更新”按钮，完成 part1 的总体装配约束。

（10）选择已经装配好的 part1 装配体，使用“装配特征”工具栏中的“对称”工具，再单击选择总装体的“xz 平面”，在弹出的对话框中，单击“确定”键完成总体的装配，最后装配效果如图 4.3.133 所示。

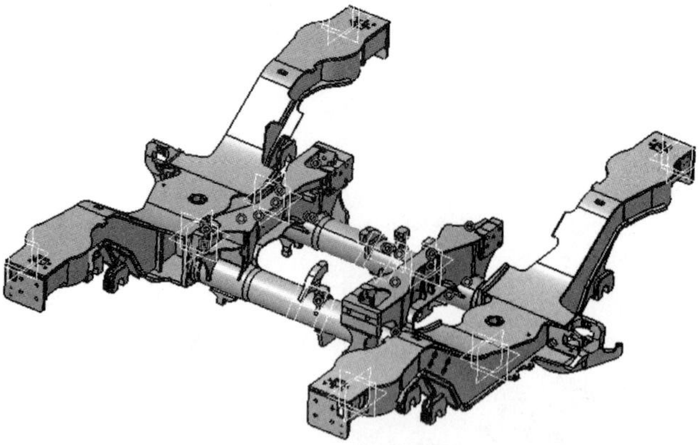

图 4.3.133　构架的最终装配效果图

总结：在建模的装配过程中，一般都是先对部分零件进行装配，组建成局部装配单元后再进行总体装配，这样操作对总体装配会提供非常大的便利，也便于读者对相关结构的划分和理解。在进行约束的过程中，读者应注意戒骄戒躁，耐心地去完成每一个细节的装配过程，以达到工程所需要求。

4.4　转向架虚拟装配模型

第 4.3 节介绍了转向架结构的局部单元的虚拟装配过程，本节将把 第 4.3 节建立的局部单元体整体组装起来，完成转向架总体的装配工作。下面将介绍转向架的总体装配过程。

（1）打开 CATIA 软件，单击“新建”图标“”，在弹出的“新建”对话框中，选择“Product”，然后按“确定”键，并修改命名为“zhuanxiangjia”，按“确定”键进入装配界面。

（2）单击“产品工具”工具栏中“现有部件”图标“”，然后再单击屏幕左上角模型树中“产品 1”图标“”，然后在弹出的对话框中，选择在第 3 章建立的转向架构架模型，然后单击“打开”按钮，将零件模型调入工作界面。

（3）单击“移动”工具栏中的“操作”工具图标“”将构架模型任意地移动一定位置，然后单击“约束”工具栏中的“修复部件”工具图标“”，选择构架将其进行固定。

（4）用与步骤（2）相同的方式，将第 4.3 节中装配好的空气弹簧模型调入工作界面。

（5）单击“约束”工具栏中“接触约束”工具按钮“”，选择如图 4.4.1 所示的两个平面进行约束。

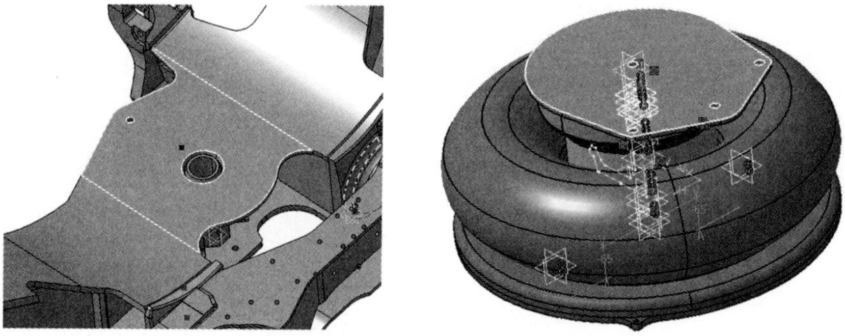

图 4.4.1　定义接触约束平面

（6）单击“约束”工具栏中“相合约束”工具按钮“”，选择空气弹簧的整体中间轴与转向架座孔轴（见图 4.4.2），将其进行配对。

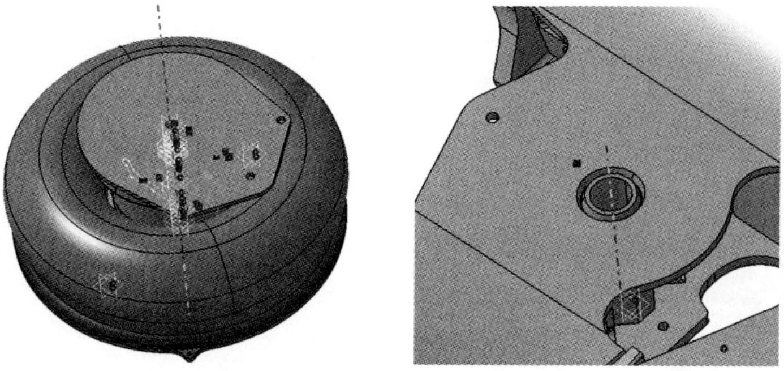

图 4.4.2　定义相合约束中间轴

（7）同样使用“相合约束”工具，选择如图 4.4.3 所示的轴，对其进行配对，最后单击“全部更新”按钮“”，完成空气弹簧的装配过程。

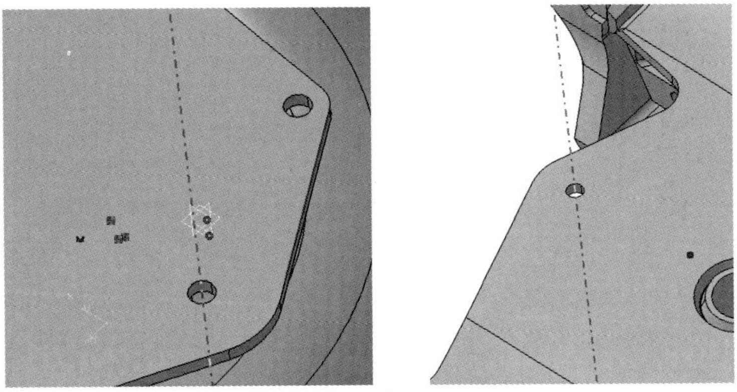

图 4.4.3　定义相合约束轴

（8）再次使用同样的方法，将另外一侧的空气弹簧进行装配。

（9）接下来调入第 4.3 节中装配好的枕梁模型，单击“接触约束”工具命令按钮“”，选择如图 4.4.4 所示的两个平面进行约束定义。

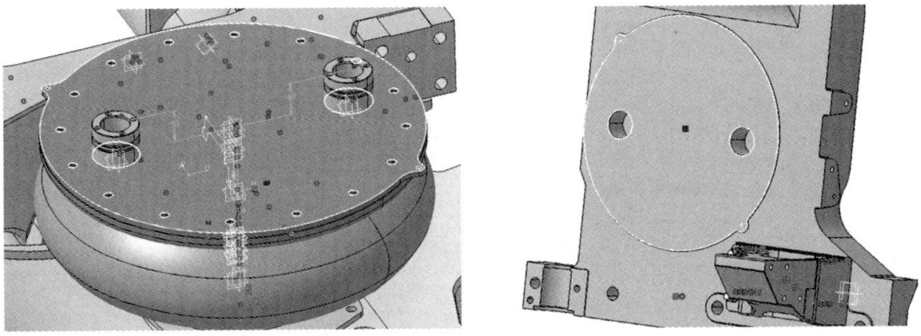

图 4.4.4　定义接触约束平面

（10）然后使用“相合约束”工具，选择如图 4.4.5 所示的两根轴进行配对约束。同样的，对另外的一边轴孔位置进行定位，最后单击“全部更新”按钮“”完成枕梁的装配工作，最终的装配效果如图 4.4.6 所示。

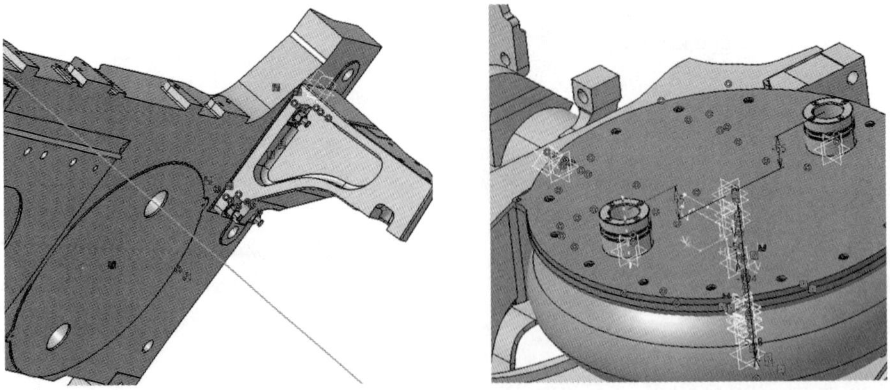

图 4.4.5　定义相合约束轴

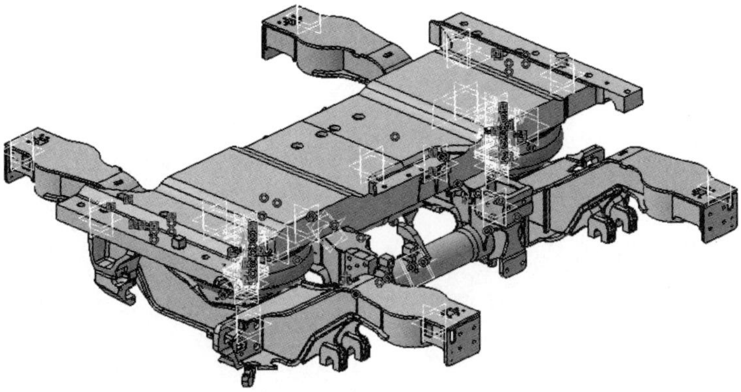

图 4.4.6　装配枕梁后模型效果

（11）调入第 4.3 节中装配好的弹簧减振器模型，进入装配工作界面。使用将弹簧减振器，使用“接触约束”工具和“相合约束”工具，将弹簧减振器安装在转向架构架上，如图 4.4.7 所示。

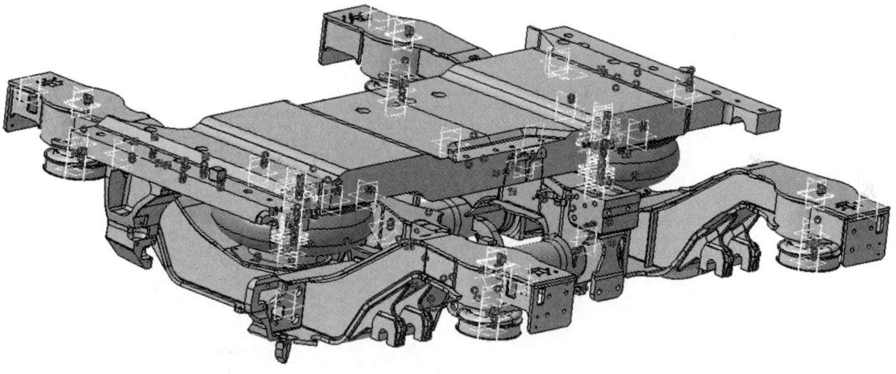

图 4.4.7　弹簧减振器装配后模型效果

（12）将动车轮对的装配模型调入装配界面，对动车轮对进行装配。首先使用“相合约束”工具，单击“约束”工具栏中的“相合约束”图标“”，依次选择如图 4.4.8 所示的轴，完成轴的配对。

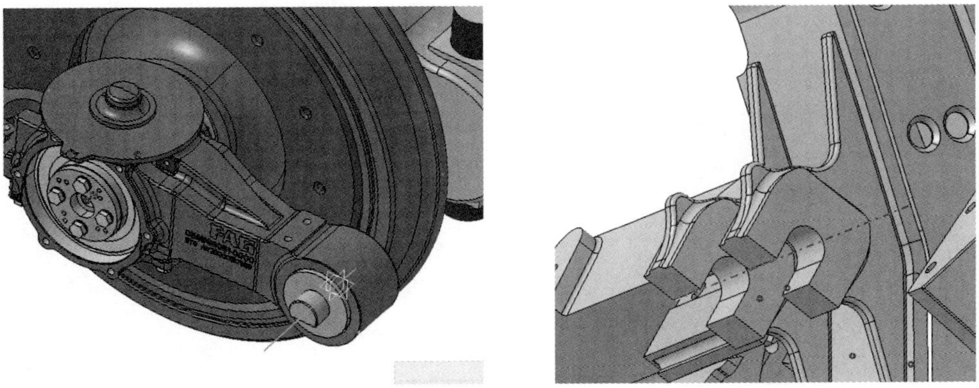

图 4.4.8　相合约束配对轴

（13）单击“偏移约束”工具按钮“ ”，选择如图 4.4.9 所示的两个平面，在弹出的“定义约束”对话框中，修改“值”为 0，按“确定”键完成定义。

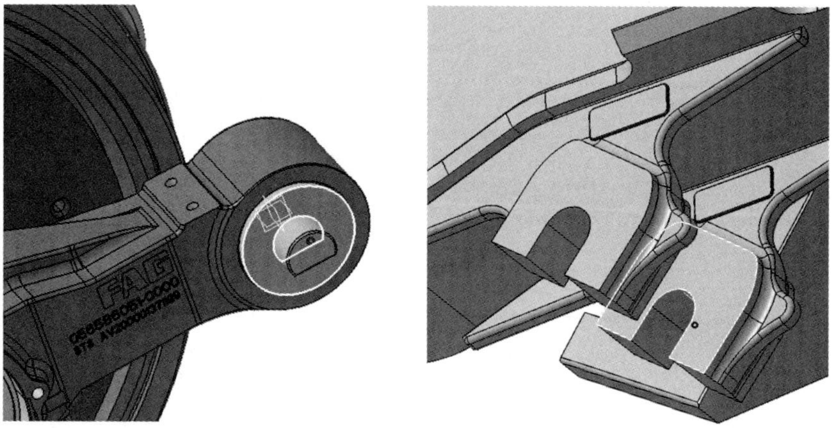

图 4.4.9　偏移约束平面

（14）使用“角度”工具，选择轮对的 xy 平面与构架的 xy 平面，在弹出的“定义约束”对话框中修改角度为“180”，并按“确定”键完成约束，最后单击“全部更新”按钮，完成轮对的装配。

（15）用相同的方式对转向架的另外一个轮对进行装配，效果如图 4.4.10 所示。

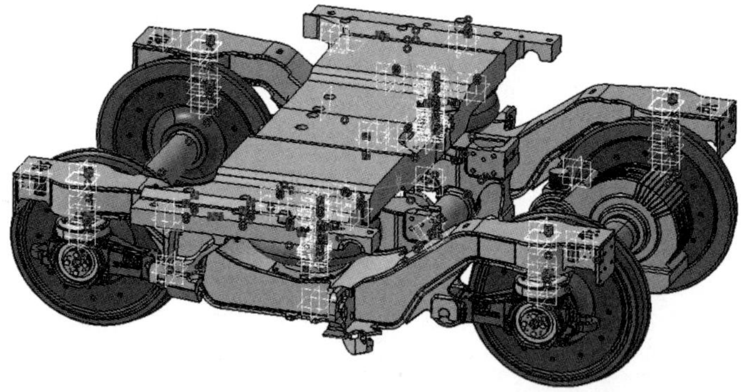

图 4.4.10　轮对装配后转向架效果

（16）导入第 3.9 节中建立的轴端盖模型进入装配界面，并使用“相合约束”“接触约束”工具命令，将其安装到两根轴的两端，总共为 4 个轴端盖，如图 4.4.11 所示。

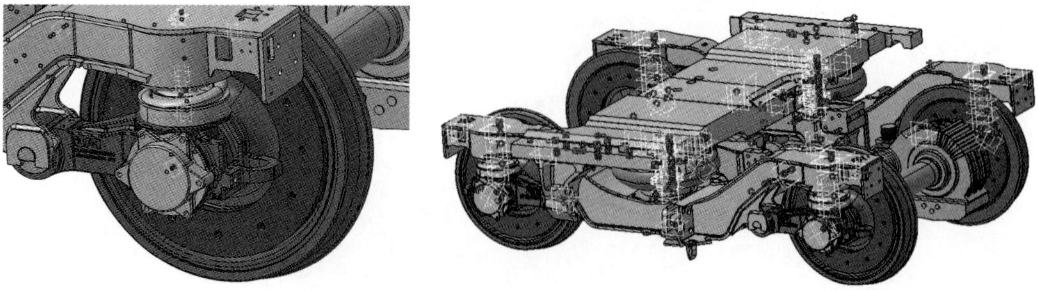

图 4.4.11　装配轴端盖效果

（17）同样的，导入第 3.9 节中建立的油压减振器模型进入装配界面，按照如图 4.4.12 所示的位置关系，将其装配到转向架的对应 4 个位置上。

（18）将第 3 章中建立的驱动电机模型导入装配工作界面，使用“相合约束”工具，选择如图 4.4.13 所示的两根中心轴，进行约束配对。

图 4.4.12　油压减振器的安装位置

图 4.4.13　对电机的对应轴进行约束配对

（19）使用“接触约束”工具，选择电机与减速箱对应的面进行配对约束。

（20）使用“角度约束”工具，选择电机的“xy 平面”与构架的“xy 平面”在弹出的对话框中，修改“角度”为“180”，然后单击“确定”键，完成电机的装配，其效果如图 4.4.14 所示。

（21）最后继续导入电机的模型，然后按之前电机装配的方法在转向架对应的位置将电机进行装配，最终得到如图 4.4.15 所示的转向架总体装配模型。

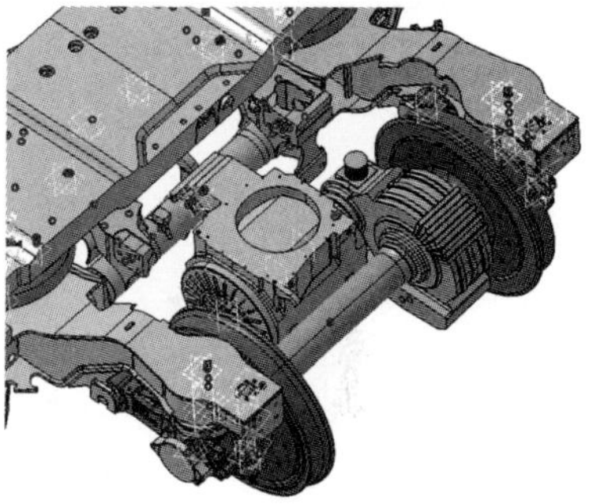

图 4.4.14　驱动电机的装配效果

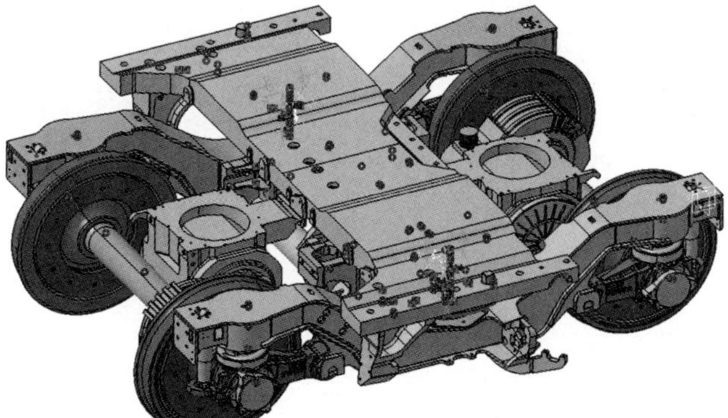

图 4.4.15　转向架虚拟装配总装效果

总结：转向架总体的装配只要理清各个构件的位置关系，在已经装配好相关小部件后，再进行总体装配会更加方便，装配起来条理更加清晰。由于知识产权以及商业机密的问题，这里只介绍了转向架一些主要的部件的装配位置关系，提供给读者一些参考技巧以及传授一些基础的转向架结构知识，但相对于真正的转向架总体还相差甚远。

4.5 转向架虚拟装配碰撞检测干涉检查

多年来，装夹设计主要依赖经验，定性分析较多，定量分析较少，且计算复杂，同时缺乏必要的优化设计，设计的图样不够直观。在装夹过程中，工人要认真研读图样，分析设计过程前期的潜在问题，在总装时汇总，往往达不到预期的效果，甚至造成返工。设计过程中的装配干涉问题，无法在设计中提前发现，造成工人的劳动强度增大，已经很难适应当今快速、多样化的制造需求。这一特点为计算机辅助装配系统的研制与开发，提出了亟待解决的问题。现在，大量三维实体造型软件崛起，如 CATIA V5、NX、SolidWorks、Solid Edge 等，推动了设计领域的新革命，由于这些三维软件，不仅可创建三维实体模型，还可利用设计出的三维模型进行模拟装配和静态干涉检查、机构分析、动态干涉检查、动力学分析、强度分析等，通过运动干涉检验和校核最小间隙还可以进行机构运动分析。

CATIA V6 软件中的干涉分析模块提供了各种对干涉结果进行分析的工具，并提供了用于浏览干涉结果的 Preview 窗口或 Interference Results 窗口，还能够将结果文件保存为 text、XML 和 HTML 格式输出。

本节主要通过对转向架总体装配的碰撞检测的实例来介绍使用 CATIA 进行碰撞和干涉检查的基本操作过程。

（1）打开 CATIA 软件，然后打开第 4.4 节中装配好的转向架总装模型。

（2）找到“空间分析”工具栏图标“
”，其中“”图标“碰撞”就是进行碰撞检测和干涉检查使用的工具命令图标。

（3）单击“碰撞”工具命令图标“”，弹出如图 4.5.1 所示的对话框。

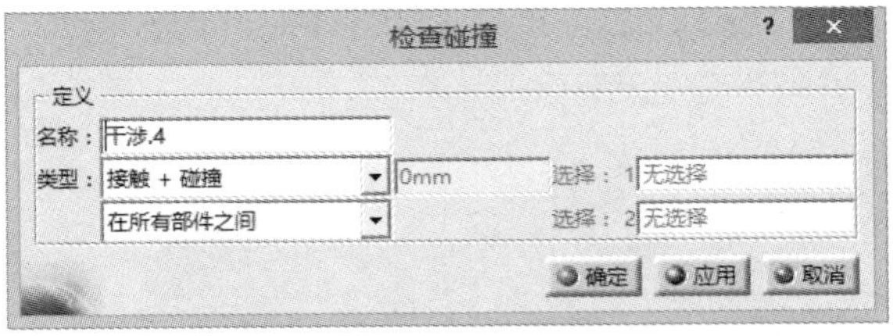

图 4.5.1 “检查碰撞”对话框

类型选项包括两种类型：

① 干涉类型。

接触 + 碰撞：检查两个产品是否发生干涉和接触。

间隙 + 接触 + 碰撞：除检查两个产品是否发生干涉和接触外，检查两个产品间是否有小于规定的间隙。其后面的数值就是规定的间隙值。

已授权的贯通：此干涉类型允许产生用户给定的渗透深度，而不产生干涉。类型后面的数值区域被激活，可以在其中输入允许的渗透深度值。这种类型主要用于电缆、连接和柔性体之间的干涉分析。

碰撞规则：允许使用 Knowledgeware capabilities 编写干涉规则。

② 计算类型。

在所有部件之间：系统默认选项，测试整个文件中，每个产品相对其他产品的干涉情况。

一个选择之内：在所选产品中，测试每个产品相对其他所选产品的干涉情况。

选择之外的全部：测试所选每个产品相对整个文件中其他产品的干涉情况。

两个选择之间：测试 Selection 1 中每个产品相对 Selection 2 中每个产品的干涉情况。

（4）选择类型为“接触 + 碰撞”，计算方式为“在所有部件之间”，然后单击“应用”按钮，进入如图 4.5.2 所示的“检查碰撞”对话框。

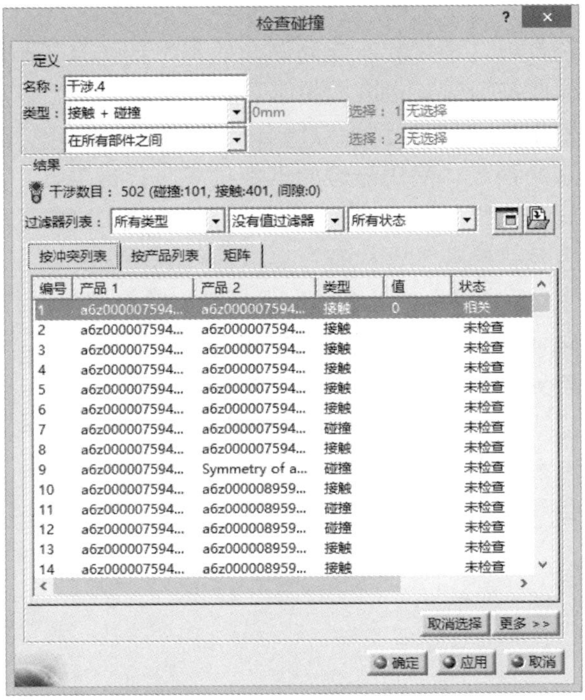

图 4.5.2　“检查碰撞”对话框

（5）单击点选同编号的产品，则相对应于“预览窗口”会显示出当前选择产品的干涉情况、干涉位置，同时，干涉情况也会出现在工作视图中，如图 4.5.3 和图 4.5.4 所示。其中间隙是以绿色标记，接触是以黄色标记，碰撞是以红色标记。

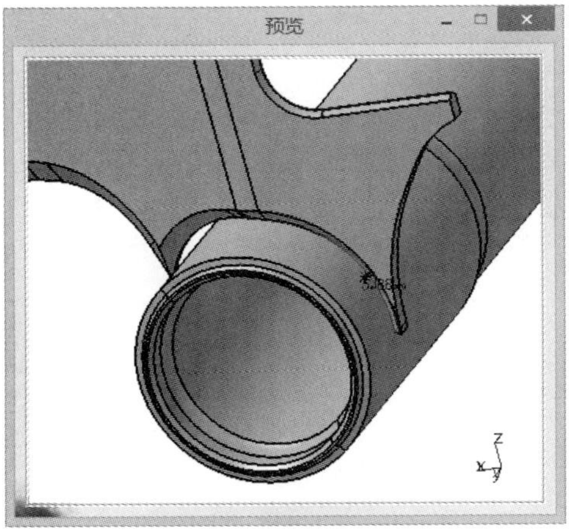

图 4.5.3　干涉预览窗口

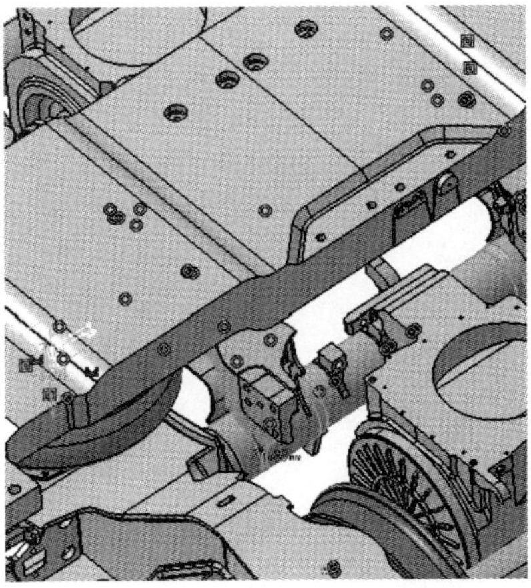

图 4.5.4　干涉情况同样会出现在工作视图中显示

（6）检查出干涉情况后，就需要人为去检查干涉情况。在工程运用当中，部分干涉是出于工程设计当中故意设计的，而有的干涉情况则是在设计当中，设计的结构出现了问题，这时就需要对设计好的零部件结构进行修改，不断检查和修正，最后达到最完美的设计结构。

总结：在以往的二维图设计过程中，产品与夹具零件之间、夹具零件之间、夹具与焊钳之间、夹具部件内部的及部件之间的运动关系、操作空间等难以判定，在完成装配件的设计后，需要对装配件中包含的各个组件的信息进行整理。如果装配件包含的组件的尺寸存在误差，在组件图中无法直接发现这种尺寸匹配问题，经常出现夹具在制造完成之后发现干涉或者操作空间不够而造成修改甚至造成报废的情况。

针对这种状况，应使用 CATIA 提供的空间分析模块——Space Analysis 对各个零件之间进行干涉检查和空间关系的判定，使用先进的干涉检查与分析工具、高级的断面分析工具、测量工具、距离分析工具和三维几何对比工具等进行最佳的 DMU 校验。SPA 以交互式或批处理方式进行碰撞、间隙及接触等干涉检查计算，并得到更为复杂和详尽的分析结果。距离分析和 3D 几何模型对比工具能够分析比较 3D 几何模型并将结果进行可视化显示，运用剖面观察器，设计人员可以对计算结果进行剖视，并在剖面上进行测量，以便更进一步地了解并评估被比较对象之间的差异。

干涉与检查模块的应用，使设计人员可以通过最优化的观察，大部分的设计错误都能被发现或避免，使得零件关系的空间关系的判定变得简单容易，从根本上避免了干涉问题的出现，大幅提高了设计质量和效率。

5 CATIA 运动仿真教学

5.1 CATIA DMU 工作台简介

5.1.1 CATIA DMU 工作台

DMU 全称“Digital Mock Up”，意思是“电子样机”，DMU 就是使用计算机对产品进行真实化模拟，提供工程设计、生产制造、产品拆卸、安装与维护的虚拟环境，是一种信息传递、决策制定的公共平台。CATIA V6 的 DMU 所有功能及命令集成在专门的工作台中。启动软件，选择下拉菜单“开始”→“数字化装配”，就可以选择相应的工作台，如图 5.1.1 所示。

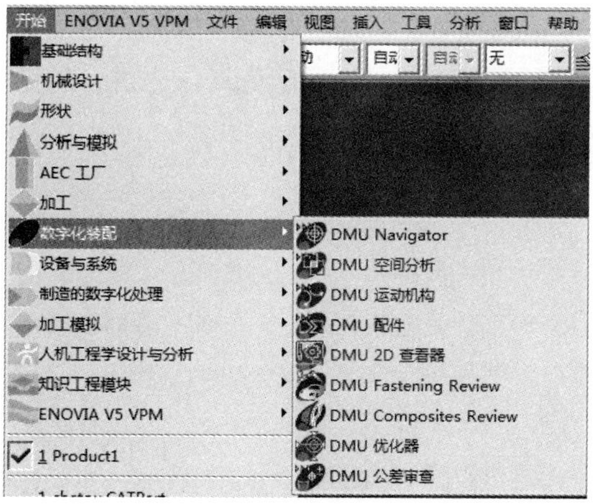

图 5.1.1 CATIA DMU 工作台

CATIA V6 的 DMU 包含以下 9 个工作台：

DMU Navigator：数字模型浏览器。

DMU 空间分析：产品空间结构分析。

DMU 运动机构：机构运动分析模拟。

DMU 配件：装配方案及工艺模拟。

DMU 2D 查看器：2D 图纸查看器。

DMU Fasting Review：紧固检查。

DMU Composites Review：复合材料设计查看。

DMU 优化器：电子样机优化设计。

DMU 公差审查：电子样机尺寸和公差审查。

5.1.2 DMU 工作台的参数设置

在 CATIA 软件选择下拉菜单“工具”→“选项”，弹出“选项”对话框，在该对话框左侧选择“数字化装配”，可以设置 DMU 工作台的有关参数，如图 5.1.2 所示。

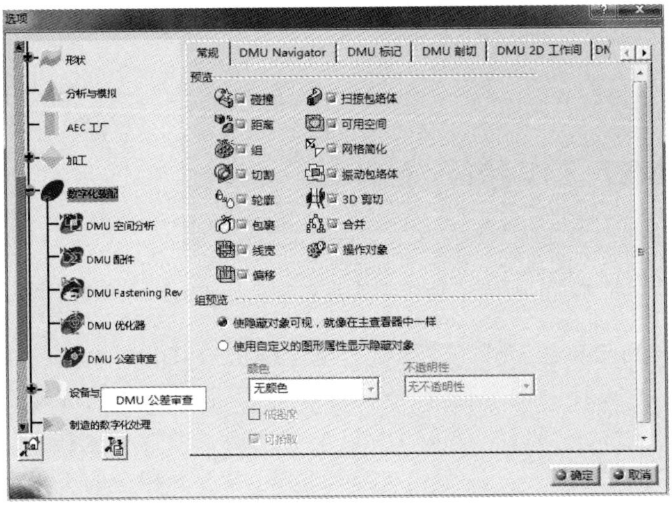

图 5.1.2 “选项”对话框

由于本章的主要内容是高速铁路类车的运动仿真与分析，这里主要介绍 DMU Navigator 和 DMU 运动机构两个工作台的功能及应用。

5.1.3 DMU 浏览器

选择下拉菜单“开始”→“数字化装配”→“DMU Navigator”，如图 5.1.3 所示。

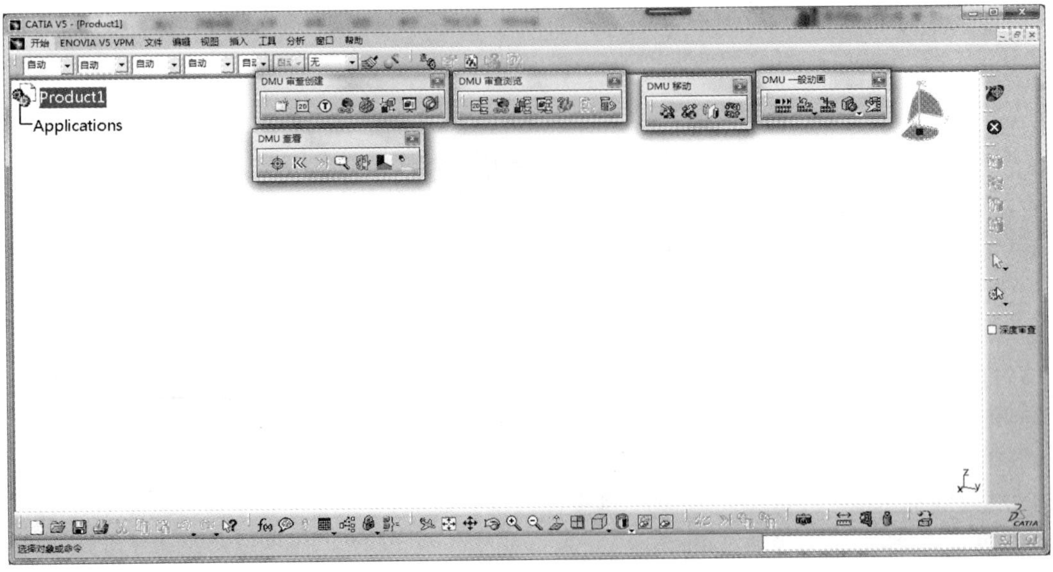

图 5.1.3 DMU 浏览器工作台

1. DMU“审查浏览”

使用该工具条，可以管理带 2D 标注的视图、转到超链接、打开场景浏览器、进行空间查询和应用重新排序等，如图 5.1.4 所示。

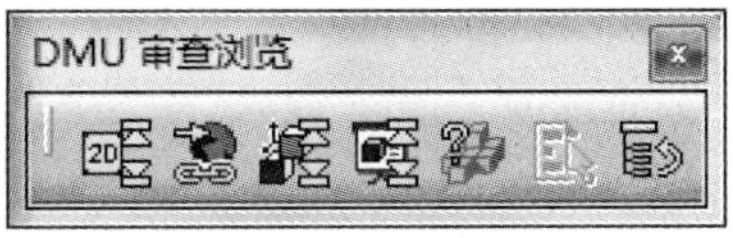

图 5.1.4 “DMU 审查浏览”工具栏

2. DMU“审查创建”

使用该工具条，可以创建审查、2D 标记、3D 批注、超级链接、产品组、增强型场景、展示和切割等，如图 5.1.5 所示。

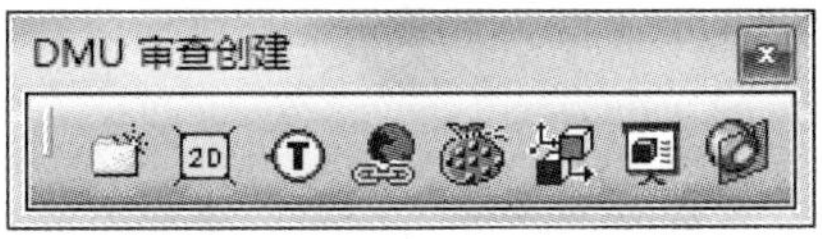

图 5.1.5 “DMU 审查创建”工具栏

3. DMU“移动”

使用该工具条，可以对组件平移或旋转、累积捕捉、对称和重置定位，如图 5.1.6 所示。

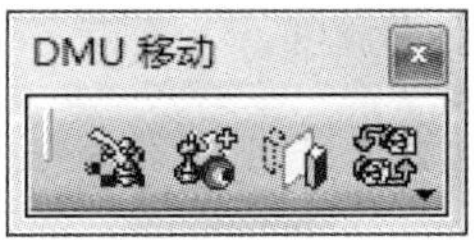

图 5.1.6 “DMU 移动”工具栏

4. DMU“一般动画”

使用该工具条，可以进行动画的模拟播放、跟踪、编辑动画序列、设置碰撞检测和录制视点动画，如图 5.1.7 所示。

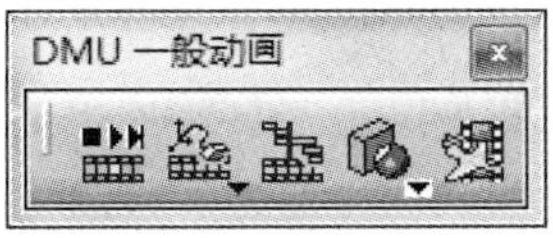

图 5.1.7 “DMU 一般动画”工具栏

5. DMU“查看”

使用该工具条，主要用于对产品的局部结构或细节进行查看、切换试图、放大、开启深度效果、显示或隐藏水平地线和创建光照效果，如图 5.1.8 所示。

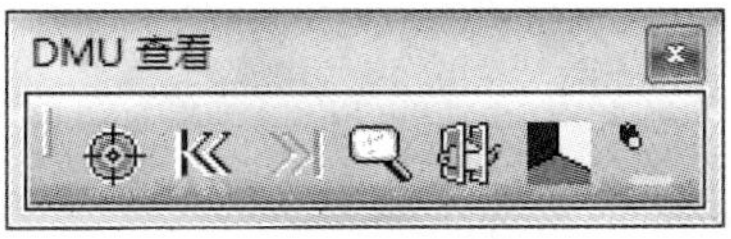

图 5.1.8 “DMU 查看”工具栏

5.1.4 DMU 运动机构

1．DMU“**运动机构**”

使用该工具条，可以使用命令或者规则模拟运动仿真、创建机构修饰、创建转动副、滑动副、圆柱副、螺旋副、球面副、平面副、平面副、刚性副、点在线上副、滑动曲线副、滚动曲线副、点在面上副、万向节、CV 连接、齿轮副、齿轮齿条副、线缆副、基于轴系的运动副、定义固定部件、将装配约束转换为运动副、定义速度和加速度测量对象、分析机构，如图 5.1.9 所示。

图 5.1.9 “DMU 运动机构”工具栏

2．DMU“**一般动画**”

图 5.1.10 所示的是“DMU 一般动画”工具栏，它包括“DMU 模拟命令”“碰撞模式”等工具栏，主要用来定义机构模拟动画、检测运动干涉、计算机构运动范围和捕捉机构运动轨迹等操作。

图 5.1.10 “DMU 一般动画”工具栏

5.2 DMU Navigator 基本命令

5.2.1 创建 2D 标注

（1）打开文件“product1”，进入“DMU Navigator”工作界面，如图 5.2.1 所示。

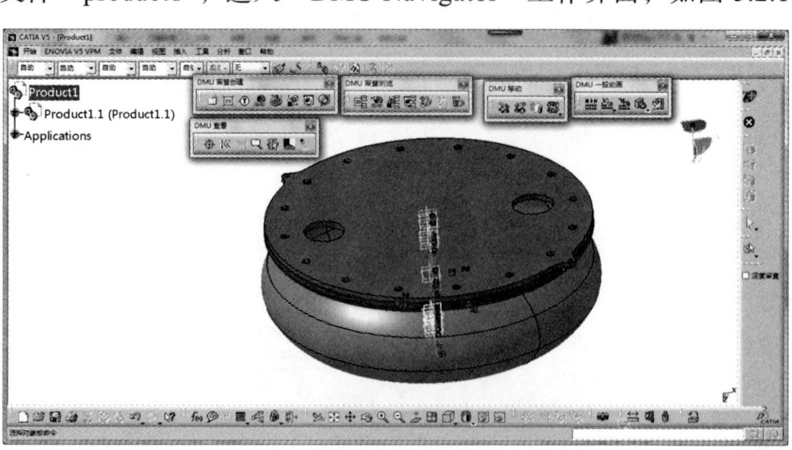

图 5.2.1 “DMU Navigator”界面

（2）点击“DMU 审查创建”的按钮，此时系统弹出“DMU 2D 标记”工具栏，如图 5.2.2 所示。

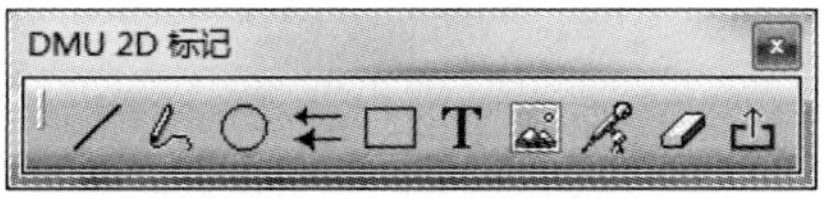

图 5.2.2 “DMU 2D 标记”工具栏

（3）点击按钮，先选择一个位置，按住鼠标左键不放，然后拖动鼠标指针到另外一个位置，绘制如图 5.2.3 的直线，松开鼠标。

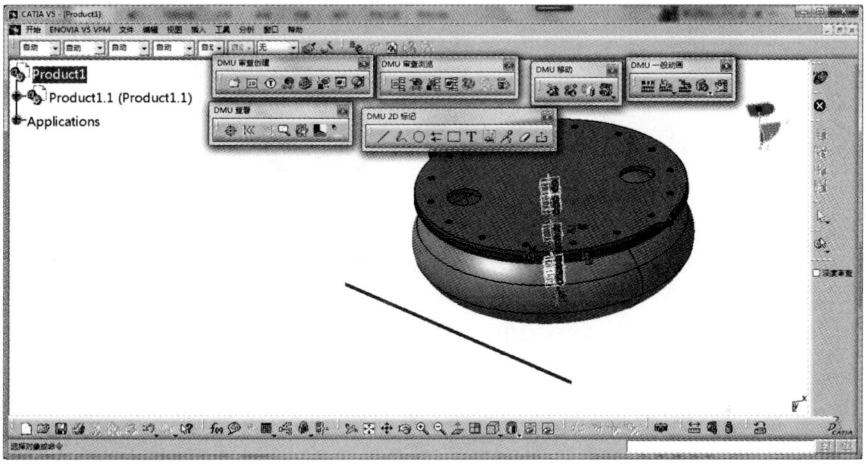

图 5.2.3 绘制直线

（4）单击直线，右键然后选择属性，系统弹出如图 5.2.4 所示的对话框，可以更改各种参数。

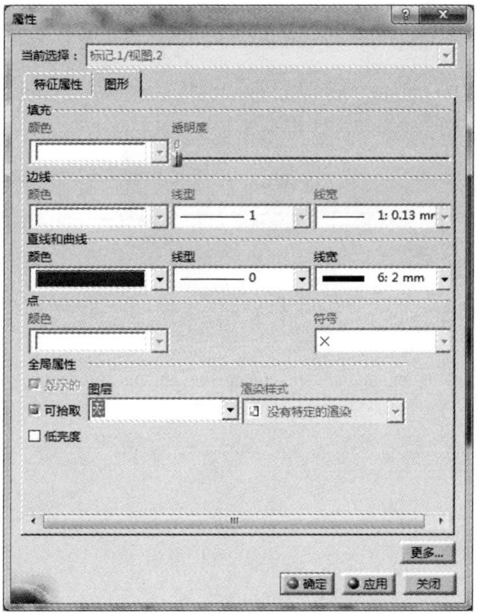

图 5.2.4 属性对话框

（5）单击按钮，选中一个位置，按住鼠标左键不放，拖动到一个区域再释放，绘制如图 5.2.5 所示的圆。

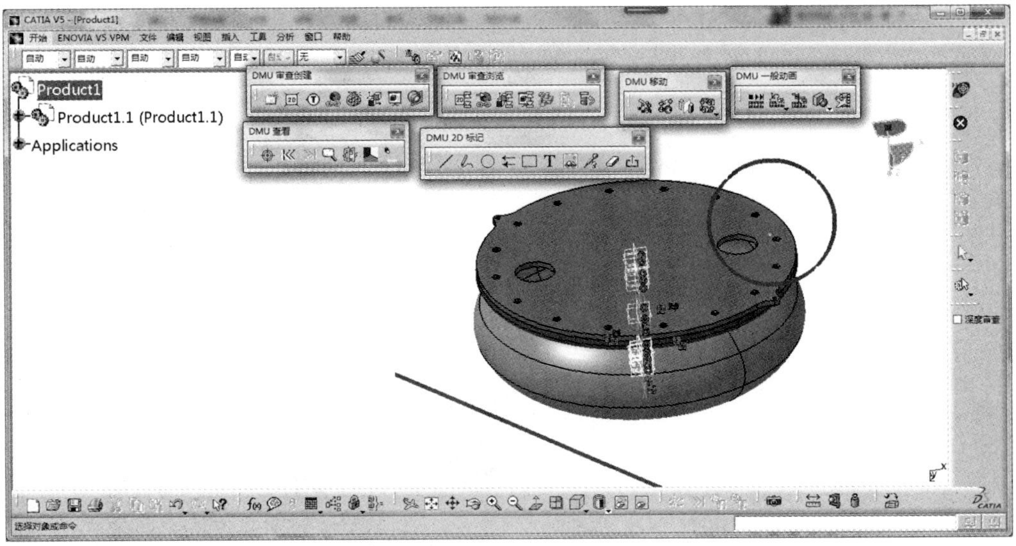

图 5.2.5　绘制圆

（6）单击按钮，选中一个合适位置，拖动至靠近圆的附近，得到如图 5.2.6 所示的箭头。

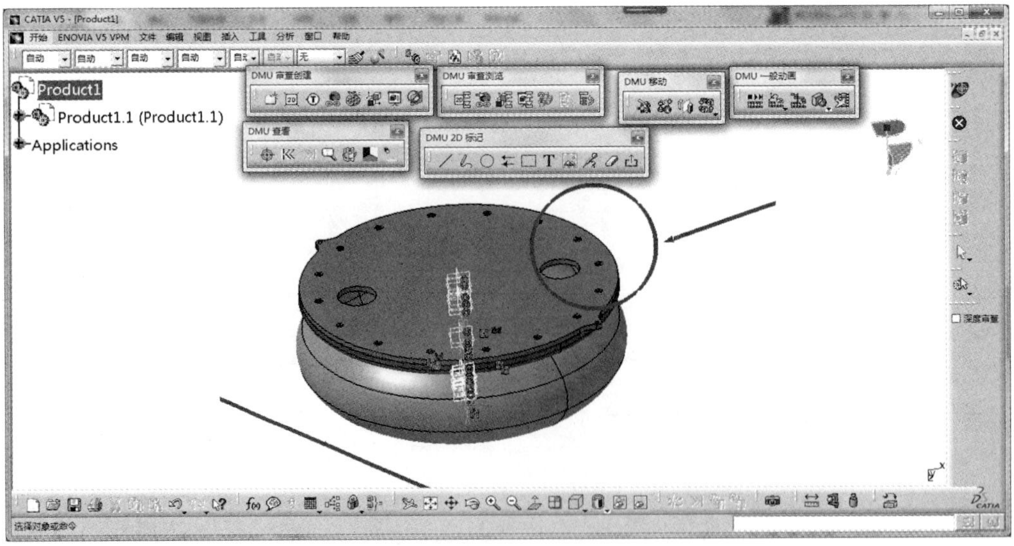

图 5.2.6　箭头的绘制

（7）单击按钮，用鼠标左键点击任意一处，系统弹出如图 5.2.6 和图 5.2.7 所示的对话框。在文本框输入“上盖”，并把“文本属性”对话框的“4”改为“10”（更改字高），最终效果如图 5.2.8 所示。

将指针置于文本中间，然后左键按住不放拖动文本可以改变文本的位置。

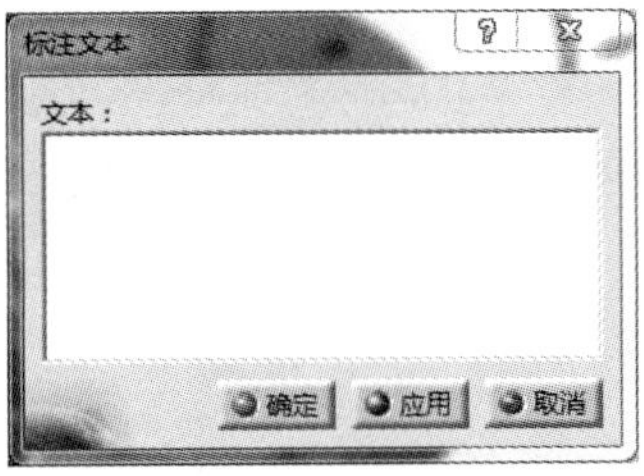

图 5.2.6　“标注文本”对话框

图 5.2.7　“文本属性”对话框

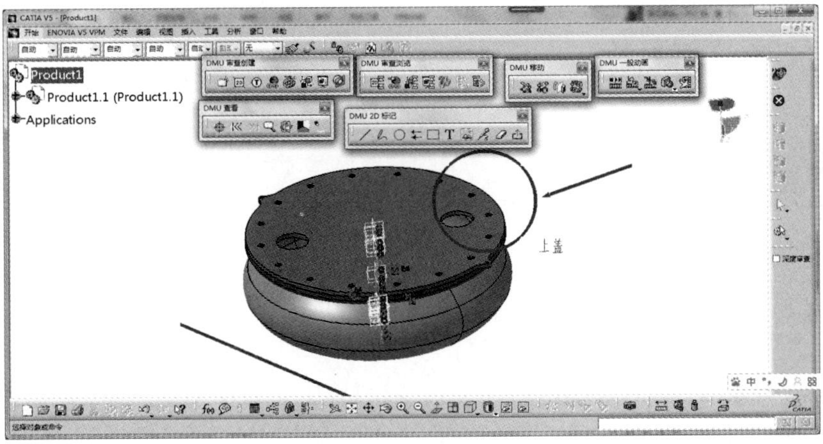

图 5.2.8　标注文本

（8）完成标注后，单击按钮，就可以退出 2D 视图的创建。

5.2.2　创建 3D 标注

单击，提示栏提示在查看器选择对象，单击任一个面，输入“表面打磨处理”文本，同样把字高改为“10”，如图 5.2.9 所示，然后单击“确定”即可完成标注。

调整文字位置：双击文本，将鼠标移到注释文本上，指针出现绿色箭头，拖动箭头即可。

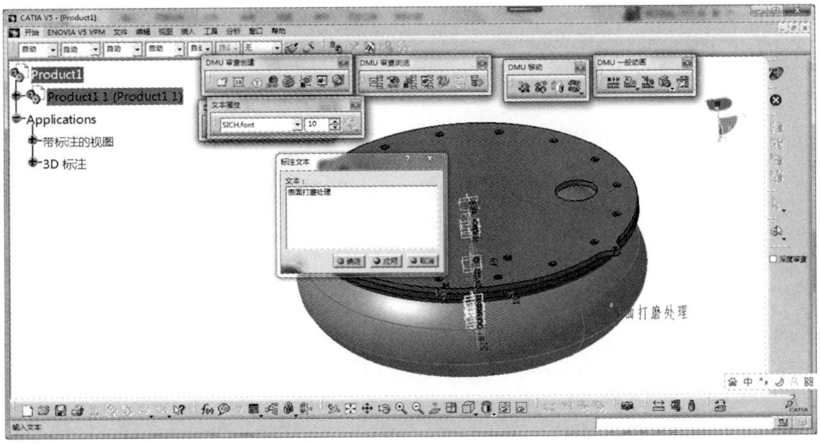

图 5.2.9　3D 标注

5.2.3　创建超链接

（1）单击 DMU 审查创建，单击要创建超链接的文件，系统弹出如图 5.2.10 所示的对话框。

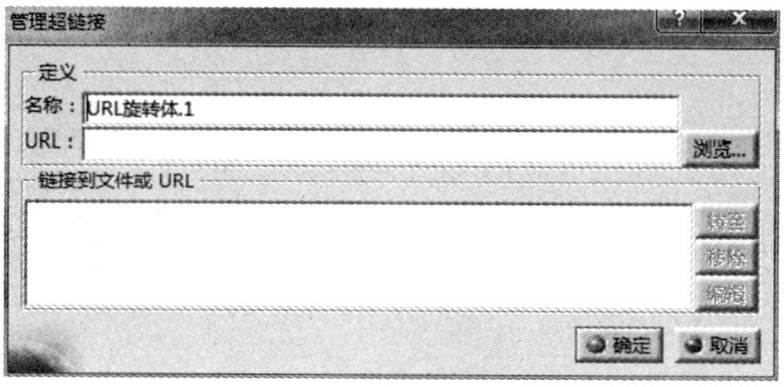

图 5.2.10　“管理超链接”对话框

单击浏览，选择链接文件即可，可以在特征树中查看。

5.2.4　增强型场景的创建

单击，弹出如图 5.2.11 所示的对话框，取消选中“自动命名”，命名“场景 1”，单击“确定”，关闭弹出的“警告”对话框（见图 5.2.12）。单击 DMU 移动，系统将弹出如图 5.2.13 所示的对话框。可以对零件进行平移、旋转等操作。选择零件“shanggai”，在平移“偏移 Z”输入偏移距离“– 100”，单击“应用”。单击，再单击。单击 Applications，右击“场景 1”节点，选择“场景 1 对象”→“在装配上的应用场景”→“应用整个场景”，最终效果如图 5.2.14 所示。

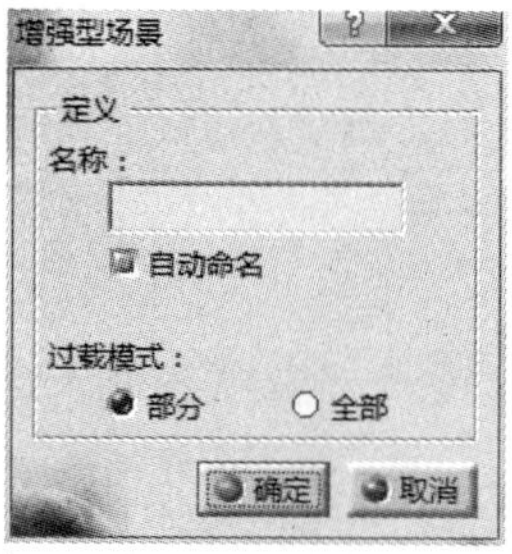

图 5.2.11　“增强型场景”对话框

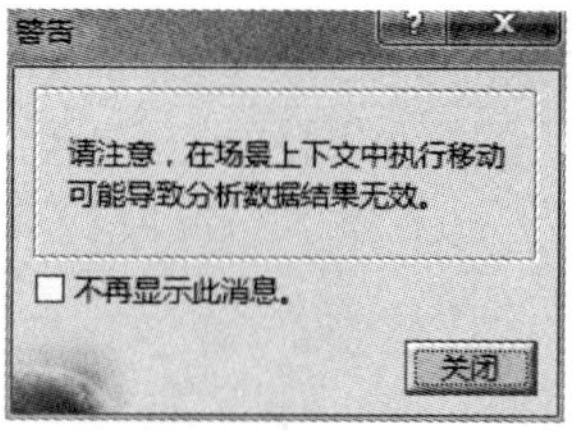

图 5.2.12　“警告”对话框

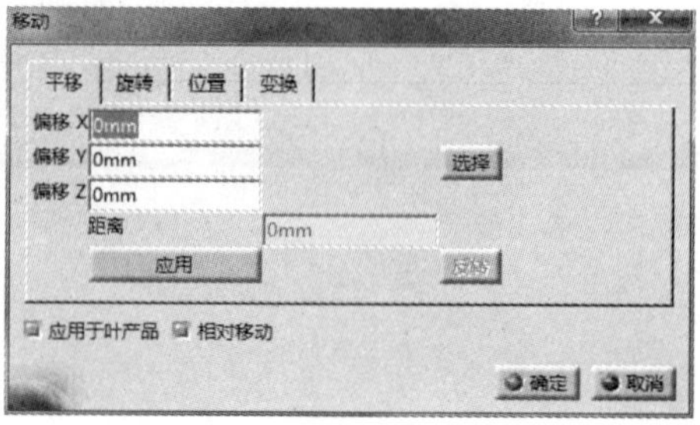

图 5.2.13　“移动”对话框

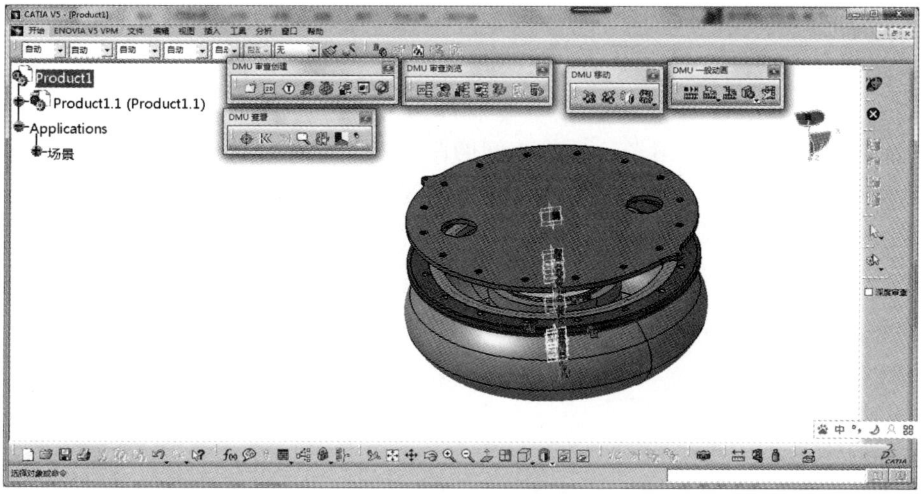

图 5.2.14　最终效果图

5.3 DMU 运动机构实例分析

5.3.1 DMU 运动机构模块简介

（1）打开 CATIA V6 软件，选择“开始”→“数字化装配”→“DMU 运动机构”命令，进入 DMU 运动机构工作界面，如图 5.3.1 所示。

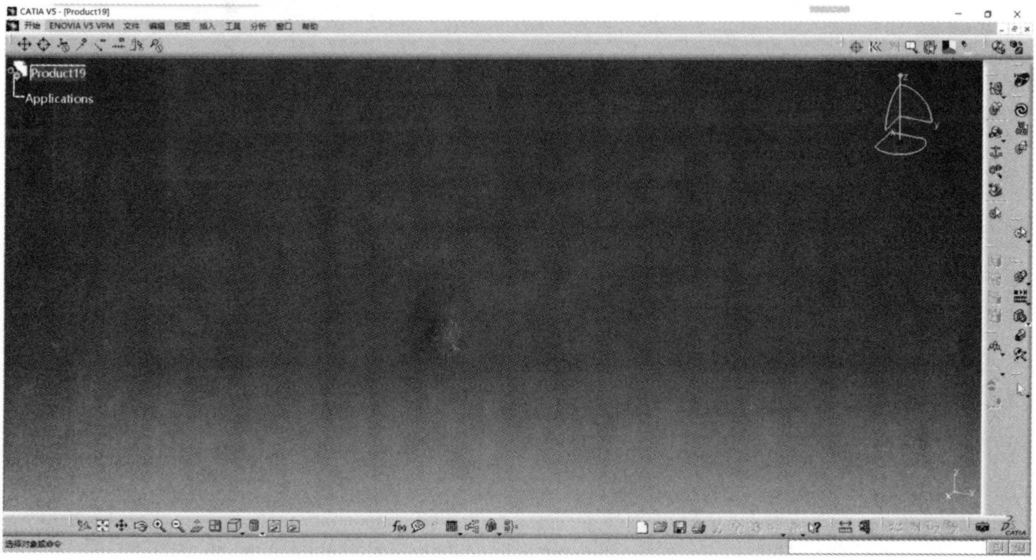

图 5.3.1　DMU 运动机构工作界面

DMU 运动机构模块有 4 个主要的工具栏，分别为 DMU 运动机构工具栏、DMU 一般动画工具栏、DMU 空间分析工具栏、DMU 查看工具栏，如图 5.3.2 所示。各工具栏具体的作用如下：

DMU 运动机构工具栏：用来创建固定件及各种运动接合，并可以执行机构模拟。

DMU 一般动画工具栏：用来创建机构运动影片，查看机构运动轨迹与机构操作时的空间范围。

DMU 空间分析工具栏：用来分析物体间的距离和干涉。

DMU 查看工具栏：可以通过不同的查看方式来观察模型。

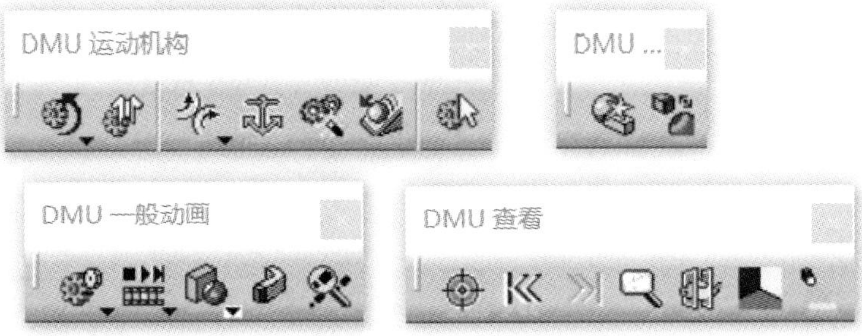

图 5.3.2　4 个主要的工具栏

5.3.2　接合方式介绍

创建运动接合是进行 DMU 运动分析的重要步骤，CATIA 的 DMU 运动机构模块中提供了四大类 17 种接合方式供用户选择，如图 5.3.3 所示，这些接合可以模拟大部分机构的运动方式，这些接合方式的具体作用如下；

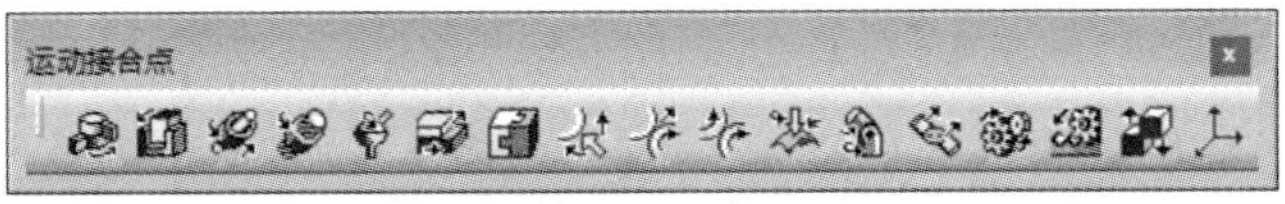

图 5.3.3　运动接合方式

1. 实体接合

（1）旋转接合：可以使两个零件绕着一个轴转动，具有一个自由度。

（2）棱形接合：可以使两个零件沿着平行某一平面的某一方向平移运动，具有一个自由度。

（3）圆柱接合：可以使两个零件绕一个轴转动，并沿此轴向运动，具有两个自由度。

（4）螺钉接合：可以使两个零件绕一个轴转动，并沿此轴向运动，轴向移动距离与旋转圈数有一定的关系，具有两个自由度。

（5）球面接合：可以使两个零件绕一个圆心转动，具有三个自由度。

（6）平面接合：可以使两个零件沿某一平面向任何方向移动，具有两个自由度。

（7）刚性接合：可以使两个零件成为一个刚体，彼此不会发生相对运动。

2. 几何接合

（1）点曲线接合 ：可以使一个点沿某一曲面移动，设置时该命令时点必须位于该曲线上。

（2）滑动曲线接合：可以使两个相切的曲线相互滑动，设置该命令时两曲线必须相切。

（3）滚动曲线接合：可以使两个曲线相互作纯滚动，设置该命令时两曲线必须相切。

（4）点曲面接合：可以使一个点在某一曲面上移动，设置该命令时点必须位于该曲面上。

3. 复合接合

（1）通用接合：通过虚拟的旋转轴连接两个零件，可以传递旋转运动，并且没有旋转接合轴心一致的限制。

（2）CV 接合：通过两个万向接合传递旋转运动，输入和输出两转轴平行。

（3）齿轮接合：可以以运动学的方式分析模拟齿轮运动，由两个旋转接合组成。

（4）架子接合：可以以运动学的方式分析模拟齿条运动，由一个旋转接合和一个棱形接合组成。

（5）电缆接合：用虚拟的电缆将两个棱形接合相连接，使其中一个移动副移动时，另一个移动副同时按照一定比例移动。

4. 坐标接合

坐标接合：利用对齐坐标轴的方式创建的接合。

5.3.3　转向架运动仿真实例

介绍完 DMU 运动机构模块的基本命令，现在我们以一台转向架在轨道上的运动作为实例，讲解 DMU 运动机构模块运动仿真的基本步骤与操作方法。

由于转向架和轨道外形轮廓比较复杂，为了在仿真的时候方便选到相配合的点、线、面，需要在仿真之前按照仿真的要求建立好辅助点、辅助线和辅助平面，这样才能满足仿真的要求。限于篇幅，这里不再赘述建立辅助要素的过程，本书二维码中的模型文件已经将辅助要素建立好，读者可以直接使用。

1. 转向架与轨道的装配

（1）打开 CATIA 软件，单击“新建”图标“”，在弹出的“新建”对话框中，选择“Product”，然后按“确定”键，并修改命名为“DMUfangzhen”，按“确定”键进入装配界面。

（2）单击“产品工具”工具栏中“现有部件”图标“”，然后再单击屏幕左上角模型树中的根文件夹“Product”，在弹出的对话框中，选择在第 4 章装配的转向架模型，单击“打开”按钮，将零件模型调入工作界面。用同样方法将轨道模型“tiegui_asm_3.CATProduct”调入工作界面，如图 5.3.4 所示。

（3）单击“约束”工具栏中的“相合约束”图标“”，选择轮对踏面上的辅助点和轨道面上的辅助直线，如图 5.3.5 所示，此时将转向架装配到轨道上，如图 5.3.6 所示，单击“全部更新”按钮“”，此时车轮的滚动曲线与轨道的辅助直线相切，为 DMU 运动机构仿真中创建滚动曲线接合打好基础。

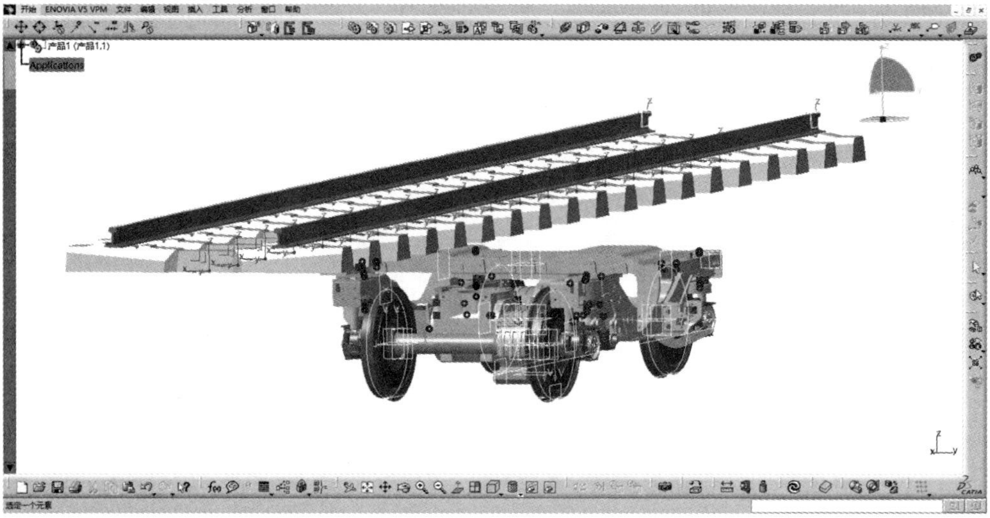

图 5.3.4　调入转向架和轨道模型

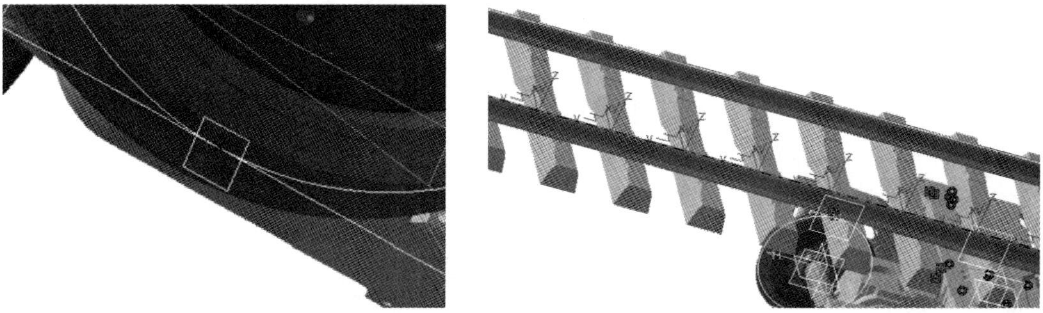

图 5.3.5　轮轨接触约束

图 5.3.6　转向架与轨道的装配

2. 各部件运动状态的分析与仿真前准备

此时分析转向架和轨道之间的运动关系，轨道作为固定元件，转向架上的轮对和安装在车轮上的制动盘沿铁轨做纯滚动；轴箱、构架、电机、齿轮箱、悬挂装置等部件沿铁轨做直线运动。在 CATIA 的装配和 DMU 运动机构仿真中，有不同运动关系的部件在模型树中必须放在不同的子文件夹下，因此需要将前后轮对和制动盘从转向架文件夹“产品 1.1”中分别剪切出来放在新的文件夹下。具体步骤如下：

（1）单击“产品工具”工具栏中“产品”图标“ ”，然后再单击左侧模型树的根文件夹，此时在文件夹中创立了一个新的子文件夹，按照同样方法创立第二个子文件夹，右键分别单击这两个子文件夹，选择“属性”，在弹出的“属性”对话框中，将“零件编号”分别改为“lundui1”和“lundui2”，点击“确定”，此时模型树如图 5.3.7 所示。

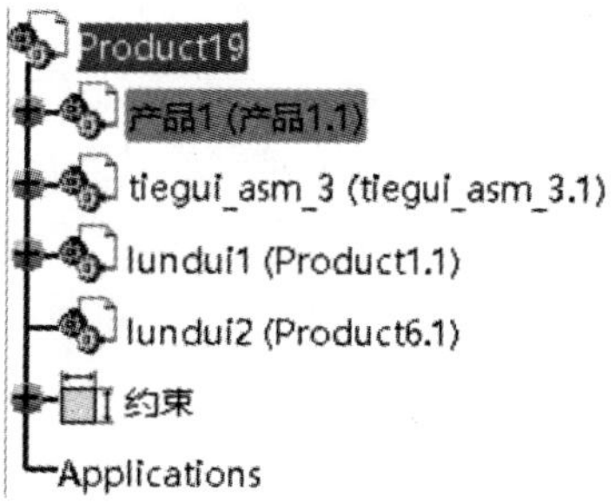

图 5.3.7 建立新的子文件夹

（2）依次打开左侧模型树中“产品 1”→“dongchelundui”文件夹，选中如图 5.3.8 所示的零件，单击右键，选择“复制”选项。

（3）单击选中左侧模型树中刚刚创建好的“lundui1”文件夹，单击右键，选择“粘贴”选项，将轮对及制动盘复制到新的文件夹下。

（4）使用同样方法将另一个“dongchelundui”文件夹中的零件（见图 5.3.8）复制到“lundui2”文件夹中。复制好的文件如图 5.3.9 所示。

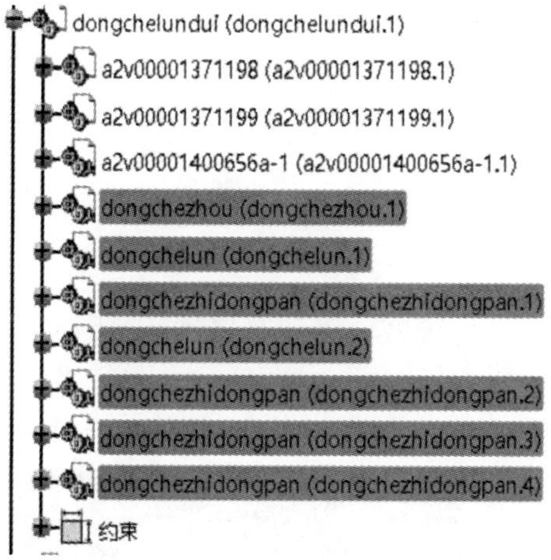

图 5.3.8 复制轮对及制动盘零件

图 5.3.9 复制好的子文件夹

（5）复制完成后，将“产品 1”文件夹下的“dongchelundui”文件夹中如图 5.3.8 所示的文件删去，完成剪切操作，此时，仿真前的准备工作就做好了。

说明：此处使用了先复制再删去的操作方式，并没有使用更快捷的剪切方式，原因如下：转向架的总组装中有两个相同的“dongchelundui”文件夹，当我们从其中一个文件夹内将相关零件剪切之后，另一个同名文件夹中的相关零件也会消失，这样无法做到两个不同的轮对及制动盘的同时移动，而使用复制再删去的方式可以解决这个问题。除此之外，可以在装配时就将这两类运动方式不同的部件分开装配，便于以后的运动仿真。

3．转向架 DMU 运动机构仿真

（1）选择“开始”→“数字化装配”→“DMU 运动机构”命令，进入 DMU 运动机构工作界面。

（2）新建机械装置与添加固定元件：单击“DMU 运动机构”工具栏中的“固定元件”图标“”，在弹出的“新固定零件”对话框中单击“新机械装置”，在弹出的“创建机械装置”对话框中更改名称为“转向架”，单击“确定”，如图 5.3.10 所示。之后单击轨道模型，将轨道作为固定元件，如图 5.3.11 所示，此时在轨道上出现“”图标，表示已固定。

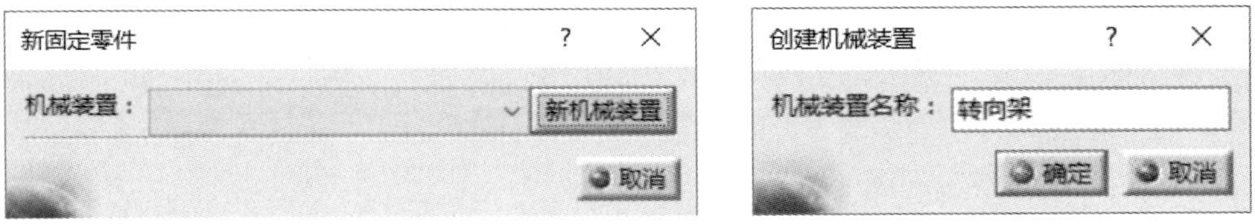

图 5.3.10　新建机械装置

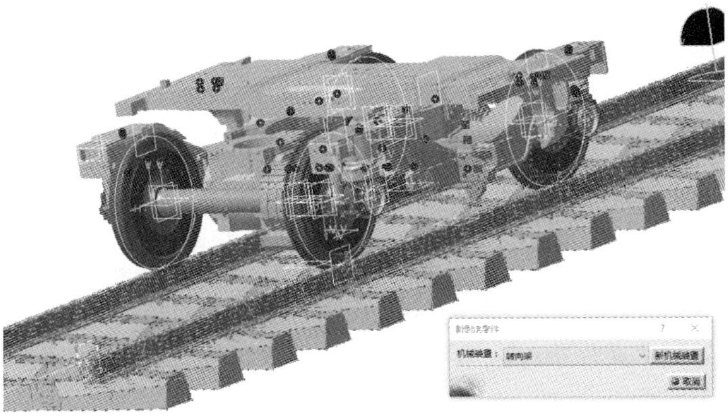

图 5.3.11　添加固定元件

（3）创建滚动曲线接合：单击“运动接合点”工具栏中的“滚动曲线接合”图标“”，弹出如图 5.3.12 所示的对话框，选择车轮与轨道相切的一个圆和一条直线，如图 5.3.13 所示。选择“驱动长度”选项，将这个接合作为整个机械装置的动力源，单击“确定”完成创建。

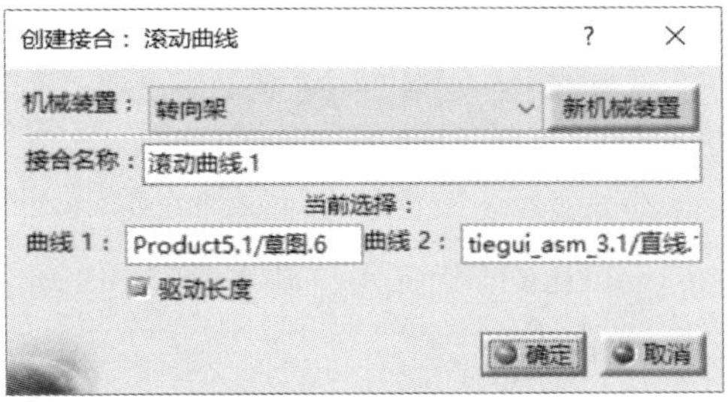

图 5.3.12 创建滚动曲线接合

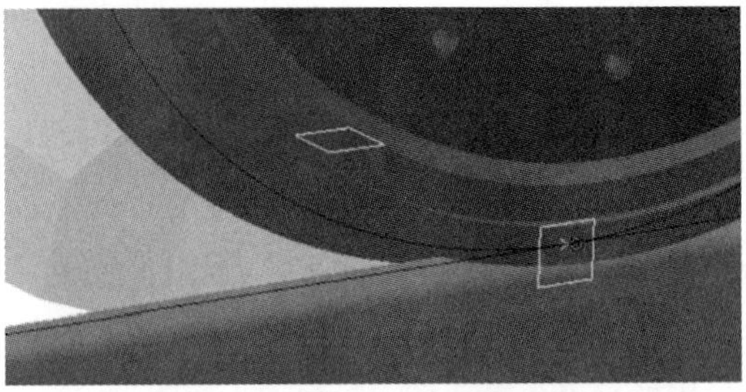

图 5.3.13　选择相切两曲线

（4）创建平面接合：单击“运动接合点”工具栏中的“平面接合”图标“”，弹出如图 5.3.14 所示的对话框，选择车轮铅垂面和轨道铅垂面，如图 5.3.15 所示，单击“确定”，完成平面接合的创建。

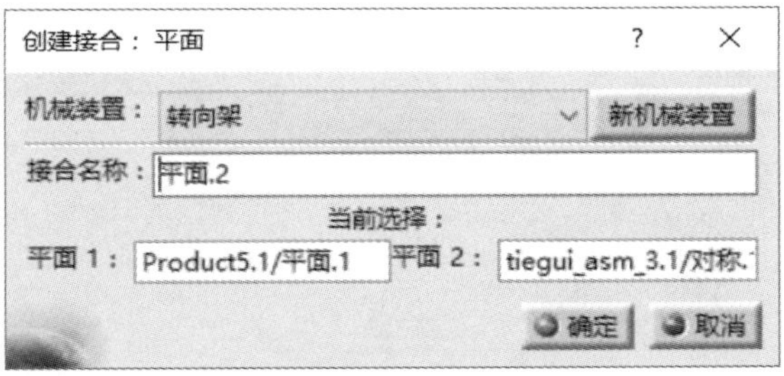

图 5.3.14　创建平面接合

图 5.3.15　选择两个铅垂面

（5）这时系统提示“可以模拟机械装置”，代表此时机械装置“转向架”的自由度为 0，可以进行运动仿真模拟。可以单击“DMU 运动机构”工具栏中的“使用命令进行模拟”图标“”，进入“运动模拟-转向架”对话框，如图 5.3.16 所示，左右拖动滑块，可以看到一个轮对在沿着轨道做纯滚动，此时一个轮对的运动接合设置已经完成，单击“重置”使轮对回到初始位置，退出对话框。

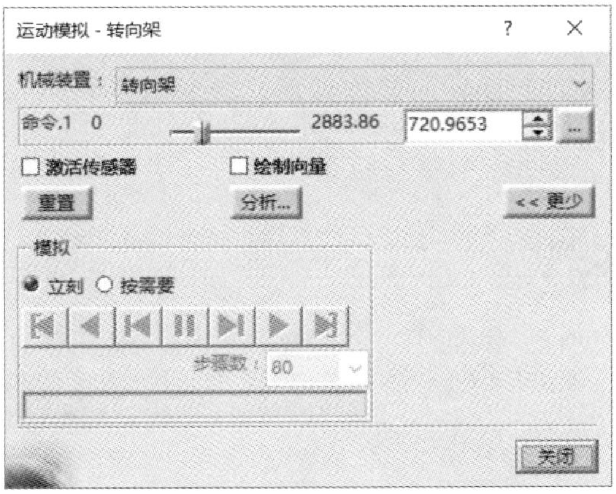

图 5.3.16　“运动模拟”对话框

（6）创建旋转接合：这时创建转向架轴箱与轮对的旋转接合。单击“运动接合点”工具栏中的“旋转接合”图标“”，弹出如 5.3.17 所示的对话框，在“直线 1”和“直线 2”选项中，分别选择车轴的轴线和齿轮箱的轴线，如图 5.3.18 所示，在“平面 1”和“平面 2”选项中，分别选择车轴的中心铅垂面和齿轮箱的铅垂面，如图 5.3.19 所示。之后选择“偏移”选项，此时选项后面的白框中出现数字，不必更改，点击“确定”，完成旋转接合的创建。

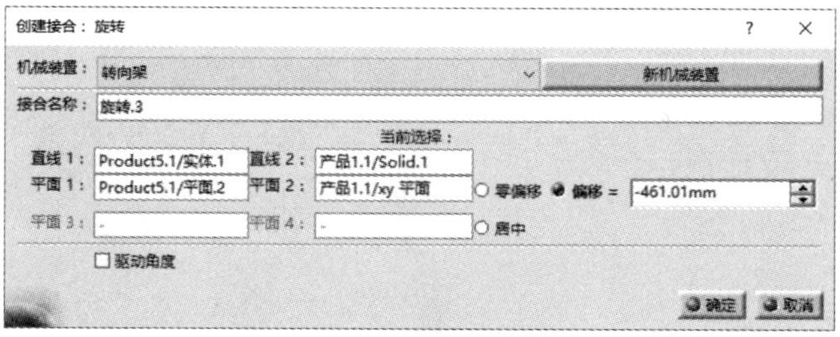

图 5.3.17　创建旋转接合

图 5.3.18　选择两轴线

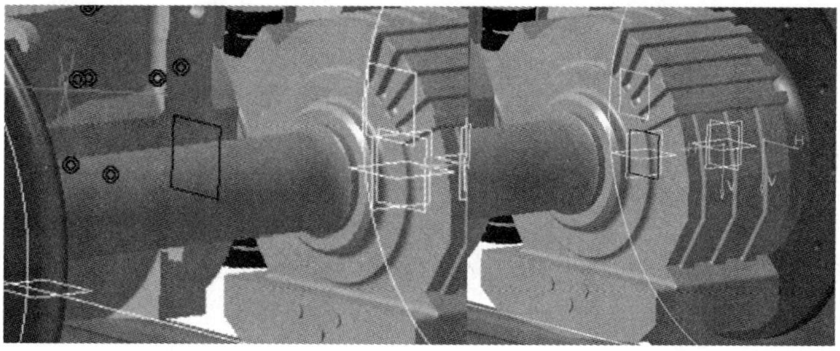

图 5.3.19　选择两平面

（7）创建棱形接合：这时创建转向架除轮对之外部分沿轨道直线移动的棱形，单击“运动接合点”工具栏中的“棱形接合”图标“ ”，弹出如图 5.3.20 所示的对话框，在对话框中的“直线 1”和“直线 2”选项中，分别选择轨道轨面的辅助直线和在枕梁中做好的辅助直线（与轨面辅助直线相合，在选择时可以在模型树中查找选择：“产品 1”→“产品 1.1.2”→“yaozhen-1”→“零件几何体”→“相交 1”），作为相合的两个直线，如图 5.3.21 所示。在对话框中的“平面 1”和“平面 2”选项中，分别选择轨道铅垂面和枕梁在轨道上方的辅助铅垂面，作为相合的两个平面，如图 5.3.22 所示。单击“确定”，完成棱形接合的创建，此时转向架除轮对之外部分可以相对轨面直线移动。

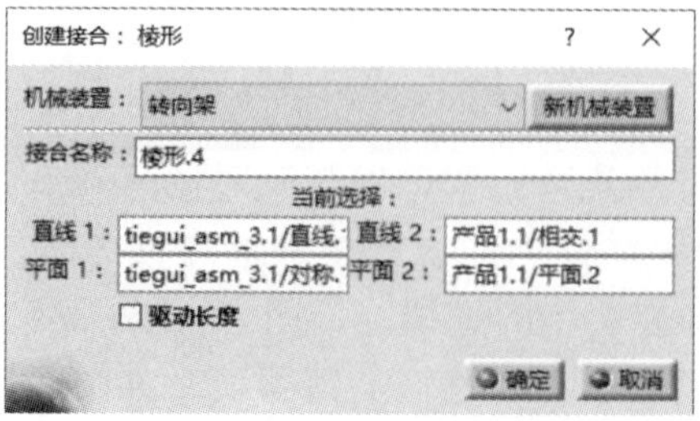

图 5.3.20　创建棱形接合

图 5.3.21 选择此处两相合直线

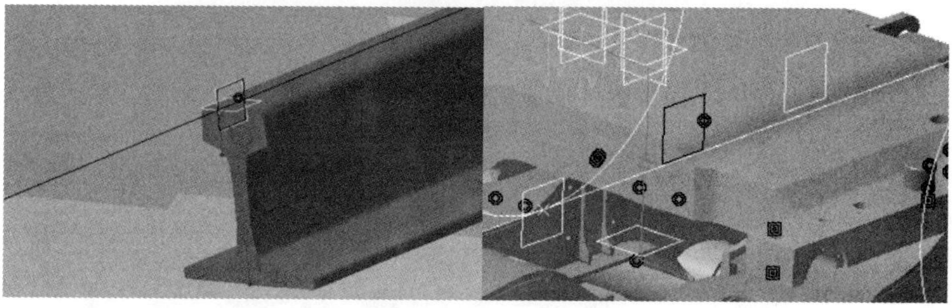

图 5.3.22 选择相合两铅垂面

（8）这时系统提示“可以模拟机械装置”，单击“DMU 运动机构”工具栏中的“使用命令进行模拟”图标“”，进入“运动模拟-转向架”对话框，如图 5.3.16 所示，左右拖动滑块，可以看到一个轮对在沿着轨道做纯滚动，同时转向架其他部分沿轨道做直线运动，单击“重置”使轮对回到初始位置，退出对话框。

（9）创建另一个轮对的滚动曲线接合和平面接合。参照第（3）步和第（4）步的内容，完成另一个轮对在轨道上做纯滚动运动的创建。

（10）创建另一个轮对与转向架其他部分的旋转接合。参照第（5）步的内容，完成轮对与转向架其他部分之间的转动副创建。

（11）这时系统提示“可以模拟机械装置”，代表所有接合的创建工作都已完成了，单击“DMU 运动机构”工具栏中的“使用命令进行模拟”图标“”，进入“运动模拟-转向架”对话框，如图 5.3.16 所示。左右拖动滑块，可以看到转向架整体沿轨道方向运动，轮对做纯滚动，其他部分做直线运动，此时即完成转向架运动的模拟。

4. 设置传感器

（1）先依次选择左侧模型树中“applications”→“机械装置”→“转向架”→“命令”，选中“命令.1（滚动曲线.1，长度）”，之后单击“知识工程”工具栏中的“公式”图标“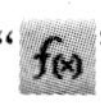”，弹出如图 5.3.23 所示的对话框。

（2）双击图 5.3.23 中的参数“转向架\命令\命令.1\长度”，弹出如图 5.3.24 所示的对话框，在“参数的成员”一栏中选择“时间”，之后在“时间的成员”一栏中双击“转向架\KINTime”，此时就将“转向架”的时间参数添加到了公式栏中，之后即可在公式栏中添加“转向架”运动的函数表达式，如图 5.3.24 中函数表达式意义为 $s = 0.03t^2$，其中 s 为位移，t 为时间；在对话框的最下面可以调节时间区间，一般为 0 ~ 10 s。

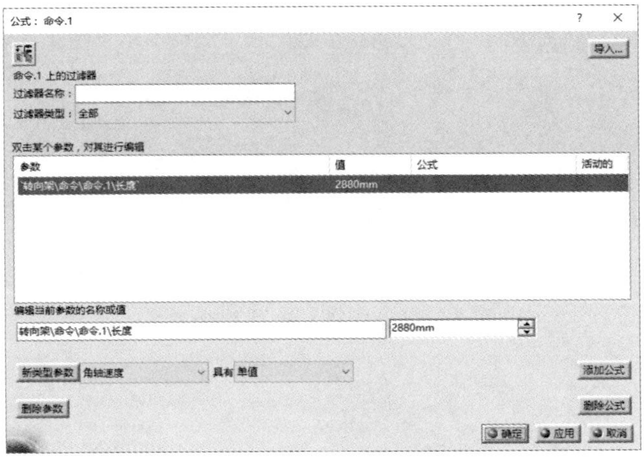

图 5.3.23　插入公式

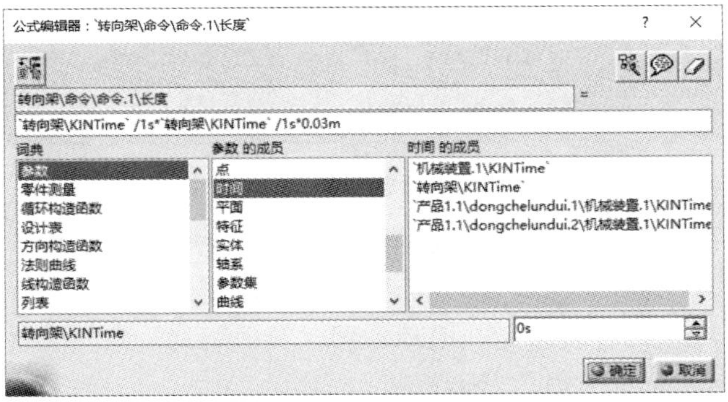

图 5.3.24　编辑公式

（3）此时退出“公式”选项，单击“DMU 运动机构”工具栏中的“使用法则曲线进行模拟”图标“”，弹出如图 5.3.25 所示的对话框，点击播放按钮即可看到转向架模型按照刚刚输入的公式做匀加速直线运动。

（4）此时单击“DMU 运动机构”工具栏中的“速度和加速度”图标“”，弹出如图 5.3.26 所示的对话框，“名称”命名为“踏面上某点”，“参考产品”选择轨道（可以直接在模型树中选择），“点选择”选择车轮踏面上的辅助点，如图 5.3.27 所示，单击“确定”。

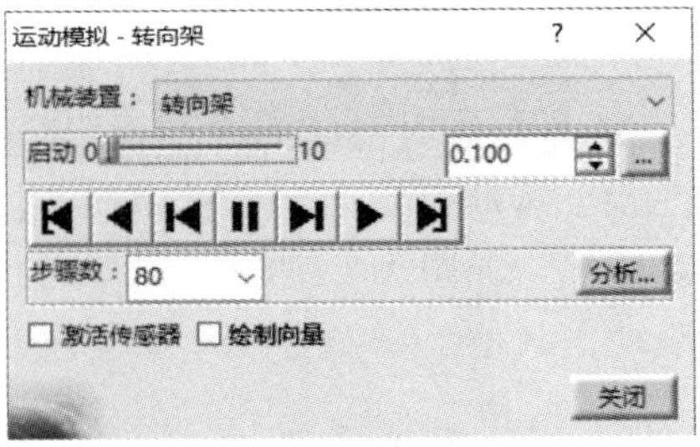

图 5.3.25　使用法则曲线进行模拟

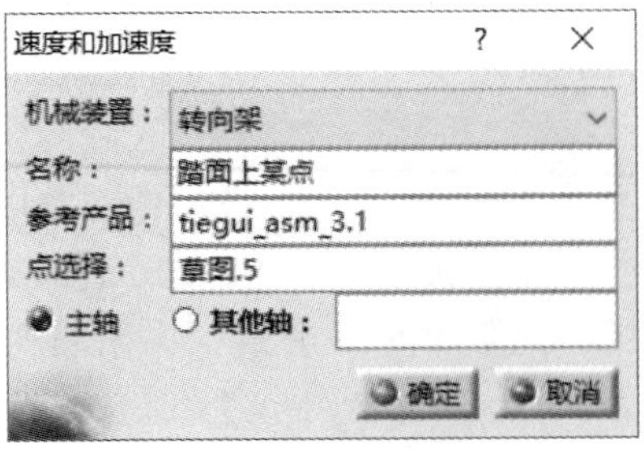

图 5.3.26　速度和加速度设置

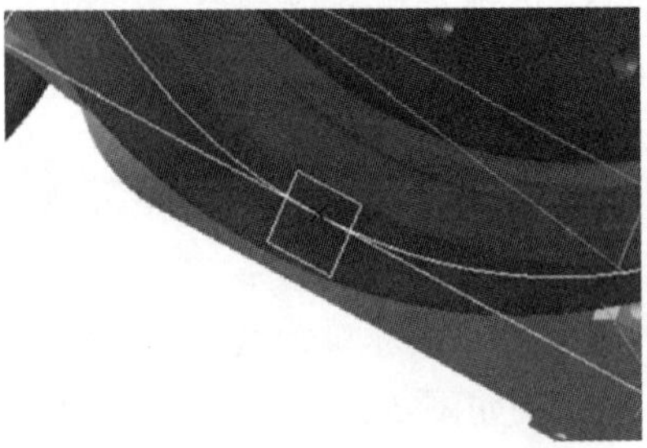

图 5.3.27　选择踏面上一点

（5）此时即可进行传感器设置，单击“DMU 运动机构”工具栏中的“使用法则曲线进行模拟”图标“ ”，单击“激活传感器”选项，弹出如图 5.3.28 所示对话框，“传感器”一栏中显示所有可供监测的运动学参数名称，此时选择监测“踏面上某点”的线速度，找到“踏面上某点\线性速度”，单击，发现“观察到”一栏从“否”变成了“是”，代表此时该传感器已经激活。

（6）不退出“传感器”对话框，单击“运动模拟-转向架”对话框中的“向前播放”按钮“▶”，可以看到转向架开始沿铁轨运行，运行结束后，单击“传感器”对话框下方“输出”一栏的“图形…”，即可生成如图 5.3.29 所示的 *v-t* 曲线；单击“文件…”，可以将监测数据保存为.xls 文件。

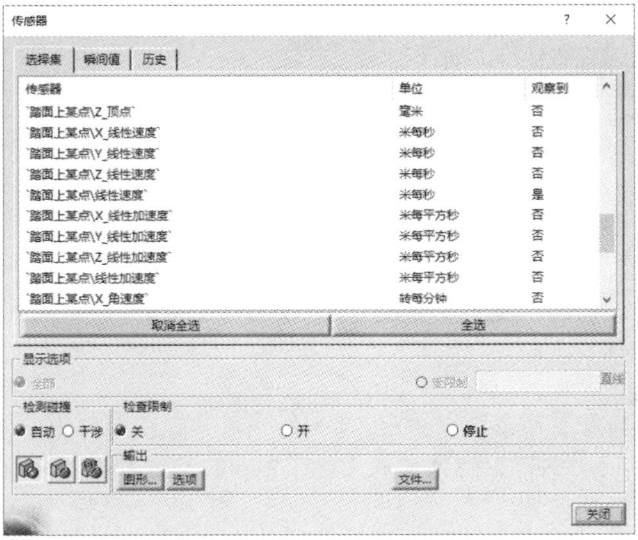

图 5.3.28　激活传感器

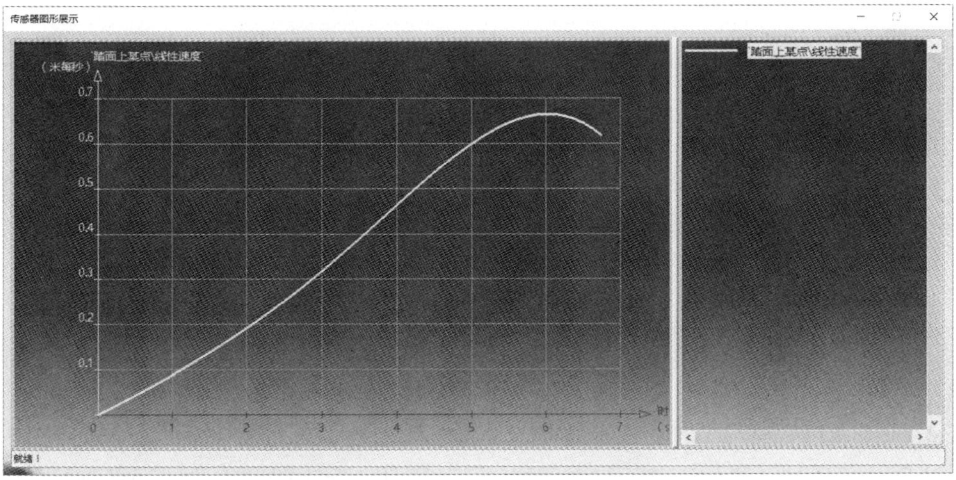

图 5.3.29　生成 *v*-*t* 曲线

5. 生成影片

（1）单击“DMU 一般动画”工具栏中的“模拟”图标“ ”，弹出“编辑模拟”“运动模拟-转向架”两个对话框，如图 5.3.30 所示，在“编辑模拟”对话框中选中“自动插入”选项，然后在“运动模拟-对话框”中点击“使用法则曲线”，点击“向前播放”按钮“▶”，此时开始自动插入帧，插入结束后，单击“确定”退出。

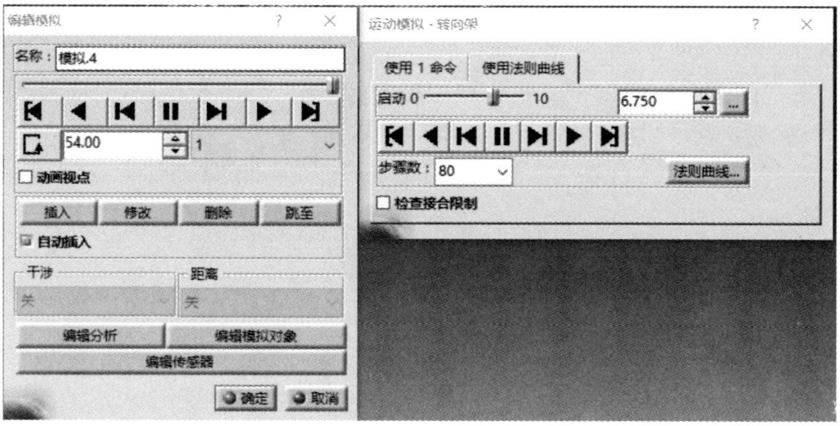

图 5.3.30　编辑模拟

（2）单击“DMU 一般动画”工具栏中的“编译模拟”图标“”，弹出如图 5.3.31 所示的对话框。选择“生成重放”，单击“确定”，此时模型树中自动生成重放“Replay.1”；若选择“生成动画文件”，可在“文件名…”中选择保存路径，将影片以通用视频格式保存在硬盘中。

（3）若上一步生成好了需重放，单击“DMU 一般动画中的”中的“重放”图标“”，弹出如图 5.3.32 所示的对话框，选择重放文件“Replay.1”，单击“向前播放”按钮“▶”，即可观看刚刚生成的运动仿真。

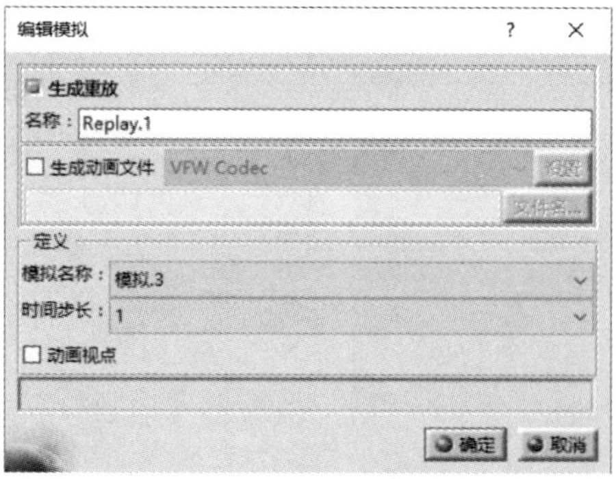

图 5.3.31　编译模拟

图 5.3.32　重放

总结：在进行机构的运动仿真时，需要注意以下几点：

（1）恰当地创建辅助元素。在“DMU 运动机构”模块中，一些运动接合点要求接合两元素为相合约束，如平面接合、棱形接合等，在仿真前，要做好相接合两部件的辅助元素（辅助点、辅助线、辅助平面），保证其接合后的相对位置关系不会发生变化。像转向架这种外形轮廓比较复杂的装配体，可能需要大量的时间做好仿真前的准备工作。

（2）创建运动接合点之前要做好装配约束。在“DMU 运动机构”模块中，5 个几何接合有接合两部件的位置要求，例如，本例中“滚动曲线接合”，需要在创建接合前在“装配设计”界面中将两相滚动辅助线相切，这样才能顺利创建接合。

（3）创建运动接合点的方式有多种。“DMU 运动机构”模块提供了多达 17 种的运动接合点，读者可以根据机构的相互运动关系通过不同方式完成运动仿真，例如，本例的转向架仿真模拟，感兴趣的读者可以寻找另一种方式完成模拟。

CATIA 的 DMU 模块在机构运动学仿真中功能十分强大，本例所介绍的只是冰山一角，更多的功能需要读者去自己操作实践。

6 轨道车辆关键零部件的工程图

6.1 工程图的生成方法

在 CATIA 中，机械工程二维图样是通过工程图工作台实现的。CATIA 既支持从一无所有开始自主创建工程图，又支持从一个三维零件图来生成工程图。这里主要介绍从一个三维零件图来生成工程图的方法。

6.1.1 工程图工作台简介

1. 进入工程图工作台

在 CATIA 中，进入工程图工作台的方法有以下几种：

（1）单击菜单栏中的“开始”→“机械设计”下拉菜单栏中的“工程制图”选项，弹出“新建工程图”对话框（见图 6.1.1），在该对话框中对标准（一般选默认的国际标准）、图纸大小及图纸方向（横向或纵向）进行设定以后，单击“确定”按钮，即可进入工程图工作台。

（2）单击菜单栏中的“文件”→“新建”选项，弹出“新建”选项，选择“Drawing”（见图 6.1.2），单击“确定”按钮，弹出“新建工程图”对话框，在对对话框中的相关选项进行定义后，单击“确定”按钮即可进入工程图工作台。

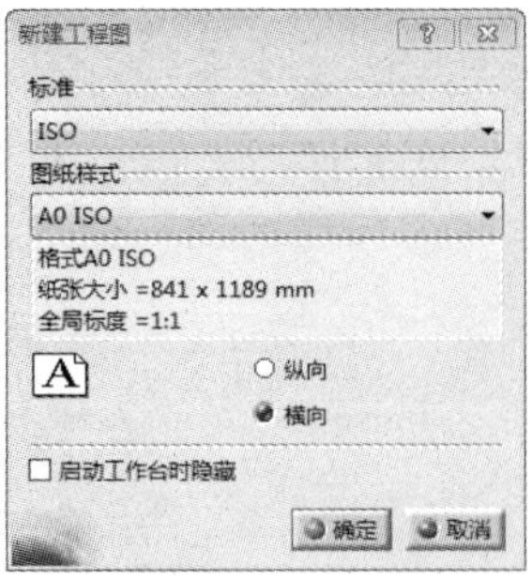

图 6.1.1 “新建工程图”对话框

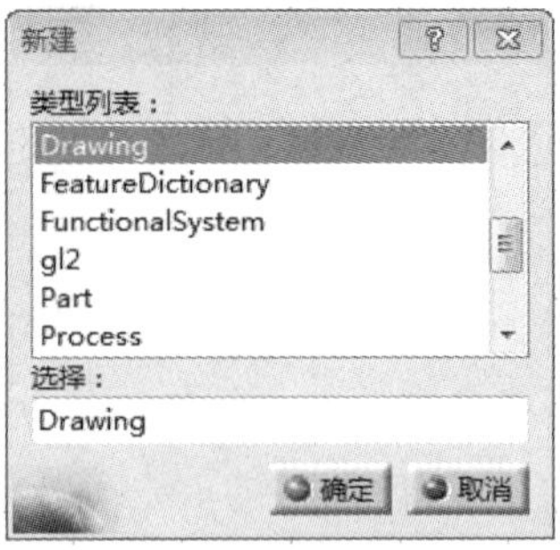

图 6.1.2 “新建”对话框

2. 工程图中的工具栏

工程图中需要用到的工具栏如图 6.1.3 所示，其中包括“标注”“Composites Ply Book”“工程图”“Tooling to Drawing”“尺寸标注”“修饰”“视图”“生成”“电气修饰”等工具栏。其各自中包含有各自的命令，各种命令所起的作用将在以后做详细介绍。

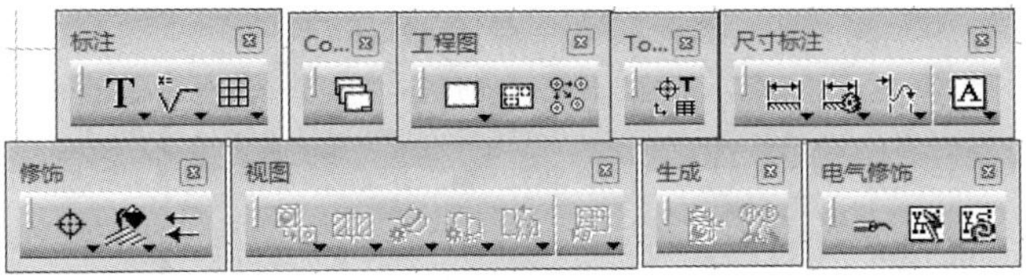

图 6.1.3　工程图中的工具栏

6.1.2　创建基本视图

表达形状较为复杂的机件时，仅有主视图、俯视图和左视图是不够的，因此制图标准中规定：以正六面体的 6 个面作为基本投影面，将机件置于其中，分别向 6 个基本投影面投影所得的视图称为基本视图。基本视图包括：① 主视图：由前向后投影所得的视图；② 俯视图：由上向下投影所得的视图；③ 左视图：由左向右投影所得的视图；④ 右视图：由右向左投影所得的视图；⑤ 仰视图：由下向上投影所得的视图；⑥ 后视图：由后向前投影所得的视图。

下面将介绍 3 种创建基本视图的方法。

1. 方法一——直接得到基本视图

在 CATIA 中，对于基本视图的创建，可以直接在选择图纸布局时得到模型的基本视图。其具体操作步骤如下：

（1）打开需要创建基本视图的零件。

（2）单击菜单栏中的“开始”→“机械设计”→“工程制图”选项，弹出“创建新工程图”对话框，如图 6.1.4 所示。

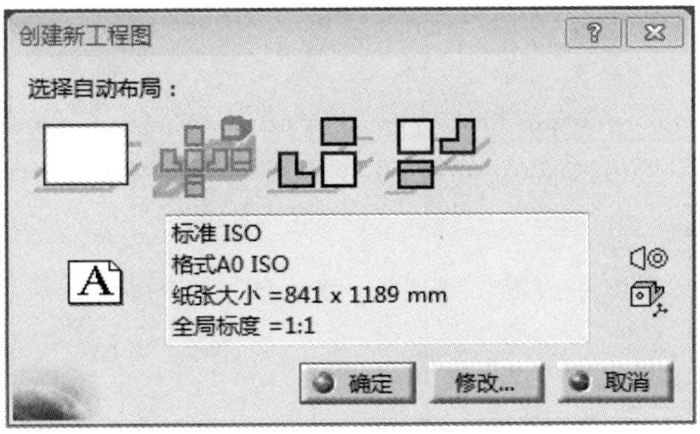

图 6.1.4　“创建新工程图”对话框

（3）在此对话框中可选择新建工程图的布局样式，同时，图纸的大小、方向和标准也显示在对话框中，若要对图纸的大小和标准进行修改，可单击对话框中的“修改”按钮，弹出“新建工程图”对话框，可对图纸的大小、方向和标准进行修改。修改完成后，单击“新建工程图”对话框中的“确定”按钮，选择“创建新工程图”对话框中“选择自动布局”区域中的“所有视图”选项。

（4）检查“创建新工程图”对话框显示的各项图纸信息是否符合要求，若是，单击“创建新工程图”对话框中的“确定”按钮，进入“工程图”工作台，同时，在工作区域中显示需要创建零件的所有视图，如图 6.1.5 所示。

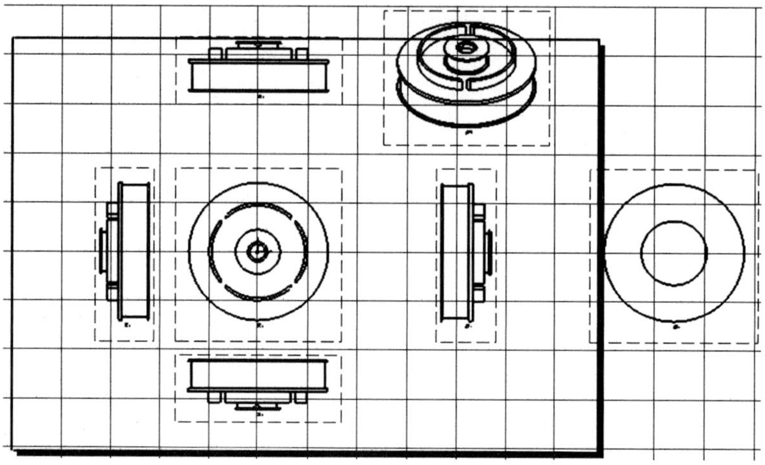

图 6.1.5

（5）单击模型树中“页一”节点，所有视图均变为橘黄色，这时在“页一”节点上右击，选择下拉菜单中的“属性”选项，弹出“属性”对话框，如图 6.1.6 所示。

（6）在对话框中的“标度”选项区域，可以对图形的显示比例进行调节。输入合适的值使图形的显示比例符合图纸的要求。

（7）选中各个视图的边框右击，选择下拉菜单中的“属性”选项，弹出“属性”对话框，如图 6.1.7 所示。

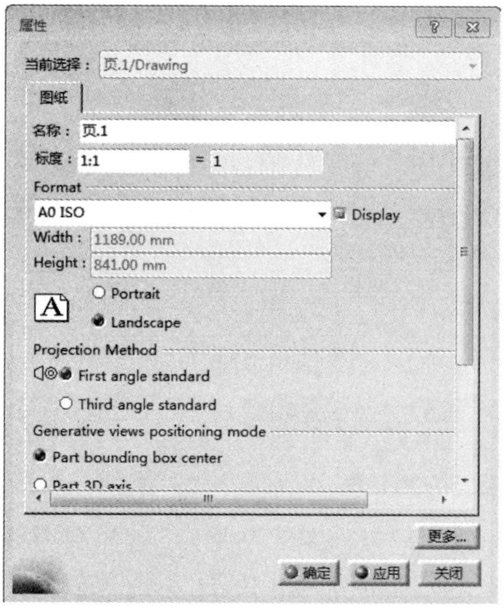

图 6.1.6　页一“属性“对话框

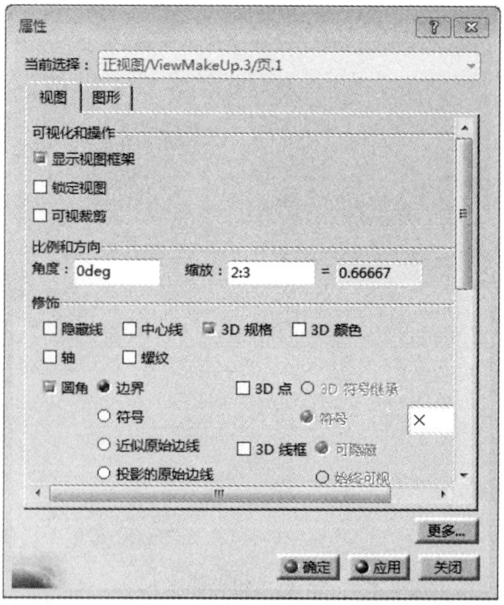

图 6.1.7　视图“属性”对话框

（8）在该对话框中对选中视图的各种显示线和修饰特征进行调整，调整完成后，单击“应用”按钮，再单击“确定”按钮退出“属性”对话框。

（9）这时视图的相对位置可能还不满足要求。单击选中视图的边框，将光标移动到边框处，待光标变为手形时，按住光标左键拖动视图至合适的位置。

注意：修改主视图的位置时，其余各个视图的位置均跟着移动，但是移动其他视图时只是被移动的视图随着光标移动，其余视图不动。但移动的过程中仍然满足“长对正，高平齐”。

（10）用和第（9）步同样的方法对其余各个视图进行同样的修改。

（11）按照机械制图国家标准中的规定，6 个基本视图随着 6 个基本投影面按特定规则展开时是不需要注写视图名称的。此时应删除各个视图下方注写视图名称的文字，其具体做法是：选中改文字，按键盘上的“Delete”键即可。

（12）根据图纸的大小及具体要求决定是否保留右上角的轴测图，若不需要保留，可用删除视图名称的方法将其删除。

2. 方法二——利用“所有视图”工具按钮得到基本视图

利用方法一得到的视图，其主视图是哪个方向是系统自动确定的，在需要修改主视图的方向时，就要用到方法二了。

（1）打开需要创建基本视图的零件，单击菜单栏中的“开始”→“机械设计”→“工程制图”选项，弹出“创建新工程图”对话框。

（2）选择“创建新工程图”对话框中的“空白纸”选项，单击“确定”按钮进入“工程图”工作台。

（3）单击“视图”工具栏中的“创建视图向导”工具按钮“”右下角的黑三角形按钮，弹出“向导”工具栏，如图 6.1.8 所示。

（4）单击选择“向导”工具栏中的“所有视图”工具按钮“”。

（5）单击菜单栏中的“窗口”按钮，选择需要创建基本视图的零件的窗口打开，进入到“零件设计”工作台。

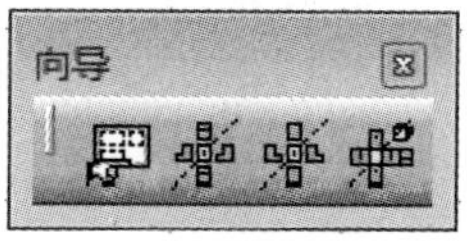

图 6.1.8 “向导”工具栏

（6）在需要创建基本视图的零件窗口中选择创建基本视图时主视图的投影面。这时将返回“工程图”工作台，在工作区域中出现零件各个视图的名称和所在的区域，并在主视图四周出现 6 个表示调整主视图投影方向的三角形，如图 6.1.9 所示。

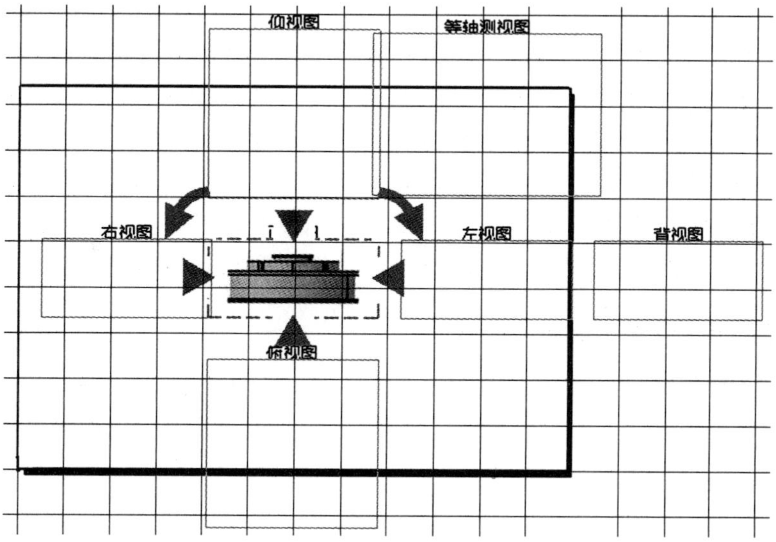

图 6.1.9 步骤（6）

（7）单击这 6 个箭头的方向，调整主视图的投影方向，调整完成后在空白区域中单击，即可得到该零件的 6 个基本视图。

（8）按照之前介绍的步骤对各个视图进行修改和调整，使其符合制图标准的要求。

3. 方法三——利用“正视图”和“投影视图”工具得到零件的基本视图

除了以上介绍的两种方法外，还可以利用“正视图”和“投影视图”命令来得到零件的基本视图。其具体操作方法如下：

（1）打开需要创建基本视图的零件，进入到“零件设计”工作台。

（2）按方法二所介绍的步骤进入“工程图”工作台。

（3）单击选择“视图”工具栏中的“正视图”工具按钮右下角的黑三角形按钮，展开“投影”工具栏，如图 6.1.10 所示。

图 6.1.10 “投影”工具栏

（4）单击选择“投影”工具栏中的“正视图”工具按钮。

（5）按之前介绍的步骤进入“零件设计”工作台。

（6）单击选择零件主视图的投影面，返回到“零件设计”工作台，这时在主视图的周围也有 6 个调整投影方向的箭头，单击箭头，调整主视图的投影在合适的方向后，在空白处单击鼠标，完成主视图的创建。

（7）双击“投影”工具栏中的“投影视图”工具按钮“”，连续创建左视图、右视图、俯视图和仰视图。

（8）双击主视图右侧左视图的蓝色外框，使左视图处于激活状态称为工作视图。

（9）单击“投影”工具栏中的“投影视图”工具按钮“”，在左视图右侧单击创建后视图。

（10）利用之前的方法对各个视图进行修改。

6.1.3 创建向视图

可以自由配置的视图称为向视图。考虑到各视图在图纸中的合理布局问题，有时不能按基本视图那样在图纸上配置视图或各视图不能画在同一种图纸上，此时应该在视图上方标出视图的名称，同时在相应的视图附近用箭头指明该视图的投影方向，并注上相同的字母。

第 6.1.2 节已经介绍了 3 种创建基本视图的方法，在此就不再介绍了。在生成向视图时，只需在图纸上合理的配置各个视图的位置，并添加相应的箭头和视图名称即可形成向视图，下面介绍如何配置各视图至合理的位置以及如何添加箭头和视图名称。

1. 配置视图至图纸上的合理位置

在之前的操作中，除了主视图是可以自由移动至图纸上的任何区域以外，其余视图在移动时都会受到主视图的约束，并保持“长对正，高平齐”的状态。下面将介绍两种移动视图的方法。

（1）方法一：设置相对位置。

① 单击选中需要进行移动的视图，在需要移动的视图的蓝边框上右击，选择“视图定位”→“设置相对位置”，这时在该视图中出现了一个视图调整杆，如图 6.1.11 所示。

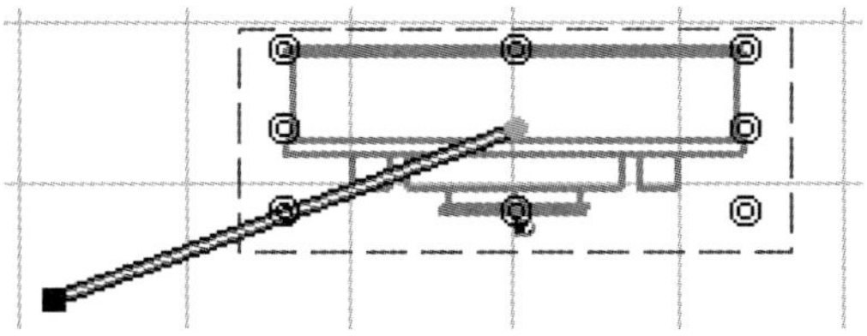

图 6.1.11 视图调整杆

② 将光标移至杆端绿点处变成手形时按下左键，转动调整杆可使该视图绕着杆的另一端整体旋转。

③ 如果将光标移至杆上其他位置变成手形时按下左键移动鼠标可使调整杆伸缩，视图沿着调整杆的方向平移。

④ 将该视图移至合适的位置后，在空白处单击，调整杆消失，完成对该视图的移动。

（2）方法二：根据视图参考定位。

① 单击选中需要进行移动的视图，将光标移动到该视图的蓝色边框上右击，选择“视图定位”→“根据视图参考定位”选项。

② 将光标移至该视图的边框上，当光标变为手形时，按住左键拖动该视图至合适的位置。

③ 移动完成后，在空白处单击，完成对该视图的配置。

2. 向视图的标注

根据制图要求，在向视图创建完毕后，需要对其进行标注，以明确该视图的投影方向和名称。标注的方法如下：

（1）添加箭头的方法如下：

① 单击“修饰”工具栏中的“箭头”工具按钮“”。

② 在合适的位置单击，作为箭头的起点，移动光标至合适的位置单击，作为箭头的终点。

③ 若要改变箭头的形状，可右击箭头处黄色方形操作符号，在弹出的快捷菜单中选择“符号性状”，在下拉菜单中可改变箭头符号的形状。

④ 若要改变箭头的方向和位置，可在按住“Shift”键的同时，左键按住箭头拖动鼠标改变方向，按住一端拖动鼠标可延长线段的长度，按住中间拖动鼠标可改变整体的位置。

（2）添加文字的方法如下：

① 单击选择“标注”工具栏中的“文本”工具按钮“”右下角的黑色三角形，弹出“文本”工具栏，如图 6.1.12 所示。

② 选择“文本”工具栏中的“文本”工具按钮，在箭头附近单击鼠标左键，弹出“文本编辑器”对话框，如图 6.1.13 所示。

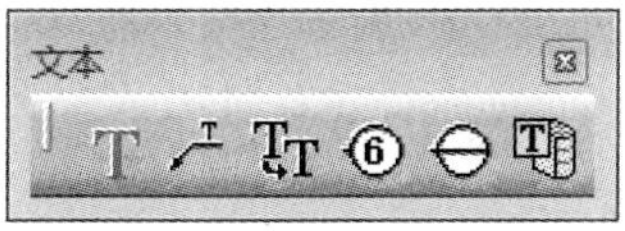

图 6.1.12 “文本”工具栏

图 6.1.13 “文本编辑器”对话框

③ 在“文本编辑器”对话框中输入要插入的文字。

④ 若要修改文本字体的大小，可将文本选中，在菜单栏下面的文本编辑区中（见图 6.1.14）对文本进行修改。

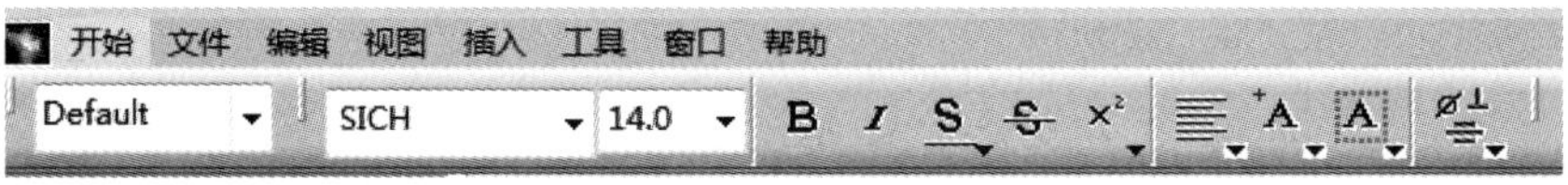

图 6.1.4 文本编辑

⑤ 输入完成后，单击“文本编辑器”对话框中的“确定”按钮，完成文本的插入。

6.2 零件图生成案例

6.2.1 动车车轮零件图的生成

1. 进入工程图工作台

点击“文件”→“新建”→“drawing” →“确定”，将标准修改为“GB”，图纸样式为“A4 ISO”，点击“确定”，点击网格“ ”，若变蓝，则表示已关闭网格。点击“文件”→“打开”→“chelun.CATpart”打开车轮模型。点击“窗口”→“水平平铺”。

2. 创建主视图

单击工程图窗口，此时工程图工作区被激活。单击视图工具栏中的正视图“ ”将其激活。将光标移动到模型窗口，并将光标移动到零件上，光标变成手形，同时窗口右下角出现一个预览图。

在零件模型表面选择一个投影面（中间轮辐平面），单击，工程图工作台被激活，同时出现一个预览模型图，单击右上角的罗盘箭头对其反向进行调整，如图 6.2.1 所示。调整好后，单击工程图窗口空白处生成主视图。

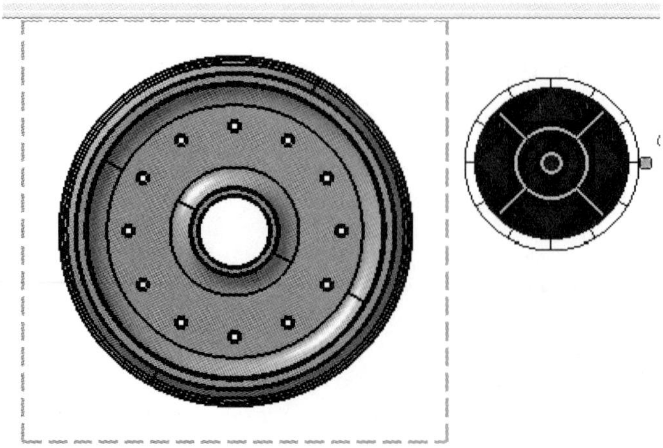

图 6.2.1 罗盘箭头

右击模型树中的“正视图”，单击菜单中的“属性”，出现属性对话框，如图 6.2.2 所示。调整对话框中的缩放比例为 1：10，并根据需要打开修饰中的“轴”“中心线”“螺纹”等，如图 6.2.2 所示。确认后创建好了一个主视图，将光标移动到虚线框上，变成手型后单击不放，并移动鼠标将试图移动到合适位置，如图 6.2.3 所示。

图 6.2.2 “属性”对话框

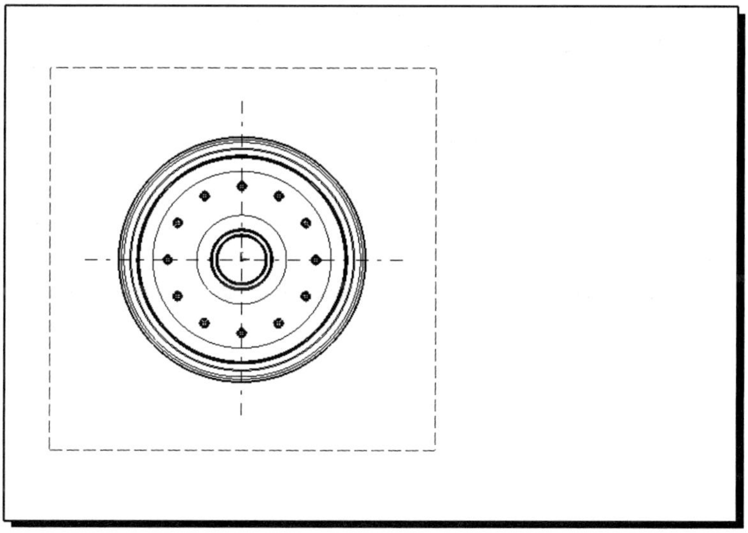

图 6.2.3 调整缩放比例

3. 创建剖视图

（1）在工程图工作台中，单击剖视“”，绘制剖面 $A—A$，在空白处双击确定，将鼠标移动到剖视面的不同侧，出现不同观察方向的视图，如图 6.2.4 所示。选择左视图，单击，得到剖视图，如图 6.2.5 所示。

（2）将鼠标移动到剖面线上右击，选择属性，弹出“属性”对话框，在“属性”对话框中修改剖面线的“角度”“间距”“颜色”等参数，如图 6.2.6 所示，点击“确定”。

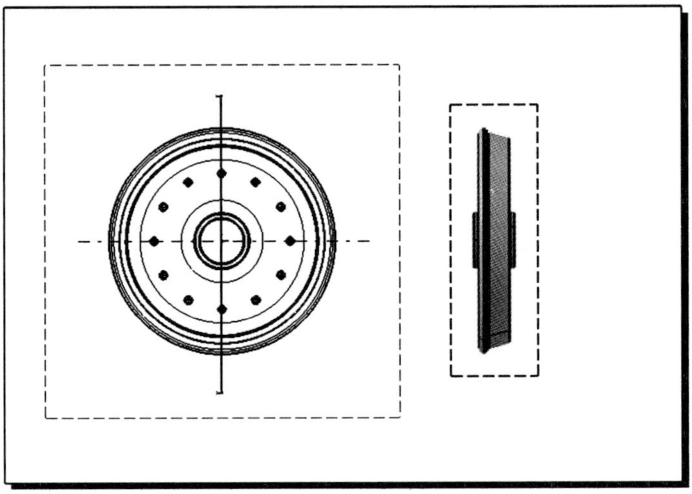

图 6.2.4　不同观察方向的视图

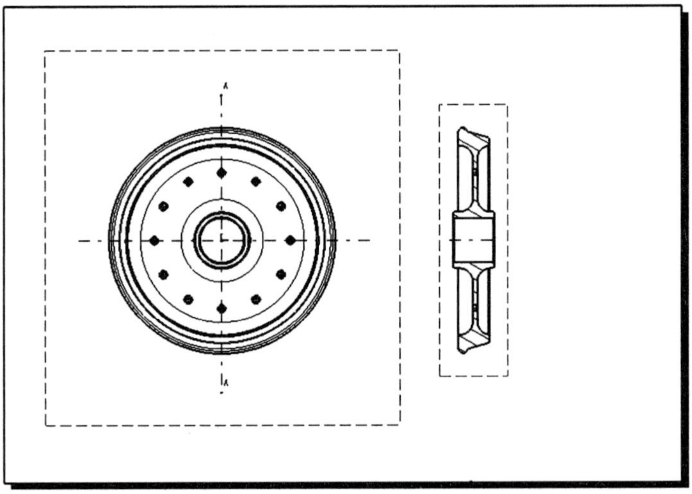

图 6.2.5　剖视图

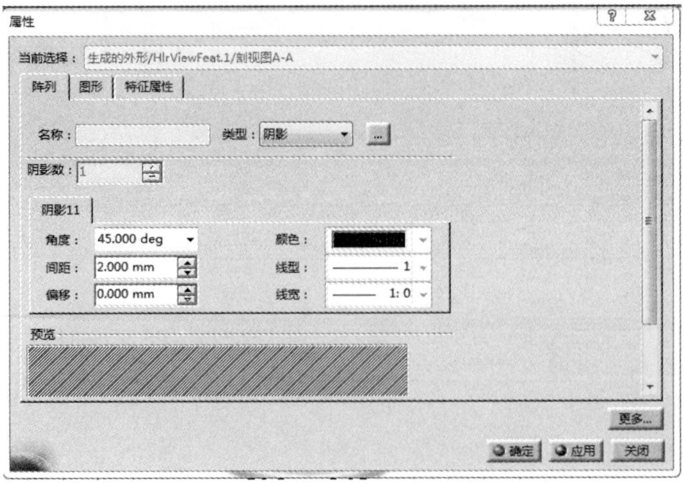

图 6.2.6 “属性”对话框

4. 尺寸标注

（1）标注长度/距离尺寸。

单击尺寸工具栏中尺寸“”的下三角，出现下拉工具条，双击长度“”，选择控制工具条中的标注样式，如图 6.2.7 所示，单击选中需要标注的长度或依次单击选中需要标注距离的两边，出现尺寸后单击，创建尺寸成功。

修改尺寸样式，如图 6.2.8 所示，尺寸“135”和“4.91”不符合国家标准。单击箭头，箭头的方向改变，并出现空心双向箭头和空心方框，如图 6.2.9 所示。单击空心双向箭头不放并拖拽可以移动尺寸数值的位置，单击空心方框不放并拖拽可移动尺寸界线的位置，单击尺寸箭头不放并拖拽可以移动箭头的位置，标注效果如图 6.2.10 所示。

图 6.2.7 标准样式

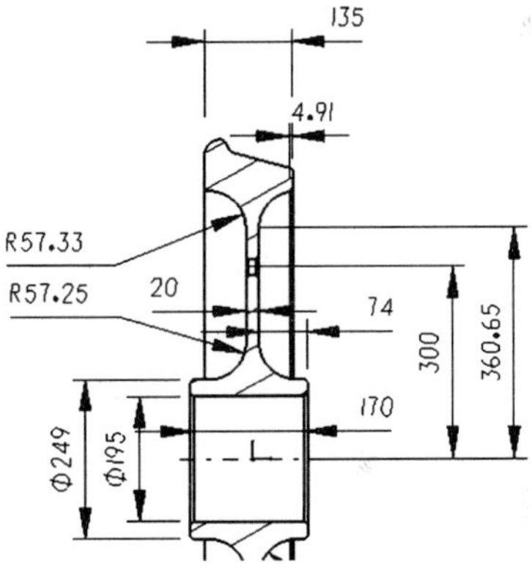

图 6.2.8 修改尺寸样式

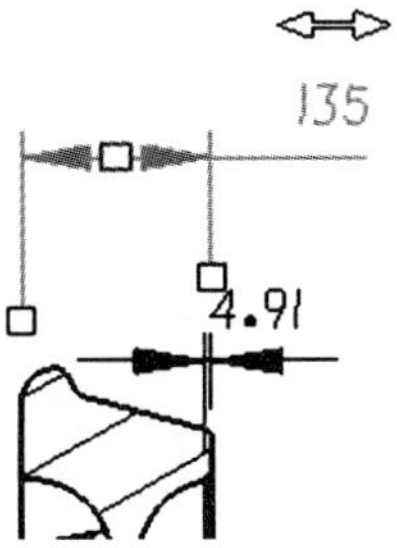

图 6.2.9 空心双向箭头和空心方框

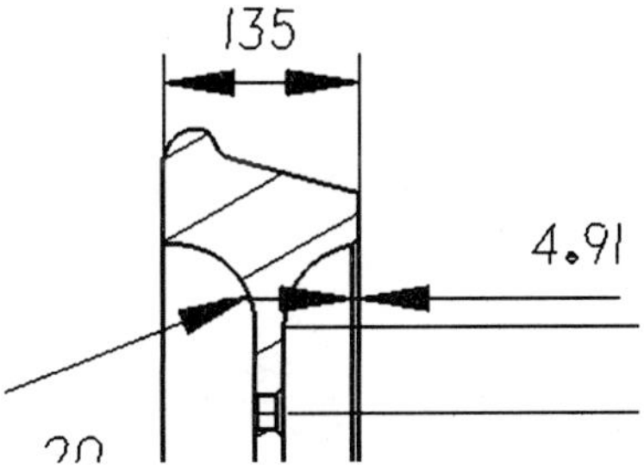

图 6.2.10 标准效果

（2）半径、直径标注。

半径、直径标注所用命令分别为“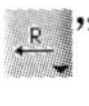”“”，其标注方法和长度方法一致。初步标注效果如图 6.2.11 所示。

半径尺寸样式的修改：将光标移动到半径尺寸上，“右击”→“属性”→“尺寸线”→“展示”→“两部分”→“确定”。最终标注效果如图 6.2.12 所示。

（3）角度标注。

角度标注使用命令“”，其标注方法和长度标注一致。

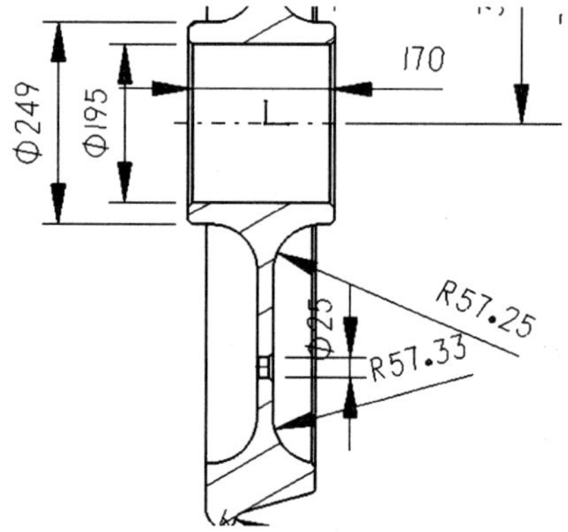

图 6.2.11　初步标准效果

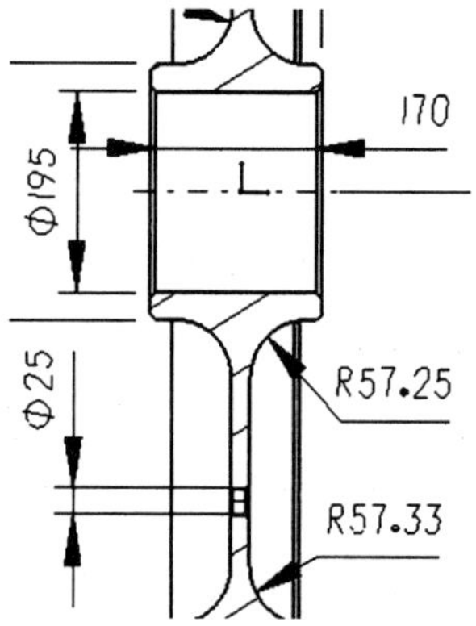

图 6.2.12　最低标准效果

5. 创建注释

点击文本“T”，在图纸空白处单击，在文本编辑器中输入“技术要求”，点击“确定”。光标移动到“技术要求”上，“右击”→“属性”→“字体”→“样式：斜体”→“大小：7”→“确定”。同理创建如图 6.2.13 所示的注释。

光标移动到虚线框上，“右击”→“属性”→“视图”→“关闭：显示视图框架”→ “确定”。最终的工程图效果如图 6.2.14 所示，表格的创建以后做介绍。（注：文本编辑器中需要换行时使用“shift+enter”键）

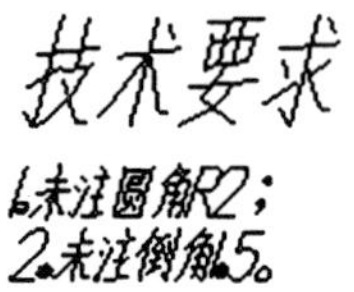

图 6.2.13　注释

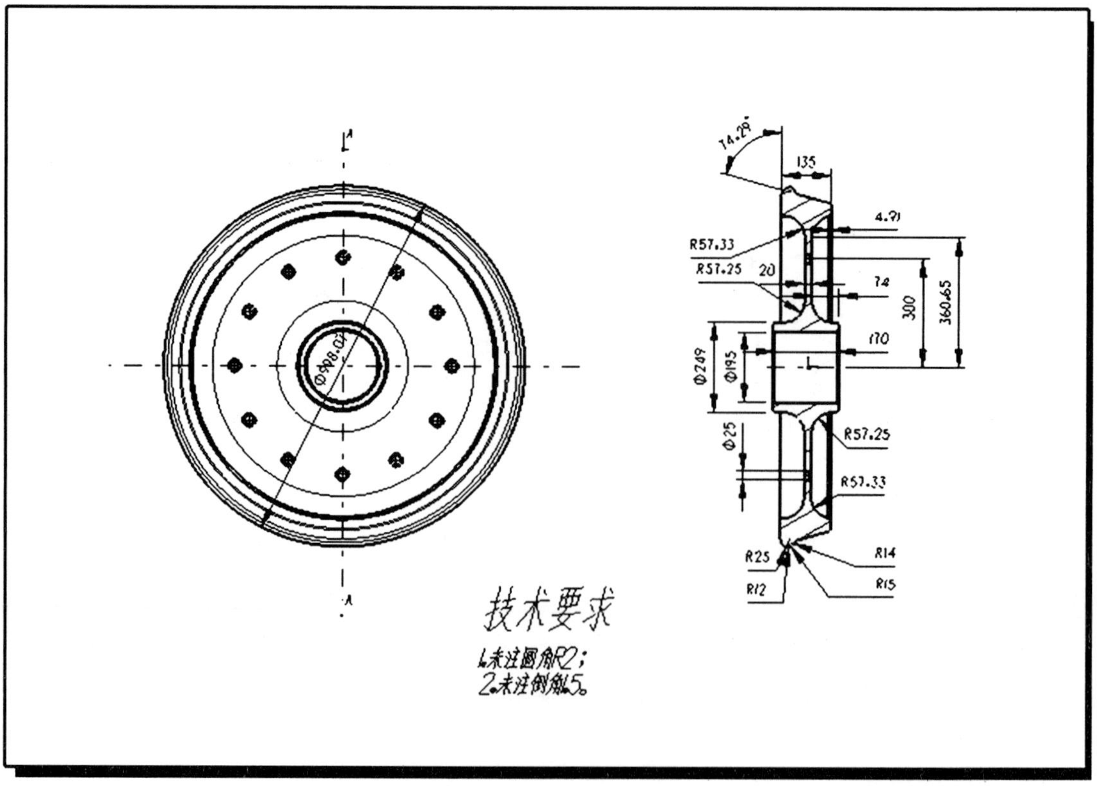

图 6.2.14

6.2.2　动车车轴零件图的生成

1. 生成主视图

按照车轮工程图的创建方法创建轴的主视图，如图 6.2.15 所示（比例 1∶5，取消“隐藏线”）。

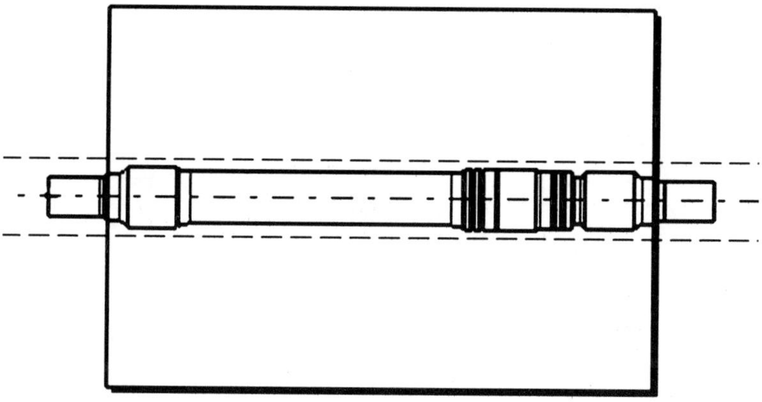

图 6.2.15　轴的主视图

2. 创建移出断面图

点击视图工具栏中“”的下拉三角，选择“”，绘制剖面线如图 6.2.16 所示。在空白处单击，创建好移除断面图。

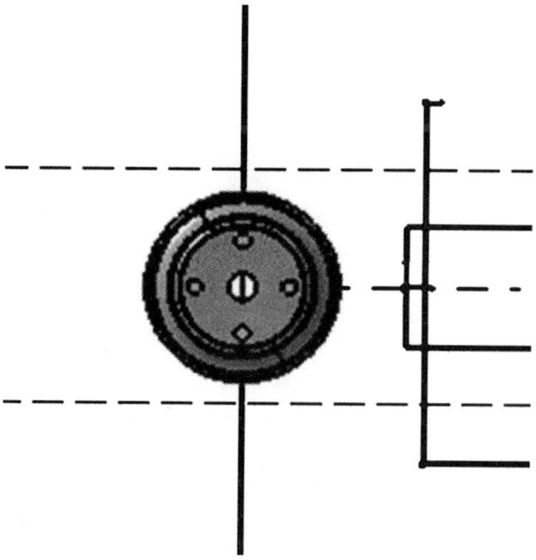

图 6.2.16　绘制剖面线

3. 创建折断视图

在主视图被激活的状态下，点击局部视图“”，绘制两条绿色的截断线，如图 6.2.17 所示。空白处单击，得到折断视图，如图 6.2.18 所示。

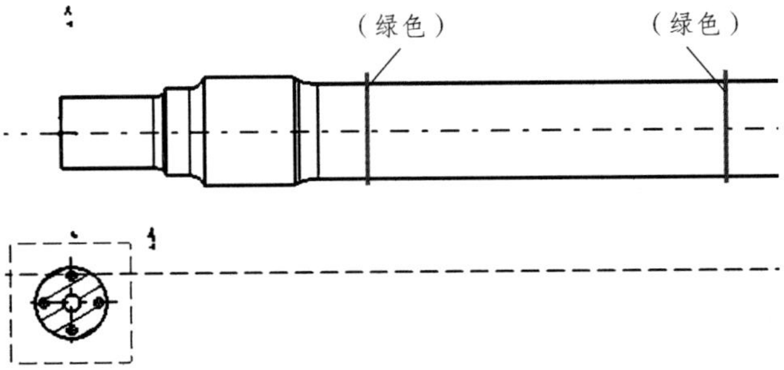

图 6.2.17　绘制截断线

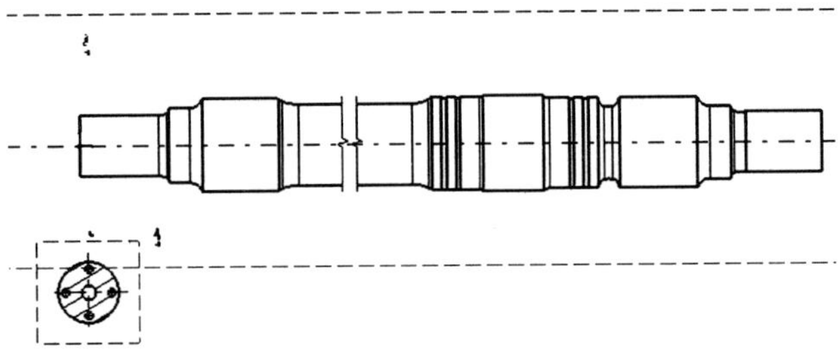

图 6.2.18　折断视图

4. 标注粗糙度

点击标注工具栏中的“”，选择需要标注的边，弹出“粗糙度符号”对话框，修改对话框中的各参数，如图 6.2.19 所示。单击“确定”，完成粗糙度的标注，如图 6.2.20 所示。

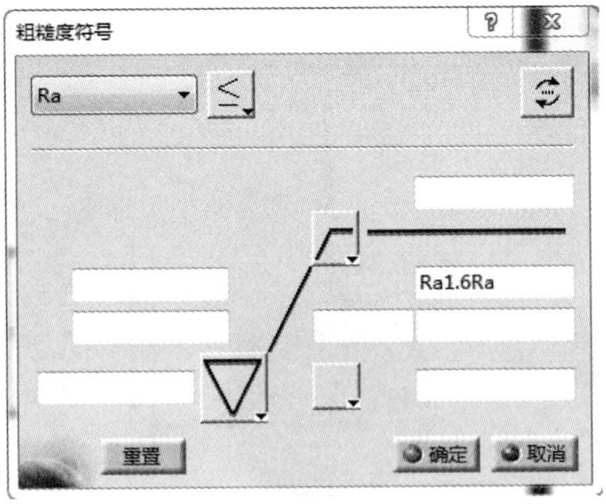

图 6.2.19　“粗糙度符号”对话框

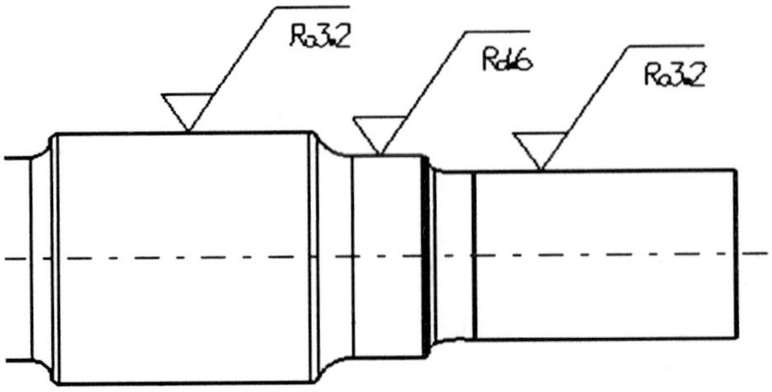

图 6.2.20

5. 创建形位公差标注

（1）创建基准特征。点击“”，选择需要标注基准的线，单击鼠标左键，输入“*A*”，在空白处单击，输入框中输入“*A*”，单击“确定”按钮，完成基准的创建，如图 6.2.21 所示。

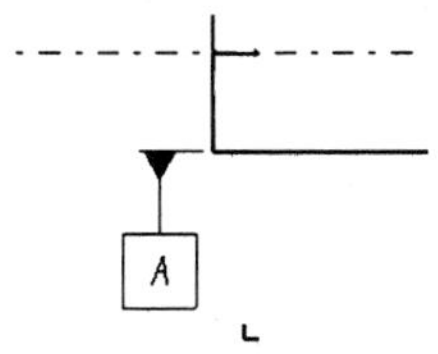

图 6.2.21 创建基准

（2）创建形位公差标注。点击“”的下拉菜单，选择形位公差“”，单击需要标注的线，按住“shift”键，选定放置位置，单击鼠标左键，松开“shift”键。在窗口中设置如图 6.2.22 所示的数据，点击输入框中的“”，设置数据如图 6.2.23 所示，确定完成形位公差的标注。

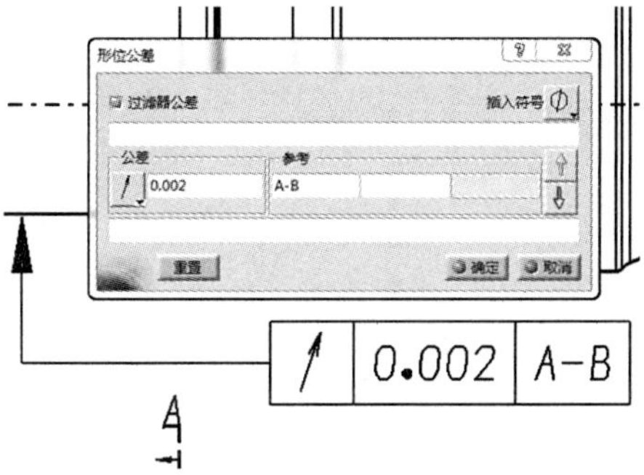

图 6.2.22 设置数据

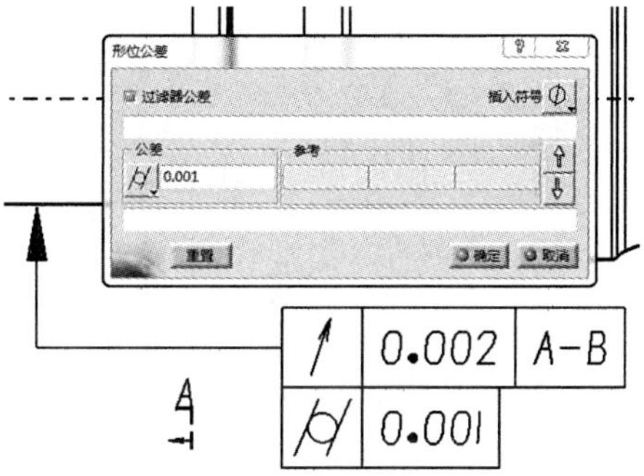

图 6.2.23 设置数据

6. 标注尺寸公差

根据第 6.2.1 小节进行尺寸标注。右击需要标注尺寸公差的尺寸，选择“属性”→“公差”，设置如图 6.2.24 所示的参数，单击“确定”按钮，完成尺寸公差标注如图 6.2.25 所示。

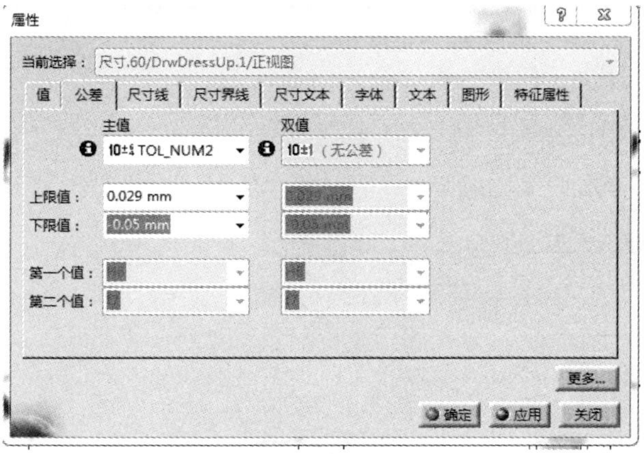

图 6.2.24 设置参数

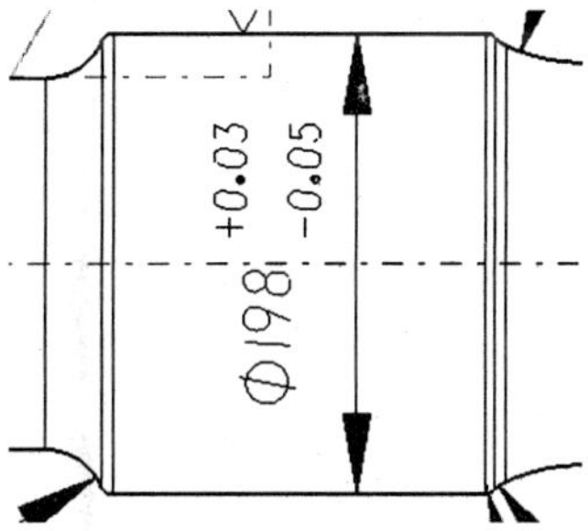

图 6.2.25 完成尺寸公差标准

7. 绘制标题栏（A3 图纸）

（1）绘制图框，点击“编辑”→“图纸背景”，进入图纸背景后，利用点工具“”创建 4 个点（25， 5）、（25， 289）、（415， 5）、（415， 289）。利用线工具创建图框，如图 6.2.26 所示。

（2）创建表，点击“田”，输入列数 16，行数 11，点击“确定”按钮，在图纸空白处单击，生成 16×11 的表。

（3）合并单元，双击表格，进入编辑状态，光标变成十字架后选中需要合并的单元，右击选择合并，如图 6.2.27 所示。

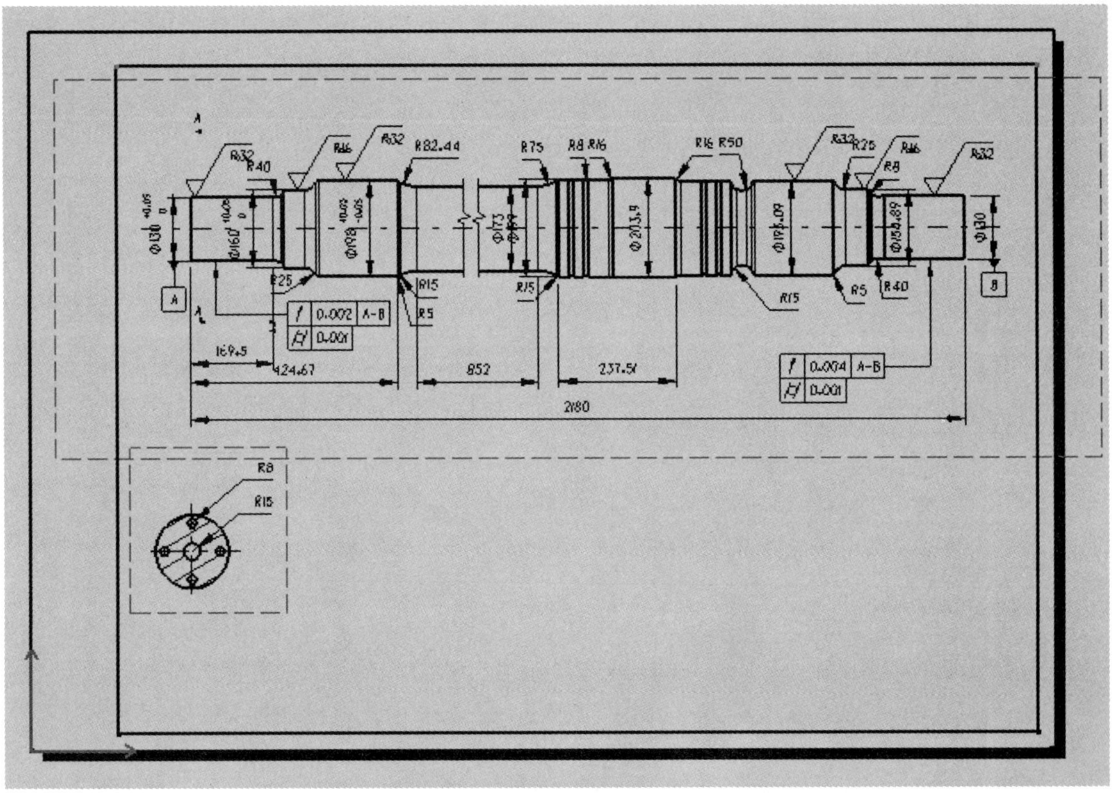

图 6.2.26　创建图框

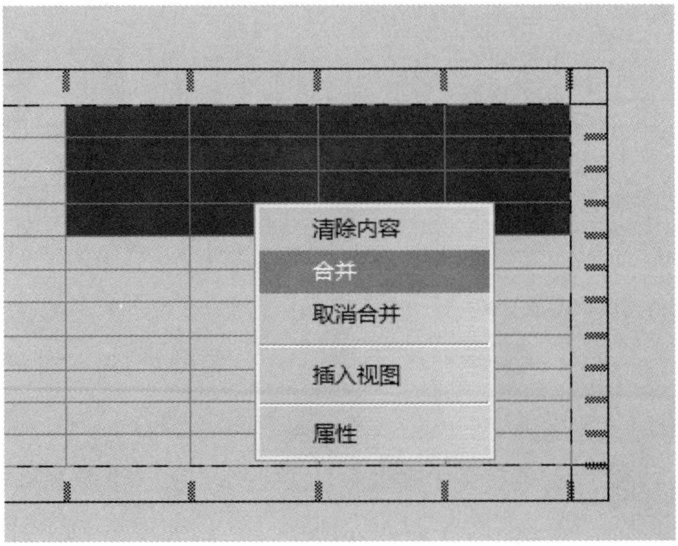

图 6.2.27　合并

（4）设置行高，在表格编辑状态下，将光标移动至需要改变行高单元的最左边出现实心箭头后，右击选择“大小”→“设置大小”，如图 6.2.28 所示，输入行高值后，确定。同样的，设置列宽，将光标移动至需要改变列宽单元的最上边出现空心箭头后，右击选择“大小”→“设置大小”，输入列宽值后，确定。

经过多次合并、列宽设置，行高设置后，得到符合国家标准的标题栏。长按“shift”键，拖动表格至右下角，如图 6.2.29 所示。

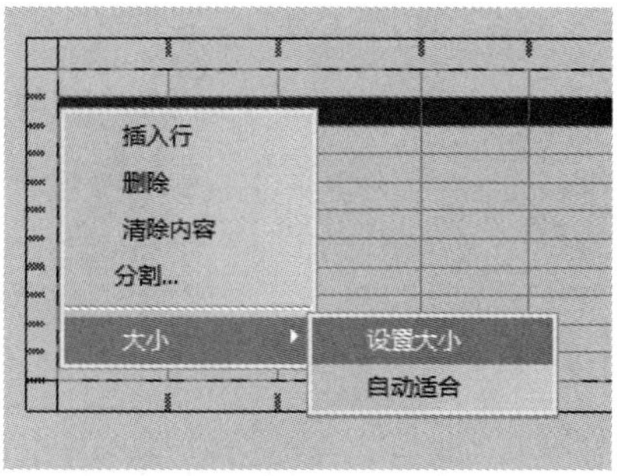

图 6.2.28　设置大小

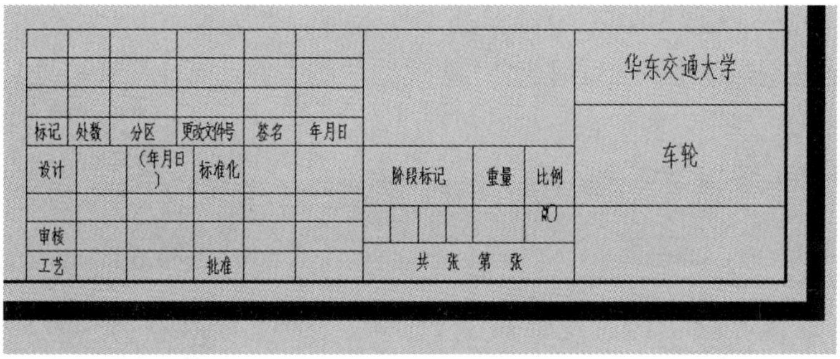

图 6.2.29　标题栏

点击“编辑”→“工作视图”，回到工作视图，添加注释，删除虚线框，最后得到的工程图如图 6.2.30 所示。

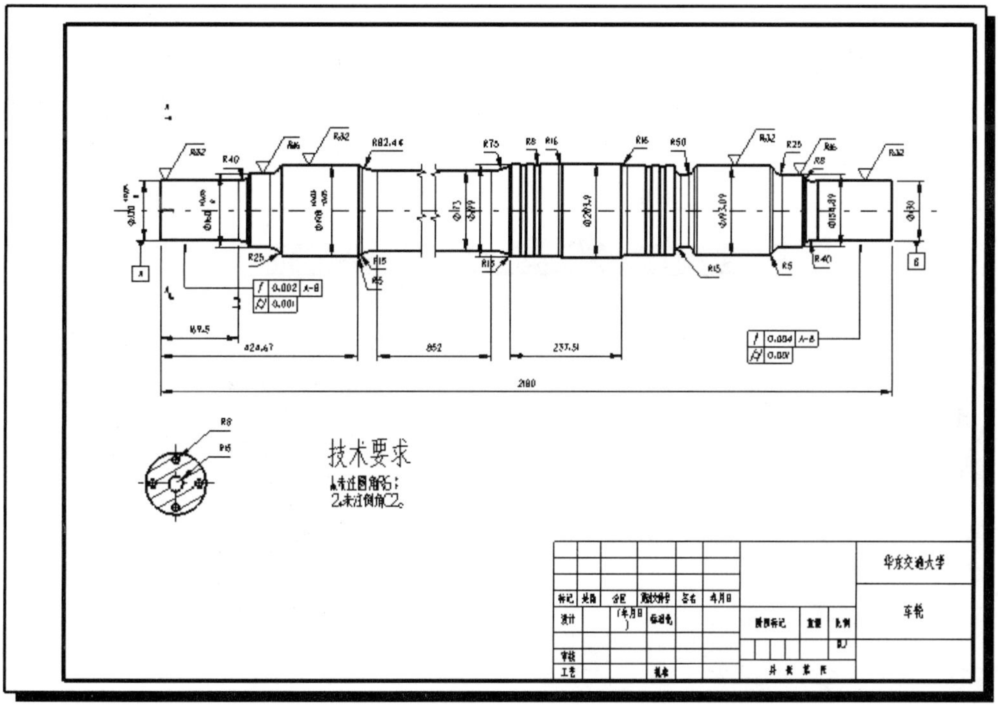

图 6.2.30　工程图

8. 调用图纸

由上述可以看出，绘制图框和标题栏的过程较复杂。图纸的布局需要执行国家标准，因此，可以将制作好的图纸模板保存，以备需要时调用。调用方法如下：“文件”→“页面设置”→“选择标准为 GB”→“选择图纸样式 A3/A4”→“插入背景视图”→“找到对应图纸大小的模板”→“插入”→“确定”，即可调用一张空白的图纸模板。

6.3 装配图生成案例

空气弹簧是轨道列车转向架上很重要的一个部件。图 6.3.1 所示为某型车的一个空气弹簧。接下来介绍空气弹簧工程图的创建。

6.3.1 创建空气弹簧的三视图

1. 预备工作

新建一个工程图，调用一张标准的 A3 图纸，打开空气弹簧的三维模型。点击“窗口”→“水平平铺”，激活工程图界面。

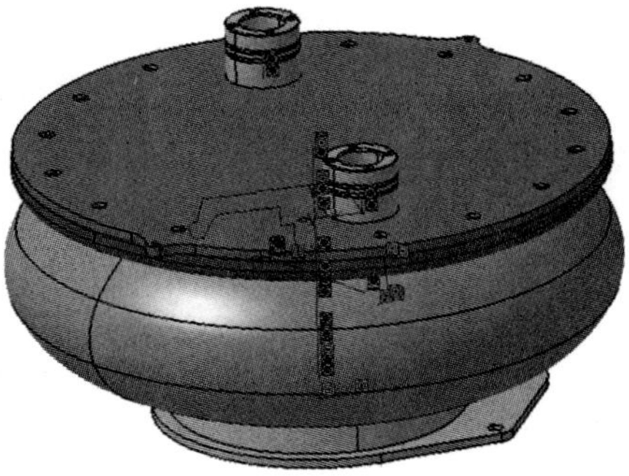

图 6.3.1 空气弹簧

2. 快速创建三视图

点击视图创建向导“”，选择布局样式如图 6.3.2 所示，点击“下一步”，点击“确定”。在空气弹簧的三维模型中选择一个竖直面，通过罗盘调节视图方向，回到工程图界面，空白处单击得到如图 6.3.3 所示的三视图。按住“Ctrl”键选中模型树中的“正视图”“左视图”“俯视图”，“右击”→“属性”→“修改比例 1∶10”→“取消隐藏线、圆角”，得到的三视图如图 6.3.4 所示。

图 6.3.2 布局样式

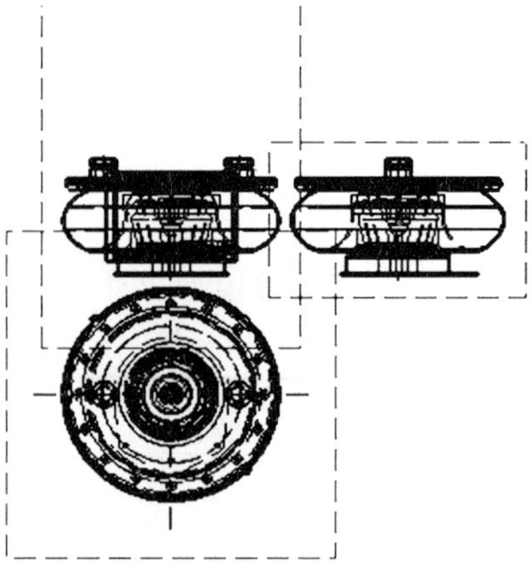

图 6.3.3 三视图

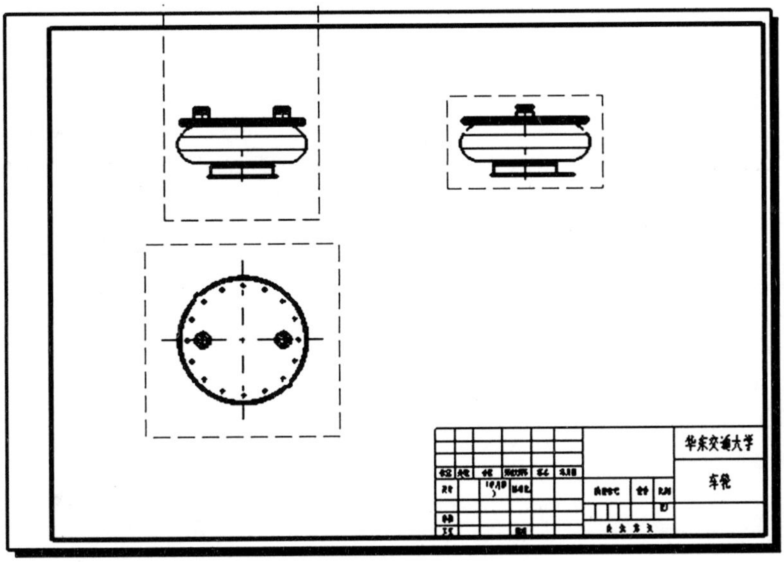

图 6.3.4 三视图

3. 创建半剖视图

激活俯视图，单击偏移剖视图“”，绘制剖面线（双击鼠标结束）如图 6.3.5 所示。在空白处单击鼠标左键，得到半剖视图，如图 6.3.6 所示（删除主视图用得到的半剖视图代替）。

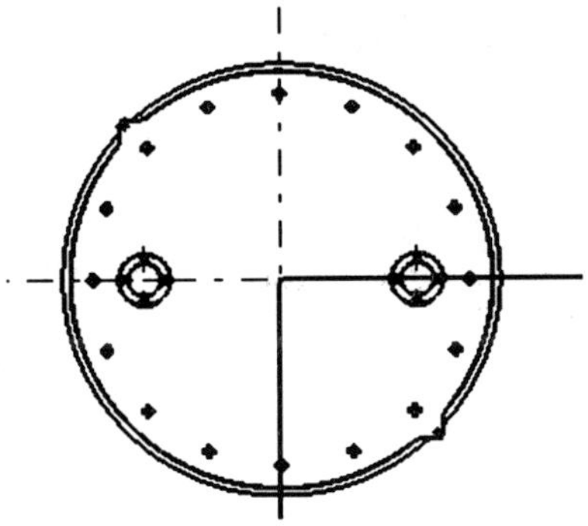

图 6.3.5 绘制剖面线

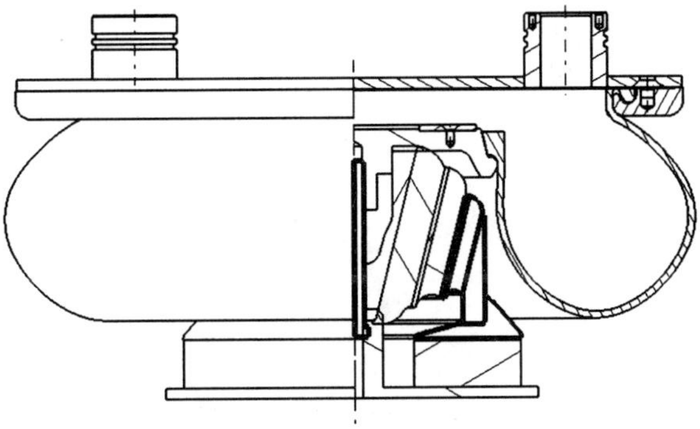

图 6.3.6 半剖视图

6.3.2 添加零件序号

激活空气弹簧三维模型界面，点击生成编号“”，点击模型树中的“product1”，单击“确定”。

激活空气弹簧工程图界面，激活创建的半剖视图，“插入”→“生成”→“零件序号生成”。按住“Ctr1”键，单击所有零件编号，光标移到黄色方框上，右击选择符号形状为无符号。

拖拽编号到合适位置，如图 6.3.7 所示。由于编号顺序较乱，将光标移到编号上，“右击”→“零件序号.**对象”→“定义”→“修改编号”，确定完成编号修改，最后效果如图 6.3.8 所示。

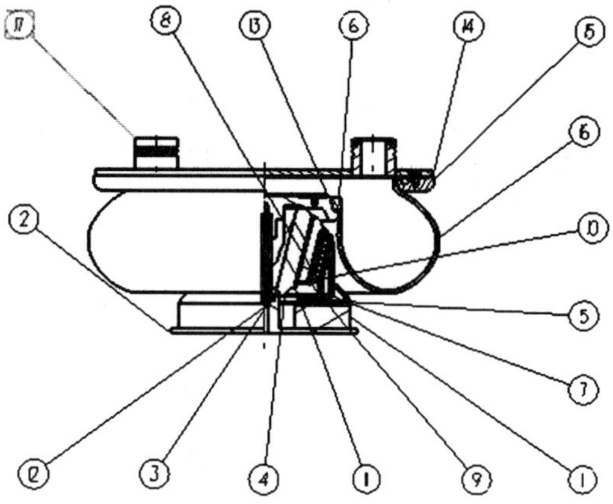

图 6.3.7　零件编号

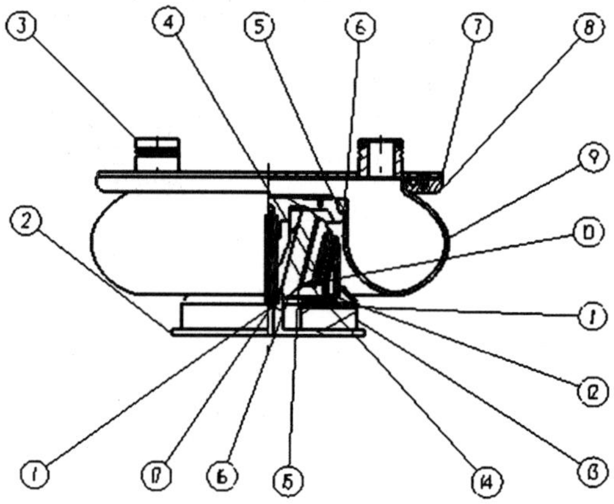

图 6.3.8　最后效果

修改剖面线的角度和间距，创建全剖视图，如图 6.3.9 所示。

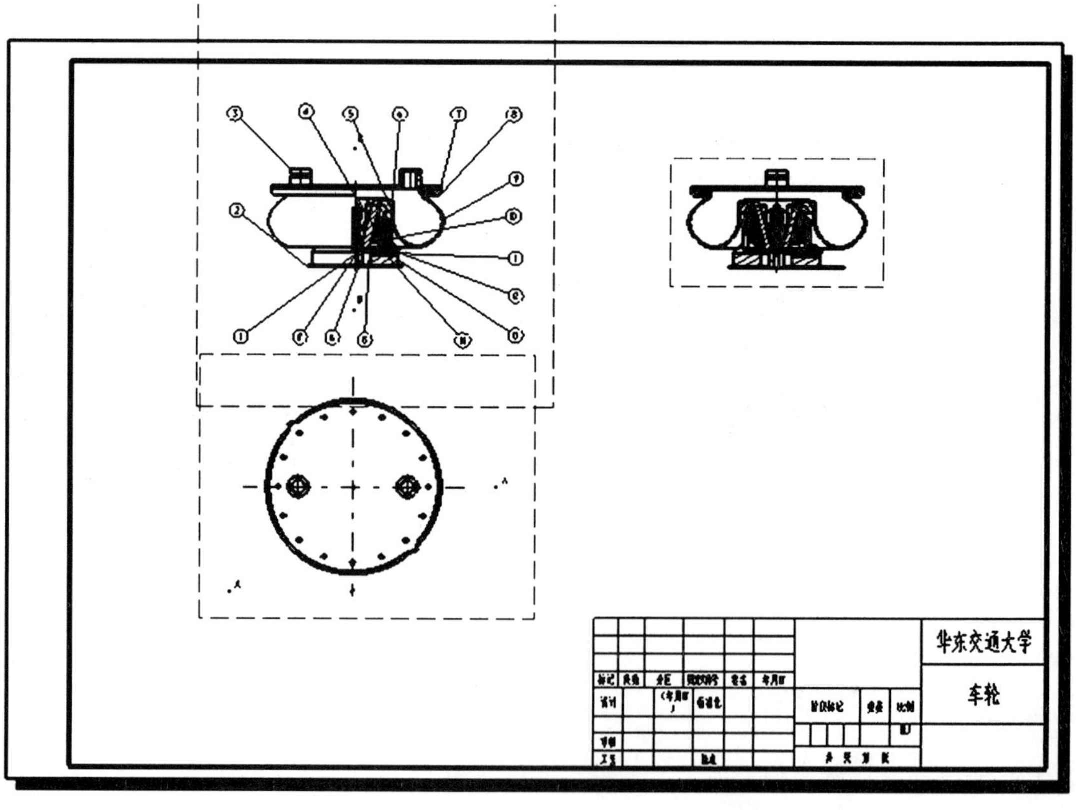

图 6.3.9　全剖视图

6.3.3　创建物料清单

选择“插入”→“生成”→“物料清单”→“物料清单”，在空白处单击放置物料清单，并删除子物料清单，如图 6.3.10 所示。双击激活表格，删除表头，设置行宽列高，均符合国家标准。在表格激活状态下编辑内容，双击单元格，在文本编辑器中输入相应文本。所有文本编辑结束全选表格，右击，选择居中对齐。将表格移动至标题栏上方，移动时按住“shift”键，最终效果如图 6.3.11 所示（零件具体内容不详细标出）。最终装配工程图如图 6.3.12 所示。

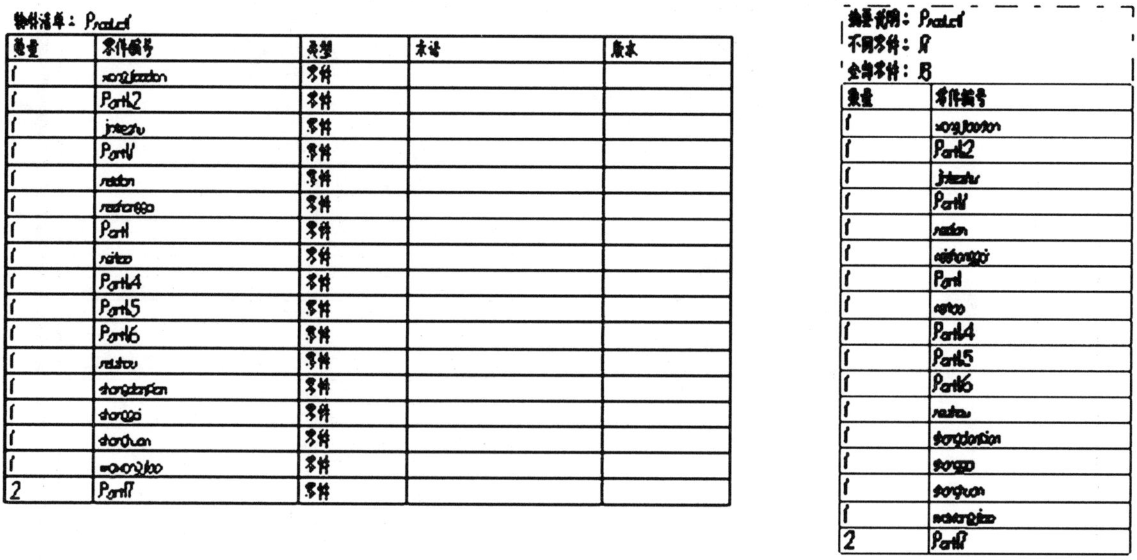

图 6.3.10　删除子物料清单

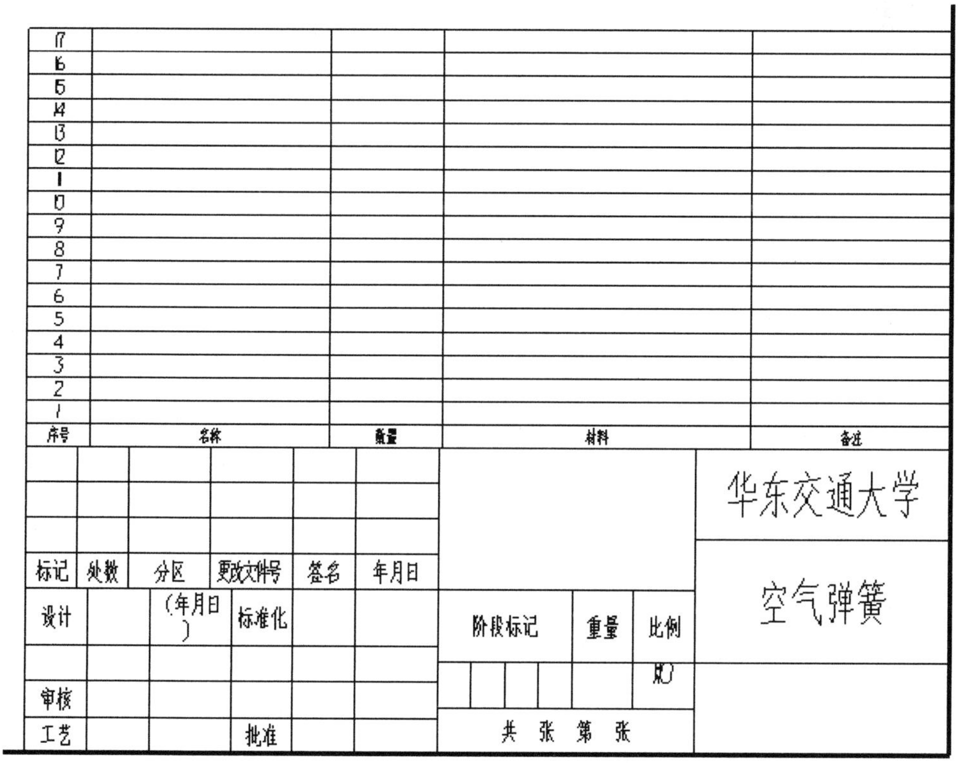

图 6.3.11　标题栏效果

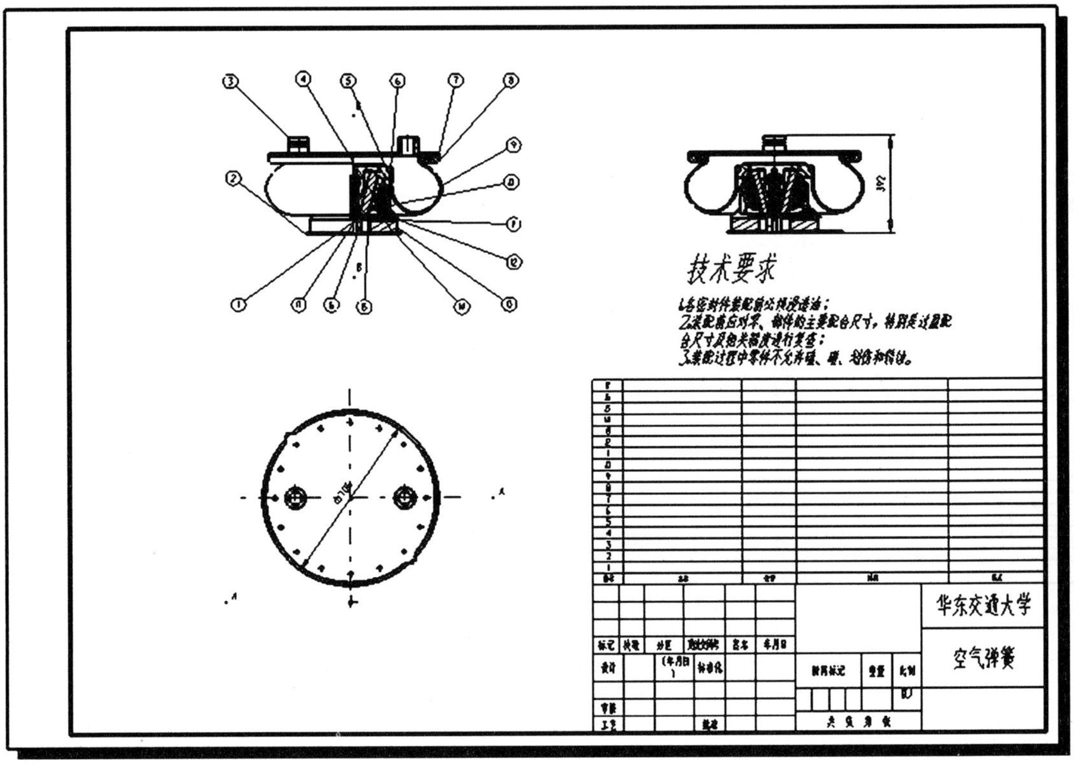

图 6.3.12　装配工程图

7　轨道车辆关键零部件的有限元分析

7.1　有限元简介

有限元法其实就是一个仿真分析的问题。比如说我们设计一个零件，那么这个零件该设计成什么样才能满足载荷等的相关要求，或者我们设计的零件结构是否符合相关的要求，这就需要用到有限元技术进行仿真检查。因此，有限元技术对于现在的设备制造行业来说越来越重要。

要掌握有限元技术相当困难，最初入门的计算也是非常复杂的。有限元技术包含的方面特别多，包括很多的种类，如分析结构有静态的或动态的，还有流体的。因此，具体情况要根据具体的工作来进行分析。

有限元技术在工程中应用非常广泛，同时其难度也较大，需要具备相应的基础知识，如材料知识、结构知识等。

CATIA 软件虽然提供了有限元分析模块，但所谓“术业有专攻”，由于 CATIA 软件的强项在于三维的设计与建模，所以现在工程中几乎不使用 CATIA 软件进行有限元分析与仿真。

在对 CATIA 软件中的有限元模块进行介绍之前，需要知道有限元方法是什么，其适用在哪些方面，在进行有限元分析时需要哪些步骤等。

7.1.1　什么是有限元

有限元法是一种有效解决工程问题的分析方法。有限元方法最早应用于结构力学，随着计算机的发展而逐渐应用于流体力学、热力学等方面。现如今在核工业、航空航天、机械制造、国防军工、土木工程、造船、水利、铁路等方面也得到了广泛应用。

7.1.2　有限元法的基本思想

1. 物体离散化

将某个工程结构离散为由各种联结单元组成的计算模型，这一步称为单元剖分。离散后单元与单元之间利用单元的节点相互联结起来。单元节点的设置、性质、数目等应视问题的性质根据需要和计算精度而定。所以有限元法中分析的结构已不是原有的物体或结构，而是同样的材料由众多的单元以一定的方式连接成的离散物体。这样，有限元分析计算所获得的结果只是近似的。如果划分单元数目非常多而又合理，则所获得的结果就能与实际情况很相符。

2. 单元特性分析

（1）选择未知量模式。在有限元法中，选择节点位移作为基本未知量时，称为位移法；选择节点力作为基本未知量时，称为力法；取一部分节点力和一部分节点位移作为基本未知量时，称为混合法。位移法易于实现计算自动化，所以在有限元法中位移法应用范围最广。当采用位移法时，物体或结构物离散化之后，就可把单元中的一些物理量（如位移、应变和应力等）由节点位移表示。这时可以对单元中位移的分布采用一些能逼近原函数的近似函数描述。通常，有限元法中将位移表示为坐标变量的简单函数，这种函数称为位移模式或位移函数。

（2）分析单元的力学性能。根据单元的材料性能、形状、尺寸、节点数目、位置及含义等，找出单元节点和节点位移的关系式，这是单元分析中的关键一步。此时需要应用弹性力学中的几何方程和物理方程来建立力和位移的方程式，从而导出单元刚度矩阵，这是有限元法的基本步骤之一。

（3）计算等效节点力。物体离散化后，假定力是通过节点从一个单元传递到另一个单元。但是，对于实际的连续体，力是从单元的公共边界传递到另一个单元中去的。因而，这种作用在单元边界上的表面力、体积力或集中力都需要等效地移到节点上去，也就是用等效的节点力来替代所有作用在单元上的力。

3. 单元组集

利用结构力的平衡条件和边界条件把各个单元按原来的结构重新连接起来，形成整体的有限元方程。

4. 求解未知节点位移

求解有限元方程式得出位移。这里可以根据方程组的具体特点来选择合适的计算方法。

通过上述介绍，可以看出，有限单元法的基本思路是“一分一合”，分是为了进行单元分析，合则是为了对整体结构进行综合分析。

7.1.3 有限元法的特点

（1）能够适应复杂的集合构造。单元在空间上可以是不同的形状，同时，各种单元可以用不同的连接方式，因此，工程实际中遇到的非常复杂的结构和构造都可以离散为由单元组合体表示的有限元模型。

（2）适用于各种物理问题。由于用单元内近似函数分片地表示全域的未知场函数，对场函数所满足的方程形式并没有限制，也没有限制各个单元所对应的方程形式必须相同，因此，可以适用于各种物理问题，而且可以适用于各种物理场互相耦合的问题。

（3）发挥计算机特长的高效性。有限元分析的各个步骤可以表达为规范化的矩阵形式，因此，最后求解方程可以统一为标准的矩阵代数问题，非常适合计算机编程和执行。

7.1.4 有限元法的基本步骤

1. **三维建模**

不论对什么模型进行有限元分析，其第一步都必须是在三维建模软件中进行三维建模。

2. **附着材料**

在三维模型建完之后，需要对其材料进行附着，以告诉计算机我们需要分析的结构是什么材料。

3. **网格的划分**

该步骤就是把我们建立好的模型用无数个密密麻麻的网格划分出来，以便于分析每个小网格上的情况。网格的大小和划分质量的好坏直接决定着之后的分析精度。网格的数量越多，越均匀，之后的分析结果也就越精确，但其计算的时间也就越长，所占用的计算机的资源也就越多。所以在进行设计、计算、分析时，我们就可以把需要重点分析的区域的网格进行细致的划分，把不需要进行重点分析的区域的网格进行相应的简化，这样计算时间能够大大地缩短，但是计算精度却不会有非常大的降低。从而在计算时间及计算精度上取得最优的结果。网格的划分同样也是 CATIA 软件的弱项，其网格的划分相当麻烦，并且划分的质量也不太高，这就是我们通常不用 CATIA 软件进行有限元分析的原因之一。

4. **施加约束**

施加约束就是在有限元分析时对被分析的部件所处的情况进行定义，如部件哪些地方是完全约束的，哪些地方是不完全约束的等。这里的约束一定要考虑到现实的情况。

5. **施加载荷**

施加载荷是对被分析的部件所承受的载荷的大小及方位进行定义。

6. **计算分析**

在对上述的各个项目进行定义之后，计算机就可以根据我们的定义进行相应的计算分析了。在计算分析之后即可得到相应的计算结果。

7.2 CATIA 有限元界面及相关命令的介绍

第 7.1 节介绍了关于有限元的相关基础知识。通过对第 7.1 节的学习，相信读者对有限元有了初步的认识。本节将介绍 CATIA 软件中的有限元界面及在用 CATIA 软件进行有限元分析时需要用到的一些命令。

7.2.1 进入 CATIA 的有限元界面

在对部件三维建模或者装配后，需要进行有限元分析时，就需要进入 CATIA 的有限元分析界面，其具体方法是单击菜单栏中的“开始”→“分析与模拟”→“Generative Structual Analysis”，弹出“New Analysis Case”对话框，如图 7.2.1 所示。可以看到，对话框中有“Static Analysis”“Frequency Analysis”“Free Frequency Analysis”3 个选项，单击选择第一个“Static Analysis”选项后“New Analysis Case”对话框中的“确定”按钮，进入有限元分析工作台。这里以第一个“Static Analysis”对零件进行静态分析为例来介绍 CATIA 中的有限元分析。

在使用 CATIA 软件进行有限元静力学分析时主要会用到的是“Loads”工具栏（见图 7.2.2）、“Compute”工具栏（见图 7.2.3）及“Restraints”工具栏（见图 7.2.4）的相关命令，因此，这里主要介绍这 3 个工具栏中的相关工具的作用。

图 7.2.1 “New Analysis Case”对话框

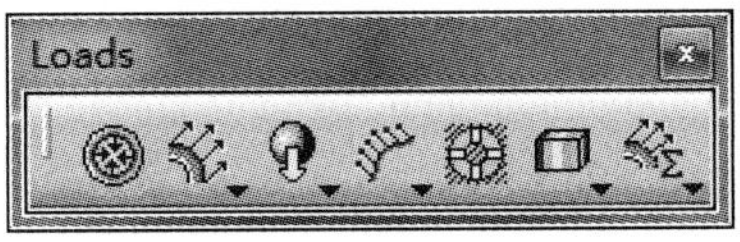

图 7.2.2 “Loads”工具栏

图 7.2.3 “Compute”工具栏

图 7.2.4 “Restraints”工具栏

7.2.2 CATIA 有限元界面中常用的工具

1. “Restraints”工具栏中的相关工具

“Restraints”工具栏中的相关工具主要用来向需要进行有限元分析的构建添加相应的约束，下面介绍其中常用的几个约束命令。

（1）“Clamp”工具。

“Clamp”工具用于添加固支边界约束，即在选定的几何选定中全约束各个方向的自由度。其具体操作步骤为：

① 单击“Restraints”工具栏中的“Clamp”工具按钮“”，弹出“Clamp”对话框，如图 7.2.5 所示。

② 对话框中的“Name”文本框用于显示当前所添加的约束的名称，“Supports”文本框用于显示当前所选择的需要进行固支边界约束。

③ 单击“Clamp”对话框中的“Supports”文本框后，在图像显示区中单击选择需要添加固支边界约束的模型表面后，单击“Clamp”对话框中的“确定”按钮，即可完成固支边界约束的创建。这时，在已添加固支边界约束的模型表面会显示如图 7.2.6 所示的符号。

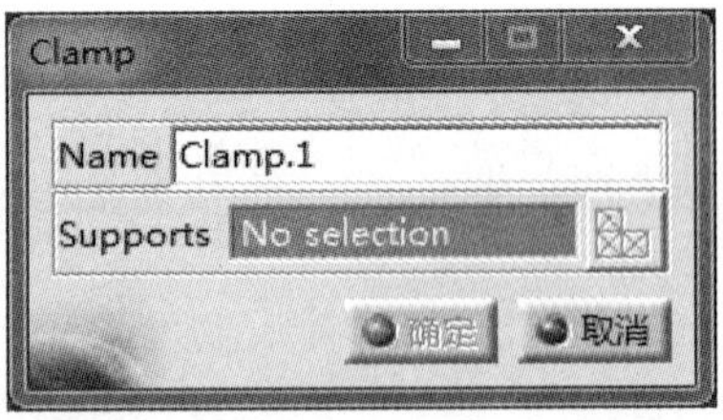

图 7.2.5 “Clamp”对话框

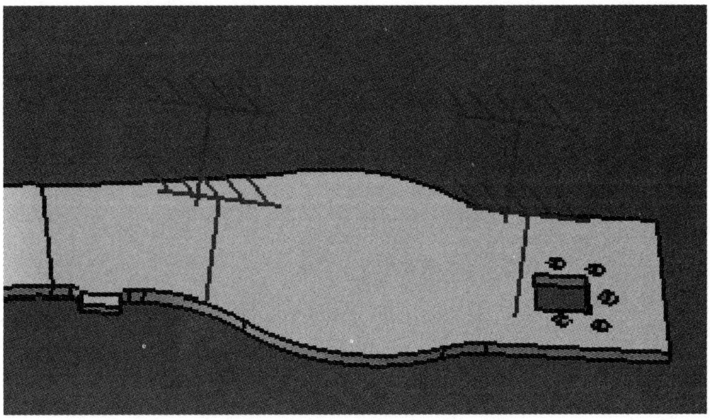

图 7.2.6 模型表面

（2）“Surface Slider”工具。

“Surface Slider”工具用于添加铰链约束，即定义一个构建只能在固定的轴线内转动而不能随意移动。其具体操作步骤为：

① 单击“Restraints”工具栏中的“Surface Slider”工具按钮“”，弹出“Surface Slider”对话框，如图 7.2.7 所示。

② 对话框中的“Name”文本框用于显示当前所添加的约束的名称，“Supports”文本框用于显示当前所选择的需要进行的铰链约束。

③ 单击“Surface Slider”对话框中的“Supports”文本框后，在图像显示区中单击选择需要添加铰链约束的原型曲线、表面或轴，单击“Surface Slider”对话框中的“确定”按钮，即可完成固支边界约束的创建。这时，在已添加固支边界约束的模型表面会显示如图 7.2.8 所示的符号。

图 7.2.7 “Surface Slider”对话框

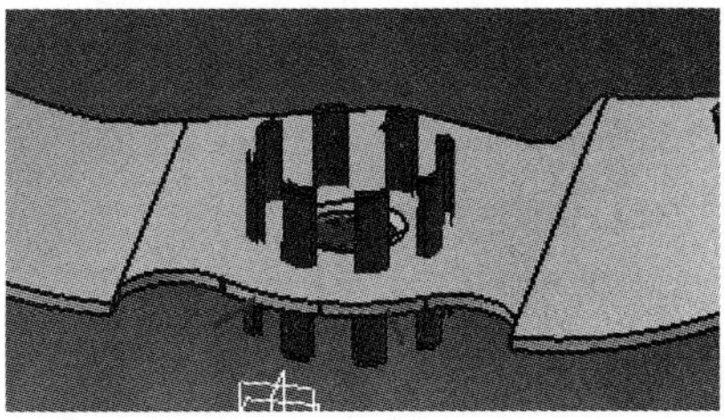

图 7.2.8 模型表面

（3）“Surface Slider”工具按钮右下角倒三角中包含的工具。

单击“Surface Slider”工具按钮右下角的倒三角，会看到在“Surface Slider”工具中还包含“Solder”命令“”、“Sliding Pivot”命令“”、“Ball Joint”命令“”及“Pivot”命令。其中除了“Ball Joint”命令是约束球铰链外，其余均为定义普通铰链约束，其具体操作步骤均与“Surface Slider”类似，所以这里就不再对其进行过多介绍。

对于“User-defined Restraint”命令“”及其下包含的“Isostatic Restraint”命令“”，在 CATIA 有限元分析中不常用到，故在此不再对这两个命令进行介绍，感兴趣的读者可以自行学习。

2. “Loads”工具栏中的相关工具

“Loads”工具栏中的相关命令主要用来向需要进行有限元分析的构建添加相应的载荷，下面介绍其中常用的几个载荷命令。

（1）“Pressure”工具。

该工具用于创建压强载荷。压强载荷表示应用于表面几何形状的均匀比例压强场。压强载荷可以用于面或面组。其具体操作步骤如下：

① 单击“Loads”工具栏中的“Pressure”工具按钮“”，弹出“Pressure”对话框，如图 7.2.9 所示。

② 其中“Name”文本框用于显示当前添加载荷的名称，“Supports”文本框中用于显示当前所选择的需要添加压强载荷的地方的个数，“Pressure”文本框中用于定义施加的压强载荷的大小。

③ 单击“Pressure”对话框中的“Supports”文本框后，在图像显示区中单击选择需要添加压强载荷的模型表面，并在“Pressure”文本框中设定需要施加的压强载荷值后，单击“Pressure”对话框中的“确定”按钮，即可完成对该表面压强载荷的添加。这时，在已添加压强载荷的模型表面会显示如图 7.2.10 所示的符号。

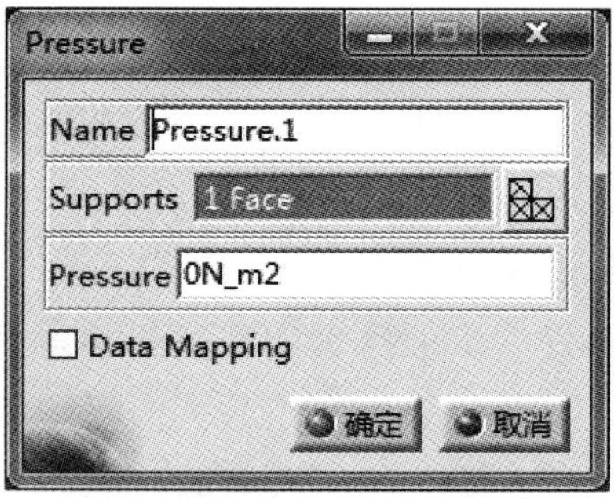

图 7.2.9 “Pressure”对话框

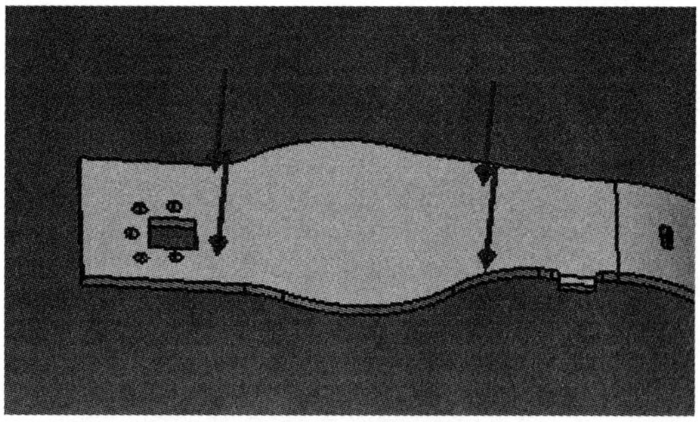

图 7.2.10 模型表面

（2）“Distribute Force”工具。

该工具用于创建分布载荷。分布式的载荷代表力和力矩应用于所选的自由度。其具体操作步骤如下：

① 单击“Loads”工具栏中的“Distribute Force”工具按钮“”，弹出“Distribute Force”对话框，如图 7.2.11 所示。

② 其中“Name”文本框用于显示当前添加载荷的名称，“Supports”文本框中用于显示当前所选择的需要添加的分布载荷的地方的个数，“Axis System”选项区域中的“Type”文本框用于定义施加的分布载荷的类型，“Force Vector”选项区域用于对施加的分布载荷各个方向不同力的定义。

③ 单击“Supports”文本框后，在图像显示区中单击选择需要添加分布载荷的模型表面后，在“Force Vector”选项区域中对各个方向的力的大小进行定义，单击“确定”按钮，即可完成对需要分析构建的分布载荷的添加。这时，在已添加压强载荷的模型表面会显示如图 7.2.12 所示的符号。

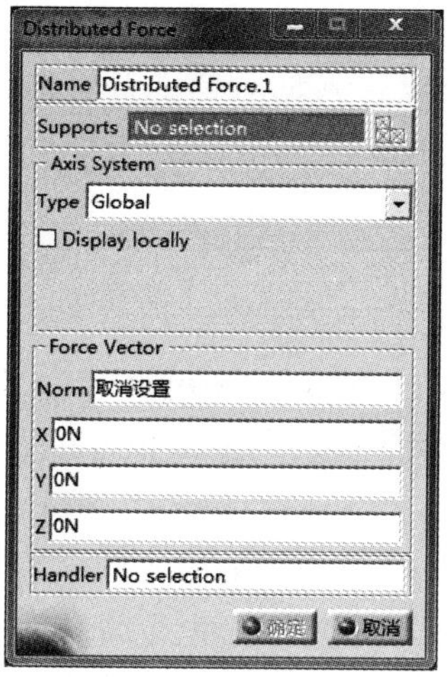

图 7.2.11 “Distribute Force”对话框

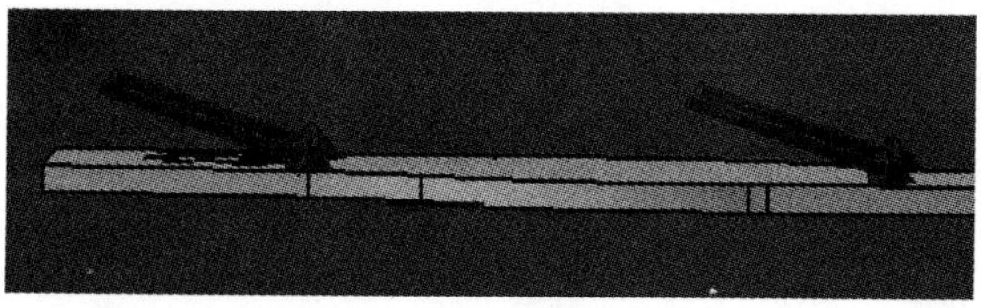

图 7.2.12 模型表面

（3）“Line Force Density”工具。

该工具用于线分布载荷，即载荷的分布在一条线上。其具体操作步骤如下：

① 单击“Loads”工具栏中的“Line Force Density”工具按钮，弹出“Line Force Density”对话框，如图 7.2.13 所示。

② 其中“Name”文本框用于显示当前添加的载荷的名称，“Supports”文本框中用于显示当前所选择的需要添加的线分布载荷的地方的个数，“Axis System”选项区域中的“Type”文本框用于定义施加的分布载荷的类型，“Force Vector”选项区域用于对施加的分布载荷各个方向不同力的定义。

③ 单击“Supports”文本框后，在图像显示区中单击选择需要添加线分布载荷的模型边后，在“Force Vector”选项区域中对各个方向的力的大小进行定义，单击“确定”按钮，即可完成对需要进行有限元分析的构建的线分布载荷的添加。这时，在已添加压强载荷的模型表面会显示如图 7.2.14 所示的符号。

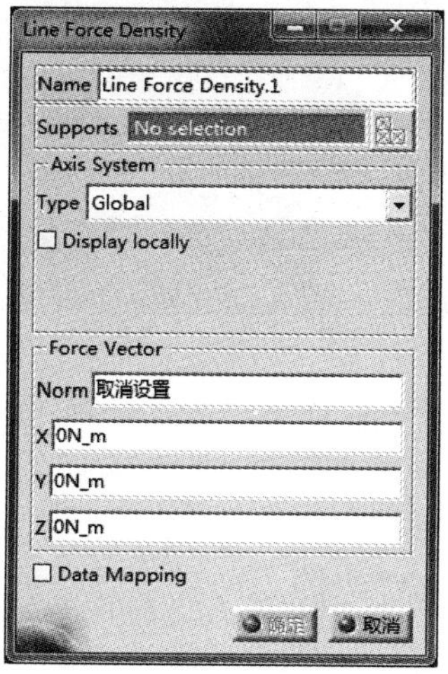

图 7.2.13 “Line Force Density”对话框

图 7.2.14 模型表面

（4）“Loads”工具栏中的其他工具。

在“Loads”工具栏中除了上面介绍的 3 个工具外还包含其他一些工具，由于这些工具在 CATIA 的有限元分析中使用较少，且其具体操作步骤和上面介绍的类似，故在此不再赘述。

3. “Compute”命令

当按照有限元分析的步骤对构建进行了设定后，即可单击“Compute”工具栏中的“Compute”工具按钮“”进行分析计算了，由于其操作较简单，无须做相关介绍，故在这里不再赘述。

小结： 至此，对 CATIA 有限元分析工作台中需要用到的一些相关命令的介绍就告一段落了。所谓“术业有专攻”，由于 CATIA 软件的强项在于三维建模、钣金设计、曲面设计部分，所以这里只是对 CATIA 软件中有限元分析工作台中常用的工具进行了简单介绍。对 CATIA 有限元分析感兴趣的读者可以根据自己的实际情况参考其他资料再进行深入的学习研究。

7.3 CATIA 有限元分析案例

本节将以转向架构架上的一个构件为例介绍在 CATIA 中进行有限元分析时的具体操作步骤。在应用 CATIA 进行有限元分析时，所需要遵从的步骤依次是三维建模、附材料、网格划分、施加约束、施加载荷及计算。下面将具体介绍其操作步骤。

1. 三维建模

这里以转向架构架上的一个钣金件为例，如图 7.3.1 所示。

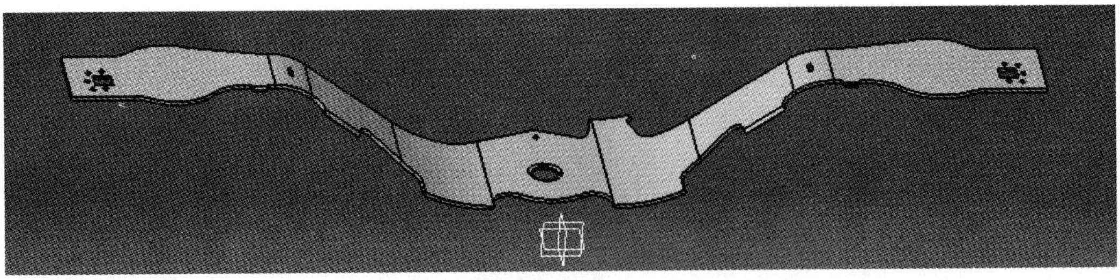

图 7.3.1 钣金件

2. 附材料

（1）单击“应用材料”工具按钮“”，弹出“库”对话框，如图 7.3.2 所示。

（2）单击“库”对话框中的“Metal”选项卡中的“Steel”材料，单击选择模型树中的“零件几何体”（见图 7.3.3）后，单击“库”对话框中的“应用材料”按钮后，单击“库”对话框中的“确定”按钮，完成对构件的附材料。

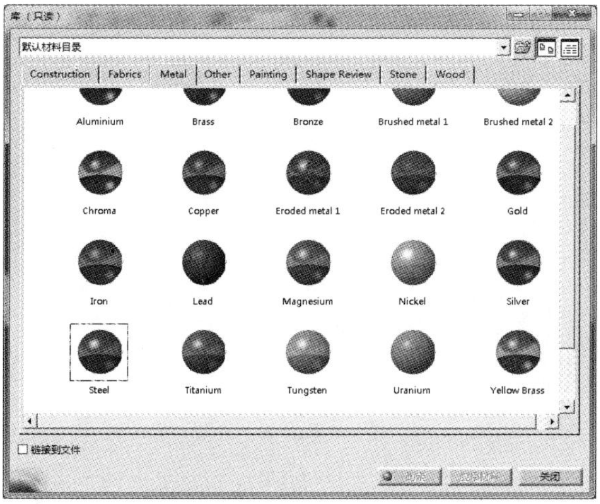

图 7.3.2 “库”对话框

图 7.3.3

（3）若想要看到附材料后的构件，可单击“视图”对话框中的“含边线着色”工具按钮“”右下角的黑色倒三角，选择“含材料着色”选项“”，这时会看到图形显示区域中的已附加材料的模型，如图 7.3.4 所示。

图 7.3.4 已附材料的模型

3. 网格划分

上面的两步均是在建模工作台中完成的，要划分网格则需要切换到有限元分析工作台。其具体操作步骤如下：

（1）单击菜单栏中的“开始”→“分析与模拟”→“Generative Structual Analysis”选项，弹出“New Analysis Case”对话框，如图 7.3.5 所示。单击选择其中的“Static Anaysis”选项后，单击“New Analysis Case”对话框中的“确定”按钮，进入有限元分析工作台。

图 7.3.5 “New Analysis Case”对话框

（2）单击模型树中“Nodes and Elements”节点前的加号，双击该节点下的“OCTREE Tetrahedron Mesh.1:Part1 right”（见图 7.3.6），弹出“OCTREE Tetrahedron Mesh”对话框，如图 7.3.7 所示。

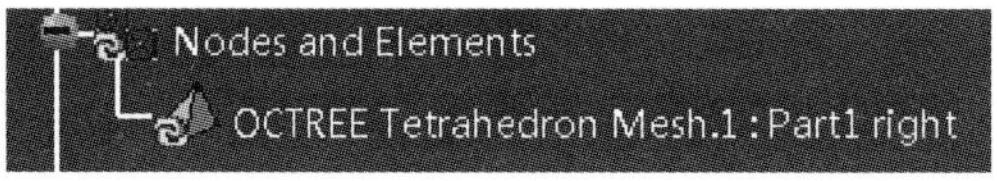

图 7.3.6 “OCTREE Tetrahedron Mesh.1:Part right”

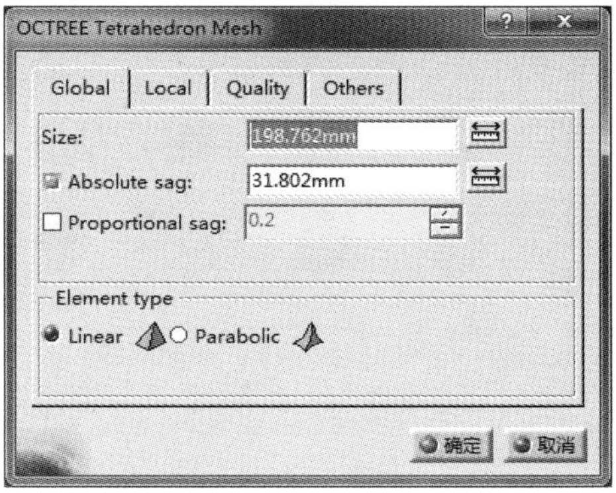

图 7.3.7 “OCTREE Tetrahedron Mesh”对话框

（3）在“OCTREE Tetrahedron Mesh”对话框中的“Global”选项卡中的“Size”文本框中输入 50 mm，在“Absolute sag”文本框中输入 5 mm 后，单击“确定”按钮。

注意：由于这里只是用一个构建来介绍 CATIA 软件中的有限元分析，所以所采取的数据均为参考数据。另外在前面就介绍过，这里的“Size”值和“Absolute sag”值设置得越小，到后面的计算分析时所耗费的时间也就越长。由于 CATIA 软件的强项不在其有限元分析部分，所以这里只是做个简单介绍，在“OCTREE Tetrahedron Mesh”对话框中的其余选项卡和选项，这里不再进行过多介绍，感兴趣的读者可以自行探索学习。

（4）现在在图形显示区域中的模型上并没有看到网格的出现，若要显示出网格，则选中模型树中的“Nodes and Elements”，右击选择“Mesh Visualizatiao”选项，经过一段时间的计算后即可在模型上显示出网格，如图 7.3.8 所示。

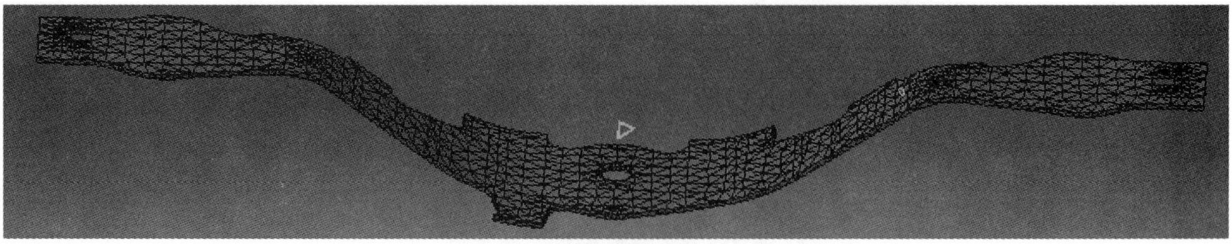

图 7.3.8 显示网络

4. **施加约束**

（1）将网格隐藏，重新回到添加网格之前的模型。

（2）单击“Restraints”工具栏中的“Clamp”工具按钮“”，弹出“Clamp”对话框，单击选择模型的如图 7.3.9 所示的面后，单击“确定”按钮，完成约束的添加。

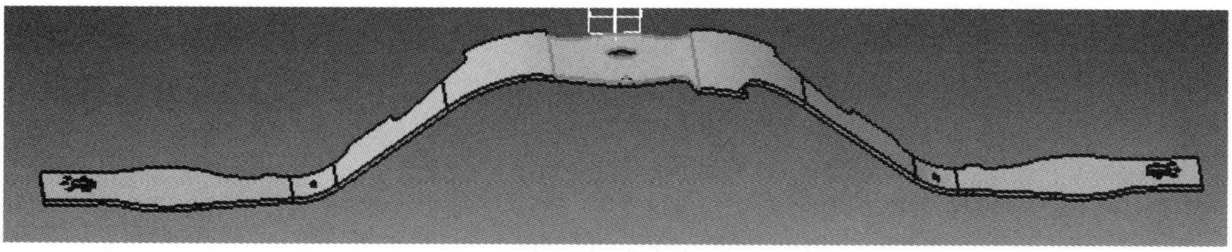

图 7.3.9 施加约束

5. 施加载荷

单击“Loads”工具栏中的“Distribute Force”工具按钮“”，单击选择如图 7.3.10 所示的面为施加载荷的面，并设置 x 方向的力为 100 000 N，其余两个方向的力均为 0 N。

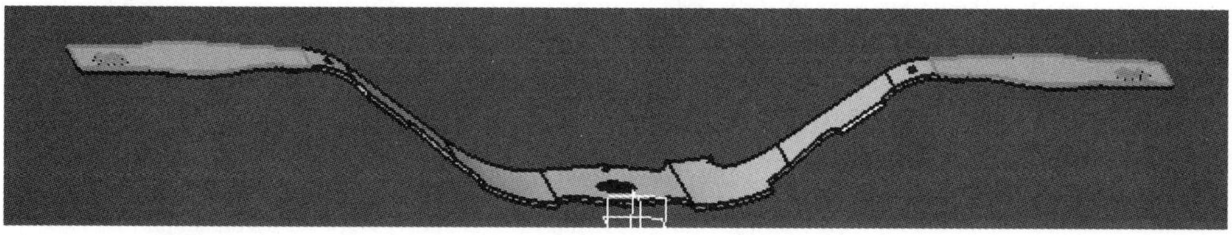

图 7.3.10 施加载荷

6. 计 算

（1）单击“Compute”工具栏中的“Compute”工具按钮“”，弹出“Compute”对话框，在对话框中设定计算方式为“All”后，单击“Compute”对话框中的“确定”按钮，等待计算机对该有限元分析的计算。

（2）计算完成后，可单击选择“Image”工具栏（见图 7.3.11）中的各个工具按钮查看计算的结果（例如，图 7.3.12 所示为其中一种计算完成后的显示结果）。

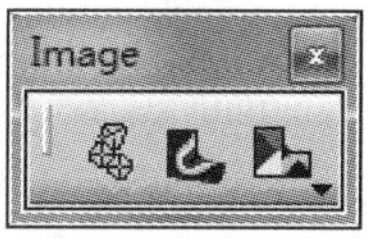

图 7.3.11 “Image”工具栏

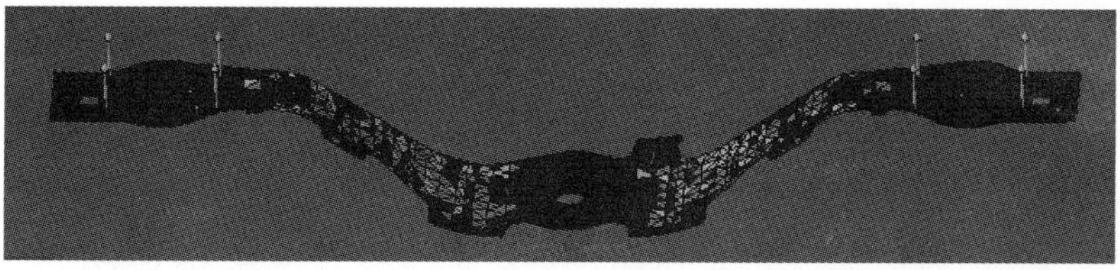

图 7.3.12

参考文献

[1] 严隽耄，付茂海. 车辆工程[M]. 3 版. 北京：中国铁道出版社，2009.

[2] 张卫华. 动车组总体及转向架[M]. 北京：中国铁道出版社，2011.

[3] 王伯铭. 高速动车组总体及转向架[M]. 成都：西南交通大学出版社，2008.

[4] 张云杰，胡海龙，乔建军. CATIA V5R20 高级应用[M]. 北京：清华大学出版社，2011.

[5] 高志华，刘国涛，郭圣路. CATIA V6 从入门到精通[M]. 北京：电子工业出版社，2011.

[6] 王勖成. 有限单元法[M]. 北京：清华大学出版社，2003.

[7] 杨昊亚. 基于CATIA的铁道车辆车轴参数化设计方法研究[J]. 机械工程与自动化,2017（06）：89-90.

[8] 刘德昆，李强，林浩博，等. 高速列车转向架构架结构的疲劳可靠性模型[J]. 中国铁道科学，2017，38（05）：100-106.

[9] 姜良奎，胡华鑫. 基于 CATIA 的地铁列车司机室人机工程仿真试验分析[J]. 现代城市轨道交通，2017（05）：12-15.

[10] 吴文龙，金新灿. 基于 CATIA 二次开发的转向架构架参数化建模[J]. 铁道机车车辆，2015，35（01）：47-50.

[11] 文强，董力群，赵婷婷. 基于 CATIA 的动车组电气系统三维布线工艺应用研究[J]. 铁路技术创新，2014（04）：54-57.

[12] 王永岗，杨利杰.CATIA 三维参数化建模技术及其应用[J]. 机械工程师，2014（05）：200-202.

[13] 苗海涛. 基于 CATIA 的铁路车辆弯管设计与加工[J]. 机械，2014，41（S1）：36-37.

[14] 武振锋，陈周锋. 基于 CATIA 的 CRH380AL 动车组头车三维曲面设计[J]. 武汉大学学报：工学版，2013，46（05）：635-639.

[15] 陈文红，严晓明，周红，等. CATIA 在城市轨道交通车辆三维设计中的应用[J]. CAD/CAM 与制造业信息化，2011（07）：48-52.

附件　模型文件（见二维码）